21 世纪工程图学系列教材

园林工程制图

第四版

吴机际 编著

华南理工大学出版社
·广州·

图书在版编目（CIP）数据

园林工程制图/吴机际编著．—4版．—广州：华南理工大学出版社，2016.2（2021.8重印）
21世纪工程图学系列教材
ISBN 978-7-5623-4859-7

Ⅰ．①园… Ⅱ．①吴… Ⅲ．①园林设计-工程制图-高等学校-教材 Ⅳ．①TU986.2

中国版本图书馆CIP数据核字（2016）第007985号

YUANLIN GONGCHENG ZHITU

园林工程制图（第四版）

吴机际　编著

出 版 人：	卢家明
出版发行：	华南理工大学出版社
	（广州五山华南理工大学17号楼，邮编510640）
	http://www.scutpress.com.cn　E - mail: scutc13@scut.edu.cn
	营销部电话：020 - 87113487　87111048（传真）
责任编辑：	王魁葵
印 刷 者：	广东虎彩云印刷有限公司
开 本：	787mm×1092mm　1/16　印张：30　字数：768千
版 次：	2016年2月第4版　2021年8月第30次印刷
印 数：	109 501～110 500册
定 价：	68.00元

版权所有　盗版必究　　印装差错　负责调换

内 容 简 介

  本书是吴机际教授将自己多年来对"工程图学"学科的研究成果应用于"风景园林工程设计图样"的表达,取得的"填补学科一项空白"的丰硕成果。本书自 1999 年 9 月第一版出版以来,一直深受广大读者厚爱,深得广大读者和专家的好评,被全国众多高等院校选作风景园林类相关专业的必修课"工程图学"教材。本次修订是在 2009 年第三版的基础上,根据教育部高等学校工程图学教学指导委员会 2010 年制订的"普通高等学校工程图学课程基本要求"及国家与行业最新的制图标准、规范全面进行。全书力求插图正确、清晰,文字简洁准确,叙述通俗易懂。

  本书内容包括:制图基本知识,正投影法与三面投影图,点、直线、平面的投影,直线与平面、平面与平面的相对位置,投影变换,基本立体,立体表面的交线,组合体,轴测投影,曲线与曲面,工程形体的表达方法,建筑施工图,结构施工图,风景园林工程图,阴影与透视,标高投影,计算机辅助园林设计简介等共 17 章。

  本套教材可作为普通高等学校风景园林类各专业工程图学教材,也可供电视大学、函授大学、网络学院、成人高校等相关专业选用,还可供有关土建类专业师生和工程技术人员参考使用。

  与本书配套的《园林工程制图习题集》(第四版)同时出版。可供选用。

  本书赠送配套多媒体教学课件,可在华南理工大学出版社网站下载区下载。

第四版前言

《园林工程制图》是"华南农业大学十五规划重点教材",于1999年9月由华南理工大学出版社出版。该教材以简洁的语言、翔实的资料、清晰的图例,首次创造性地对风景园林设计图进行了全面的、系统的、科学的分类;对各种工程图样的内容、作用、表达方法与方式及要求进行了合理的规范和准确的阐述,并以实际图例阐明其表达形式与特点;对造园要素的表示法、绘图方法进行了系统的研究和详细的论述;对园林建筑如亭、廊、榭及建筑装饰小品如园椅、园灯、园林展览栏、园林景墙等,在深入分析其结构特点的基础上,正确论述、规范其表达方法、方式,以确切的图例阐明其表达特点。

本教材是全国出版的第一部《园林工程制图》高等学校教材。教材中风景园林工程图样方面的内容是本人结合风景园林设计经验对工程图学应用研究的成果,填补了本学科一项空白。本书自出版以来,一直深受广大读者厚爱,被全国众多高等院校选作风景园林类相关专业的必修课工程图学教材,深得广大读者和专家的好评,先后荣获多项奖励:教育部"2000年度中国高校科学技术奖科技教材提名";"第五届广东省高等教育省级教学成果二等奖";"2004年华南农业大学教学成果一等奖";"第七届全国高校出版社优秀畅销书一等奖"。其所配套课件荣获"第九届全国多媒体教育软件大奖赛高等教育多媒体课件三等奖"。

本书第四版就是在第三版的基础上根据在使用过程中广大读者的反馈意见及对本课程的教学经验和改革趋向,以及按照我国于2010年修订发布,2011年3月1日实施的建筑制图国家标准:《房屋建筑制图统一标准》(GB/T 50001—2010)、《总图制图标准》(GB/T 50003—2010)、《建筑制图标准》(GB/T 50004—2010)、《建筑结构制图标准》(GB/T 50005—2010)、《建筑给水排水制图标准》(GB/T 50106—2010)、《混凝土结构设计规范》(GB/T 50010—2010)、《风景名胜区规划规范》(GB 50298—1999)等和国家建筑标准设计图集《混凝土结构施工图平面整体表示方法制图规则和构造详图》(11G101—1),以及中华人民共和国行业标准《风景园林图例图示标准》(CJJ 67—95)、《园林基本术语》(CJJ/T 91—2002)等标准、规范对其进行全面修订。

本次修订,主要突出下列几方面:

1. 根据教育部高等学校工程图学教学指导委员会2010年制订的"普通高等学校工程图学课程基本要求"修订、更新相关内容。

2. 根据新颁布的土建类《技术制图》国家新标准、规范和标准设计图集,及相关风景园林国家行业标准、设计规范等,修订、更新相关内容和图例、表。

3. 根据风景园林行业的设计实际与对专业技术知识的要求,建筑施工图适当增加如榭及园林展览栏等园林建筑及小品的范例。并参照使用反馈意见,将"结构施工图"独立设置为一章。

4. 本着严谨规范、精益求精的原则和态度,严格按照新的国家标准、规范对插图进行了全面的修订、更新,使插图正确、清晰;对全书文字进行了全面审校、精练,使文字简洁准确,叙述通俗易懂。

5. 本书与之同期配套出版的还有吴机际编著的《园林工程制图习题集》(第四版),可供选用。

本教材中筛选了一些相关著作及国家和行业标准、规范及标准设计图集的图例,并修正选用了一些实际风景园林设计施工图。在本教材的编写过程中,吴洪毅、洪德梅、王艳霞、周云开、王羿翔、郝彤琦、李晓志、俞龙、吴慕春、张月明、薛秀云、徐相华、翟颂彬、蒋峻岳、黄衡、陈惠辉等同志参与了部分绘图工作。借此机会对上述有关人员表示衷心的感谢,并向为本教材付出辛勤劳动的专家、编辑及有关同志表示谢意。

限于编者水平,不妥或疏漏之处恳请同仁和读者不吝指正。

编 者
2015 年 9 月

第三版前言

《园林工程制图》第一版作为高等学校教材,为"华南农业大学十五规划重点教材",于1999年9月由华南理工大学出版社出版。该教材以简洁的语言、翔实的资料、清晰的图例,首次创造性地对园林设计图进行了全面的、系统的、科学的分类;对各种工程图样的内容、作用、表达方法与方式及要求进行了合理的规范和准确的阐述,并以实际图例阐明其表达形式与特点;对造园要素的表示法、绘图方法进行了系统的研究和详细的论述;对园林小品如亭、廊等,在深入分析其结构特点的基础上,正确规范其表达方法、方式,以确切的图例阐明其表达特点。

本教材为"华南农业大学十五规划重点教材"之一。教材中园林工程图样方面的内容是本人对工程图学应用研究的成果,填补了本学科一项空白。教材先后荣获多项奖励:教育部"2000年度中国高校科学技术奖科技教材提名";第五届广东省高等教育省级成果二等奖;2004年华南农业大学教学成果一等奖;第七届全国高校出版社优秀畅销书一等奖。其所配课件荣获第九届全国多媒体教育软件大奖赛高等教育多媒体课件三等奖。

本教材再次修订,参照高等学校"画法几何及园林工程制图课程教学基本要求",除保留2004年第二版特点外,适当增加了相关专业设计初步常识,以便于学生学习后续课程、课程设计和毕业设计时查阅、借鉴。此外,也可作为园林工程技术人员,特别是初学设计人员的参考书。本教材结合目前教学的实际情况,对画法几何部分有关图解问题的内容作了适当的精简。

本教材全部采用国家颁布实施的最新国家与行业相关制图标准、规范。

本教材可作为高等院校园林规划设计、园林绿化、观赏园艺、花卉与庭院、城市规划、环境艺术及园林、景观设计类与土建类相关专业用书,以及中等学校相关专业的教科书和参考书。

本教材中筛选了一些相关著作及国家和行业标准、规范的图例,并修正选用了一些实际园林设计施工图。在本教材的编写过程中,李国生先生、江厚祥先生对书稿再次作了仔细的审校。还有吴洪毅、洪德梅、王艳霞、王虓、郝彤琦、李晓志、俞龙、吴慕春、张月明、薛秀云、徐相华、翟颂彬、蒋峻岳、黄衡等同志参与了部分绘图工作。借此机会对上述有关人员表示衷心的感谢,并向为本教材付出辛勤劳动的专家、编辑及有关同志表示谢意。

限于编者水平,不妥或疏漏之处恳请同仁和读者不吝指正。

编 者

2009年1月

第二版前言

《园林工程制图》第一版作为高等学校教材,于1999年9月由华南理工大学出版社出版。"教材以简洁的语言、翔实的资料、清晰的图例,首次创造性地对园林工程设计图进行了全面的、系统的、科学的分类;对各种工程图样的内容、作用、表达方法与方式及要求进行了正确的规范和准确的阐述,并以实际图例阐明其表达形式与特点;对造园要素的表示法和绘图方法进行了系统的研究和详细的论述;对园林小品,如亭、廊等,在深入分析其结构特点的基础上,正确规范其表达方法、方式,以确切的图例阐明其表达特点。"

本教科书为"华南农业大学十五规划重点教材"。本教科书填补了学科空白,荣获:第五届广东省高等教育省级教学成果二等奖,教育部"2000年度中国高校科学技术奖科技教材提名",华南农业大学教学成果一等奖。

这次修订,依据高等学校《画法几何及园林工程制图课程教学基本要求》,除保留1999年第一版的一些特点外,主要进行了以下的必要修改:

(1) 由于近年来国家颁布实施了一系列新的国家标准与行业标准、规范,本次修订全部采用了近几年发布实施的最新国家标准与行业标准、规范,并增加附录以收录有关必要的标准、规范的部分内容,方便读者学习与工作时查阅。

(2) 鉴于目前教学学时减少的实际情况和不少院校的实际安排,对画法几何部分的内容从深度方面作了适当的调整,并删去投影变换的绕平行轴旋转法。习题集也进行了必要的修改。

(3) 根据近年来颁布实施的新的国家标准与行业标准,第二版对专业制图部分的内容进行了全面的修订;并根据园林营造的发展需要,对结构施工图部分在原有介绍构件详图的基础上,增加了结构布置平面图的内容,供各专业选用或读者自学。

(4) 鉴于计算机辅助工程设计的迅速发展,增编了第十六章"计算机辅助园林设计简介"。由于受篇幅所限,只简介计算机辅助园林设计现状与发展展望及现阶段计算机辅助园林设计有关设计软件的优化配置。

本书可作为高等院校园林绿化、建筑与环境艺术设计、观赏园艺、花卉与庭院、城市规划、环境保护及土建类有关专业教材,也可供其他有关专业师生及工程技术人员做参考,还可作为有关中等专业学校的教科书和参考书。

本书筛选采用了一些有关著作和国家标准、规范的图例,并选用了一些实际园林设计施工图。在本次修订出版过程中,李国生先生、江厚祥先生对书稿作了仔细的审校。插图由谢茉莉电脑绘制和处理。吴洪毅、洪德梅、王虓、郝彤琦、李晓志、俞龙、吴慕春、张月明、薛秀云、徐相华、翟颂彬、蒋峻岳、黄衡等同志参与了部分绘图工作。借此机会对有关作者及设计人员表示衷心的感谢,并向为本书付出辛勤劳动的专家、编辑及有关同志表示谢意。

限于编者水平,不妥或疏漏之处恳请读者不吝指正。

编 者
2004年5月

前 言

本书是编者在1986年编成试用，1993年在修改定稿的《园林工程制图》教学讲义的基础上，吸收十多年来编者本人及一些使用该讲义的院校的教学经验，并根据我国高等学校工科画法几何及工程制图教学指导委员会制订的课程基本要求进行全面修改、编写而成的。

本书采用最新的国家标准和规范，以加强基础理论、精练传统知识、拓宽知识面及强调理论结合实际等为原则，力求提高其科学性、实践性、先进性和适用性。内容包括：制图基本知识，投影基本理论（包括正投影、轴测投影、透视投影及标高投影），投影制图和专业制图（包括园林造园要素的表示、园林工程设计图和园林建筑施工图）。每章后面有复习题，便于教，利于学。

本书可作为高等院校园林绿化、观赏园艺和城市规划等有关专业"园林工程制图"课程的教材，也可供土建类专业师生和工程技术人员做参考，还可作为有关中等专业学校的教科书和参考书。

本书选用了一些有关著作和国家标准、规范的图例，并修正选用了一些实际园林设计施工图。主要由吴洪毅、洪德梅、王虦同志绘图。借此机会对有关作者及设计人员表示衷心的感谢，并向为本书付出辛勤劳动的专家、编辑及有关同志表示谢意。

限于编者水平，不妥或疏漏之处恳请读者不吝指正。

编 者
1999年3月

目 录

绪论 ··· 1

第1章 制图基本知识 ··· 5
   1.1 绘图工具及仪器使用 ··· 5
   1.2 制图的基本规定 ··· 9
   1.3 平面图形 ··· 25
   1.4 徒手绘图 ··· 32
   复习思考题 ·· 35

第2章 正投影法与三面投影图 ··· 36
   2.1 两种投影法共有的基本性质 ·· 36
   2.2 平行投影法的特有性质 ·· 37
   2.3 正投影图 ··· 38
   2.4 形体的三面投影图 ·· 39
   复习思考题 ·· 42

第3章 点、直线、平面 ··· 43
   3.1 点的投影 ··· 43
   3.2 直线 ··· 49
   3.3 平面 ··· 59
   复习思考题 ·· 68

第4章 直线与平面、平面与平面的相对位置 ····································· 69
   4.1 直线与平面、平面与平面平行 ··· 69
   4.2 直线与平面、平面与平面相交 ··· 70
   4.3 直线与平面、平面与平面相互垂直 ·· 74
   4.4 综合性问题解法分析举例 ··· 77
   复习思考题 ·· 80

第5章 投影变换 ··· 81
   5.1 概述 ··· 81
   5.2 换面法 ·· 82
   5.3 旋转法 ·· 91
   复习思考题 ·· 95

第6章 基本立体 ··· 97
   6.1 平面立体 ··· 97
   6.2 曲面立体 ··· 100
   复习思考题 ·· 109

第7章 立体表面的交线 ··· 110
   7.1 平面与立体相交 ··· 110

7.2 直线与立体相交 ······ 120
7.3 立体与立体相交 ······ 123
复习思考题 ······ 138

第8章 组合体 ······ 139
8.1 形体分析法 ······ 139
8.2 组合体的绘制 ······ 141
8.3 组合体的尺寸标注 ······ 145
8.4 组合体视图的识读 ······ 149
复习思考题 ······ 153

第9章 轴测投影 ······ 154
9.1 概述 ······ 154
9.2 正轴测投影 ······ 156
9.3 画形体轴测图的基本方法 ······ 157
9.4 轴测图上交线的画法 ······ 167
9.5 轴测投影的剖切画法 ······ 168
9.6 斜轴测投影 ······ 170
9.7 轴测投影的选择 ······ 175
复习思考题 ······ 178

第10章 曲线与曲面 ······ 179
10.1 曲线 ······ 179
10.2 曲面 ······ 183
复习思考题 ······ 195

第11章 工程形体的表达方法 ······ 196
11.1 视图 ······ 196
11.2 剖面图 ······ 199
11.3 断面图 ······ 205
11.4 简化画法 ······ 207
11.5 第Ⅲ分角投影图 ······ 209
复习思考题 ······ 211

第12章 建筑施工图 ······ 212
12.1 概述 ······ 212
12.2 建筑施工图 ······ 222
12.3 园林建筑小品 ······ 242

第13章 结构施工图 ······ 271
13.1 概述 ······ 271
13.2 钢筋混凝土结构图 ······ 281
13.3 平法整体表示方法 ······ 288
13.4 基础图 ······ 294
13.5 图例 ······ 301

第 14 章　风景园林工程图 ·· 303
14.1　概述 ·· 303
14.2　园林总体规划设计图 ·· 305
14.3　土方工程施工图 ·· 310
14.4　筑山工程施工图 ·· 314
14.5　园路工程施工图 ·· 322
14.6　理水工程施工图 ·· 327
14.7　种植工程施工图 ·· 336

第 15 章　阴影与透视 ·· 365
15.1　阴影的基本知识 ·· 365
15.2　阴影的基本作图方法 ·· 366
15.3　直线的落影 ·· 369
15.4　平面的落影 ·· 373
15.5　建筑细部的落影 ·· 373
15.6　圆形平面与曲面立体的阴影 ·· 377
15.7　透视投影概述 ·· 380
15.8　点、直线和平面的透视 ·· 382
15.9　透视图的分类及透视参数的选择 ·· 388
15.10　圆的透视 ·· 392
15.11　透视图的基本画法 ·· 395
15.12　透视图上的简捷作图法 ·· 407
15.13　透视图中的阴影 ·· 410
15.14　倒影与虚像 ·· 419
复习思考题 ·· 423

第 16 章　标高投影 ·· 424
16.1　点 ·· 424
16.2　直线 ·· 424
16.3　平面 ·· 427
16.4　曲面的表示法 ·· 431
16.5　地形问题 ·· 434
复习思考题 ·· 437

第 17 章　计算机辅助园林设计简介 ·· 438
附录一　建筑施工图有关图例和标准 ·· 441
附录二　结构施工图有关图例和标准 ·· 447
附录三　园林工程图有关图例和标准 ·· 452
参考文献 ·· 465

绪 论

一、本课程的任务和主要内容

工程图样被喻为"工程界的语言",与文字、数字一样,是人类借以表达、构思、分析和交流思想的一种基本工具,也是人类解决科学技术问题的一种重要手段。

园林是一种有明确构图意识的空间造型。传统的风景园林佳作,集科学性、技术性和艺术性于一体,将山、水、植物和建筑等园林要素组合、配置成为有机的整体,从而创造出丰富多彩、富有情趣的园林景观,给人们以赏心悦目的美的享受。优美的园林建筑有赖于精美的设计和高超技艺的施工,其设计内容和施工方法、要求,通常按一定的投影方法和制图标准及工程技术规定表示在图纸上,称为园林工程制图。通过图纸可以准确而详尽地表达设计意图,提供施工的依据。只有具备设计完善的图纸,才能进行施工。所以,不论是构思成型,还是体现成物,图纸都是园林工程不可缺少的重要技术资料。所有工程技术人员,都必须掌握绘图和读图的技能。

"园林工程制图"是一门研究用投影法表示空间几何要素和空间形体及解决空间几何问题的理论、方法的学科;是研究用投影法,并根据制图标准和规定画法及工程技术知识来绘制和阅读园林工程图样的一门重要的技术基础课。

本课程的任务是:

(1)学习投影法(主要是正投影法、透视投影法和轴测投影法)的基本理论、知识和方法及其应用。

(2)培养掌握和运用所学的基本理论、基本知识和基本技能,绘制和阅读园林工程图及建筑施工图的能力。

(3)培养绘制透视图的基本能力。

(4)培养解决空间几何问题的初步能力。

(5)培养空间想象能力和空间构思能力。

(6)培养严谨细致的工作作风和严肃认真的工作态度。

本课程的主要内容是:

(1)制图基础:介绍制图的基本知识和基本技能,主要包括国家标准中有关制图的基本规定和正确的制图方法。

(2)基本理论:研究用投影法图示空间形体和图解空间几何问题的基本理论和方法。

(3)投影制图:研究用投影图表达空间形体内外形状大小的有关标准及规定和绘制、阅读工程图纸的基本理论和方法。

(4)专业制图:研究园林工程施工图和建筑施工图、结构施工图的绘制和阅读方法。

通过本课程的学习和训练,培养学生自觉地运用基本理论和方法技能进行构思、分析、解决和表达工程问题的能力,为学生顺利完成后续课程的学习和今后工作中熟练地运用各种图示方法及图解方法打下良好的理论基础并具备实践的基本技能。

二、投影法的基本知识

(一)投影法

投影法是各种图示方法的理论基础,是 18 世纪末,法国著名几何学家加斯帕·蒙日

(Gaspard Monge,1746—1818)首先提出的用几何原理将三维空间的几何元素或形体在二维平面图上表现出来的一种方法。

如图 0-1 所示,设空间有定点 S 和不通过该点的定平面 P,以及空间不与定点 S 重合的任意点 A(或点 B)。连接 SA 并延长交 P 面于 a,则 a 称为空间点 A 在 P 面上的投影;定点 S 称为投射中心;定平面 P 称为投影面;发自投射中心且通过点 A 的直线 SAa,称为投射线;$\vec{Sa}$ 的方向称为投射方向。投射线通过物体,向选定的投影面投射,并在该投影面上得到图形的方法称为投影法。

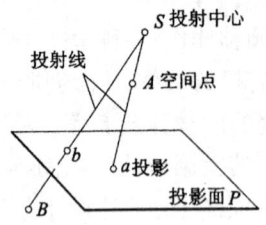 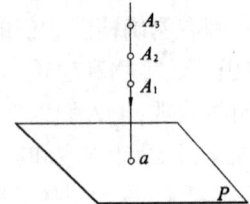

图 0-1　投影法　　　　　　　图 0-2　点的一个投影不能确定该点的空间位置

投影法的必备条件及其特性:

(1)投影法必须具备三个条件:投射中心或投射方向、空间几何要素或形体、投影面。

(2)当投射方向和投影面确定之后,空间一点必有唯一确定的投影与之对应。

(3)仅依据空间一点的一个投影不能确定该点的空间位置,如图 0-2 所示,因为不论是过该点的投射线上的任意点,还是任意点在通过该点的投射线上移动,其投影都在过该点投射线与投影面的交点上。

(4)求作空间一点在投影面上投影的作图,就是作出通过该点的投射线与投影面之交点。

上述关系对任意空间几何要素或空间形体都成立。

(二)投影法的分类

根据投射中心与投影面的相对位置,投影法分为中心投影法和平行投影法两类。

1. 中心投影法

当投射中心距离投影面有限远时,投射线都通过投射中心呈放射状,如图 0-3 所示,$\triangle ABC$ 的投影 $\triangle abc$ 称为中心投影。这种投影方法称为中心投影法。

2. 平行投影法

当投射中心距离投影面无限远时,投射线都相互平行,如图 0-4 所示,所得投影称为平行

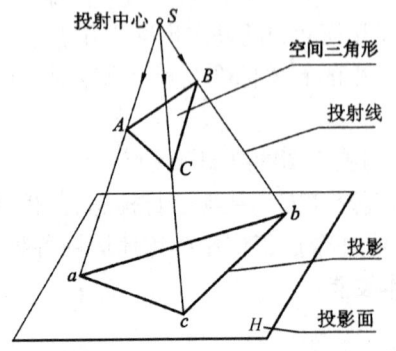 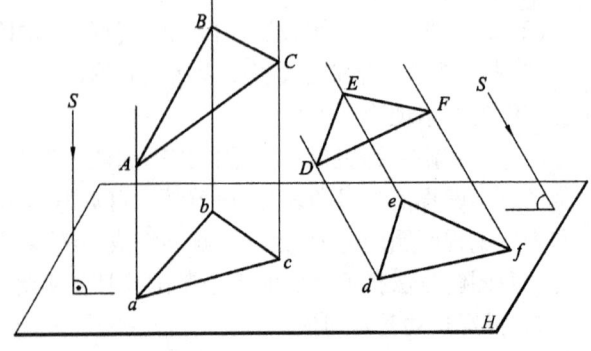

图 0-3　中心投影法　　　　　　　图 0-4　平行投影法

投影。这种投影方法称为平行投影法。

平行投影按投影方向与投影面所成角度的不同,又分为如下两种:

(1)斜投影:当投影方向倾斜于投影面时所作的平行投影,称为斜投影,如图0-4所示的△DEF 平面的投影△def 即为斜投影。求作斜投影的方法,称为斜投影法。

(2)正投影:当投影方向垂直于投影面时所作的平行投影,称为正投影,如图0-4所示的△ABC 平面的投影△abc 即为正投影。求作正投影的方法,称为正投影法。

三、工程上常用的四种投影图

(一)透视投影

形体按中心投影法投射到单一投影面上,所得到的能反映形体三维空间形象的图形称为透视投影,简称透视图或透视,如图0-5所示。

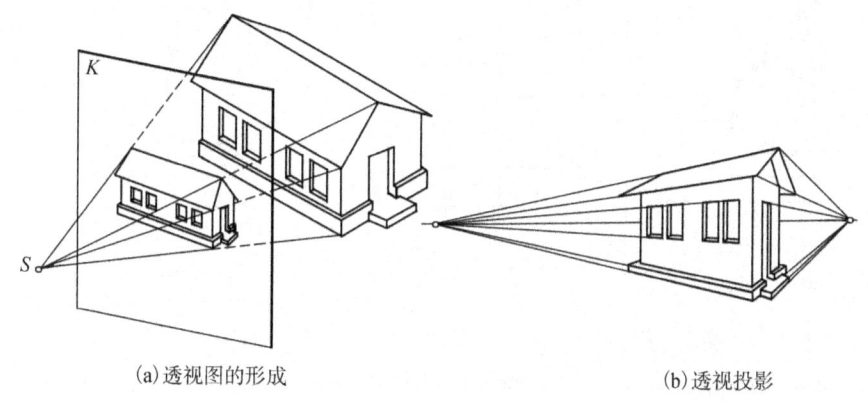

(a)透视图的形成　　　　　　(b)透视投影

图0-5　透视投影法

透视图是一种单面投影。由于透视图具有近大远小的三维空间形象特征,符合人们的视觉印象,立体感好;但度量性较差,透视图形一般不能直接度量。工程上常用透视投影法绘制建筑物设计、总体规划设计和风景园林工程设计的效果图。

(二)轴测投影

按平行投影法将形体及其直角坐标系,沿不平行于任一坐标面的方向投射在单一投影面上所得到的能反映形体三维空间形象的图形,称为轴测投影图,简称轴测图,如图0-6所示。

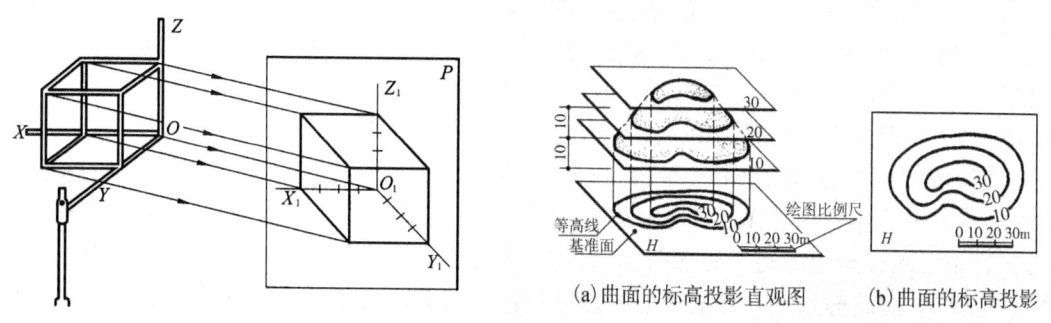

图0-6　轴测投影　　　　　　图0-7　标高投影

轴测图也是一种单面投影。其优点是立体感较好,缺点是度量性较差,仅在一定条件下才可以直接度量。

工程上常用轴测图作为辅助图样,作为对多面正投影图的补充。

(三) 标高投影

按正投影法将形体投射到水平投影面上，加注其中某些特定的面、线、点的高程数值的正投影，所得的单面正投影图称为标高投影，如图0-7所示。

标高投影图也是一种单面投影。其立体感较差。

工程上常用标高投影法绘制地形图。工业上用它表示不规则曲面。

(四) 多面正投影

按正投影法将物体投射在按一定要求配置的两个或两个以上的投影面上所得到的图形，称为多面正投影图，如图0-8、图0-9所示。

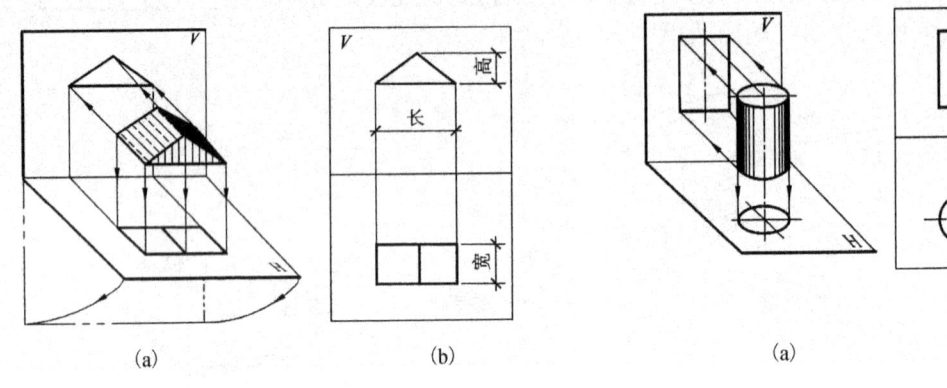

图0-8　多面正投影图（一）　　　　　　图0-9　多面正投影图（二）

多面正投影图度量性好，且作图简便，但立体感较差，需经过一定的学习和训练才能看懂。由于多面正投影图度量性好，是工程上应用最广泛的一种图示法。

四、本课程的学习方法

（1）本课程的理论基础部分系统性、逻辑性强，比较抽象。学习时，务必理论结合实际，透彻掌握其基本概念、基本图示原理和基本作图方法，并将其付诸实践，解决实际问题。

（2）掌握图示法关键在于培养空间想象能力。要透彻掌握空间几何要素的图示法则和形体表达方法，特别是形体分析法，必须多想、多画、多看，坚持画、看结合，坚持二维平面图形与三维空间几何要素、空间形体的相互转化作图和看图训练。

（3）掌握图解法关键在于培养空间构思的能力。要透彻掌握各空间几何元素之间各种基本关系（如平行、相交、垂直）的条件和图示法则。对空间几何问题，坚持从空间关系分析入手，做到先在空间解题，再根据空间几何关系用平面几何作图的方法解决。务必坚持由空间到平面、再由平面返回空间相互转化的逻辑推理和空间构思训练。

（4）绘图与看图能力的培养要发挥实践环节在教学中的特殊作用。由于本课程的实践性强，若没有一定的作业练习作保证，则学生不能透彻理解、掌握所学知识，更不能将知识转化为能力。且由于图样是生产施工的依据，绘图和读图时不允许存在任何疏忽与差错。因此，学生必须自觉独立完成作业，并在完成作业的过程中自觉培养严谨细致的工作作风和严肃认真的工作态度。

（5）本课程为培养学生的绘图、读图能力打下良好的基础，而其能力的提高和发展，还有赖于学生对后续课程的学习及在以后的生产实习、课程设计、毕业设计等教学实践环节中严格训练和培养才能实现。

第1章 制图基本知识

1.1 绘图工具及仪器使用

学习绘图,首先要了解和熟悉绘图工具与用品的性能、特点、使用方法和维护保养知识,以保证绘图质量,提高绘图效率,延长绘图工具及用品的使用寿命。

下面介绍一些常用的绘图工具和用品。

1.1.1 图板

图板是用质地较软的木材制成,板面通常采用表面平坦光滑的胶合板,板的左右两边(或四周)镶有平直的硬木边框,如图1-1所示。

图板放在绘图桌上,板身略为倾斜,与水平面倾斜约20°。固定图纸要用胶带纸粘贴。使用时要注意爱护,要防止水浸、曝晒和重压。

1.1.2 丁字尺

丁字尺多用木材或有机玻璃等材料制成,其规格尺寸有640 mm,900 mm,1 200 mm等数种,绘图时配合图板使用,如图1-1所示。

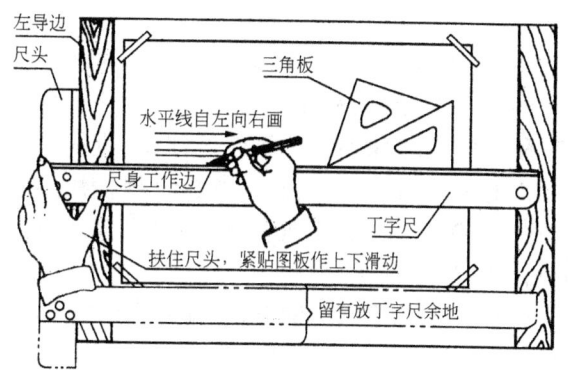

图1-1 图板、丁字尺、三角板

丁字尺由尺头和尺身组成,两者结合牢固,尺头的内侧边与尺身的上边为工作边。尺身工作边必须保持平直光滑。丁字尺用毕应挂置妥当,防止尺身变形。

丁字尺主要用来绘画水平线,使用时左手扶住尺头,使它紧靠图板左导边,然后上下推动至尺身工作边对准画线位置,按住尺身,从左向右画线。

为了保证绘图的准确性,不可用尺身的下边缘画线;绘制同一张图纸,只能用同一把丁字尺和图板的同一侧导边为工作边。

1.1.3 三角板

一副三角板有30°—60°—90°和45°—45°—90°两块。

三角板与丁字尺配合使用,可画垂直线和与15°角成倍角的斜线,如图1-2所示。绘垂直线时将三角板的一直角边紧靠待画线的右边,另一直角边紧靠丁字尺工作边,然后左手按住尺身和三角板,右手持笔自下而上画线。同时还可利用两块三角板相互配合对圆周进行4、6、8、12等分,并可画任意斜线的平行线和垂直线。

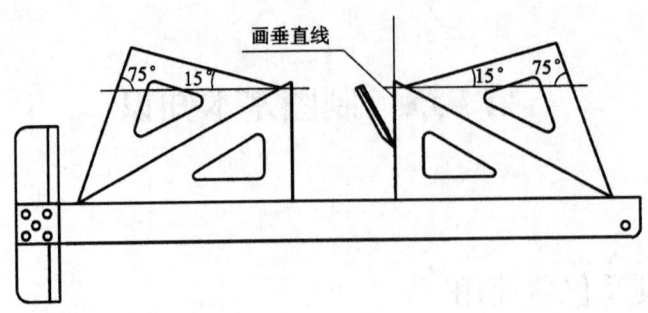

图1-2 丁字尺与三角板配合使用

1.1.4 圆规

圆规主要用来画圆及圆弧,也可配以针尖插腿作分规使用,如图1-3所示。

圆规有一只活动腿和一只固定腿。固定腿上装有针尖。针尖的一端为圆锥形,可作为分规使用;另一端根部呈小平台状,画圆或圆弧时将小平台下的针尖插入图板中定圆心用。活动腿上可选用三种插腿:铅心插腿用来画铅笔线图;直线笔插腿用来上墨描图;钢针尖插腿作为分规使用。此外,在活动腿上还可接上延长杆,用以画大圆或大圆弧,如图1-4所示。

用圆规绘图,选用的铅心要比画线用铅笔的铅心软一级,且铅心尖应与钢针的小台阶平齐。同时,不论所画圆的直径多大,针尖和插腿应尽可能垂直纸面。画图时,先将圆规按所画圆的半径大小张开,然后将圆规针尖放在圆心的位置上,使铅心接触纸面,再用右手的食指和拇指转动圆规端杆,习惯上按顺时针方向旋转画圆。旋转时保持圆规向画线方向稍微倾斜,切勿往复旋动,具体使用方法如图1-5所示。

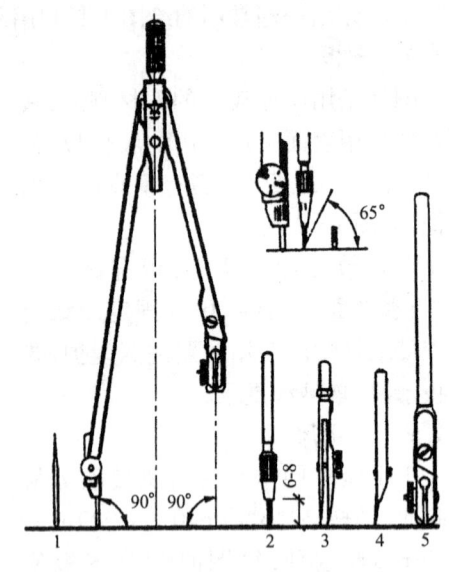

图1-3 圆规
1—钢针;2—铅心插腿;3—直线笔插腿;
4—钢针尖插腿;5—延长杆

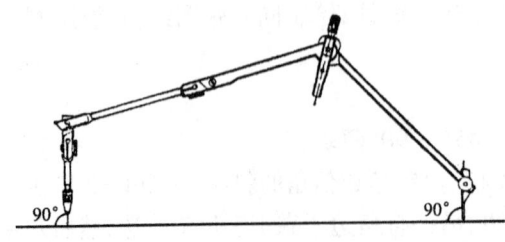

图1-4 画大圆的方法

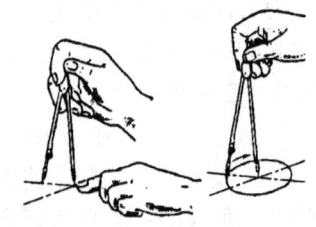

图1-5 圆规的使用方法

1.1.5 分规

分规主要作用有:等分线段、移置线段和量度尺寸。常用的有大分规和弹簧分规两种,使用时它的两个针尖必须平齐,如图1-6a所示。

  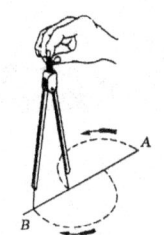

(a)针尖对齐　　　　(b)用分规截取长度　　　　(c)用分规等分线段

图1-6　分规的用法

用分规量度尺寸时,注意不应把针尖扎入尺面,如图1-6b所示。用分规等分线段时,先凭目测估计,使两针尖张开距离大致接近等分段的长度,然后在线段上试分,如有差额,则将两针头距离再进行调整,直到恰好等分时为止,如图1-6c所示。

1.1.6　比例尺

比例是图形的大小与实际物体的大小之间的线性尺寸之比,称为图样比例。

根据实际需要和图纸大小,可采用比例尺将物体按比例缩小或放大绘成图样。常见的比例尺,做成三棱柱状的称三棱尺,如图1-7a所示。三棱尺上有6种比例刻度,一般分为1:100、1:200、1:300、1:400、1:500、1:600等。也有比例尺是直尺形状的,称为比例直尺,如图1-7b所示。它有一行刻度和三行数字,分别表示1:100、1:200和1:500等比例。比例尺上的数字以m为单位。

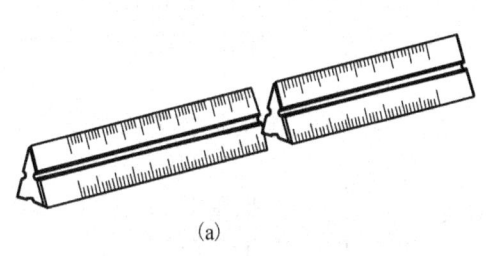 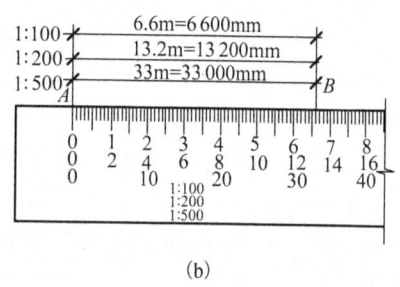

(a)　　　　　　　　　　　　　(b)

图1-7　比例尺及其用法

采用比例尺直接量度尺寸,尺上的比例应与图样上的比例相同,其尺寸不用通过计算便可直接读出。例如已知图形的比例是1:200,想知道图上线段 AB 的实长,就可用比例尺上1:200的刻度去度量。将刻度上的零点对准点 A,而点 B 在刻度13.2处,则可读得线段 AB 的长度为13.2 m,即13 200 mm。1:200的刻度还可作1:2、1:20和1:2 000的比例使用。如果比例改为1:2时,读数应为 $13.2 \times 2/200 = 0.132$(m);比例改为1:20时,应为 $13.2 \times \frac{20}{200} = 1.3$(m);比例改为1:2 000时,则为 $13.2 \times \frac{2000}{200} = 132$(m)。

比例尺只用来量取尺寸,不可用来画线,尺的棱边应保持平直,以免影响使用。

1.1.7　绘图笔

描图多用一种类似普通自来水笔的带有吸水、储水结构的绘图笔,如图1-8所示,绘图笔的笔尖是一支细针管。笔尖的口径有多种规格,如0.1 mm、0.3 mm、0.6 mm、0.9 mm、…、1.2 mm,绘图时按线型粗细选用。使用绘图笔绘图时,笔杆沿画线方向倾斜于纸面70°左右。

图1-8 绘图笔

1.1.8 铅笔

铅笔有木铅笔(图1-9a)和活动铅笔等多种。活动铅笔笔身用金属或塑料制成,每支笔只有一个口径:0.3 mm、0.5 mm、0.7 mm、0.9 mm等。

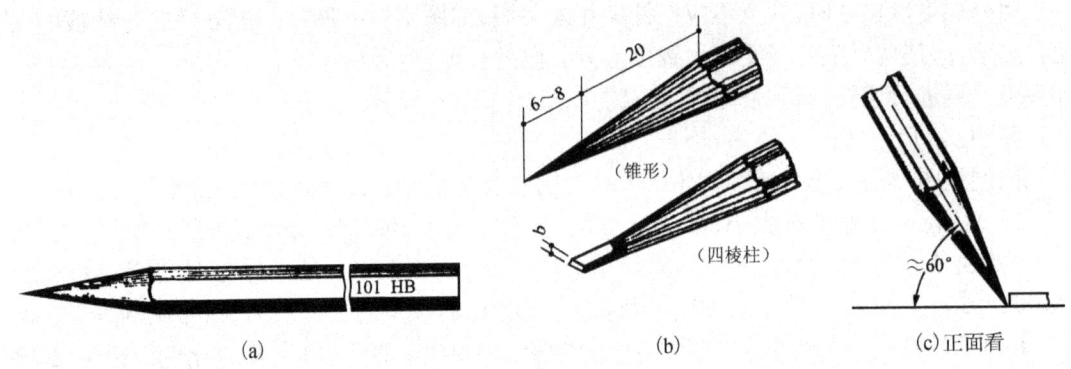

图1-9 铅笔及其用法

铅笔(笔心)分硬、中、软三种。标号有6H～H、HB、B～6B共13种,按顺序由最硬到最软,HB为中等硬度。绘制图形底稿时,一般采用HB或H铅笔,也可用铅心直径为0.5 mm的活动铅笔绘制;描黑底稿时,一般用B或2B的铅笔。

铅笔从没有标号的一端开始使用,以便保留它的标号。削铅笔的具体方法与要求如图1-9b所示。

绘图时,笔身前后方向应与纸面垂直,而向绘线方向倾斜约60°,如图1-9c所示。同时,用力要均匀。用锥状铅心画长线时,要一边画一边旋转铅笔,使线条粗细保持一致。

1.1.9 曲线板

曲线板(图1-10a)用于绘制不规则的非圆曲线。

作图时,应先徒手将曲线上各点轻轻地依次连接成光滑的曲线,然后在曲线板上选用与曲线上完全吻合的一段描绘,吻合点越多所得曲线越光滑。如若吻合段有4个连接点,可先描绘前三点的一段,留下最后两个点给下一段描,这样中间有一小段前后吻合两次,依次描绘就可连出光滑曲线(图1-10b)。

描绘对称曲线时,则应自顶点一小段开始,对称地使用曲线板的同一段曲线描绘对称部分。

1.1.10 其他

除了上述工具之外,在绘图时,还需要准备测量角度的量角器、擦图片(修改图线时用它遮住不需要擦去的部分,露出要擦去部分)、削铅笔刀、橡皮、固定图纸用的胶带纸、砂纸(磨铅笔心用),以及清除图画上橡皮屑的小刷等,如图1-11所示。

第 1 章 制图基本知识

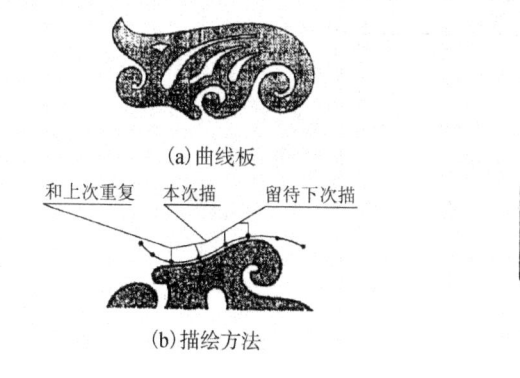

图 1-10 曲线的描绘方法

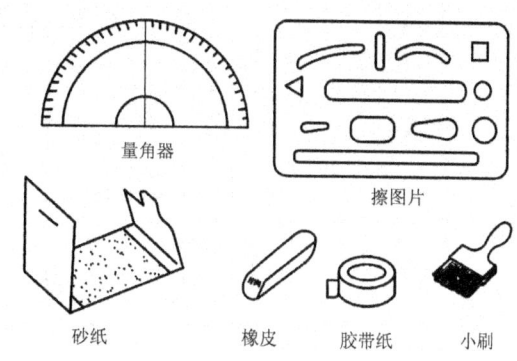

图 1-11 其他绘图工具

1.2 制图的基本规定

工程图样是指导生产和进行技术交流的工程语言,为了使工程图样统一,必须对图样的表达方法、尺寸标注、所用符号等制定统一的规定。为此,我国先后修订颁布了一系列制图国家标准(以下简称"国家标准")。本章介绍国家标准中关于图纸幅面、图线、字体、尺寸标注等的有关规定,其余内容将在以后有关章节中分别叙述。

1.2.1 图纸幅面和格式(摘自 GB/T 50001—2010)

1.2.1.1 图纸幅面尺寸

图纸的幅面是指图纸宽度与长度组成的画面。为了便于图样的装订、管理和交流,国家标准对图纸幅面的尺寸大小作了统一规定。绘制技术图样时应优先采用表 1-1 中所规定的基本幅面。必要时,可选用加长幅面,但加长的尺寸必须按照国家标准 GB/T 50001—2010 的规定。

表 1-1 幅面及图框尺寸   mm

尺寸代号	幅面代号				
	A0	A1	A2	A3	A4
$b \times l$	841×1189	594×841	420×594	297×420	210×297
c	10			5	
a	25				

注:表中 b 为幅面短边尺寸,l 为幅面长边尺寸,c 为图框线与幅面线间宽度,a 为图框线与装订边间宽度。

从表 1-1 可见,A0 号图幅对裁是 A1 号,A1 号图幅对裁是 A2 号,其余类推(图 1-12)。同一个专业所用的图纸,不宜多于两种幅面,目录及表格所采用的 A4 幅面可不在此限。图纸以短边作垂直边称为横式(图 1-13),以短边作水平边称为立式。一般 A0～A3 图纸宜横式使用;必要时,也可立式使用。A4 幅面图纸宜立式使用。

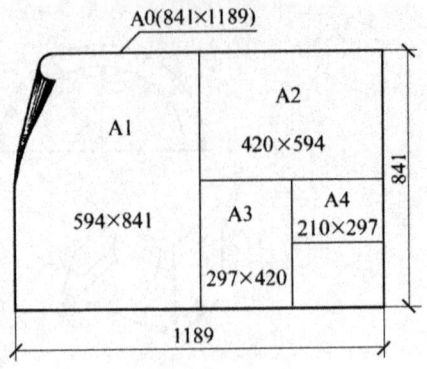

图1-12 基本幅面的尺寸关系

1.2.1.2 图框格式

图框是图纸上限定绘图区域的线框。在图纸上必须用粗实线画出图框，如图1-13所示。

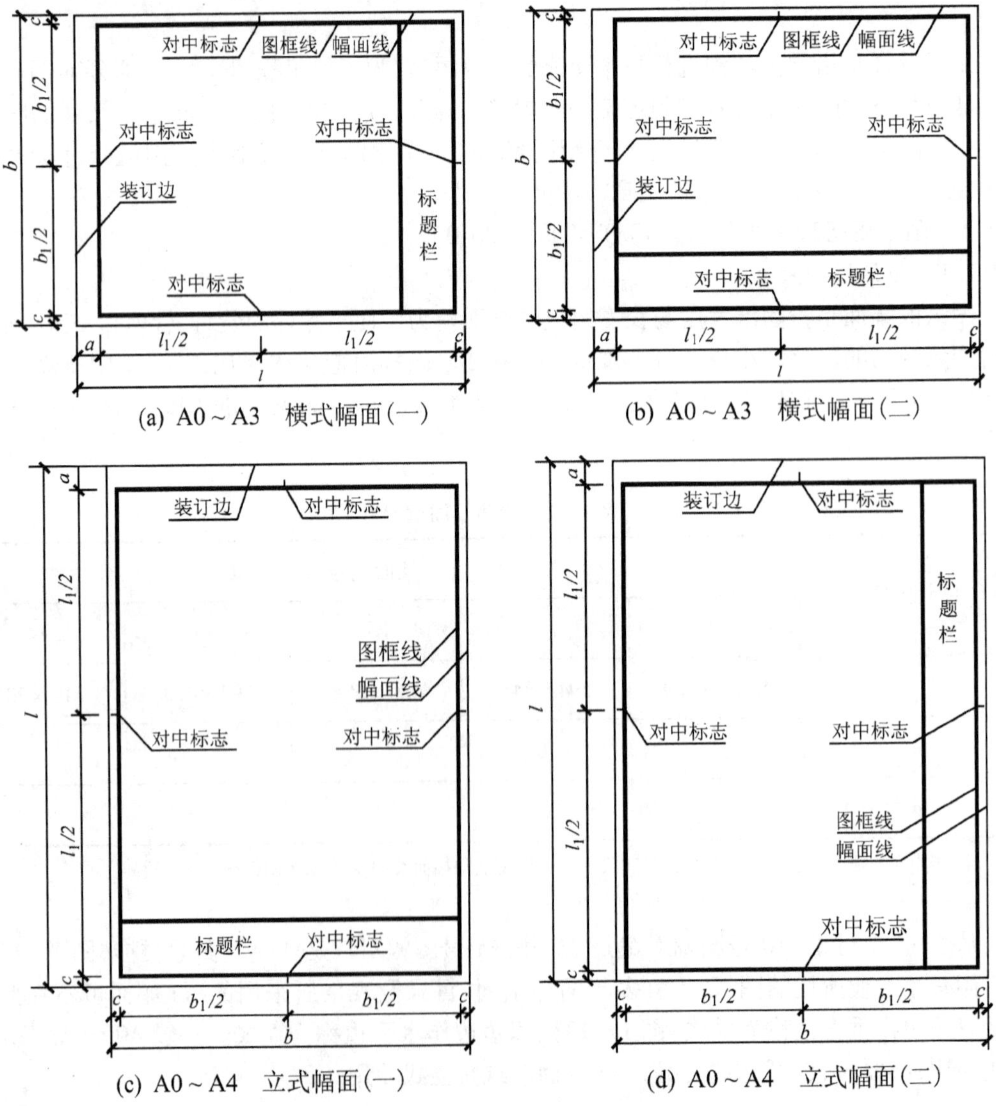

(a) A0～A3 横式幅面(一)　　(b) A0～A3 横式幅面(二)

(c) A0～A4 立式幅面(一)　　(d) A0～A4 立式幅面(二)

图1-13 留有装订边的图框格式

对需要缩微复制的图纸,为了便于定位,各幅面图纸均应在图纸内框各边长的中点处(即 l_1 和 b_1 范围取中)画出对中标志符号,其线宽 0.35 mm,并伸入内框边,在框外为 5 mm(图 1-13)。

当需加长幅面时,图纸的短边尺寸不应加长,A0～A3 幅面长边尺寸可按国家标准(GB/T 50001—2010)规定加长。

1.2.1.3 标题栏

图纸中应有标题栏、图框线、幅面线、装订边和对中标志。图纸的标题栏及装订边的位置应按图 1-13 规定形式进行布置。其中横式使用的图纸按图 1-13a、b 的形式布置;立式使用的图纸按图 1-13c、d 的形式布置。

标题栏应符合图 1-14 的规定,并根据工程的需要选择确定其尺寸、格式和分区。

签字区应包括实名列和签名列,并应符合下列规定:

(1)对涉外工程的图纸标题栏,应在内容下方附加外文译文,设计单位全称上面应加"中华人民共和国"中文字样。

(2)在计算机制图文件中当使用电子签名与认证时,应符合国家有关电子签名法的规定。

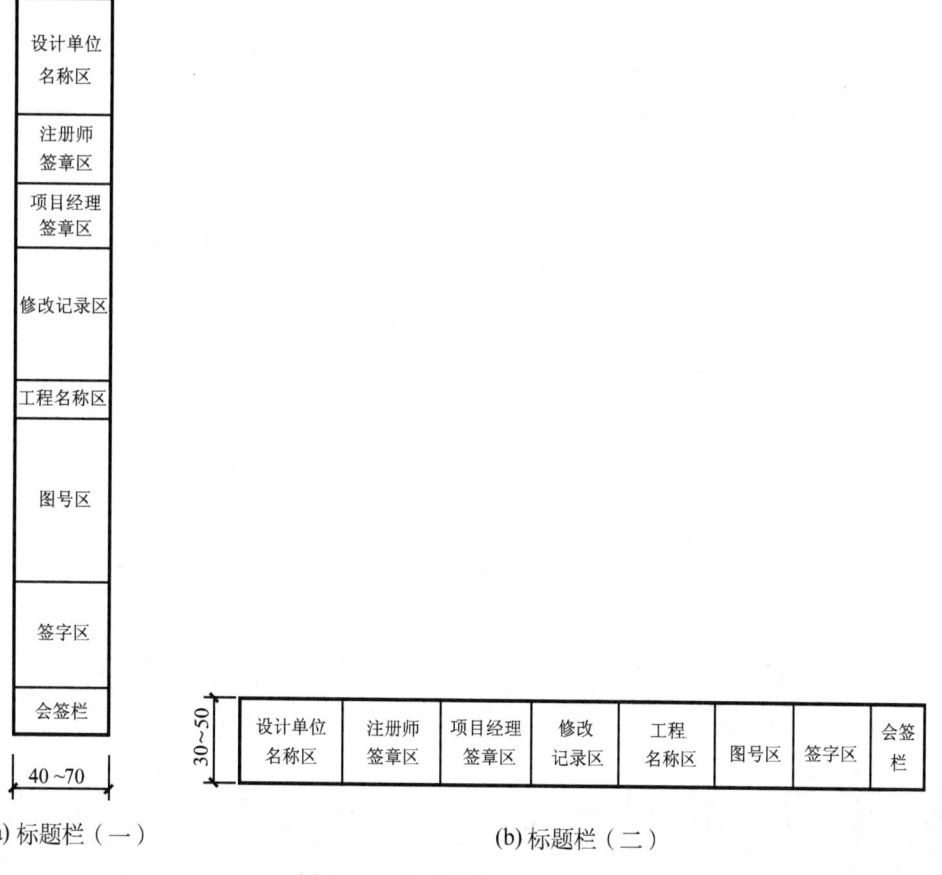

图 1-14 标题栏格式和尺寸

1.2.2 字体(摘自 GB/T 50001—2010)

字体是图中文字、字母、数字的书写形式。图纸上所需注写的文字、数字、字母或符号等必须做到笔画清晰、字体端正、间隔均匀、排列整齐;标点符号清楚正确。

1.2.2.1 文字的字高

文字的字高应从表1-2中选用。字高大于10 mm的文字采用True type字体,当需书写更大的字时,其高度应按$\sqrt{2}$的倍数递增。

表1-2 文字的字高　　　　　　　　　　　　　　　mm

字体种类	中文矢量字体	True type字体及非中文矢量字体
字高	3.5、5、7、10、14、20	3、4、6、8、10、14、20

汉字的字高应不小于3.5 mm,拉丁字母、阿拉伯数字与罗马数字的字高应不小于2.5 mm。

1.2.2.2 汉字

图样及说明中的汉字,宜采用长仿宋体或黑体,同一图纸字体种类不应超过两种,长仿宋体的高宽的关系应符合表1-3的规定,即字宽约等于字高的2/3,而且每号字体的宽度即为比其小一号字体的高度。黑体字的宽度与高度应相同。并应采用国家正式公布推广的简化字。

如图1-15和图1-16所示。

表1-3 长仿宋字高宽关系　　　　　　　　　　　　mm

字高	20	14	10	7	5	3.5
字宽	14	10	7	5	3.5	2.5
适用范围	字高20、14: 大标题或封面标题		字高10、7: 各种图的标题		字高5、3.5: (1)详图的数字标题 (2)标题的比例数字 (3)剖面符号 (4)图标中部分文字 (5)一般文字说明	
			字高7、5: (1)表格的名称 (2)详图及附注的标题		字高3.5: 尺寸、标高及其他数字	

门窗基础地层楼板梁柱墙厕浴标号
制审定日期一二三四五六七八九十

图1-15 长仿宋体示例

10号

排列整齐字体端正笔画清晰注意起落

7号

字体笔画基本上是横平竖直结构匀称写字前先画好格子

5号

阿拉伯数字拉丁字母罗马数字和汉字并列书写时它们的字高比汉字高小

3.5号

大学系专业班级绘制描图审核校对序号名称材料件数备注比例重共第张工程种类设计负责人平立剖侧切截断面轴测示意主俯仰前后左右视向东西南北中心内外高低顶底长宽厚尺寸分厘毫米矩方

图1-16 汉字长仿宋体字样示例

长仿宋体汉字的特点:横平竖直、起落分明、结构均匀、填满方格。

长仿宋体汉字的基本笔画及其写法如图1-17所示。

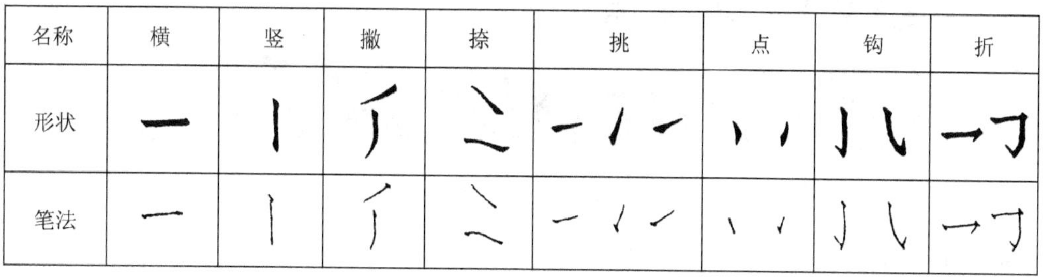

名称	横	竖	撇	捺	挑	点	钩	折
形状	一	丨	丿	⟍	一	丶	亅	⌐
笔法	一	丨	丿	⟍	一	丶	亅	⌐

图1-17 长仿宋体汉字笔画形式举例

1.2.2.3 数字及字母

图样及说明中的拉丁字母、阿拉伯数字与罗马数字,宜采用单线简体或ROMAN字体。它们的书写规则应符合表1-4的规定。

表1-4 拉丁字母、阿拉伯数字与罗马数字书写规则

书写格式	字 体	窄 字 体
大写字母高度	h	h
小写字母高度(上下均无延伸)	$(7/10)h$	$(10/14)h$
小写字母伸出的头部或尾部	$(3/10)h$	$(4/14)h$
笔画宽度	$(1/10)h$	$(1/14)h$
字母间距	$(2/10)h$	$(2/14)h$
上下行基准线的最小间距	$(15/10)h$	$(21/14)h$
词间距	$(6/10)h$	$(6/14)h$

拉丁字母、阿拉伯数字与罗马数字的字高不应小于 2.5 mm。

拉丁字母、阿拉伯数字与罗马数字及符号示例,如图 1-18 所示。

拉丁字母、阿拉伯数字与罗马数字在图纸上分直体和斜体两种,斜体字应从字的底线逆时针向上倾斜 75°。数量的数值注写,应采用正体阿拉伯数字。计量单位符号应采用正体字母。

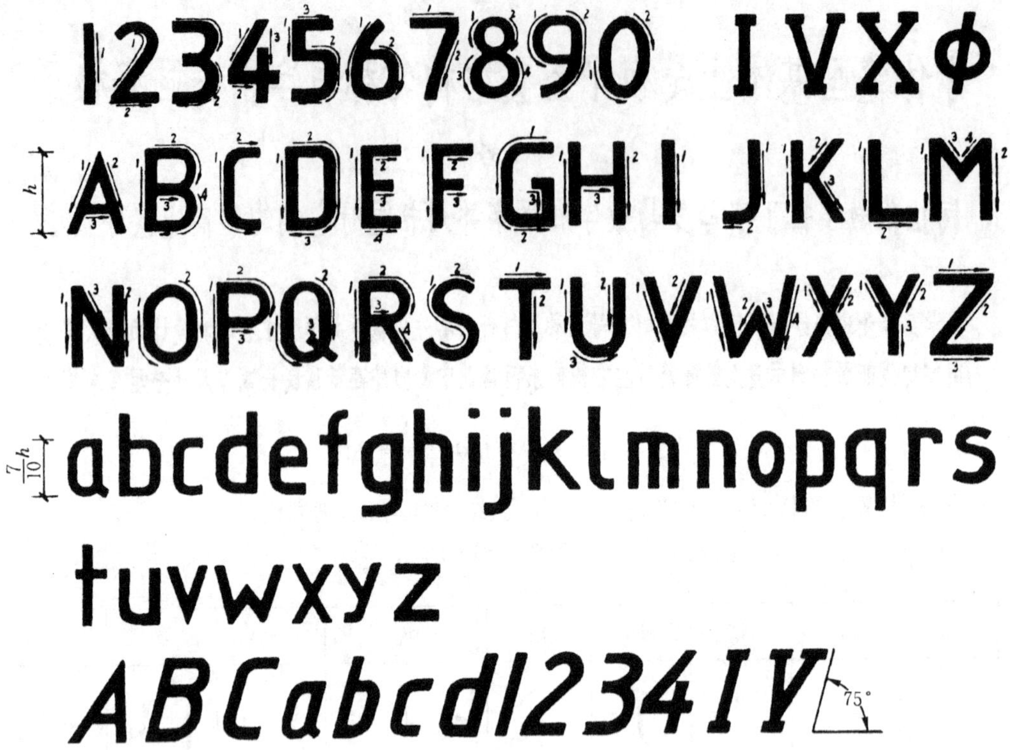

图 1-18 拉丁字母、阿拉伯数字和部分罗马数字、希腊字母示例

1.2.3 图线(摘自 GB/T 50001—2010)

图线是指图样中所采用的各种形式的线。

1.2.3.1 线型的宽度

图样中的图线线型,随用途的不同其形式与粗细也不一样。图线的宽度有粗(b)、中粗($0.7b$)、中($0.5b$)、细($0.25b$)之分。国家标准规定图线的宽度 b,宜从 1.4、1.0、0.7、0.5、0.35、0.25、0.18、0.13 mm 线宽系列中选取。图线宽度不应小于 0.1 mm。

图样中线型的基本宽度 b 应根据图样的复杂程度与比例大小选定(若图形小而图线多则应选择较细的线宽),先选定基本线宽 b,就可根据表 1-5 选用相应的线宽组。同一张图纸内,相同比例的各图样,应选用相同的线宽组。

表 1-5 线宽组　　　　　　　　　　　　　　　　　　　　　　　　mm

线宽比	线宽组			
b	1.4	1.0	0.7	0.5
$0.7b$	1.0	0.7	0.5	0.35
$0.5b$	0.7	0.5	0.35	0.25
$0.25b$	0.35	0.25	0.18	0.13

1.2.3.2 线型

国家标准规定的图线线型、线宽及用途具体见表1-6。在绘图时,为反映工程图中的不同内容,分清主次,应根据表1-6中所列各种线型的用途和图样的大小、类别,选用不同的线型和线宽的图线。

表1-6 图 线

名称		线 型	线宽	用 途
实线	粗	———————	b	(1)主要可见轮廓线 (2)平、剖面图中主要构配件断面的轮廓线 (3)建筑立面图中外轮廓线 (4)详图中主要部分的断面轮廓线和外轮廓线 (5)总平面图中新建建筑物的可见轮廓线 (6)平、立、剖面的剖切符号、图名下横线
	中粗	———————	$0.7b$	(1)平、剖面图中被剖切的次要建筑构造(包构配件)的轮廓线 (2)建筑平、立、剖面图中建筑构配件的轮廓线 (3)建筑构造详图及建筑构配件详图中的一般轮廓线 (4)给、排水工程中新设计的给水管线;原有的排水管线
	中	———————	$0.5b$	(1)建筑平、立、剖面图中一般构配件的轮廓线 (2)平、剖面图中没有剖切到但可看到部分的轮廓线 (3)总平面图中新建道路、桥涵、围墙等及其他设施的可见轮廓线和区域分界线 (4)粉刷线,保温层线,地面,墙面的高差分界线等 (5)尺寸起止符号
	细	———————	$0.25b$	(1)总平面图中新建人行道、排水沟、草地、花坛等可见轮廓线,原有建筑物、铁路、道路、桥涵、围墙的可见轮廓线 (2)图例线、索引符号、尺寸线、尺寸界线、引出线、标高符号、较小图形的中心线
虚线	粗	— — — — —	b	(1)新建建筑物的不可见轮廓线 (2)结构图上不可见钢筋及螺栓线
	中粗	— — — — —	$0.7b$	(1)建筑构造详图及建筑构配件不可见的轮廓线 (2)平面图中的起重机(吊车)轮廓线 (3)拟建、扩建建筑物轮廓线 (4)给、排水工程中新设计的排水管道;原有的排水管线的不可见轮廓线
	中	— — — — —	$0.5b$	(1)一般不可见轮廓线 (2)总平面图计划扩建的建筑物、铁路、道路、桥涵、围墙及其他设施的轮廓线
	细	— — — — —	$0.25b$	(1)总平面图中原有建筑物和道路、桥涵、围墙等设施的不可见轮廓线 (2)结构详图中不可见钢筋混凝土构件轮廓线 (3)图例线

续表1-6

名称	线型	线宽	用途
单点长画线 粗		b	起重机(吊车)轨道线
单点长画线 中		$0.5b$	土方填挖区的零点线
单点长画线 细		$0.25b$	中心线、对称线、定位轴线、分水线、重心线
双点长画线 粗		b	预应力钢筋线
双点长画线 中		$0.5b$	建筑红线
双点长画线 细		$0.25b$	假想轮廓线、成型前原始轮廓线、原有结构轮廓线
折断线 细		$0.25b$	部分省略表示时的断开界线
波浪线 细		$0.25b$	部分省略表示时的断开界线,曲线形构件断开界限 构造层次的断开界限

注:地平线宽可用$1.4b$。

各种线宽应用如图1-19、图1-20和图1-21所示。

(1)绘制较简单的图样时,可采用两种线宽的线宽组,其线宽比宜为$b:0.25b$(图1-19)。

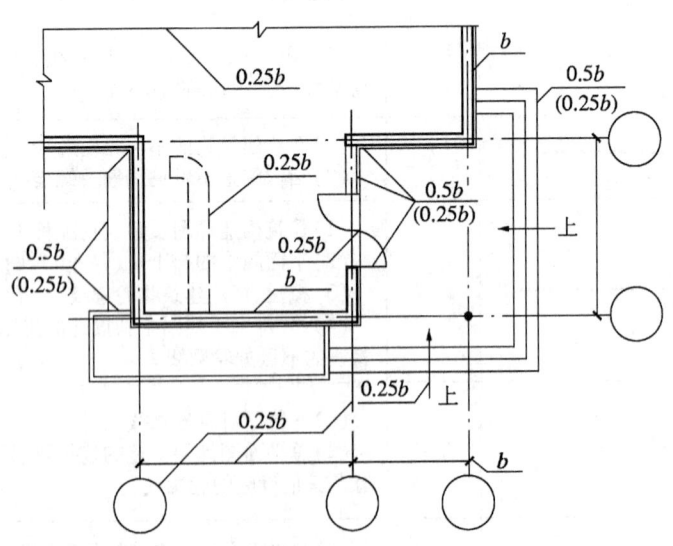

图1-19 平面图图线宽度选用示例

(2)建筑图复杂图形图线宽度选用示例如图1-20、图1-21所示。

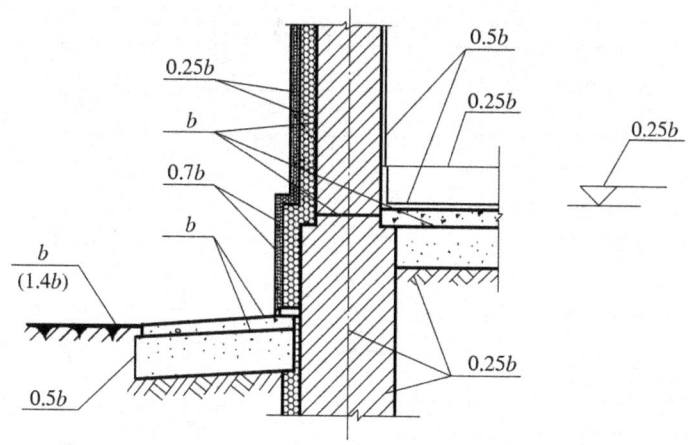

图 1-20 墙身剖面图图线宽度选用示例

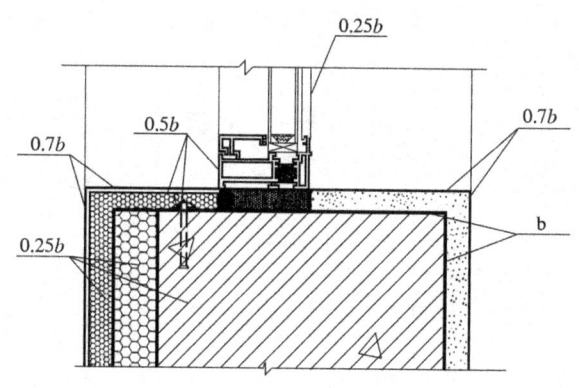

图 1-21 详图图线宽度选用示例

(3)图纸的图框和标题栏线可采用表 1-7 的线宽。

表 1-7 图框和标题栏线的宽度   mm

幅面代号	图框线	标题栏外框线	标题栏分格线
A0、A1	b	$0.5b$	$0.25b$
A2、A3、A4	b	$0.7b$	$0.35b$

1.2.3.3 绘图时对图线的要求

(1)同一图纸幅面中采用相同比例绘制的各视图,其同一类线型的图线粗细应相同。

(2)图线不得与文字、数字或符号重叠、混淆,不可避免时,应首先保证文字等的清晰。

(3)点画线每一线段的长度应大致相等,等于 20～30 mm,且首末两端应为线段。当在较小图形中绘制有困难时,可用实线代替。

(4)虚线的线段应保持长短一致,等于 3～6 mm;线段间间距适宜,等于 0.5～1 mm。

(5)波浪线及折断线中的断裂处的折线可徒手画出。

(6)各种图线的衔接处或相交处应画成线段,而不应当是空隙。但当虚线在实线的延长位置时,虚线与实线间则以空隙分开。图线交接画法如表 1-8 所示。

表1-8　图线交接画法正误对比

画法说明	图例 正确	图例 错误
点画线相交时,应在线段部分相交,点画线的起始与终了应为线段		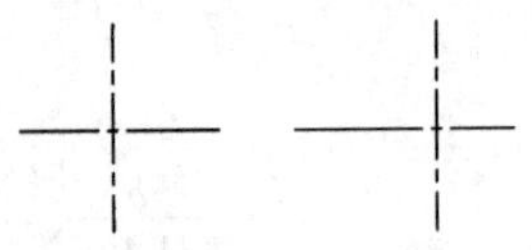
圆心应以中心线的线段交点表示 中心线应超出圆周约5 mm;当圆直径小于12 mm时,中心线可用细实线画出,超出圆周约3 mm	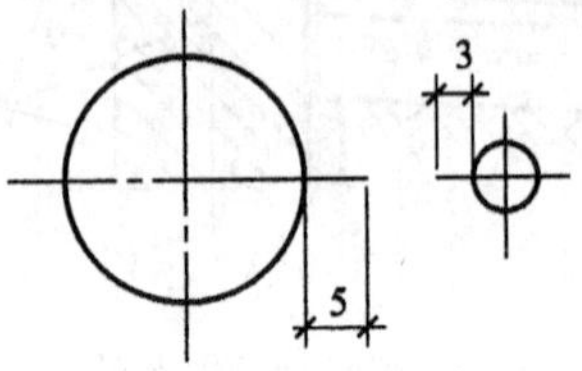	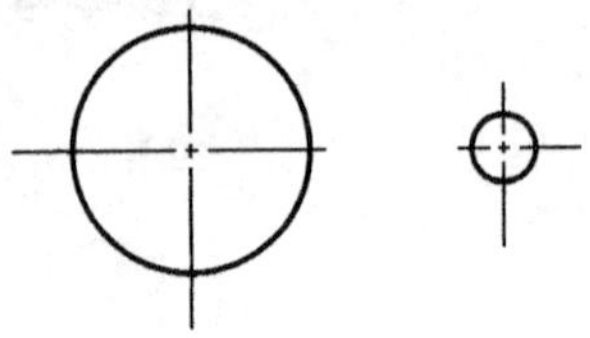
圆与圆或与其他图线相切时,在切点处的图线应正好是单根图线的宽度		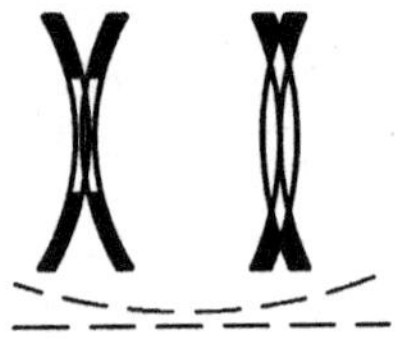
虚线与虚线或与其他图线相交时,应以线段相交	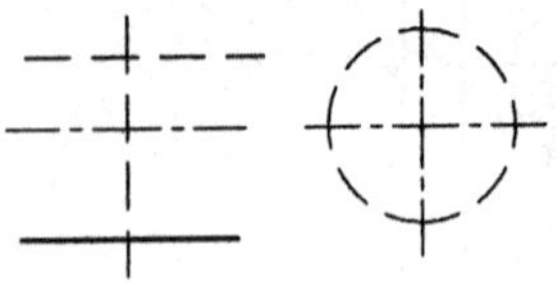	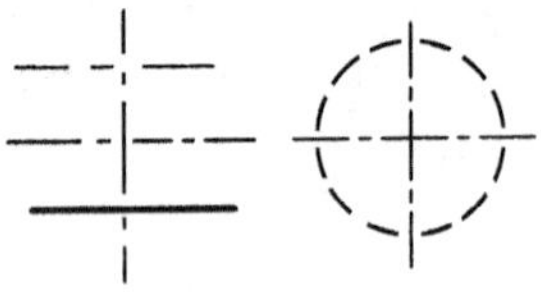
虚线与虚线或与其他图线相交于垂足处为止时,垂足处不应留有空隙	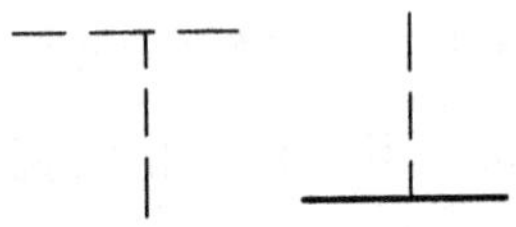	
虚线在实线的延长线位置时,虚线与实线间应留有空隙,不应相接,以表示两种图线的分界线	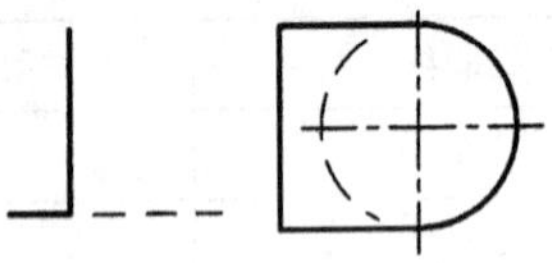	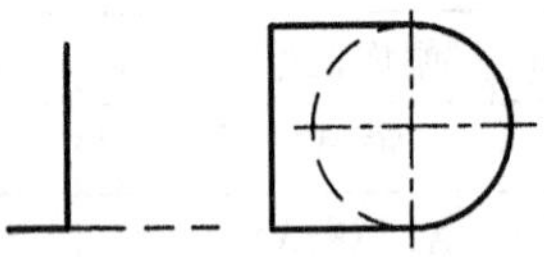

1.2.4　比例(摘自 GB/T 50001—2010)

工程制图中,为满足各种图样表达的需要,有些需缩小绘制在图纸上,有些又需放大绘制在图纸上。因此,必须对缩小和放大的比例作出规定。

图样的比例,是图形与实物相对应要素的线性尺寸之比。

比例的大小,是指比值的大小,例如,1:50 的比例大于 1:100。

比例的符号为":",比例用阿拉伯数字表示,例如,原值比例 1:1,放大比例 5:1,缩小比例 1:5 等。

工程图样的绘制应根据图样的用途和被绘制物体的复杂程度,按表 1-9 选择合适的绘图比例,并优先选用表中常用比例,以确保表达物体的图样精确和清晰,以便于绘图,利于读图和交流。

表1-9 绘图所用的比例

常用比例	1:1、1:2、1:5、1:10、1:20、1:30、1:50、1:100、1:150、1:200、1:500、1:1000、1:2000
可用比例	1:3、1:4、1:6、1:15、1:25、1:40、1:60、1:80、1:250、1:300、1:400、1:600、1:5000、1:10000、1:20000、1:50000、1:100000、1:200000

比例宜书写在图名的右侧,字的基准线与图名取平,其字号应比图名字号小一号或二号,具体如图1-22所示。

(a)比例的注写　　　　　　　　　　(b)比例尺

图1-22 比例注写

一般情况下,一个图样应选用一种比例。根据专业制图需要,允许同一图样中的铅垂和水平方向选用不同的比例。若必须自选比例时,除应注出绘图比例外,还必须在适当位置绘制出相应的比例尺。

1.2.5 尺寸标注

1.2.5.1 基本规则

工程图样中,除了按比例画出工程实物和造园素材的形状外,还必须按照国家标准的规定,正确、详尽、清晰地标注尺寸,以作为确定其大小的依据。

国家标准规定,各种图样标注的尺寸,除标高及总平面图以米(m)为单位外,其余均以毫米(mm)为单位。因此,图样中按此规定标注的尺寸数字不用注写度量单位。如采用其他单位时,必须注明单位的代号或名称。

图样上尺寸的标注应整齐、划一,数字应写得工整、端正、清晰,以方便看图。

图样上标注的尺寸,由尺寸线、尺寸界线、尺寸起止符号和尺寸数字等内容组成,如图1-23所示。

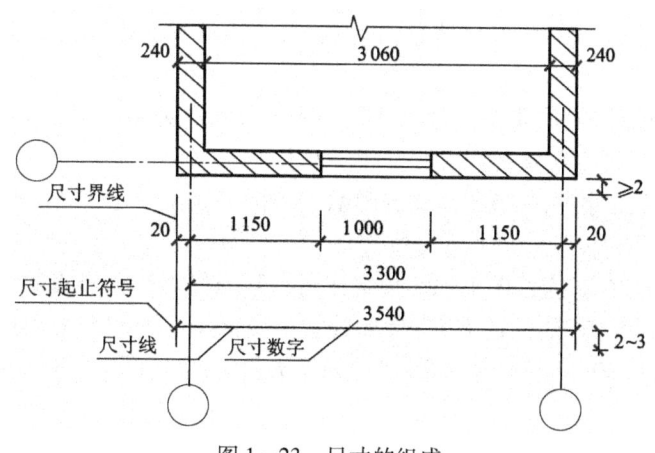

图1-23 尺寸的组成

1. 尺寸线

表示图形尺寸设置方向的线称为尺寸线。

(1)尺寸线用细实线绘制,并与被注长度平行。不可超出尺寸界线。任何其他图线均不得用作尺寸线。

(2)图样轮廓线以外的尺寸线,距图样最外轮廓线之间的距离不宜小于 10 mm。平行排列的尺寸线的距离宜为 7~10 mm,并保持一致,如图 1-23 所示。

(3)互相平行的尺寸线,应从被注的图样轮廓由近而远整齐排列,小尺寸应离轮廓线近,大尺寸应离轮廓线远,以避免尺寸线相交,如图 1-23 所示。

2. 尺寸界线

表示图形尺寸范围的界限线称为尺寸界线。

(1)尺寸界线用细实线绘制,一般与图样中被注线性尺寸的方向垂直,其一端应离开图样轮廓线不小于 2 mm,另一端超出尺寸线外 2~3 mm,如图 1-23 所示。必要时,图形轮廓线、对称线、中心线、轴线及它们的延长线可用作尺寸界线。

(2)总尺寸的尺寸界线应靠近所指部位,中间的分尺寸的尺寸界线可稍短,但其长度应相等,如图 1-23 所示。

3. 尺寸起止符号

尺寸起止符号表示尺寸的起讫。尺寸线与尺寸界线的交点为尺寸的起止点,尺寸起止符号应画在起止点上。

(1)尺寸起止符号一般用中粗斜短线绘制,其倾斜方向应与尺寸界线成顺时针 45°,长度宜为 2~3 mm,如图 1-24a 所示。

(2)当相邻的尺寸界线的间隔很小时,起止符号可以绘成小黑圆点。

(3)半径、直径、角度和弧长的尺寸起止符号,宜用箭头表示。箭头及起止符号的画法如图 1-24b 所示,箭头的长度为图中粗实线宽度 b 的 4~5 倍,并涂黑。

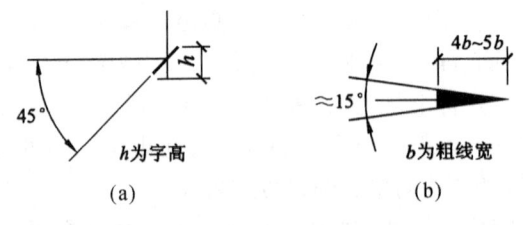

图 1-24 尺寸箭头及起止符号的画法

4. 尺寸数字

尺寸数字表示尺寸的大小。

(1)图样上的尺寸大小,应以尺寸数值为准,与图样绘画的准确度无关,不得从图上直接量取。

(2)图样上的尺寸单位,除标高及总平面图以米(m)为单位外,其他尺寸必须以毫米(mm)为单位。因此,图上标注的尺寸一律不写单位。

(3)图样上标注尺寸时,一般采用 2.5 号数字。同一张图纸上,同一类的尺寸数字字高应一致。

(4)尺寸数字的方向,应按图 1-25 规定注写,即:当尺寸线为竖直时,尺寸数字注写在尺寸线的左侧,字头朝左;其他任何方向,尺寸数字也应保持向上的趋势,且注写在尺寸线的上方。尽可能不在图示 30°角范围内标注尺寸,如无法避免,可按图 1-26 所示的形式注写。

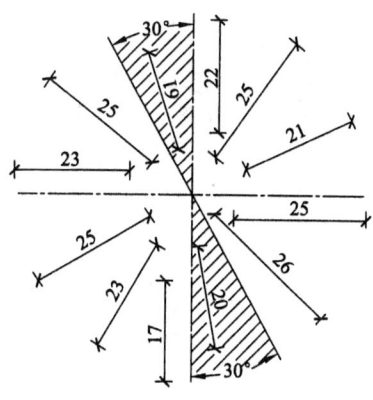

图 1-25 尺寸数字的注写方向

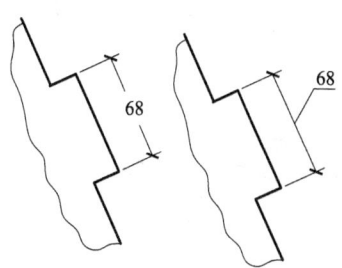

图 1-26 尺寸数字的注写方向的特例

（5）尺寸数字尽可能注写在靠近尺寸线的上方中部，如没有足够的注写位置，最外边的数字可注写在尺寸界线的外侧，中间相邻的尺寸数字可错开注写，也可引出注写，如图 1-27 所示。

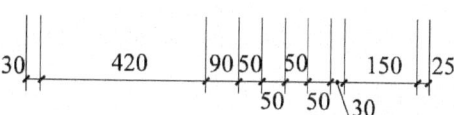

图 1-27 尺寸界线较密时的尺寸标注形式举例

（6）尺寸宜标注在图样轮廓线以外，不宜与图线、文字及符号相交。
（7）任何图线不得穿过尺寸数字，当不能避免时，应将尺寸数字处的图线断开。

1.2.5.2 半径、直径、球的尺寸标注

如图 1-28 所示，标注半径、直径、球的尺寸起止符号宜用箭头表示。

1. 半径

一般情况下，对于半圆或小于半圆的圆弧应标注其半径。

半径的尺寸线应一端从圆心开始，另一端画箭头指向圆弧（图 1-28a）。半径数字前加注半径符号"R"（如图 1-28a、b、c）。对较小圆弧的半径，可按图 1-28b 的形式标注。对较大圆弧的半径，可按图 1-28c 的形式标注。

2. 直径

一般大于半圆的圆弧或圆应标注直径。

标注圆的直径尺寸时，直径数字前应加直径符号"ϕ"。在圆内标注的尺寸线应通过圆心，两端画箭头指向圆弧（图 1-28d）。较小圆的直径尺寸，可标注在圆外（图 1-28e）。

3. 球

标注球的半径或直径时，应在 R 前加注符号"SR"或"$S\phi$"，注写方法与圆弧半径和圆直径的尺寸标注方法相同（图 1-28f）。

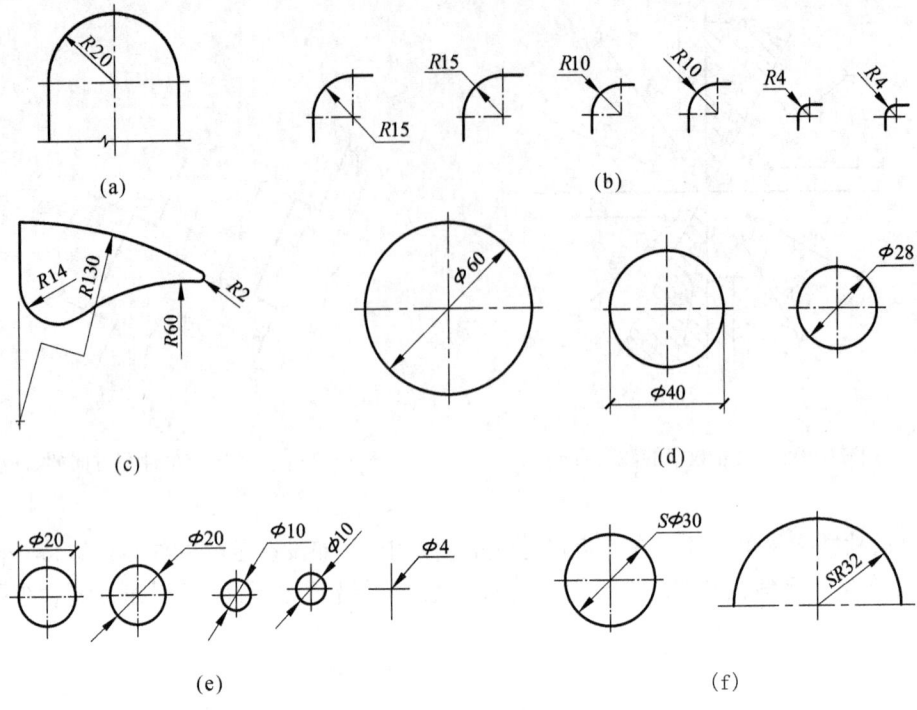

图1-28 半径、直径、球的尺寸标注

1.2.5.3 角度、弧长、弦长的标注

1. 角度

角度的尺寸线应画成细实线圆弧,该圆弧的圆心应是该角的顶点;角的两边或其延长线可作为尺寸界线;起止符号应画成箭头,如没有足够位置可用黑圆点代替(图1-29a)。

角度数字应字头朝上,按水平方向注写,并在数字的右上角加注度、分、秒符号(图1-29a)。

2. 弧长

弧长的尺寸线应是与该圆弧共圆心的圆弧线,尺寸界线应垂直于该圆弧的弦,起止符号应画成箭头,弧长数字上方应加注圆弧符号"⌒"(图1-29b)。

3. 弦长

弦长的尺寸线应是平行于该圆弧的弦的细实线,尺寸界线应垂直于该弦,起止符号用45°中粗斜短线(图1-29c)。

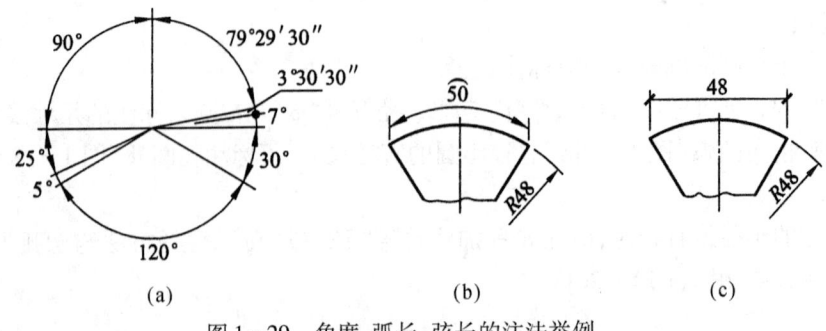

图1-29 角度、弧长、弦长的注法举例

1.2.5.4 薄板厚度、正方形

1. 薄板厚度

在薄板板面标注板厚尺寸时,应在厚度数字前加厚度符号"t"(图1-30)。

2. 正方形

标注正方形的尺寸,可用"边长×边长"的形式,也可在边长数字前加正方形符号"□"(图1-31)。

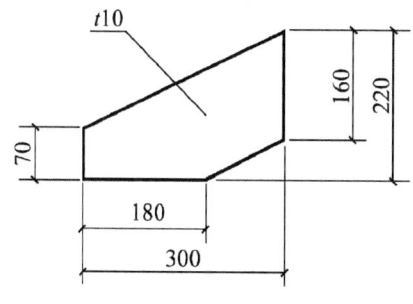

图1-30 薄板厚度标注方法

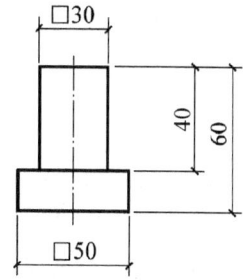

图1-31 标注正方形尺寸

1.2.5.5 坡度

坡度的尺寸标注在工程图中,对倾斜部分的倾斜程度,国家标准规定标注坡度时,应加注坡度符号"➝",该符号为单面箭头,箭头应指向下坡方向(图1-32a、b)。坡度也可用直角三角形形式标注(图1-32c)。

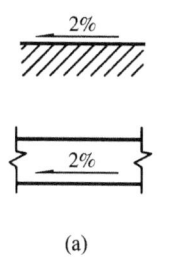 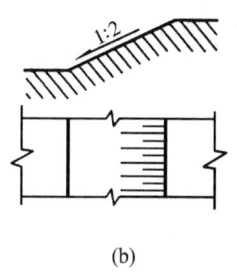 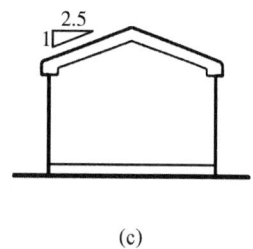

(a) (b) (c)

图1-32 坡度标注方法

1.2.5.6 非圆曲线和复杂图形的尺寸标注

(1)对非圆曲线轮廓尺寸,可采用坐标式来标注曲线的有关尺寸。当标注曲线轮廓上有关点的坐标时,可将尺寸线或其延长线作为尺寸界线,如图1-33所示。

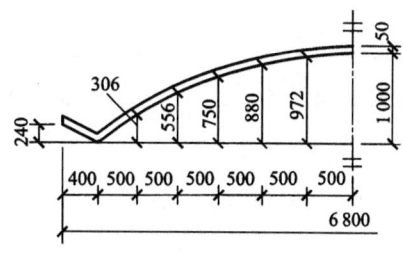

图1-33 坐标法标注曲线尺寸

(2)对于复杂的图形,可用网格形式标注尺寸,如图1-34所示。

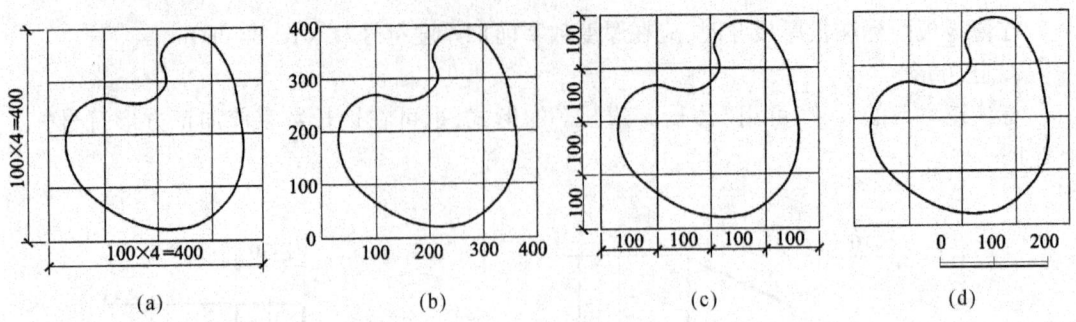

图1-34 网格式尺寸标注形式

其中,图1-34a采用"格宽尺寸×格数=总长"的形式标注。图1-34b采用从原点出发,按竖、横方向分别标注,这时原点为基准点,竖、横轴为两相互垂直方向的基准线。图1-34c采用分段标注出各等分段尺寸数字来表示。图1-34d采用比例尺表示,在示意图上多用此种表达形式,因为示意图对具体尺寸要求不高。

1.2.5.7 尺寸的简化标注

(1)桁架结构、钢筋以及管线等的单线图的标注。

对桁架简图、钢筋简图、管线图等单线图,可把长度尺寸数字相应地沿杆件或管线的一侧注写,如图1-35所示。尺寸数字的方向则仍按前面所阐明的规定来注写。

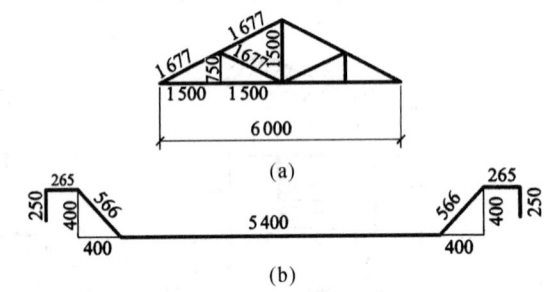

图1-35 单线图尺寸标注方法

(2)连续排列的等长尺寸,可用"等长尺寸×个数=总长"的形式标注(图1-36a),或"等分×个数=总长"的形式标注(图1-36b)。

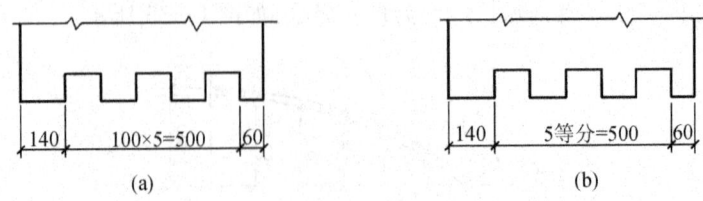

图1-36 等长尺寸简化标注方法

(3)构配件内的构造因素(如孔、槽等)如相同,可仅标注其中一个要素的尺寸(图1-37)。

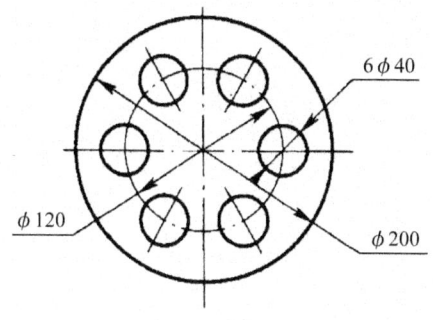

图 1-37 相同要素尺寸标注方法

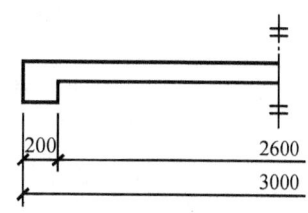

图 1-38 对称构件尺寸标注方法

（4）对称构配件采用对称省略画法时，该对称构配件的尺寸线应略超过对称符号，仅在尺寸线的另一端画尺寸起止符号，尺寸数字应按整体尺寸注写，其注写位置宜与对称符号对齐（图 1-38）。

（5）两个构配件，如个别尺寸数字不同，可在同一图样中将其中一个构配件的不同尺寸数字注写在括号内（图 1-39a），该构配件的名称也应注写在相应的括号内。

（6）数个构配件，如仅某些尺寸不同，这些有变化的尺寸数字可用拉丁字母注写在同一图样中，另列表格写明其具体尺寸（图 1-39b）。

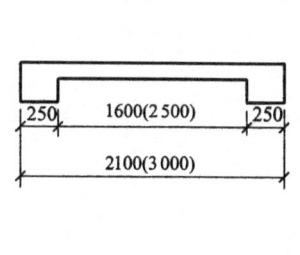

(a) 两相似构件尺寸标注方法

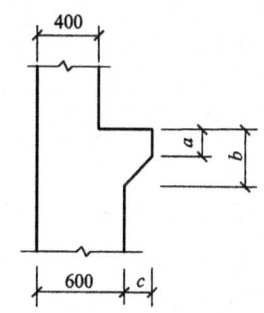

(b) 表格式标注方法

图 1-39 相似构配件尺寸标注方法

1.3 平面图形

绘制平面图形和标注其尺寸是绘制形体的正投影图的基础。平面图形是应用各种绘图工具和仪器，根据已知尺寸和几何关系，运用几何学的原理和作图方法进行绘制的。

1.3.1 基本作图方法

1.3.1.1 线段和平行线间距的任意等分

线段和平行线间距的等分，一般采用平行线法作图。

1. 线段的任意等分

图 1-40 所示为用平行线法五等分线段。

2. 任意等分两平行线之间的距离

图 1-41 所示为任意等分两平行线之间的距离（图示为六等分）的作图方法。

25

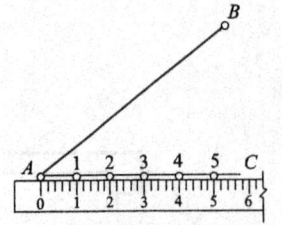
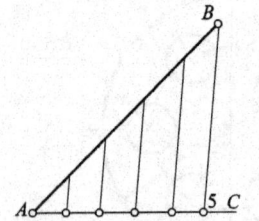

(a) 过点A作任意直线AC，在AC上截取所要求的等分数(本例为五等分)，得点1、2、3、4、5

(b) 连B5，过其余各点分别作B5的平行线，它们与AB的交点就是所求的等分点

图1-40　等分已知线段

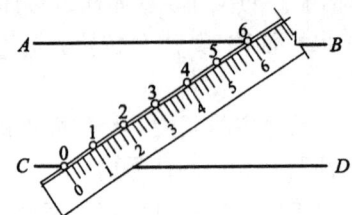
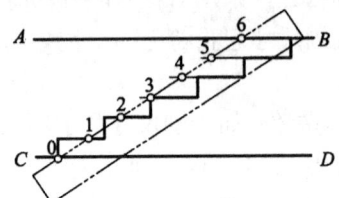

(a) 将直尺上的刻度0点放在CD线上，摆动直尺，使刻度6落在AB线上(本例为六等分)，记下1，2，…，6

(b) 过各刻度点作AB(或CD)的平行线，即得所求的等分距

图1-41　等分两平行线间的距离

1.3.1.2　角度的任意等分

任意等分一已知角，一般采用近似作法。现以图1-42所示的五等分∠AOB为例说明。作图方法如下：

（1）以O为圆心，任意长度(图中以AO)为半径，作半圆弧交AO延长线于C，同时交BO于B(图1-42a)；

（2）分别以A、C为圆心，AC为半径作弧，交于D(图1-42a)；

（3）连接BD，得与AC的交点E(图1-42b)；

（4）用平行线法五等分AE，得分点$1'$,$2'$,$3'$,$4'$,E(图1-42b)；

（5）过D点分别与$1'$,$2'$,$3'$,$4'$各点连接，并延长交圆弧ABC于B_1,B_2,B_3,B_4(图1-42c)；

（6）过O点分别与B_1,B_2,B_3,B_4各点连接，即得各等分角(图1-42c)。

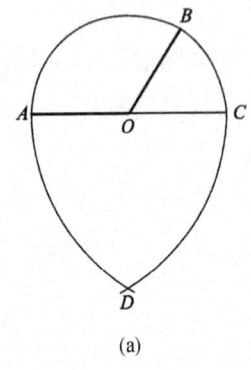
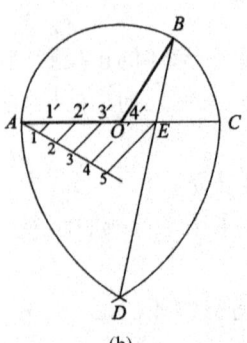

图1-42　角的任意等分

1.3.1.3 等分圆周作正多边形

(1) 圆内接正方形、等边三角形和正六边形等都可运用三角板配合丁字尺直接作图。

如图1-43所示,借助45°三角板和丁字尺,作出正方形、四边形;并可对圆周作八等分。又如图1-44所示,借助30°与60°三角板和丁字尺,作出等边三角形、正六边形;并可对圆周作十二等分。正六边形亦可利用其边长等于外接圆半径的特点,直接等分圆周作图。具体作图步骤在此不再赘述。

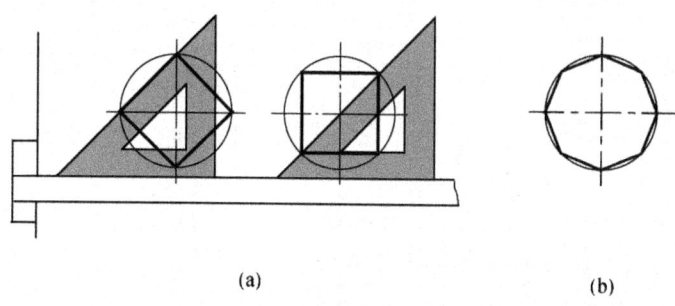

图1-43 作圆的内接正方形、四边形及八等分圆周

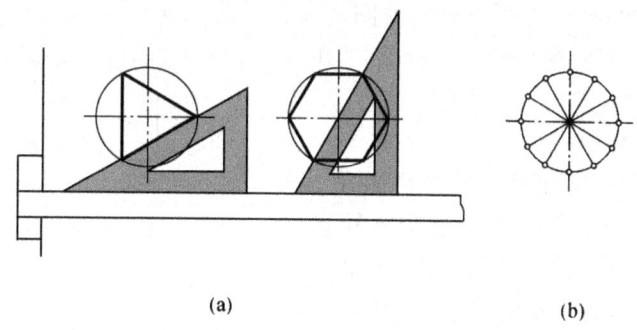

图1-44 作圆的内接等边三角形、正六边形及十二等分圆周

(2) 作圆的内接正五边形。

在已知半径为R的圆周上作内接正五边形,如图1-45所示:

① 将半径OA等分得中点O_1;
② 以O_1为中心,O_1B为半径作圆弧交OA延长线于点C;
③ 以B为中心,BC为半径作圆弧交圆周于D,则BD等于圆的内接正五边形的边长;
④ 以BD长度依次在圆周上截取等分点,并依次连线得正五边形。

(3) 作已知圆的内接任意边数的正多边形。

图1-46所示为作正七边形的画法:

① 用平行线法将已知圆的垂直直径CD等分为七等份;
② 以D为圆心,DC为半径作弧与水平直径的延长线相交得两点S、S_1;
③ 分别过S、S_1连接CD上的各偶数点2、4、6,并延长与圆周相交得各点;
④ 顺序连接所得各点,即得正七边形。

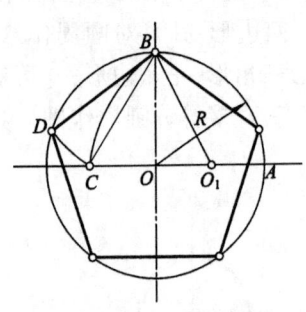

图1-45 五等分圆周的画法

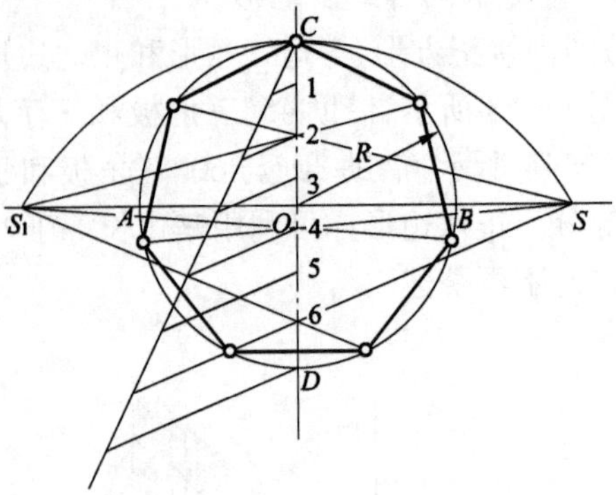

图1-46 任意等分圆周的画法

1.3.1.4 圆弧连接

制图中从一条线(直线或圆弧)用一圆弧或直线光滑地过渡(相切)到另一条线称为连接,切点称为连接点,用以连接的圆弧称为连接弧。圆弧连接作图的关键是确定连接弧的圆心位置及找到连接弧两端的切点。

1. 圆弧连接的基本作图原理

(1)与已知直线相切的半径为 R 的圆,其圆心轨迹是与已知直线距离为 R,且平行于已知直线的直线。其切点为自圆心 O 向已知直线所作垂线的垂足,如图1-47所示。

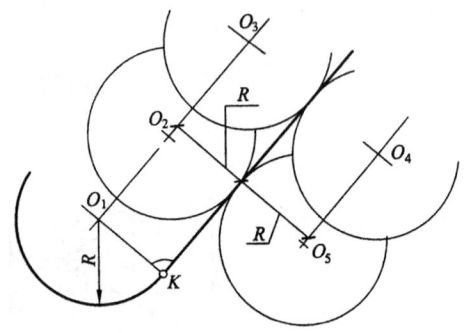

(2)与已知圆弧(圆心为 O_1,半径为 R_1)相切的半径为 R 的圆弧,其圆心轨迹为已知圆弧的同心圆,该圆的半径 O_1O 根据相切条件而定:

图1-47 作圆弧与直线连接

①两圆外切,如图1-48a所示, $O_1O = R_1 + R$;

②两圆内切,如图1-48b所示, $O_1O = |R_1 - R|$。

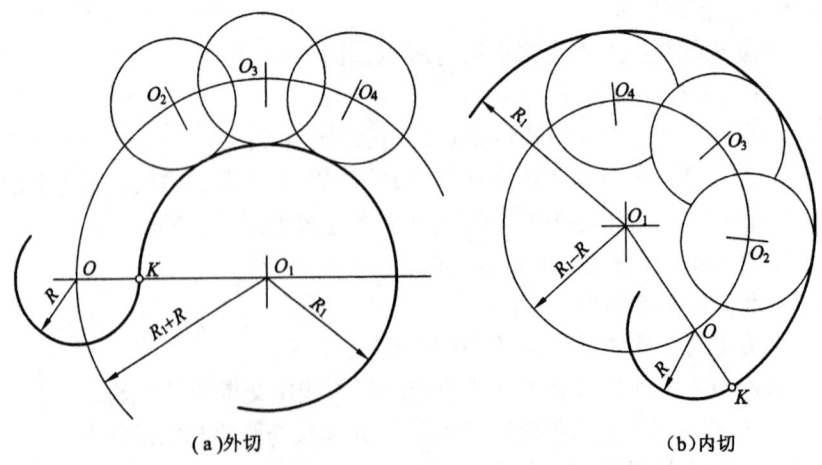

(a)外切 (b)内切

图1-48 作圆弧与圆弧连接

两圆心的连线 O_1O 或它的延长线与已知圆弧的交点 K 即为连接点(切点)。

2. 线段连接的几种情形

两已知线(直线或圆弧)间的连接有以下几种:

① 圆—圆,用直线连接,即作两圆的公切线;
② 直—直,用圆弧连接;
③ 直—圆,用圆弧连接;
④ 圆—圆,用圆弧连接,有内接、外接、内外接。

3. 作图方法举例

圆弧连接的具体作图方法见表1-10。

表1-10 线段连接的作图方法与步骤

连接要点	作图方法与步骤		
	求圆心 O	求切点 K_1、K_2	画连接圆弧
连接相交两直线	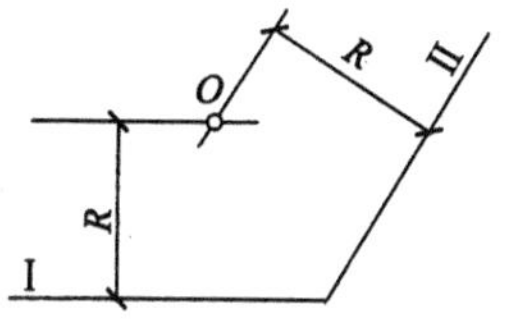	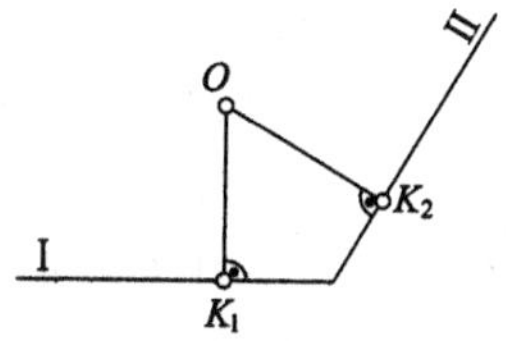	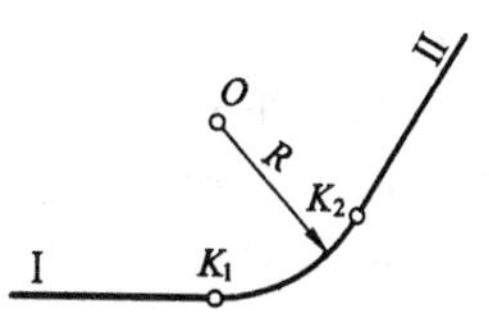
连接一直线和一圆弧	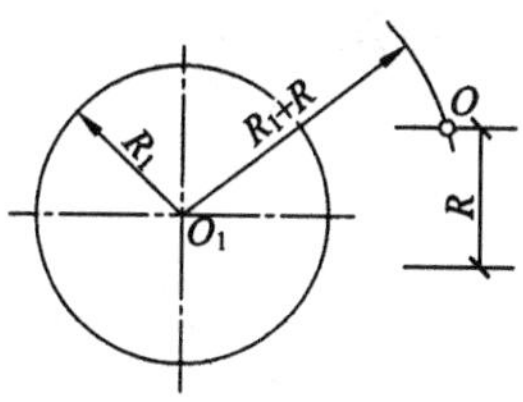	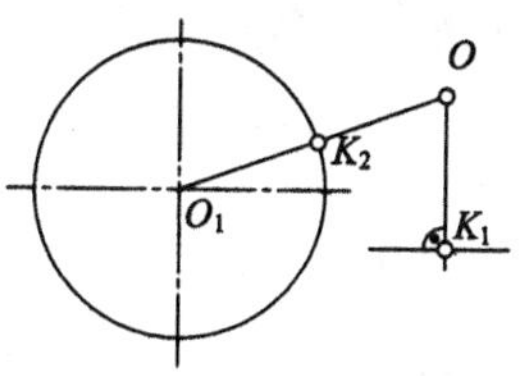	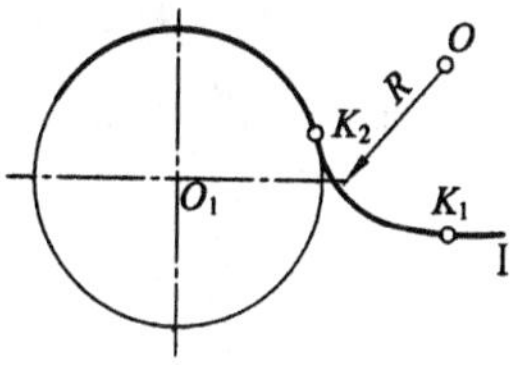
外接两圆弧	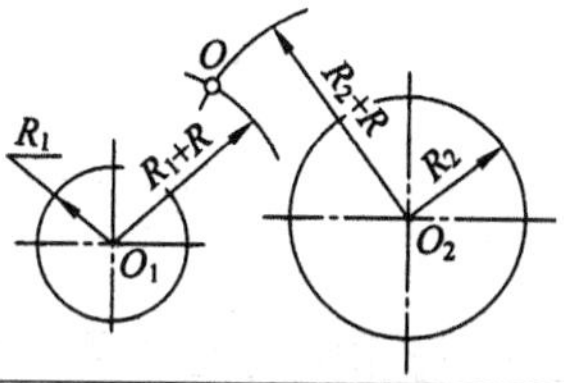	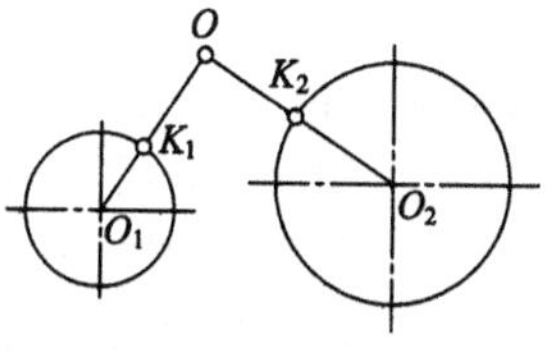	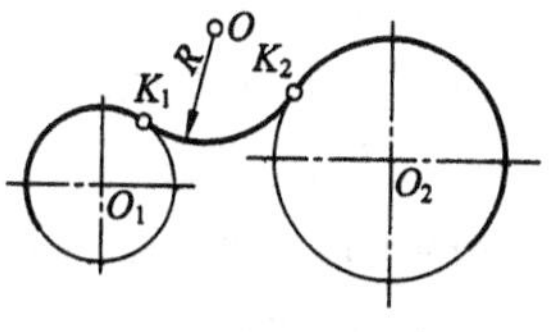
内接两圆弧	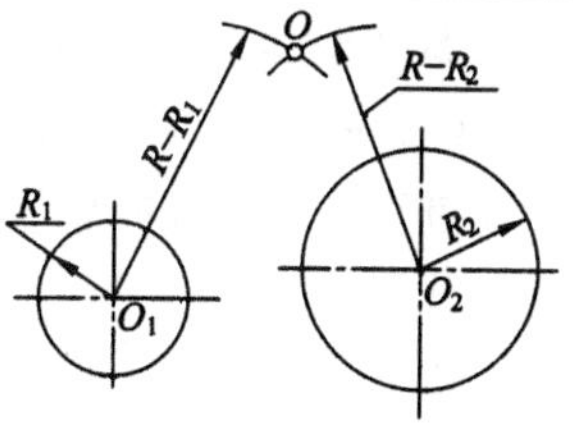	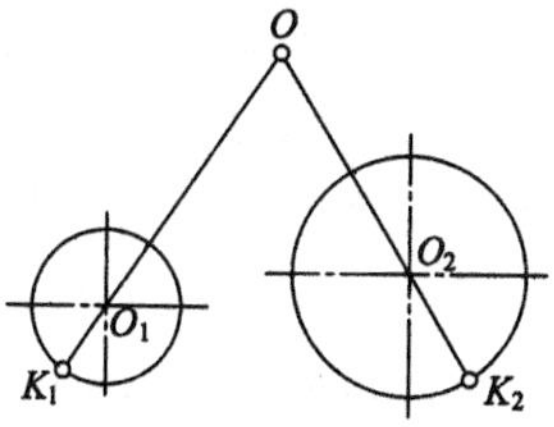	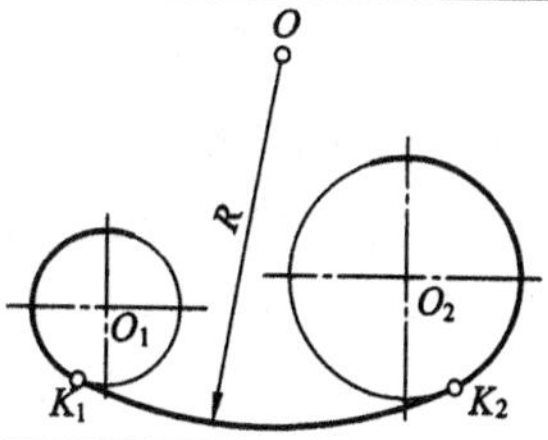
内接外接两圆弧	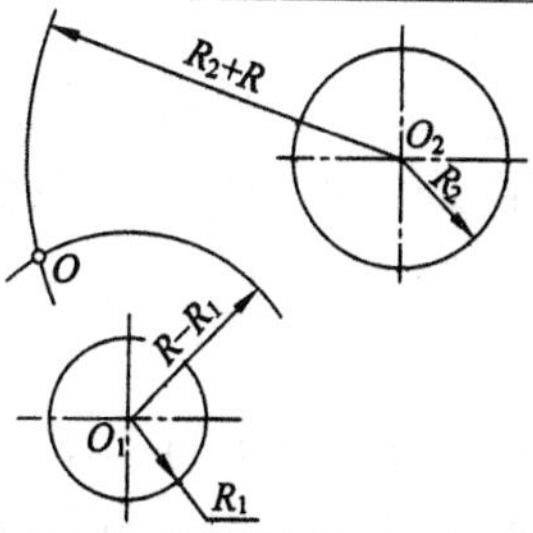	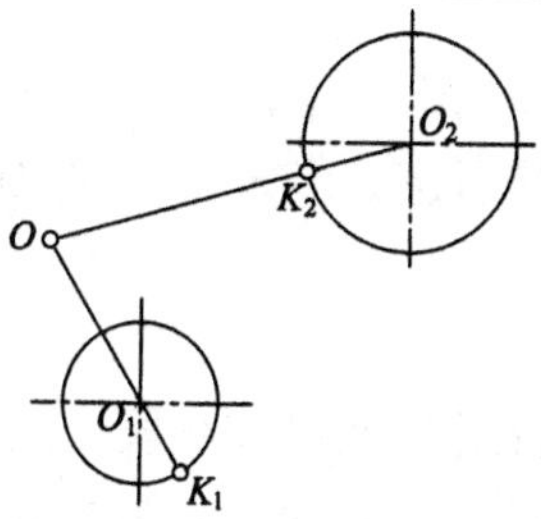	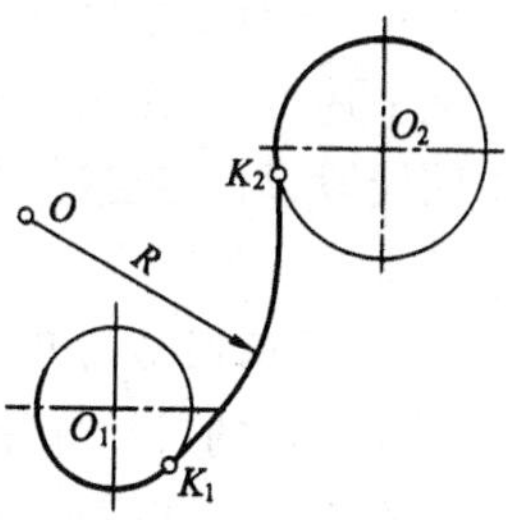

由上述对线段连接绘图方法的分析可得:

(1)线段连接的作图实质是连接线段与已知线段两两相切；

(2)作图的关键是找连接弧的圆心和切点；

(3)作图的依据是上述的基本作图原理。

1.3.2 平面图形画法

平面图形由线段(直线段和曲线段)连接而成,其中包括圆弧连接。在绘平面图形之前,首先要对平面图形进行分析,分析平面图形中线段和尺寸的关系,弄清每一尺寸的作用,明确线段的形状、大小和相对位置,从而考虑作图的可行性和绘图的先后顺序。

1.3.2.1 平面图形的尺寸分析

线段的大小和相对位置,根据图中所注尺寸确定。平面图形中的尺寸按其作用可分为两类:一类为用来确定几何元素的大小的尺寸,称为定形尺寸,如确定线段长度、圆和圆弧的直径和半径,以及角度大小等的尺寸;另一类为用来确定各几何元素之间或几何元素与基准之间的相对位置的尺寸,称为定位尺寸。有些尺寸有时既是定形尺寸,又是定位尺寸。如图1－49所示的平面图形中,尺寸$R450$、$R1500$、$R360$、$R300$等为定形尺寸,而2 000和900既是定形尺寸又是定位尺寸。在标注尺寸时,一般给出尺寸基准,很多尺寸线都以相当于坐标轴线的基准线作为出发点进行标注。

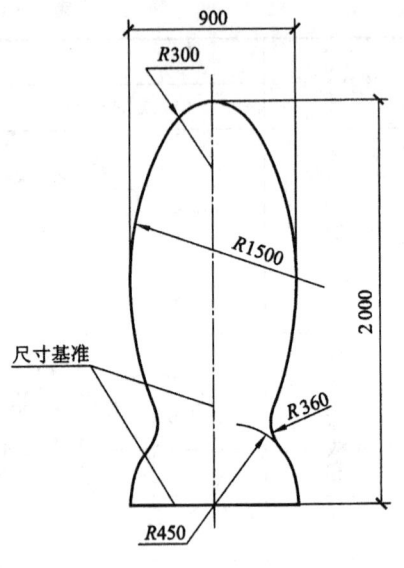

图1－49 平面图形

1.3.2.2 平面图形的线段分析

平面图形的线段可分为已知线段、中间线段和连接线段三类。在它们的连接关系中,两已知线段间可以有任意条中间线段,但必须有且只能有一条连接线段。这三类线段可根据尺寸数量来分析:

(1)已知线段:标注有完全的定形尺寸和定位尺寸的线段,作图时可直接画出。如图1－49的$R450$和$R300$两圆弧为已知线段,其作图如图1－50a所示。

(2)中间线段:只给出定形尺寸和一个定位尺寸的线段,作图时必须待已知线段画出后,再根据与已知线段的几何关系作图。如图1－49中的$R1500$圆弧,作图时根据它与相距为900的两范围线相切并与$R300$的圆弧内切的几何关系画出,如图1－50b所示。

(3)连接线段:只给出定形尺寸的线段,作图时须待与其两端相邻的线段作出后,再根据几何关系用作图方法画出。如图1－49所示的$R360$圆弧,作图时根据它与$R1500$和$R450$外切的几何条件,按照作图方法画出,如图1－50c所示。

1.3.2.3 平面图形的作图步骤

从上述可见,作平面图形时,在对平面图形进行分析的基础上,应按照先画出已知线段,再画中间线段,后画连接线段,最后擦去多余作图线、加深图线的顺序作图。具体作图步骤如图1－50所示。

1.3.2.4 平面图形的尺寸标注

平面图形的尺寸标注,可根据"两已知线段之间可以有任意条中间线段,但必须有且只能有一条连接线段"这一规律进行标注,使尺寸标注不遗漏、不重复。具体标注步骤如下:

(1)分析清楚图形各部分的关系,确定已知线段、中间线段和连接线段;

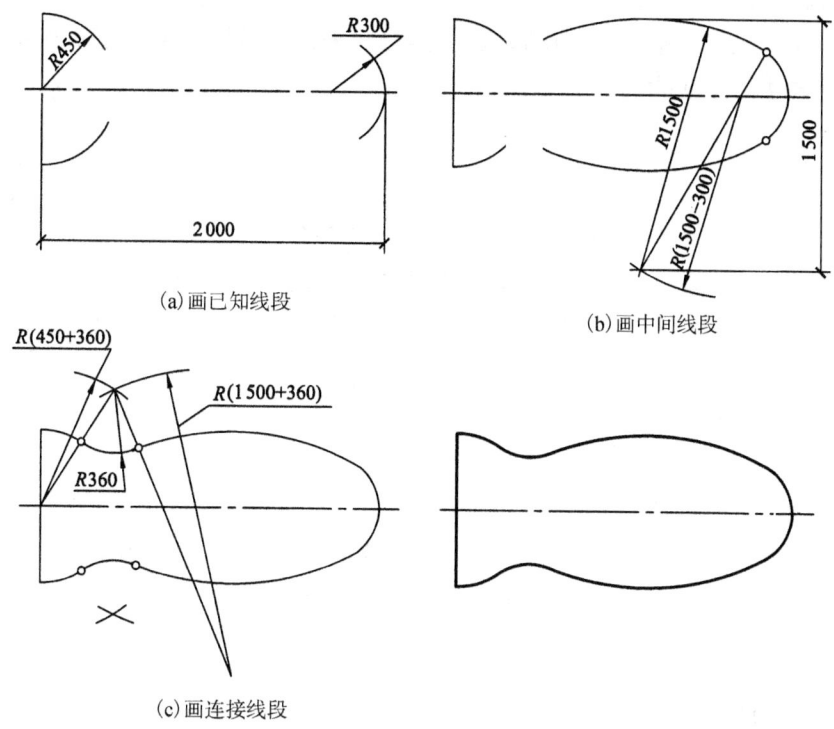

图 1-50 画平面图形的步骤

(2)注出已知线段的定形尺寸和定位尺寸;
(3)注出中间线段的定形尺寸和必要的定位尺寸;
(4)注出连接线段的定形尺寸。

1.3.3 椭圆的画法

椭圆是工程图上常用的平面曲线。

一动点到两定点(焦点)的距离之和为一常数(等于长轴),则该动点的轨迹为椭圆。知道椭圆的长轴和短轴就可以画出椭圆。

1.3.3.1 椭圆的精确画法——同心圆法

如图 1-51 所示,求出椭圆曲线上的点之后用曲线板连成椭圆。

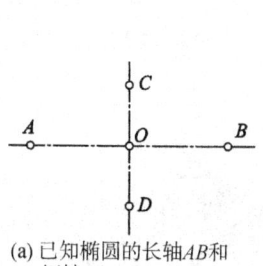
(a)已知椭圆的长轴AB和短轴CD

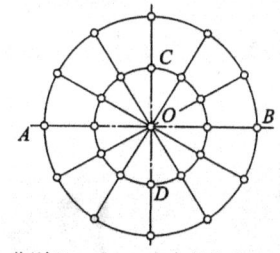
(b)分别以AB和CD为直径作大小两圆,并等分两圆周为若干份,例如十二等份

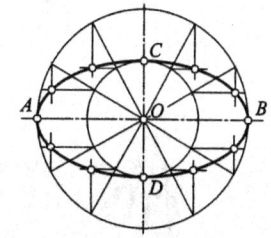
(c)从大圆各等分点作竖直线,与过小圆各对应等分点所作的水平线相交,得椭圆上各点。用曲线板连接起来,即为所求

图 1-51 根据长、短轴用同心圆法作椭圆

1.3.3.2 近似画法——四心圆法

如图1-52所示,这种画法是用几段圆弧连接起来代替椭圆曲线。这种画法虽有一定误差,但比精确画法简便,可用于图示。

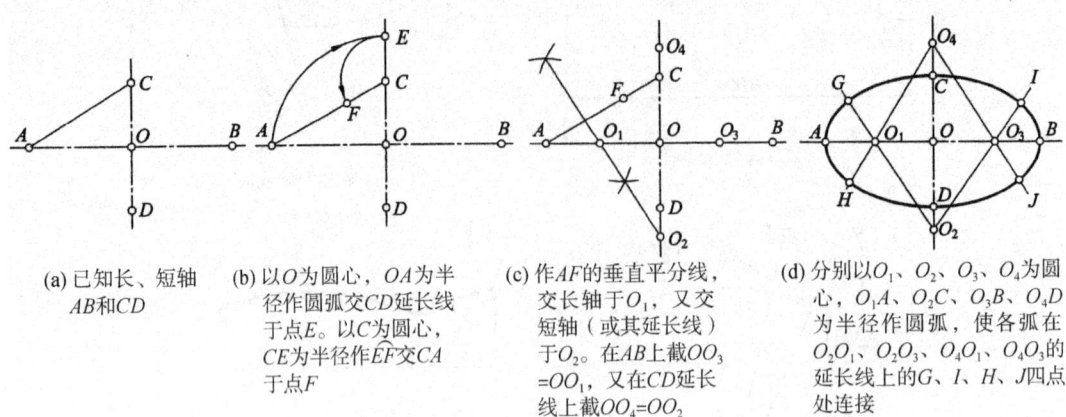

(a) 已知长、短轴 AB和CD

(b) 以O为圆心,OA为半径作圆弧交CD延长线于点E。以C为圆心,CE为半径作EF交CA于点F

(c) 作AF的垂直平分线,交长轴于O_1,又交短轴(或其延长线)于O_2。在AB上截OO_3=OO_1,又在CD延长线上截OO_4=OO_2

(d) 分别以O_1、O_2、O_3、O_4为圆心,O_1A、O_2C、O_3B、O_4D为半径作圆弧,使各弧在O_2O_1、O_2O_3、O_4O_1、O_4O_3的延长线上的G、I、H、J四点处连接

图1-52 根据长、短轴用四心圆法作近似椭圆

1.4 徒手绘图

在园林工程图中,因树木花草、山石、水体等造园要素的外形及质感是活泼、生动、自由变化的,所以徒手绘线条能更贴切地表达出自然要素的性质。因此,在绘画造园要素时,为了更好地表达其特性,主要运用线描法,通过目测比例徒手描绘出有变化的线条来实现。如运用线条粗细和形式上的变化来表示素材的复杂轮廓、空间层次、光影变化、色调深浅等。因此,要表现好园林的造园素材,绘制好园林工程图,除了要掌握好仪器绘图的方法外,还必须熟练掌握徒手绘图的方法、技能和技巧;必须通过徒手绘图的练习,掌握线条运行、轻重、粗细的运笔控制技巧,达到运笔自如、轻重适度,使线条粗细匀称、灵活多变、自然和富有情感,将景园之自然意境表达成图。

1.4.1 执笔和运笔

在徒手绘图时,图线的方向不同,执笔的方法和运笔的方向也不同;对长短不同的图线,运笔的方法也不一样。画短线常以手腕运笔,画长线时则以手臂动作。因此,正确地执笔和运笔,对练好、画好徒手图特别重要。各种情况下执笔的手势和运笔的方向如图1-53所示。

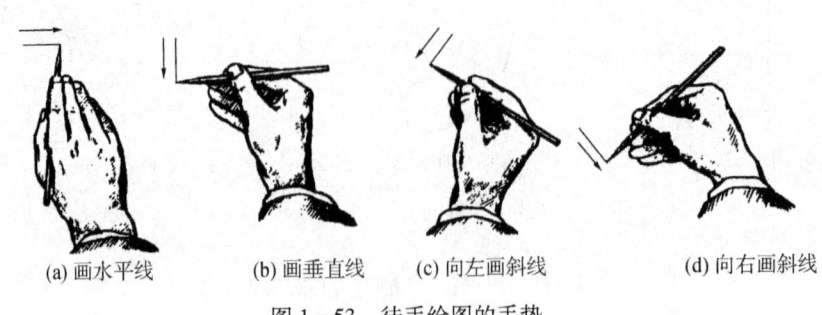

(a) 画水平线 (b) 画垂直线 (c) 向左画斜线 (d) 向右画斜线

图1-53 徒手绘图的手势

当绘较大面积图面时,其运笔手势如图1-54所示。

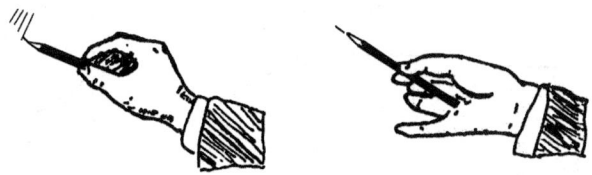

图1-54 绘较大面积图面时的手势

徒手绘图时执笔和运笔应做到:目测准确而肯定,目手配合自然而准确;执笔稳而轻松,起落轻而巧妙,运笔匀而灵活。应注意:

(1)执笔的位置要高一些,以利目测控制方向。

(2)起落动作要轻,起落笔要肯定、准确,有明确的始止,以使线条起止整齐。下笔笔杆垂直纸面,并略向运动方向倾斜,方便笔在纸上滑动,便于运笔。

(3)运笔时,根据线条深浅要求用力;注意行笔自然流畅、灵活;线条间断和起止要清楚利索,不要含糊;驳接短线条,中间深两端淡;表示不同层次,要达到整齐而均匀地衔接。

(4)画线时,小手指可微触纸面,以控制方向。画长线以手臂运笔,画短线以手腕运笔。

1.4.2 徒手绘图基本手法练习方法

徒手绘图,先要用目测估计形体各部分尺寸和比例,然后徒手绘制。因此,要画好图,首先要目测尺寸准确,估计比例正确。下笔不要急于画细部,要先考虑大局,注意图形长、宽及整体与细部比例。图1-55表示成组的平行线(图示为水平线)的画法及目测分线段的方法。图1-56表示根据45°、30°和60°的斜角,按近似值画斜线。图1-57表示利用圆与正方形相切的特点画圆。图1-58表示利用椭圆与长方形相切的特点画椭圆。

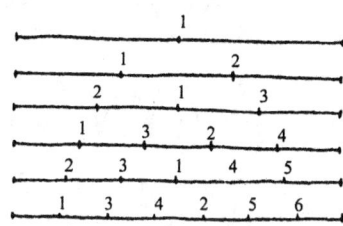

图1-55 练习画平行线并分成不同的等份

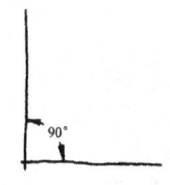 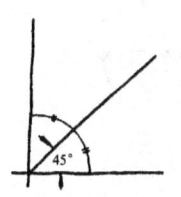 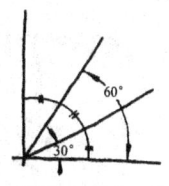

(a)徒手画一直角　(b)在直角处作一圆弧　(c)分圆弧为二等份,作45°角　(d)分圆弧为三等份,作30°和60°角

图1-56 徒手绘角度

  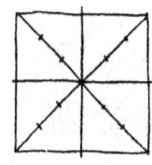 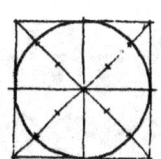

(a)徒手过圆心作互为垂直等分的两直径　(b)画外切正方形及其对角线　(c)三等分对角线的每一侧　(d)以圆弧连接对角线上最外的等分点(稍偏外一点)和两直径的端点

图1-57 徒手绘圆

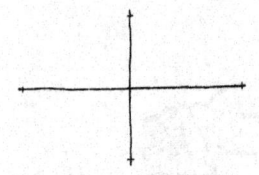 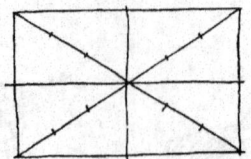 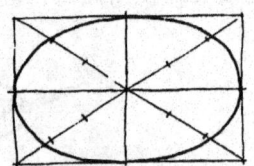

(a)徒手画出椭圆的长、短轴　　(b)画外切矩形及其对角线，三等分对角线的每一侧　　(c)以圆滑曲线连对角线上的最外等分点（稍偏外一点）和长、短轴的端点

图1-58　徒手绘椭圆

1.4.3　园林植物绘图的基本笔法

在园林工程图中，对形态复杂、姿态万千的树木花草等园林植物的表示是用抽象的方法，经过推敲简化描绘出来的。习惯上常见的基本笔法如图1-59所示。

图1-59　园林植物习惯表示图例

对于这些常见的习惯表示图例,可供初学者转画模仿。希望以此抛砖引玉,能对学习者今后在实践中创作自己的笔法和风格有所帮助。

复习思考题

1. 图纸的幅面有几种?周边尺寸各为多少?装订形式如何?
2. 比例的定义是什么?如何标注?
3. 长仿宋体字的高和宽具有怎样的比例?
4. 图线共几种?粗实线、中虚线及细点画线宽如何确定?各种图线的画法及用途怎样?
5. 尺寸标注的主要规定有哪些?
6. 怎样分析平面图形?如何标注平面图形的尺寸?
7. 转画模仿园林植物习惯表示图例,初步掌握徒手绘图基本方法。

第 2 章　正投影法与三面投影图

2.1　两种投影法共有的基本性质

前述中心投影法和平行投影法在工程中应用甚广。它们既有各自的特性,也具有下述共有的基本性质。

2.1.1　同素性

(1)点的投影仍为点,如图 2-1a 所示;
(2)直线的投影一般仍为直线,如图 2-1b 所示;
(3)曲线的投影一般仍为曲线,如图 2-1c、d、e 所示。

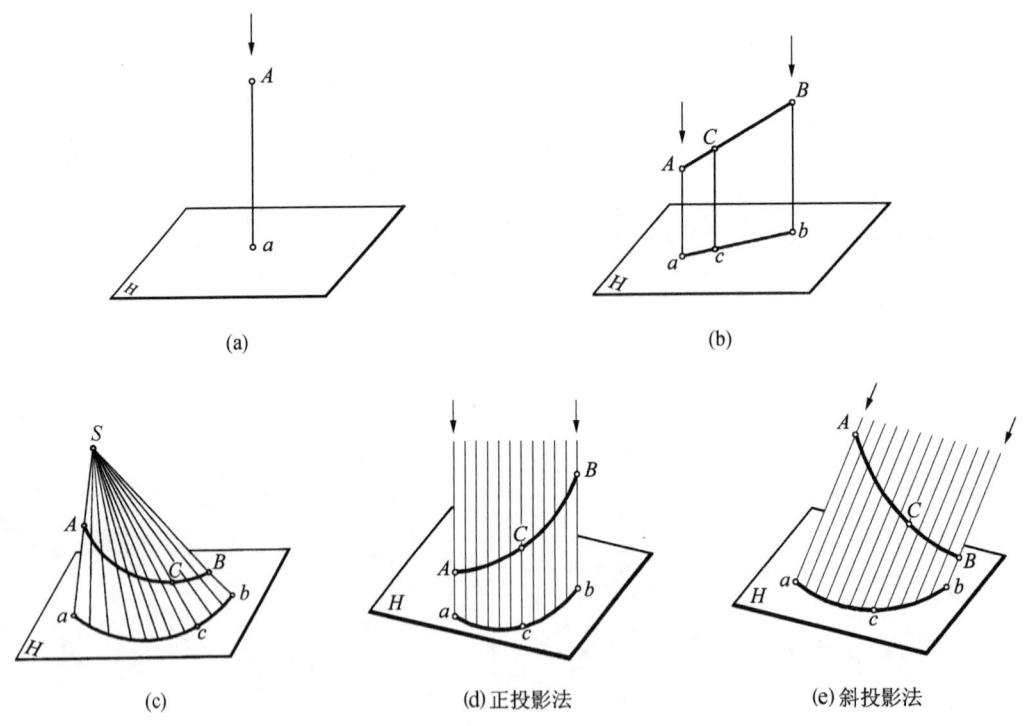

图 2-1　投影的同素性和从属性

2.1.2　从属性

属于直线上的点,其投影仍在该直线的同面投影上。如图 2-1b 所示,已知空间点 C 属于直线 $AB(C \in AB)$,则其投影 c 必定属于直线的同面投影 $ab(c \in ab)$。同理,属于曲线上的点投影仍属于曲线的同面投影(图 2-1c、d、e)。

2.1.3　积聚性

如图 2-2 所示,当直线通过投影中心或平行于投射方向时,其投影积聚为一点,该直线上任意一点的投影也都落在这一点上;当平面通过投影中心或平行于投射方向时,其投影积聚为一条直线,属于该平面上的点、线或其他图形的投影也积聚在这一条直线上。它们的投影,称为该直线或平面的积聚投影,投影中的这种性质称为积聚性。

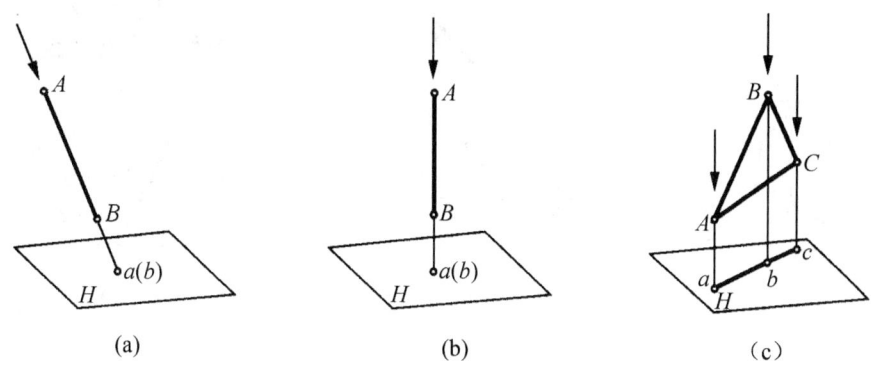

图 2-2 投影积聚性

2.2 平行投影法的特有性质

2.2.1 实形性(或度量性)

当直线段或平面平行于投影面时,线段的投影反映其实长,平面图形的投影反映其实形,即线段的长短和平面图形的形状和大小,都可直接从其平行投影确定和度量(图 2-3)。实形性是图形平行投影面这一特殊条件下,平行投影的特性。

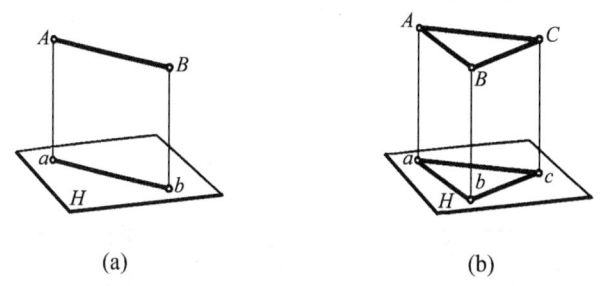

图 2-3 投影实形性

2.2.2 相仿性

当直线段或平面图形既不平行于投影面又不平行于投射方向时,其正投影小于其实长、实形(图 2-4);其斜投影可能大于、或等于、或小于其实长、实形。如此,在平行投影中,不管图形是大于、小于或等于实形,其投影仍保留其空间几何形状,即直线仍投射为直线,三角形仍投射为三角形,凸凹平面图形仍投射为凸凹相同的平面图(图 2-4c),圆投射成椭圆,双曲线投射为双曲线,抛物线投射为抛物线。也即图形的投影形状是原图形的相仿形,这种性质称为相仿性。

在相仿形中主要还有如下相仿性质:

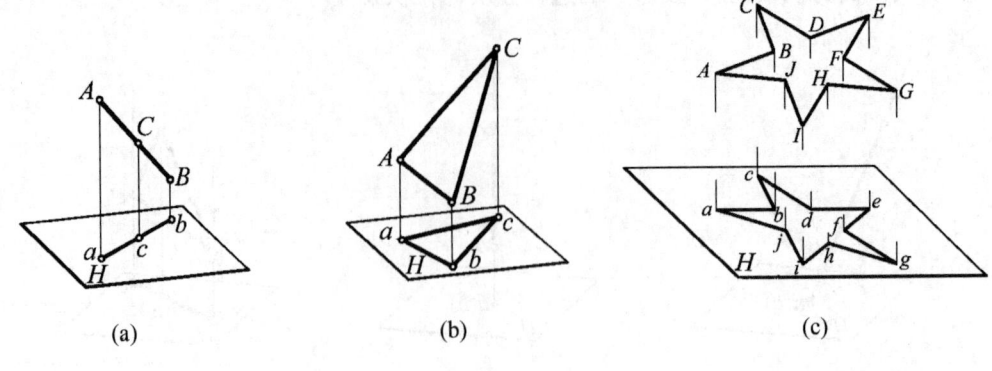

图 2-4 投影相仿形

1. 平行性

在平行投影中空间互相平行的直线其同面投影保持平行关系不变。如图 2-5 所示,已知 $AB/\!/CD$,则 $ab/\!/cd$;$\triangle ABC/\!/\triangle DEF$,则 $\triangle abc/\!/\triangle def$。

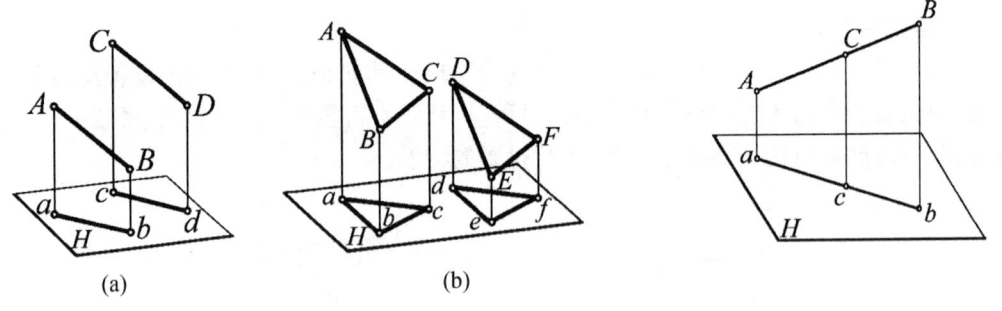

图 2-5 投影平行性　　　　　图 2-6 投影定比性

2. 定比性

(1) 空间平行两直线长度之比等于其同面投影长度之比,如图 2-5a 所示,$AB:CD=ab:cd$。

(2) 点分线段之比,投影后保持其比例不变,如图 2-6 所示,$AC:CB=ac:cb$。

2.3 正投影图

工程图样最常用的投影法是正投影法,由正投影法绘制的图形,称为正投影图。本书主要研究正投影图的绘制和识读,在以后章节中(除阴影与透视、斜轴测投影和标高投影等章节外),所有投影均指正投影。

2.3.1 投影图

按照正投影法,将形体向投影面投射所得到的正投影图,通称投影图(或视图),如图 2-7 所示。

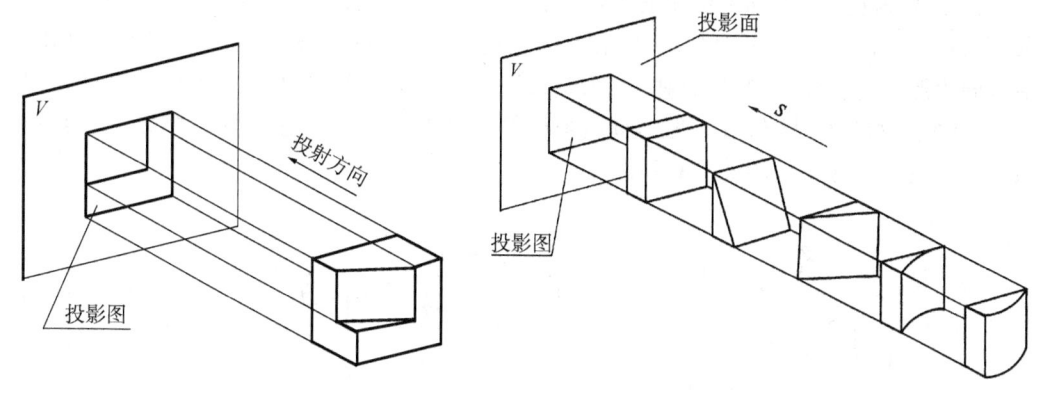

图 2-7 投影图　　　　图 2-8 单面投影不能完整地确定形体的形状和大小

2.3.2 单面投影和多面投影

如图 2-8 所示,5 个形状不同的形体按图示方向投射到同一投影面上,得到一个完全相同的投影图。显然,该投影图只分别反映了该 5 个形体的一个侧面。若要完整地反映出它们的形状和大小,则须如图 2-9 所示,将每一形体分别从多个(例如三个)不同方向向三个投影面投射,得到三个不同侧面的投影图,根据这三个投影图就能准确、完整地表达每一个形体的形状和大小。可见,仅用单面投影不能完整地确定形体的形状和大小。要完整地表示形体的形状和大小,就必须从几个方向来进行投射,即用两个、三个甚至更多个投影图结合起来才能完整地表达形体的形状和大小。

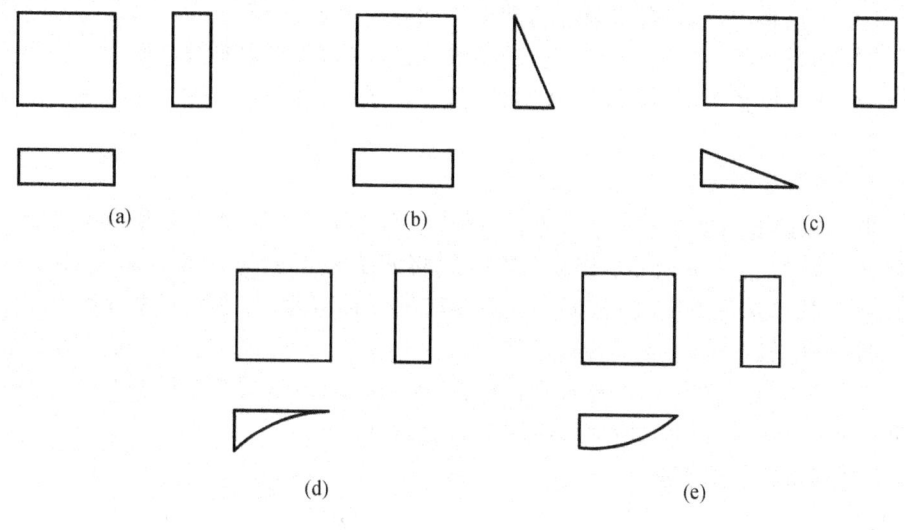

图 2-9 形体的三面投影图

2.4 形体的三面投影图

2.4.1 三面投影图的形成

如上述,为了完整地表示形体的形状和大小,须将形体从几个方向来进行投射。为了获得形体的三面投影图,首先引入三个彼此垂直相交的投影平面 V、H 和 W,形成三投影面体系。

39

其中,V 面称为正立投影面(简称正面),H 面称为水平投影面(简称水平面),W 面称为侧立投影面(简称侧面)。三投影面两两之间的交线称为投影轴:V 面和 H 面的交线称为 OX 轴,OX 轴方向为形体的长度方向;H 面和 W 面的交线称为 OY 轴,OY 轴方向为形体的宽度方向;V 面和 W 面的交线称为 OZ 轴,OZ 轴方向为形体的高度方向。三投影轴垂直相交于一点 O,称为原点。三投影面体系如图 2-10 所示。

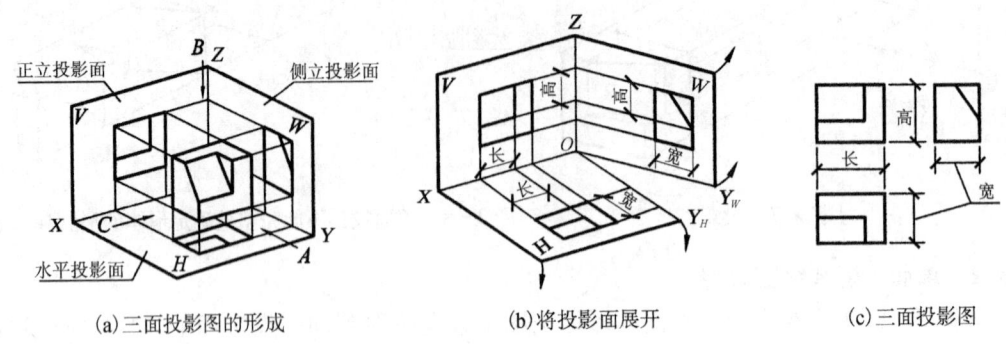

(a)三面投影图的形成　　　　(b)将投影面展开　　　　(c)三面投影图

图 2-10　形体的三面投影图

如图 2-10a 所示,将形体放入三投影面体系中,分别按图示方向将形体向三个投影面进行投射,得到三面投影图。这样就能将形体的长、宽、高三个度量方向的大小及上下、左右、前后六个方位的表面形状完整表达。

三面投影图的名称分别为正立面投影图(简称正面投影或 V 面投影)、水平面投影图(简称水平投影或 H 面投影)、侧立面投影图(简称侧面投影或 W 面投影)。

(1)正立面投影图。从前向后投射,即沿 A 向进行投射,在正立投影面上所得的投影图;

(2)水平面投影图。从上向下投射,即沿 B 向进行投射,在水平投影面上所得的投影图;

(3)左侧立面投影图。从左向右投射,即沿 C 向进行投射,在左侧立投影面上所得的投影图。

2.4.2　三面投影图的展开

为了把三面投影图画在同一平面上,并保持它们之间的投影对应关系,按规定的方法将三投影面展开。如图 2-10b 所示,设定 V 面不动,将 H 面绕 V 面与 H 面的交线 OX 轴向下旋转 90°,W 面绕 V 面与 W 面的交线 OZ 轴向右后旋转 90°,使 H 面、W 面均与 V 面"摊平"在一个平面上。此时的 OY 轴一分为二,分别标记为 OY_H、OY_W。由于投影面的大小与投影图无关,故在画三面投影图时不画出投影面的框线和轴线,而根据图纸幅面和三面投影图的大小来确定投影图之间的距离,如图 2-10c 所示形体的三面投影图。

2.4.3　三面投影图的对应关系

三面投影图分别表示形体的三个侧面,所以三个投影之间既有区别又有联系。三面投影图按上述规定方法展开"摊平"在同一个平面上后,其投影对应关系保持不变。

1. 三面投影图的位置关系

如图 2-11 所示,三面投影图的位置关系为:以正立面投影图为准,水平面投影图在正立面投影图的正下方,左侧立面投影图在正立面投影图的正右方。

2. 三面投影图的投影关系

如图 2-11 所示,正立面投影图反映形体的长和高;水平面投影图反映形体的长和宽;左侧立面投影图反映形体的高和宽。同一形体的三面投影图之间具有如下"三等"关系:

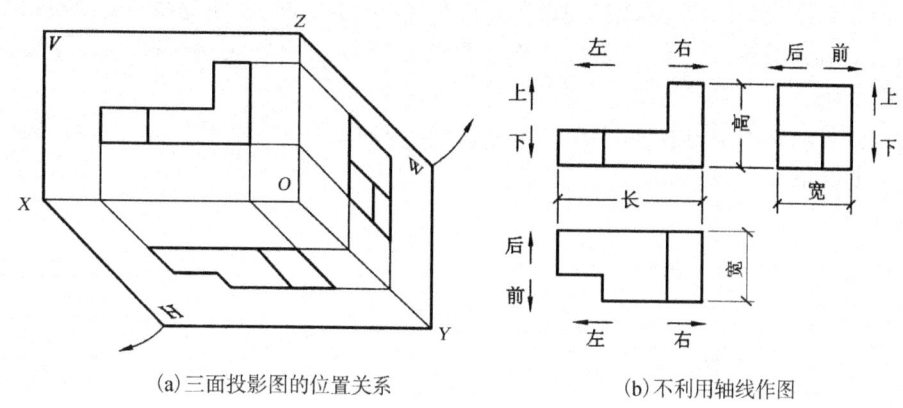

(a) 三面投影图的位置关系　　(b) 不利用轴线作图

图 2-11　三面投影图

(1) 正立面投影图与水平面投影图长度相等。如上述，正立面投影图和水平面投影图都反映形体的长度，展开后，水平面投影图在正立面投影图的下方对正布置，故它们之间保持"长对正"（即等长）的投影关系，也即 V 面投影和 H 面投影的连线垂直于 OX 轴（图中省去了投影轴）。

(2) 正立面投影图和左侧立面投影图高度相等。如上述，正立面投影图和左侧立面投影图都反映形体的高度，展开后左侧立面投影图在正立面投影图的右方对齐布置，故它们之间保持"高平齐"（即等高）的投影关系，也即 V 面投影和 W 面投影的连线垂直于 OZ 轴。

(3) 水平面投影图和左侧立面投影图宽度相等。如上述，水平面投影图和左侧立面投影图都反映形体的宽度，故它们之间应有"宽相等"（即等宽）的投影关系，也即 H 面投影和 W 面投影的 y 坐标值相等。

由此可以得出三面投影图的投影关系，即"长对正、高平齐、宽相等"，这是画图和读图时必须遵循的投影规律。不仅整个形体的投影要符合这条规律，形体局部结构和形体上的几何元素的投影亦必须符合这条规律。

3. 三面投影图与形体六个方位的对应关系

形体有前、后、上、下、左、右等六个方位，这六个方位及其表面形状在三面投影图间的反映，如图 2-11 所示：①正立面投影图反映形体的正面形状及其上下、左右方位关系；②水平面投影图反映形体的水平面形状及其前后、左右方位关系；③左侧立面投影图反映形体的左侧面形状及其上下、前后方位关系。

在投影图上明确形体的方位，对读图是很有帮助的。读者宜对照直观图和平面图，熟悉其形成、展开和还原过程，以准确判断形体的方位关系。其中尤其要注意前后关系的判别：水平面投影图、左侧立面投影图中远离正立面投影图的一方，表示形体的前方，靠近正立面投影图的一方是形体的后方。

2.4.4　三面投影图作图方法与步骤

(1) 为了使形体的投影反映其表面的实形，画图时，必须尽可能使形体的表面平行于投影面，然后进行投射。

(2) 画投影图，先定位。①若用投影轴作图，先画出水平和垂直十字相交轴线作为定位线；②若不用投影轴作图，可先画各投影图的定位线，然后再根据"三等"关系作图。

(3) 根据投影关系作图。①先画正立面投影图，再以竖直线保证正立面投影图与水平面投影图各相应部分"长对正",以水平直线保证正立面投影图与左侧立面投影图各相应部分"高平齐"。②利用分规或直尺度量保证水平面投影图与左侧立面投影图各相应部分"宽相等"的作图。

图 2-12 所示为不用投影轴画形体的三面投影图的具体作图方法与步骤。用投影轴作图的具体方法见本书第三章。

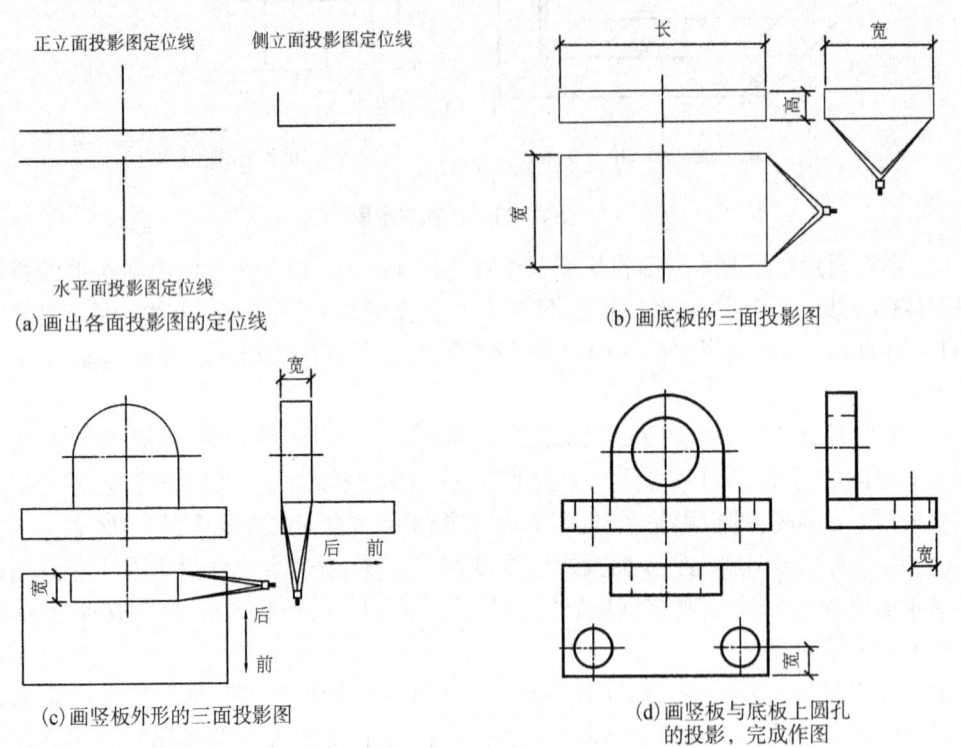

图 2-12 画三面投影图的方法与步骤

复习思考题

1. 试述正投影的基本特性。
2. 三投影面体系形成的基本条件是什么?
3. 试述三面投影图的三等关系和投影关系。
4. 试说明三面投影图中形体的长、宽、高与直角坐标系中三轴的关系。

第3章 点、直线、平面

3.1 点的投影

3.1.1 点在两投影面体系中的投影

3.1.1.1 两投影面体系

如图 3-1 所示,由互相垂直相交的水平面 H 和正立面 V 构成的两投影面体系。它们的交线 OX 轴,称为投影轴。H 和 V 两投影面将整个空间划分为四部分,分别称为第 Ⅰ、Ⅱ、Ⅲ、Ⅳ 分角。

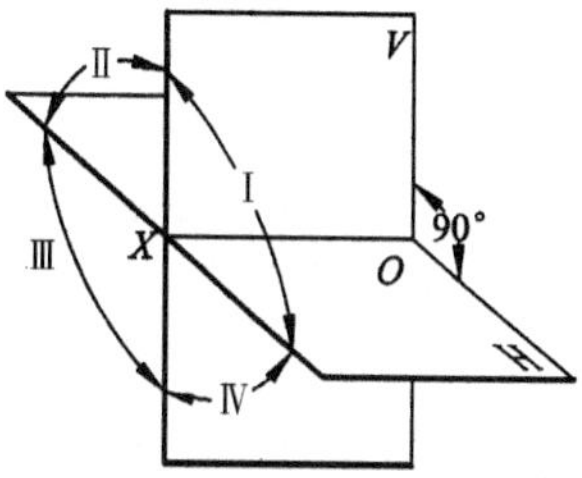

国家标准规定工程图样采用第 Ⅰ 分角画法。下面研究点在第 Ⅰ 分角中的投影。

3.1.1.2 点的两面投影

设点 A 在两投影面体系中,过点 A 分别引垂直于 H 面和 V 面的投射线,所得垂足 a 和 a' 就是该点的水平投影和正面投影,如图 3-2a 所示。

图 3-1 两投影面体系

通常,空间点用大写字母(如 $A,B,C,\cdots$)表示;其水平投影用相应的小写字母(如 $a,b,c,\cdots$)表示;其正面投影用相应的小写字母加一撇(如 $a',b',c',\cdots$)表示。

如图 3-2a 所示,为了将 H 和 V 两面投影画在同一平面上,规定 V 面保持不动,H 面绕 OX 轴向下旋转 90°与 V 面重合,就可得该点画在同一平面上的两面投影(图 3-2b)。在投影图上一般不画出投影面的边框(图 3-2c)。

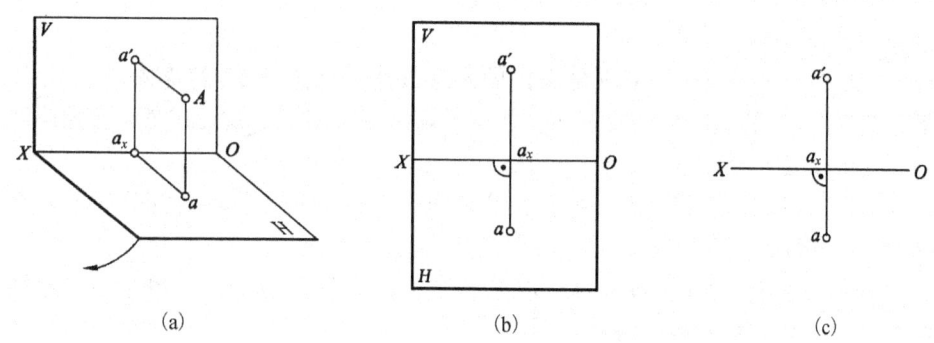

(a)   (b)   (c)

图 3-2 点的两面投影

3.1.1.3 点的两面投影规律

如图 3-2a 所示,由于 $Aa \perp H$,$Aa' \perp V$,故两投射线所确定的平面 $Aa'a_xa$ 也垂直于 H 面和 V 面之交线 OX 轴,a_x 是平面 $Aa'a_xa$ 与 OX 轴的交点。因而可得:$aa_x \perp OX$,$a'a_x \perp OX$。同时,H 面绕 OX 轴旋转 90°与 V 面重合后,aa_x、$a'a_x$ 垂直 OX 的关系不变。故 $a'a_xa$ 为一垂直于 OX 轴的直线,如图 3-2b 所示。且 $Aa'a_xa$ 是一个矩形,其对边 aa_x 与 Aa',$a'a_x$ 与 Aa 相互平行且相等。

由上述归纳得空间点的两面投影规律：

(1)点的正面投影和水平投影的连线垂直于 OX 轴。即：$a'a \perp OX$。

(2)点的正面投影到 OX 轴的距离等于该点到 H 面的距离；点的水平投影到 OX 轴的距离等于该点到 V 面的距离。即：$a'a_x = Aa$；$aa_x = Aa'$。

3.1.1.4 其他分角内点的投影

上述点在第Ⅰ分角的投影规律，也适用于点在其他分角内的投影。所不同的是：当画投影图时，由于规定 V 面不动，H 面的前半面向下旋转 90°与 V 面下半部分重合，而 H 面的后半面向上旋转 90°与 V 面上半部分重合，因而使不同分角内点的两投影与 OX 轴的相对位置不同，如图 3-3 所示。

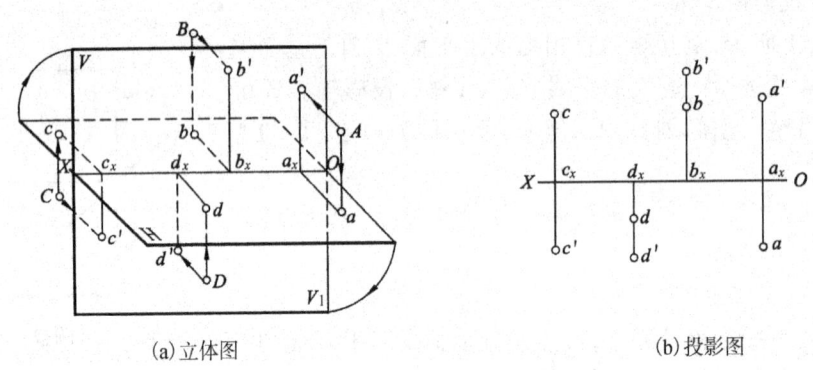

(a)立体图　　　　　　　　　　(b)投影图

图 3-3　在各分角中点的投影图

点 A 在第Ⅰ分角内，其 V 面投影 a' 在 OX 轴上方，其 H 面投影 a 在 OX 轴下方；

点 B 在第Ⅱ分角内，其 V 面投影 b' 和 H 面投影 b 都在 OX 轴上方；

点 C 在第Ⅲ分角内，其 V 面投影 c' 在 OX 轴下方，H 面投影 c 在 OX 轴上方，恰好与第Ⅰ分角两投影面投影位置相反；

点 D 在第Ⅳ分角内，其 V 面投影 d' 和 H 面投影 d 都在 OX 轴的下方，恰好与点在第Ⅱ分角内两投影面投影所在位置相反。

由此可见，空间点在第Ⅰ、第Ⅲ分角内的两面投影都分别位于 OX 轴的上、下方，图形清晰，便于看图，故各国的制图标准规定的多面正投影法多采用第Ⅰ分角或第Ⅲ分角画法。

3.1.1.5 特殊位置点的投影

点也可以位于投影面上和投影轴上，在分角内的点也可能在分角的等分面上。下面就这些特殊位置点的投影进行分析。

(1)点在投影面上。此时，点的一个投影与该点本身重合，它的另一投影在投影轴上。如图 3-4 所示，点 M、N、K、L 在投影面上。

(2)点在投影轴上。此时，空间点和它的两个投影都重合于投影轴上。如图 3-4 所示，点 G 在 OX 轴上。

(3)点在分角的等分面上。空间点在分角的等分面上，则该点的 V 面投影与 H 面投影到 OX 轴的距离相等。

①若空间点在第Ⅰ、Ⅲ分角的等分面上，则其 V 面、H 面投影分别在 OX 轴上(或下)方、下(或上)方，且到 OX 轴的距离相等。如图 3-3 中的点 C，由于 $c'c_x = cc_x$，且 c' 在 OX 轴的下方，故该点位于第Ⅲ分角的等分面上。

第3章 点、直线、平面

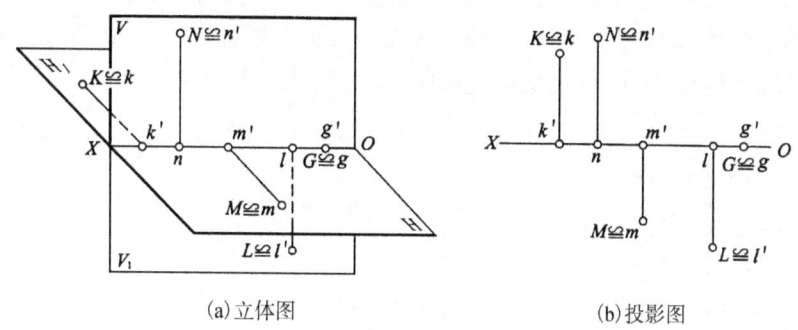

(a)立体图　　　　　　　　　(b)投影图

图 3-4　在投影面及投影轴上的点

②若空间点在第Ⅱ、Ⅳ分角的等分面上,则其 V、H 两面投影重合,位于第Ⅱ分角的在 OX 轴上方,位于第Ⅳ分角的在 OX 轴下方。如图 3-5 中,因点 B 及点 D 分别在第Ⅱ、Ⅳ分角的等分面 P 上,故 b' 与 b 重合,d' 与 d 重合。

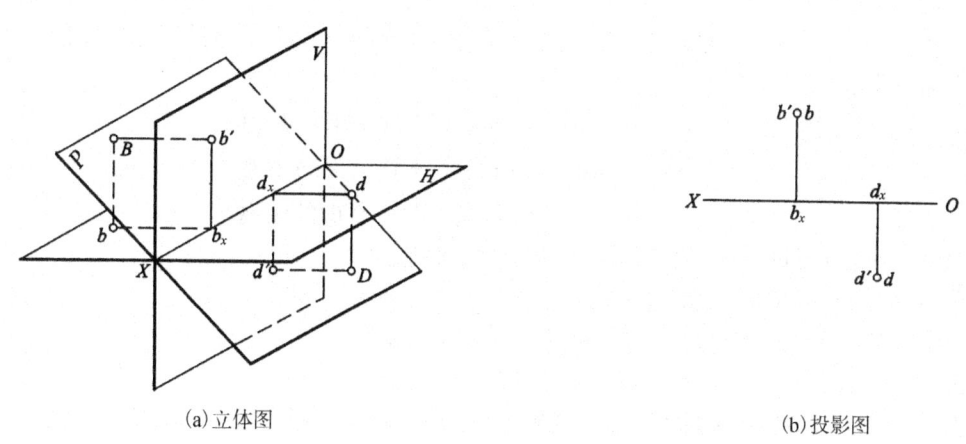

(a)立体图　　　　　　　　　(b)投影图

图 3-5　在第Ⅱ、Ⅳ分角等分面上的点

3.1.2 点的三面投影

3.1.2.1 三投影面体系及八个分角

三投影面体系的三个投影面 H、V 和 W 将空间分成八个分角,分别称为第Ⅰ分角、第Ⅱ分角、……第Ⅷ分角,其空间位置及次序如图 3-6 所示。

3.1.2.2 点的坐标及投影

若将三投影面体系当作空间直角坐标系,即把 H、V、W 三个投影面当作坐标面,OX、OY、OZ 三根投影轴当作坐标轴,三轴的交点 O 当作坐标原点。并规定:x 坐标从 O 向左为正;y 坐标从 O 向前为正;z 坐标从 O 向上为正;反之为负。于是点的空间位置及其投影,可分别用它的坐标值 x、y、z 来表示。

第Ⅰ分角中点的投影规律和作图方法完全适用于其他七个分角。下面着重研究第Ⅰ分角中点的投影。

设点 A 在第Ⅰ分角内,如图 3-7 所示。过点 A 分别向 V、H、W 三投影面引垂线(投射线) Aa'、Aa、Aa'',得垂足 a'、a、a'' 就

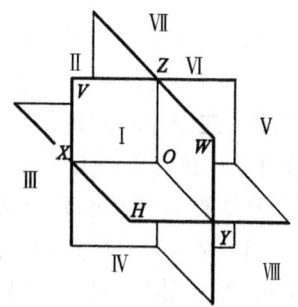

图 3-6　三个投影面将空间分为八个分角

45

是点 A 分别在 V、H、W 三投影面上的投影。在此，点 A 在 W 投影面上的投影用 a'' 表示，称为点 A 的侧面投影。投影作图时，为了保证 $aa_x = a''a_z = y$，可有两种作图方式：①以原点 O 为圆心，Oa_{y_H} 为半径画弧（图 3 – 7b）；②通过原点 O 作 45°辅助线（图 3 – 7c）。

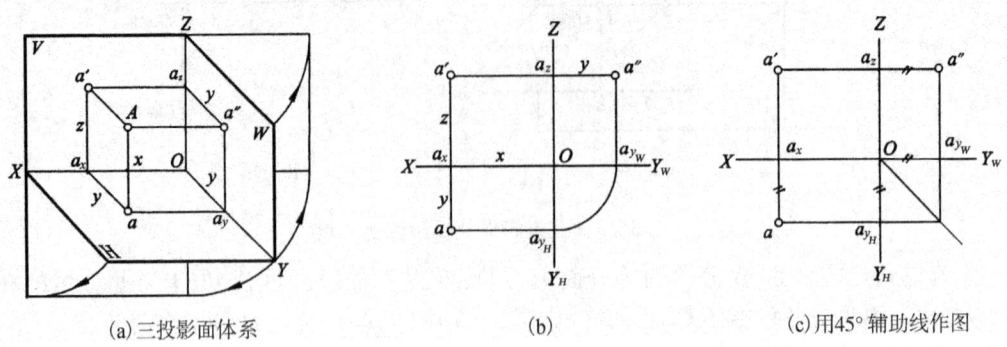

(a) 三投影面体系　　　　　　　　(b)　　　　　　　　(c) 用45°辅助线作图

图 3 – 7　点的投影与坐标

从图 3 – 7 可见，空间点 A 的坐标就是该点到三坐标面的距离。于是得点的投影与点的坐标的关系如下：

$$x = Aa'' = aa_y = a'a_z（点 A 到 W 面的距离）$$

$$y = Aa' = aa_x = a''a_z（点 A 到 V 面的距离）$$

$$z = Aa = a'a_x = a''a_y（点 A 到 H 面的距离）$$

从图 3 – 7 也可见，点 A 的三面投影的坐标分别是：

H 面投影：$a(aa_y, aa_x)$，分别反映点 A 的 x、y 坐标值；

V 面投影：$a'(a'a_z, a'a_x)$，分别反映点 A 的 x、z 坐标值；

W 面投影：$a''(a''a_z, a''a_y)$，分别反映点 A 的 y、z 坐标值。

所以，点的一个投影可由两个坐标值确定，点的任两个投影可反映出该点的三个坐标值。也就是说，可由点的任两个投影完全确定该点的空间位置。

3.1.2.3　点的三面投影规律

如图 3 – 7b 所示。在图示中，Y 轴随 H 面向下旋转后标记为 Y_H，Y 轴随 W 面向右旋转后标记为 Y_W。也就是说，在投影图上 Y 轴有 Y_H、Y_W 两个位置。根据前述点的三面投影和坐标的关系及两投影面体系中点的投影规律，不难分析出点在三投影面体系中的投影规律：

（1）点的正面投影和水平投影的连线垂直于 OX 轴，即 $aa' \perp OX$；

（2）点的正面投影和侧面投影的连线垂直于 OZ 轴，即 $a'a'' \perp OZ$；

（3）点的水平投影到 OX 轴的距离等于它的侧面投影到 OZ 轴的距离，即 $aa_x = a''a_z$。

点在三投影面体系中的投影规律是作三面投影图所必须遵守的基本规律。

3.1.3　三个作图问题

3.1.3.1　根据点的两面投影求作第三投影

已知点 B 的正面和侧面投影，如图 3 – 8a 所示，求作水平投影 b。

（1）分析。根据点的三面投影规律，所求点 B 的水平投影 b 与正面投影 b' 的连线垂直于 OX 轴，且 b 到 OX 轴之距离等于它的侧面投影 b'' 到 OZ 轴之距离。

（2）作图。

①由 b' 作 OX 轴的垂线 $b'b_x$ 并延长之，如图 3 – 8b 所示。

② 过原点 O 作 $45°$ 的辅助线,由 b'' 作 OY_W 轴的垂线 $b''b_{y_W}$ 并延长交辅助线于一点,过该交点作 OY_H 轴的垂线与 $b'b_x$ 的延长线相交于 b,则 b 即为所求点 B 的水平投影,如图 3-8c 所示。

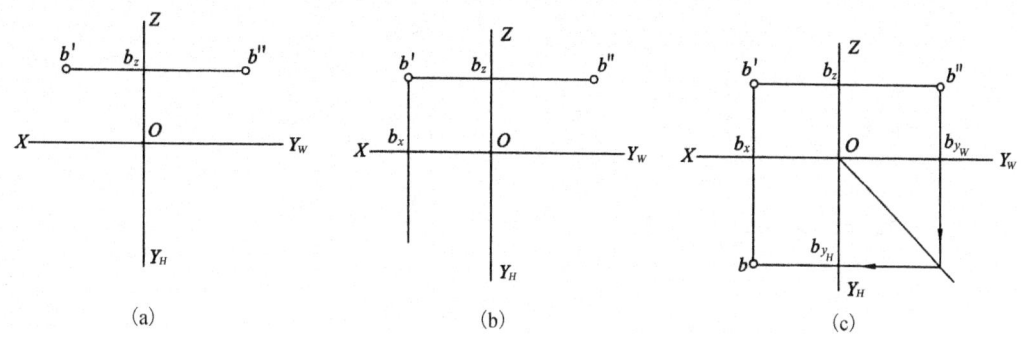

图 3-8 已知点的两面投影求作第三投影

3.1.3.2 根据点的坐标求作点的三面投影

已知点 $A(15,10,15)$,求作点 A 的三面投影。具体作法如图 3-9 所示。

(1) 作投影轴,并在 OX 轴上自点 O 向左方量取 $x=15$ mm,得 a_x,如图 3-9a 所示。

(2) 过 a_x 作 OX 轴的垂直线,并在该线上从 a_x 向下量取 $y=10$ mm 得水平投影 a,向上量取 $z=15$ mm 得正面投影 a',如图 3-9b 所示。

(3) 自 a' 作 OZ 轴的垂直线与 OZ 轴交于 a_z,自 a_z 向右量取 $y=10$ mm 得侧面投影 a'',如图 3-9c 所示。也可由 a、a' 两投影通过作图得出 a''。

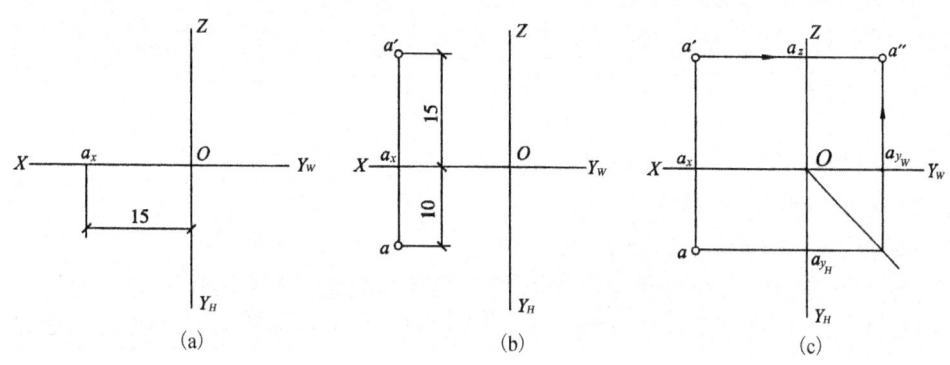

图 3-9 已知点的坐标求作点的投影图

3.1.3.3 求作点的轴测图

有关轴测投影图的知识将在本书第九章详细讲解。为了有利于培养空间概念和解题,在这里对点的轴测图画法作简单介绍。

已知点 $A(x_A,y_A,z_A)$,求作空间点 A 及其三面投影的轴测图。具体作法如下(图 3-10):

(1) 画出三投影面体系。自原点 O 作竖直线得 OZ 轴;自 O 作水平直线得 OX 轴;作 OY 轴使 $\angle XOY=135°$。分别以两条轴线为邻边作三个适当大小的平行四边形得投影面边框线。最后,注出投影轴与投影面的标记,即为所求三投影面体系之轴测图(斜等轴测图)。

(2) 画出轴测图中点 A 的三面投影。自原点 O 分别在 OX、OY、OZ 轴上量取 x_A、y_A、z_A 得到 a_x、a_y、a_z,再分别从 a_x、a_y、a_z 作 OX、OY、OZ 轴的平行线,所作平行线两两相交于 a、a'、a'',即得点 A 的三面投影在轴测图中的位置。

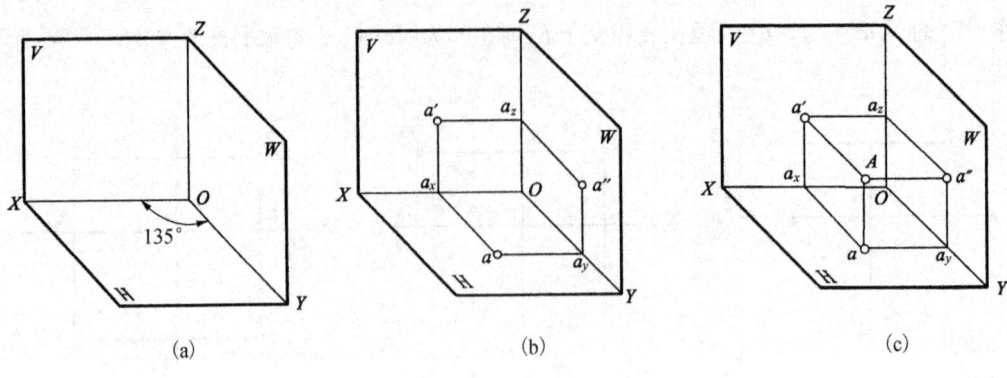

图3-10 点的轴测图画法

(3)画轴测图中点 A 的空间位置。分别从 a、a'、a'' 作 OZ、OY、OX 轴的平行线(即作与投影面垂直的直线),则所得轴向平行线的交点即为轴测图中点 A 的位置。

3.1.4 两点的相对位置

在三维空间中,空间两点的相对位置,可用左、右、前、后、上、下六方的相互位置关系去表述。在投影图上判断空间两点的相对位置关系时,可通过分析两点间各同面投影(在同一投影面上的投影称为同面投影)之坐标的大小(即两点对另一投影面的距离大小)来确定。如图3-11所示两点 A、B,分析这两点的 V 面或 W 面投影:因 a' 在 b' 的上方(或 a'' 在 b'' 的上方),得 $z_a > z_b$,即点 A 在点 B 的上方;同理,从 H 面或 V 面投影判断,得 $x_a > x_b$,即点 A 在点 B 的左方;又从 H 面或 W 面判断,得 $y_a > y_b$,即点 A 在点 B 的前方。归纳得:当以点 B 为基点时,点 A 在点 B 的左前上方。

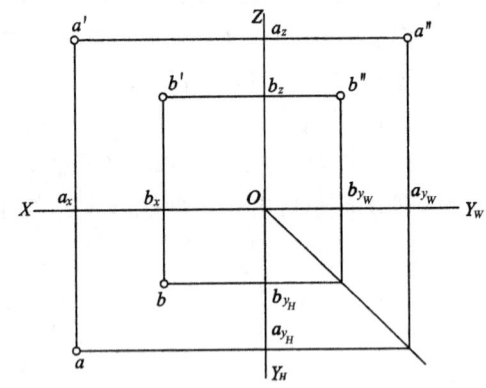

图3-11 两点的相对位置

综合上述分析,可得出在投影图上判断空间两点相对位置关系的具体方法。

(1)判断上下关系:根据两点间的 z 坐标大小确定,也即根据两点在 V 面或 W 面之投影的上、下关系直接判定,处于上方的点 z 坐标大,处于下方的点 z 坐标小。

(2)判断左右关系:根据两点间的 x 坐标大小确定,也即根据两点在 H 面或 V 面之投影的左、右关系直接判定,处于左方的点 x 坐标大,处于右方的点 x 坐标小。

(3)判断前后关系:根据两点间的 y 坐标大小确定,也即根据两点在 H 面或 W 面之投影的前后关系直接判定,处于前方的点 y 坐标大,处于后方的点 y 坐标小。

3.1.5 重影点及可见性

位于同一条投射线上的空间两点,在该投射线所垂直的投影面上的投影互相重合,这两个空间点称为对该投影面的重影点。投影中的这种性质,称为重影性。如图3-12所示,$a'(b')$ 是对 V 面的重影点 A、B 在 V 面上的投影;$c(d)$ 是对 H 面的重影点 C、D 在 H 面上的投影;$e''(f'')$ 是对 W 面的重影点 E、F 在 W 面上的投影。显然,产生重影的空间两点必有两对坐标值相等,而另一对坐标值不等。如 A、B 两点的 x、z 值分别相等,y 值不相等;C、D 两点的 x、y 值分别相等,z 值不相等;E、F 两点的 y、z 值分别相等,x 值不相等。

第3章 点、直线、平面

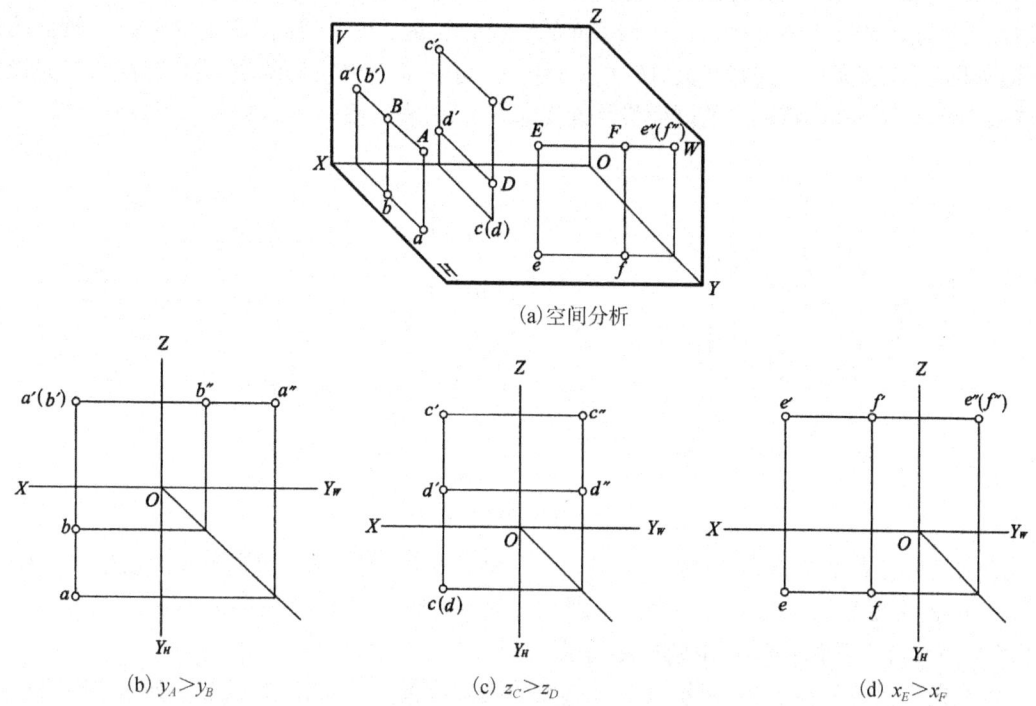

图 3-12 重影点及可见性判断

当空间两点的投影重合于某一投影面时,必有一点遮住了另一点,即此重合投影中其一为可见,另一为不可见。因此,须判断重影点的可见性,不可见点的投影加圆括号表示。

判断重影点的可见性的方法为:对 V 面的重影点要从前向后观察,即要从 H 面或 W 面投影中看出哪一点在前,哪一点在后,前面的点遮住后面的点,所以在 V 面投影中前面的点可见,而后面的点不可见。用坐标值判断就是 y 坐标大的点为可见,如图 3-12b 中,点 A 在前,点 B 在后,所以 a' 可见;b' 不可见,记为 (b')。

同理,对 H 面的重影点要从上向下观察,即从 V 面或 W 面投影看出哪一点在上,哪一点在下,上面的点遮住下面的点,其中 z 坐标大的点为可见。如图 3-12c 中,点 C 在上,点 D 在下,所以 c 可见;d 不可见,记为 (d)。

对 W 面的重影点则从左向右观察,即从 V 面或 H 面投影看出哪一点在左,哪一点在右,左边的点遮住右边的点,其中 x 坐标大者为可见。如图 3-12d 中,点 E 在左,点 F 在右,所以 e'' 可见;f'' 不可见,记为 (f'')。

3.2 直 线

3.2.1 直线的投影

从几何学知道,直线的长度是无限的。直线的空间位置可由线上任意两点的位置确定,即两点定一直线。直线还可以由线上任意一点和线的指定方向(例如规定要平行于另一已知直线)来确定。直线可以取线上任意两点的字母来标记。直线上两点间的一段,称为直线段。直线段有一定长度,用它的两个端点作标记。

直线在某一投影面上的投影,是通过该直线的投射平面(通过该直线上各点的投射线构成的平面)与该投影面的交线。由于两平面的交线必然是一直线,所以直线的投影一般仍然是直线,如图3-13a所示。作直线段 AB 的三面投影,可分别作出它的两端点 A 和 B 的三面投影 a、a′、a″和 b、b′、b″,然后将两点的同面投影连接起来,即得直线段的三面投影,见图3-13b。

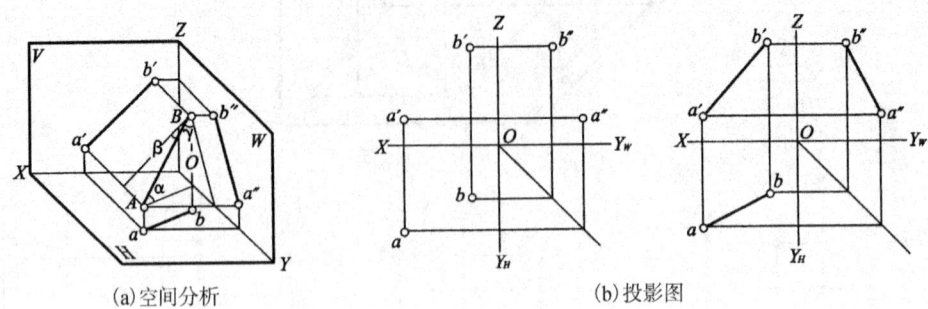

(a)空间分析　　　　　(b)投影图

图 3-13　直线的投影

直线对各投影面的倾角,就是该直线和它在该投影面上的投影所夹的角,如图 3-13a 所示。对 H 面的倾角用 α 表示,对 V 面的倾角用 β 表示,对 W 面的倾角用 γ 表示。

3.2.2　直线在三投影面体系中的投影特性

直线在三投影面体系中,根据其对投影面的相对位置,可分为三种情况:投影面平行线、投影面垂直线和一般位置直线。它们的空间位置和投影特性分析如下。

(1)投影面平行线

①空间位置。投影面平行线平行于某一个投影面,但倾斜于其余两个投影面。如图3-14中 AB∥H 面,但对 V 面和 W 面都倾斜。AB 称为水平面平行线,简称水平线。

②投影特性。投影面平行线在它所平行的投影面上的投影倾斜于投影轴,直线段的投影反映实长。这个实长投影与两投影轴的夹角分别反映该投影面平行线对其他两投影面的倾角,其余两个投影分别平行于相应的投影轴。如图 3-14 中,AB∥H 面,所以 ab=AB,a′b′∥OX,a″b″∥OY_W;ab 与 OX 轴夹角 β 及 ab 与 OY 轴的夹角 γ 分别反映直线与 V 面和 W 面的倾角。

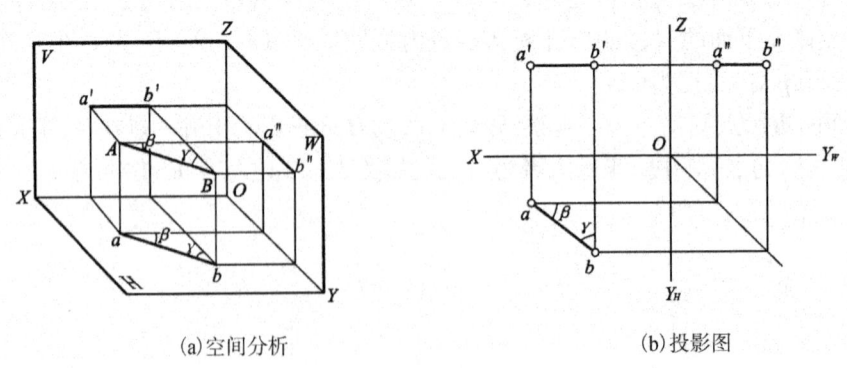

(a)空间分析　　　　　(b)投影图

图 3-14　水平线的三面投影图

除上述平行于 H 面的水平面平行线(水平线)外,投影面平行线还有平行于正面的正面平行线(正平线)和平行于侧面的侧面平行线(侧平线),它们的空间位置、投影图及其投影特性如表3-1所示。

表 3-1 投影面平行线

名称	空间位置	投影图	投影特性		
			H 投影	V 投影	W 投影
水平线			ab 倾斜;反映实长、β和γ	a'b' // OX轴;长度缩短	a"b" // OY_W轴;长度缩短
正平线			ab // OX轴;长度缩短	a'b'倾斜;反映实长、α和γ	a"b" // OZ轴;长度缩短
侧平线			ab // OY_H轴;长度缩短	a'b' // OZ轴;长度缩短	a"b"倾斜;反映实长、α和β
投影特性	①直线在它所平行的投影面上的投影反映该线段的实长和对其他两个投影面的倾角 ②直线在其他两个投影面上的投影分别平行于相应的投影轴,且都小于该线段的实长				

（2）投影面垂直线

①空间位置。投影面垂直线垂直于某一个投影面,因而平行于另两个投影面。图 3-15 所示 $IJ \perp V$ 面,因而 IJ 平行于 H 面和 W 面。IJ 垂直于 V 面,称为正面垂直线,简称正垂线。

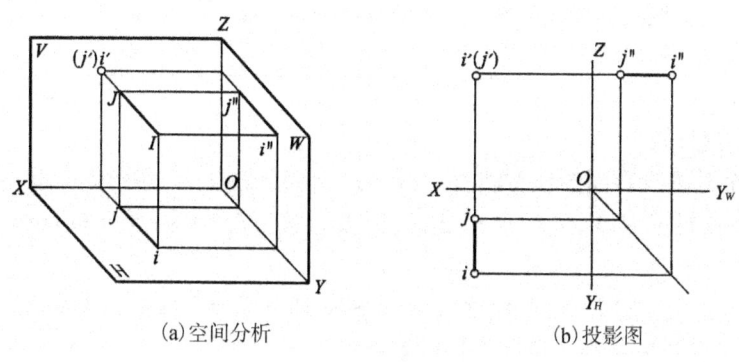

(a) 空间分析 (b) 投影图

图 3-15 正垂线的三面投影

②投影特性。投影面垂直线在它所垂直的投影面上的投影积聚为一点。由于投影面垂直线同时与其他两投影面平行,即平行于这两个投影面的交线——投影轴,所以其他两个投影分别垂直于另两条投影轴,并反映该线段的实长。如图3-15中的正垂线 IJ 垂直于 V 面,因此,它们的 V 面投影积聚为一点 $i'(j')$,$ij \perp OX$,$i''j'' \perp OZ$,$ij = i''j'' = IJ$。

除垂直于 V 面的正面垂直线(正垂线)外,投影面垂直线还有垂直于水平面的水平面垂直线(铅垂线)和垂直于 W 面的侧面垂直线(侧垂线)。它们的空间位置、投影图及其投影特性如表3-2所示。

表3-2 投影面垂直线

名称	空间位置	投影图	投影特性		
			H 投影	V 投影	W 投影
正垂线	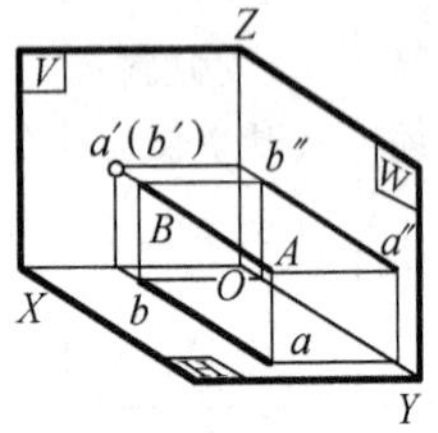	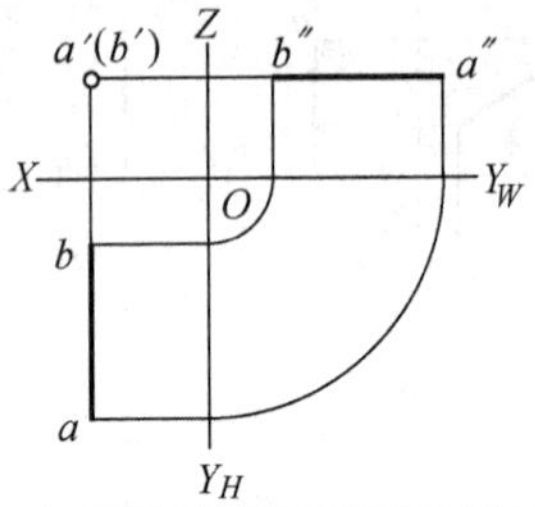	$ab \perp OX$,反映实长	$a'(b')$ 积聚为一点	$a''b'' \perp OZ$,反映实长
铅垂线	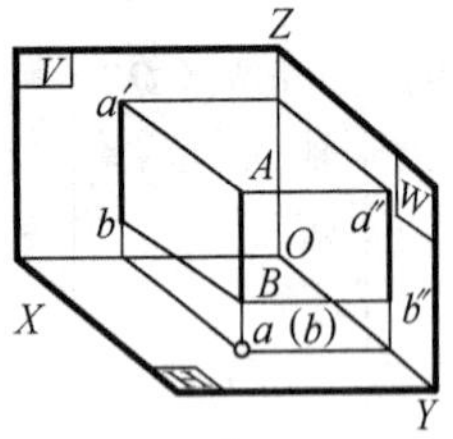	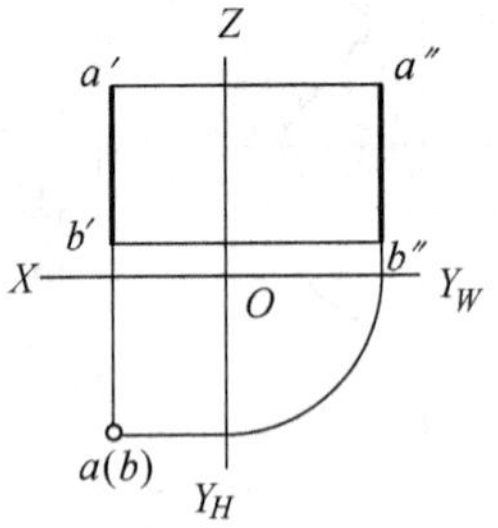	$a(b)$ 积聚为一点	$a'b' \perp OX$,反映实长	$a''b'' \perp OY_W$,反映实长
侧垂线	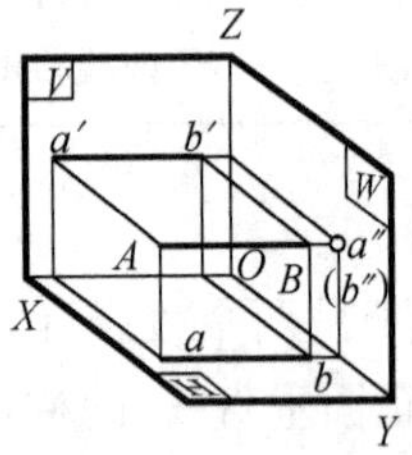	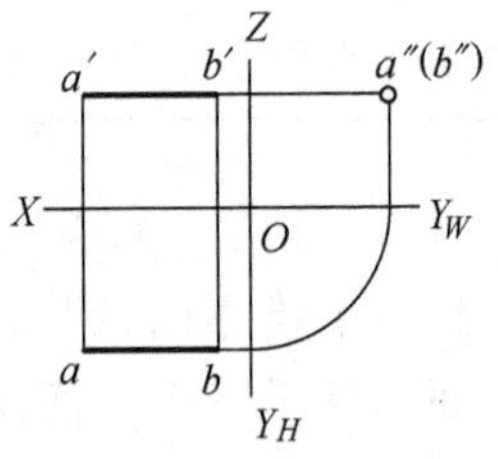	$ab \perp OY_H$,反映实长	$a'b' \perp OZ$,反映实长	$a''(b'')$ 积聚为一点
投影特性	①直线在它所垂直的投影面上的投影积聚为一点 ②直线在其他两个投影面上的投影分别垂直于相应的投影轴,且反映该线段的实长				

(3)一般位置直线

倾斜于三个基本投影面的任意斜直线,称为一般位置直线。如图3-16所示,直线 AB 为一般位置直线,倾斜于 H、V、W 三投影面,线段投影长度分别为:$ab = AB\cos\alpha$;$a'b' = AB\cos\beta$;$a''b'' = AB\cos\gamma$。

由于一般位置直线对 H、V、W 面之倾角 α、β、γ 都不等于 $0°$,并小于 $90°$,故其余弦大于 0 小于 1,所以各投影长度都小于空间线段的实际长度。

一般位置直线在三投影面体系中的投影特性可归纳如下:①一般位置直线上各点到同一

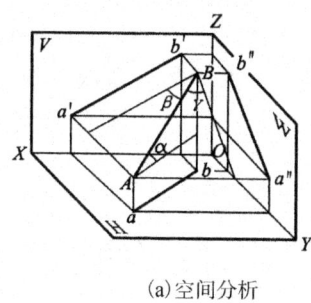
(a) 空间分析

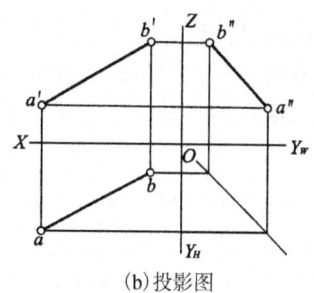
(b) 投影图

图 3-16 一般位置直线的三面投影图

投影面的距离都不等,所以一般位置直线在各投影面上的投影都倾斜于投影轴;②一般位置直线对各投影面都倾斜,所以在各投影面的投影长度都小于该线段的实际长度;③一般位置直线在各投影面上的投影不反映该直线对投影面的倾角。

3.2.3 一般位置直线段的实长及对投影面的倾角

一般位置直线段的投影不反映线段的实长及对投影面的倾角,但线段的两个投影已完全确定它的空间位置。因此,在投影图上用直角三角形法(图解法)可求出它的实长及对投影面的倾角。

应该指出:由投影图给出的条件应用图解方法解题时,首先必须进行空间分析,分析题设空间几何元素的空间关系,概括出空间解题方案,明确步骤,再用平面几何作图方法进行平面作图解题,然后按投影规律画出图来。

下面介绍用直角三角形法由已知的线段两投影图求线段的实长及对投影面的倾角。

3.2.3.1 空间分析

图 3-17a 所示是一般位置直线段 AB 的轴测图,现分析该线段和它的投影之间的关系,以探求由已知的直线段两投影求直线段实长的图解方法。过点 A 作 AC∥ab,构成直角三角形 ABC,空间直线段 AB 是其斜边(实长)。该直角三角形两直角边的长度可在投影图上量得:一直角边 AC 的长度等于水平投影 ab;另一直角边 BC 是线段两端点 A 和 B 离水平投影面的距离之差(高度差),其长度等于正面投影 b'c'。知道了直角三角形两直角边的长度,便可作出此三角形。

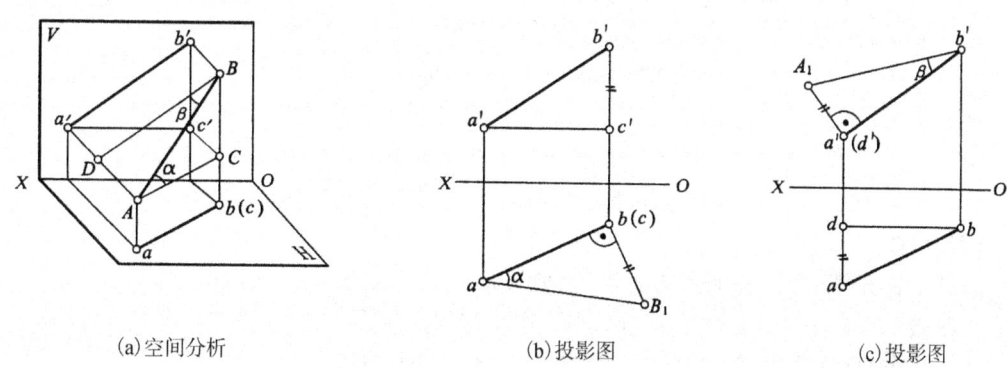

(a) 空间分析　　(b) 投影图　　(c) 投影图

图 3-17 求线段的实长及倾角

3.2.3.2 作图(图 3-17b)

(1)过 a' 作 OX 轴的平行线,交 b'b 于 c',截得高度差 b'c';

(2)以 ab 为一直角边,$b'c'$ 为另一直角边作直角三角形 abB_1,其斜边 aB_1 就等于 AB(实长);$\angle baB_1$ 等于 AB 与 H 面的倾角 α。

同理,可求出 AB 对 V 面的倾角 β 和 W 面的倾角 γ。图 3-17c 所示为所求 AB 对 V 面的倾角 β 与 AB(实长)的作图。

3.2.3.3 讨论

根据上述分析,空间直角三角形有 5 个要素:直角、直线段在某投影面上的投影、相应的倾角(α、β 或 γ)、实长、两端点相应的坐标差。其中直角是作图时直接作出的,其他四个要素中只要给出其中任两个,就可作出该直角三角形,求出另外两个。同时,直角三角形可以画在任何位置。

3.2.4 属于直线的点

3.2.4.1 点的投影必在直线的同面投影上

属于直线的点,其水平投影必属于直线的水平投影,其正面和侧面投影必分别属于直线的正面投影和侧面投影。

反过来说,点的水平投影属于直线的水平投影,同时该点的正面和侧面投影分别属于直线的正面和侧面投影,则该点必属于该直线。

如图 3-18 所示,点 C 属于直线 AB,则 c 在 ab 上,c' 在 $a'b'$ 上,c'' 应在 $a''b''$ 上(图中未画出侧面投影)。

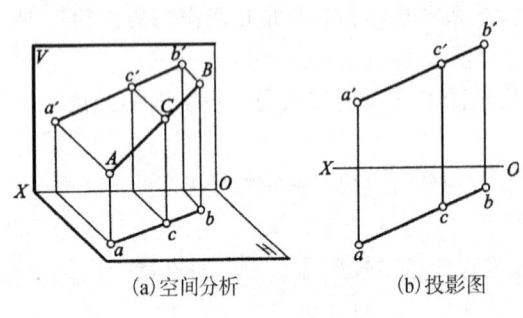

图 3-18 直线上的点

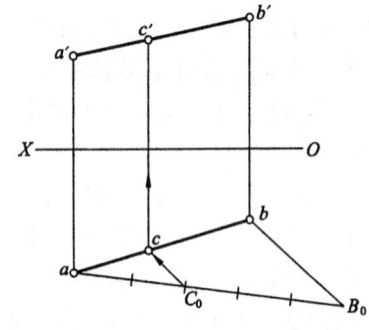

图 3-19 点在直线上

3.2.4.2 点分割线段之比等于其投影之比

这种关系,称为定比关系。如图 3-18 所示,点 C 属于线段 AB,则

$$AC:CB = ac:cb = a'c':c'b' = a''c'':c''b''$$

定比关系既可用于求直线上点的投影作图,也可用于判断点是否在直线上。

例 3-1 已知线段 AB 的投影图,求 AB 上点 C 的投影,使 $AC:CB = 2:3$。

(1)分析。根据定比关系,运用平行线截取比例线段的方法作图,如图 3-19。

(2)作图。

①过 a 作任意直线,并取点 C_0、点 B_0,使 $aC_0:C_0B_0 = 2:3$;

②连接 bB_0,并过点 C_0 作 C_0c∥bB_0,即将 ab 分成 $2:3$,得 c;

③过 c 作 OX 的垂线交 $a'b'$ 于 c',所得点 $C(c,c')$ 即为所求。

例 3-2 已知直线 AB 及点 C 在 H 面和 V 面的投影,试判断直线 AB 与点 C 之相对位置(图 3-20a)。

(1)分析。在投影图上判断点与直线之相对位置,对一般位置直线,只需观察该点投影是否在直线之同面投影上就可确定。但对本例,该直线为侧平线,要判断其相对位置必须用以下

两种方法:
①观察第三投影,如图3-20b所示。
②运用定比关系,用平行线段截取比例线段的方法进行判断,如图3-20c所示。

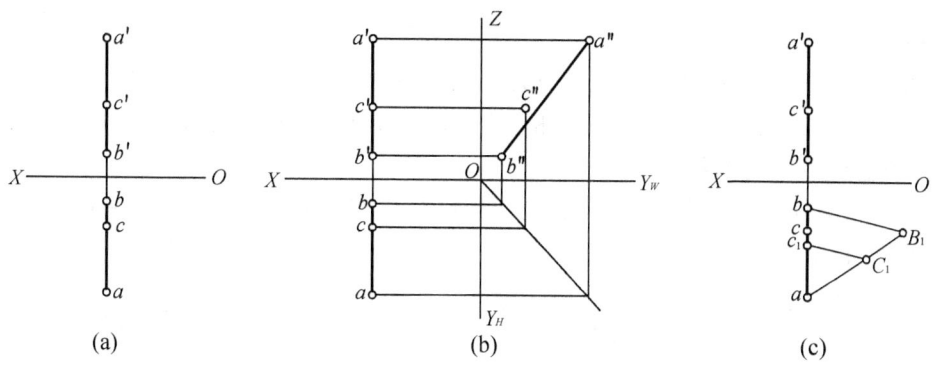

图3-20 点与直线的相对位置

(2)作图。具体作图方法与步骤请读者自行分析。

3.2.5 直线的迹点

3.2.5.1 定义

直线与投影面的交点称为直线的迹点。在三投影面体系内,一般位置直线有三个迹点;投影面平行线有两个迹点;投影面垂直线只有一个迹点。

直线与 H 面的交点称为水平迹点,以 M 表示;直线与 V 面的交点称为正面迹点,以 N 表示;直线与 W 面的交点称为侧面迹点,以 S 表示。

3.2.5.2 特性

迹点既在直线上又在投影面上,因此它的投影同时具有直线上的点和投影面上的点的投影特性,如图3-21a所示。

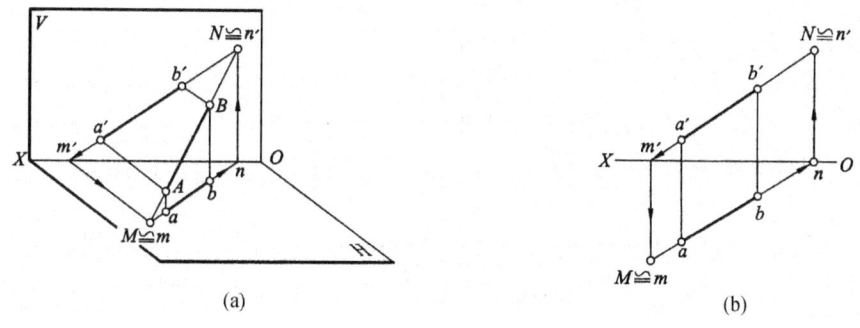

图3-21 直线的迹点

(1)迹点的各个投影必在该直线的同面投影上。即:直线 AB 的 H 面迹点 M 和 V 面迹点 N,它们的水平投影 m、n 在 ab 上;它们的正面投影 m'、n' 在 $a'b'$ 上。

(2)迹点在该投影面上的投影必与它本身重合,而另一投影必在投影轴上。即:M 的 H 面投影 m 与 M 本身重合,m' 在 OX 上;N 的 V 面投影 n' 与 N 重合,n 在 OX 上。

3.2.5.3 作图

迹点在投影图上作图是以其特性为依据的,具体作法与步骤如下(图3-21b):

55

(1) 求作水平迹点 M

①延长 a'b' 使与 OX 轴相交于 m',m' 即为 M 的正面投影;

②自 m' 引 OX 轴的垂直线使与 ab 相交于 m,m 即为 M 的水平投影,m≌M(符号≌表示重合)。

(2) 求作正面迹点 N

①延长 ab 使与 OX 轴相交于 n,n 即为 N 的水平投影;

②由 n 引 OX 轴的垂直线使与 a'b' 相交于 n',n' 即为 N 的正面投影,n'≌N。

3.2.6 两直线的相对位置

两直线在空间的相对位置有三种情况:平行、相交和交叉。前两种属于共面两直线,后一种为异面两直线。

3.2.6.1 两直线平行

据正投影的特性可知,若两直线在空间相互平行,则该两直线的各组同面投影必定相互平行,如图 3-22 所示;反之,若两直线的各组同面投影都相互平行,则此两直线在空间也一定相互平行。

两直线是否平行的判断方法如下:

(1) 一般情况下,只要检查两组同面投影就能判断出两直线是否平行。如图 3-22b 所示,因为 ab∥cd,a'b'∥c'd',所以 AB∥CD。

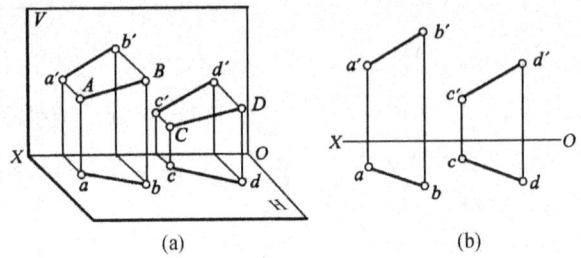

图 3-22 平行两直线的投影

(2) 若两直线同是某投影面的平行线,则须判断该两直线在所平行的投影面上的投影是否平行。若相互平行,则该两直线在空间相互平行;反之,则不平行。如图 3-23a 所示,因为 e"f" 与 g"h" 不平行,所以,EF 与 GH 不平行,为异面两直线。

对两侧平线相对位置也可用图 3-23b 所示方法确定,具体方法读者自行分析。

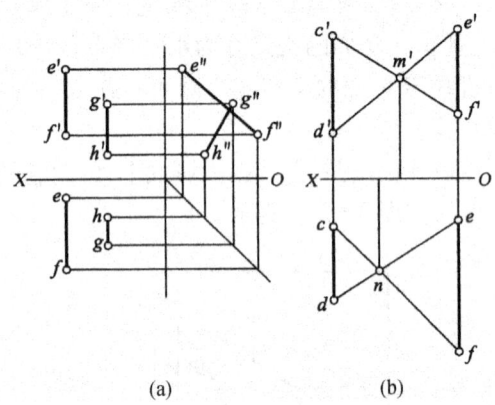

图 3-23 两侧平线相对位置的判定

3.2.6.2 两直线相交

如果空间两直线相交,则此两直线的各组同面投影一定相交,且交点的投影必定符合空间点的投影规律;反之,如果两直线的各组同面投影都相交,且交点的投影符合空间点的投影规律,则该两直线在空间必定相交。如图 3-24 所示,因为 ab×cd;a'b'×c'd',且 k'k⊥OX,所以 AB×CD(符号×表示相交)。

两直线是否相交的判断方法如下:

(1) 在一般情况下,只要检查两组同面投影就能判断出两直线是否相交。如图 3-25a 所示,由于两直线 AB、CD 的各组同面投影相交,且交点 E 的投影 e、e'、e" 符合点的投影规律,故该两直线空间必定相交;反之,则不相交(在这种情况下,只要检查其任意两组同面投影是否相交即可)。

(2) 若两直线之一为投影面平行线,如果给出的两面投影,不含有该投影面平行线在所平

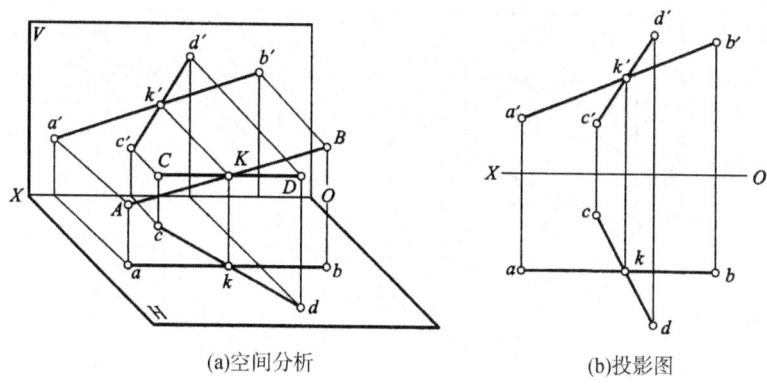

(a)空间分析　　　　　　(b)投影图

图 3-24　相交两直线的投影

行的那个投影面上的投影。此时,要在投影图上判断该两直线是否相交的方法有两种:

方法一　求出并观察该投影面平行线在所平行的投影面上的投影是否相交,若相交,且"交点"之间又符合点的投影规律,则该两直线在空间相交;反之,则不相交,如图 3-25b 所示。

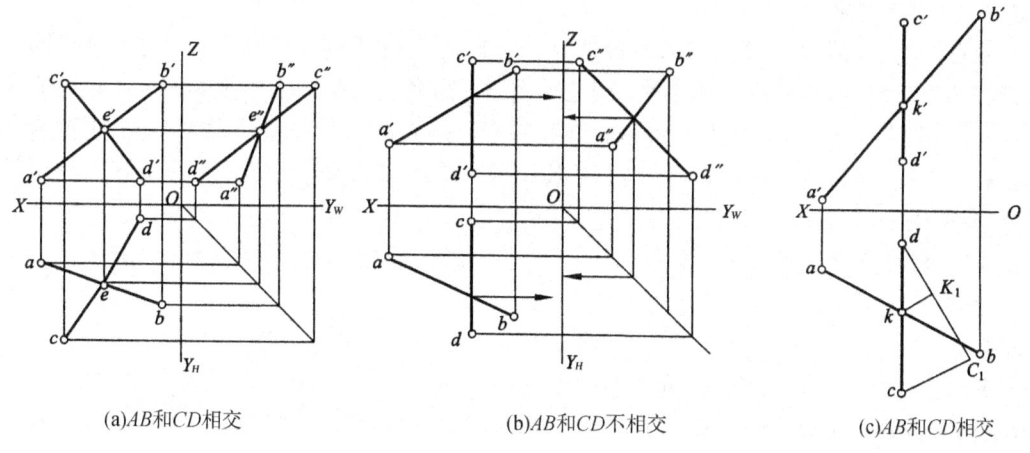

(a)AB和CD相交　　　　　(b)AB和CD不相交　　　　　(c)AB和CD相交

图 3-25　判定两直线的相对位置

方法二　利用定比关系,判断两组同面投影之"交点"分割同面投影之比是否相等,从而确定这些"交点"是否为两直线之共有点——交点的投影,若是,则两直线在空间相交,如图 3-25c 所示;反之,则不相交。

3.2.6.3　两直线交叉

在空间既不平行又不相交的两直线,称为交叉两直线,如图 3-26 所示。

交叉两直线的各同面投影既不符合平行两直线的投影特征,也不符合相交两直线的投影特征。具体地说:

(1)交叉两直线可以有两组同面投影相互平行,但绝不可能三组同面投影都相互平行,如图 3-23a 所示;

(2)交叉两直线的三组同面投影也可能相交,但这些投影的交点是重影点的投影,而不是两直线的共有点(即交点)的投影。这些投影的"交点"不符合同一空间点的投影规律,如图3-25b 所示。

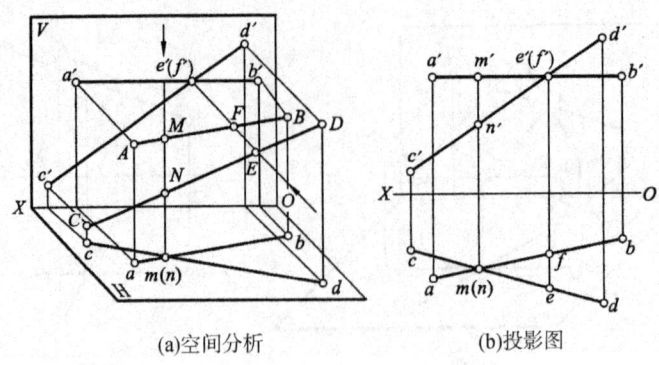

(a)空间分析　　　　　(b)投影图

图 3-26　交叉两直线的投影

如图 3-26 所示，AB、CD 两直线于 H、V 两投影面上的同面投影均相交，但其"交点"不符合点的投影规律，分别是重影点的投影。如在 H 面上的 $m(n)$ 是 AB 上的点 M 与 CD 上的点 N 的重合投影，因为 $z_M > z_N$，所以 m 为可见，n 为不可见。又如在 V 面上的 $e'(f')$ 是 CD 上的点 E 与 AB 上的点 F 的重合投影，因 $y_E > y_F$，故 e' 为可见，f' 为不可见。

3.2.7　直角的投影

两直线相交（或交叉）成直角，当该两直线又同时平行于同一投影面时，则在该投影面上的投影必为直角；当该两直线都不平行于投影面时，则在该投影面上的投影必定不反映直角。

但是，两直线相交（或交叉）成直角，当其中有一条直线与某一投影面平行时，则此直角在该投影面上的投影仍反映直角。这是直角投影的一个特殊性质，在解决一般垂直的作图问题时，经常应用到。

3.2.7.1　对相交垂直的证明（图 3-27a）

已知：$\angle ABC = 90°$，$BC // H$ 面。求证：$\angle abc = 90°$。

证明：因为 $BC \perp AB$，$BC \perp Bb$，故 $BC \perp$ 平面 $ABba$，而 $bc // BC$，所以 $bc \perp$ 平面 $ABba$。因此，bc 垂直平面 $ABba$ 上的一切直线，即 $bc \perp ab$，亦即 $\angle abc = 90°$。

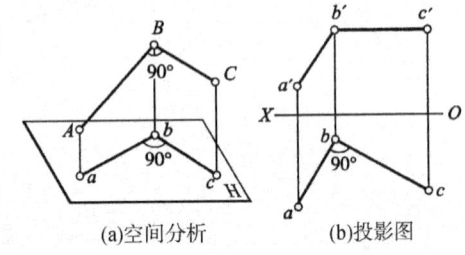

(a)空间分析　　(b)投影图

图 3-27　一边平行于一投影面的直角的投影

图 3-27b 为其投影图，因 $b'c' // OX$ 轴，即 BC 为水平线，故 $\angle abc = 90°$。

3.2.7.2　对交叉垂直的证明（图 3-28a）

已知：交叉两直线 $BC \perp MN$，且 $BC // H$ 面。求证：$mn \perp bc$。

证明：过 BC 上任一点 B 作 $AB // MN$，则 $AB \perp BC$（交叉两直线所成的角）。由上述证明已知：$ab \perp bc$，因为 $AB // MN$，可得 $ab // mn$，故 $bc \perp mn$。图 3-28b 是它们的投影图，其中 $b'c' // OX$ 轴（BC 为水平线），故 $bc \perp mn$。

直角投影定理的逆定理：当相交或交叉两直线在同一投影面上的投影成直角，且其中一条直线平行于该投影面时，则该两直线的夹角必是直角。

例 3-3　如图 3-29 所示，已知水平线 AB 及正平线 CD，试过定点 S 作它们的公垂线的平行线。

（1）空间分析。根据直角投影定理，所作直线 SL 必然有：$sl \perp ab$（因为 AB 是水平线）；$s'l'$

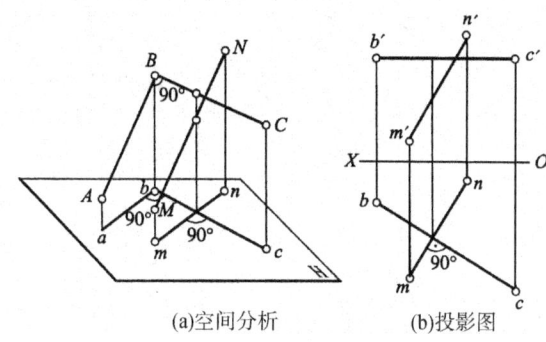

图 3-28 两直线成交叉垂直

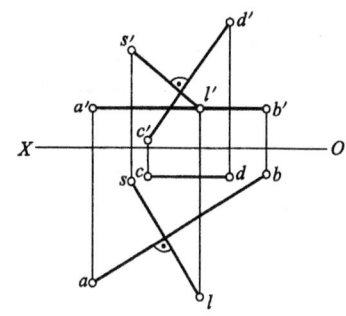

图 3-29 作公垂线的平行线

⊥$c'd'$(因为 CD 是正平线)。显然,直线 SL 与 AB、CD 并不相交。它们同面投影的交点为重影点的投影,而非交点之投影。

(2)作图。

①过点 S 的水平投影 s 作 $sl \perp ab$;

②过点 S 的正面投影 s' 作 $s'l' \perp c'd'$;

③所得 $SL(sl, s'l')$ 即为所求的公垂线的平行线。

3.3 平 面

3.3.1 平面的表示法

由初等几何知道,不在同一直线上的三点可以确定一平面。因此,对无界限的平面,可用下列任何一组几何元素来确定:

(1)不在同一直线上的三点;

(2)一直线和直线外一点;

(3)两相交直线;

(4)两平行直线;

(5)任意的平面图形(如三角形、圆或其他平面图形)。

3.3.1.1 平面的投影表示法

各组几何元素所确定的平面及其投影如图 3-30 所示。

上面几种情况是可以互相转化的,其中以平面图形表示最为常见。形体上的平面都是平面图形。在图解几何问题时,也常用一对相交的正平线和水平线表示平面。

3.3.1.2 用迹线表示平面

1. 平面的迹线表示法

空间平面与投影面的交线称为平面的迹线,用迹线表示的平面叫作迹线平面。平面的迹线是投影图中用以表示平面空间位置的一种方法。

如图 3-31a 所示,空间平面 P 与 V 面的交线称为平面 P 的正面迹线,用 P_V 表示;平面 P 与 H 面的交线称为平面 P 的水平迹线,用 P_H 表示;平面 P 与 W 面的交线称为侧面迹线,用 P_W 表示。平面 P 与投影轴线的交点,就是两条迹线的交点,称为迹线集中点,分别用 P_x、P_y、P_z 表示。各迹线集中点分别是 P 面与两相应投影面的三面共有点。

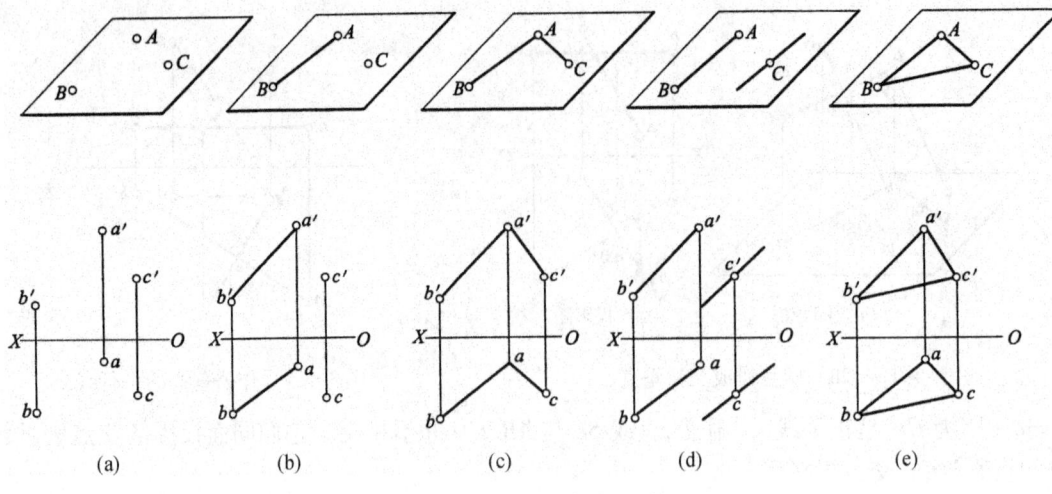

图 3-30 几何元素表示平面

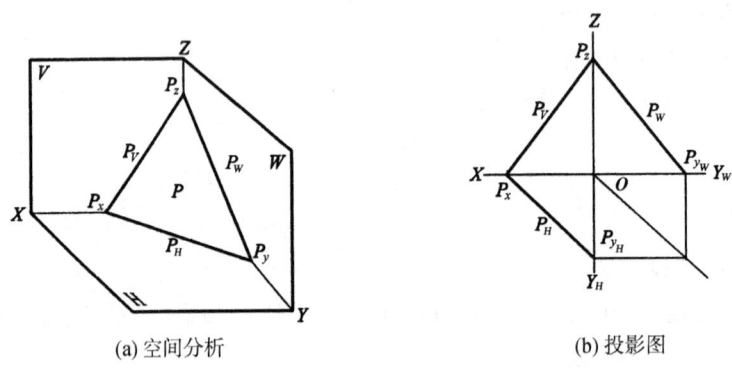

(a) 空间分析   (b) 投影图

图 3-31 平面的迹线

迹线是在投影面上的直线,因此,在三面投影中,每条迹线的一个投影在投影面上与迹线自身重合,另两个投影在投影轴上。通常只将各迹线与其自身重合的那个投影画出,并用相应的迹线符号标记;在投影轴上的那两个投影不需画出,也不另标符号。迹线平面及其标记如图 3-31b 所示。

2. 迹线的求法

由上述可知,平面的迹线表示法与几何元素表示法的本质是一样的,即它们都是用一组确定平面的几何元素来表示。因此,必要时可将一组几何元素表示的平面转换成用迹线表示。具体作图如图 3-32 所示。

(1)空间分析。由图 3-32a 可见,平面上任何直线的迹点,都在该平面的同面迹线上。直线 AB 和 CD 的正面迹点 N 和 N_1 在平面 P 的正面迹线 P_V 上;直线 AB 和 CD 的水平迹点 M 和 M_1 在平面 P 的水平迹线 P_H 上。因此,求平面的迹线问题可以归结为求平面上任意两直线的迹点问题。

(2)作图(图 3-32b)。

①求出两直线 AB、CD 的正面迹点 $N(n',n)$、$N_1(n'_1,n_1)$。为此,延长 ab、cd 分别交 OX 轴于 n、n_1,过 n、n_1 作 OX 轴垂直线分别交 a'b'、c'd' 得 n'、n'_1,则 (n,n') 与 (n_1,n'_1) 分别为迹点 N 和 N_1 在 H、V 两投影面的投影。连 $n'n'_1$ 即得平面 P 的 V 面迹线 P_V。

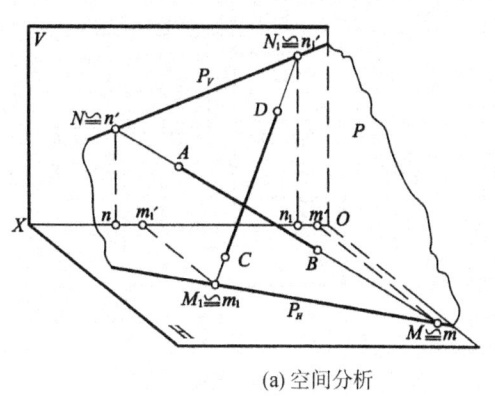 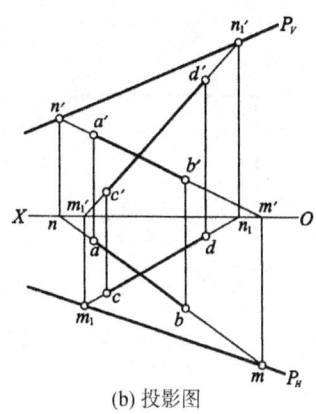

(a) 空间分析　　　　　　　　　　(b) 投影图

图 3-32　迹线的求法

②用同样方法求出直线 AB 和 CD 的水平迹点 $M(m',m)$、$M_1(m'_1,m_1)$，连 mm_1 即得平面 P 的水平迹线 P_H。

3.3.2　平面在三投影面体系中的投影

平面在三投影面体系中对投影面的相对位置可分为三类:投影面垂直面、投影面平行面和一般位置平面。

3.3.2.1　投影面垂直面

投影面垂直面是指垂直于一个投影面而与其余两个投影面都倾斜的平面，如图 3-33 中的 T 面。

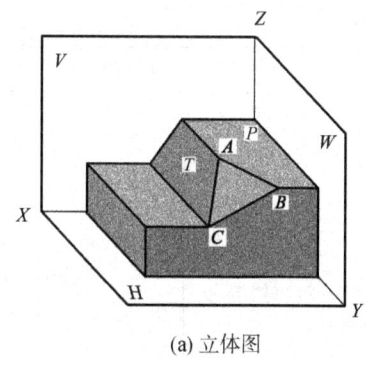 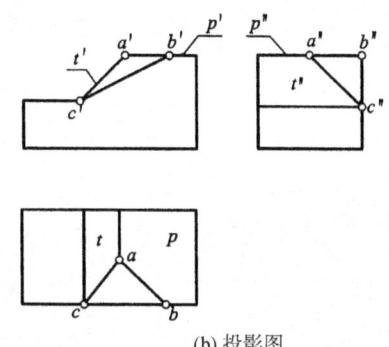

(a) 立体图　　　　　　　　　　(b) 投影图

图 3-33　平面的投影特性

投影面垂直面分三种:铅垂面——垂直于 H 面，倾斜于 V 面、W 面的平面;正垂面——垂直于 V 面，倾斜于 H 面、W 面的平面;侧垂面——垂直于 W 面，倾斜于 H 面、V 面的平面。

图 3-34 所示为图 3-33 所示形体的表面 T 的空间分析轴测图。它垂直于正面，而与 H 面和 W 面处于倾斜位置，是正垂面。它的投影特点是:

(1)正面投影 t' 积聚为一直线。因为给定的梯形平面 T 垂直于 V 面，与向 V 面的投射方向平行，所以其 V 面投影 t' 成一直线。而且，平面 T 内任意点、线或图形的 V 面投影都积聚在 t' 上，即该投影具有积聚性。若梯形平面 T 以迹线表示，则该平面的正面迹线 T_V 必重合于梯形平面 T 的 V 面投影 t'，T_V 同样具有积聚性。

(2)水平投影 t 和侧面投影 t'' 都是面积缩小了的相仿形(梯形)。如用迹线表示(也可不

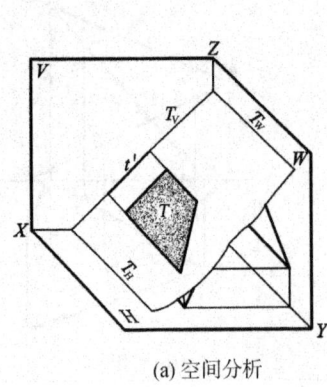 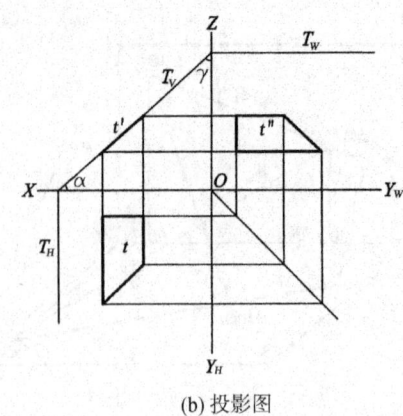

(a) 空间分析　　　　　　　　　　　　(b) 投影图

图 3-34　正垂面的三面投影图

画出),则该平面的水平迹线 $T_H \perp OX$ 轴,侧面迹线 $T_W \perp OZ$ 轴。

(3)正面投影 t'(或正面迹线 T_V)与 OX 轴的夹角等于该平面对 H 面的倾角 α,与 OZ 轴的夹角等于该平面对 W 面的倾角 γ。

在三投影面体系中,平面对 H、V、W 面的倾角(即该平面与投影面所夹的二面角),分别以 α、β、γ 表示。

由于平面对投影面所处相对位置的不同,它们的投影也各有不同的特性。

对于铅垂面和侧垂面,也可作同样的分析得到类似的投影特性。各种投影面垂直面的空间位置、投影图及其投影特性如表 3-3 所示。

表 3-3　投影面垂直面

名称	空间位置	投影图	投影特性		
			H 投影	V 投影	W 投影
铅垂面			积聚成倾斜直线且反映 β 和 γ	缩小的相仿形	缩小的相仿形
正垂面			缩小的相仿形	积聚成倾斜直线且反映 α 和 γ	缩小的相仿形

续表 3-3

名称	空间位置	投影图	投影特性		
			H 投影	V 投影	W 投影
侧垂面			缩小的相仿形	缩小的相仿形	积聚成倾斜直线且反映 α 和 β
投影特性	①平面在它所垂直的投影面上的投影积聚成倾斜于投影轴的直线,并反映该平面对其他两个投影面的倾角 ②平面的其他两个投影都是缩小的相仿形				

3.3.2.2 投影面平行面

投影面平行面是指平行于某一投影面的平面,它必垂直于其余两个投影面。

投影面平行面也分为水平面、正平面、侧平面三种。水平面平行于 H 面而同时垂直于 V 面和 W 面;正平面平行于 V 面而同时垂直于 H 面和 W 面;侧平面平行于 W 面而同时垂直于 H 面和 V 面。因此,投影面平行面是投影面垂直面的特殊情况。

图 3-35 所示为图 3-33 所示形体的表面 P 的空间位置分析轴测图,它平行于 H 面,垂直于 V 面和 W 面,是水平面。它具有下列投影特性:

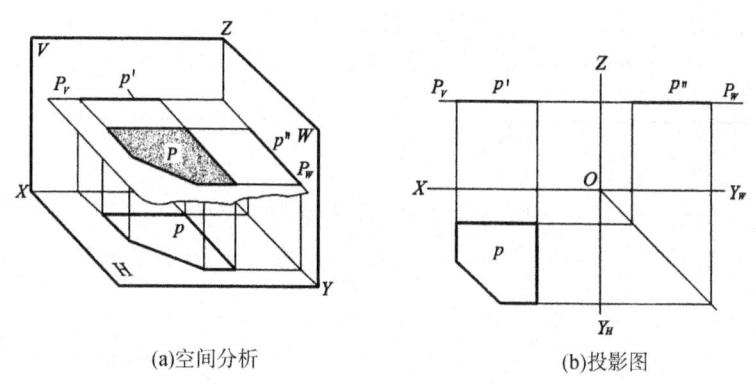

(a)空间分析　　(b)投影图

图 3-35　水平面的三面投影图

(1)水平投影反映实形。

(2)正面投影 p' 和侧面投影 p'' 都积聚成直线,且 $p' /\!/ OX$,$p'' /\!/ OY_W$。如用迹线表示,则该平面的正面迹线 P_V 和侧面迹线 P_W 分别与平面图形 P 的正面投影 p' 和侧面投影 p'' 重合,P_V、P_W 同样具有积聚性;水平面与 H 面平行,无交线,即无水平迹线。

对于正平面和侧平面也可作同样的分析得到类似的投影特性。各种投影面的空间位置、投影图及其投影特性如表 3-4 所示。

表3-4 投影面平行面

名称	空间位置	投影图	投影特性		
			H投影	V投影	W投影
水平面			反映实形	积聚成直线,平行于OX轴	积聚成直线,平行于OY_W轴
正平面			积聚成直线,平行于OX轴	反映实形	积聚成直线,平行于OZ轴
侧平面			积聚成直线,平行于OY_H轴	积聚成直线,平行于OZ轴	反映实形
投影特性	①平面在它所平行的投影面上的投影反映实形 ②平面的其他两个投影都积聚成直线,具有积聚性,且分别平行于与该平面所平行投影面的两投影轴				

3.3.2.3 一般位置平面

一般位置平面是指对三个投影面都处于倾斜位置的任意斜平面。

图3-36为图3-33所示形体的表面△ABC的空间位置分析轴测图。由于它倾斜于各投

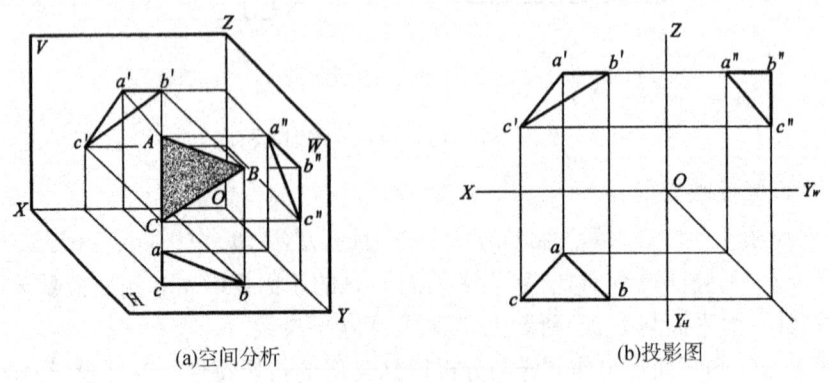

(a)空间分析　　　　　(b)投影图

图3-36 一般位置平面的三面投影图

影面,故它的各个投影都不能反映实形,并且没有积聚性,也不能直接反映平面对投影面的倾角。因此,一般位置平面如用平面图形表示,它的三面投影均为面积缩小了的相仿形。

上述三种位置的平面,前两种平面又称为特殊位置平面。

从上述对图 3-33 所示形体各种位置表面投影特性分析中可见:平面图形的三个投影中,至少有一个投影的轮廓线是封闭线框。就是说,形体投影图上的一个封闭线框,在一般情况下就表示空间一个面的投影。

3.3.3 属于平面的直线与点

3.3.3.1 在平面上取直线

在平面上取直线是以直线在平面上的两个几何定理为依据的。

(1)若一直线通过平面上的两点,则此直线在该平面上。如图 3-37a 所示,在两相交直线 AB 和 BC 给定的平面上,在 AB 和 BC 两直线上分别取点 $D(d,d')$ 和 $E(e,e')$,则连接 D、E 两点的同面投影所得直线 $DE(de,d'e')$ 必在该给定平面上,如图 3-38 所示。

(2)若一直线通过平面上一点,并且平行于平面上另一直线,则此直线必在该平面上。如图 3-37b 所示,在两相交直线 AB 和 BC 给定的平面上,过点 $C(c,c')$ 作直线 $CF(cf,c'f')$ 平行于已知直线 AB,则直线 CF 必在该给定平面上,如图 3-38 所示。

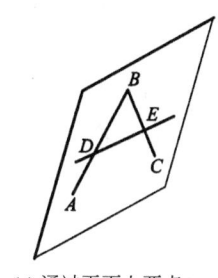
(a) 通过平面上两点

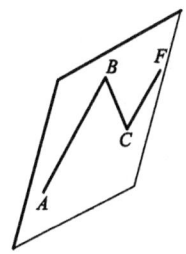
(b) 通过平面上一点且平行于该平面上一直线

图 3-37 属于平面的直线

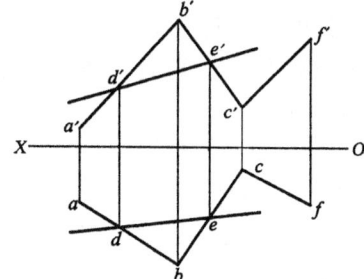

图 3-38 取属于平面的直线

3.3.3.2 在平面上取点

要在平面上取点,必须先在平面上取一直线,然后在此直线上取点。这样,由于该直线在平面上,则直线上的点必然也在平面上。

例 3-4 已知 $\triangle ABC$ 上一点 K 的水平投影 k,求作它的正面投影 k'(图 3-39)。

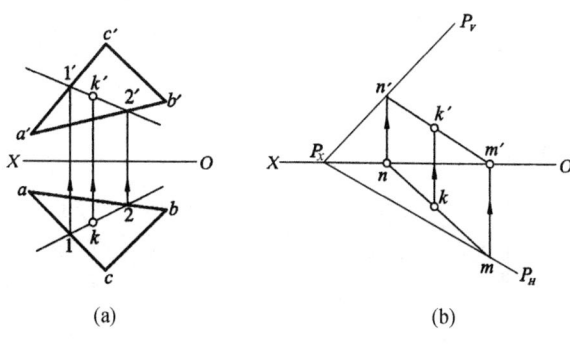

图 3-39 在平面上取点的方法

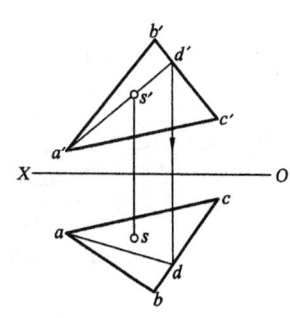

图 3-40 点 S 不属于已知平面

(1) 空间分析。如一点位于某一平面上,则它必定在平面上过该点的任一直线上。因而,在 △ABC 上过 K 任作一辅助直线 ⅠⅡ,则所求的 k' 一定在直线 ⅠⅡ 的正面投影 $1'2'$ 上,如图 3-39a 所示。

(2) 作图。作图方法请读者自行分析。

本题若将平面改为迹线表示形式,其作图方法相同,如图 3-39b 所示,m、n 为 M、N 两迹点的水平投影,很容易找出正面投影 m'、n',则 k' 必在 $m'n'$ 上。

例 3-5 已知 △ABC 给定一平面,试判断点 S 是否属于该平面,见图 3-40。

(1) 空间分析。若点在平面上,则该点必在平面的某一直线上。

(2) 作图。作属于给定平面的辅助线 $AD(ad,a'd')$,先使 $a'd'$ 经过 s',再看 ad 是否经过 s。如图 3-40 所示,由于 ad 未经过 s,故点 S 不属于给定平面。

例 3-6 已知平面五边形 ABCDE 的水平投影 $abcde$ 和正面投影 $a'b'c'$,又知其中 $AB // CD$,试完成五边形的正面投影,如图 3-41a 所示。

(1) 空间分析。若两直线相互平行,则其同面投影相互平行,据此即可求得 d';又若点在平面的直线上,则该点的投影必在直线的同面投影上,据此可利用平面上的辅助线 AC 及 BF 求得 e'。

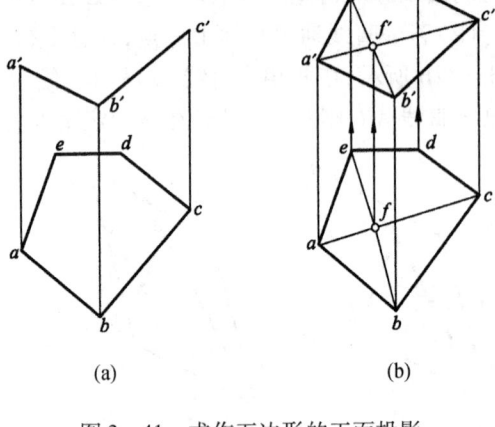

(2) 作图(图 3-41b)。

① 求 d'。过 c' 作 $c'd'$ 平行于 $a'b'$,并与由 d 所作的竖直线相交,即得 d'。

(a)   (b)

图 3-41 求作五边形的正面投影

② 求 e'。连 ac 与 be 相交于 f;连 $a'c'$,自 f 作竖直线与 $a'c'$ 相交于 f';连 $b'f'$ 并延长,使与自 e 所作竖直线相交得 e'。

③ 连 $a'e'$、$e'd'$ 即完成五边形的正面投影。

3.3.4 平面上的投影面平行线

平面上的投影面平行线有三种,如图 3-42 所示。

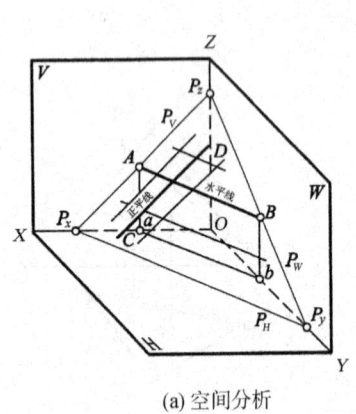
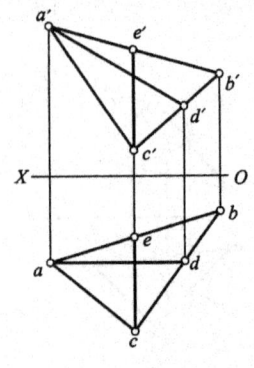

(a) 空间分析   (b) 平面上的水平线   (c) 平面上的正平线与侧平线

图 3-42 平面上的投影面平行线

(1)平面上的水平线:该平面上平行于 H 面的直线;
(2)平面上的正平线:该平面上平行于 V 面的直线;
(3)平面上的侧平线:该平面上平行于 W 面的直线。

平面上的投影面平行线,不仅与所在平面有从属关系,而且还应符合投影面平行线的投影特性,即在与其倾斜的投影面上的投影应平行于投影轴。

在用迹线表示的平面上的投影面平行线,如图3-43所示,其投影分别与平面的相应迹线的投影平行,即在所平行的投影面上的投影平行于该投影面上的平面迹线,其余投影平行于投影轴;该直线迹点必在其余投影面的平面迹线上。

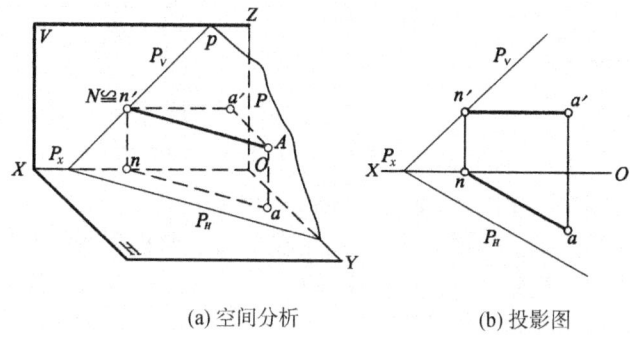

(a)空间分析　　(b)投影图

图3-43　平面上的水平线

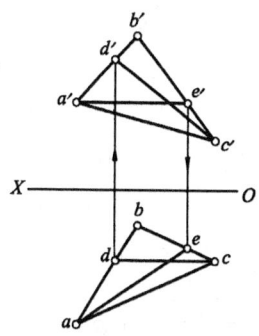

图3-44　作属于平面的
水平线和正平线

例3-7　如图3-44所示,已知△ABC给定一平面,试过点 A 作属于该平面的水平线,过点 C 作属于该平面的正平线。

(1)空间分析。如上所述,平面上的投影面平行线在与其倾斜的投影面上的投影必平行于投影轴。

(2)作图。水平线的正面投影必平行于 OX 轴。因此,先过 a' 作 $a'e'$ 平行于 OX 轴,与 $b'c'$ 交于 e';在 bc 上求得 e,连 ae;$AE(ae,a'e')$ 即为所求水平线。同理,先过 c 作 cd 平行于 OX 轴,然后作出 $c'd'$,$CD(cd,c'd')$ 即为所求正平线。

在平面上取线、取点是图解法的基础作图法,应用甚为广泛,要求读者熟练地掌握。

3.3.5　平面上的最大斜度线

最大斜度线即在平面上对投影面的倾角为最大的直线。它是平面上垂直于属于该平面的投影面平行线的直线。

(1)空间分析。如图3-45所示,平面 P 上,BG 为水平线,$AD \perp BG$,最大斜度线 AD 对 H 面的角度为 α。事实上,平面上的其他位置直线对 H 面的倾角均小于 α,即最大斜度线对投影面的倾角是最大的。"最大斜度线"即由此得名。

(2)证明。如图3-45,过点 A 作最大斜度线以外的属于平面 P 的任意直线 AE,它对 H 面的倾角为 α_1,只要证明 $\alpha_1 < \alpha$ 即可。现 $AD \perp BG$,且 $ED /\!/ BG$,故 $AD \perp ED$。根据直角投影定理,$aD \perp ED$,则 $aE > aD$。看两直角三角形 ADa 和 AEa,有相等的直角边 Aa,而另一对直角边 $aE > aD$,故相应的锐角 $\alpha_1 < \alpha$。由此证明了最大斜度线对投影面的倾角为最大。

平面上对投影面的最大斜度线有三种:①对水平面的最大斜度线——垂直于该平面上水平线的直线;②对正立面的最大斜度线——垂直于该平面上正平线的直线;③对侧立面的最大斜度线——垂直于该平面上侧平线的直线。

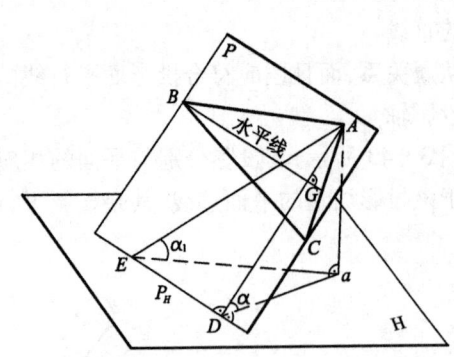
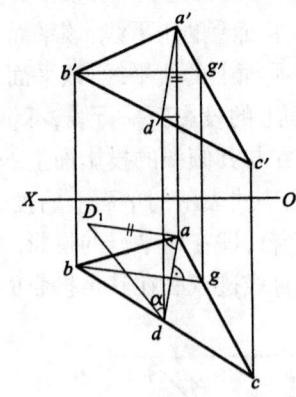

图 3-45　平面上的最大斜度线　　　　图 3-46　求平面对 H 面的倾角

如图 3-45 所示,直线 BG 是属于平面 P 的水平线,垂直于 BG 且属于平面 P 的直线 AD 是对 H 面的最大斜度线。显然,定平面对 H 面的所有最大斜度线都相互平行。

图 3-46 所示为求 △ABC 对 H 面的倾角的作图。图中,利用在平面上取投影面平行线和直角投影定理,先作任一属于该平面上对 H 面的最大斜度线 AD（AD⊥BG,BG 为水平线）,再用直角三角形法求出对 H 面的倾角 α。

复习思考题

一、点的投影

1. 点的坐标与投影有什么关系？在投影图上,如何确定点到各投影面的距离？
2. 点的三面投影之间的投影关系如何？如何根据点的两面投影作第三投影？
3. 如何根据两点相对坐标确定两点的相对位置？什么叫重影点？如何判别重影点的可见性？

二、直线的投影

1. 根据直线对投影面的相对位置,直线可分为几类？各有怎样的投影特性？
2. 什么是直角三角形法,如何用直角三角形法求一般位置直线段的实长及其对各投影面的夹角？
3. 如何证明直线上的点分割线段投影成定比？如何判断点是否在直线上？
4. 两直线的相对位置有几种情况？各有什么投影特性？如何判断？如何利用重影点判别两交叉直线的相对位置？
5. 在什么条件下,直角的投影仍是直角？

三、平面的投影

1. 在投影图上给定平面的方法有几种？它们相互之间有什么内在联系？什么叫平面迹线？平面的迹线投影有什么特点？
2. 根据平面对投影面的相对位置,平面可分为几类？它们的投影特性怎样？
3. 点和直线在平面上的几何条件是什么？怎样在平面上取点、取线？
4. 平面上的投影面平行线和最大斜度线各有什么投影特点？怎样作图？

第4章 直线与平面、平面与平面的相对位置

在解决空间几何元素间的定位和度量问题时,经常涉及几何元素之间的平行、相交及垂直等相对位置问题。为了进一步掌握图示法,培养空间想象力和分析、解决空间问题的能力,本章着重研究这一问题。

4.1 直线与平面、平面与平面平行

4.1.1 直线与平面平行

不在平面上的直线与该平面如不平行,则相交。根据立体几何原理,不在平面上的一直线若与属于该平面的一直线平行,则该直线与平面相互平行。如图4-1所示,平面 P 外直线 AB 平行于平面 P 上的直线 CD,故 $AB//P$ 面。反之,若在平面上作不出与空间直线相互平行的直线,则可断定直线不平行于该平面。

例4-1 过已知点 K 作一水平线平行于 $\triangle ABC$,如图4-2。

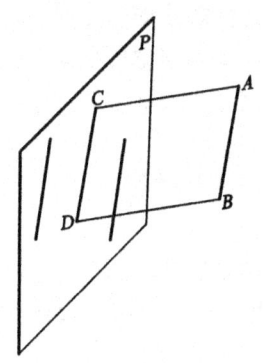
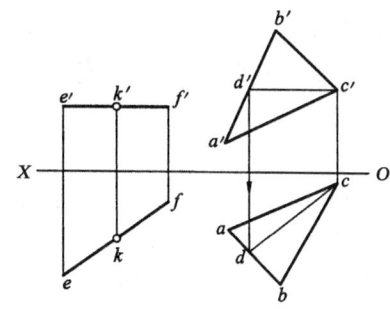

图4-1 直线平行于平面的示意图　　图4-2 作直线平行于已知平面

(1)空间分析。过点 K 可作无穷多平行于 $\triangle ABC$ 之直线。但依题意要求,所作直线应为水平线,故该直线应平行于 $\triangle ABC$ 上的水平线。

(2)作图。

①在 $\triangle ABC$ 上任作一水平线 $CD(cd,c'd')$;

②过点 K 作 $EF(ef,e'f')$,使 $EF//CD$,则 EF 即为所求作之水平线。

4.1.2 两平面相互平行

两平面之相对位置,可以相交或平行。根据立体几何原理,若平面上的两相交直线对应地平行于另一平面上的两相交直线,则这两平面相互平行。如图4-3所示,定平面 P 与 Q 分别由两组相交直线 $AB \times CD$、$A_1B_1 \times C_1D_1$ 所确定,由于 $AB//A_1B_1$,$CD//C_1D_1$,所以 $P//Q$。

例4-2 已知平面 $\square ABCD$ 及 $\triangle EFG$,试判别该两平面是否平行,如图4-4所示。

(1)空间分析。判断两平面是否相互平行,可任一平面上作两相交直线,如在另一平面上能找到与之对应平行的两相交直线,则该两平面相互平行。

(2)作图。在平面□$ABCD$上过点A作两相交直线$AM(am,a'm')$与$AN(an,a'n')$,分别使$am//ef$、$a'm'//e'f'$,$an//eg$、$a'n'//e'g'$,即$AM//EF$、$AN//EG$,故平面□$ABCD//\triangle EFG$。

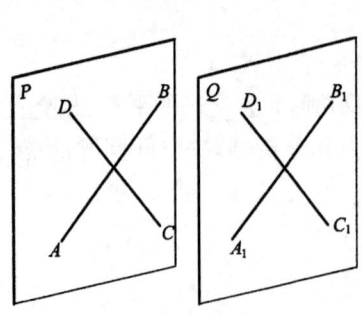

图4-3 两平行平面

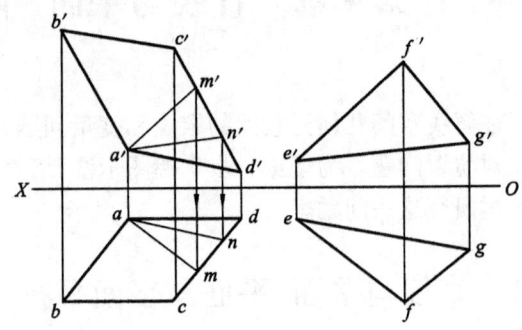

图4-4 判别两平面是否平行

4.2 直线与平面、平面与平面相交

直线与平面之间、平面与平面之间,不平行,则相交。

直线与平面相交只有一个交点,它是直线和平面的共有点。它同时属于直线和平面。

两平面的交线是一直线,这条直线为两平面所共有。求作两平面的交线,只要作出属于它的两点或找出交线上一点及其方向就可以确定。因而,求作两平面交线的实质,就是求一平面上两直线与另一平面的交点的连线,或求一平面上一直线与另一平面的交点及交线的方向来作出交线。

求作直线与平面交点及两平面交线的方法,可根据两种情况确定。

4.2.1 特殊位置情况——利用积聚性求交点和交线

当直线或平面垂直于投影面时,由于它在该投影面上的投影具有积聚性,所以交点或交线的投影位置至少有一个可以在投影图上直接确定。再运用在平面上取点、线或在直线上取点的方法确定交点或交线的其他投影。

例4-3 如图4-5所示,求作正垂线AB与一般位置平面$\triangle CDE$的交点K。

(1)空间分析。AB是正垂线,其正面投影具有积聚性。由于交点K是直线AB上的一点,其正面投影k'积聚在$a'(b')$上。又因交点K也在$\triangle CDE$上,故可利用平面上取点的方法作出点K的水平投影k。

(2)作图。

①连接$c'k'$并延长使与$d'e'$交于m';

②作出平面$\triangle CDE$上直线CM的水平投影cm,则cm与ab的交点k即为所求点K的水平投影。

(3)可见性判别。由于$\triangle CDE$上的点K将直线AB分成两部分,在投影面上线段投影的一部分将被三角形平面的投影所遮住而不可见,即在三角形投影内的直线投影将有一部分不可见。因此,交点是线段投影可见部分与不可见部分的分界点。如图4-5所示,CE上的点Ⅰ$(1,1')$和AB上的点Ⅱ$(2,2')$在H面上的投影重合,从正面投影上可以看出$z_Ⅰ>z_Ⅱ$,即点Ⅰ较高,故1可见,2不可见。因此,对H面的投影来说,AB上的ⅡK段的投影是不可见的,故水平投影$(2)k$画成虚线;BK段的投影是可见的,故bk画成实线。正面投影上由于AB是正垂线,其正面投影积聚为一点,故不需要判别线段的可见性。

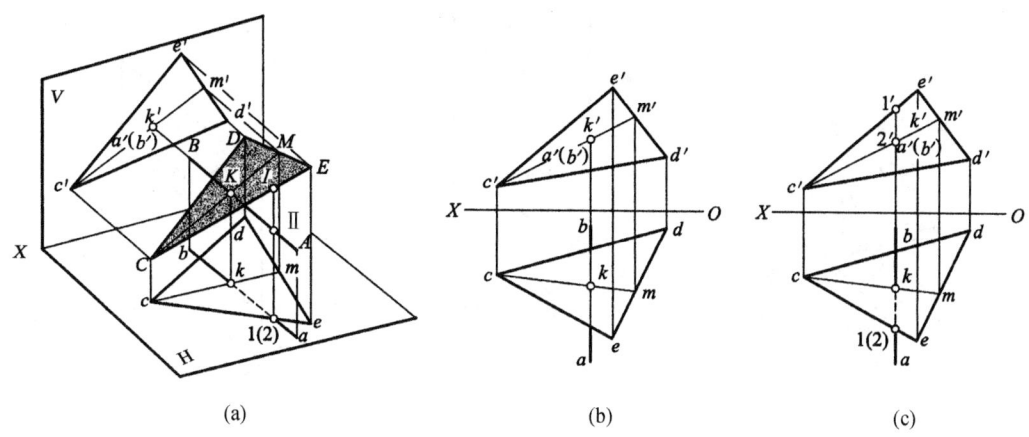

图 4-5 求正垂线与平面的交点

例 4-4 如图 4-6 所示,求作直线 AB 与铅垂面 $EFGH$ 的交点 K。

(1)空间分析。铅垂面 $EFGH$ 的水平投影 $e(f)(g)h$ 有积聚性,故交点 K 的水平投影 k 必在 $e(f)(g)h$ 上;又交点 K 也在直线 AB 上,故 k 也必在 AB 的水平投影 ab 上。因此,点 K 的水平投影 k 是该铅垂面具有积聚性的水平投影 $e(f)(g)h$ 和直线的水平投影 ab 的交点。然后,根据点 K 在直线 AB 上,由 k 求出 k'。

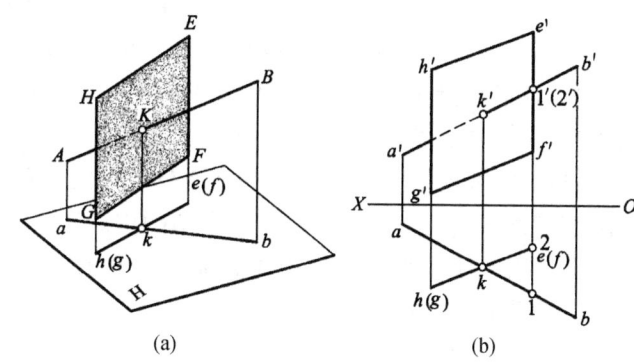

图 4-6 求直线与铅垂面的交点

(2)作图。$e(f)(g)h$ 和 ab 的交点是点 K 的水平投影 k,从 k 作 OX 轴的垂直线与 $a'b'$ 相交于 k',则点 $K(k,k')$ 即为所求的交点。

(3)可见性判别。AB 上点 Ⅰ 与 EF 直线上点 Ⅱ 在 V 面上的投影重合,从水平投影上可见 $y_Ⅰ > y_Ⅱ$,故 $1'$ 是可见的。因此,$k'1'$ 为可见,画成实线,$k'a'$ 在 $e'f'g'h'$ 内的一段直线投影画成虚线。在水平投影上,由于四边形 $EFGH$ 是铅垂面,其投影积聚为一直线,故不需要判别可见性。

例 4-5 如图 4-7 所示,求一般位置平面 $\triangle ABC$ 和铅垂面 $DEFG$ 的交线 KL。

(1)空间分析。铅垂面 $DEFG$ 的水平投影 $e(d)(g)f$ 有积聚性,故交线的水平投影必在 $e(d)(g)f$ 上,再从交线也在 $\triangle ABC$ 上的条件可作出交线的正面投影。

(2)作图。可采用上例的方法,依次求出三角形的 AC、BC 两边与铅垂面 $DEFG$ 的交点 $K(k,k')$ 和 $L(l,l')$,连线 kl 和 $k'l'$ 即为两平面的交线 KL 的两面投影。

(3)可见性判别。由于铅垂面 $DEFG$ 在水平面上积聚为一直线,故水平投影不需判别。而正面投影中 $k'l'$ 是两平面投影可见部分与不可见部分的分界线(该交线为可见)的投影。再根据水平投影反映的前后位置,即可判别出 $k'l'c'$ 为可见而 $k'l'b'a'$ 在 $d'e'f'g'$ 内部分为不可见。

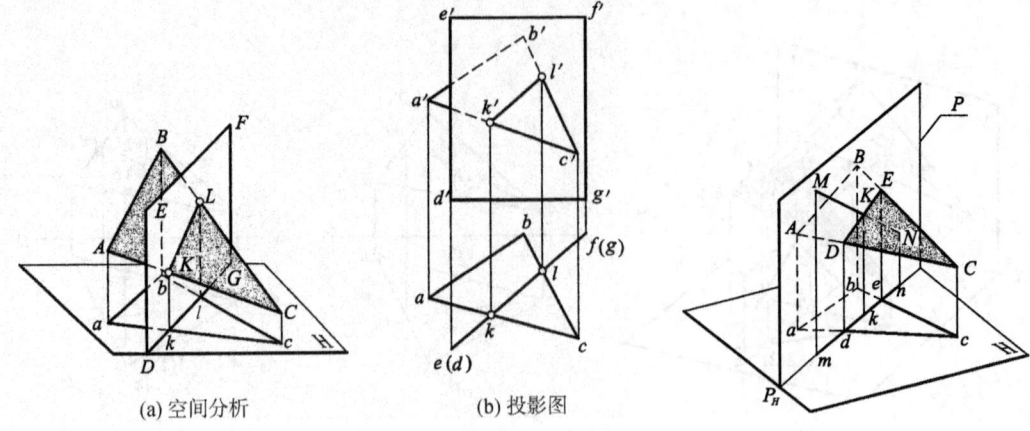

(a) 空间分析　　　　　(b) 投影图

图 4-7　一般位置平面与有积聚性平面的交线　　　图 4-8　用辅助平面法求直线与平面的交点

4.2.2　一般位置情况——利用辅助平面求交点和交线

当直线或平面都处于一般位置时,它们的投影没有积聚性,不能直接确定交点或交线的一个投影,而需通过作辅助平面的方法来解决。

4.2.2.1　一般位置直线与平面相交

如图 4-8 所示,直线 MN 与平面 △ABC 相交于 K,过点 K 可在 △ABC 上作无数条直线,这无数条直线中的任一直线都可与直线 MN 构成一个平面。反过来说,在解题时如能恰当地选择好这个有利于解题的平面,亦即如能恰当地确定出 △ABC 平面上过点 K 的某一直线,则该直线与 MN 的交点即为点 K。

根据上述分析,如图 4-8 所示,先包含直线 MN 任作一辅助平面 P,作出平面 P 与已知平面的交线 DE,则 DE 与 MN 的交点 K 必为 MN 与已知平面所共有,即为所求交点。为便于在投影图上求作交线,应使辅助平面 P 处于特殊位置,以便利用投影的积聚性作图。

根据上述分析,求一般位置直线与平面相交交点的方法与步骤如下:

(1) 过已知直线作一辅助平面,为了作图方便,一般作投影面垂直面(如过 MN 作铅垂面 P)或投影面平行面。

(2) 作出辅助平面与已知平面的交线(如作出平面 P 与 △ABC 的交线 DE)。

(3) 作出该交线与已知直线的交点,即为已知直线与已知平面的交点(如 DE 与 MN 的交点 K,即为 MN 与 △ABC 的交点)。

如要确定两一般位置平面的交线,可在任一平面上取两直线,或在两平面上各取一直线,作出该两直线与另一平面的交点,连接之即为两平面的交线。

图 4-8 所示的直线 MN 与平面 △ABC 相交求交点的投影作图如图 4-9 所示。

(1) 过 MN 作一铅垂面 P。作图时使平面 P 的水平迹线 P_H 与 mn 重合(平面 P 的正面迹线 P_V 在作图过程中用不到,可省略不画),如图 4-9b。

(2) 作出平面 P 与 △ABC 的交线 DE。de 与 P_H 重合,可直接确定。再根据 DE 在 △ABC 上,由 de 求出 d'e'。

(3) 作出 DE 与 MN 的交点 K。在正面投影上,d'e' 与 m'n' 的交点 k' 即为所求交点 K 的正面投影。再根据点 K 在平面 P 上,由 k' 求出 k。

第4章 直线与平面、平面与平面的相对位置

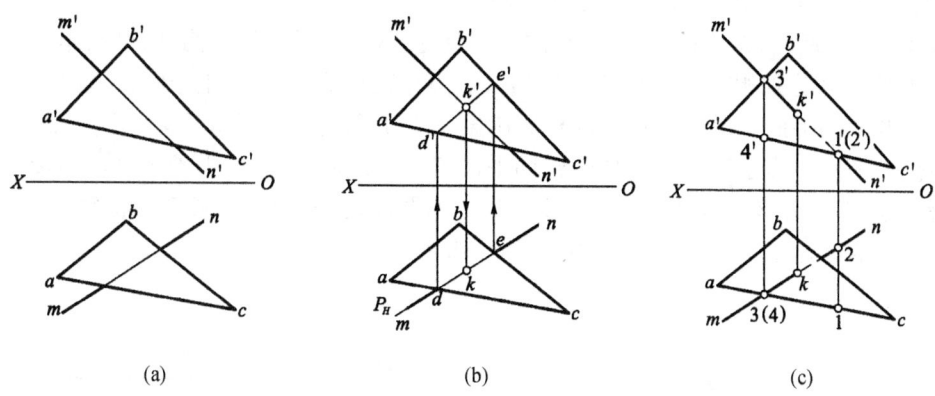

图4-9 求一般位置直线与一般位置平面的交点

(4)判别可见性。从图4-9c可以看出,直线 AC 上的点 Ⅰ 与 MN 上的点 Ⅱ 在 V 面上的投影重合。由于 $y_Ⅰ > y_Ⅱ$,故 $1'$ 可见,$2'$ 不可见,即 $k'(2')$ 不可见,画成虚线。同样可以判定水平投影 $3k$ 为可见($z_Ⅲ > z_Ⅳ$),应画成实线;kn 在 abc 内的一段为不可见,画成虚线。

4.2.2.2 两个一般位置平面相交

(1)用求一般位置直线与平面交点的方法求两平面的交线。

对两个一般位置平面相交,可用在任一平面上分别取两条直线与另一平面相交,求出两个交点,然后将两交点连线的方法来确定交线。同样也可利用判别重影点可见性的方法分别判别它们同面投影的可见性。

如图4-10所示为 $\triangle ABC$ 和 $\triangle DEF$ 相交求交线的作图方法和可见性判别方法。作图步骤如下:

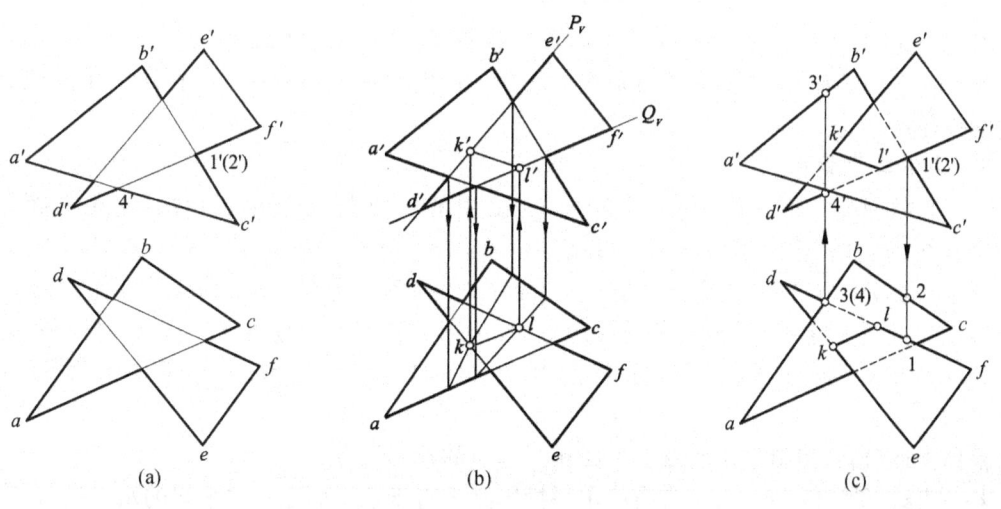

图4-10 两一般位置平面的交线

①利用辅助正垂面 P 求作出直线 DE 与 $\triangle ABC$ 的交点 $K(k,k')$,如图4-10b所示。
②利用辅助正垂面 Q 求作出直线 DF 与 $\triangle ABC$ 的交点 $L(l,l')$,如图4-10b所示。
③连接 kl 和 $k'l'$,即为所求交线 KL 的两面投影。
④利用重影点 Ⅰ、Ⅱ 和 Ⅲ、Ⅳ 判别可见性,完成作图,如图4-10c所示。

(2)利用"三面共点"原理求作两平面交线。

如图4-11所示,求作两个一般位置的△ABC和△DEF的交线。为此,可任作一辅助平面P,使它与两平面分别相交于直线KL和MN。这两直线在平面P上相交于S。显然,点S是两已知平面和辅助平面P的共有点。这种利用第三个平面作为辅助面来求作两平面共有点的方法,称为"三面共点法"。同理,再作辅助平面Q,又可求得另一个共有点T。连接ST,直线ST即为已知两三角形所确定平面的交线。为了作图简便,辅助面一般都取特殊位置平面,图4-11b中选取的是水平面,具体作图如图4-11b所示。

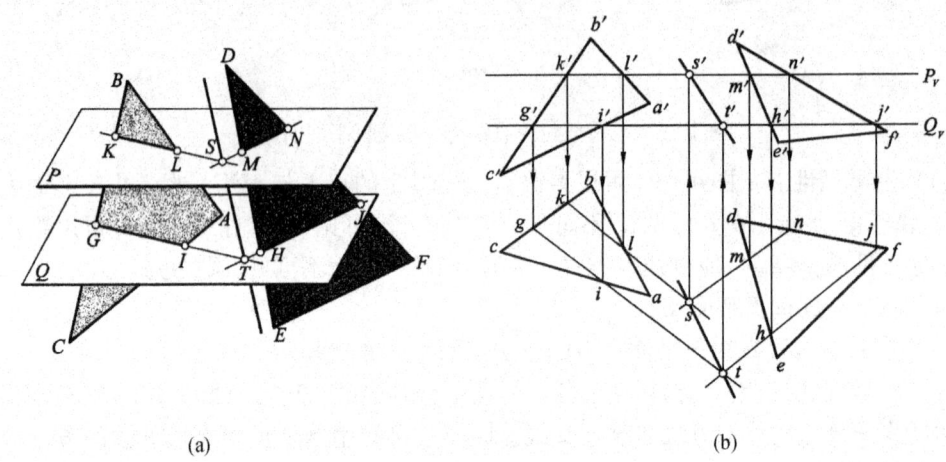

图4-11 三面共点法求两平面交线

4.3 直线与平面、平面与平面相互垂直

在解决距离、角度等度量问题,以及求作某些曲面的切平面、法截面等时,经常要用到两几何元素相互垂直的作图,它们有线线垂直、线面垂直、面面垂直等情况。其作图的主要依据是直角的投影特性。

4.3.1 直线与平面垂直

若一直线垂直于一平面,则必垂直于该平面上的一切直线;反之,直线垂直于平面上两条相交直线,则直线垂直于该平面。如图4-12所示,直线MK垂直于平面△ABC,则必垂直于属于平面△ABC的一切直线,其中包括水平线AD和正平线EF。由于定平面的投影面平行线其方向是一定的,根据直角投影定理,投影图上必表现为直线MK的水平投影垂直于水平线AD的水平投影(即$mk \perp ad$),直线MK的正面投影垂直于正平线EF的正面投影(即$m'k' \perp e'f'$)。

根据上述分析,可概括出直线与平面相互垂直的投影特点:

若一直线垂直于一平面,则直线的水平投影必垂直于该平面上的水平线的水平投影,直线的正面投影必垂直于该平面上的正平线的正面投影。

反之,若一直线的水平投影垂直于定平面上的水平线的水平投影,且该直线的正面投影垂直于该平面上的正平线的正面投影,则直线必垂直于该平面。

这是因为直线和平面垂直的必要和充分条件是:该直线垂直于平面上的两相交直线。例如图4-12,直线MK垂直于定平面的水平线AD和正平线EF,满足了必要和充分条件,因此

第 4 章 直线与平面、平面与平面的相对位置

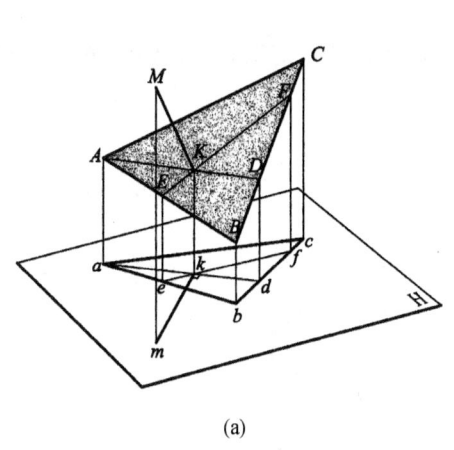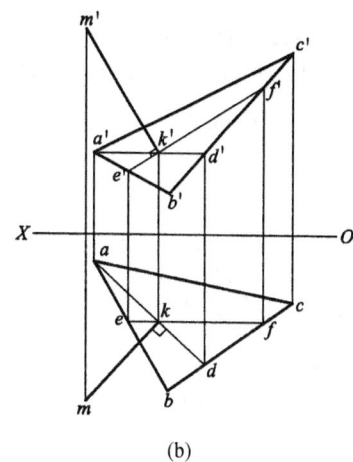

图 4-12 直线与平面垂直

判定直线 MK 垂直于定平面。

所以,要在投影图上确定平面法线的方向必须先确定该平面上的投影面平行线的方向。

同理,由于平面的迹线 P_H、P_V 和 P_W 分别是平面上的水平线、正平线和侧平线,可得:若一直线垂直于一平面,则该直线的各投影必垂直于该平面的同面迹线,见图 4-13。

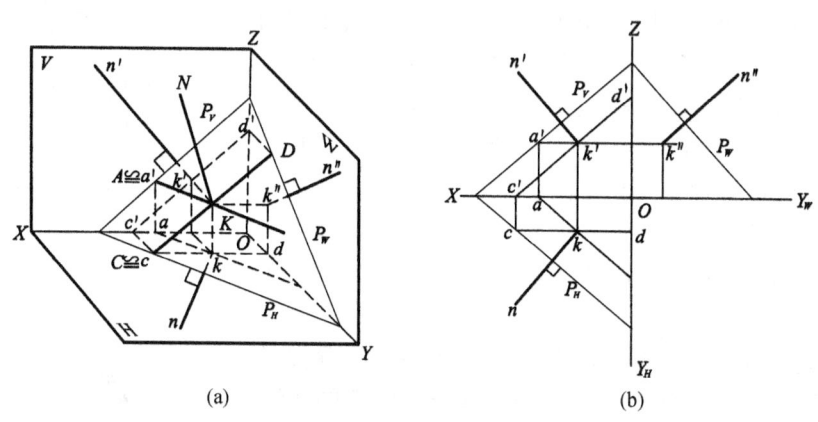

图 4-13 与迹线平面垂直的直线

例 4-6 过点 A 作直线 AK 与已知一般位置直线 CD 垂直相交(图 4-14)。

(1)空间分析。如图 4-14b 所示,直线 CD 处于一般位置,故垂直于 CD 的直线必定也处于一般位置。由直角投影的特性可知,若两一般位置直线在空间垂直相交,则此两直线的同面投影的交角都不等于直角。因此,在投影图上,过已知点无法直接作出与一般位置直线相垂直的直线。

过点 A 的直线要与直线 CD 垂直,则此直线一定在过点 A 而垂直于直线 CD 的平面 P 上,如图 4-14a 所示。设直线 CD 与平面 P 垂直,交点为 K,则点 A 和点 K 的连线即为所求直线,点 K 就是所求直线与已知直线 CD 垂直相交的交点。

(2)作图。

① 过点 A 作平面 P 与已知直线 CD 垂直。为此,过点 A 作水平线 AM 和正平线 AN,使

$am \perp cd, a'n' \perp c'd'$,如图 4-14c 所示。平面 P 即由水平线 $AM(am, a'm')$ 和正平线 $AN(an, a'n')$ 两相交直线所确定。

②求出直线 CD 与 AM 和 AN 两相交直线所决定的平面 P 的交点 K,连接 AK 即为所求直线,如图 4-14d 所示。

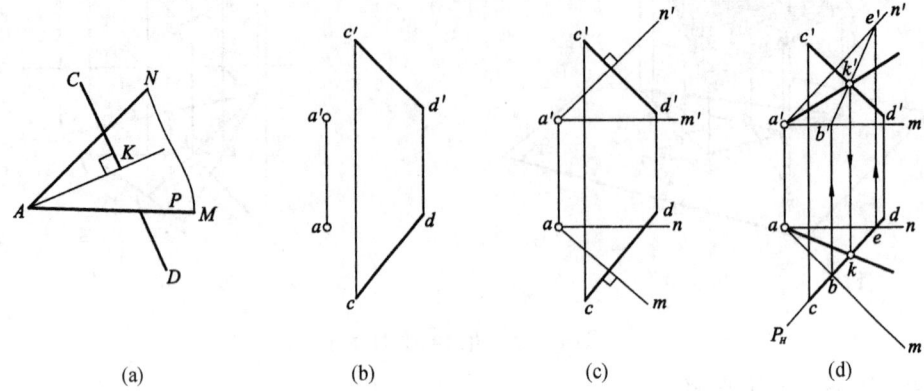

图 4-14 作直线与已知直线垂直

4.3.2 两平面相互垂直

一直线垂直于一平面,则包含这直线的一切平面都垂直于该平面。反之,如两平面互相垂直,则由第一个平面上的任意一点向第二个平面所作的垂线一定在第一个平面上。

如图 4-15 所示,直线 $MN \perp P$,所以包含直线 MN 的 Q、R 等平面必与平面 P 垂直。显然,MN 也必然垂直于 P 与 Q、R 两平面的交线。另外,若点 A 在平面 Q 上,$AB \perp P$,因 $P \perp Q$,故直线 AB 在平面 Q 上。

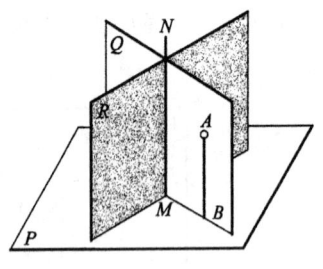

图 4-15 两平面相互垂直

例 4-7 试包含直线 AB 作平面与 $\triangle DEF$ 垂直,如图 4-16 所示。

(1)空间分析。由于所作的平面要过直线 AB 且垂直于 $\triangle DEF$,则该平面应由直线 AB 和一条与 $\triangle DEF$ 垂直的直线确定。为此,可在直线 AB 上任取一点 A,并通过点 A 作直线 AN 垂直于 $\triangle DEF$,则相交两直线 AB 和 AN 所决定的平面即为所求。

(2)作图。

①先在 $\triangle DEF$ 上作水平线 $CD(cd, c'd')$ 和正平线 $EG(eg, e'g')$;

②过直线 AB 上任一点 A 作直线 AN 垂直于 $\triangle DEF$,为此作 $a'n' \perp e'g'$,$an \perp cd$,则相交直线 $AB(ab, a'b')$ 和 $AN(an, a'n')$ 所决定的平面必垂直于 $\triangle DEF$,如图 4-16 所示。

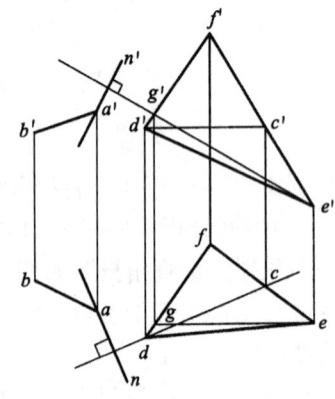

图 4-16 作平面与已知平面垂直

4.4 综合性问题解法分析举例

空间几何要素从属关系和位置关系的定位问题及空间几何关系,如距离、角度、实形、轨迹等度量问题,有些较为复杂,需要同时满足几个要求,这些问题称为综合性问题。解决这类问题需要有良好的分析空间问题和解决空间问题的空间想象能力。

解决这些综合性作图题时,一般按以下步骤进行:

(1)弄清题意要求。分析题设意图,明确题给条件,清楚解答要求。

(2)建立空间概念。根据题设条件,想象空间状态,建立空间概念。

(3)进行空间分析。分析空间状态,明确解题原理,确定解题方案。这是解题的关键。

在想象和分析已知几何元素和求作元素间的几何关系的基础上,把复杂的综合问题分解为简单的相互位置和几何关系问题的组合,运用轨迹的概念,先考虑满足求解的某一要求,列出所有答案,再一一引进其他要求,最后综合出能同时满足这些要求的解答,确定解题方案。

(4)明确作图步骤,依据解题方案,应用平面几何作图方法进行投影作图。最后,如有必要,应证明解答能满足题目所要求的几何条件;或讨论解答是否存在或有几个解答的可能性。

例 4-8 过点 A 作直线与 $\triangle DEF$ 所给定的平面平行,并与直线 BC 相交(图 4-17a)。

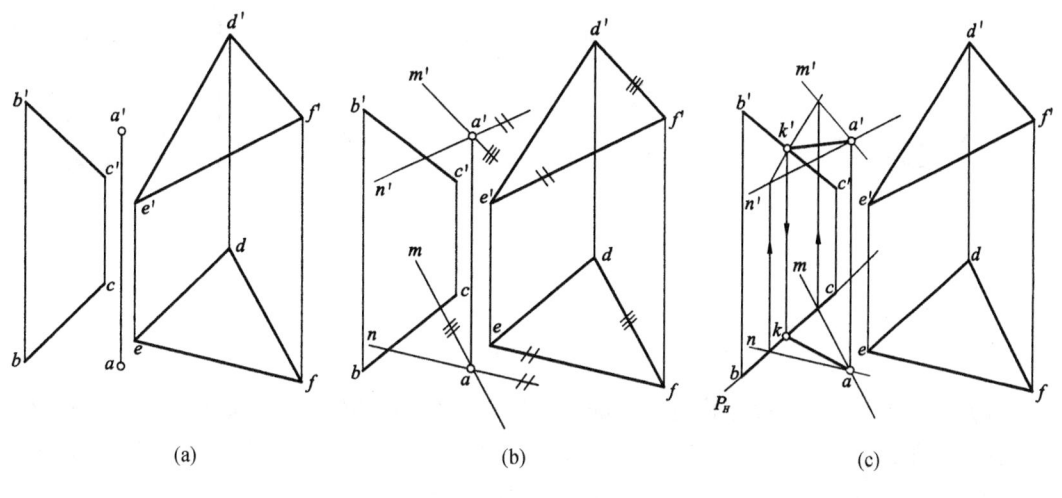

图 4-17

(1)空间分析。过定点 A 作一直线平行于已知平面 $\triangle DEF$ 有无穷多解。这些直线的轨迹为一过点 A 且平行于 $\triangle DEF$ 的平面 P,如图 4-18a 所示。而要使所作的直线与直线 BC 相交,在平面 P 上只有唯一的点属于直线 BC,该点即直线 BC 与平面 P 的交点 K。因此,KA 为所求的唯一直线。

(2)作图。

① 如图 4-17b 所示,过点 A 作平面平行于已知平面 $\triangle DEF$。为此,作直线 $AM(am,a'm')$ 和 $AN(an,a'n')$ 对应平行于 $DF(df,d'f')$ 和 $EF(ef,e'f')$。相交两直线 AM 和 AN 所确定的平面平行于 $\triangle DEF$。

② 如图 4-17c 所示,作出直线 BC 与 AM 和 AN 所确定平面的交点。因此,包含直线 BC

作辅助铅垂面 P，求得交点 $K(k,k')$。

③如图 4-17c 所示，连接点 $K(k,k')$ 和 $A(a,a')$，直线 AK 即为所求。

（3）讨论。本题还可用另一方案求解。如图 4-18b 所示，若过定点 A 作一直线与已知直线 BC 相交，则有无穷多解。这些直线的轨迹在点 A 和直线 BC 所决定的平面 Q 上。现所求的直线还应与 $\triangle DEF$ 平行，则此直线一定是在平面 Q 上且平行于 $\triangle DEF$ 平面的直线，该直线必

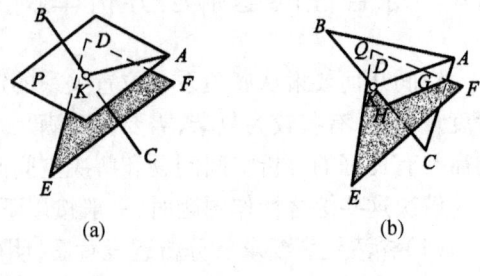

图 4-18

平行于平面 Q 与 $\triangle DEF$ 平面的交线 HG。据此，求解步骤应为：使点 A 和直线 BC 确定一平面；求出该平面与 $\triangle DEF$ 所在平面的交线 HG；过点 A 引直线 AK 平行于所作的交线 HG，直线 AK 即为所求。显然，其唯一答案与用前法求出的一致。读者可以试作其投影图。

例 4-9 给出一个矩形相邻两边 AB、BC 的 V 面投影及其中一边 AB 的 H 面投影，试完成矩形的投影（图 4-19）。

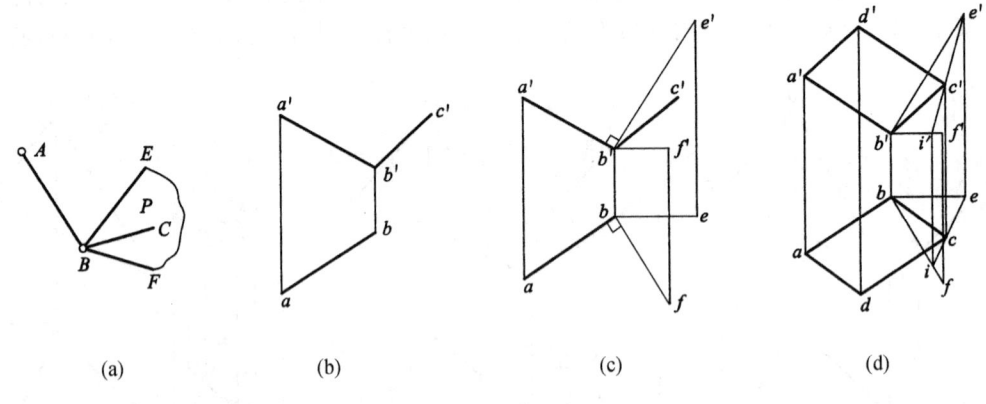

图 4-19

（1）空间分析。因矩形的邻边相互垂直，即 $AB \perp BC$，而 AB 是一般线，所以 AB 和 BC 的垂直关系不能在投影图上直接反映。但 BC 必然在通过点 B 而垂直于 AB 的平面 P 上，作出平面 P 后，通过已知的 c' 就可以求出 P 面上的点 C 的水平投影 c。

（2）作图。

①如图 4-19c 所示，过点 B 作一正平线 $BE(be,b'e')$ 和水平线 $BF(bf,b'f')$ 垂直于 AB。由 BE 和 BF 所决定的平面 P 垂直于 AB。

②如图 4-19d 所示，过平面 P 上点 C 的 V 面投影 c'，作平面 P 上一任意直线 IE 的 V 面投影 $i'e'$，求得 ie，在 ie 上得出点 C 的 H 面投影 c。连接 bc 即为所求矩形 BC 边的 H 面投影。

③过点 C 和点 A 作直线 $CD(cd,c'd')$ 和 $AD(ad,a'd')$ 分别平行于 BA 和 BC，得 $ABCD$（$abcd$，$a'b'c'd'$）即为所求。

度量问题主要是研究在平面上用几何作图方法解决空间几何关系问题，如空间几何元素间的距离、角度等问题。解决这类问题的主要理论和作图基础是根据直角投影定理作平面法线或直线的法面，并用直角三角形法求其实长或实形。

在距离关系问题中,两点间的距离是基本的距离关系,其他形式的关系均可转化成两点间的距离。例如:

(1) 点到点的距离。用直角三角形法求出实长,即为两点间的距离。

(2) 点到直线间的距离。为过点向直线作垂线到所得交点间的实长,见图4-20。

(3) 点到平面间的距离。为过点向平面作垂线到所得交点间的实长,见图4-21。

(4) 平行或交叉两直线间的距离。等于直线间公垂线的实长,见图4-22、图4-23。

(5) 两平行平面间的距离。等于两平面间公垂线的实长,如图4-24所示。

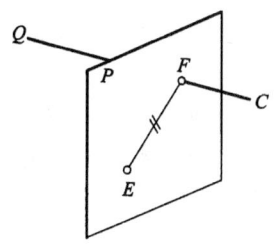

图4-20 点到直线间的距离

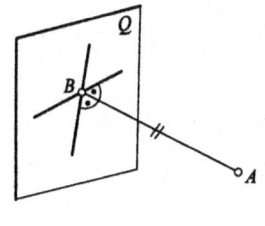

图4-21 点到平面间的距离

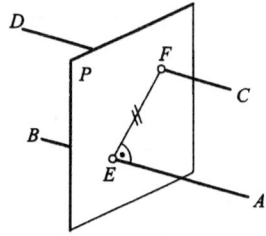

图4-22 两平行直线间的距离

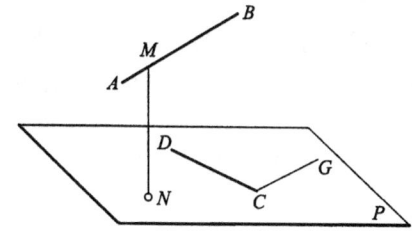

图4-23 两交叉直线间的距离

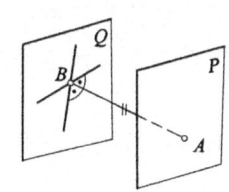

图4-24 两平行平面间的距离

在夹角关系问题中,两直线的夹角关系是基本的夹角关系,其他形式的夹角关系均可转化成两直线间的夹角。例如:

(1) 两直线间的夹角。作辅助直线交两直线构成三角形,用直角三角形法求出该三角形的实形,则可得两已知直线的夹角。如图4-25所示,∠EAF即是已知直线AB与AC之夹角α。

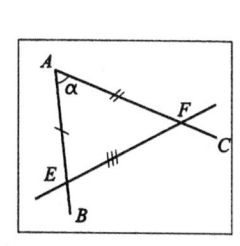

图4-25 两相交直线间的夹角

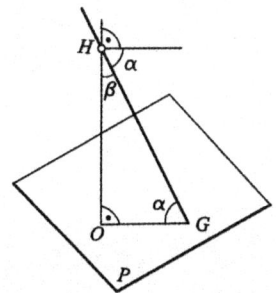

图4-26 直线与平面间的夹角

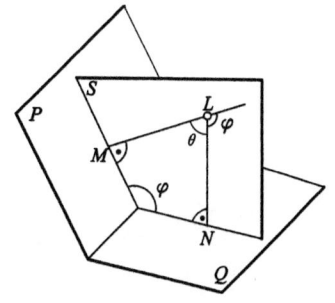

图4-27 两平面间的夹角

(2) 直线与平面间的夹角。等于该直线与它在平面上的正投影之间的锐角。如图4-26所示,在直线上任取一点H,向平面P作垂线;用求两相交直线间夹角的作图方法求出直线HO

和 HG 的夹角 β，β 的余角就是直线与平面间的夹角 α。

（3）两平面间的夹角。等于垂直该两平面交线的第三平面与两平面所得两交线的夹角——两平面的二面角。如图4-27所示，在空间任取一点 L，由 L 分别作平面 P 和 Q 的法线 LM 和 LN，两相交法线 LM 和 LN 所确定的平面 S 是 P、Q 两平面的公垂面，即是二面角所在的平面；用上述求两相交直线间夹角之方法，求出两相交直线 LM 和 LN 的夹角 θ，θ 的补角便是两平面的夹角 φ。

复习思考题

1. 直线与平面平行的几何条件是什么？在投影图上如何判别给出的直线与平面是否平行？

2. 平面与平面平行的几何条件是什么？在投影图上如何判别给出的两平面是否平行？

3. 当已知直线或平面有以下特性时，简要说明求直线与平面的交点的方法及判别线面的可见性的方法。

（1）平面有积聚性；

（2）直线有积聚性；

（3）直线与平面均无积聚性（重点）。

4. 如何求两平面的交线？怎样选用辅助面和怎样判别投影的可见性？

5. 直线与平面垂直的几何条件是什么？在投影图上如何判别直线与平面是否垂直？

6. 平面与平面垂直的几何条件是什么？怎样作一平面垂直于已知平面？怎样判别两已知平面是否垂直？

7. 综合题解题的一般步骤有哪些？关键是什么？试举例说明。

第5章 投影变换

5.1 概　述

通过前面第3、4章的学习可知：当直线或平面处在平行于投影面的位置时，它们的投影能直接反映出其度量特性，例如实长、实形等；当直线或平面处在垂直于投影面的位置时，则可利用投影的积聚性解决有关直线与平面的交点，或平面与平面的交线的作图问题。如果被图示的几何元素对投影面都处于一般位置，此时，就必须通过这样或那样的辅助作图程序才能求解，比较麻烦。如图5-1所示，当平面 P 处于一般位置时，不能直接得出点 A 到平面 P 的距离；而当平面 P 为投影面垂直面时，就可利用投影的积聚性质直接得出。

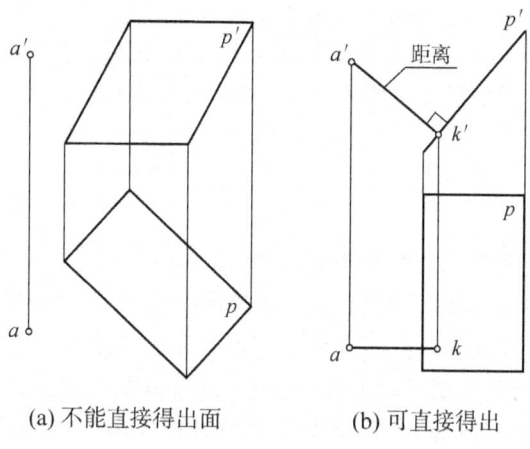

(a) 不能直接得出面　　(b) 可直接得出

图 5-1　求点到平面的距离

投影变换的研究对象，就是研究怎样将处于一般位置的几何元素，变换成对投影面处于特殊的位置；并借助变换后的新投影，达到简便的和有利于解题的目的。

投影变换的方法有多种，最常用的为换面法和旋转法（图5-2）。

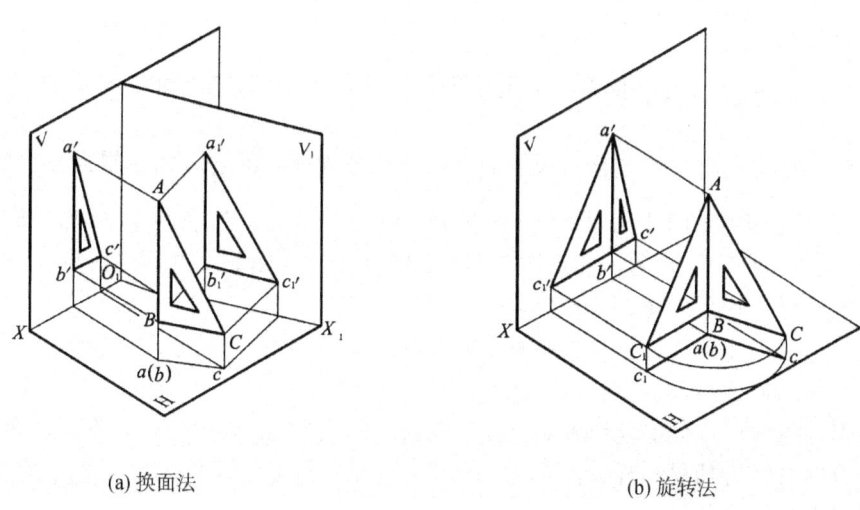

(a) 换面法　　　　　　　　(b) 旋转法

图 5-2　投影变换

（1）空间几何元素的位置保持不动，用新的投影面来代替旧的投影面，使空间几何元素对新投影面的相对位置变成有利于解题的位置，然后找出其在新投影面上的投影。这种方法称为换面法。

如图 5-2a 所示，△ABC 在 V、H 两投影面体系中的投影都不反映它的实形，现用平行于 △ABC 且垂直于 H 面的 V_1 投影面替换原来的 V 投影面，从而使在新投影面 V_1 上得到的投影 △$a_1'b_1'c_1'$ 反映出 △ABC 的实形，再以 V_1 面和 H 面的交线 X_1 为轴旋转 V_1 面，使 V_1 面与 H 面展开在一个平面上，就得出 $\frac{V_1}{H}$ 体系表示的 △ABC 投影图，其中 V_1 面上的投影 △$a_1'b_1'c_1'$ 反映实形。

(2) 投影面保持不动，使空间几何元素绕某一轴旋转到有利于解题的位置，然后找出其旋转后的新投影。这种方法称为旋转法。

如图 5-2b 所示，将 △ABC 绕垂直于 H 面的直线 AB 旋转到平行于 V 面的位置，则它在 V 面上的新投影 △$a'b_1'c_1'$ 即反映其实形。

5.2 换面法

5.2.1 确定新投影面的条件

从上述对图 5-2a 分析可见，换面法中的新投影面 V_1 不能任意选择，首先要使空间几何元素在新的投影面上的投影有利于解题。例如，若要使新投影面上的投影能反映 △ABC 的实形，就必须使新投影面平行于 △ABC。其次，新投影面必须和原有的未被更换的投影面构成一个新的两投影面体系，这样才能应用过去所研究的正投影原理作出新的投影图来，即 V_1 面必须垂直于 H 面。所以，新投影面的选择必须符合以下两个基本条件：

(1) 新投影面必须使空间几何元素处于有利于解题的位置；

(2) 新投影面必须垂直于一个原有的未被更换的投影面，以构成相互垂直的新两投影面体系。

5.2.2 换面法的投影变换规律和作图方法

5.2.2.1 点的一次变换

(1) 变换 V 面

在图 5-3a 中，点 A 在 $\frac{V}{H}$ 体系中的两投影是 a 和 a'，现用新的垂直于 H 面的 V_1 面更换 V 面，而原有的 H 面保持不变，这样 $\frac{V_1}{H}$ 投影面体系就代替了原来的 $\frac{V}{H}$ 体系。根据正投影原理，由点 A 向 V_1 面所引垂线的垂足 a_1' 即为点 A 在 V_1 面上的新投影。V_1 面绕 O_1X_1 轴旋转展开到与原有的 H 面同一平面后，获得的投影图如图 5-3b 所示。从图 5-3 中可见，点 A 的新投影与被代替的旧投影之间存在着如下的关系：

① 由于这两个体系具有公共的水平投影面 H，因此点 A 到 H 面的距离（即 z 坐标）在新旧体系中都是相同的，即 $a'a_x = Aa = a_1'a_{x_1}$。

② 当 V_1 面绕 O_1X_1 轴重合到 H 面上时，根据点的投影规律可知，$a_1'a$ 必垂直于 O_1X_1 轴。这和 $aa' \perp OX$ 轴的性质是一样的。

根据以上分析，可以得出点的投影变换规律：

① 点的新投影和不更换的投影的连线，必垂直于新投影轴。

② 点的新投影到新投影轴的距离等于被更换的旧投影到旧投影轴的距离。

根据上述规律，由 $\frac{V}{H}$ 体系中的投影 (a, a') 求出 $\frac{V_1}{H}$ 体系中的投影的作图方法如图 5-3b 所

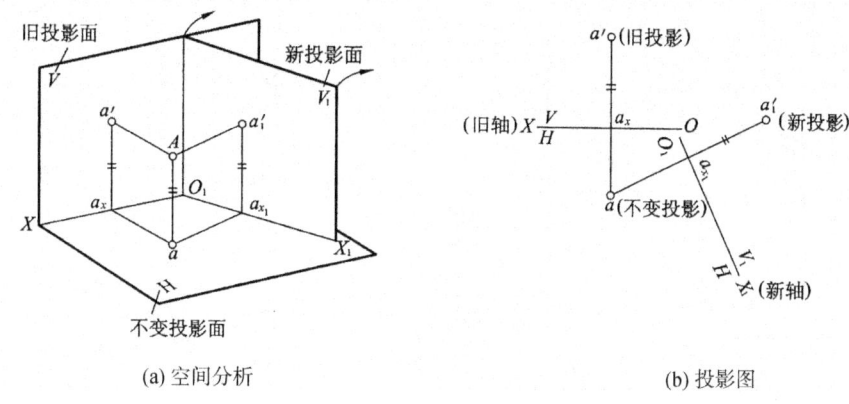

(a) 空间分析 (b) 投影图

图 5-3 点的一次变换(变换 V 面)

示。首先按条件画出新投影轴 O_1X_1，新投影轴确定了新投影面在投影图上的位置。然后过 a 作 $aa_1'\perp O_1X_1$，在此垂线上取 $a_1'a_{x_1}=a'a_x$，则 a_1' 即为所求的新投影。H 面投影 a 为新、旧两体系共有。

(2) 变换 H 面

在图 5-4 中，用垂直于 V 面的 H_1 面更换 H 面。这样，$\dfrac{V}{H_1}$ 体系就代替了 $\dfrac{V}{H}$ 体系，点 A 在 H_1 面上的新投影为 a_1。具体作图由读者自行分析。

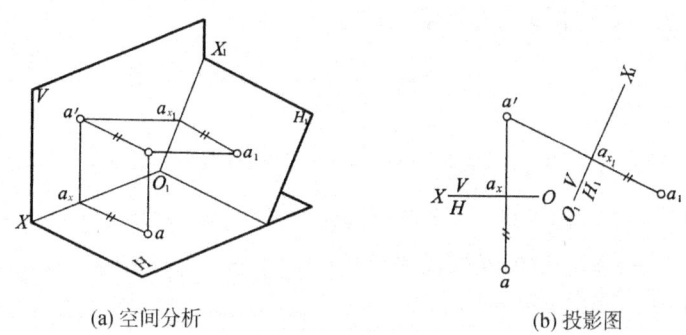

(a) 空间分析 (b) 投影图

图 5-4 点的一次变换(变换 H 面)

综合以上作图方法得：点的新投影作图是过该点的不变投影向新投影轴作垂线，再在该垂线上取新投影到新投影轴的距离等于被更换的投影到原投影轴的距离。

5.2.2.2 点的两次变换

在运用换面法解决实际问题时，更换一次投影面有时不足以解决问题，而必须更换两次或更多次。更换两次投影面时，求点的新投影的方法，其原理和更换一次投影面相同，只是将作图依次再重复一次，如图 5-5 所示。首先 V_1 面代替 V 面，构成新体系 $\dfrac{V_1}{H}$，将点 A 从 $\dfrac{V}{H}$ 体系中的 a' 和 a 更换成 $\dfrac{V_1}{H}$ 体系中的 a_1' 和 a；再以这个体系为基础，取 H_2 面代替 H 面，又构成新体系 $\dfrac{V_1}{H_2}$，

使点 A 的投影从 $\frac{V_1}{H}$ 体系中的 a_1' 和 a 更换为 $\frac{V_1}{H_2}$ 体系中的 a_1' 和 a_2。具体作图如图 5-5b 所示。

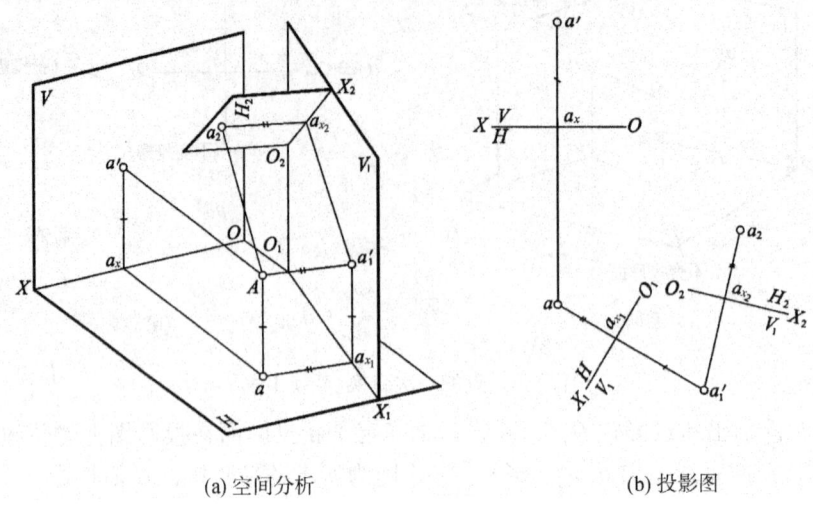

(a) 空间分析　　　　　　　　(b) 投影图

图 5-5　点的二次变换

必须指出：在更换投影面时，新投影面的选择必须符合前面所述的两个条件；而且不能一次更换两个投影面，一个更换完以后，必须在新的两面体系中交替地再更换另一个。根据解题需要，投影面可以连续更换多次。

5.2.3　四个基本作图问题

5.2.3.1　把一般位置直线更换为投影面平行线

(1) 空间分析。如图 5-6a 所示，直线 AB 在 $\frac{V}{H}$ 体系中为一般位置，取 V_1 面代替 V 面，使 V_1 面平行直线 AB 并垂直于 H 面，即作新投影轴 Q_1X_1 平行于 ab。此时，AB 在新体系 $\frac{V_1}{H}$ 中成为新投影面的平行线。求出 AB 在 V_1 面上的投影 $a_1'b_1'$，则 $a_1'b_1'$ 反映线段 AB 的实长，并且 $a_1'b_1'$ 和 O_1X_1 轴的夹角 α 即为直线 AB 与 H 面的夹角。

(2) 作图。如图 5-6b 所示：

①作新投影轴 O_1X_1，使 $O_1X_1 /\!/ ab$（O_1X_1 和 ab 间的距离可以任意确定）。

②分别过 a、b 作 O_1X_1 轴垂线，再于该垂线上分别取 a_1'、b_1' 到 O_1X_1 之距离分别等于 a'、b' 到 OX 轴之距离，求出新投影 a_1' 和 b_1'，连接 $a_1'b_1'$ 即为 AB 在新投影面 V_1 上的投影。

这样用 V_1 面代替 V 面后，可以得到下列结果：

①直线 AB 变成 $\frac{V_1}{H}$ 体系中的新投影面 V_1 的平行线。

②新投影 $a_1'b_1'$ 反映直线 AB 的实长。

③$a_1'b_1'$ 与 O_1X_1 轴的夹角 α 等于直线 AB 与 H 面夹角的实际大小。

假如不更换 V 面而更换 H 面，则可以把直线 AB 变成 $\frac{V}{H_1}$ 体系中的新投影面 H_1 的平行线，图 5-6c 表示了投影图的作法。这时，a_1b_1 与 O_1X_1 轴的夹角为 β，即等于直线 AB 与 V 面夹角的实际大小。

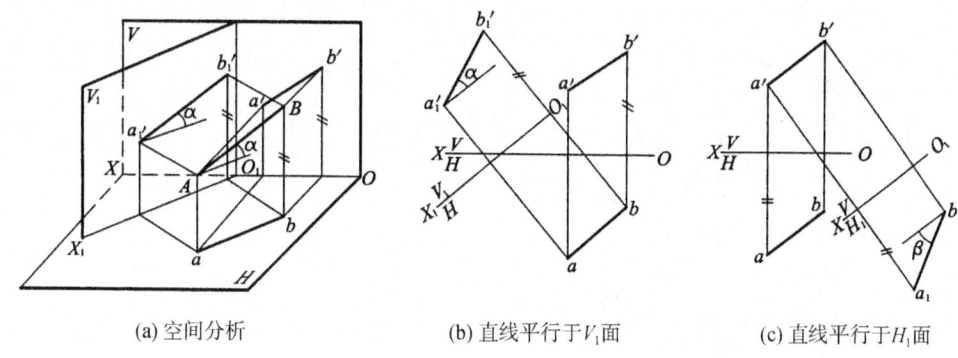

(a) 空间分析　　　　　(b) 直线平行于V_1面　　　　　(c) 直线平行于H_1面

图 5-6　一般位置直线变换成投影面平行线

5.2.3.2　把一般位置直线更换为投影面垂直线

(1) 空间分析。要把一般位置直线变成投影面垂直线,只更换一次投影面是不可能的。如图 5-7 所示,直接取一平面 P 垂直于一般位置直线 AB,那么这个平面一定是一般位置平面,因为 AB 是倾斜于 V 面和 H 面的直线,与它垂直的平面 P 也必倾斜于 V 面和 H 面,因此 P 面不能与原有投影面中的任何一个构成相互垂直的新的投影面体系。

为了解决这个问题,必须顺序更换两次投影面:首先把该直线更换为投影面平行线,然后再把它更换为投影面垂直线。

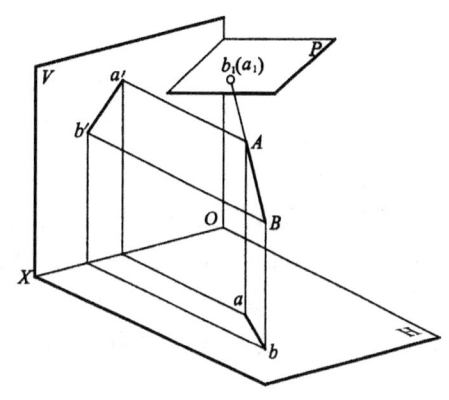

图 5-7　P 面与 V 面不垂直

在图 5-8a 中表明了更换投影面的空间过程,先把 V 面换为 V_1 面($V_1 \perp H$,且 $V_1 // AB$),使直线 AB 在 $\dfrac{V_1}{H}$ 体系中成为投影面平行线;然后再把 H 面换为 H_2 面($H_2 \perp V_1$,且 $H_2 \perp AB$),使直线 AB 在 $\dfrac{V_1}{H_2}$ 体系中变成投影面垂直线。

(2) 作图。如图 5-8b 所示:

① 将 V_1 面代替 V 面使 AB 直线变成新投影面 V_1 平行线。为此,作 $O_1X_1 // ab$;过 a 和 b 作 O_1X_1 轴的垂线,并取 a_1'、b_1' 到 O_1X_1 轴的距离分别等于 a'、b' 到 OX 轴的距离,求得 a_1' 和 b_1';连接 $a_1'b_1'$ 即为新投影面的平行线的投影。

② 将 H_2 面代替 H 面使 $a_1'b_1'$ 变成新投影面 H_2 的垂直线。为此,作 $O_2X_2 \perp a_1'b_1'$,则 $a_1'b_1'$ 于 H_2 面上的投影积聚为一点 $a_2(b_2)$。

这样,经过两次投影变换后,直线 AB 变成 $\dfrac{V_1}{H_2}$ 体系中新投影面 H_2 的垂直线,直线 AB 在新投影面 H_2 上的投影积聚为一点 $a_2(b_2)$。

假如不按先换 V 为 V_1 再换 H 为 H_2 的顺序,而是先换 H 为 H_1 再换 V 为 V_2,同样可以把直线 AB 变换为 $\dfrac{V_2}{H_1}$ 体系中的新投影面 V_2 的垂直线。

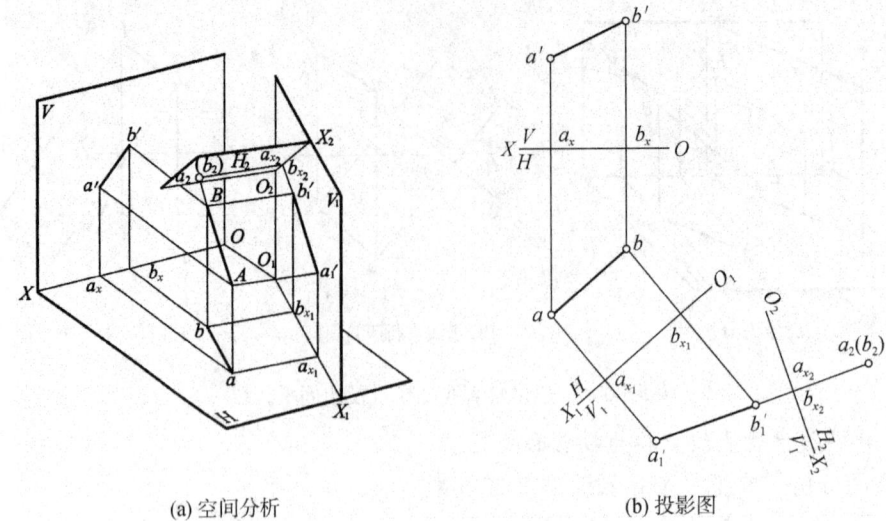

(a) 空间分析　　　　　　　　(b) 投影图

图 5-8　一般位置直线变为投影面垂直线

5.2.3.3　把一般位置平面更换为投影面垂直面

(1) 空间分析。图 5-9a 是一个以 △ABC 表示的一般位置平面。要将 △ABC 变成投影垂直面，必须作一新投影面与它垂直。根据两平面相互垂直的关系知道，新投影面应当垂直于 △ABC 内的某一直线，若要把一般位置直线变换成投影面垂直线必须变换两次，而把投影面平行线变为投影面垂直线则只需变换一次。所以，为了简化作图，可先在 △ABC 上任取一投影面平行线，例如正平线 AI，然后再作 H_1 面垂直于这条正平线，则 H_1 面也一定垂直于 V 面。

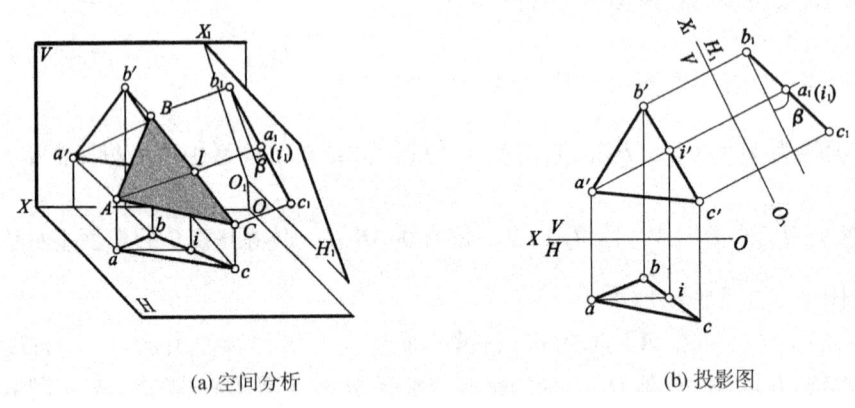

(a) 空间分析　　　　　　　　(b) 投影图

图 5-9　一般位置平面变换成投影面垂直面

(2) 作图。如图 5-9b 所示：

①在 △ABC 上作一正平线 $AI(ai, a'i')$；

②以 H_1 代替 H，将 $\frac{V}{H}$ 体系变换成 $\frac{V}{H_1}$ 体系。为此，作 $O_1X_1 \perp a'i'$，并在 H_1 上求作出 A、B、C 各点的投影 a_1、b_1、c_1，连接 a_1、b_1、c_1，得 △ABC 的新投影。这时，a_1、b_1、c_1 三点在同一直线上，即 △ABC 在 $\frac{V}{H}$ 体系中变成 H_1 面的垂直面，它在 H_1 面的投影积聚成一直线。

如此，用辅助投影面 H_1 代替 H 面以后，可以得到下列结果：

①$\triangle ABC$ 变成 $\dfrac{V}{H_1}$ 体系中新投影面 H_1 的垂直面。

②新投影 $a_1b_1c_1$ 为一直线。

③$a_1b_1c_1$ 与 O_1X_1 轴的夹角 β，反映该平面与 V 面夹角的真实大小。

当然，如果选取 $\triangle ABC$ 上的水平线作辅助线也是可以的，其变换的方法读者自行分析。此时，新投影与 O_1X_1 轴的夹角为 α。

5.2.3.4 把一般位置平面更换为投影面平行面

(1) 空间分析。一般位置平面倾斜于旧体系中的各投影面，新投影面若与一般位置平面平行，亦一定倾斜于旧体系中的各投影面。这不符合确定新投影面的条件，因此这个问题通过一次换面是不可能解决的。要解决这个问题，必须更换两次投影面，第一次把一般位置平面变为投影面垂直面；第二次再把投影面垂直面变为投影面平行面，如图 5-10 所示。

(2) 投影作图。如图 5-10b 所示：

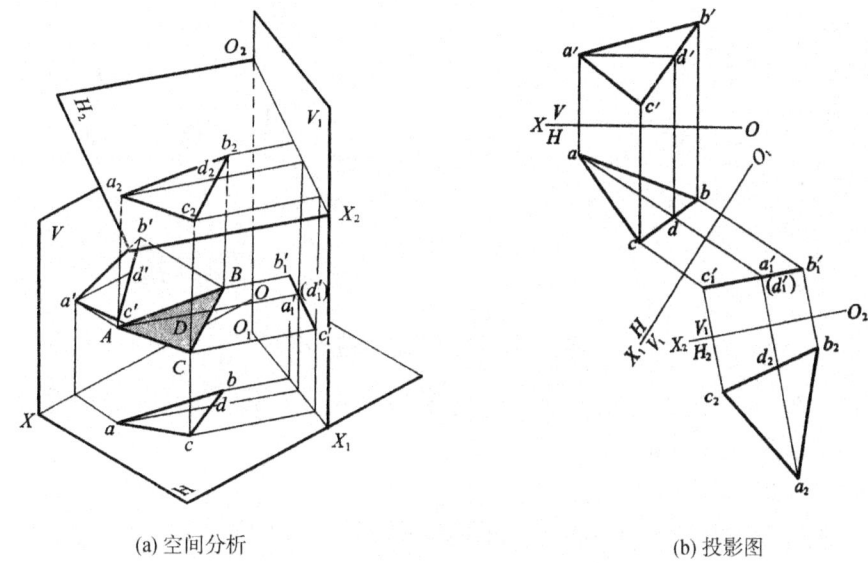

(a) 空间分析　　(b) 投影图

图 5-10　一般位置平面变为投影面平行面

①将 $\triangle ABC$ 变成投影面垂直面，为此，作 $O_1X_1 \perp ad$（AD 为平面水平线），以 $\dfrac{V_1}{H}$ 体系代替 $\dfrac{V}{H}$ 体系，求出 $\triangle ABC$ 于 V_1 面上的投影 $a_1'b_1'c_1'$（积聚为一直线段）。

②将投影面垂直面变为投影面平行面，为此，作 $O_2X_2 \parallel a_1'b_1'c_1'$，以 $\dfrac{V_1}{H_2}$ 体系代替 $\dfrac{V_1}{H}$ 体系，求出 $\triangle ABC$ 于 H_2 面上的投影 $a_2b_2c_2$。

这样，经过两次变换后，$\triangle ABC$ 变成 $\dfrac{V_1}{H_2}$ 体系中新投影面 H_2 的平行面，$\triangle ABC$ 在新投影面的投影 $\triangle a_2b_2c_2$ 反映 $\triangle ABC$ 的实形。

例 5-1　求两交叉直线 AB 和 CD 的距离，并定出其公垂线的位置，如图 5-11 所示。

(1) 空间分析。若两交叉直线之一成为某一投影面的垂直线，则问题易获简捷的解法。如图 5-11a 所示，直线 AB 变为投影面垂直线，则 AB 与 CD 间的公垂线 MK 必是该投影面的平行线，MK 在新投影面上的投影反映两交叉线间的距离。公垂线 MK 又与直线 CD 垂直，则在

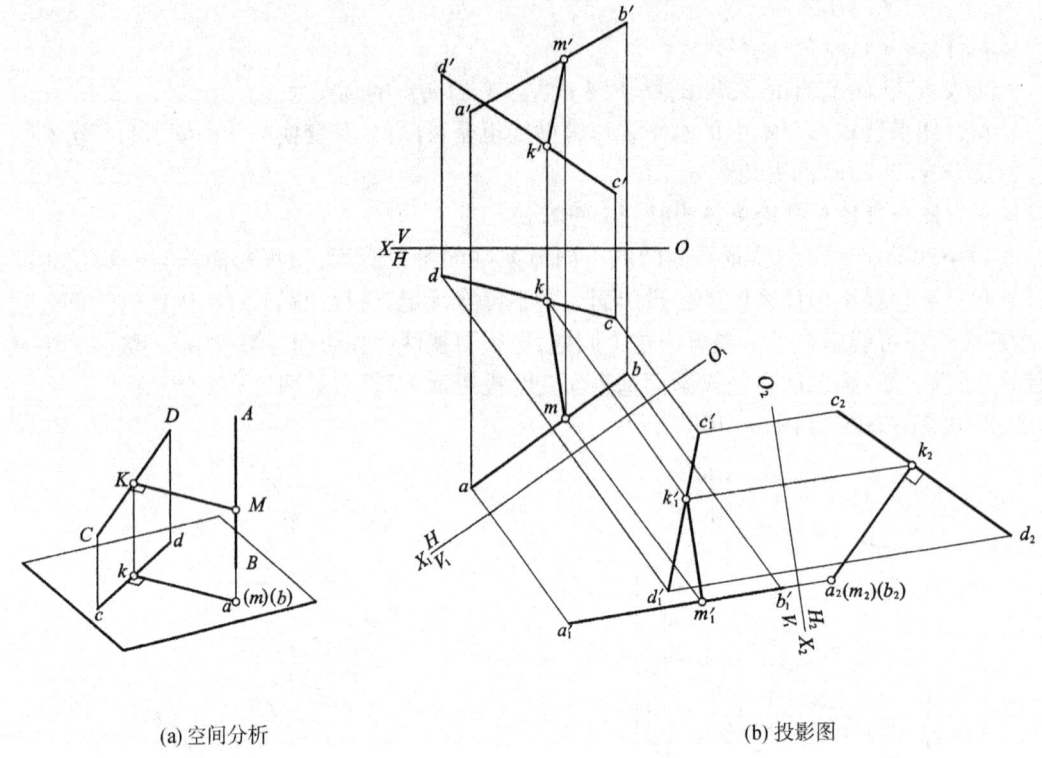

(a) 空间分析　　　　　　　　　　(b) 投影图

图 5-11　两交叉直线的距离

该新投影面上的投影反映直角,由此即可定出公垂线 MK 的位置。一般位置直线 AB 变成投影面垂直线,需变换两次投影面。

(2)作图。如图 5-11b 所示:

①将一般位置直线 AB 变为新投影面的垂直线,直线 CD 随同直线 AB 一起变换。

首先作 $O_1X_1 // ab$,将 $\dfrac{V_1}{H}$ 新体系代替 $\dfrac{V}{H}$ 体系,$\dfrac{V_1}{H}$ 体系中,AB 为投影面平行线(AB 平行于 V_1,$a'_1b'_1$ 反映实长);然后作 $O_2X_2 \perp a'_1b'_1$,将 $\dfrac{V_1}{H_2}$ 新体系代替 $\dfrac{V_1}{H}$ 体系,在 $\dfrac{V_1}{H_2}$ 体系中,AB 变成投影面垂直线(AB 垂直于 H_2 面,$a_2(b_2)$ 为一点),而两直线的公垂线 MK 则为 H_2 面的平行线,其在直线 AB 上端点 M 的 H_2 面投影 m_2 积聚在 $a_2(b_2)$ 上。

②根据直角投影定理,过 m_2 向 c_2d_2 作垂直线与 c_2d_2 交于 k_2,m_2k_2 是公垂线 MK 在 H_2 面的投影,它反映 MK 的实长,即为所求距离。

③求出 $\dfrac{V}{H}$ 体系中公垂线 MK 的投影。

在 $\dfrac{H_2}{V_1}$ 体系中,由 k_2 得 k'_1,因 MK 为 H_2 面的平行线,过 k'_1 作 $k'_1m'_1 // O_2X_2$,它与 $a'_1b'_1$ 交于 m'_1。再在 $\dfrac{V_1}{H}$ 体系中,由 m'_1、k'_1 得 m、k。最后在 $\dfrac{V}{H}$ 体系中,由 m、k 得 m'、k',连接 mk 和 m'k',即为所求公垂线 MK 的投影。

例 5-2 求直线 AB 与平面 DEF 的夹角 θ，如图 5-12 所示。

（1）空间分析。如图 5-12a 所示，作一新投影面与直线 AB 平行，且与 △DEF 平面垂直，则在该新投影面上的投影反映 θ 角。但由于 △DEF 平面处于一般位置，为此首先须经两次变换投影面，将它变为投影面平行面的位置，然后才能作第三个新投影面与 △DEF 平面垂直，也垂直于第二个新投影面，并与直线 AB 平行。这样，在第三个新投影面上的投影即反映 θ 角。由此看来，本题共需变换三次投影面才能获解。

（2）作图。如图 5-12b 所示：

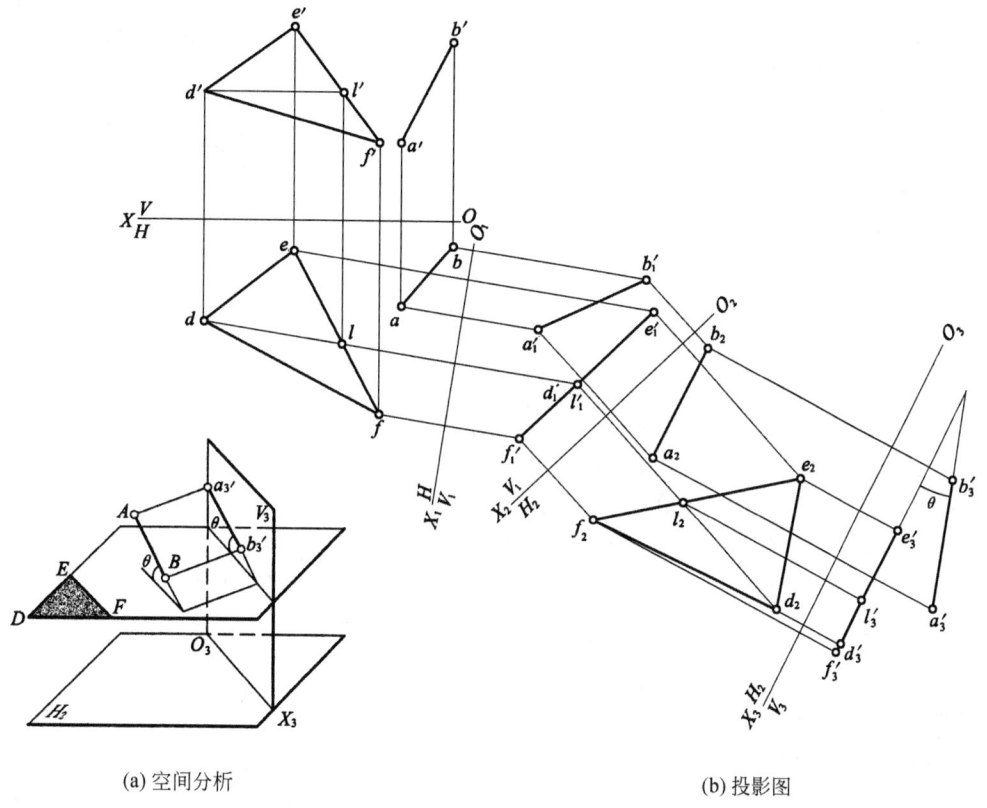

(a) 空间分析　　　　　　　　　　　　　(b) 投影图

图 5-12　求直线 AB 与平面 DEF 间的夹角

① 将 △DEF 变成投影面平行面。两次变换投影面，直线 AB 随同一起变换。

首先将 △DEF 变成投影面垂直面，为此，作 $O_1X_1 \perp dl$，以 $\dfrac{V_1}{H}$ 体系代替 $\dfrac{V}{H}$ 体系，使 △DEF 在 $\dfrac{V_1}{H}$ 体系中变成投影面垂直面，△DEF 在 V_1 面的投影积聚为 $d_1'e_1'f_1'$；然后，作 $O_2X_2 // d_1'e_1'f_1'$，以 $\dfrac{V_1}{H_2}$ 体系代替 $\dfrac{V_1}{H}$ 体系，使 △DEF 在 $\dfrac{V_1}{H_2}$ 体系中变成投影面平行面。

② 将直线 AB 变成投影面平行线，△DEF 也随同变换。为此，作 $O_3X_3 // a_2b_2$，以 $\dfrac{V_3}{H_2}$ 体系代替 $\dfrac{V_1}{H_2}$ 体系，则在 V_3 面上所得之投影 $a_3'b_3'$ 与 $d_3'e_3'f_3'$（在 $\dfrac{V_3}{H_2}$ 体系中，△DEF 为 H_2 面的平行面，它

在 V_3 面的投影积聚为平行于 O_3X_3 轴的直线)之间夹角 θ 即为所求。

例 5-3 如图 5-13a 所示,已知点 K 的水平投影 k 及点 K 与 △ABC 及 △ABD 距离相等,求作点 K 的正面投影 k'。

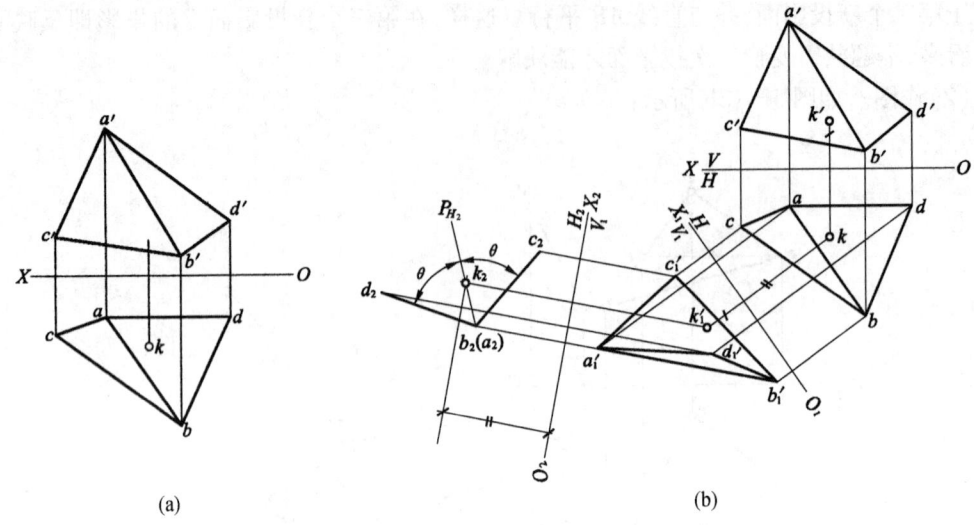

图 5-13 投影作图

(1) 分析。由图 5-14 空间分析可得,点 K 必须在 △ABC 与 △ABD 夹角的平分面 P 上,而为了作出 △ABC 与 △ABD 夹角的平分面,必须将它们同时变为新投影面的垂直面,这就需将它们的交线 AB 变为新投影面的垂直线。由于交线 AB 为一般位置直线,需变换两次,才能将其变为新投影面垂直线,因此共需三次变换。

(2) 作图。如图 5-13b 所示:

① 经两次变换,将两平面交线 AB 变为 H_2 面的垂直线。此时,△ABC 与 △ABD 在 H_2 面上的投影分别积聚为直线 $a_2b_2c_2$ 和 $a_2b_2d_2$(两次变换的作图过程之说明从略)。

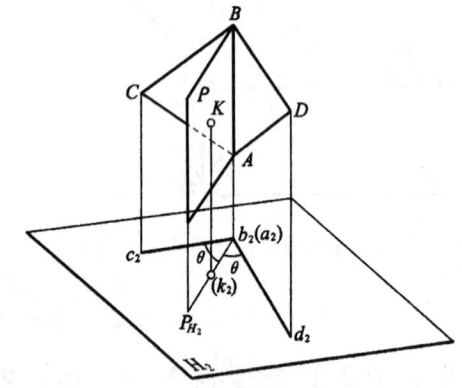

图 5-14 空间分析

② 此时,两平面之角平分面 P 在 H_2 面上的投影也积聚成一条直线,即为两平面的积聚投影(直线)夹角的平分线,作出此夹角平分线并用 P_{H_2} 表示。

③ 在 H_2 面上,取 k_2 到 O_2X_2 轴的距离等于 V 面上的 k 到 O_1X_1 轴的距离,在 $\dfrac{V_1}{H}$ 和 $\dfrac{V_1}{H_2}$ 体系的公共投影面 V_1 上,由 k 和 k_2 分别作投影连线交于 k'_1,再返回到原投影体系中即得 k'。

5.3 旋转法

5.3.1 基本概念

旋转法的特点是保持投影面体系不变,而使空间几何要素旋转到对投影面体系处于有利解题所需要的位置。

图 5-15 为点 A 绕垂直 V 面的旋转轴旋转的空间分析及投影作图。

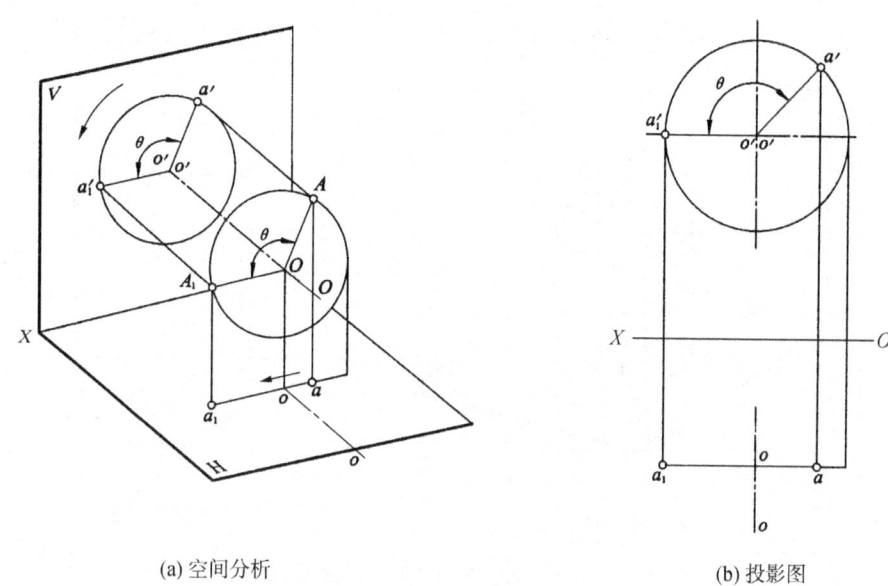

(a) 空间分析　　　　　　　　　　　　(b) 投影图

图 5-15　点的旋转(绕垂直 V 面的轴)

旋转法有 5 个基本要素,即旋转点、旋转轴、旋转平面、旋转中心和旋转半径,称为旋转五要素。

(1) 旋转轴。空间点按一定规律绕着指定的轴线作旋转,该轴线称为旋转轴,如图示轴线 OO。

(2) 旋转点。绕旋转轴作规则旋转的点,称为旋转点。如图示空间点 A,该点运动的轨迹为圆,该圆所在平面垂直于旋转轴。

(3) 旋转平面。旋转点运动轨迹圆所确定的平面,称为旋转平面。

(4) 旋转中心。旋转点运动轨迹圆的圆心,也就是旋转轴与旋转平面的交点,称为旋转中心,如图示点 O。

(5) 旋转半径。旋转点到旋转中心的距离,称为旋转半径,如图示 OA。

旋转轴 OO 相对于投影面的位置主要有以下两种情况:

(1) 垂直于某一投影面,即旋转轴为投影面垂直线,这种位置的旋转轴称为垂直轴;

(2) 平行于某一投影面,即旋转轴为投影面平行线,一般取水平线,称其为水平轴。

这里只介绍绕垂直轴旋转的旋转法。

5.3.2 点绕垂直轴旋转的投影变换规律

如图 5-15a,点 A 绕垂直 V 面的轴 OO 旋转时,点 A 的轨迹是以 O 为中心的圆,该圆所在的平面 P 垂直于旋转轴 OO。由于轴线垂直于 V 面,所以平面 P 是正平面,因此点 A 的轨迹在

H 面上的投影为一平行于 OX 轴的直线,在 V 面上的投影反映实形,即以 o' 为圆心、$o'a'$ 为半径的一个圆。如果点 A 旋转 θ 角到达 A_1 位置,显然在 V 面上反映出 θ 角的真实大小,其投影由 a' 转到 a_1',而其 H 面投影则沿平行于 OX 轴的方向移动,由 a 移到 a_1 位置,如图 5-15b。

图 5-16 所示为点 A 绕垂直于 H 面的轴旋转时的投影变化情况。由于点 A 的旋转平面 P 平行于 H 面,所以它的运动轨迹在 H 面上的投影反映实形,是一个圆;而在 V 面上的投影为一平行于 OX 轴的直线。图示点 A 转动 θ 角到 A_1 处,H 面投影表示出 θ 角的真实大小及由 a 转到 a_1 位置,V 面投影则沿水平线由 a' 移动到 a_1' 位置。

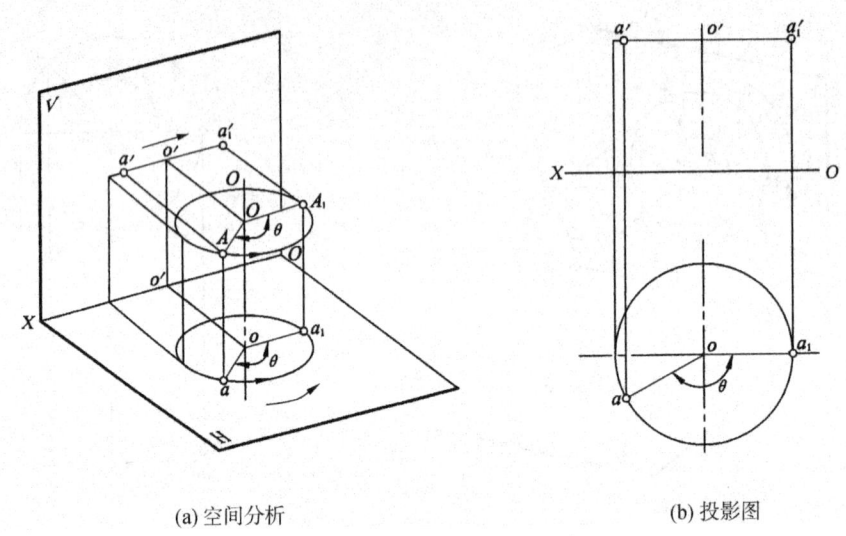

(a) 空间分析　　　　　　　　(b) 投影图

图 5-16　点的旋转(绕垂直 H 面的轴)

综上所述,得点的旋转规律:当一点绕垂直于投影面的轴旋转时,它的运动轨迹在该投影面上的投影为一个圆,而在另一投影面上的投影为一平行于投影轴的直线。

5.3.3　直线绕垂直轴的投影变换规律

由于两点确定一直线,直线的旋转,可归结为直线上任意两个点的旋转,但在旋转时两点的相对位置不能改变。因此,直线上的两点旋转时须遵循的作图规则是:绕同一旋转轴,按同一方向,旋转同一角度。遵循这"三同"规则,即可得该直线旋转后的新投影。

图 5-17 所示为一般位置直线 AB 绕垂直于 H 面的轴 OO,按逆时针方向旋转 θ 角的情况,根据上述"三同"规则,其新投影的作图步骤如下:

(1) 使点 A 绕 OO 轴逆时针方向转过 θ 角。该 θ 角在 H 面上反映实形,作图时连接 oa,以 o 为中心旋转 θ 角到 oa_1。

(2) 按逆时针方向将 B 点旋转 θ 角。作图时,连接 ob,再以 o 为中心将 ob 旋转 θ 角到 ob_1,连 a_1 和 b_1 即得直线 AB 旋转后新的水平投影 a_1b_1。

(3) 在 V 面上根据点的旋转规律,过 a' 和 b' 作 OX 轴的平行线,与分别从 a_1 和 b_1 所作 OX 轴垂直线相交得 a_1' 和 b_1',连 $a_1'b_1'$ 即得直线 AB 旋转后新的正面投影 $a_1'b_1'$。

讨论:

(1) 在实际作图时,也可以采用简化作法:过 o 作 ab 的垂线 ok,使 ok 转过 θ 角到 ok_1 位置,则 a_1b_1 也必定与 ok_1 垂直,同时量取 $a_1k_1=ak$ 和 $k_1b_1=kb$,即得点 a_1 和 b_1,再根据 a_1b_1 求出 $a_1'b_1'$,如图 5-17b 所示。

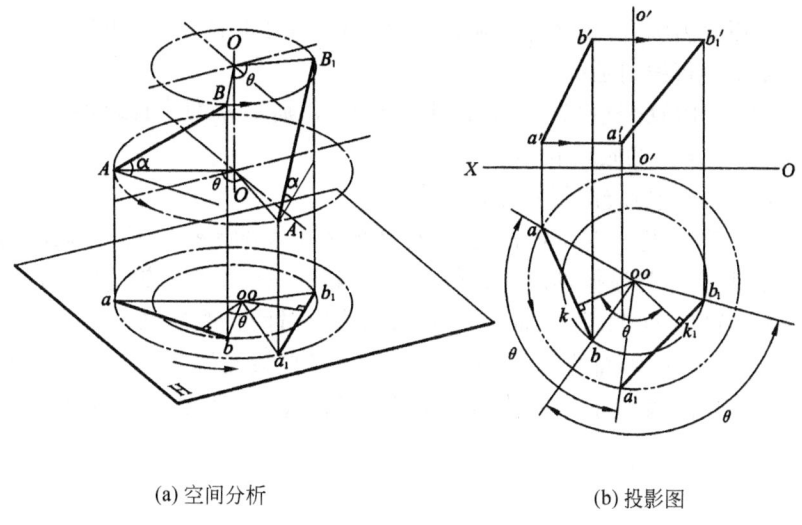

(a) 空间分析　　　　　　　　　　(b) 投影图

图 5-17　直线的旋转

(2) 如图 5-17a 所示，在 H 面投影上，在 △abo 和 △$a_1 b_1 o$ 中，由于 $ao = a_1 o$，$bo = b_1 o$，$\angle aob = \angle a_1 o b_1$，因此，△abo ≌ △$a_1 b_1 o$，故 $ab = a_1 b_1$，也就是其水平投影长度不变；同时，又由于直线对 H 面的夹角 α 与其水平投影长度的关系是 $ab = AB \cdot \cos\alpha$，而 $ab = a_1 b_1$，也就是 $\cos\alpha$ 为常数，即它对 H 面的夹角 α 保持不变。

根据上述分析可得：当线段绕垂直于投影面的轴线旋转时，它在该投影面上的投影长度不变，与该投影面的倾角也不变；在另一投影面，其投影长度及对该投影面的倾角都改变。根据上述直线旋转的基本性质，可解决直线绕垂直轴旋转的两个基本作图问题。

(1) 将一般位置直线旋转成投影面的平行线。

如图 5-18 所示，AB 为一般位置直线，求该直线的实长和对 H 面的倾角 α。由直线的投影特性可知，只有当 AB 线平行于 V 面时，它的正面投影才能反映实长，其与 X 轴的夹角反映直线 AB 与 H 面的倾角 α。所以，选择的旋转轴应垂直于 H 面。为了作图简便起见，选 OO 轴通过直线两端点中的一个，如点 A，这样只要旋转另一个端点 B 就可完成作图。具体作图步骤如下：

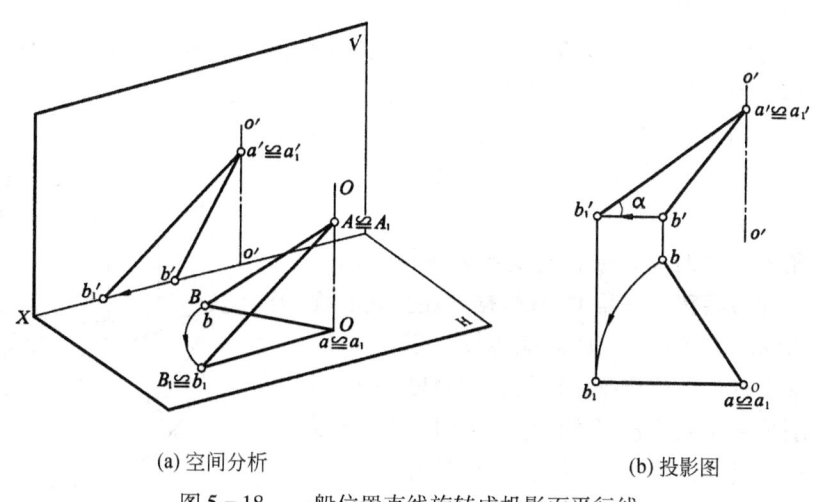

(a) 空间分析　　　　　　　　　　(b) 投影图

图 5-18　一般位置直线旋转成投影面平行线

①过 $A(a,a')$ 作 OO 轴垂直于 H 面。

②在 H 面上以 o 为圆心，ob 为半径画圆弧（顺时针或逆时针方向均可）。

③过 a 作 X 轴平行线与圆弧交于 b_1 得 a_1b_1。

④在 V 面上过 b' 作 OX 轴平行线，在该线上求出 b'_1，则 $a'_1b'_1$ 即为直线 AB 的实长，$a'_1b'_1$ 与 X 轴之夹角即为 AB 对 H 面的倾角 α。

（2）把一般位置直线旋转成投影面垂直线。

如图 5-19 所示，是将一般位置直线 AB 旋转成铅垂线的情形。显然，直线绕垂直于某一投影面的轴旋转时，直线与该投影面的夹角不变。因此，在绕垂直轴旋转的条件下只旋转一次是不可能使一般位置直线变为投影面垂直线的，因为它对两个投影面的夹角都必须改变。要使一般位置直线对两个投影面的夹角都改变，必须使该直线先后绕两条垂直于不同投影面的轴作两次旋转，即先将一般位置直线旋转成投影面平行线，再把投影面平行线旋转成投影面垂直线。

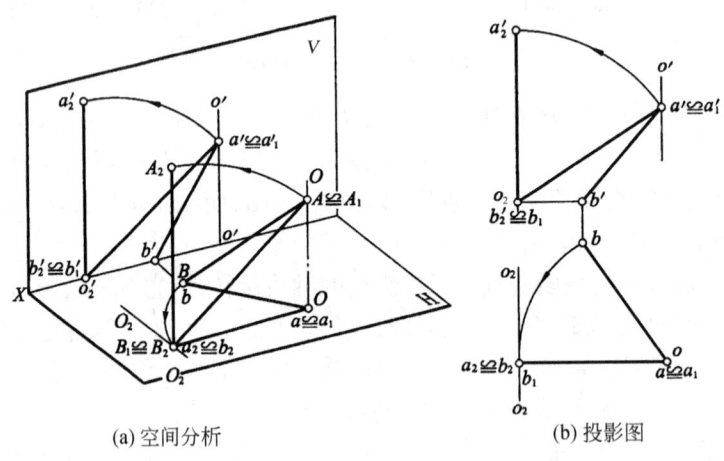

(a) 空间分析　　　　(b) 投影图

图 5-19　一般位置直线旋转成投影面垂直线

具体作图如图 5-19 所示。首先将直线 $AB(ab,a'b')$ 绕过点 A 且垂直于 H 面的轴线 OO 旋转成正平线 $A_1B_1(a_1b_1,a'_1b'_1)$，然后再将 A_1B_1 绕过点 B_1 且垂直于 V 面的轴线 O_2O_2 旋转成铅垂线 $A_2B_2(a_2b_2,a'_2b'_2)$。

按照类似的分析方法，请读者自己考虑怎样将一般位置直线旋转成正垂线或侧垂线。

5.3.4　平面绕垂直轴旋转的投影变换规律

如图 5-20 所示，$\triangle ABC(abc,a'b'c')$ 绕垂直于 H 面的轴线 OO 按逆时针方向旋转过 θ 角，得到新的投影位置 $\triangle A_1B_1C_1(a_1b_1c_1,a'_1b'_1c'_1)$。

由于三角形是根据垂直轴旋转变换的规律绕同一轴线，按同一方向，旋转同一角度，故根据前述直线的旋转性质得知，$\triangle abc$ 与 $\triangle a_1b_1c_1$ 的对应边彼此相等，所以这两个三角形全等。由此概括平面旋转的投影特性：当一平面图形绕垂直于某一投影面的轴旋转时，它在该投影面上的投影形状和大小不变，平面与该投影面的倾角也不变；在另一投影面，其投影形状和大小发生改变，且

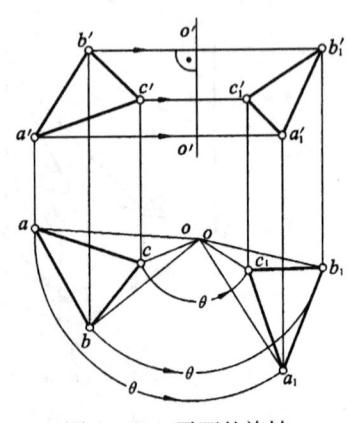

图 5-20　平面的旋转

该平面对投影面的倾角也改变。

平面图形旋转的投影特性也适用于任何物体的旋转情况,即当一几何形体绕垂直于某一投影面的轴旋转时,它在该投影面上的投影形状和大小保持不变。

两个基本问题:

(1)将一般位置平面旋转为投影面的垂直面,以求出此平面与另一投影面的倾角。

如图 5-21 所示,△ABC 为一般位置平面,要求△ABC 对 V 面的倾角 β,必须将△ABC 旋转成铅垂面。由前述知,当平面上有一直线垂直于投影面时,则此平面必定垂直该投影面。作图时,所作投影面垂直线可直接选用平面上的投影面平行线,按直线旋转规律将其旋转为投影面垂直线,并同时将平面按"三同"规则旋转,就可得到投影面垂直面。具体作图方法与步骤如下:

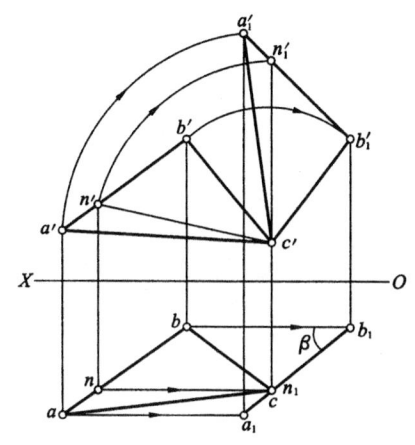

图 5-21　一般位置平面旋转成铅垂面　　　图 5-22　一般位置平面旋转成水平面

①在△ABC 上过点 C 作一正平线 $CN(cn,c'n')$。

②绕过点 C 并垂直于 V 面的轴旋转,将 CN 旋转成铅垂线 $CN_1(cn_1,c'n_1')$,同时旋转点 A、B 到 $A_1(a_1,a_1')$、$B_1(b_1,b_1')$位置,分别连接 a_1b_1c 和 $a_1'b_1'c'$。

③这时△$A_1B_1C(a_1b_1c,a_1'b_1'c')$为一铅垂面,其水平投影 a_1b_1c 积聚成为一直线,该直线与 OX 轴的夹角即为△ABC 对 V 面的倾角 β。

(2)将一般位置平面旋转为投影面平行面,以求该平面的实形。

如果要把一般位置平面旋转为投影面平行面,必须旋转两次。第一次先旋转为投影面的垂直面,第二次再绕垂直于另一投影面的轴将其旋转成投影面的平行面。

如图 5-22 所示,△ABC 为一般位置平面,要将此平面旋转成水平面,首先要将△ABC 旋转成正垂面,因为只有当平面垂直 V 面时,才有可能接着旋转到水平位置。所以,先使△ABC $(abc,a'b'c')$绕过点 C 垂直于 H 面的轴旋转成正垂面 $A_1B_1C(a_1b_1c,a_1'b_1'c')$,再绕通过点 B_1 垂直于 V 面的轴旋转到平行于 H 面的位置 $A_2B_1C_2(a_2b_1c_2,a_2'b_1'c_2')$,此时水平投影 $a_2b_1c_2$ 即反映△ABC 的实形。

复习思考题

1. 投影变换的目的是什么?常用的方法有几种?各有哪些特点?
2. 在换面法中,新投影面选择有哪些基本条件?最基本的几何要素——点的变换规律是什么？

3. 在垂直轴旋转法中,必须遵循哪些规则？最基本的几何要素——点的旋转规律是什么？

4. 在研究换面法及旋转法中,掌握下述四个基本作图方法,并弄清作图过程的空间关系。

(1)把一般位置直线变换成投影面的平行线。

(2)把一般位置直线变换成投影面的垂直线。

(3)把一般位置平面变换成投影面的垂直面。

(4)把一般位置平面变换成投影面的平行面。

5. 分别用换面法、垂直轴旋转法求两平行直线间的距离($\frac{V}{H}$体系中,两平行线的投影自行设定),并比较其繁简。

第6章 基本立体

占有长、宽、高三度空间有限范围的简单几何体通称基本立体(简称立体)。基本立体按其表面的几何性质,可分为两大类:
(1)平面立体:由若干平面所围成的几何体(图6-1)。
(2)曲面立体:由曲面或曲面与其底面所围成的几何体(图6-2)。

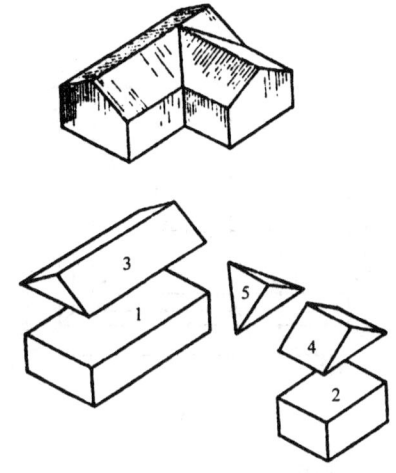

图6-1 房屋的形体分析
1、2—四棱柱;3、4—三棱柱;5—三棱锥

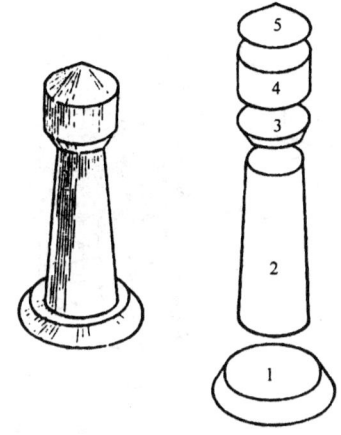

图6-2 水塔的形体分析
1、2—圆锥台;3—倒圆锥台;4—圆柱;5—圆锥

为了更准确地表达工程形体,投影作图时宜对工程形体按图6-1、图6-2所示的模式进行形体分析和投影分析。本章先对基本立体的图示及其表面取点、取线等作图问题进行研究,以便为学习后面的立体表面的交线和组合体的形体分析及其图示、图解等问题打下基础。

6.1 平面立体

常见的平面立体有棱柱、棱锥等。在投影图上表示平面立体就是把组成立体表面的所有平面表示出来,并判别其可见性。

6.1.1 棱柱

6.1.1.1 棱柱的形状特征

棱柱由一对形状相同的上、下底面和侧棱面组成。如图6-3a所示,正六棱柱的正六边形上、下底面为水平面,而六个侧棱面中,前、后侧棱面为正平面,另外四个侧棱面均为铅垂面。

6.1.1.2 棱柱的投影

(1)H面投影:反映上、下底面的实形即正六边形。组成正六边形的直线段也是六个侧棱面的积聚投影,其六条棱线的投影积聚在正六边形的六个顶点上。

(2)V面投影:投影为三个矩形,其中中间矩形为前、后侧棱面的重合投影(反映实形);另两个矩形,左边一个为左侧前、后两侧面的重合投影,右边一个为右侧前、后两侧面的重合投影,它们均为相仿形。其上、下底面的投影积聚为直线段。

(3) W 面投影:投影为两个矩形,分别是四个铅垂面两两相重的重合投影。其上、下底面和前、后侧面的投影均积聚为直线段。

(4) 画图:先画正六棱柱的水平投影——正六边形,再根据投影规律和棱柱高作出其他两个投影(图6-3b)。

由于棱柱各表面均为特殊位置平面,因此可从其积聚投影或反映实形的投影出发来得出其余投影。

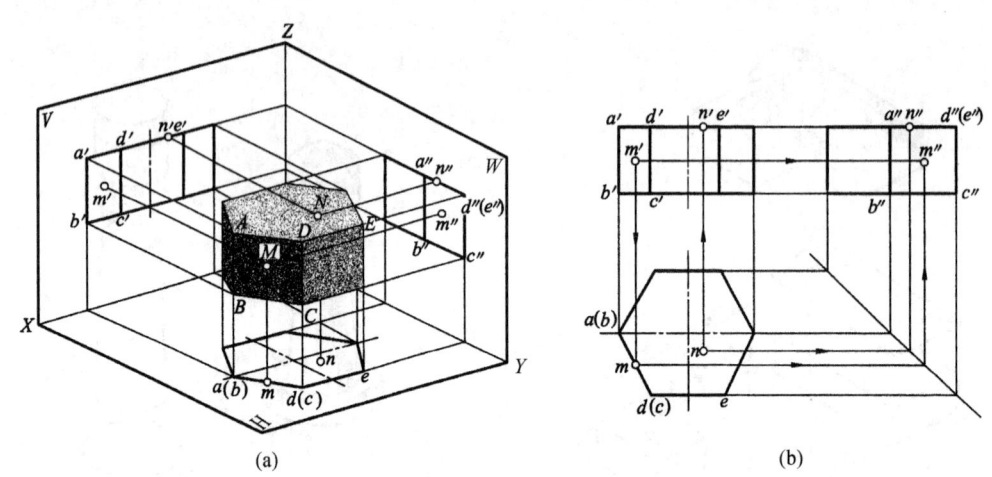

图6-3 正六棱柱的投影及表面取点

6.1.1.3 在棱柱表面上取点

在平面立体表面上取点,其原理和方法与平面上取点相同。由于图6-3所示正六棱柱的表面都处在特殊位置,因此在六棱柱表面上取点可利用积聚性求解。如已知 $ABCD$ 棱面上点 M 的正面投影 m',要求它的水平投影 m 和侧面投影 m''。由于棱面 $ABCD$ 为铅垂面,其水平投影 $abcd$ 具有积聚性,所以点 M 的水平投影 m 必在其上,根据 m' 和 m 即可求出 m''。又如已知顶面上点 N 的水平投影同样可求得它的正面投影和侧面投影 n''。

判别可见性,若点所在平面可见,则该面上的点的同面投影也可见,反之为不可见。在平面积聚性投影上的点的投影,可以不必判别其可见性。如图6-3所示,点 M 在 $ABCD$ 棱面上,由于该棱面在 V、W 两投影面上的投影为可见,故点 M 该两投影面上的投影 m、m' 也可见;而由于 $ABCD$ 棱面在 H 投影面上的投影有积聚性,故 m 可不必判别可见性。

6.1.2 棱锥

6.1.2.1 棱锥的形状特征

图6-4a所示为一个正三棱锥,它的底面是等边三角形且与 H 面平行;三个侧棱面为等腰三角形,且交于一顶点 S,其中 SAC 侧棱面是侧垂面,其余两侧棱面为一般位置平面。

6.1.2.2 棱锥的投影

(1) H 面投影:反映底面实形(等边三角形)。三个侧棱面投影为相仿形——三个缩小了的等腰三角形,与底面投影重合。顶点 S 投影重合于等边三角形的中心。

(2) V 面投影:底面投影积聚为一直线段,左、右侧棱面投影为相仿形——两个三角形,与后侧棱面的投影重合。

（3）W 面投影：底面和后侧棱面投影分别积聚为一直线段，左、右侧棱面投影为相仿形——三角形，且相互重合。

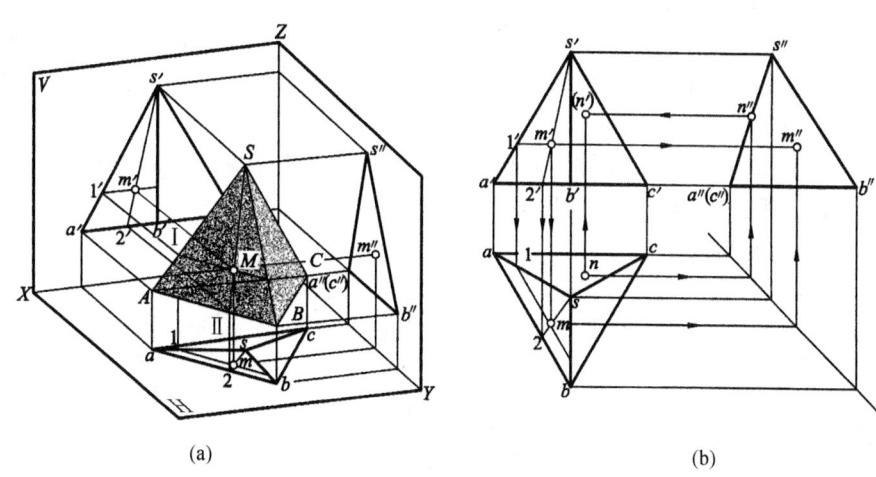

图 6-4　正三棱锥的投影及表面取点

（4）作图：

如图 6-4b 所示，由于三棱锥的底面为水平面，先绘底面的三面投影。而三个侧棱面中 SAC 为侧垂面，另两个侧棱面均是一般位置平面。可先画出顶点 S 的三面投影，再与 A、B、C 连线。S 的水平投影 s 与底面△ABC 之中心重合可直接得出，再根据正三棱锥的高，对应水平投影 s 即可作出其正面投影和侧面投影 s′和 s″。最后将顶点 S 和顶点 A、B、C 的同面投影连线，即得正三棱锥的三面投影图。

6.1.2.3　在棱锥表面上取点

组成棱锥的表面可有特殊位置平面，也有一般位置平面。特殊位置平面上点的投影可利用平面的积聚性作图。一般位置平面上点的投影可选取适当辅助直线作图。

如图 6-4 中 M、N 两点分别在棱面 SAB 和 SAC 上，如已知点 M 的正面投影 m′和点 N 的水平投影 n，要求出点 M、N 的其他投影。由于棱面 SAB 是一般位置平面，所以图中先过顶点 S 及点 M 作一辅助线 SⅡ(s2,s′2′)，然后求出点 M 的水平投影 m，再根据 m′和 m 求出 m″；也可过点 M 在 SAB 面上作 AB 的平行线 ⅠM 即作 1′m′∥a′b′，再作 1m∥ab，求出 m，再以 m、m′求出 m″。又由于棱面 SAC 是侧垂面，它的侧面投影 s″a″(c″)具有积聚性，因此 n″必积聚于 s″a″(c″)上，由 n 和 n″即能求得(n′)。

判别可见性：若点所在平面的投影可见，则位于该平面上的同面投影也可见，否则为不可见。同样，在平面积聚性投影上的点的投影，可以不必判别其可见性。如图 6-4 所示，由于侧棱面 SAB 的三面投影均可见，故在该面的点 M 的三面投影 m、m′和 m″均可见。而侧棱面 SAC 为侧垂面，其水平投影可见，但正面投影不可见，侧面投影有积聚性。所以在该面上的点 N 的三面投影分别是：H 面投影 n 可见；V 面投影(n′)不可见；W 面投影 n″可不必判别可见性。

6.2 曲面立体

6.2.1 概述

曲面是由直线或曲线在一定约束条件下运动而形成的。产生曲面的动线,称为曲面的母线。母线在曲面上的任一位置,称为曲面的素线。母线运动时所受的约束,称为运动的约束条件,约束母线运动的线与面,又分别称为导线与导面。由于母线的不同,或者约束条件的不同,形成的曲面也不同。

工程上应用最广泛的曲面立体是回转体。下面着重讨论常见回转体的形成、投影作法,以及在曲面上取点、取线,并判别可见性的方法。

6.2.1.1 回转面的形成

由一条母线(直线或曲线)围绕轴线回转而形成的表面,称为回转面。回转面的母线可以是直线,也可以是曲线,由直母线形成的曲面,称为直纹回转面;由曲母线形成的曲面,称为曲纹回转面。

由回转面或回转面与平面所围成的立体,称为回转体。

如图 6-5a 所示是一个一般形式的曲纹回转面,它由任意平面曲线(母线)绕与曲线共面的导线(轴线)回转运动而成。在回转过程中,母线上任一点的运动轨迹为圆,称为纬圆。纬圆所确定的平面垂直于回转轴。纬圆的半径等于母线上各点到轴线的距离,回转面上直径最大的纬圆称为赤道圆,最小的纬圆称为喉圆。母线端点的轨迹通常是回转面的边界,称为曲面的边界线。图 6-5a 中指出了该回转曲面上这些几何要素的位置。

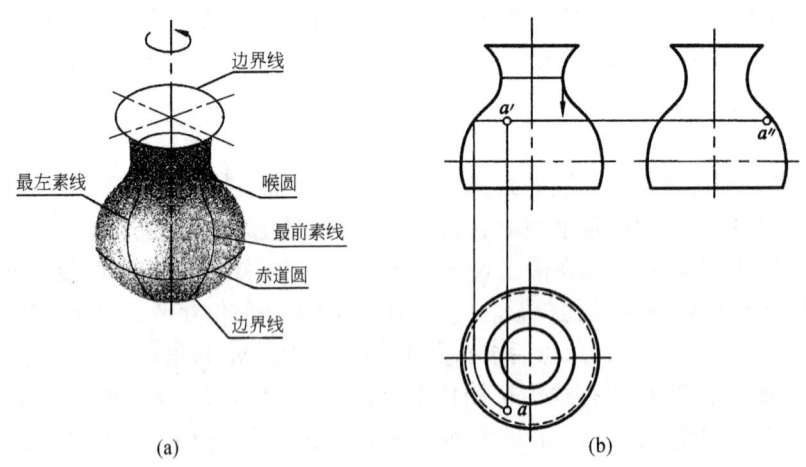

图 6-5 回转曲面

6.2.1.2 回转面的表示法

在投影图上表示回转体,就是将组成立体的回转面和平面表示出来。因此,画其投影图时一般以曲面的可见部分与不可见部分的分界线为投影轮廓线。其画法与回转面的形成条件有关。所以在画图和看图时,应该抓住回转面的形成规律和回转面的投影轮廓线与回转曲面上特定位置的素线或纬圆的投影对应关系。

将回转面向某投影面进行投射时,投射线与曲面相切形成投射柱面,投射柱面与曲面相切的切线就为曲面的可见部分与不可见部分的分界线,称为回转面对该投影面的投影轮廓线。

同一曲面,对不同投影面存在不同的投影轮廓线。如图6-5所示的回转面,作 V 面投影时的投影轮廓线是曲面上的最左、最右素线的 V 面投影,它们将曲面分为前半部分和后半部分,向 V 面投射时前半部分可见,后半部分不可见。作 W 面投影时的投影轮廓线是曲面上的最前、最后素线的 W 面投影,它们将曲面分为左半部分和右半部分,向 W 面投射时左半部分可见,右半部分不可见。作 H 面投影时的投影轮廓线是赤道圆、喉圆和边界线。

6.2.1.3 在回转面上取点

由于回转面母线(直线或曲线)上每一点的回转运动的轨迹都是位于垂直回转轴的平面上的一个圆周——纬圆。所以,当回转轴垂直于某投影面时,纬圆在该投影面上的投影反映实形,在其他投影面上的投影为直线段。回转面的这一投影特性,是在回转面上取点作图的重要依据。对于回转面可利用纬圆作为辅助线,求作出点的其余投影的方法,称为纬圆法。

如图6-5b所示,已知曲面上点 A 的投影 a′,用纬圆法求其他两投影步骤如下:
(1)过 a′作纬圆的积聚投影(垂直于轴线的线段),确定其直径;
(2)利用投影关系作出反映纬圆实形的水平投影;
(3)根据线上点的从属性,利用投影关系在纬圆的水平投影上定出 a;
(4)根据 a 和 a′再求 a″。

如果已知点 A 的水平投影 a,求 a′和 a″,则在水平投影上以 O 为圆心,过 a 作圆,得过点 A 的纬圆的水平投影,再求其他投影,就可完成回转曲面上点 A 的投影 a′和 a″。

在曲面表面上定点,同样需要先作出表面上通过该点的一根辅助线。对于回转面,最便于作图的辅助线是曲面的素线或纬圆。

工程上常见的直纹回转面有圆柱面、圆锥面、单叶双曲回转面,曲纹回转面有球面、环面。

下面对回转面的形成及其投影分析与作图作进一步论述。

6.2.2 圆柱

6.2.2.1 圆柱面的形成

如图6-6所示,一直线 AB 绕与它平行的轴线 OO 作回转运动而形成的曲面称为圆柱面。轴线 OO 称为回转轴,直线 AB 称为母线。

6.2.2.2 圆柱的表示法

图6-7为一轴线水平横放的正圆柱体(底面与轴线垂直的圆柱体称为正圆柱体,简称圆柱),它由一个圆柱面和垂直于轴线的左右两个底面所组成。

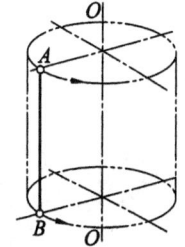

图6-6 圆柱面的形成

(1) W 面投影:为一个与底面相等的圆,是两底面反映实形的投影。其圆柱面各素线的 W 面投影,分别积聚为一点,也落在圆周上。

(2) V 面投影:是一个矩形,左右边是圆柱底面的积聚投影,上下边是圆柱面上最上和最下素线(AA、BB)的投影,这两条素线是圆柱面上对 V 面的投影轮廓线。它们是圆柱面前半部分和后半部分可见与不可见部分的分界线。

(3) H 面投影:也是一个矩形,形状与 V 面投影一样,左右边是圆柱底面的积聚投影,但其前、后边是圆柱面上的最前和最后素线(CC、DD)的投影,这两条素线也是圆柱面对 H 面投影的投影轮廓线。它们是圆柱面左半部分和右半部分可见与不可见部分的分界线。

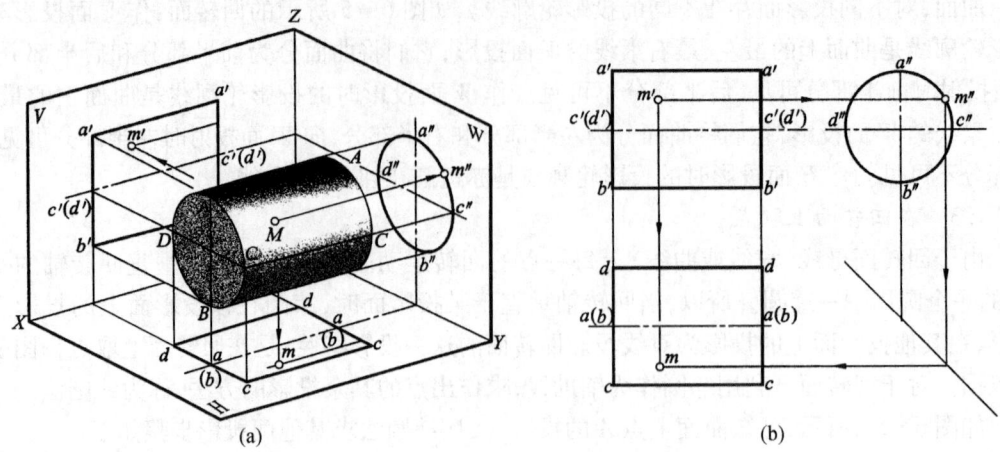

图 6-7 圆柱的投影及表面取点、取线

6.2.2.3 在圆柱表面上取点

(1) 由于圆柱面的 W 面投影具有积聚性,点 M 的 W 面投影必定在圆柱面的侧面投影(圆周)上。根据这一投影特性,可直接由 m' 求得 m'',再求得 m,这种方法称为积聚性投影法(图 6-7)。

(2) 根据 m' 作出过点 M 的素线的三面投影,所求投影 m 和 m'' 分别在素线的同面投影上。

(3) 作图和判断可见性时应注意到:由于投影 m' 为可见点,说明点 M 位于上前圆柱面上。故 m'' 应在圆柱面积聚投影的上前半部分取得;而 m 也为可见。

图 6-8 所示是圆柱组合成的屋面。

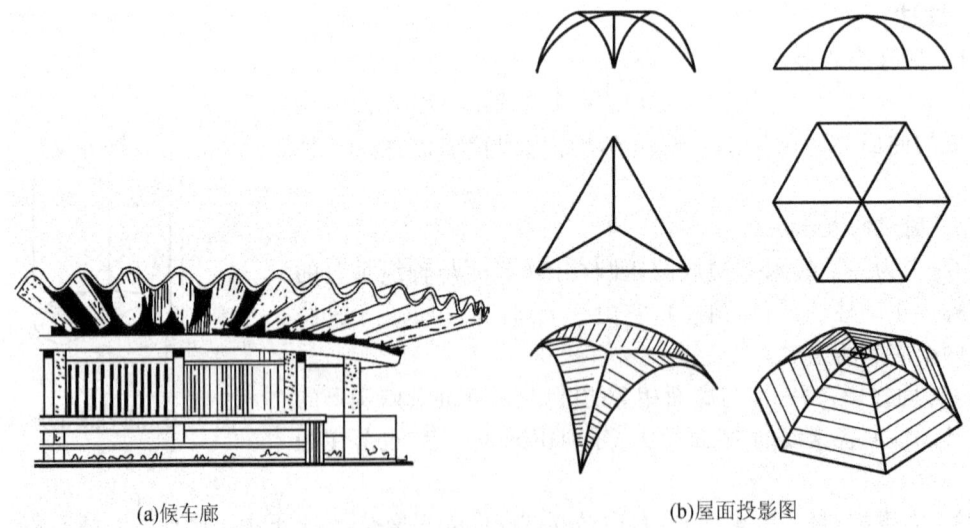

(a) 候车廊　　　　　　　(b) 屋面投影图

图 6-8 圆柱面组合成的屋面

6.2.3 圆锥

6.2.3.1 正圆锥面的形成

如图 6-9 所示,一直线(母线)绕与它相交的轴线 OO 作回转运动而形成的曲面称为圆锥面。

6.2.3.2 圆锥的表示法

正圆锥体由圆锥面及垂直于轴线的底平面所围成,简称圆锥。如图 6-10 所示,圆锥轴线为铅垂线,底面为水平面,锥顶点位于轴线上,为一正圆锥。

(1) H 面投影:为圆。该圆是圆锥底面的反映实形的投影,也是圆锥面的 H 面投影,锥顶点的 H 面投影落在这个圆的圆心处。

(2) V 面投影:为等腰三角形。三角形的底为锥底面的积聚性投影,而左、右边是圆锥面最左和最右两条素线的投影。这两条素线是圆锥面上对 V 面的投影轮廓线。它们是圆锥面前半部分和后半部分可见与不可见部分的分界线。

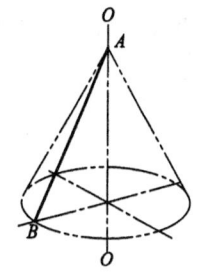

图 6-9 圆锥面的形成

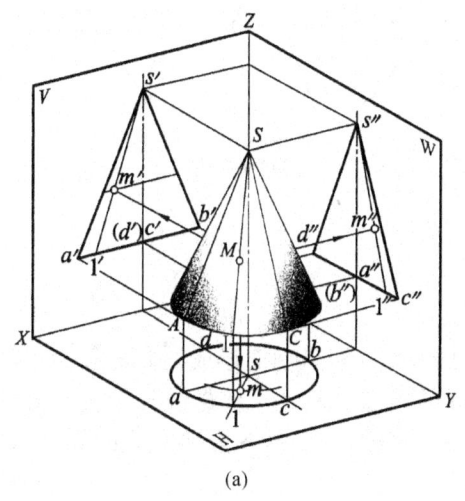
(a)

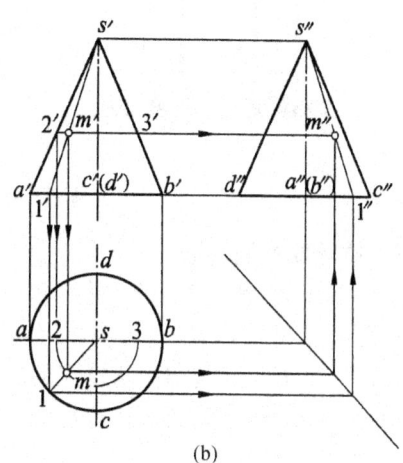
(b)

图 6-10 圆锥的投影及表面取点

(3) W 面投影:为等腰三角形。三角形的底为锥底面的积聚性投影,而左、右边是圆锥面上最后和最前两条素线的投影,这两条素线是圆锥面上对 W 面的投影轮廓线。它们是圆锥面左半部分和右半部分可见与不可见部分的分界线。

要特别注意:圆锥面在垂直其轴线的投影面上的投影没有积聚性,圆锥面的这个投影与底圆的投影重合。

6.2.3.3 在圆锥表面上取点

如图 6-10,已知点 M 的正面投影 m',可采用下列两种方法求点 M 的水平投影 m 和侧面投影 m''。

(1) 辅助(直)素线法。在直纹(素线)曲面上取点时,可先取过该点的一条直素线,再在直素线上取点,这种作图方法称为辅助素线法。据此,过锥顶 S 和点 M 作一辅助素线 $S \mathrm{I}$,根据已知条件可以确定 $S \mathrm{I}$ 的 V 面投影 $s'1'$,然后求出它的 H 面投影 $s1$ 和 W 面投影 $s''1''$,再由 m' 根据投影规律作出 m 和 m''。

(2) 辅助纬圆法。在回转面上每一点都可以作一个纬圆,利用作辅助纬圆在回转面上取点,此作图方法称为辅助纬圆法。据此,过点 M 作一平行于底面的水平辅助纬圆,该圆在 V 面上的投影为过 m' 且平行于 $a'b'$ 的直线 $2'3'$,它的水平投影为一直径等于 $2'3'$ 的圆,m 必在此圆周上,由 m' 求得 m,再由 m'、m 作出 m''。

由于 m' 可见,可知点 M 在圆锥面的左前半部分,故 m 和 m'' 应在圆锥面相应投影的左前半部分取得。故点 M 的三面投影 m、m'、m'' 投影均可见。

图 6-11 所示是圆柱组合成的屋面实例。

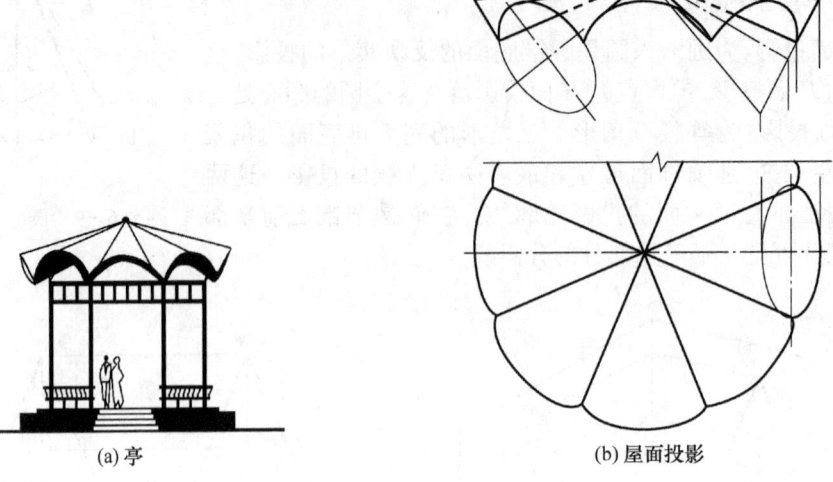

图 6-11　圆锥面组合成的屋面

6.2.4　单叶双曲回转面

6.2.4.1　单叶双曲回转面的形成

如图 6-12a 所示,由直母线 AB 绕与之交叉的轴线旋转运动而形成的曲面称为单叶双曲回转面。母线 AB 在回转时,两端点的轨迹为曲面的顶圆和底圆。作母线与轴线的公垂线交母线 AB 于点 C,点 C 的回转轨迹也为一圆,但相对于母线上其他各点所形成的圆,它的直径为最小,此圆为喉圆。

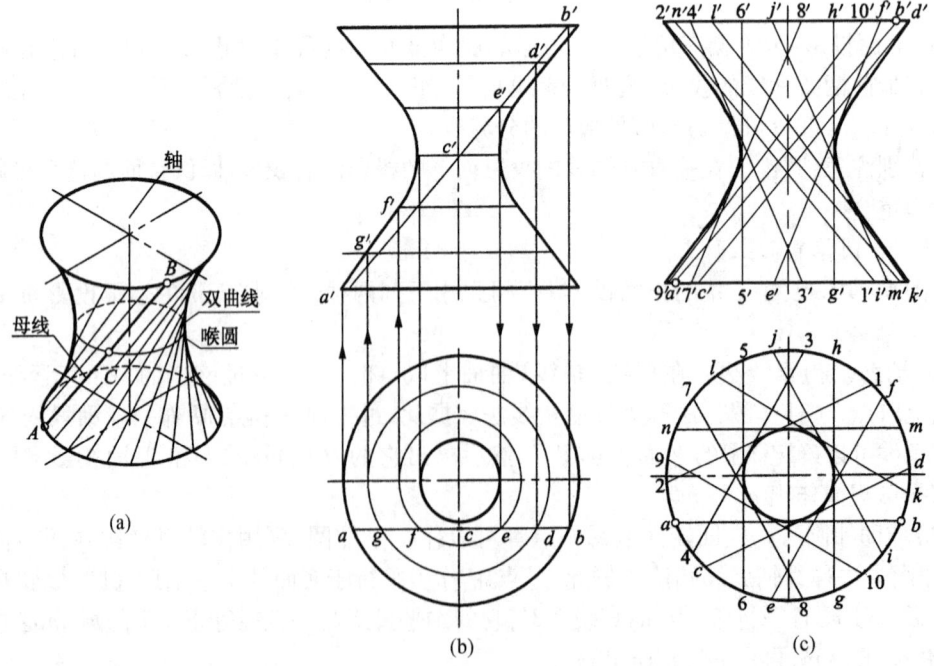

图 6-12　单叶双曲回转面

在同一个单叶双曲回转面内,有两组不同方向而对正截面斜度相同的素线,其中相邻的两素线都是异面的交叉直线。每条素线与同组素线不相交,而与另一组的素线相交。

6.2.4.2 单叶双曲回转面的表示法

如图6-12b、c所示,在投影图上表示单叶双曲回转面,一般画出其轴线、顶圆、底圆及喉圆的投影(在与轴线平行的投影面上,喉圆的投影一般可不画),此外还画出若干素线的投影和曲面投影的外形轮廓线。图中,在V面投影上画出素线投影的包络线——双曲线,它是曲面对V面的投影轮廓线。具体作图可用以下两种方法完成:

(1) 如图6-12b所示,在母线AB上取若干点,使各点绕轴线旋转,作出这些点的回转轨迹(纬圆)的两面投影:它们的H面投影是若干个同心圆;V面投影为水平直线段,其长度等于H面投影中相应圆的直径。连接V面投影直线段的各端点,则形成单叶双曲回转面的V面投影轮廓线。同时,可画出直母线旋转时的最小圆——喉圆(在点C处)的水平投影。为便于作图,本图把母线AB取为正平线,具体作图的方法如图所示。

(2) 如图6-12c所示,画出若干条素线的两面投影,在V面投影中用光滑曲线包络各素线的V面投影,所得双曲线即为V面投影轮廓线,所以单叶双曲回转面也可看作是由双曲线绕其虚轴旋转而成;在H面投影中,作各素线H面投影的内切圆即形成喉圆。具体作图的方法如图所示。

前述的圆柱面和圆锥面的相邻两素线分别是平行和相交的两直线,为同面直线,故这两种曲面是可展曲面。而单叶双曲回转面的相邻两素线彼此交叉,为异面直线,故单叶双曲回转面是不可展曲面。

6.2.4.3 在单叶双曲回转面上取点

在单叶双曲回转面上取点,可采用纬圆法或素线法。

如图6-13a给出单叶双曲回转面上点A的V面投影(a')和点B的H面投影b,求作出点A的H面投影a和点B的V面投影b'。

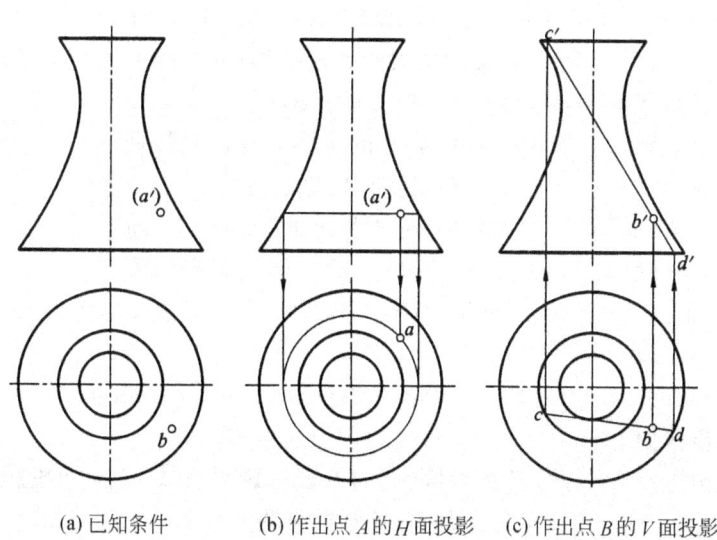

(a) 已知条件　　(b) 作出点A的H面投影　　(c) 作出点B的V面投影

图6-13　单叶双曲回转面上取点

具体作图步骤如下:

(1) 纬圆法。过(a')作过点A的纬圆投影,求得a的位置,由于(a')为不可见,在H面投影中，a 应在纬圆投影的后半部分，如图 6-14b 所示。

（2）素线法。在 H 面投影上过 b 作任一直素线 CD 的投影 cd 与喉圆投影相切，并与顶圆及底圆投影相交于 c 和 d。由 cd 作出其 V 面投影 $c'd'$ 后，即可求得点 B 的 V 面投影 b'，如图 6-13c 所示。

图 6-14 所示是单叶双曲回转面的应用实例——某厂冷凝塔。

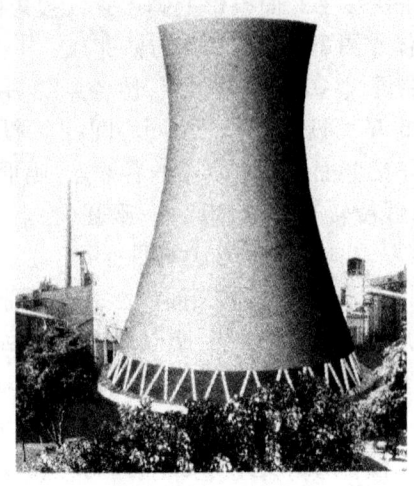

图 6-14　冷凝塔

6.2.5　圆球

6.2.5.1　球面的形成

如图 6-15 所示，一个圆（母线）绕过圆心的轴线作回转运动而形成的曲面称为球面。

6.2.5.2　球的表示法

由球面的形成可知，球对三个投影面的投影轮廓线都是一个大小相同的圆，其直径等于球的直径。如图 6-16a 所示，在 H 面上投影轮廓线是球面上平行于 H 面的最大圆 B 的投影；在 V 面上投影轮廓线是球面上平行于 V 面的最大圆 A 的投影；在 W 面上投影轮廓线是球面上平行于 W 面的最大圆 C 的投影。各投影分别位于相应投影的十字中心线上，它们的交点确定球心投影。

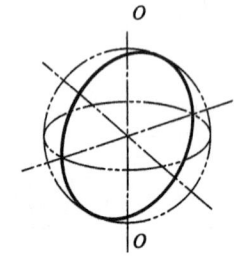

图 6-15　球面的形成

H、V、W 三个投影面上的轮廓圆周，分别将球面分为上下、前后、左右半球。在分别向三个投影面投射时，于 H 面上上半球可见，下半球不可见；V 面上前半球可见，后半球不可见；W 面上左半球可见，右半球不可见。

6.2.5.3　在球面上取点

如图 6-16 所示，已知球面上点 M 的 H 面投影 m，可采用纬圆法求出 m' 和 m''。

具体作图步骤如下：

(1) 过点 M 作一平行于 V 面的纬圆，它的 H 面投影为直线 12，V 面投影为直径等于 12 的圆，m' 必在该圆周上（由于 m 可见，m' 应在纬圆投影的上半部分），由 m 求得 m'；

(2) 再由 m 和 m' 作出 m''。

(3) 依据点 M 的 H 面投影 m，确定该点在球面的左上前面部分，其 V、W 面投影 m'、m'' 均可见。

(4)也可过 M 作平行于 H 面或 W 面的辅助圆求解。

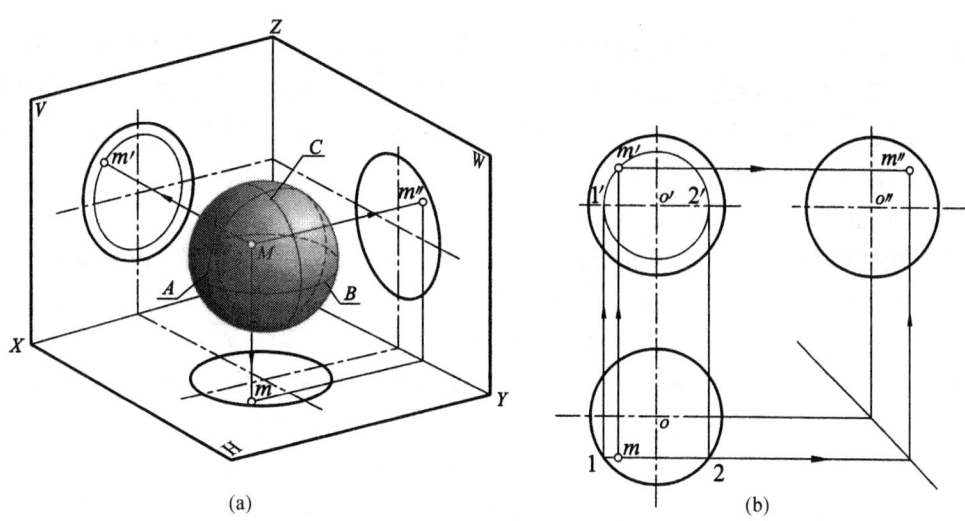

图 6-16 球面的投影及表面取点

图 6-17 所示是球面组合成的屋面实例。

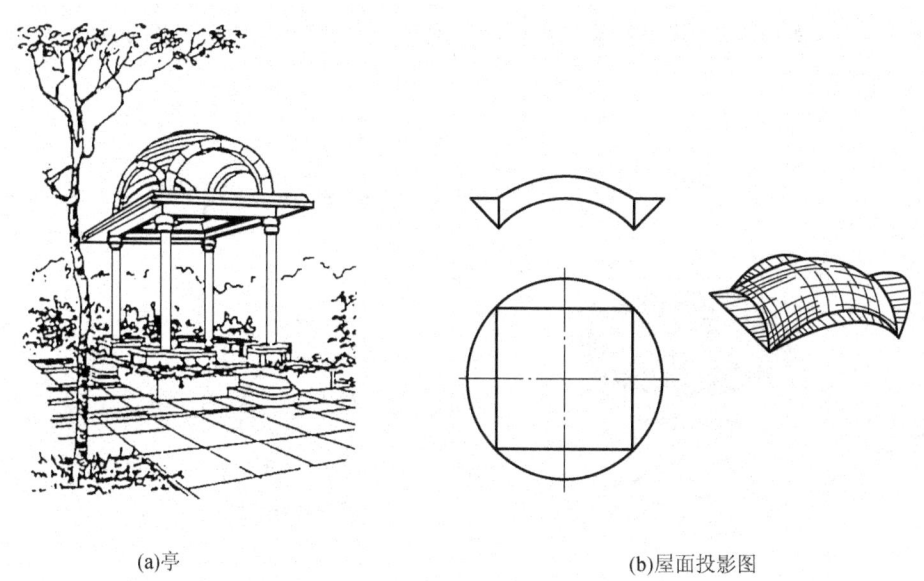

(a)亭　　　　　　　　　　　　　　(b)屋面投影图

图 6-17 球面组合成的屋面

6.2.6 圆环

6.2.6.1 环面的形成

如图 6-18 所示,一个圆(母线)绕不通过圆心但与圆平面共面的轴线作回转运动而形成的曲面称为环面。

6.2.6.2 环面的表示法

如图 6-19,圆环的回转轴是铅垂线。圆母线在回转过程中,其外半圆圆周形成的是外环面,内半圆周形成的是内环面。

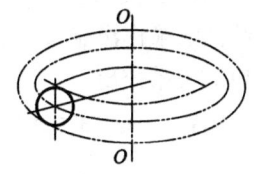

图 6-18 环面的形成

圆环的三面投影：

(1) H 面投影

对称中心线的交点是轴线的积聚性 H 面投影。两个同心圆，分别是母线最左、最右两点旋转形成的最大和最小水平纬圆的 H 面投影，这两个纬圆分别称为环面的赤道圆和颈圆，它们是可见的上环面与不可见的下环面的分界线。点画线圆为母线圆圆心旋转运动轨迹的 H 面投影，称为环面中心线圆。

(2) V、W 面投影

用点画线表示的左右对称线是轴线的投影；而赤道圆、颈圆、中心线圆的 V、W 面投影，都重合在用点画线表示的上下对称线上。V 面投影的两个圆是圆环面上平行于 V 面的最左素线圆 A 和最右素线圆 B 的投影（位于内环面上的半圆不可见，画成中虚线）；W 面投影的两个圆是圆环面上平行于 W 面的最前素线圆 C 和最后素线圆 D 的投影（位于内环面上的半圆不可见，画成中虚线）。V、W 面投影的上、下两水平线段（上、下两条外公切线）是母线圆上最高、最低两点旋转形成的两个水平纬圆的投影。上、下两个水平纬圆是外环面和内环面的分界线。

圆环的三面投影特征为：在轴线所垂直的投影面上的投影为三个同心圆，其中一个点画线圆为中心圆的投影，最高、最低圆的投影重合于此，中心圆的投影与大圆之间和与小圆之间分别表示外圆环面的投影；其他两个投影形状相同。

6.2.6.3 在圆环面上取点

圆环面是回转面，母线绕轴线回转时，母线上任意一点的运动轨迹都是圆。所以，在圆环表面上定点是采用纬圆法。

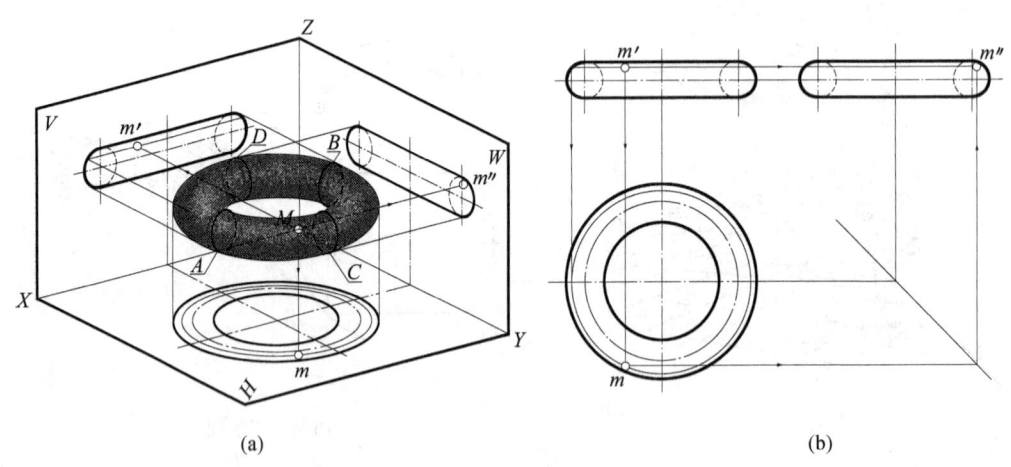

图 6-19 环面的投影及表面取点

如图 6-19，已知环面上点 M 的 V 面投影 m'，由于 m' 可见，故点 M 在外环面前左上半部。用纬圆法求作出点 M 的水平投影 m，也是可见点。这样，点 M 的 W 面投影 m''，可以根据投影的对应关系作出。

图 6-20 所示是环面的应用实例——某候车站台。

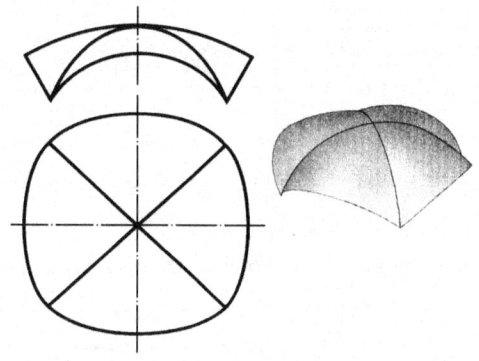
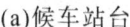

(a)候车站台　　　　　　　　　　(b)屋面投影图

图 6-20　环面的应用

复习思考题

1. 在投影图中表示平面立体的作图有什么特点？怎样判别其可见性？
2. 常见的曲面立体有几种？它们的形成规律和投影图各有何特点？
3. 在各种曲面立体上取点各有几种方法？分别举例说明。

第7章 立体表面的交线

工程上图示空间形体及图解空间几何问题时常常会遇到立体表面的交线问题。

由于立体表面的交线形成的条件不同,产生的交线有两种:一种是立体的表面被平面截切而产生的交线,称为截交线,其截切平面称为截平面,截交线所围成的平面图形称为截面,如图7-1所示;另一种是两立体表面相交而产生的交线,称为相贯线,如图7-2所示。

立体的表面交线具有下述性质:①由于立体有一定的空间范围,因此,交线一般是封闭的折线或曲线;②表面交线是平面与立体或两立体表面的共有线,交线上的点是共有点。所以,交线的作图就是求作共有线上的共有点的投影作图问题。

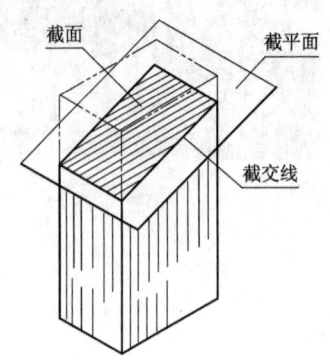

图7-1 立体的截断

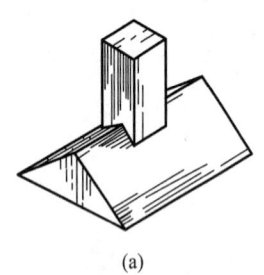 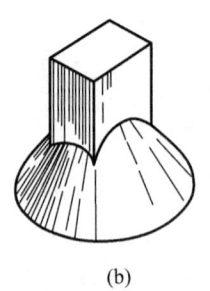 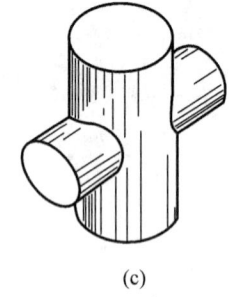

(a) (b) (c)

图7-2 立体的相贯

影响立体表面交线形状的因素有:①立体的表面性质;②平面与立体或两立体的相对位置;③立体的尺寸大小变化。而交线投影的形状则由交线的空间形状及其对投影面的相对位置决定。下面分别对截交线和相贯线的形状和投影基本作图方法进行讨论。

7.1 平面与立体相交

平面与立体相交,截交线上的点是截平面与立体表面的共有点。截交线的形状一般是封闭的平面折线或平面曲线。因此,截交线的投影具有平面的投影特性。

1. 作图方法

(1)当截平面是特殊位置时,截交线上的点的投影可利用截平面投影的积聚性,按在立体表面上取点的方法求作;

(2)当截平面是一般位置平面时,可采用辅助平面法求出一系列的点后连线。

2. 作图步骤

(1) 根据截平面与立体的相对位置判断截交线的形状,并进一步分析截平面与投影面的相对位置,判断截交线的投影特点。

(2) 求出截交线上特殊位置点的投影,包括前后、左右、上下的极限位置点及平面体各表面交线或曲面体轮廓素线和边界线上的点。

(3) 求出适当数量的一般位置点的投影。

(4) 判断截交线投影的可见性,并依次连线。截交线所在的立体表面的投影可见,则该段截交线投影可见,反之为不可见。

7.1.1 平面与平面立体相交

平面与平面立体相交,截交线是封闭多边形。多边形的边是平面与立体表面的交线,多边形的顶点是立体上棱线或底边与截平面的交点,多边形的顶点数与边数是相等的,而顶点的数目取决于立体上与截平面相交棱线和底边的数目。因此,求平面与平面立体相交的截交线作图可归结为:

7.1.1.1 棱线法

求出各棱线(包括底面的边)与截平面的交点,然后依次连接。其实质是求直线与平面的交点问题。

7.1.1.2 棱面法

求出各棱面与截平面的交线。其实质是求两平面相交的交线问题。

例 7-1 三棱锥与正垂面 P 相交,求交线的投影(图 7-3)。

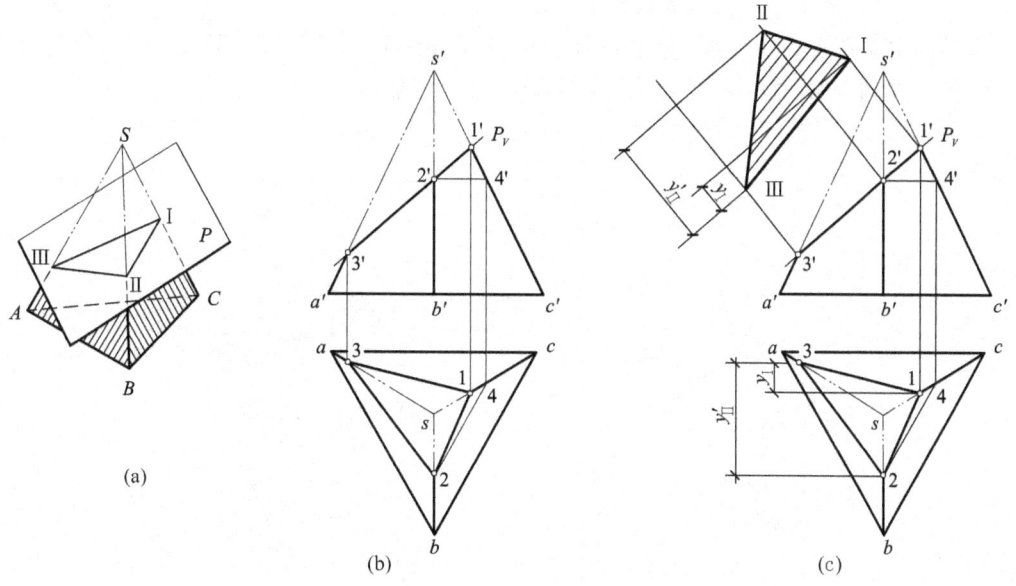

图 7-3 平面立体的截交线

(1) 分析。截平面与三棱锥的三条棱线相交,截面为三角形。由于截平面是正垂面,其 V 面投影有积聚性——一直线段,H 面投影为相仿形,可直接利用其积聚投影求出棱线与截平面之交点后连线。

(2) 作图。

① 利用 P_V 有积聚性,可直接得出各棱线与截平面交点的 V 面投影 $1'$、$2'$、$3'$。

②根据点的投影规律,由1′、2′和3′在相应棱线的H面投影上得出1、2和3。

③连1、2、3,就得截交线之H面投影△1 2 3;连1′、2′、3′,为与P_V重合的直线段(图7-3b)。

④若求截交线之实形,可如图示用换面法作图(图7-3c)。

例7-2 一般位置平面P与三棱柱相交,求截交线的投影(图7-4)。

(1)分析。由于三棱柱的各棱面都是铅垂面,其H面投影有积聚性,截交线△ⅠⅡⅢ之H面投影△123各边积聚在各棱面的水平投影上,故采用棱面法较为方便。

(2)作图。

①利用各棱面的H面投影有积聚性,即BC棱面与截平面之交线ⅡⅢ的H面投影为2 3。用在平面上取直线的方法,由2 3得2′3′,则ⅡⅢ(2 3,2′3′)就为截交线上一直线段。

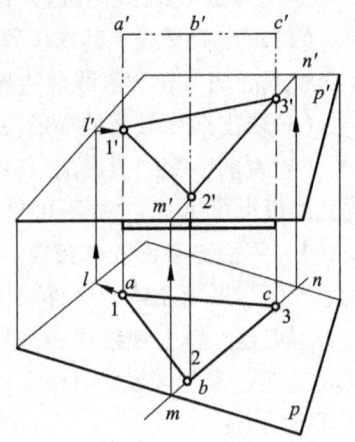

图7-4 平面与正三棱柱相交

②同样方法可分别求得直线段ⅠⅡ(1 2,1′2′)和ⅠⅢ(1 3,1′3′)。则△ⅠⅡⅢ(△1 2 3,△1′2′3′)就为所求截交线。

③截交线中的直线段可见性判断。如图7-4所示,交线ⅠⅡ、ⅡⅢ和ⅠⅢ的V面投影均可见,故1′2′、2′3′和1′3′用粗实线表示。

本题还可采用棱线法作图,具体如图7-4所示棱线A与截平面之交点Ⅰ(1,1′)的作图。在可见性判别时,如有需要时亦可利用重影点来判断。

例7-3 斜三棱柱与一般位置平面△LMN相交,求截交线的投影(图7-5)。

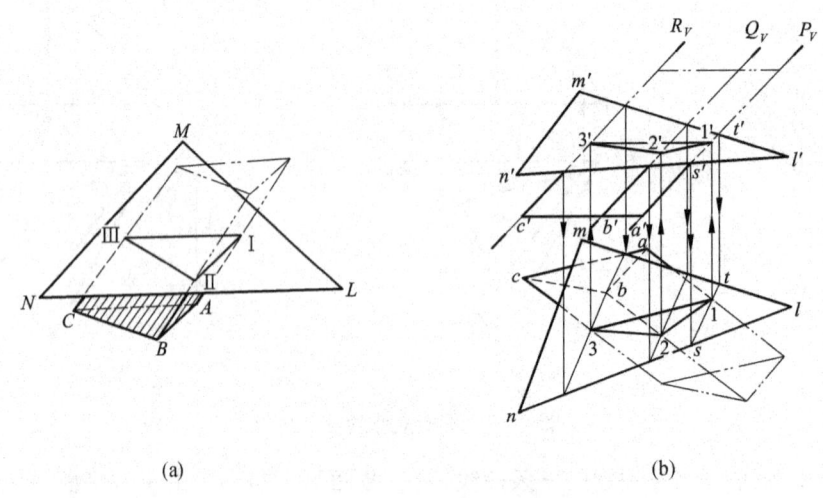

(a)　　　　　(b)

图7-5 平面与斜三棱柱相交

(1)分析。因斜三棱柱的各棱面与平面△LMN都为一般位置平面,各投影均无积聚性,故采用辅助平面法,即过各棱线作辅助平面,求出各棱线与截平面△LMN之交点,再依次连线。

(2)作图。

①求棱线 A 与截平面之交点。过棱线 A 作辅助平面 P(正垂面)。求出平面 P 与△LMN 之交线 $ST(st,s't')$,交线 ST 与棱线 A 之交点Ⅰ(1,1′)即为截交线上的点。

②同法求其他棱线与平面之交点。为此分别作出辅助平面 Q、R,求出棱线 B、C 与△LMN 的交点Ⅱ(2,2′)和Ⅲ(3,3′)。

③判别可见性(从略)。依次连接各顶点,即得截交线△ⅠⅡⅢ(△1 2 3,△1′2′3′)。

7.1.2 平面与回转体相交

7.1.2.1 截交线的形状

平面与回转体相交,根据截平面与曲面立体的相对位置,其曲面的截交线一般是封闭的平面曲线,特殊情况下也可能是直线。

(1)平面与圆柱相交

表 7-1 列出了平面与圆柱轴线相对位置变化时的交线情况。平面与圆柱相交时,其截交线的形式由平面与轴线的相对位置决定:当平面与轴线垂直时,截交线是圆;当平面与轴线平行时,截交线是矩形;而当平面与轴线倾斜时,截交线是椭圆。

表 7-1 圆柱的截交线

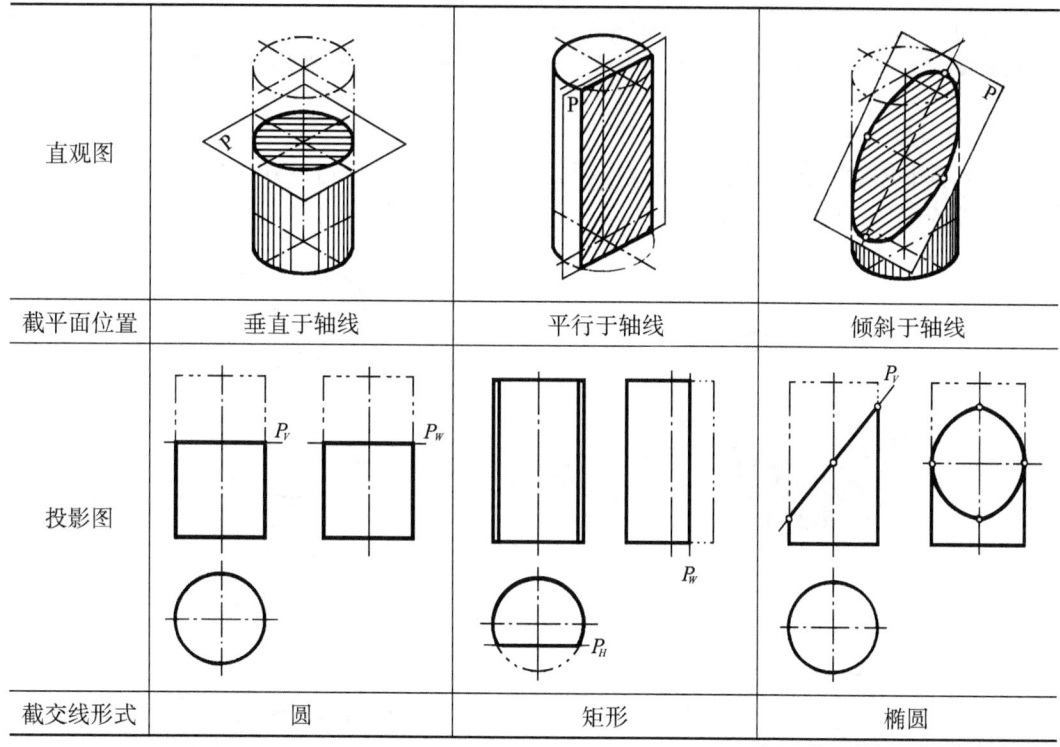

(2)平面与圆锥相交

如表 7-2 列出了平面与圆锥轴线相对位置变化时的交线情况。平面与圆锥相交时,其截交线形式由平面与圆锥轴线的相对位置来确定,截交线有五种形式,即:圆、椭圆、抛物线、双曲线及三角形。其中前四种曲线总称为圆锥曲线。

表7-2 圆锥的截交线

直观图					
截平面位置	垂直于轴线（与所有素线相交）	倾斜于轴线（与所有素线相交）	平行于一条素线	平行于两条素线	过锥顶
投影图					
截交线形状	圆	椭圆	抛物线(注)	双曲线(注)	三角形

注：表中所指截交线形状"抛物线"和"双曲线"是不包括截平面与锥底平面的交线（直线）。当包括截平面与锥底平面的交线，其截交线形状分别为图示"抛物线"和"双曲线"与截平面和锥底平面的交线（直线）组成的图形。

(3) 平面与圆球相交

平面与圆球相交，截交线都是圆。根据截平面对投影面的位置不同，这些圆的投影可以是直线段、圆或椭圆，如图7-6所示。

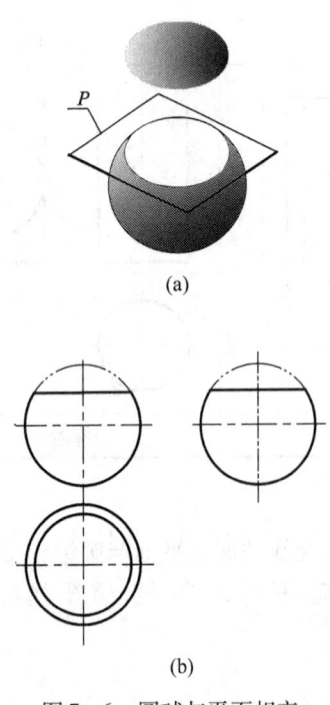

图7-6 圆球与平面相交

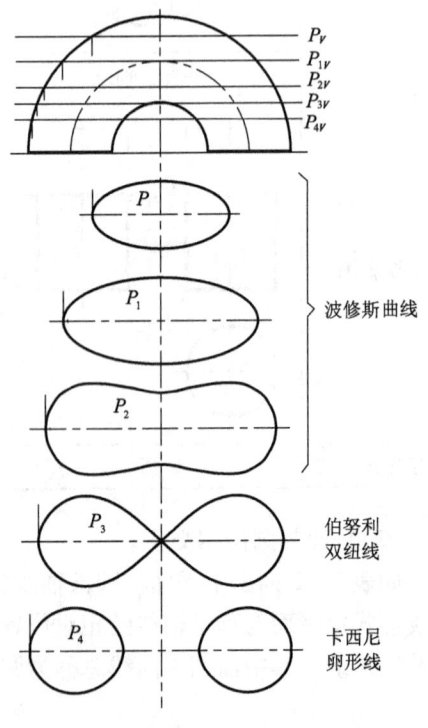

图7-7 圆环面与平面相交的各种情形

114

(4) 平面与圆环相交

平面与圆环相交,根据截平面的位置变化,截交线可以是一条或两条封闭的平面曲线,如图 7-7 所示。当平行于圆环轴线,截平面的位置由 P 平移到 P_1、P_2、P_3、P_4 位置时,截交线的形式分别为波修斯(Perseus)曲线、伯努利(Bernoudei)双扭线和卡西尼(Cassini)卵形线。当截平面垂直于圆环轴线或通过圆环轴线时截交线为圆。

7.1.2.2 截交线的投影图

由于截交线是截平面与立体表面的共有线,截交线上的点是截平面与立体表面的共有点,所以,画曲面立体的截交线,就是求作曲面立体上一系列直素线或纬圆与截平面的共有点,然后将所得共有点的投影依次连接,并判别其可见性,即能画出截交线的投影。下面分别说明画截交线的基本方法和步骤。

7.1.3 平面与圆柱相交

例 7-4 正垂面与圆柱体相交,求作截交线之投影(图 7-8)。

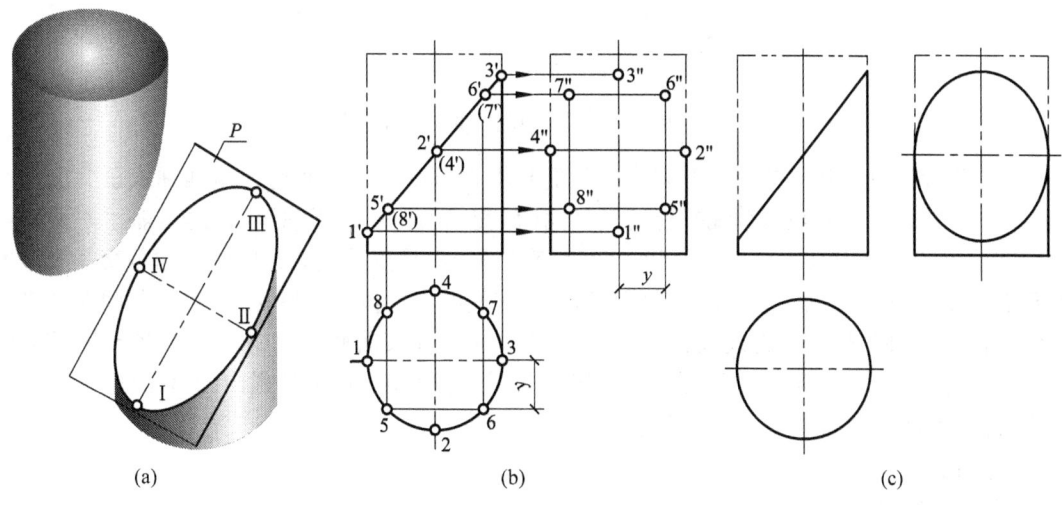

图 7-8 圆柱被平面斜截

(1) 分析。如图 7-8a,圆柱被正垂面所截,由于截平面与圆柱轴线斜交,圆柱面截交线为一椭圆,椭圆中心为截平面与轴线的交点。截交线的 V 面投影积聚为一直线,H 面投影积聚在圆柱面的投影——圆周上。这样,已知椭圆的两个投影就可以利用在圆柱面上取点的方法,求出它的 W 面投影。

(2) 作图。

① 作特殊点。截交线上的特殊点,首先是指轮廓素线上的点,其次是指截交线的前后、左右、上下极限位置点以及如椭圆长短轴的端点等等。本例轮廓素线上的点即点 Ⅰ、Ⅱ、Ⅲ、Ⅳ,根据它们的 V 面投影和 H 面投影,即可作出它们的侧面投影 1″、2″、3″、4″,并且其中的点 Ⅲ 是最高、最右点,Ⅰ 是最低、最左点,Ⅱ、Ⅳ 是最前、最后点。根据对圆柱截交线椭圆的长、短轴分析,还可看出截交线椭圆短轴 ⅡⅣ 长度等于圆柱直径,是正垂线;而它的长轴 ⅠⅢ 是一正平线。按照直角投影特性,这一对长、短轴的 W 面投影 1″3″ 和 2″4″ 仍应互相垂直,因而它们是截交线 W 面投影椭圆的长轴或短轴,如图 7-8b 所示。

② 作出适当的一般点。如图中的点 Ⅴ、Ⅵ、Ⅶ、Ⅷ,它们在 V 面和 H 面上的投影分别为 5′、6′、7′、8′ 和 5、6、7、8。同样根据投影规律可求出它们在 W 面上的投影 5″、6″、7″、8″。

③完成截交线的 W 面投影。用曲线板光滑连接各点投影或根据投影椭圆的长、短轴的几何作图法作出椭圆。

例 7-5 如图 7-9 所示，直立圆柱体的上部左右两侧各被切去一块，下中部被开出一方形槽。求作其三面投影图。

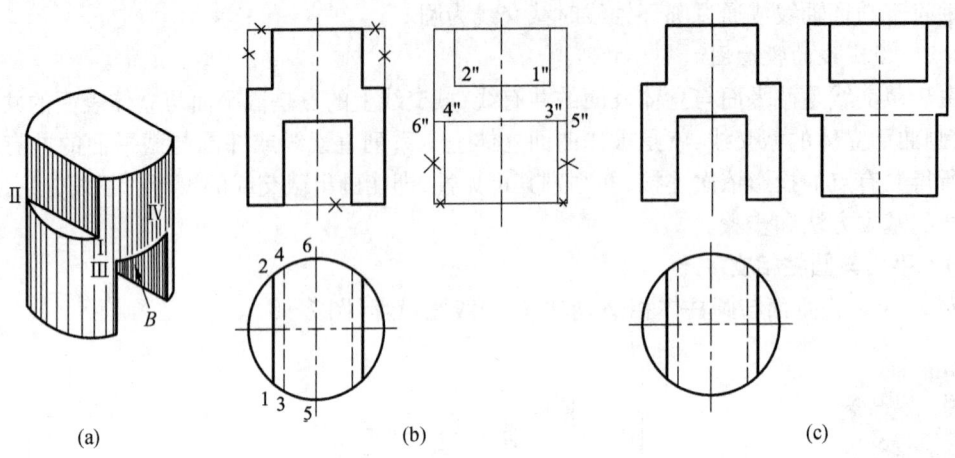

图 7-9 圆柱体被切割后的三面投影图

(1) 分析。直立圆柱体上部各切块和下部开出方形槽的截平面均为与其轴线正交的水平面（截交线为圆弧），或与其轴线平行的侧平面（截交线为两平行于轴线的直线）。水平截面与侧平截面之间及截面与圆柱底面之间，交线为直线段，都是正垂线。这些圆柱面截交线及平面与平面的交线分别组成了水平截面和侧平截面，它们的三面投影分别是：各水平截面及侧平截面的 V 面投影都积聚成一直线段；各水平截面上的圆柱体表面截交线（圆弧）积聚于圆柱面的 H 面投影（圆周）上，各侧平截面的 H 面投影积聚成一直线段；各水平截面的 W 面投影积聚成一直线段，各侧平截面的 W 面投影反映实形——矩形。

(2) 作图。

①画出圆柱体的三面投影。

②画出截平面的积聚投影，并画出截交线的三面投影。

③去掉被截切部分的投影轮廓线。

④判别可见性。H 面投影，左、右上切口投影为可见，故画实线；下中切口投影为不可见，故中间两条画成虚线。W 面投影，左、右切口为可见，故画实线；下中切口的水平截面 B 在圆柱体的中间被圆柱左部表面挡住的部分画成虚线。

7.1.4 平面与圆锥相交

例 7-6 正垂面与圆锥体相交，求截交线的投影（图 7-10）。

(1) 分析。如图 7-10a，由于正垂面倾斜于圆锥体轴线，且与其所有素线相交，故交线是椭圆。截平面垂直 V 面，倾斜于 H 面，所以交线的 V 面投影积聚在 P_V 上，而 H 面投影为椭圆。

作图可采用下述方法：

①素线法。根据圆锥面是直纹曲面的性质，求出若干条直素线（如 SC）与正垂面 P 的交点（如点Ⅲ），即为截交线——椭圆上之点。

②辅助面法。根据圆锥面是回转曲面的性质，以垂直于圆锥轴线的平面作辅助平面（如水平面 Q），求取若干个正截面上的圆（如圆 K）与正垂面 P 的交点（如Ⅳ、Ⅴ），即为截交线——椭圆上之点。

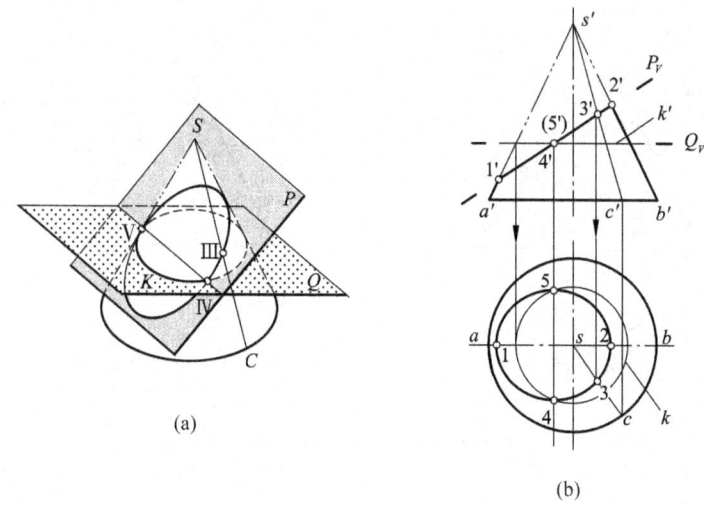

图 7-10 圆锥的截交线

(2) 作图。

① 依照上述求截交线上共有点的方法求出足够的点的投影,用曲线板依次光滑连接成椭圆,并判别投影的可见性,即完成作图,具体由读者自行分析。

② 可依上述方法求出 H 面投影之椭圆长、短轴的端点,然后利用长、短轴来绘制椭圆。

如图 7-10b 所示,H 面投影之椭圆的长轴的端点,是截平面与圆锥对 V 面轮廓素线的交点 Ⅰ、Ⅱ 的投影 1、2;椭圆短轴的端点,是过长轴中点的水平辅助面 Q(Q_V 过 1′2′ 的中点)与截平面和圆锥面的共有点 Ⅳ、Ⅴ 的水平投影 4、5。

例 7-7　一般位置平面与圆锥体相交,求截交线的投影(图 7-11)。

(1) 分析。由于 △LMN 为一般位置平面,截交线椭圆没有已知投影,因此不能用在圆锥面上取点的方法来作出截交线的投影。可用辅助平面法求取圆锥面与截平面的一系列共有点来完成作图。辅助平面可取过锥顶作铅垂面或正垂面,它与圆锥的交线为两相交直线;也可取水平面(垂直于圆锥轴线),它与圆锥面的交线为圆。还可用换面法作图(图 7-11b)。

(2) 作图。

① 作特殊点。

首先,求截平面与轮廓素线的交点。为此,过对 V 面投影的轮廓素线作辅助正平面 Q,求出它与 △LMN 之交线 KJ。KJ 与两轮廓素线 SA 及 SB 之交点 Ⅰ(1,1′) 和 Ⅱ(2,2′),即为所求(图 7-11a)。

然后,求最高、最低点。为简化作图,运用换面法,将截平面变为 $\dfrac{V_1}{H}$ 体系的正垂面,如图 7-11b 所示。在 △LMN 上取一条水平线 LP($l'p'$,lp),使它变成 $\dfrac{V_1}{H}$ 体系的正垂线,这时 △LMN 就变为 V_1 面的垂直面,其投影积聚成一条直线段 $n'_1 l'_1 m'_1$;圆锥也随同一起变换成 $s'_1 u'_1 q'_1$,截交线在 V_1 面上积聚成 $9'_1 10'_1$,很明显,$9'_1$ 和 $10'_1$ 分别为最高点 Ⅸ 和最低点 Ⅹ 在 V_1 面上的投影,由 $9'_1$ 和 $10'_1$ 再返回 $\dfrac{V}{H}$ 体系即可求得 9、9′ 和 10、(10′)。

② 求适当的一般点。

117

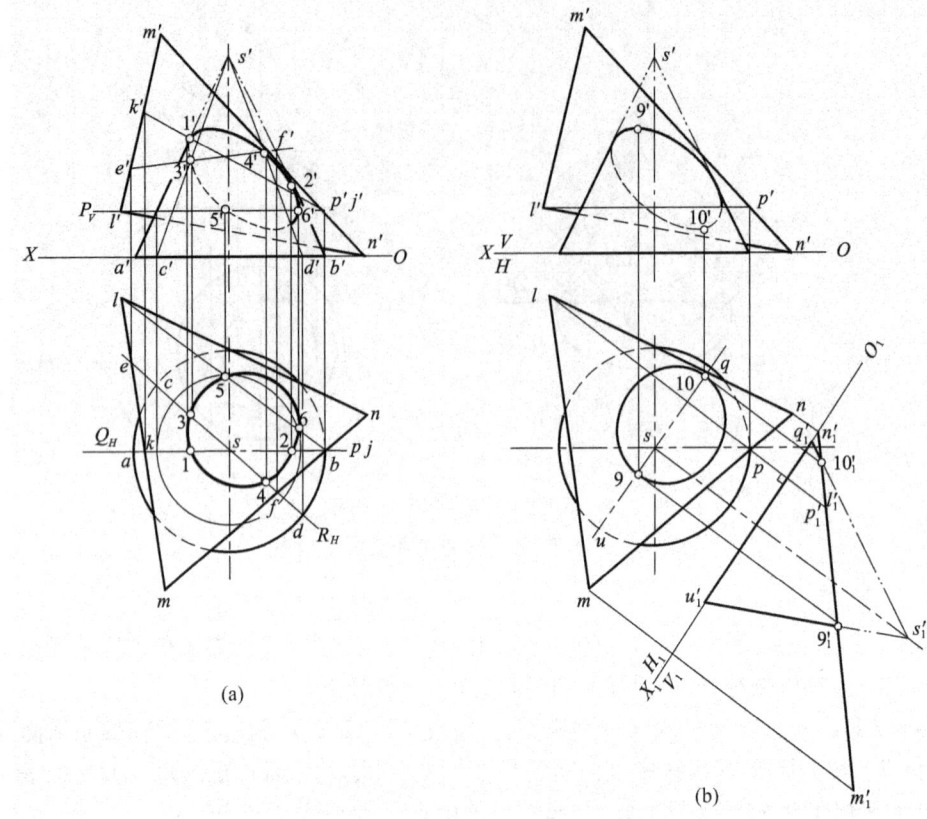

图 7-11 圆锥面与△LMN 的截交线

如图 7-11a 所示,可过锥顶作一铅垂面 R 为辅助平面,它与圆锥面交于两条直线 SC、SD,与△LMN 平面交于直线 EF。EF 与 SC、SD 分别交于Ⅲ(3,3′)、Ⅳ(4,4′)两点,即为所求;也可以作水平面,如水平面 P,它与圆锥面的交线为圆,与△LMN 平面的交线为 LP,交线圆与 LP之交点Ⅴ(5,5′)和Ⅵ(6,6′)即为所求。根据需要,可以分别采用上述两种方法中任一种求出截交线上足够数量的点。

③判别可见性,依次光滑地连接各点。

由于圆锥面 H 面投影全部可见,故截交线的 H 面投影也全部可见,截交线 Ⅰ Ⅳ Ⅱ 段在圆锥面前半部,故其 V 面投影1′4′2′可见;截交线 Ⅰ Ⅲ Ⅱ 段在圆锥面后半部,故其 V 面投影1′3′2′不可见,画成虚线。点Ⅰ及点Ⅱ为向 V 面投影时截交线上可见与不可见部分的分界点。

7.1.5 平面与圆球体相交

例 7-8 求带切口球体的投影图(图 7-12)。

(1)分析。如图 7-12a 所示,球体切口是由水平面 Q 和两个侧平面 P 对称地截切半个球体而形成,它们和球面相交为圆,平面 P 与平面 Q 则相交为直线段。球体切口的正面投影与截平面的正面投影重合,求作它的水平面和侧面投影。

(2)作图。

①作截平面 P 的截交线。截平面 P 和球面的截交线是平行于 W 面的圆弧$\overset{\frown}{ABC}$,平面 P 和平面 Q 的交线是正垂线 AC,它们组成了两个相同的弓形截面。弓形圆弧的半径即截交线——圆的半径(等于 V 面投影上 P_V 与球体轮廓线的交点和与半球底面积聚投影的交点之间的距离),用该半径作出弓形的 W 面投影,然后再作出弓形的 H 面投影,如图 7-12b 所示。

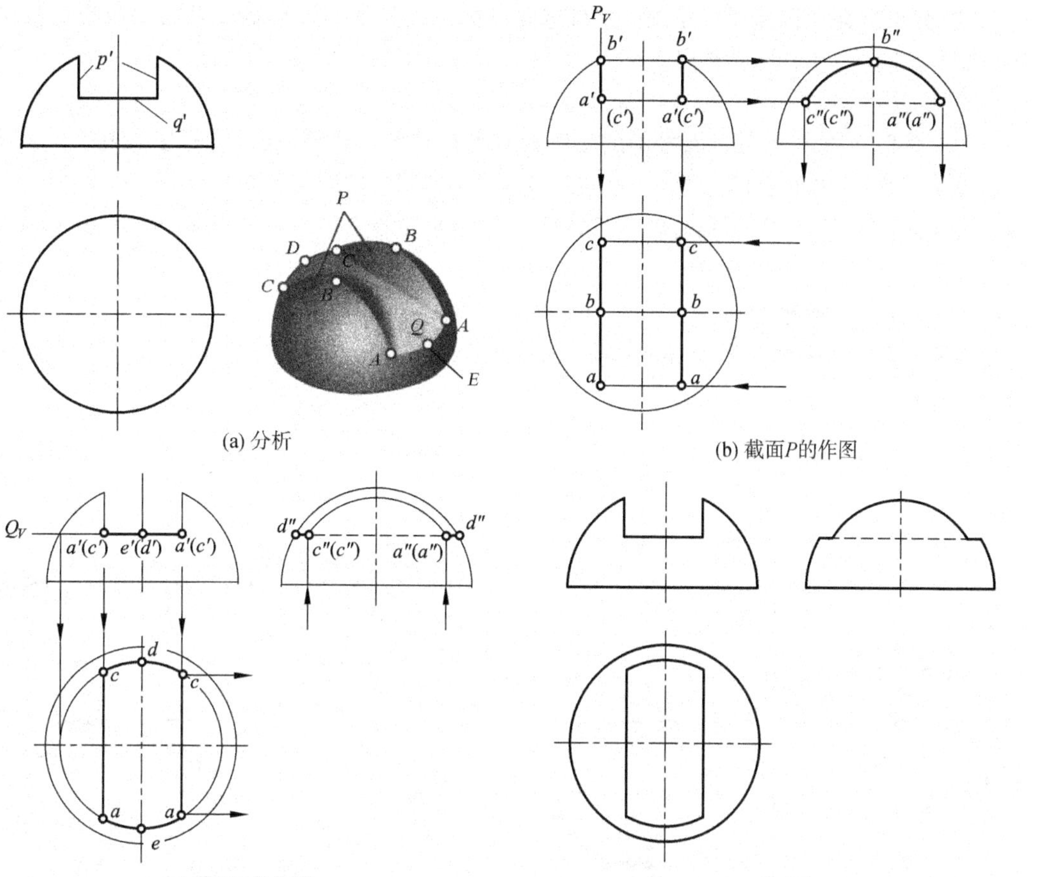

第 7 章 立体表面的交线

(a) 分析　　(b) 截面P的作图

(c) 截面Q的作图　　(d) 完成的三投影

图 7-12　半圆头螺钉头部的截交线

② 作截平面 Q 的截交线。截平面 Q 和半球的截交线是平行于 H 面的圆弧 $\overset{\frown}{AEA}$、$\overset{\frown}{CDC}$，平面 Q 和平面 P 的交线是直线段 AC，它们组成一个水平截面。圆弧的直径即截交线——圆的直径（等于 V 面上 Q_V 与球体投影轮廓线间的线段长度），根据这个直径可作出这个截面的 H 面投影和 W 面投影，如图 7-12c 所示。

③ 判别可见性，去掉被截切去部分的投影轮廓线，完成切口的投影，如图 7-12d 所示。

例 7-9　正垂面与球体相交，求作截交线的投影（图 7-13）。

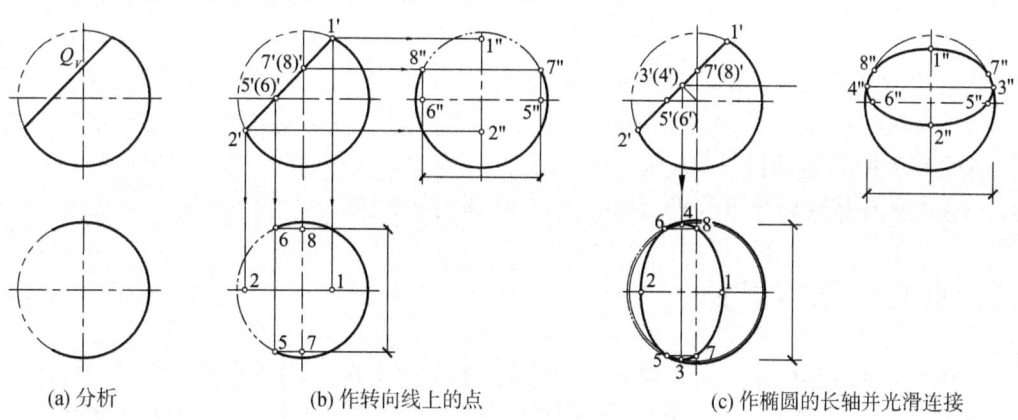

(a) 分析　　(b) 作转向线上的点　　(c) 作椭圆的长轴并光滑连接

图 7-13　正垂面与球体相交

(1) 分析。截平面 Q 为一正垂面，与球面的截交线为圆，其 H 面和 W 面的投影为椭圆，可分别求出它们的长、短轴后作出。

(2) 作图。

①求截平面 Q 与球对侧面投影的轮廓素线的交点Ⅴ、Ⅵ、Ⅶ、Ⅷ的各投影，如图 7-13b。

②求 H 面和 W 面上椭圆的长、短轴的端点 3、4 与 3″、4″和 1、2 与 1″、2″。

③根据长轴（3 4,3″4″）和短轴（1 2,1″2″）作椭圆，如图 7-13c，得截交线的 H 面和 W 面投影。

7.1.6 平面与环面相交

例 7-10 水平面与半个环面相交，求作截交线的投影（图 7-14）。

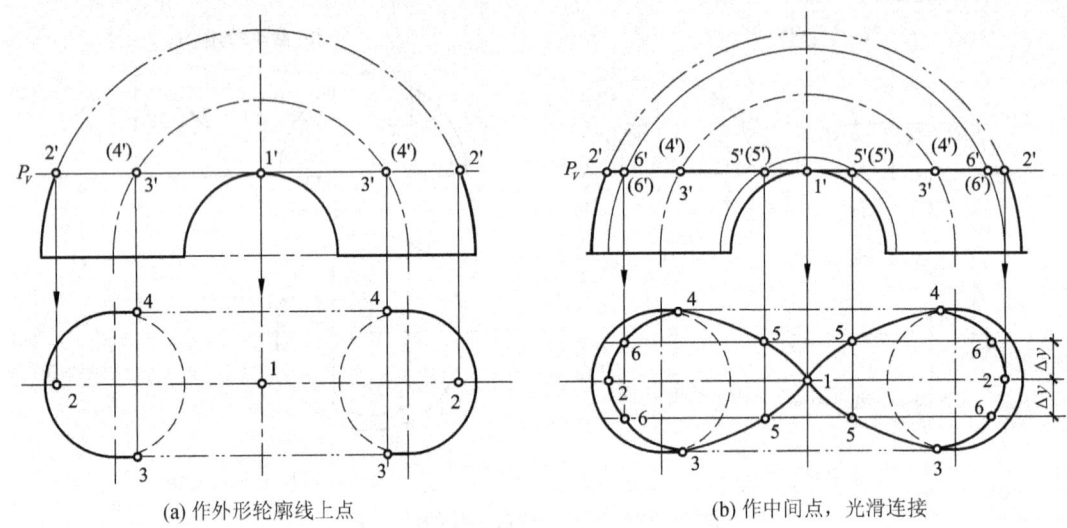

(a) 作外形轮廓线上点　　　　　　(b) 作中间点，光滑连接

图 7-14　平面与环面相交

(1) 分析。如图 7-14 所示，半个环面的轴线垂直 V 面，被与环面相切于喉圆的水平面 P 截切，截交线为一条左右对称相连的平面曲线（伯努利双纽线）。它的 V 面投影积聚成一直线，而 H 面投影则反映实形。因而，只需求作截交线的水平投影。

(2) 作图。

①求投影轮廓素线上的点，如图 7-14a。首先，作截平面 P 与环面对 V 面投影轮廓素线的切点Ⅰ(1,1′)和交点Ⅱ(2,2′)。然后，作截平面与环面最前和最后两个纬圆的交点Ⅲ(3,3′)和Ⅳ(4,4′)。

②求作适当的一般点并依次光滑连接，如图 7-14b。为此，可在环面最前和最后纬圆之间再取若干纬圆（或取正平面作辅助平面），求出这些纬圆（或截交线圆）与截平面 P 的交点，即为截交线上的点，如图 7-14b 所示点Ⅴ(5,5′)和点Ⅵ(6,6′)的作图。作出中间点后，在 H 面上分别按顺序依次将各点的投影光滑连接，并判别可见性。

7.2　直线与立体相交

直线与立体表面的交点称为贯穿点。贯穿点必成对出现，如图 7-15a。

求贯穿点问题，实质上是求线面交点问题。求交点时，应根据立体投影的具体情况，如立

第7章 立体表面的交线

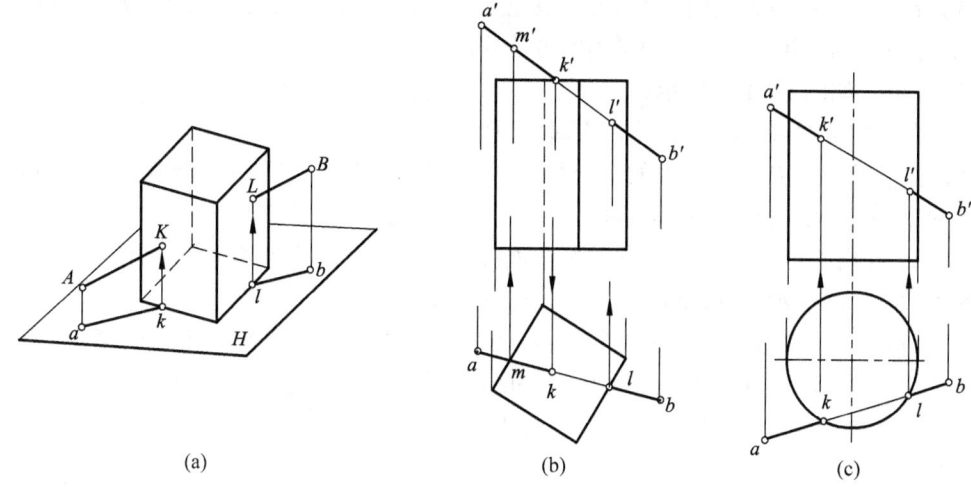

图 7-15 利用积聚投影求贯穿点

体表面是投影面垂直面,其投影有积聚性,可直接利用积聚性求得贯穿点,如图7-15b、c所示。若立体表面投影没有积聚性,则可用辅助平面法求出贯穿点。一般作图步骤是:

(1)包含直线作辅助平面;
(2)求辅助面与立体的截交线;
(3)截交线与已知直线的交点即为贯穿点;
(4)判别贯穿点的可见性。

辅助面的选择十分重要,应根据立体的具体情况,力求所选辅助面截得的截交线的投影最为简单,例如投影为直线或圆。

贯穿点的可见性判别,根据贯穿点所在表面是否可见而定,若该点所在表面可见,则该点的投影可见;若该点所在表面为不可见,则该点的投影亦不可见。

下面举例说明立体表面投影没有积聚性时贯穿点的作图。

例 7-11 空间一直线与三棱锥相交,求作贯穿点的投影(图7-16)。

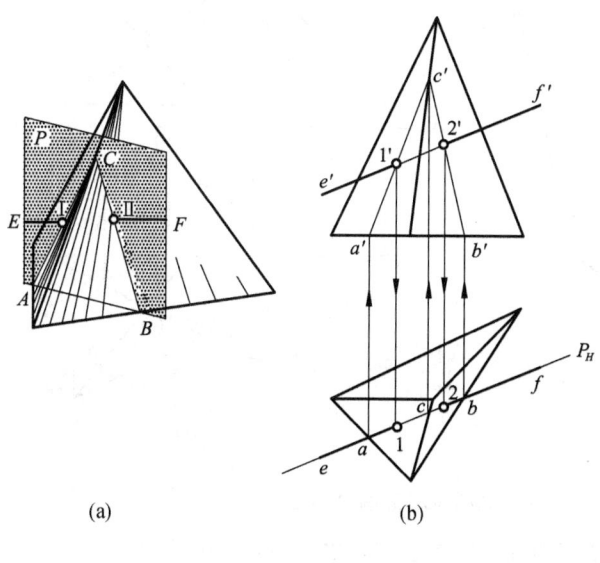

图 7-16 直线贯穿三棱锥

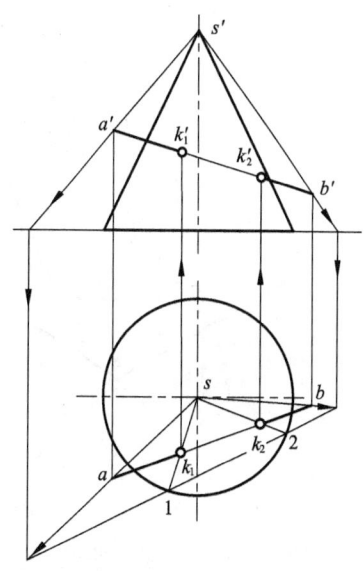

图 7-17 直线与圆锥面的贯穿点

121

(1) 分析。图示三棱锥各棱面都为一般位置平面,各投影均没有积聚性,故采用包含已知直线 EF 作正垂面或铅垂面为辅助平面的方法作图。

(2) 作图。如图 7-16b 所示:

① 包含已知直线 $EF(ef, e'f')$ 作一铅垂面 P;

② 作出辅助平面 P 与三棱锥的截交线 $\triangle ABC(abc、a'b'c')$,它的 V 面投影 $a'b'c'$ 与 $e'f'$ 相交于 $1'$ 和 $2'$,即所求贯穿点的投影,再由 $1'$ 和 $2'$ 作出 H 面投影 1 和 2。

③ 点 Ⅰ、Ⅱ 所在侧棱面的 V 面投影和 H 面投影均可见,故 $1'$、$2'$ 和 1、2 均可见。

例 7-12 直线 AB 与圆锥体相交,求作贯穿点的投影(图 7-17)。

(1) 分析。欲求直线与圆锥面的贯穿点,可根据过锥顶的平面与圆锥面截交线为直线的特点,以过锥顶点 S 和直线 AB 的一般位置平面作为辅助平面,它与圆锥面的交线为两条相交直素线,与 AB 的交点即为直线与圆锥的贯穿点。

(2) 作图。

① 作辅助平面。连接 $SA(sa, s'a')$ 和 $SB(sb, s'b')$,组成辅助平面 SAB。

② 求辅助平面与圆锥底面的交线。求辅助平面与圆锥底面的交线 ⅠⅡ(图示只画出 12)。

③ 求贯穿点。点 Ⅰ、Ⅱ 为辅助平面、圆锥面及圆锥底面三面的共有点,连接 SⅠ、SⅡ(图示只画出 $s1$ 和 $s2$),就是辅助平面与锥面的两条共有线即交线,SⅠ、SⅡ 分别与直线 AB 交于 $K_1(k_1, k'_1)$ 和 $K_2(k_2, k'_2)$ 即为其贯穿点。

④ 判别可见性。由于贯穿点 K_1 和 K_2 均位于前半锥面上,故 k'_1、k'_2 和 k_1、k_2 均为可见。因而,$a'k'$、$k'b'$ 和 ak、kb 均为可见,K_1K_2 段位于圆锥实体内部,故不画其投影。

例 7-13 求直线 AB 与斜椭圆柱(两底面为圆)贯穿点的投影(图 7-18)。

(1) 分析。若包含直线 AB 作铅垂面或正垂面为辅助面,与斜椭圆柱面的交线皆为椭圆,作图不便。若选择包含直线 AB 且平行柱面素线的一般位置平面作辅助面,得截交线为两条素线,两素线与直线 AB 之交点即为所求贯穿点,如图 7-18a。

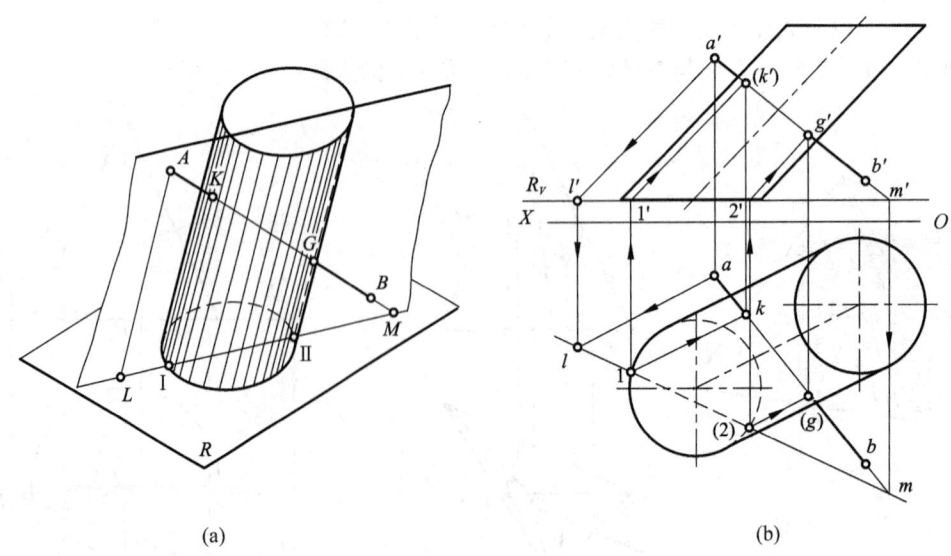

图 7-18 直线与斜椭圆柱面的贯穿点

椭圆柱面不是回转曲面,是一种直纹曲面,其素线相互平行,见本书 10.2。

(2)作图。如图7-18b所示:

①作辅助平面。在直线 AB 上任选一点 $A(a,a')$,过 A 作直线 $AL(al,a'l')$ 与柱面素线平行。相交两直线 AB、AL 即确定辅助平面位置。

②求辅助平面与柱面的截交线。为此,作辅助平面与底圆平面(水平面 R)的交线,分别求出直线 AB 和 AL 与水平面 R 的交点 $M(m,m')$ 和 $L(l,l')$。连接 ml 与柱面底圆投影交于 1 和 2,由 1、2 求出 $1'、2'$。再由 $Ⅰ(1,1')$ 和 $Ⅱ(2,2')$ 引和椭圆柱素线平行的直线,即为所求截交线。

③求贯穿点。求出截交线与直线 AB 的交点 $K(k,k')$ 和 $G(g,g')$,即为所求贯穿点。

④判别可见性。先看 H 面投影:1 处于底圆投影的可见部分(即画实线部分),1k 为可见,故 k 可见,ak 画成实线;2 在底圆投影虚线部分,即 2 为不可见,2g 不可见,故 (g) 不可见,bg 在斜椭圆柱投影轮廓线内部分画成虚线。再看 V 面投影:点 K 在斜椭圆柱面后半部(由 H 面投影看出),(k') 不可见,故 $a'(k)$ 在斜椭圆柱投影轮廓线内部分不可见,画成虚线;点 G 在柱面前半部,g' 可见,故 $g'b'$ 可见。KG 位于圆柱实体内部,故不画其投影。

例 7-14 求一般位置直线 AB 对圆球的贯穿点(图 7-19)。

(1)分析。若包含直线 AB 作正垂面 R 为辅助面,截圆球面所得截交线的水平投影是椭圆,作图较复杂。如用换面法,则作图简便。

(2)作图。

①将直线 AB 变换成新投影面体系 $\dfrac{V}{H_1}$ 的水平线(O_1X_1 轴平行于 $a'b'$),圆球的投影随同变换。

②在 $\dfrac{V}{H_1}$ 体系中,包含直线 AB 可作平行于 H_1 面的平面 P 为辅助面,它与圆球面的截交线为一平行于 H_1 面的圆。该圆与直线 AB 交于点 $K(k_1,k')$ 和点 $G(g_1,g')$,再由它们求出 $\dfrac{V}{H}$ 体系中的 H 面投影 k 和 g。

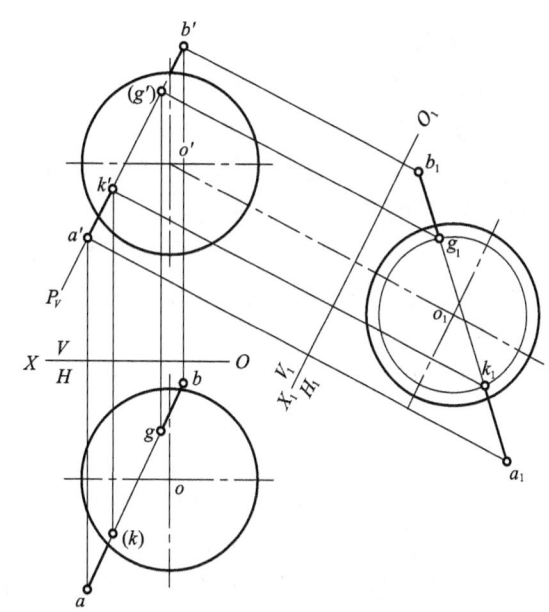

图 7-19 用换面法求直线与圆球面的贯穿点

③判别可见性。点 K 属于圆球面的前半部及下半部,故其 V 面投影 k' 可见,H 面投影 (k) 不可见。点 G 属于圆球面的后半部及上半部,故其正面投影 (g') 不可见,水平投影 g 可见。由于 k' 及 g 可见,故 $a'k'$ 及 gb 可见,画成实线;由于 (k) 及 (g') 不可见,故 $a(k)$ 及 $b'(g')$ 在球面投影轮廓线内的部分不可见,画成虚线。

7.3 立体与立体相交

相贯线是相交两立体的表面共有线,又是两立体的表面分界线。求相贯线的实质是求两立体表面的共有点,然后依次连点成线。

1. 基本作图方法

(1) 表面取点法。若相交两立体之一在投影面上的投影具有积聚性,其相贯线在该投影面上的投影与具有积聚性表面的投影重合,此时可将求相贯线的其余投影的作图问题转化为在另一立体表面上取点、取线的问题,这一方法称为表面取点法。

(2) 辅助面法。辅助面法是适用范围较广泛的一种求相贯线上的点的方法,其依据是三面共点原理。如图 7-20 所示,设两曲面 R_1 与 R_2 的相贯线为 MN,为求出相贯线上的点,作辅助平面 P,得 P 与 R_1 的交线 L_1,与 R_2 的交线 L_2。这样属于同一平面 P 的曲线 L_1 与 L_2 相交于点 K,点 K 既属于 L_1 是 R_1 上的点,又属于 L_2 是 R_2 上的点。于是,点 K 为平面 P 及两曲面 R_1 和 R_2 的共有点,是相贯线 MN 上的点。作出一系列辅助平面 P,则得到一系列共有点,把它们光滑连接,就得相贯线 MN。

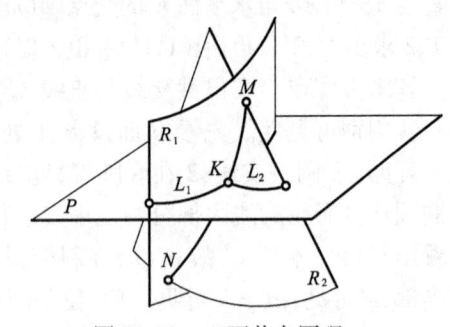

图 7-20　三面共点原理

辅助面不一定是平面,尤其图解两曲面的相贯线,辅助面也可以用球面、柱面或锥面等曲面。

选择辅助面的原则:为便于作图,选辅助面时应使其同时与两立体表面截得最简单的交线,其投影亦简单易画,例如至少有一个投影为直线或圆。

连线的原则:在两立体表面上都处于共面的相邻两点才可能相连。

判别可见性的原则:只有当相贯线所属的两立体表面的同面投影同时可见,该段相贯线的投影才可见。亦可根据重影点来判别。

2. 作图步骤

(1) 分析相贯两立体的表面性质和特点,判断相贯线的基本形状,选择适当的作图方法。

(2) 求作相贯线上的特殊点的投影,特殊点包括上下、左右、前后的极限位置点和两立体各投影轮廓素线(或棱线)上的点。

(3) 求作适当数量的一般点,以控制曲线的趋向,提高作图准确度。

(4) 根据点的顺序光滑连接所求出的点的投影。

(5) 判别各投影轮廓素线(或棱线)的相贯情况和可见性。投影轮廓素线(或棱线)与另一立体表面的贯穿点,一般也就是该投影轮廓素线(或棱线)留存与否的分界点。其存留部分的可见性可根据重影点来判别。

7.3.1 平面体与平面体相交

两平面体的相贯线是封闭的空间折线或平面多边形。如图 7-21 所示,当三棱柱 I 的所有侧棱都穿过三棱柱 II 时,这种情形称为全贯,其交线一般是两条空间封闭折线(图 7-21a 所示为特殊情况,是两个多边形);两三棱柱相互只有一部分棱线穿过另一三棱柱时,这种情形称为互贯,其所得交线是一条空间封闭折线。显然,两平面立体的相贯线是两立体棱面的交

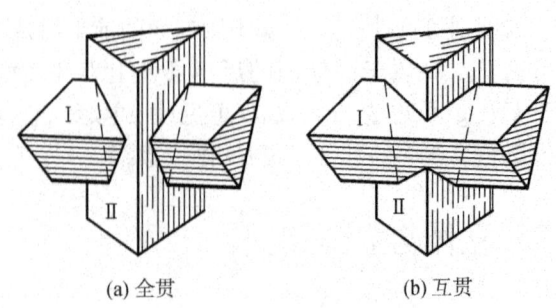

(a) 全贯　　　　　(b) 互贯

图 7-21　平面体相交的两种情形

线,其转折点是一立体的棱线与另一立体的贯穿点。因此,图解两平面体的相贯线实质是求作两平面体棱面的交线,或一平面体棱线对另一平面体棱面的贯穿点。

例 7-15 求直放三棱柱与斜放三棱柱的相贯线(图 7-22)。

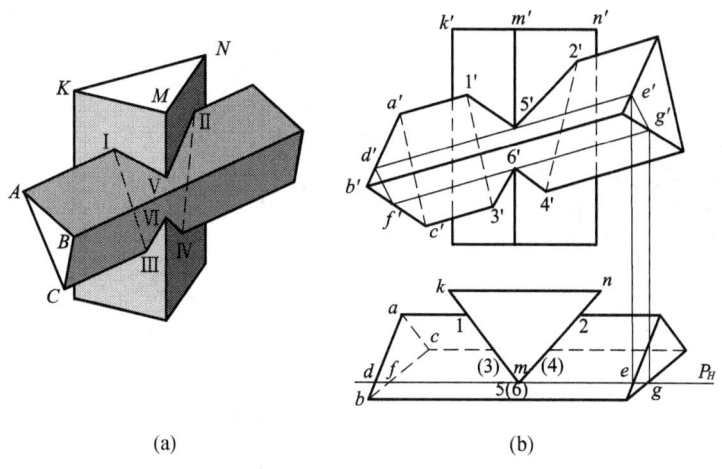

图 7-22 两个三棱柱相交

(1)分析。根据 H 面投影可知,斜放三棱柱与直放三棱柱的两铅垂棱面 KM 及 MN 相交,但其棱线 B 与直放三棱柱没有交点(因为它的 H 面投影不在直放三棱柱投影范围内)。由此可断定该两立体是互贯的,其交线是分布在 KM 和 MN 两个棱面上的一条封闭空间折线。

(2)作图。

①求各棱线对另一立体的全部交点。由于直放三棱柱的三个棱面是铅垂面,所以斜放三棱柱的棱线 A 和 C 对棱面 KM 和 MN 的交点 Ⅰ(1,1′)、Ⅱ(2,2′)和Ⅲ(3,3′)、Ⅳ(4,4′)可以利用表面取点法直接求出。

为了找出直放棱柱的棱线 M 与斜放棱柱的交点,经过棱线 M 作辅助平面 P,使它平行于斜放棱柱的棱线,且垂直于 H 面。求出平面 P 与斜放棱柱的交线 DE(在 AB 棱面上)、FG(在 BC 棱面上),它们与棱线 M 的交点 Ⅴ(5,5′)、Ⅵ(6,6′)即为所求。

②确定连接顺序,依顺序连接各贯穿点,即得相贯线。

因为交线的每一线段是两棱面的共有线,所以,只有当两点都位于甲立体的同一棱面上,同时也位于乙立体的同一棱面上,才能用直线段将其连接,否则不可连接。如Ⅰ、Ⅴ两点既在棱面 AB 上,又在棱面 KM 上,故 ⅠⅤ(15,1′5′)可连接,同理可知,1′3′、3′6′、6′4′、4′2′、2′5′也可连接;而Ⅴ和Ⅵ虽同在棱面 KM(或 MN)上,但分别在棱面 AB 和棱面 BC 上,所以 5′和 6′不能连接。同理,1′2′、1′6′、1′4′ 和 3′5′、3′4′、3′2′ 以及 6′2′、5′4′不能连接。

③判别可见性。

只有当两个棱面的同面投影都是可见,其交线在该投影面上的投影才是可见的,否则不可见。如在 V 面投影中,斜放三棱柱的 AC 棱面是不可见的,因此该棱面上的线段ⅠⅢ和ⅡⅣ的 V 面投影 1′3′和 2′4′为不可见,画成虚线;棱面 AB 和 BC 及棱面 KM 和 MN 的 V 面投影是可见的,故 1′5′、5′2′和 3′6′、6′4′均为可见,画成实线。

例 7-16 求作四棱柱与三棱锥的相贯线(图 7-23)。

(1)分析。图中两平面体底面都处于平行投影面的位置。四棱柱各棱面只与三棱锥两个

125

棱面相交,故相贯线是左右对称的两个四边形。四棱柱各棱面的 W 面投影具有积聚性,因此相贯线的 W 面投影与四棱柱各棱面的投影重合。现在需要求作的是相贯线的 H 面和 V 面投影。可采用表面取点法和辅助平面法作图。

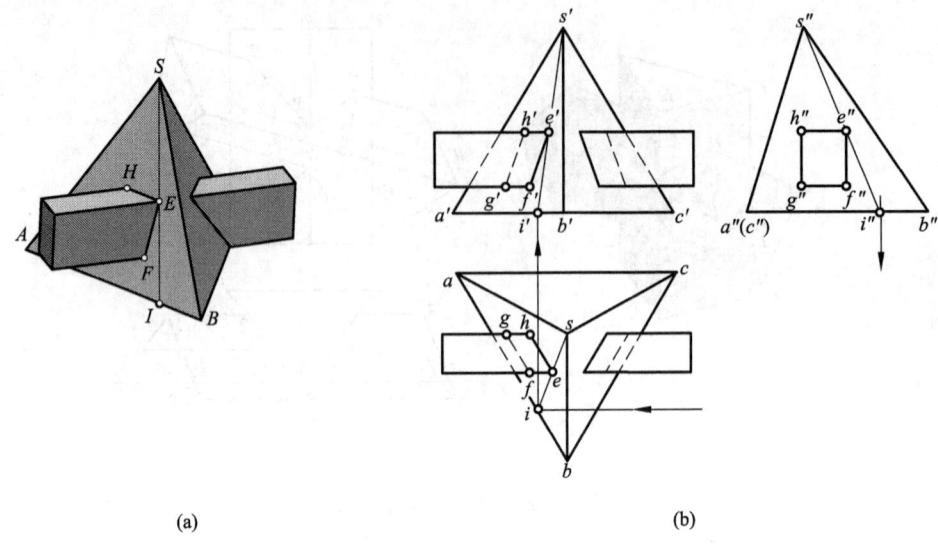

图 7-23 求四棱柱与三棱锥的相贯线

(2)作图。

① 利用四棱柱棱线在 W 面投影的积聚性,按表面取点法求得四棱柱各棱线与三棱锥的贯穿点后再连接。如图 7-23 所示,具体作图方法读者自行分析。

② 利用辅助平面求出两立体表面的共有线(图 7-24)。

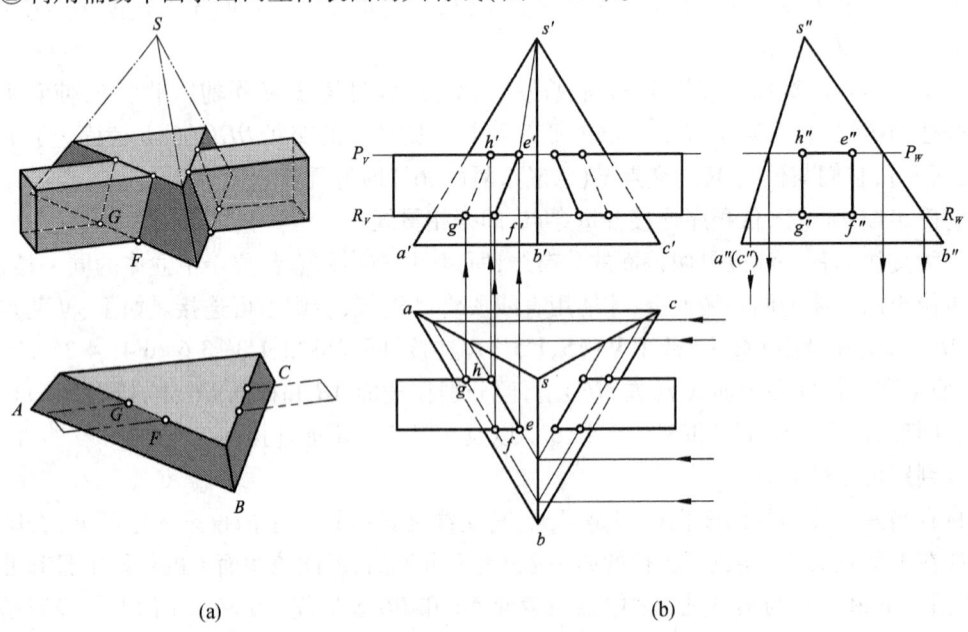

图 7-24 用辅助面法作相贯线

首先,求四棱柱的两水平棱面对三棱锥棱面之交线。设想将四棱柱两水平面扩大为平面

P 和 R，则它们与三棱锥的交线各为一个与棱锥底面相似的三角形，其顶点是三棱锥的三条棱线 SA、SB、SC 与平面 P、R 的交点。交线三角形的 H 面投影在棱柱两水平棱面投影范围内的线段 he 和 gf，即为所求四棱柱两水平棱面与三棱锥 SAB 棱面之交线的投影。连 ef、hg（与四棱柱两正平棱面在 H 面上的积聚投影重合），得四边形 $efgh$，即为四棱柱四个棱面与三棱锥 SAB 棱面之交线投影。同理求得四棱柱各棱面与三棱锥 SBC 棱面之交线投影，也为四边形。

然后，求交线的 V 面投影。自交线的各点 H 面投影作投影连线，即可求得 V 面投影。

③判别可见性。在 H 面投影中，三棱锥两前侧棱面与四棱柱上棱面可见，故其交线可见，其投影画实线；四棱柱下棱面不可见，故其交线投影应画虚线。V 面投影中，三棱锥左、右两侧棱面与四棱柱前棱面可见，交线亦可见，其投影画实线；其后棱面不可见，交线也不可见，其投影画虚线。

7.3.2 同坡屋面

在房屋建筑中，坡屋面是常见的一种屋顶形式。在通常情况下，屋顶檐口的高度处在同一水平面上，各个坡面的水平倾角又相同，故称为同坡屋面。

同坡屋面的基本形式有二坡和四坡两种。一个简单的同坡屋面，实际上就是一个水平放置的三棱柱体。若为两个方向的同坡屋面相交，则可看作是两个三棱柱体相贯。由于同坡屋面有其本身的特殊性，故在求作屋面交线时可结合形成同坡屋面的几个特性来进行。

同坡屋面上各种交线名称如图 7-25a 所示。

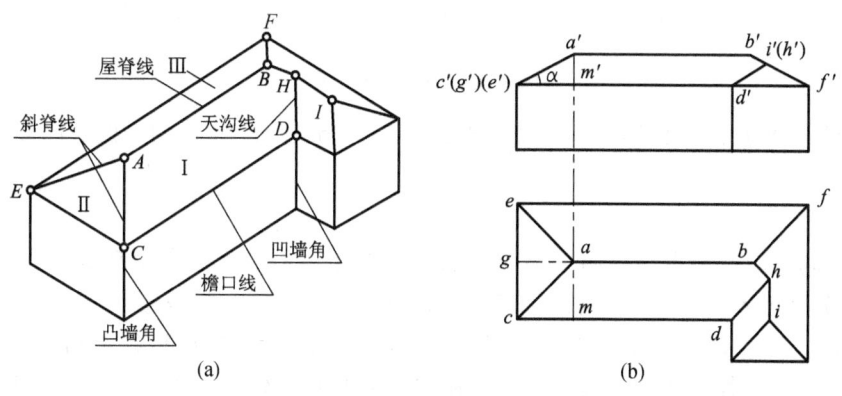

图 7-25 同坡屋面

同坡屋面有如下特点：

（1）同坡屋面如前后檐口线平行且等高时，前后坡面必相交成水平的屋脊线。屋脊线的 H 面投影必平行于檐口线的投影，且与两檐口线的投影等距。

（2）檐口线相交的相邻两个坡面，必相交于倾斜的斜脊线或天沟线。它们的 H 面投影为两檐口线 H 面投影夹角的平分线。斜脊位于凸墙角上，天沟位于凹墙角上。当两檐口线相交成直角时，两坡面的交线（斜脊线或天沟线）在 H 面上的投影与檐口线的投影成 $45°$ 角。

（3）在屋面上如果有两斜脊、两天沟或一斜脊一天沟相交于一点，则必有第三条屋脊线通过该点。这个点就是三个相邻屋面的共有点。跨度相等时，有几个屋面相交，必有几条脊线交于一点。

如图 7-25a 所示，坡面Ⅰ和坡面Ⅱ相交于 AC，坡面Ⅱ和坡面Ⅲ相交于 AE，AC、AE 相交于点 A，则点 A 为三个坡面Ⅰ、Ⅱ、Ⅲ所共有，点 A 必在坡面Ⅰ、Ⅲ的交线——屋脊线 AB 上。换言之，坡面Ⅰ、Ⅲ的交线必通过点 A。其投影图如图 7-25b 所示。

例 7-17 已知四坡顶房屋的平面图和各坡面的水平倾角 α,求作屋顶的 H 面和 V 面投影(图 7-26)。

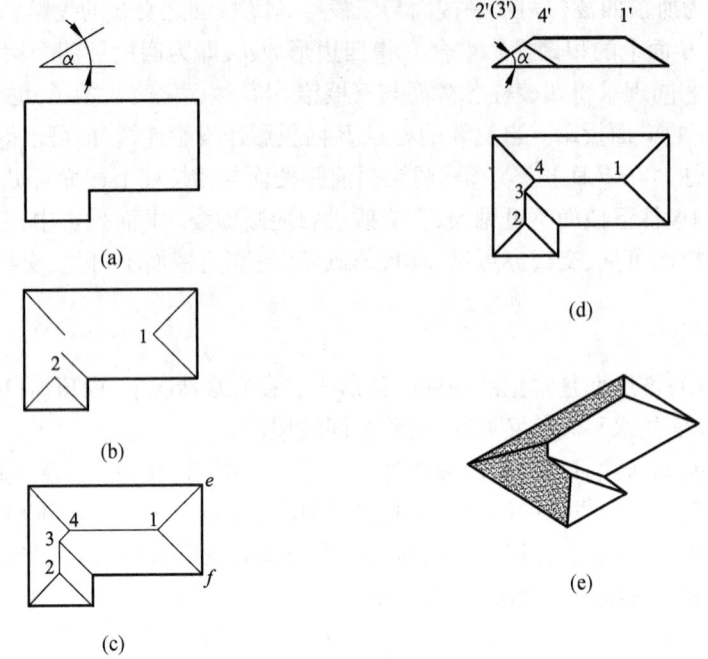

图 7-26 坡屋面投影作法

(1) 分析。此房屋平面形状是一个 L 形,如图 7-26a 所示,是由两个四坡屋面垂直相交的屋顶。

(2) 作图。

①根据同坡屋面特点画出屋顶的 H 面投影。由于屋檐的水平夹角都是 90°,根据同坡屋面的特点,分别由各顶角画 45°线,如图 7-26b 所示。右端两斜脊投影相交于 1,左前端两斜脊投影相交于 2,过 1、2 分别作相对两屋檐投影的平行线得两平脊投影 14 和 23,右边平脊与斜脊投影相交于 4,左前边平脊与天沟投影相交于 3,连接 3 4,即完成所求屋顶的 H 面投影,如图 7-26c 所示。

②画屋顶的 V 面投影。先画出檐口投影,由其两端向内画角度为 α 的斜线。由 H 面投影分别自 1、2、3、4 引投影连线与这两斜线相交,得 $1'$、$2'$、$3'$、$4'$,其中 $2'$ 与 $3'$ 重合。顺序连接各有关点,即为屋顶的 V 面投影,如图 7-26d 所示。

③由 H 面及 V 面投影求 W 面投影(略)。

7.3.3 平面立体与曲面立体相交

平面立体与曲面立体相交,其相贯线一般是由若干段平面曲线所组成的空间封闭折线。每段平面曲线是平面体上某一棱面与曲面体表面的截交线。各段截交线的交点称为结合点,它是平面体的棱线对曲面体表面的贯穿点。因此,求平面体和曲面体的相贯线,实质就是求作平面与曲面的截交线及棱线与曲面的贯穿点问题。

例 7-18 求四棱柱与圆锥的相贯线(图 7-27)。

(1) 分析。四棱柱各侧棱面的 H 面投影有积聚性,相贯线的 H 面投影落在各棱面积聚投影上,只需求其 V 面和 W 面投影。可利用表面取点法作图。

第7章 立体表面的交线

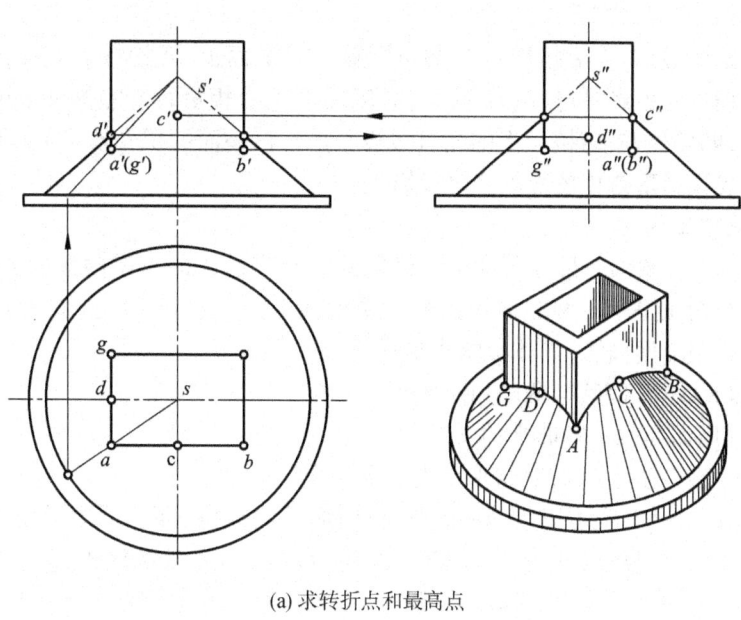

(a) 求转折点和最高点

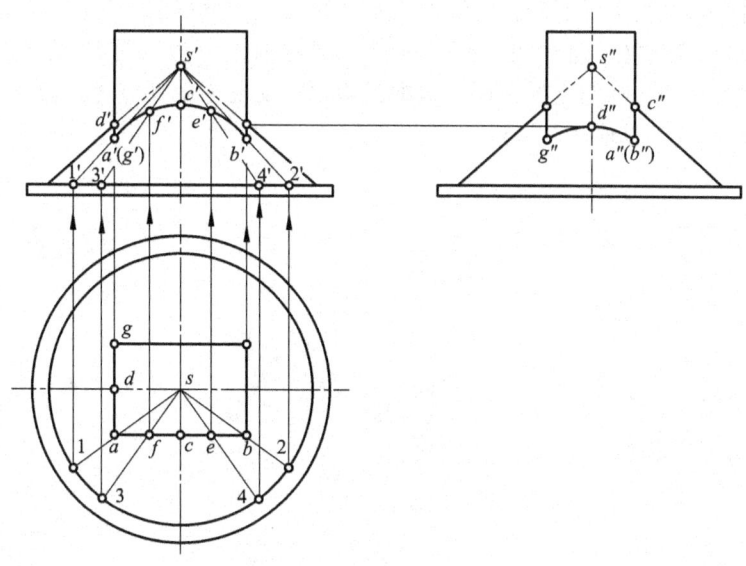

(b) 求一般点和连点

图 7-27 求圆锥薄壳基础的相贯线

由于四棱柱的四个侧棱面平行于圆锥的轴线,所以相贯线是由四条双曲线组成的空间封闭曲线。四条双曲线的结合点,就是四棱柱的四条棱线与锥面的贯穿点。两立体相贯而成的形体前后、左右对称,因而只求出棱柱前棱面和左棱面与圆锥面的交线。

(2)作图。

①作特殊点。求作相贯线的结合点 A、B、G。用素线法利用具有积聚性的投影直接由 a、b、g 得 a'、b'、(g') 和 a''、(b'')、g'';再利用积聚性直接求四棱柱前棱面和左侧棱面上相贯线上最高点 C、D 的投影 c'、c'' 和 d'、d'',如图 7-27a 所示。

②求适当的一般点。用素线法求出四棱柱前棱面上相贯线上两对称的一般点 $E(e,e',e'')$ 和 $F(f,f',f'')$,如图 7-27b 所示。用同样的方法,可求出四棱柱左侧棱面上相贯线上的一般

点(从略)。

③判别可见性,依次连接相贯线上点的投影。在 V 面上,四棱柱后侧棱面上的相贯线与前侧棱面上的相贯线投影重合;在 W 面上,右侧棱面上的相贯线与左侧棱面的相贯线投影重合。在 V 面上,四棱柱左、右棱面上的相贯线投影落在该棱面的积聚投影上;在 W 面上,前、后棱面上的相贯线投影落在该棱面的积聚投影上。

7.3.4 两曲面立体相贯

两曲面立体的相贯线一般是封闭的空间曲线。相贯线上的点是两曲面体表面的共有点。图解作相贯线的实质是求得两立体表面的一系列共有点,然后依次连点成线,并判别其可见性。作图一般利用辅助面法,具体作图步骤如下:

(1)作一辅助面 P,使其与两已知曲面相交;
(2)作出辅助面与两已知曲面的交线;
(3)所得两交线的交点,就是所求相贯线上的点。

辅助面可以是平面,也可以是球面或其他曲面。选择辅助面的原则是使与两曲面立体的截交线在投影图中易于准确画出。如图 7-28 所示,图 a 表示两圆柱相贯,这时可选择平行于两圆柱轴线的截平面 P,所得两截交线都是矩形;图 b 表示直立圆锥与水平圆柱相贯,这时可选择垂直于圆锥轴线又平行于圆柱轴线的水平截平面 Q,所得截交线为圆及矩形;图 c 表示球与圆柱相贯,这时可选择平行于投影面又平行于圆柱轴线的截平面 R,所得截交线为圆及矩形。所以,为便于作图,辅助面的选择应根据已给两相交曲面的特点进行具体分析。具体作图时,可兼用投影变换等其他作图方法。

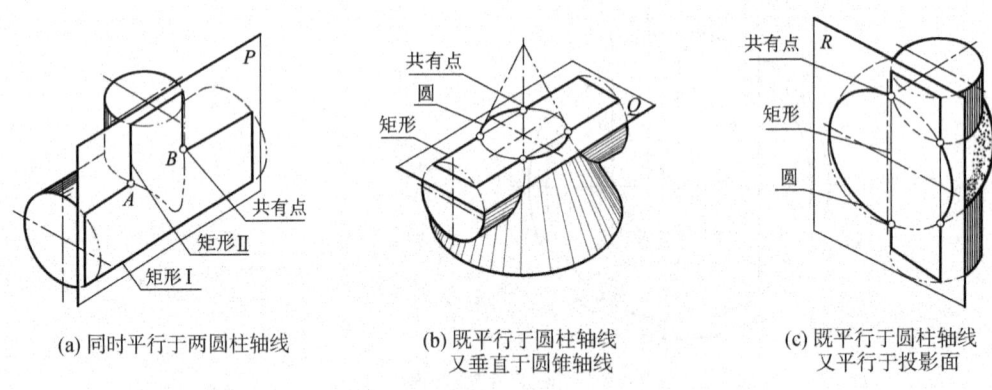

(a) 同时平行于两圆柱轴线　　(b) 既平行于圆柱轴线又垂直于圆锥轴线　　(c) 既平行于圆柱轴线又平行于投影面

图 7-28　辅助截平面的选用

例 7-19　求两轴线正交圆柱的相贯线(图 7-30)。

(1)分析。图示中的小圆柱只有一端与大圆柱相交(半贯),因此相贯线是一条封闭的空间曲线。因为两正交轴线都平行于 V 面而分别垂直于 H 面和 W 面,两圆柱面分别在 H 面和 W 面的投影有积聚性。可利用积聚投影法直接求得相贯线上的点,也可利用辅助面法求得。

(2)作图。

①利用表面取点法求作(图 7-29)。

首先,求作特殊位置点。由于大圆柱的最高素线和小圆柱交于Ⅳ、Ⅴ两点,小圆柱的最左、最右、最前、最后四条素线和大圆柱面交于Ⅲ、Ⅳ、Ⅴ、Ⅵ四点,这些点的 H 面投影 3、4、5、6 和 W 面投影 3″、4″、5″、6″都可直接求出,由此就可作出它们的 V 面投影 3′、4′、5′、6′。其中,4′和 5′

分别是相贯线最左、最右点和最高点的投影;3′、(6′)为最低点的投影。

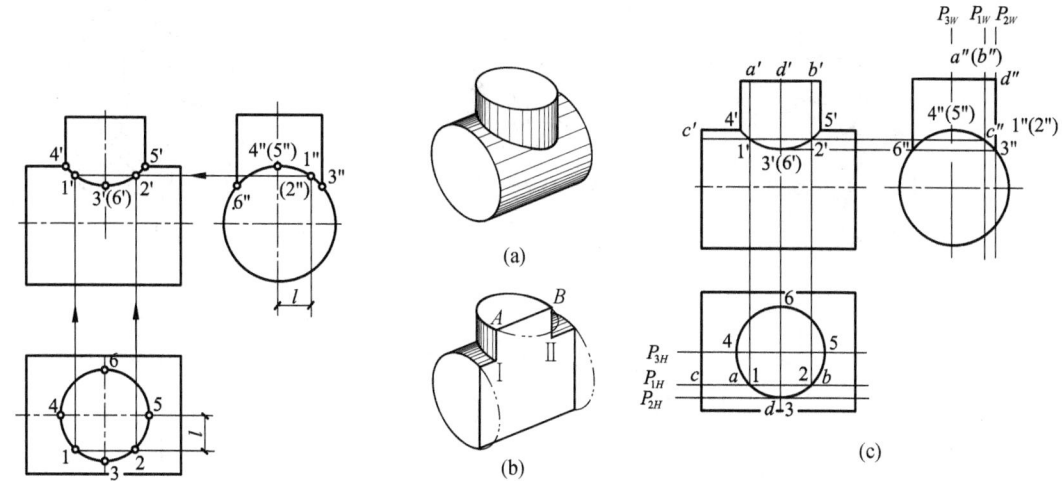

图 7-29 积聚投影法作两圆柱相贯线　　图 7-30 辅助平面法作两圆柱相贯线

然后,求作适当的一般点。在点Ⅲ和Ⅳ、Ⅲ和Ⅴ之间,分别取Ⅰ、Ⅱ两点,由 1、2 及 1″、(2″)求出 1′、2′。

最后,根据可见性依次光滑连点成线,即完成作图。

由于相贯线前后对称,相贯线前一半曲线的 V 面投影 4′3′5′与后一半曲线的投影 5′(6′)4′重合,用实线画出。

②利用辅助平面法求作(图 7-30)。

首先,求作特殊位置点。作辅助正平面 P_2 与小圆柱切于对侧面投影的轮廓素线(最前素线),求得最低点Ⅲ(3,3′,3″);作正平面 P_3 通过两圆柱轴线,求得最高点Ⅳ(4,4′,4″)和Ⅴ(5,5′,5″)。点Ⅳ和点Ⅴ又分别为最左、最右点和对正面投影的轮廓素线上的点。

然后,求作适当的一般点。作辅助正平面 P_1,截小圆柱面得两素线为铅垂线 A、B,截大圆柱面得两素线为侧垂线(其中只有大圆柱上半部分圆柱面上的一条素线参与相贯),一条侧垂素线与两条铅垂素线交于Ⅰ(1,1′,1″)和Ⅱ(2,2′,(2″)),即为相贯线上两个一般点,其 H 面投影 1、2 和 W 面投影 1″、(2″)分别积聚在水平投影圆周和侧面投影圆周上。同理,可求得相贯线上的一系列点的投影。

最后,按照可见性,依次光滑连点成线,即完成作图。

③采用近似画法。

对两轴线正交圆柱的相贯线,当两圆柱的直径有明显差别,且对交线形状的准确度要求不高时,允许采用近似画法,即用大圆柱的半径作圆弧来代替交线的投影(图 7-31 中的 V 面投影)。

另外,由于圆柱可以是外圆柱面,即圆柱体外表面,也可以是内圆柱面,即圆柱孔表面。因此,在两圆柱相交中,可以出现图 7-32 所示的三种形式。但由于相交的基本性质(表面形状、轴线相对位置、直径大小)不变,因此交线的形状和特殊

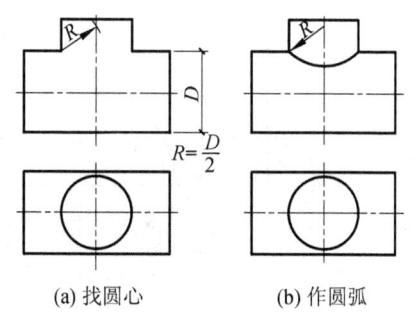

图 7-31 两圆柱正交时交线的近似画法

点是完全相同的。图中示出其最前点或最后点的投影。

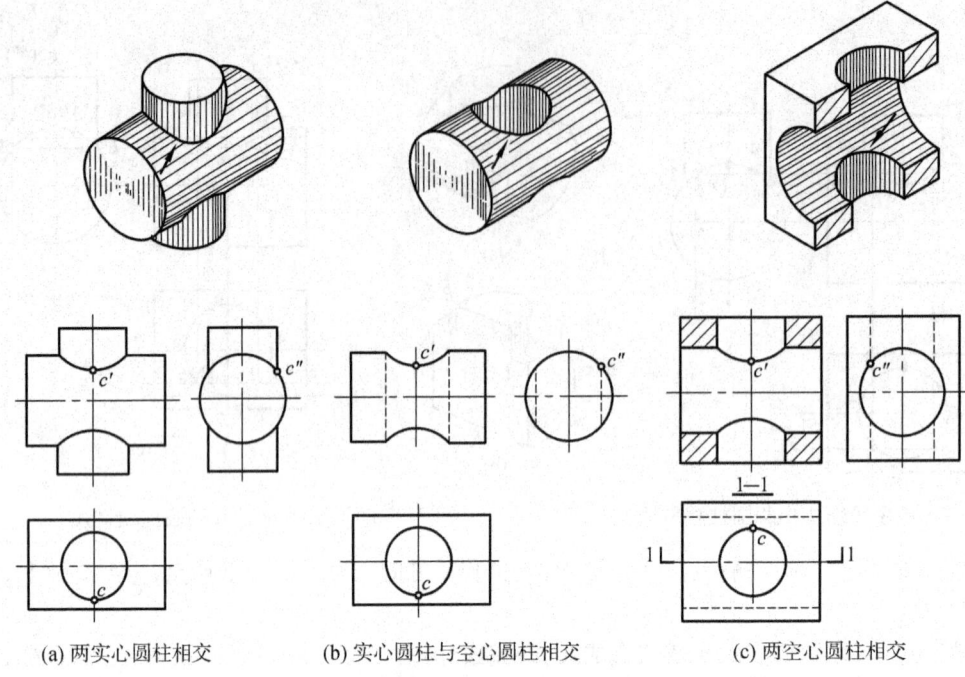

图 7-32 产生交线的三种情形

例 7-20 试求出图 7-33 所示两偏交圆柱的相贯线的投影。

(1) 分析。图 7-33 是轴线为铅垂线和侧垂线的两圆柱相贯,其轴线交叉垂直。相贯线的 H 面和 W 面投影分别是圆周的一部分,具有积聚性。由此,相贯线的 H 面投影和 W 面投影为已知,可利用表面取点法或辅助平面法求出相贯线的正面投影。

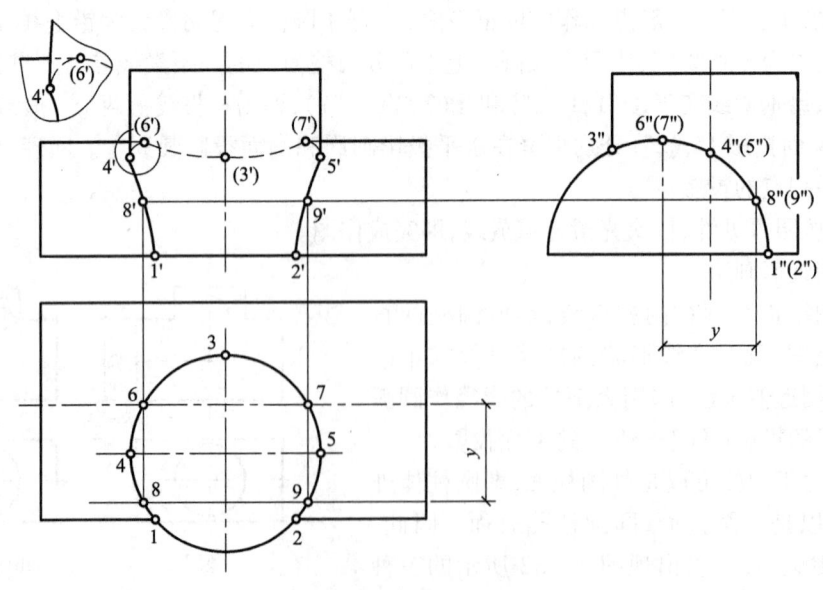

图 7-33 求两圆柱的相贯线

(2) 作图。

①求特殊位置点。在相贯线的 H 面投影中,找出极限位置点,包括最前点Ⅰ和Ⅱ、最后点Ⅲ、最左点Ⅳ、最右点Ⅴ的投影 1、2、3、4、5,其中点Ⅲ还是铅垂圆柱对 W 面投影的轮廓素线上的点,点Ⅳ和Ⅴ是铅垂圆柱面对 V 面投影的轮廓素线上的点;在 W 面投影中,找得最高点Ⅵ、Ⅶ的投影 $6''$、$7''$,点Ⅵ、Ⅶ同时是侧垂圆柱面对 V 面投影的轮廓素线上的点。利用它们的积聚投影直接求出这些点的 V 面投影。

②求作适当的中间点。在 H 面投影上定出点Ⅷ、Ⅸ的投影 8、9,在 W 面投影中找出其投影 $8''$、$9''$,再求出其 V 面投影 $8'$、$9'$。

③按照可见性,依相邻次序连点成线。在 V 面投影连点成线时,要参考水平投影定出连点顺序,从始至终的顺序为 $1'$、$8'$、$4'$、$(6')$、$(3')$、$(7')$、$5'$、$9'$、$2'$。其中从Ⅳ至Ⅴ的一段位于铅垂圆柱的后半柱面上,V 面投影不可见,用虚线画出。

④判别轮廓素线的参贯情况及可见性。铅垂圆柱对 V 面的轮廓素线,其贯穿点Ⅳ、Ⅴ以上一段留存,且其 V 面投影由于 $4'$、$5'$ 可见,它们的投影也都可见;侧垂圆柱对 V 面的投影轮廓素线,其贯穿点Ⅵ以左和点Ⅶ以右的两段留存,且其 V 面投影由于 $(6')$、$(7')$ 为不可见,各有投影轮廓素线以内的一小段不可见,用虚线画出。图的左上角放大表示曲线 $4'(6')$ 段及留存的投影轮廓素线的投影。

例 7-21 求圆柱与圆锥的相贯线(图 7-34、图 7-35)。

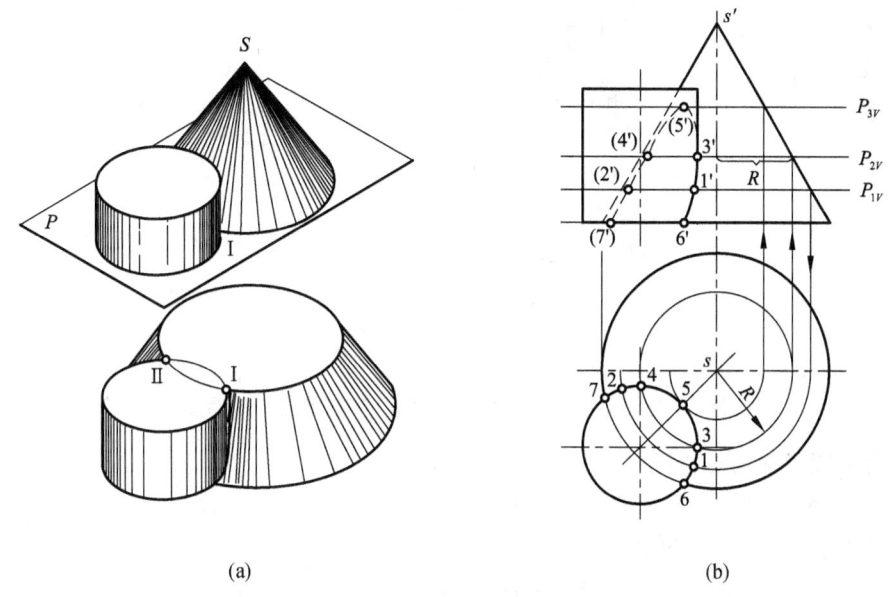

(a) (b)

图 7-34 求圆柱与圆锥的相贯线(以水平面为辅助面)

(1) 分析。因圆柱轴线垂直 H 面,故相贯线的 H 面投影与圆柱面积聚投影重合,是圆周的一部分,只需求作相贯线的 V 面投影。可利用辅助平面作图。

(2) 作图。

①利用水平面为辅助面(图 7-34),同时截切圆柱面和圆锥面,其截交线的水平投影均为圆,两圆之交点即是相贯线上的点。

首先,求特殊位置点。于 H 面上过两立体轴线积聚投影(十字中心线交点)的连线与圆柱面积聚投影之交点 5,是相贯线最高点的投影,用辅助平面 P_3 求出 $5'$。圆柱与圆锥两底面圆的 H 面投影交点 6 和 7 是最低点的投影,按投影关系求出 $6'$ 和 $(7')$。在 H 面投影中,3 是相贯线上在圆柱面对 V 面投影轮廓素线上的点的投影,用辅助平面 P_2 求出 $3'$(同时求出一般点的投影 $(4')$)。

然后,求作适当的一般点。如作 P_1 求得 $1'$、$(2')$ 等。

按照可见性依次连点成线。以在圆柱面对 V 面投影的轮廓素线上点Ⅲ为分界,处于点Ⅲ前面的相贯线 V 面投影 $3'1'6'$ 段为可见,画实线;后面的 $(3')(4')(2')(7')$ 段为不可见,画虚线。

②利用过锥顶的铅垂面为辅助面截切圆锥与圆柱面,其截交线均为直线(素线),它们的交点即为相贯线上的点。求作出相贯线的特殊位置点和适当的一般点后,依次连点成线,即得相贯线的正面投影。具体作图如图 7-35 所示,读者自行分析。

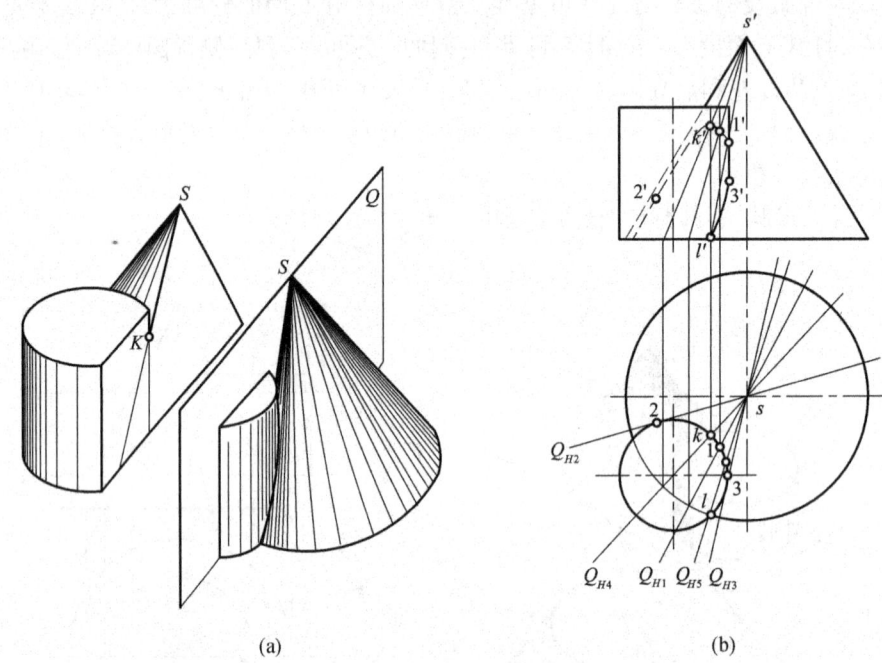

图 7-35 求圆柱与圆锥的相贯线(以铅垂面为辅助面)

7.3.5 利用辅助球面法作图

如图 7-36 所示,任何回转面与球面相交时,如果球心位于该回转面轴线上,则它们的交线是垂直于轴线的平面圆(两曲面的共有纬圆),在与回转面轴线平行的投影面上,该圆的投影是垂直于回转面轴线投影的直线段,是球面和回转面对该投影面投影的轮廓素线投影的交点连线。在与轴线垂直的投影面上,该圆的投影是反映实形的平面圆。这个投影性质,就是辅助球面法的作图原理。

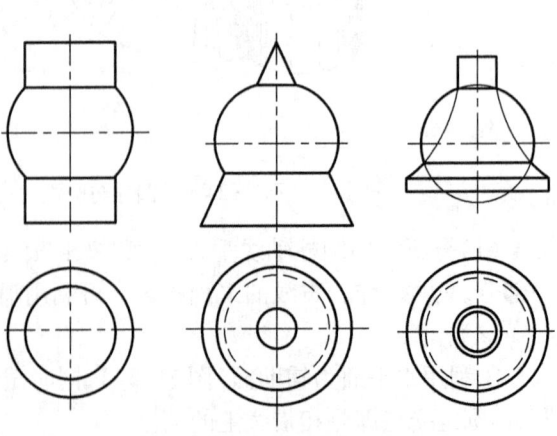

图 7-36 球与回转体相交

如图 7-37a 所示,圆柱与圆锥台相交,两轴线交于一点 O。以 O 为圆心作一辅助球面,同时截切柱面与锥面,其截交线分别为两平面圆,两平面圆之交点,即是相贯线上的点。图 7-37b 所示为求点 Ⅰ、Ⅱ 作图。从图分析可知,为方便作图,采用辅助球面法必须满足三个条件:①参与相交的两形体均为回转体;②两回转体的轴线相交,其交点就是辅助球面的球心;③两回转体的轴线要同时平行于某一投影面,使球面与它们的交线(圆)在该投影面的投影积聚成直线段。

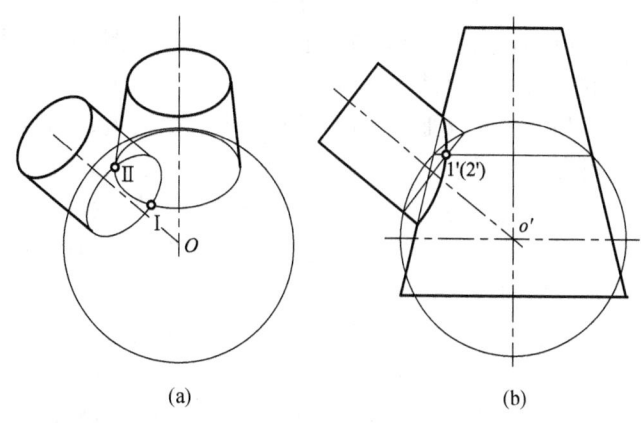

图 7-37 用辅助球面法求相贯线的原理

例 7-22 求圆锥和斜置圆柱的相贯线(图 7-38)。

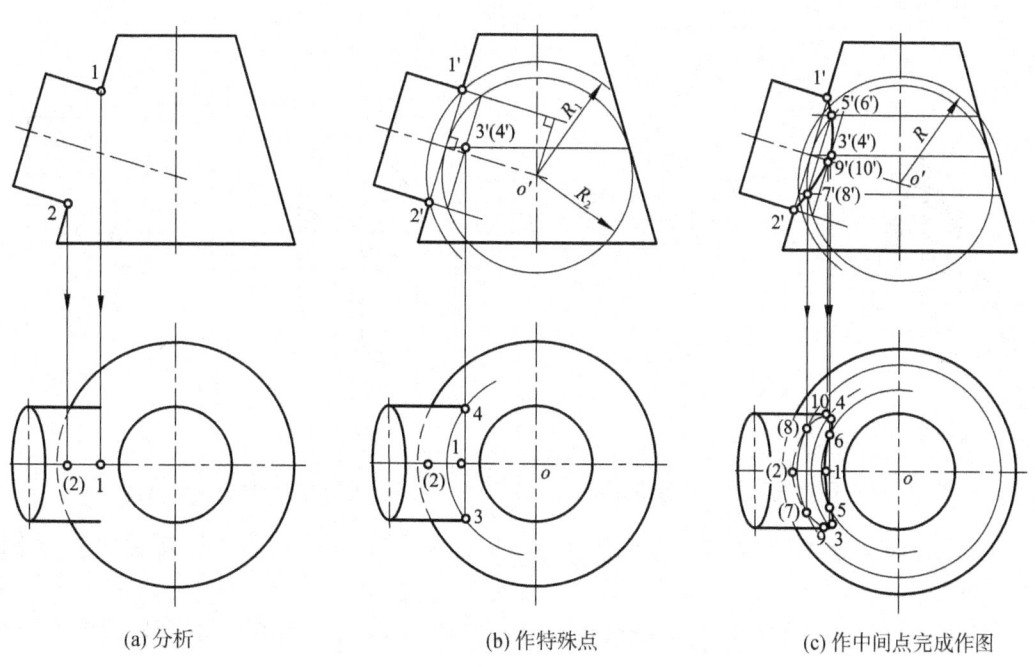

图 7-38 用辅助球面法求相贯线

(1)分析。圆锥和斜置圆柱都是回转体,两轴线相交且平行于 V 面,可用辅助球面作图,相贯线是一封闭的空间曲线。

(2)作图。

①作特殊点。在 V 面投影中,圆锥面和斜置圆柱面投影轮廓素线的交点 $1'$ 和 $2'$,是相贯线上最高、最低点 Ⅰ、Ⅱ 的投影。根据 $1'$ 和 $2'$ 可作出 H 面投影 1 和(2),如图 7-38a 所示。

②作最大、最小辅助球面上的点,如图 7-38b 所示。

最大球面半径 R_1:在 V 面投影中,由球心投影 o' 至两曲面投影轮廓素线交点中较远一个点的距离(本例的两个交点等距)。

最小球面半径 R_2：在 V 投影中，由球心投影 o' 向两曲面投影轮廓素线分别作垂线，其中较长的一条垂线即是。

相贯线上点Ⅲ、Ⅳ的 V 面投影 $3'$、$(4')$，就是用最小辅助球面(半径 R_2)作出的，它们的 H 面投影 3、4 可通过作圆锥面上纬圆的 H 面投影求出。

③作适当的一般点。如图 7-38c 所示，在最大、最小辅助球面之间，作若干个辅助球面，以求得相贯线上足够的一般点，如图示的点Ⅴ、Ⅵ、Ⅶ、Ⅷ。光滑连接各点的 V 面投影，相贯线的前半段与后半段投影重合。

④斜置圆柱面的最前、最后素线的 V 面投影与其轴线的投影重合，它与连成的相贯线 V 面投影的交点 $9'(10')$，即为斜置圆柱的 H 面投影轮廓素线上点Ⅸ、Ⅹ在 V 面上的投影，由此求出斜置圆柱 H 面投影轮廓线上的点 9、10，即为相贯线 H 面投影可见与不可见的分界点，然后光滑连接，即完成作图。

7.3.6 相贯线的特殊性质

两曲面立体的相贯线一般为空间曲线，特殊情况下可为直线或平面曲线。

(1) 两共锥顶的锥体或轴线相互平行的柱体相交时，它们的相贯线为两条直线，如图 7-39 和图 7-40 所示。

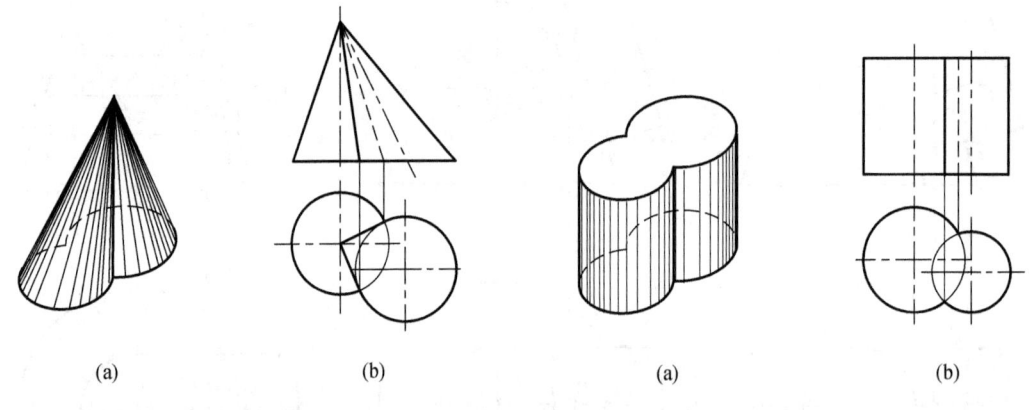

  (a)   (b)   (a)   (b)

  图 7-39 相贯线为相交两直线   图 7-40 相贯线为平行两直线

(2) 回转体与球相交，当球心在回转体轴上时，其相贯线为一垂直于回转轴的平面圆，如图 7-36 所示。

(3) 当两个二次曲面(例如圆柱、圆锥、圆球、回转椭圆面、回转抛物面、回转双曲面等)公切于第三个二次曲面时，则相贯线为平面曲线，如图 7-41 所示。

①当两直径相同的圆柱面轴线正交时，两者必同时外切于一球，其相贯线为两个大小相等的椭圆，其 V 面投影为 $a'b'$ 及 $c'd'$，H 面投影与直立圆柱面的投影重合，如图 7-41a。

②当两直径相同的圆柱面的轴线斜交时，两者必同时外切于一球，相贯线仍为两椭圆，不过大小不等。其 V 面投影为 $a'b'$ 及 $c'd'$，H 面投影仍与直立圆柱面的投影重合，如图 7-41b。

③当一圆锥面与一圆柱面轴线正交时，若两者同时外切一球，则相贯线也是两椭圆。其 V 面投影为两线段 $a'b'$ 及 $c'd'$，H 面投影为两相交的椭圆，如图 7-41c。

④当一圆锥面与圆柱面轴线斜交时，若两者同时切于一球面，相贯线仍为两椭圆，不过大小不等。其 V 面投影为直线段 $a'b'$ 及 $c'd'$，其 H 面投影为两相交的椭圆，如图 7-41d。

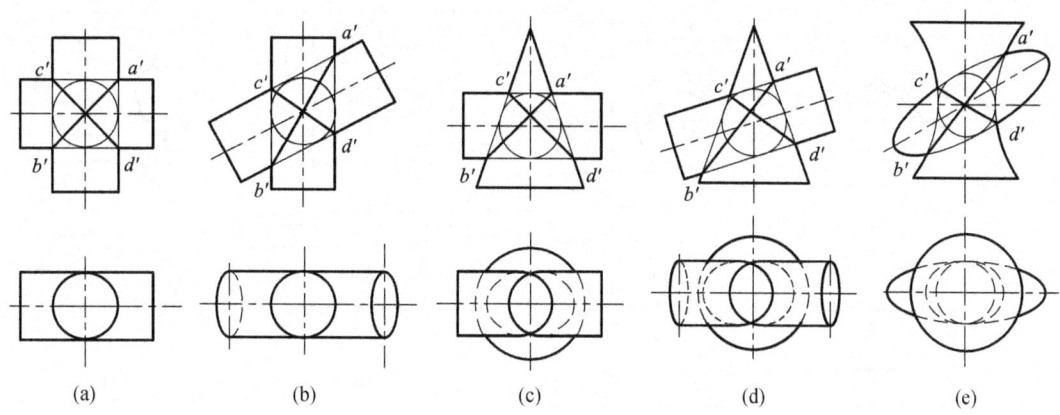

图 7-41 曲面交线是平面曲线的情况

⑤当回转双曲面与回转椭圆面相交时,若两者轴线相交且外切于一球面,则相贯线也是大小不等的两个椭圆。其 V 面投影为线段 $a'b'$ 及 $c'd'$,H 面投影为两个相交的椭圆,如图 7-41e。

在求相贯线时,如遇上述情况,就可直接画出相贯线的投影。

(4) 两二次回转曲面相交,且有公共对称平面,当其相贯线为空间曲线时,它在此公共对称平面上的投影为二次曲线。

①两二次回转曲面相交,它们的回转轴线相互平行,则相贯线在某公共对称平面上的投影为抛物线。如图 7-42a 所示,圆柱面与圆锥面的轴线相互平行,且有平行于 V 面的公共对称平面,则其相贯线的 V 面投影为一抛物线。

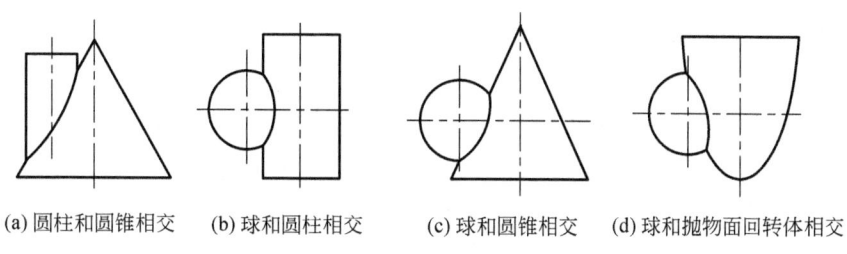

(a) 圆柱和圆锥相交　(b) 球和圆柱相交　(c) 球和圆锥相交　(d) 球和抛物面回转体相交

图 7-42 相贯线在 V 面上的投影是抛物线

②两二次回转曲面相交,且其中有一圆球面,则相贯线在其公共对称平面上的投影为抛物线。如图 7-42b、c、d 所示,相贯线的 V 面投影为一抛物线。

③两二次回转曲面的回转轴相交,且其中有一扁椭球面,则相贯线在公共对称平面上的投影一般为椭圆。如图 7-43 所示,相贯线的 V 面投影为一椭圆。

④两二次回转曲面的回转轴相交,其中没有圆球面及扁椭球面,则相贯线在其公共对称面上的投影为双曲线,如图 7-44a、b、c 中的两圆柱相交、圆柱与圆锥相交、圆柱与回转双曲面相交。

通过上面的分析可知,参加相贯的两曲面立体的表面性质、它们的相互位置关系以及尺寸大小,是影响相贯线空间形状的三个主要因素。至于相贯线投影的形状,则还要根据它们在投影面体系中的位置决定。

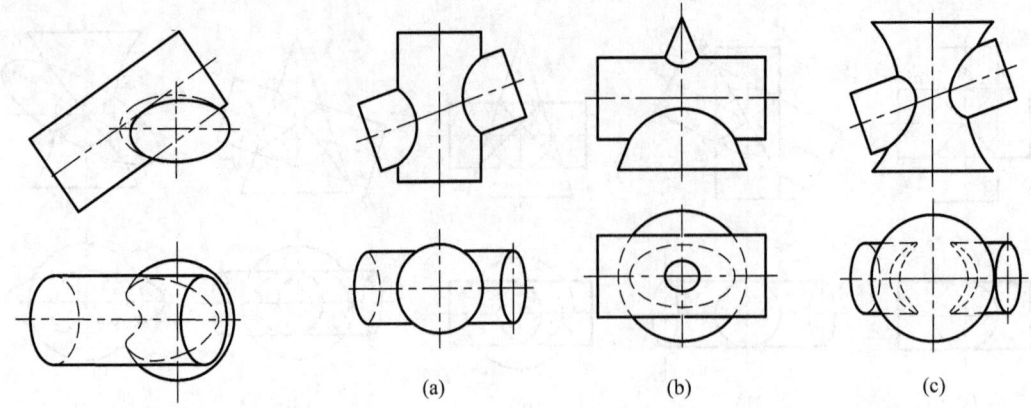

图 7-43　相贯线在 V 面上的投影为椭圆

图 7-44　交线的正面投影是双曲线

复习思考题

1. 立体的表面交线是平面与立体的共有线（截交线）或两立体表面的共有线（相贯线），线上的点是共有点，试分析影响表面交线形状的主要因素。
2. 表面交线上的特殊点具体有哪些？
3. 如何判别立体表面交线的可见性？
4. 常见几种回转体的截交线形式分别有几类？各是怎样形成的？
5. 图解截交线的作图方法有哪几种？如何选择？
6. 图解相贯线的基本作图方法有哪几种？如何选择？
7. 对复合相贯线形体的相贯线应如何分析和图解？

第8章 组 合 体

一般的工程形体,都可看成是由一些简单的基本立体通过叠加、切割等形式组合而成的,这种工程形体通称组合体。本章主要介绍如何应用投影理论,运用形体分析法和线面分析法(前者为主,后者为辅),解决组合体的画图和读图问题。

8.1 形体分析法

8.1.1 组合体的组合形式

组合体的组合形式大致可归纳为两种:

(1)叠加式。由若干基本立体堆砌或拼合而成,如图8-1所示。

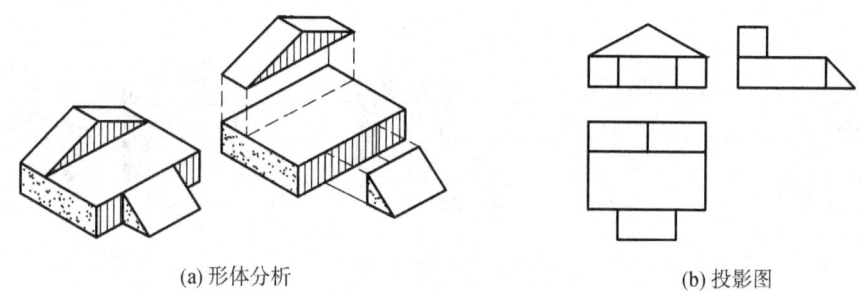

(a) 形体分析　　　　　　　　(b) 投影图

图 8-1　叠加式组合体

(2)切割式。由一个基本立体被切割去若干部分而形成,如图8-2所示。

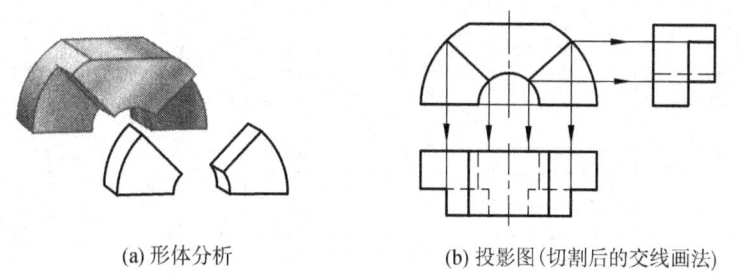

(a) 形体分析　　　　(b) 投影图(切割后的交线画法)

图 8-2　切割式组合体

在许多情况下,一个组合体的组合形式并不是唯一的。有些组合体既可以按叠加式分析,也可以作为切割式分析,或者两者同时采用,如图8-3所示。具体按何种组合形式来分析,应根据实际情况,视如何使组合体的作图简便和易于分析理解而定。

8.1.2 相邻两表面之间的组合关系

组成组合体的各基本立体表面之间可有不平齐、平齐、相切、相交四种相对位置,如图8-4所示。立体间的相对位置不同,其表面之间的相对位置也不同,所获得的投影也不一样。所以,在读图时,必须注意立体间的表面组合关系,才能彻底弄清组合体形状。画图时,也必须注意这些关系，才能使投影作图不多线、不漏线。

（1）当两形体的表面不平齐时，中间应该有线隔开，如图8-5a所示。图8-5b是漏线的错误，因为不平齐两表面投影之间没有线隔开，就变成一个连续表面的投影了。

（2）当两形体的表面平齐时，中间应该没有线隔开，如图8-6a所示。图8-6b是多线的错误，因为若画成两个线框，就成为两个平面的投影了。

（3）当两形体的表面相切时，因为两表面相切处是光滑过渡的，故该处的投影不应有分界线，如图8-7所示。

相切只发生在平面与曲面以及两曲面之间。画图时，只有当平面与曲面或两曲面的公切面垂直于投影面时，才能在该投影面上画出相切处的轮廓素线投影，除此之外其他任何情况均不应画线，如图8-8所示。

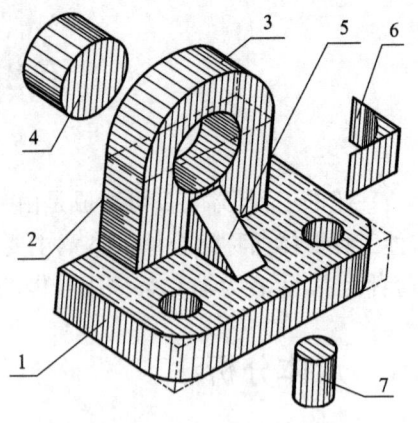

图8-3　综合式组合体

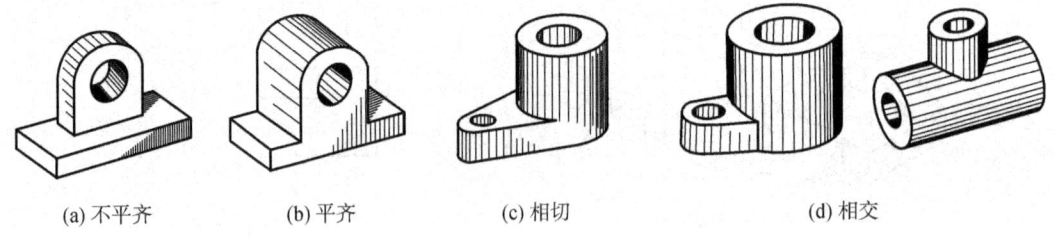

(a) 不平齐　　　(b) 平齐　　　(c) 相切　　　(d) 相交

图8-4　两立体间的表面组合关系

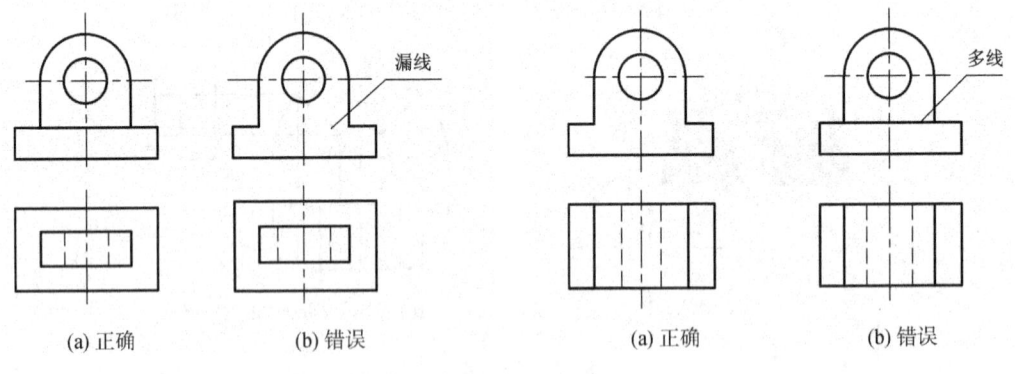

(a) 正确　　　(b) 错误　　　　　(a) 正确　　　(b) 错误

图8-5　不平齐画法　　　　　图8-6　平齐画法

（4）如果两几何体的表面彼此相交，则表面交线是它们的分界线，其投影必须画出，如图8-9a是平面与曲面相交，图8-9b是曲面与曲面相交。

8.1.3　形体分析法

形体分析法是指根据组合体的几何特点，假想将组合体分解为若干个简单的基本立体，弄清楚它们的形状、大小，确定它们组合的方式和相对位置，分析它们的表面组合关系及投影特点，以方便绘图、读图和标注尺寸的一种思维方法。

第 8 章 组 合 体

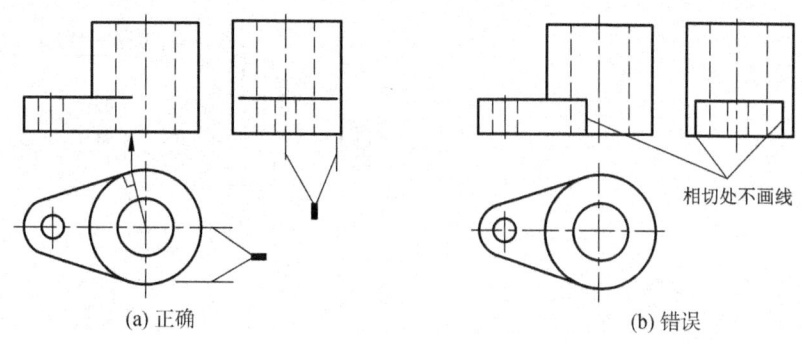

(a) 正确 (b) 错误

图 8-7 相切画法

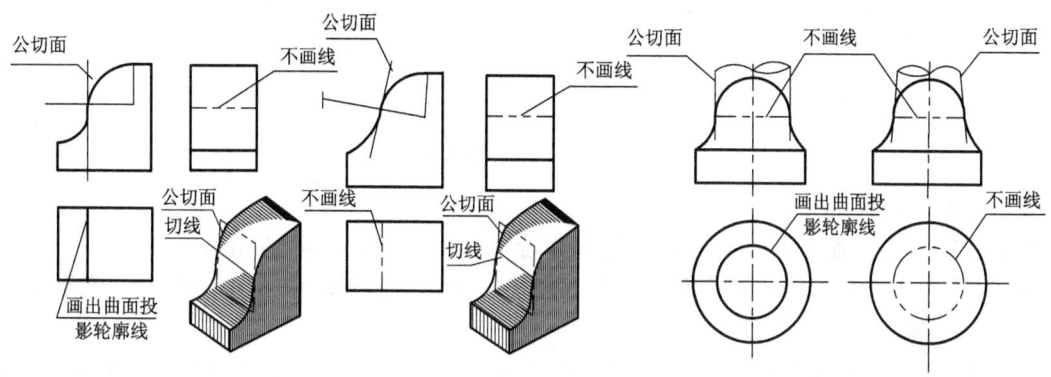

图 8-8 相切画法

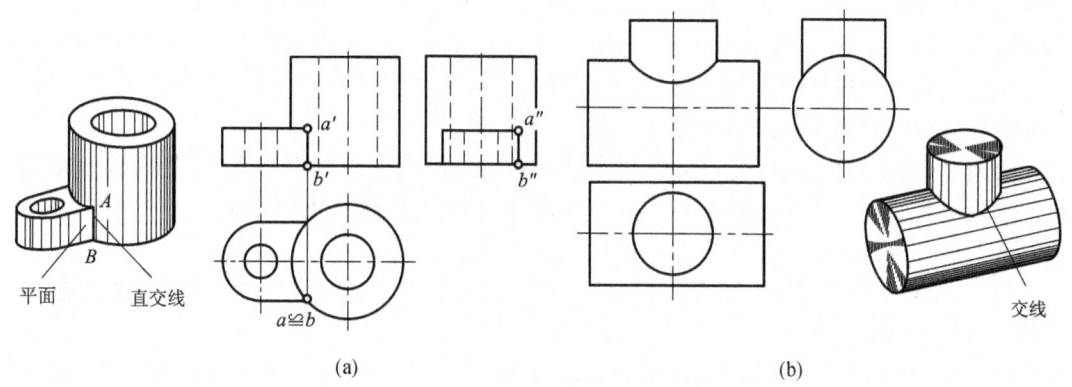

(a) (b)

图 8-9 相交画法

8.2 组合体的绘制

图 8-10a 为肋式杯形基础，下面通过对该基础的形体分析，说明其投影图的绘制方法与步骤。

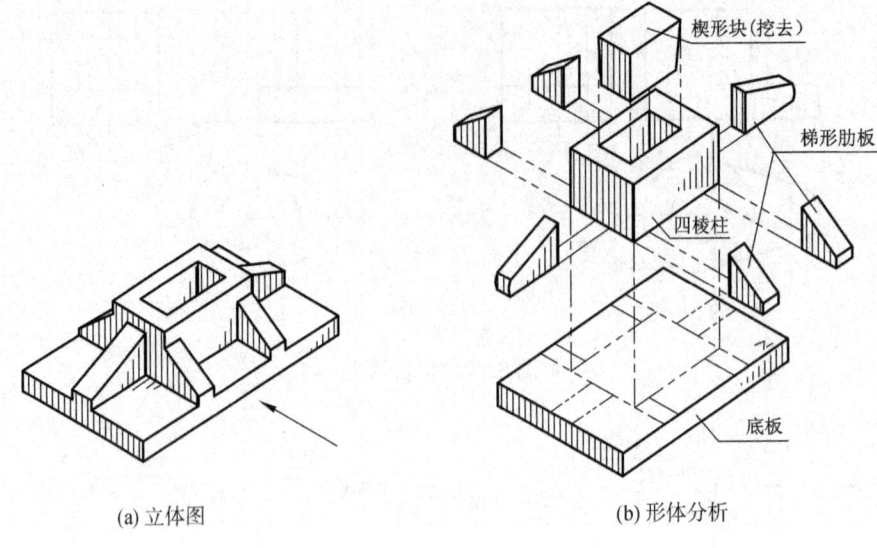

(a) 立体图　　　　　　　　　　(b) 形体分析

图 8-10　肋式杯形基础

8.2.1　形体分析

(1) 根据组合体的形状特点,将它分解为若干个简单基本立体,弄清各基本立体的形状特征。由图8-10可见,该肋式杯形基础由四棱柱底板、中空四棱柱(正中切割去一楔形块)和六块梯形肋板组成。

(2) 分析组合体的组合形式及基本立体间的相对位置,明确投影特点,确定绘图方法与步骤。

图8-10所示肋式杯形基础由上述基本立体叠加组合而成。底板为一正四棱柱。四棱柱置于底板上表面中央,各侧面与底板侧面平行,其正中切割去一倒置棱台,形成楔形杯口。六块肋板可视为底面为梯形的四棱柱,左、右侧两块与前、后两对楔形块大小略有区别,它们的一个侧棱面均置于底板上表面,其中左、右楔形块处于底板的前后对称位置,前、后两对楔形块的一个底面分别与四棱柱的左、右侧面平齐。各楔形块均有一棱面与四棱柱的侧面紧贴,此时另一棱面与底板的侧面平齐。整个形体呈前后、左右对称。

绘图时,先绘底板的三面投影,然后在其中央位置画出四棱柱叠加其上,最后逐一按其相互位置画出其他基本立体及被切割出的楔形杯口之投影,具体见图8-13。

从上述分析得:

(1) 任何组合体,从形状结构特征分析,都可视为由若干基本立体组合而成,都可假想将其分解为若干基本立体。

(2) 组合体的投影图,由组成该组合体的基本立体的投影组合而成。组合成型时,由于受各基本立体之间的相对位置和表面组合关系的影响,原单独表示基本立体的投影所构成的封闭线框,在组合体的投影图上可能发生一些小变化。对此,读者可根据图8-11与图8-16所示进行对照分析。

(3) 确定组合体的尺寸,包括确定组成它的各基本立体大小的尺寸及确定各基本立体相对位置的尺寸。对此,读者可根据图8-11所示基本立体的尺寸标注与图8-16所示的杯形基础的尺寸标注,自行进行分析。

因此,要掌握和运用形体分析法,首先必须掌握分析基本立体的表面几何性质、投影特征和尺寸注法;其次,必须掌握对组合体的组合形式、各基本立体间的相对位置关系和表面之间

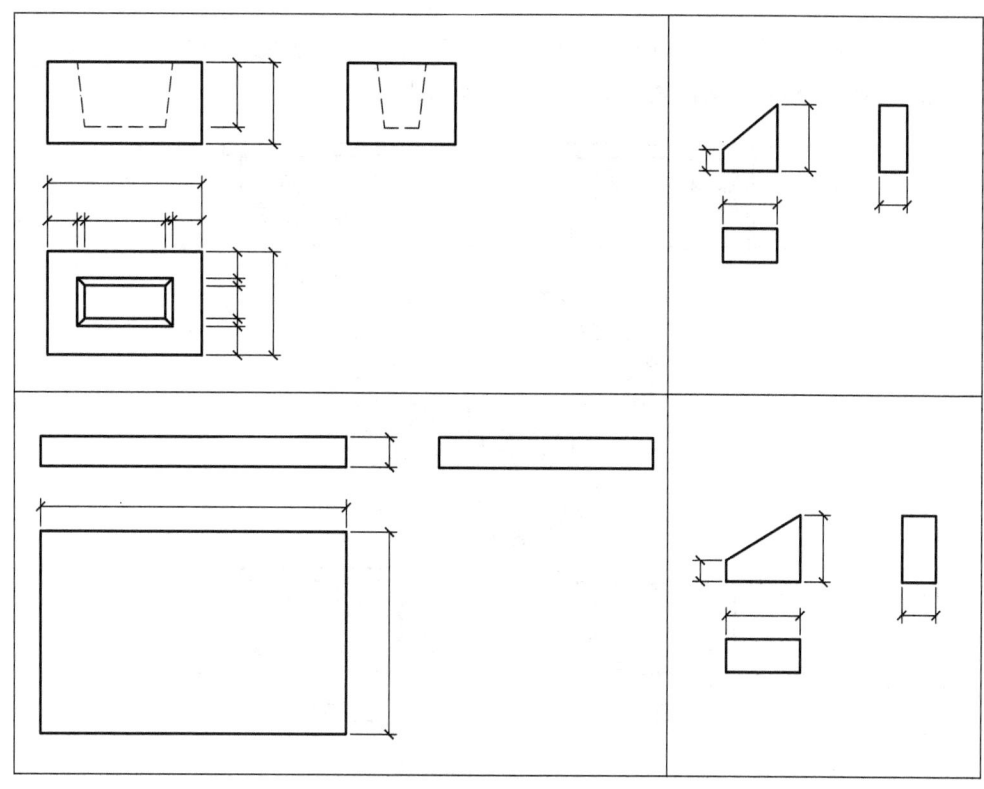

图 8-11 肋式杯形基础分解基本立体与它们的尺寸标注

的组合关系及其投影特点的分析。

8.2.2 视图选择

在工程制图中,也将工程形体多面正投影图中的某一投影称作视图。工程形体的三面投影,称之为三视图:即从前面向后面投射的正面投影得到的视图,称为正立面图(简称正面图或立面图);从上向下投射的水平投影得到的视图,称为平面图;从左向右投射的侧面投影得到的视图,称为左侧立面图(简称侧面图)。

视图选择的内容包括两个方面:一是选择正立面图;二是选择视图数量。

8.2.2.1 选择正立面图

选择组合体的正立面图主要需确定:①组合体放置位置;②投影方向。下面以肋式杯形基础的视图选择为例进行说明。

1. 组合体放置位置的确定

一般应选取组合体的自然位置放置,以方便看图。如房屋图,将屋顶居上、基础在下安放;其他构配件则根据工作位置或生产位置安放。如图 8-16 所示,根据杯形基础在房屋中的位置将其平放,使底板底面平行于水平面。

2. 投影方向的确定

一般选择尽可能多地反映出形体各组成部分的形状特征及其相互位置关系的方向作为正面投影方向。对房屋一般选取最能反映外貌特征的侧面,如主要出入口所在的侧面或艺术处理最美观的侧面,作正立面图的投影方向。

如图 8-10a 中,箭头所指方向为杯形基础的正立面图投影方向,此方向是反映基础的形体特征较佳的方向。

图 8-12 所示为房屋的正立面图选择。其中,南立面既是房屋的主要出入口,又是该房屋艺术处理最美观的侧面,故应以南立面图为该房屋的正立面图。

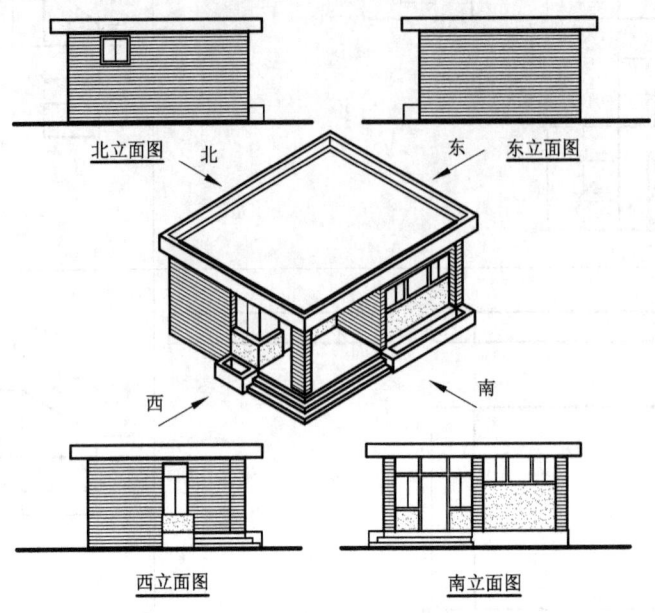

图 8-12 视图选择

选择组合体正立面图的投影方向时,在考虑主要反映组合体的形状特征和基本立体间的相对位置关系的同时,还须顾及其他投影图的选择及尽量减少投影图中的虚线和合理利用图纸。

8.2.2.2 选择视图数量

视图的数量,视形体的复杂程度和习惯画法选择确定。选择视图数量时,要求既能正确、完整、清晰地表达组合体,又使所选用投影图的数量为最少,以免烦琐、重复,导致主次不分。其原则是,所选用的每一个投影图必须有其表达重点。

根据用最少数量的视图将组合体正确、完整、清晰表达的要求,如图 8-16 所示,基础的平面图和正立面图已将它的底板、中间四棱柱和左、右肋板等及其相对位置表示出来,同时还反映了前、后肋板与底板和中间四棱柱的相对位置关系。但基础的前、后肋板的形状还未表示清楚,还需一侧立面图。在选择侧立面图时,在左、右侧面都能表达的情况下,优先考虑用左侧立面图。故此,对肋式杯形基础的表示,选用了正立面图、平面图和左侧立面图。

在选择视图、确定视图数量时,应根据对组合体表达的需要,优先考虑选用基本视图以及在基本视图上作剖面图,也可选用剖面图和断面图等工程上常用的表达方法。这部分内容详见本书第 11 章。

8.2.2.3 选择比例,确定图幅

在选择比例时,尽量选择 1:1 比例,以便于直接估量组合体的大小和方便画图。对小而复杂或大而简单的组合体,可根据国家标准的规定选用放大或缩小的比例作图。

确定图幅时要根据各视图所占面积、视图间的适当间隔以及标注尺寸的空隙和标题栏的位置,选择标准图幅。

8.2.2.4 布置视图

先画出图框和标题栏线框,然后根据各视图各个方向的最大尺寸和视图之间应预留的空

位,用中心线、对称线、轴线和其他基准线或方框定出各视图的位置。在这里应做到:各视图所占范围基本准确,预留空位适当、宽裕,视图布置合理均匀。

8.2.2.5 画视图底稿

以形体分析结果为依据,根据组合体的组合形式,采取正确的绘图方法进行绘图。

在画图时,对以叠加形式组合的组合体的作图,可分别将组成它的各基本立体的投影,从最具形体特征的视图着手,按确定的位置逐个画出,最后"组合"成整个视图(图 8－13),图 8－16 为该肋式杯形基础的三视图。

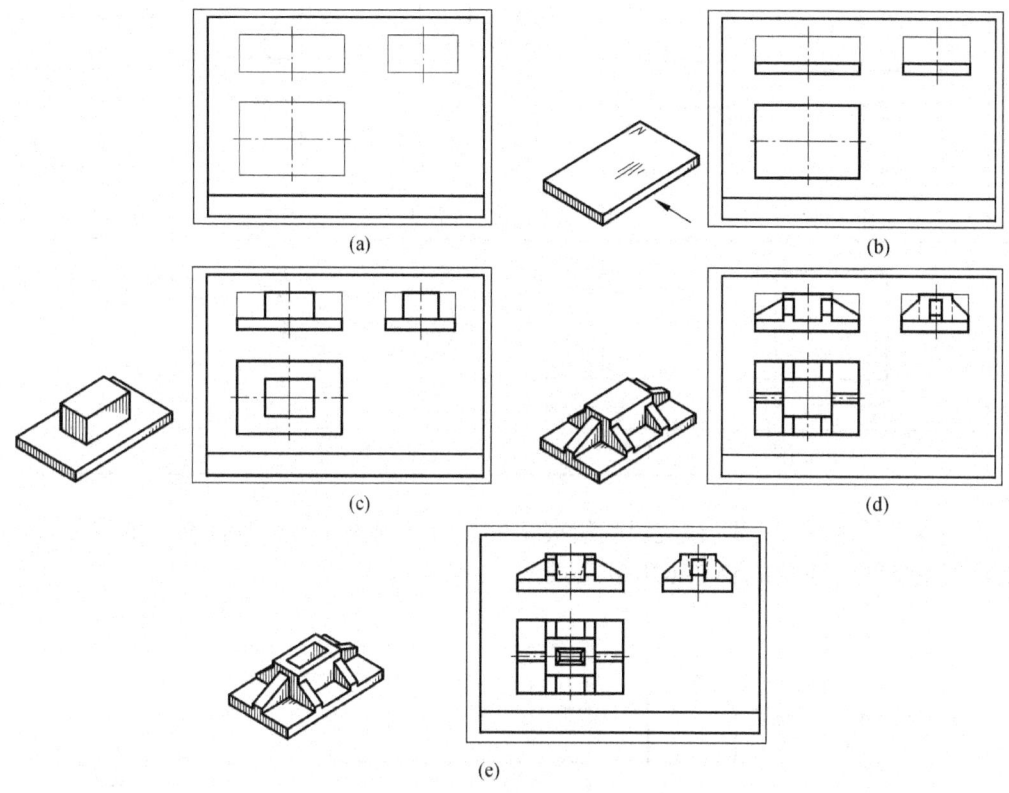

图 8－13 组合体三视图的画法

绘图可按先主后次,先外后内,先整体后细部,分先后、有步骤地进行。如图 8－13 所示,先画底板和四棱柱,后画肋板;先画四棱柱,后画切割去的杯口。

8.2.2.6 检查并描深

完成底稿经检查无误并判别可见性后,按国家标准规定的各类线型要求,进行描深。注意同类线型应保持浓淡和粗细度一致。

8.2.2.7 标注尺寸

详见本章的 8.3 节组合体的尺寸标注。

8.2.2.8 其他

填写标题栏等。

8.3 组合体的尺寸标注

在工程图样中,投影图表示形体的结构形状,形体的大小由标注的尺寸确定。尺寸应按照国家标准的有关规定准确、完整、清晰地进行标注。

8.3.1 基本立体的尺寸注法

确定基本立体大小的尺寸称定形尺寸。要掌握组合体尺寸的标注，首先必须掌握基本立体的尺寸注法。

常见的基本立体的尺寸注法见表 8-1 所示。

表 8-1 基本立体的尺寸标注

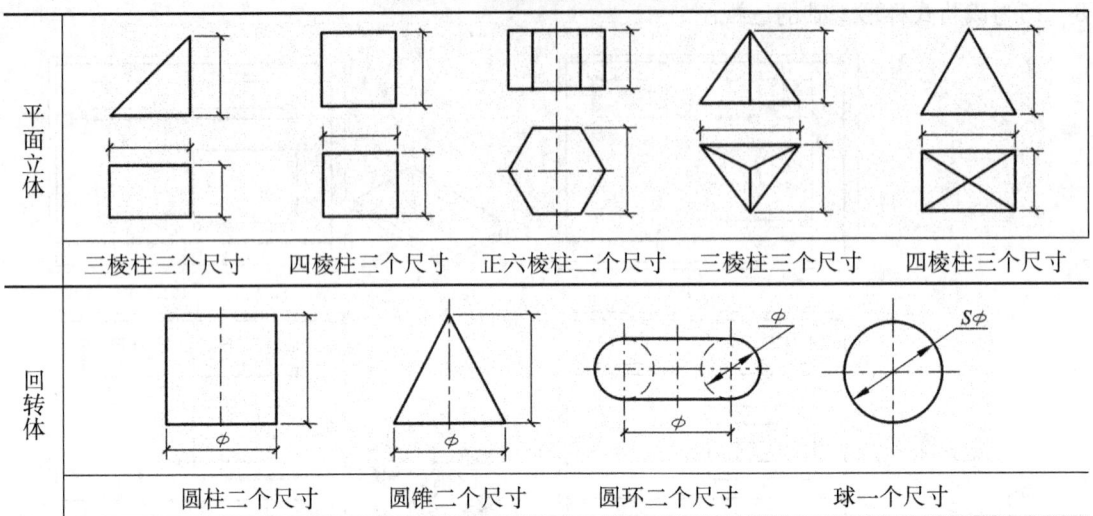

当基本立体表面有交线（截交线或相贯线）时，应注意不是直接标注交线的定形尺寸，而是标注产生交线的基本立体或截切平面的定位尺寸。

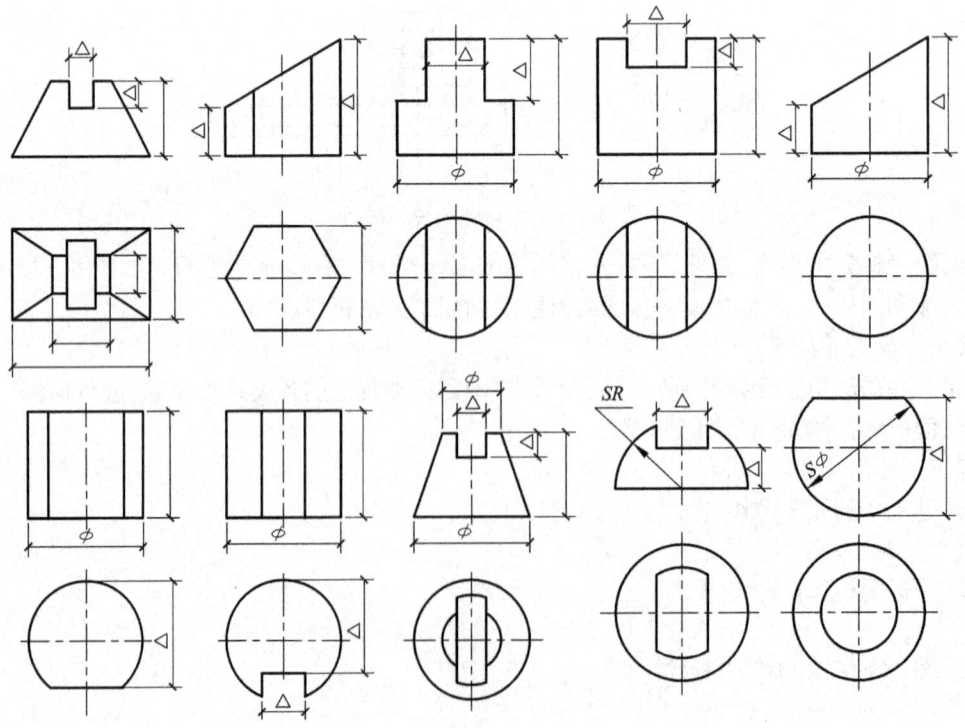

图 8-14 带切口基本立体的尺寸注法

如图 8-14 所示是基本立体被截切平面切割后，其切口尺寸和基本立体的尺寸标注。图中除了注出基本立体的定形尺寸外，对切口则在特征视图上集中标注出截切平面的定位尺寸（图中标有△符号的尺寸），而不应标注截交线的定形尺寸。

图 8-15 所示为两圆柱相交时尺寸的标注。其中图 8-15a 注出了两圆柱的定形尺寸及定位尺寸，是正确的注法，而图 8-15b 的注法是错误的。

8.3.2 组合体的尺寸标注

组合体由其组合的各基本立体的大小尺寸和各基本立体间的定位尺寸完全确定，但实际标注的组合体尺寸还有一类称总体尺寸，即组合体的尺寸分为 3 类：定形尺寸、定位尺寸和总体尺寸。下面以图 8-16 所示肋式杯形基础的尺寸注法为例进行说明。

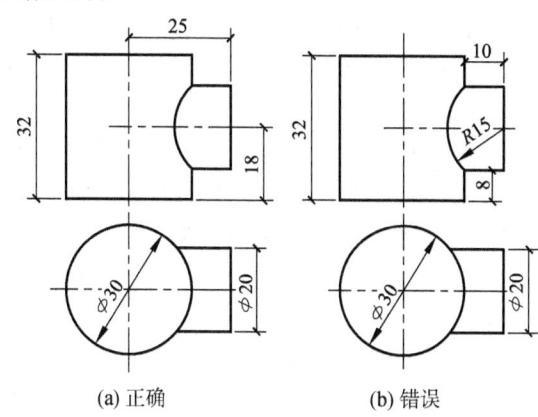

图 8-15 相交两基本形体的尺寸注法

8.3.2.1 定形尺寸

肋式杯形基础的定形尺寸有：四棱柱底板长 3000、宽 2000 和高 250；四棱柱长 1500、宽 1000 和高 750；楔形杯口上底 1000×500，下底 950×450，高 650；左右肋板长 750、宽 250、高 600 和 100；前后肋板长 250、宽 500、高 600 和 100。这些定形尺寸标注如图 8-16 所示。组成肋式杯形基础各基本立体的尺寸单独注出如图 8-11 所示。

8.3.2.2 定位尺寸

两基本立体间一般有长、宽、高三个度量方向的定位尺寸。

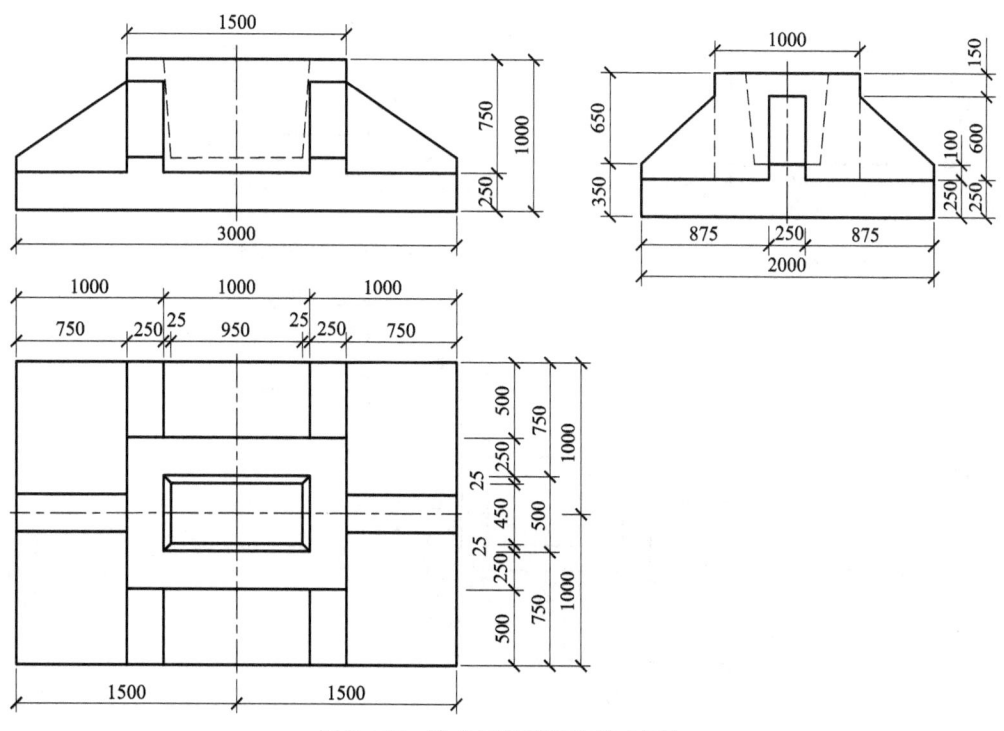

图 8-16 肋式杯形基础的尺寸标注

如图8-16所示,基础中间四棱柱的长、宽、高定位尺寸分别是750、500、250;杯口上底的定位尺寸为250、250、0,下底的定位尺寸为25、25、650,其中的上底长度方向定位尺寸250与左右肋板长度方向的定形尺寸相同。左右肋板的定位尺寸是0、875、250。同理,前后肋板的定位尺寸是750、0、250。以上各定位尺寸均按长、宽、高为序,长、宽、高尺寸数值即 $X、Y、Z$ 三个方向的尺寸。其中,0在图中不必注出。

对于对称的构筑物,必要时还应注出对称的定位尺寸以便施工。如图8-16所示,肋式杯形基础的尺寸标注,有杯口中线的定位尺寸1500和1500、1000和1000。

8.3.2.3 总体尺寸

确定组合体外形的总长、总宽、总高的尺寸。如图8-16所示,杯形基础的总体尺寸是3000、2000、1000。其中,3000和2000为已注出的底板长和宽。

8.3.3 组合体的尺寸标注步骤

标注组合体尺寸的步骤:首先运用形体分析法分析形体,然后标注定形尺寸,再标注定位尺寸,最后标注总尺寸。

8.3.3.1 分析组合体

运用形体分析法透彻分析组合体的结构形状,明确组成组合体的基本立体的形状及它们间的相互位置。

8.3.3.2 标注定形尺寸

逐一标出组成组合体的各基本立体的定形尺寸。如图8-17a所示,底层踏步尺寸为1740、

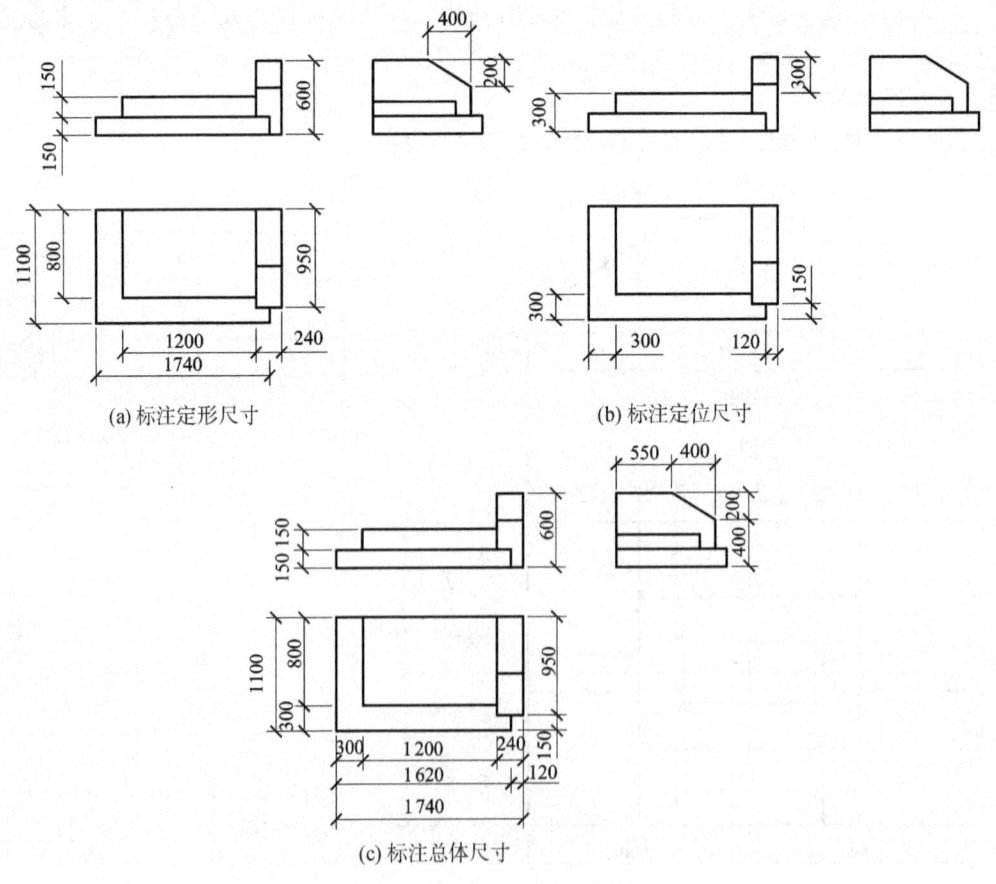

图8-17 台阶的尺寸标注

1100、150,顶层踏步尺寸为1200、800、150,栏板及其斜面尺寸为240、950、600和400、200。

8.3.3.3 标注定位尺寸

根据基本立体间的位置关系,从长、宽、高三个方向分析标注出定位尺寸。标注时先选择一个或几个标注尺寸的起点:长度方向和宽度方向可选择组合体的侧面(若为对称时,也可选择对称面,其积聚投影用点画线表示,称为对称线);高度方向可选择组合体的底面或顶面。如图8-17b所示:顶层踏步长度方向定位尺寸300以底层踏步左侧面为起点,宽度方向定位尺寸300以底层踏步的前侧面为起点,高度方向定位尺寸300以底层踏步底面为起点;栏板的长度方向定位尺寸120以踏步底层右侧面为起点,宽度方向定位尺寸150以踏步底层前侧面为起点,高度方向定位尺寸300以顶层踏步的顶面为起点。

8.3.3.4 标注总尺寸

组合体有总长、总宽和总高三个方向的总尺寸。标注时要注意分析,有些需直接标注出,有些本身就是某一基本形体的定形尺寸。如图8-17c所示,台阶底层踏步的宽度方向定形尺寸1100就为台阶的总宽尺寸,台阶右方栏板的高度方向的定形尺寸600就为台阶的总高度尺寸。这时不必另注出台阶的总宽和总高尺寸,只注出其总长尺寸1740。

8.3.4 尺寸配置

尺寸标注除了要符合国家标准规定及标注完整、准确无误外,还要配置得明显、清晰、整齐,以便读图。

(1)明显。同一基本立体的定形、定位尺寸,应尽量集中标注在反映该立体特征的视图中,且与两视图有关的尺寸宜注在两视图之间。

(2)清晰。尺寸一般应尽可能布置在视图最外轮廓线之外,某些细部尺寸允许标注在图形内。尽量不把尺寸注在虚线上。

(3)整齐。尽量将组合体的定形、定位和总体尺寸组合起来,排列成几行,其中最小尺寸布置距视图最外轮廓线的距离不小于10 mm,大尺寸布置在外侧。平行排列的尺寸线的间隔应相等,相距最好不小于7 mm。

(4)采用封闭式。在房屋建筑图中,一个尺寸标注必要时允许重复。为便于施工,尺寸宜采用封闭式,即各个部分尺寸均应标注出,每一方向尺寸之和等于该方向的总尺寸。

8.4 组合体视图的识读

画图是把空间组合体运用正投影法表达在二维的平面(图纸)上,而识图则是运用正投影法根据平面图形想象出空间组合体的形状结构。同样,形体分析法和线面分析法既是画图的基本方法,也是识图的基本方法。

8.4.1 形体分析法

形体分析法是识图的主要方法,它是根据基本立体的投影特征,分析视图所表示的组合体各组成部分结构形状和相对位置,然后综合确定组合体的整体结构形状。整个过程可归纳为:分形体,对投影;明形体,定位置;综合想,得整体。

为了正确地进行形体分析,必须掌握:

(1)运用"长对正,高平齐,宽相等"三等投影关系,正确进行投影分析。

(2)根据基本立体的投影特征,正确分离、判断组成组合体的基本立体或不完整的基本立体。

(3)结合组合体的组合形式和两相邻表面的组合关系,正确确定基本立体间的相对位置关系,想象出组合体的整体形状。

(4)抓住特征视图,联系几个视图,根据投影规律进行分析、构思,正确地想象出组合体的形状。图8-18a所示三个立体的正立面图和平面图均相同,但左侧立面图不相同,只有看了左侧立面图之后,才能区别它们的形状。图8-18b所示三个立体的正立面图和左侧立面图均相同,平面图为特征视图。

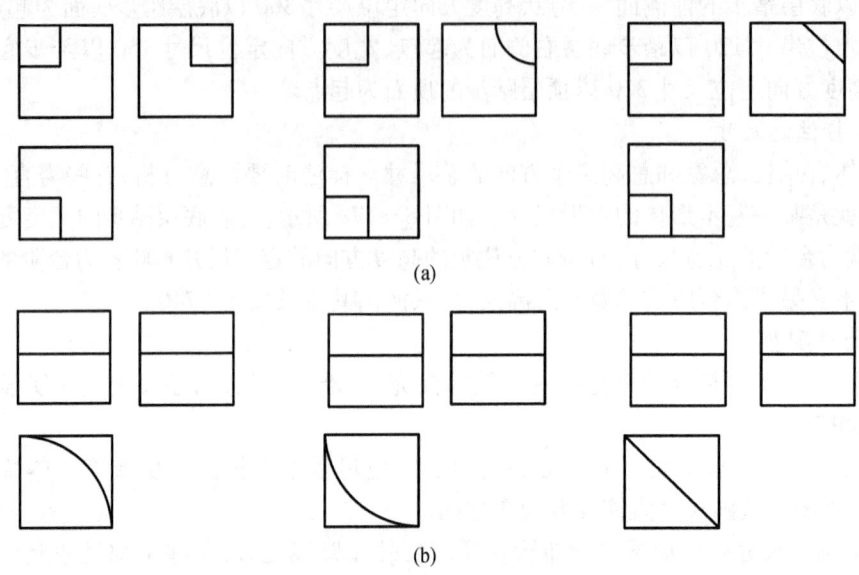

图8-18 抓住特征视图对应看图

以下用实例说明运用形体分析法的过程,如图8-19所示:

(1)分形体,对投影。一般从反映组合体特征的视图出发分离基本立体,找出每一简单立体在各视图中的投影。如图8-19所示,将台阶分离为四种基本立体,其中表示台阶左、右栏板的投影完全相同,即两栏板的形状一致。

(2)明形体,定位置。根据视图,将各基本立体的形状逐一分析清楚。然后根据视图表示的组合形式和相邻两表面的组合关系,弄清楚各基本立体的相对位置关系。如图8-19b所示,台阶的栏板是一块被切去一个三棱柱的四棱柱;其他三阶踏步的形状如图8-19c、d、e所示,均为四棱柱。几个基本立体的组合形式是叠加组合。其中Ⅱ、Ⅲ、Ⅳ三个简单立体间的后表面和左、右表面均对齐,它们被夹在两侧栏板中间,且后表面与两侧栏板后表面靠齐。

(3)综合想,得整体。根据上述对各组成部分的结构形状和相对位置的分析,综合归纳即可想象出该组合体的整体形状,如图8-19f(立体图)所示。

8.4.2 线面分析法

线面分析法是识图的辅助方法,是根据每一封闭线框表示空间一个面的投影特征,运用线、面的投影特性,分析视图中线段、线框的含义及其相互位置关系,从而想象组合体的表面性质和细部形状。这样,就可在形体分析所得结果的基础上,进一步确定组合体的确切形状。

要掌握线面分析法,必须在掌握各种位置直线和平面及曲面投影特性的基础上,对视图中的线段和线框所表达形体上的几何元素及其性质有概括的了解,即要了解视图中线段和线框的含义。

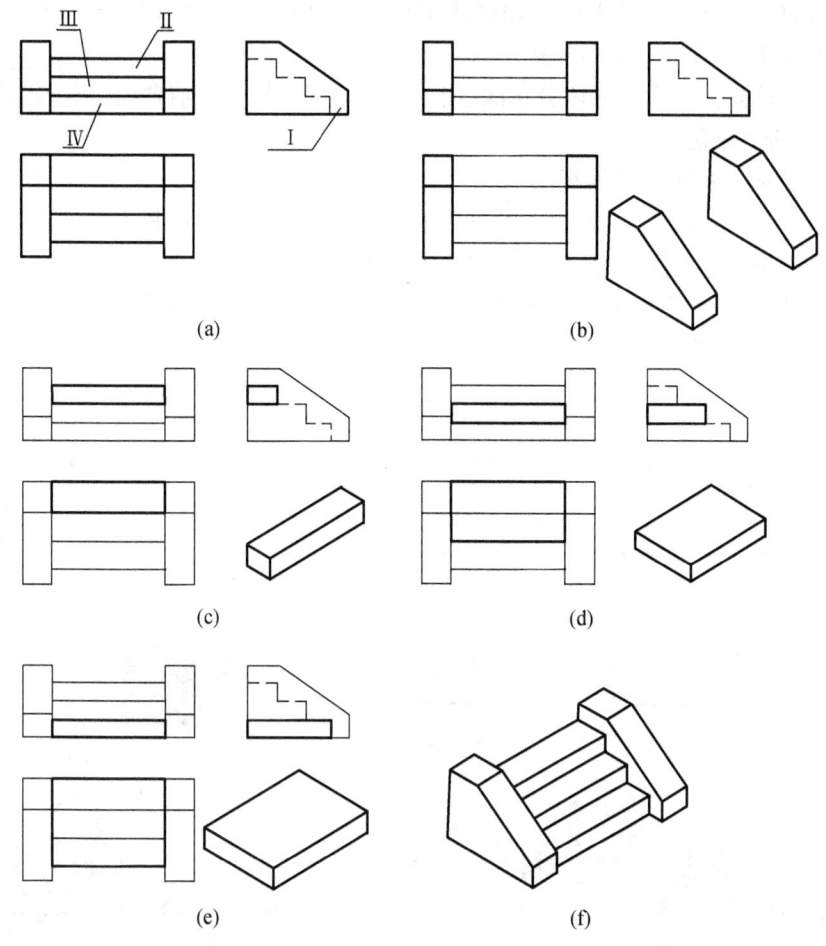

图8-19 运用形体分析法识图

这些内容已在前面的有关章节中详细讨论,不再赘述。

8.4.2.1 视图中线段的含义

视图上的线段可能是:

(1)两表面的交线的投影,如图8-20中的 M。两相交表面可以是平面,也可以都是曲面或曲面与平面。

(2)与投影面垂直的表面的积聚投影,如图 8-20中的 L。

(3)曲面的投影轮廓素线,如图8-20中的 N。

8.4.2.2 视图中封闭线框的含义

(1)表示一个表面或孔洞的投影。该表面可以是平面或曲面,或平面与曲面相切的组合面,如图8-20的 A(平面)、B(曲面)、C(平面与曲面相切组合面)。还可能是被切割后的孔洞的投影,如图8-20中的 D(空孔)。

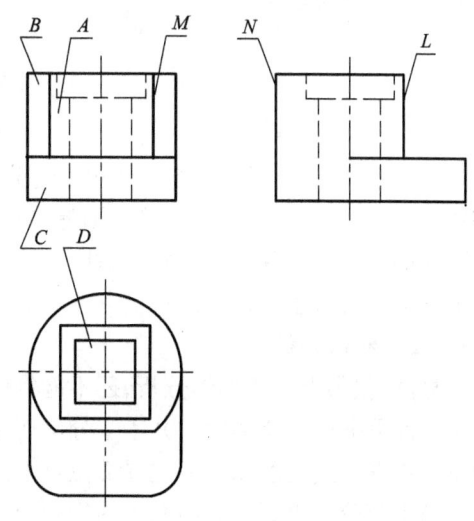

图8-20 投影图线、线框的含义

(2)相邻两线框表示形体上两个相交或不平齐表面的投影。如图 8-20 所示,平面 A 与曲面 B 相交,平面 C 与平面 A 不平齐。

在识图时,首先应该采用形体分析法,当对有些局部不易分析清楚时,再采用线面分析法,以弥补形体分析之不足。

8.4.3 由两面视图补画第三面视图

由已知两面视图补画第三面视图是培养识图能力的常用方法。其过程是先分析已知的两面视图,弄清该组合体的形状,然后按前述画图方法补绘第三面视图。

例如,设已知图 8-21a 所示组合体的 V 面和 W 面投影(正立面图和左侧立面图)。试补绘其 H 面投影(平面图)。

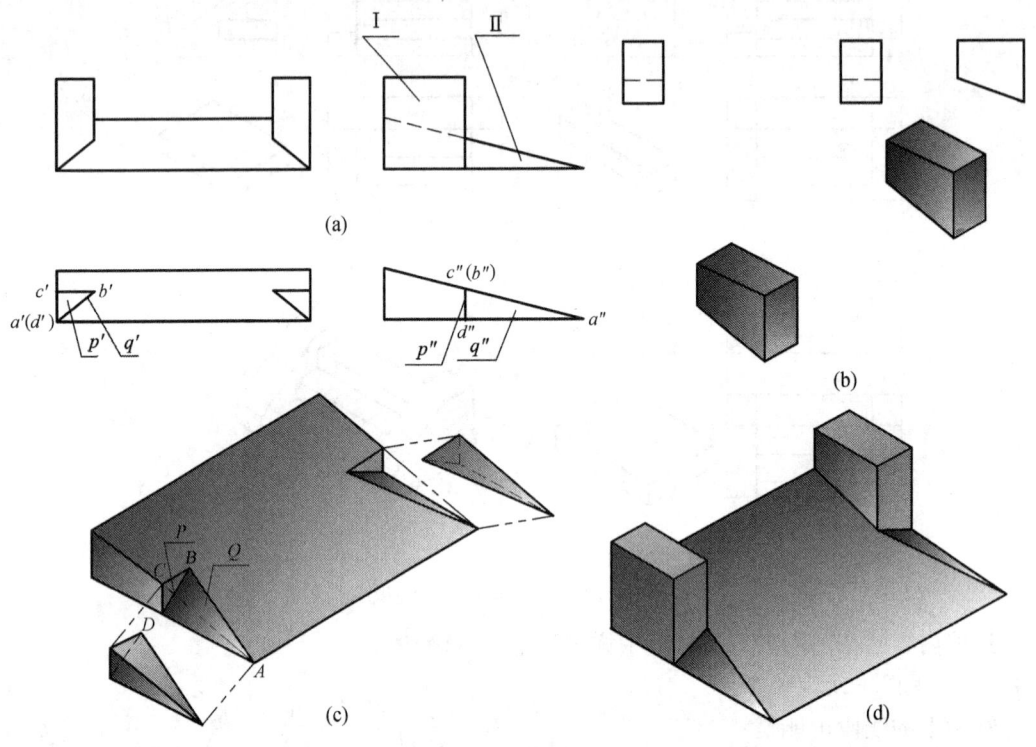

图 8-21 运用线面分析法帮助识图

8.4.3.1 形体分析

先将图 8-21a 所示的组合体粗略地分解为Ⅰ、Ⅱ两部分(图中Ⅰ所指的范围是以虚线为底边的梯形线框,而Ⅱ所指的范围则是包含虚线在内的"长"三角形),按投影关系找出正立面图与左侧立面图中分别与之相互对应的部分可知:组成该组合体的第Ⅰ部分是两个梯形棱柱(图 8-21b);第Ⅱ部分的原始状态是一个三棱柱(图 8-21c)。

8.4.3.2 线面分析

显然,仅做上述的形体分析,还不能将该组合体的形状完全弄清楚。事实上,将该组合体的第Ⅰ部分分解为梯形棱柱并不十分确切,因为在立面图中这部分前表面的完整形状是梯形而不是矩形。这就意味着在这局部位置上的第Ⅱ部分(即三棱柱)必须被切割去一部分,才能获得第Ⅰ部分前表面在立面图中的投影图形是梯形的结果。

现在再对图 8-21a 的立面图中的斜线进行分析,由于在该图的左侧立面图中只有一个

"短"三角形与之相对应,故可断定该斜线为"短"三角形正垂面的积聚投影。于是得出第Ⅱ部分(即三棱柱)在这局部位置上被正平面 P 与正垂面 Q 切割去一个三棱锥形切口的结论,如图 8-21c 所示。在这个切口上,AB 是一般位置直线,在待求的平面图中,其投影必定是一条斜线;同理,截断面 Q 在待求的平面图中,其投影必定是一个类似的三角形。

综合上述,可以想象出整个组合体的形状如图 8-21d 所示,为补绘第三面视图做好了准备。

8.4.3.3 补绘第三面视图

(1)根据组合体的长和宽用细实线画出其 H 面投影范围的线框(图 8-22a)。

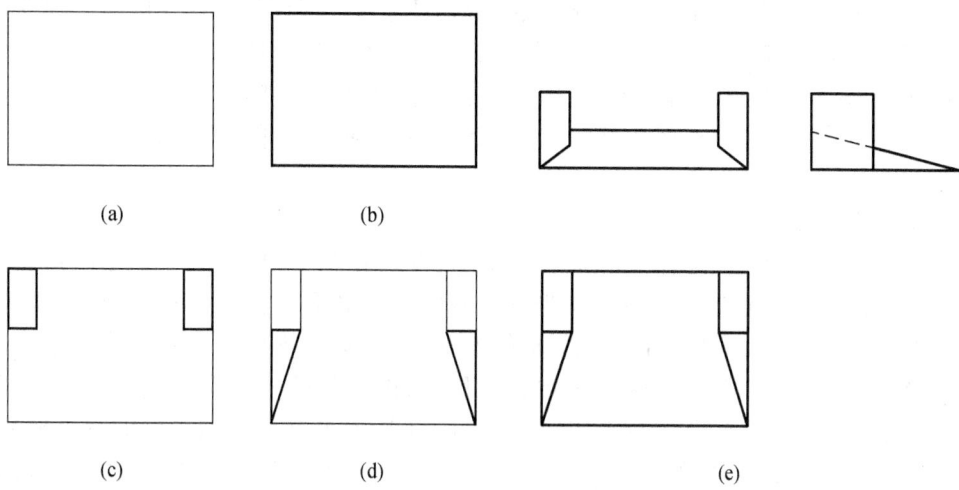

图 8-22 已知组合体的两面视图求第三面视图的画图步骤

(2)补绘三棱柱 H 面投影的外形轮廓线(图 8-22b)。
(3)补绘两个梯形棱柱的 H 面投影(图 8-22c)。
(4)补绘两个切口的 H 面投影,如图 8-22d 所示。
图 8-22e 所示为补绘完成的组合体的第三面视图。

复习思考题

1. 组合体有哪几种组合形式?它们在绘图和读图方面有哪些特点?
2. 立体表面之间的组合关系有哪几种情况?在绘图时要注意哪些问题?
3. 什么叫形体分析法?什么叫线面分析法?它们的分析要点都有哪些?
4. 如何运用形体分析法画图、看图和标注尺寸?
5. 怎样运用形体分析法和线面分析法看懂组合体的视图?

第9章 轴测投影

9.1 概述

多面正投影图的优点是能较完整、确切地表达出形体(泛指一般的组合体及各种基本立体)各部分的形状,而且作图简便、度量性好,所以是工程上通用的图样。但是这种图缺乏立体感,要具有一定的读图能力才能看懂。因此,工程上常用轴测投影图作为辅助图样。轴测投影图能同时反映空间形体长、宽、高三个坐标方向上的形状,立体感强、直观性好,也能度量,一般用于帮助设计构思、帮助读图及进行外观设计等,对有些较简单的形体,也可用轴测图替代正投影图。

9.1.1 轴测投影的形成

图9-1表示一个空间形体的正投影图和轴测投影图的形成模式。为了便于分析,假想将形体放在一个空间直角坐标体系中,其坐标轴 OX、OY、OZ 和形体上三条互相垂直的棱线重合,O 为原点。图9-1a是用正投影法形成的正投影图。如前所述,由于投射方向平行于一坐标轴,一个视图只能反映形体的两个度量方向,因此,正投影图立体感不强。为了使图形富有立体感,可以选用投射方向不平行于任一坐标面的方向,将形体和确定形体的直角坐标系,用平行投影法投射到某一选定的投影面上,就得到能反映出形体三个方向的尺寸的投影,这种投影方法即称为轴测投影法,所得投影称为形体的轴测投影,也称轴测图。如图9-1b、c所示轴测投影中,投影面 P 称为轴测投影面;空间直角坐标轴 OX、OY、OZ 在轴测投影面上的投影 O_1X_1、O_1Y_1、O_1Z_1 称为轴测投影轴(简称轴测轴);轴测轴两两之间的夹角 $\angle X_1O_1Y_1$、$\angle X_1O_1Z_1$、$\angle Y_1O_1Z_1$ 称为轴间角,轴间角确定了三条轴测轴的关系;轴测轴上线段与相应的原坐标轴上线段的长度之比值,称为轴向伸缩系数,如 $AK:A_1K_1=p$,$BC:B_1C_1=q$,$AB:A_1B_1=r$;方向 S 称为投影方向。

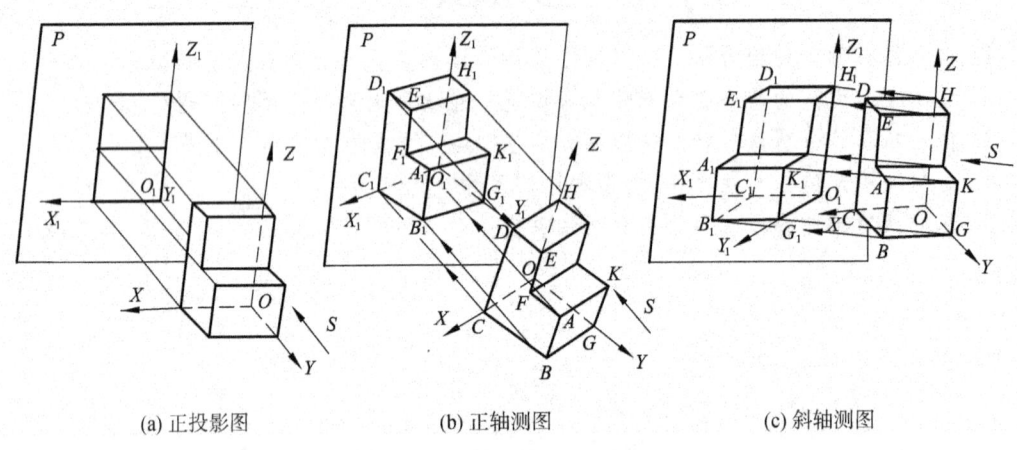

(a) 正投影图　　　　(b) 正轴测图　　　　(c) 斜轴测图

图9-1　轴测投影的形成

轴间角和轴向伸缩系数是在绘制轴测投影时必须知道的两个参数。

9.1.2 轴测投影的分类

根据投射方向的不同,轴测投影分成以下两类:

(1)投射方向 S 垂直于投影面 P 时,所得的投影称为正轴测投影,如图 9-1b 所示。

(2)投射方向 S 倾斜于投影面 P 时,所得的投影称为斜轴测投影,如图 9-1c 所示。

改变坐标轴对轴测投影面的倾角,就会得到不同的轴间角和轴向伸缩系数,这两类轴测投影又分别有三种:

正(斜)等轴测投影,简称正(斜)等测:$p = q = r$。

正(斜)二等轴测投影,简称正(斜)二测:$p = q \neq r$、$p \neq q = r$、$p = r \neq q$。(一般取轴向伸缩系数为 $p = r = 2q$)

正(斜)三轴测投影,简称正(斜)三测:$p \neq q \neq r$。(三轴测投影由于作图较繁,在实际上很少采用)

在实际工作中,正轴测投影用得较多的是正等测、正二测;斜轴测投影用得较多的是正面斜二测、水平斜等测。

9.1.3 轴测投影的投影特性

由于轴测投影采用的也是平行投影法,所以仍具有平行投影的特性,即空间形体与轴测投影之间保持下列投影关系。

9.1.3.1 平行性

空间相互平行的直线,它们的轴测投影仍相互平行。形体上平行于坐标轴的线段,在轴测投影上仍平行于相应的轴测轴。

9.1.3.2 定比性

形体上平行于坐标轴的线段的轴测投影与原线段实长之比,等于相应的轴向伸缩系数。

由此可见,凡平行于空间坐标轴的线段长度乘以相应的轴向伸缩系数,就是该线段的轴测投影长度。所以,知道了这些系数,就可沿轴测轴方向量取与空间坐标轴平行的线段的轴测投影长度。"轴测"这个词的含义就是沿轴测量的意思。

如图 9-2 所示,空间点 A 的轴测投影为 A_1。其中有:

$O_1 a_{x_1} = p \cdot O a_x$

$a_{x_1} a_1 = q \cdot a_x a$ (由于 $a_x a // OY$,所以 $a_{x_1} a_1 // O_1 Y_1$)

$a_1 A_1 = r \cdot aA$ (由于 $aA // OZ$,所以 $a_1 A_1 // O_1 Z_1$)

9.1.4 轴测投影的基本作图方法

轴测投影的基本作图方法是坐标法。

点是最基本的几何要素,因此首先讨论点的轴测投影的作图方法。如已知点 A 的正投影图(图 9-3)及轴测投影的轴间角均为 120°,各轴向伸缩系数均为 1,则该点的轴测投影的作图步骤如下:

(1)按轴间角画出轴测轴 $O_1 X_1$、$O_1 Y_1$、$O_1 Z_1$(通常将 $O_1 Z_1$ 轴放在竖直位置)。

(2)在 $O_1 X_1$ 轴上取 $O_1 a_{x_1} = p \cdot O a_x$。

(3)过 a_{x_1} 作 $a_{x_1} a_1 // O_1 Y_1$,使 $a_{x_1} a_1 = q \cdot a_x a$。

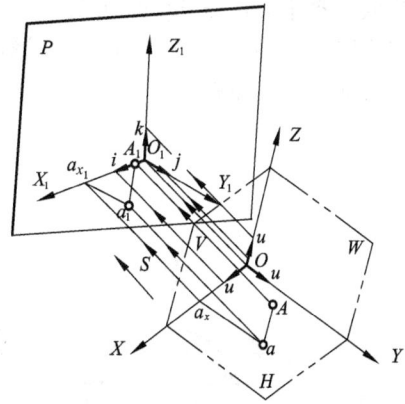

图 9-2 轴向伸缩系数

(4)过 a_1,作 $a_1A_1 // O_1Z_1$,使 $a_1A_1 = r \cdot a'a_x$。

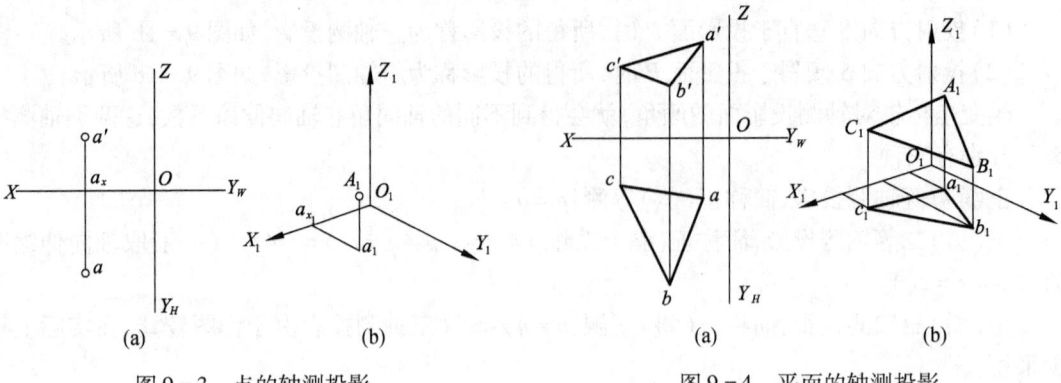

图 9-3　点的轴测投影　　　　　　图 9-4　平面的轴测投影

A_1 即为点 A 的轴测投影,a_1 称为点 A 的次投影。仅有点的轴测投影,并不能确定点的空间位置,必须同时给出它的一个次投影。

直线的轴测投影可由直线上两点的轴测投影连接而成。平面的轴测投影可由作出确定平面的三个点的轴测投影后求得(图 9-4)。

9.2　正轴测投影

前面已指出,坐标轴对轴测投影面的倾斜角决定了轴间角和轴向伸缩系数。在正轴测投影中,根据轴间角和轴向伸缩系数不同,正轴测投影可为正等测轴测投影、正二测轴测投影和正三测轴测投影。下面重点介绍工程较常用的正等测轴测投影和正二测轴测投影。两种投影的轴间角和轴向伸缩系数不同,但绘图的方法相同。

9.2.1　正等测轴测投影

在正等轴测投影中三条坐标轴对轴测投影面的倾斜角相等,均等于 120°。各轴的轴向伸缩系数也相等,均约为 0.82(图 9-5)。画图时通常将 O_1Z_1 轴放在竖直位置,O_1X_1 轴和 O_1Y_1 轴画成与水平方向呈 30°角,在手工绘图中,可以直接利用丁字尺和 30°三角板作图。同时,为作图简便,一般将各轴的轴向伸缩系数简化为 1,即 $p = q = r = 1$,称为简化伸缩系数。利用简化伸缩系数画出的正等测图形状未变,只是比实际的轴测图放大了约 1.22 倍($1/0.82 ≈ 1.22$)。

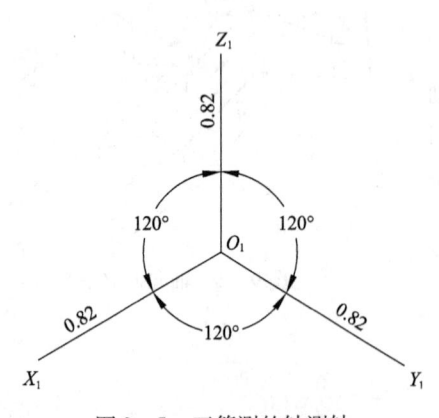

图 9-5　正等测的轴测轴

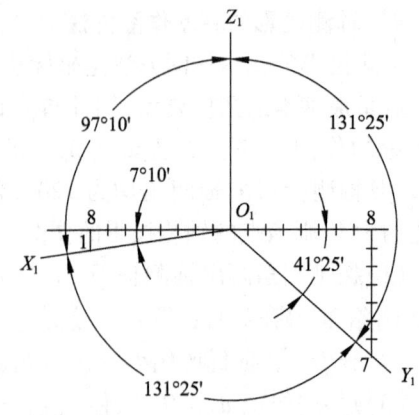

图 9-6　正二测的轴测轴

9.2.2 正二等轴测投影

对于正二等轴测投影的轴向伸缩系数和轴间角,其具体数值如下:

正二测的轴间角 $\angle X_1 O_1 Y_1 = \angle Y_1 O_1 Z_1 = 131°25'$, $\angle Z_1 O_1 X_1 = 97°10'$;轴向伸缩系数 $p = r = 0.94$,$q = 0.47$。为了作图方便,采用简化轴向伸缩系数 $p = r = 1$,$q = \frac{1}{2}$。如用简化轴向伸缩系数作图,画出的正二测图上的轴向线段长度比实际的投影长度放大了 $\frac{1}{0.94} \approx 1.06$ 倍。作图时一般使 $O_1 Z_1$ 轴处于垂直位置;而 $O_1 X_1$ 和 $O_1 Y_1$ 轴,由于 $\tan 7°10' \approx \frac{1}{8}$,$\tan 41°25' \approx \frac{7}{8}$,因此可利用比例尺按 1∶8 和 7∶8 作出(图 9-6),也可用量角器直接量出。正二测作图稍为麻烦,但由于立体感较强,也较常用。

9.3 画形体轴测图的基本方法

前面介绍的点、直线、平面的轴测投影的基本作图方法——坐标法,是画形体轴测投影最基本的方法。但由于形体的组合形式和结构特点不同,其基本作图方法还有叠加法、切割法、端面法、包络法和方格网法等,在实际作图中对上述方法还可综合运用。故此,在画一个形体的轴测投影时,应先对其进行形体分析,然后根据形体的形状和特征,选择表现直观性好的轴测投影种类,采用恰当的作图方法绘图。下面以正轴测投影为例,分别介绍各种常用的作图方法。

为了使图形富有立体感,轴测图的可见轮廓线宜用中实线绘制,通常不画出不可见轮廓线,必要时,可用细虚线绘出所需表示部分。

9.3.1 坐标法

用坐标法画轴测图,是根据形体形状特点,选择恰当的轴测轴,再按坐标关系,画出形体各点的轴测投影,然后连点成线而成形体的轴测图。坐标法是画轴测投影的最基本的作图方法,其他作图方法均以坐标法为基础。

图 9-7 表示用坐标法画三棱锥正等测图的步骤和方法。考虑到作图方便,把坐标原点选在底面点 B 处,并使 AB 与 OX 轴重合。

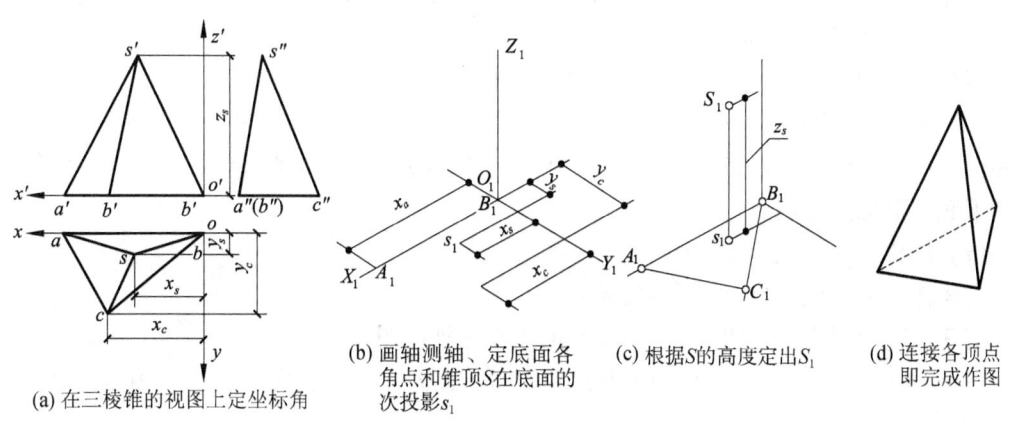

(a) 在三棱锥的视图上定坐标角
(b) 画轴测轴、定底面各角点和锥顶 S 在底面的次投影 s_1
(c) 根据 S 的高度定出 S_1
(d) 连接各顶点即完成作图

图 9-7 用坐标法画三棱锥的正等轴测图

例 9 - 1 画图 9 - 8a 所示形体的正等测图。

(1) 分析。如图 9 - 8a 所示，形体有曲面，绘制它的轴测图时关键是画出形体前、后端面曲线的轴测投影，这就需要度量曲线上各点的坐标(可适当取若干点)，分别作出各点的轴测投影，然后光滑连点成线。

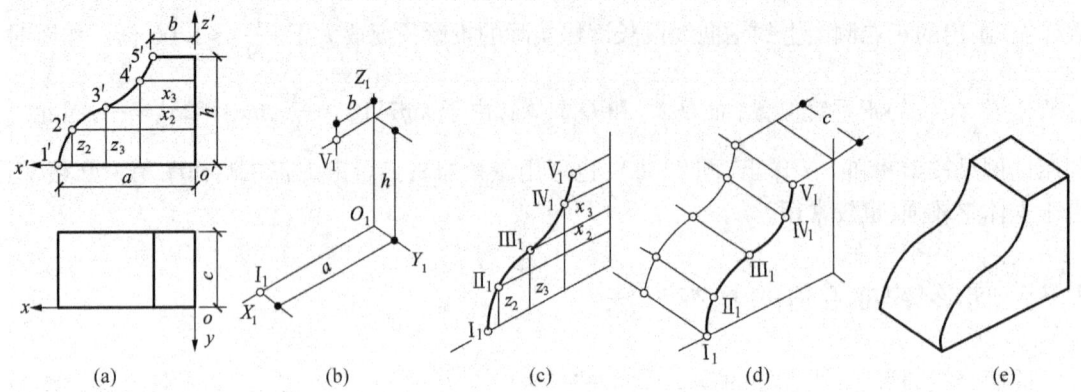

图 9 - 8 用坐标法画带曲面的形体的正等轴测图

(2) 作图。

①在两面投影图上定出坐标轴的位置。在这里可把原点 o 定在形体前端面的右下角，如图 9 - 8a 所示。这样可省画被挡住的线，使作图简化。

②按尺寸 a 在 O_1X_1 轴上定出点 I_1，按尺寸 b 及 h 定出点 V_1，如图 9 - 8b。

③分别用坐标值 (x_2, z_2)、(x_3, z_3) 等定出 II_1、III_1 等点位置，将 I_1、II_1、III_1、IV_1、V_1 顺序连成光滑曲线，即得所求曲线的轴测投影，如图 9 - 8c 所示。

④经过 I_1、II_1、III_1、IV_1、V_1 各点向后作 O_1Y_1 轴的平行线，并在其上截取尺寸 c，即得位于形体后端面上对应点，然后用曲线连接，如图 9 - 8d 所示。擦去作图线，用中实线描深可见图线，完成作图(图 9 - 8e)。

9.3.2 端面法

绘制比较规则的形体的轴测图时，如柱类和锥类形体，可先画出能反映其特征的一个端面或底面，然后以此为基础作相应轴测轴的平行线，画出可见的棱线和底面或端面，完成形体的轴测图，这种画法称为端面法。

例 9 - 2 画出图 9 - 9 所示正六棱柱正等轴测图。

(1) 分析。采用端面法画该正六棱柱的正等测图。选用上底面中心点为坐标原点，画出轴测轴。根据上底面各顶点的 x、y 坐标，画出上底面的正等轴测图，再截出可见棱线的高度，就得下底面可见边端点。

(2) 作图。

具体作图方法见图 9 - 9，不再赘述。

例 9 - 3 画出图 9 - 10a 所示四棱台的正二等轴测图。

(1) 分析。采用端面法画该四棱台的正二等轴测图。选下底面中心点 O 为坐标原点。

(2) 作图。

具体作图方法见图 9 - 10，不再赘述。

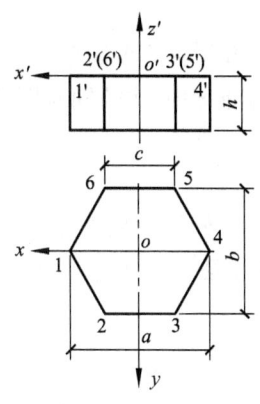 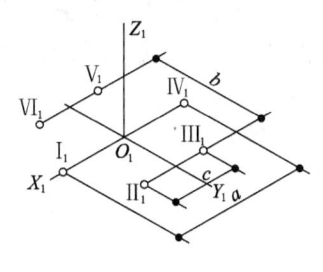 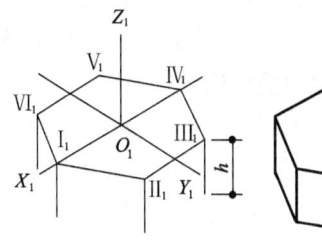 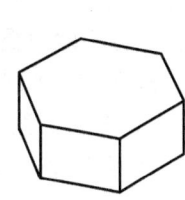

(a) 在投影图上选坐标轴，将坐标原点设在顶面的中心

(b) 利用坐标法及平行性质，作出点Ⅰ、Ⅱ、Ⅲ、Ⅳ、Ⅴ、Ⅵ的轴测投影I_1、II_1、III_1、IV_1、V_1、VI_1

(c) 过顶面各点作平行于O_1Z_1轴的可见棱线并取长度h定出底面上顶点

(d) 连接底面顶点，擦去多余图线，并描深，完成作图

图9-9 正六棱柱的正等轴测图画法

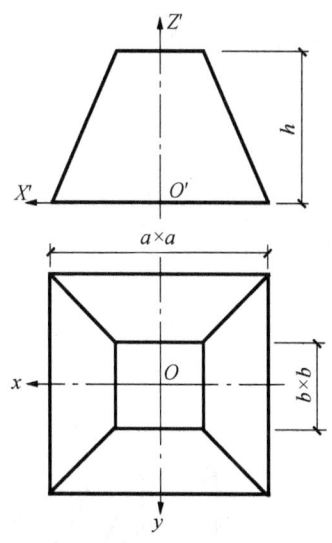 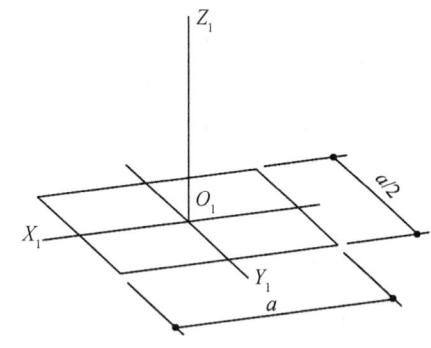

(a) 在投影图上选坐标轴，将坐标原点设在底面的中心

(b) 画轴测轴，画出底面的轴测投影

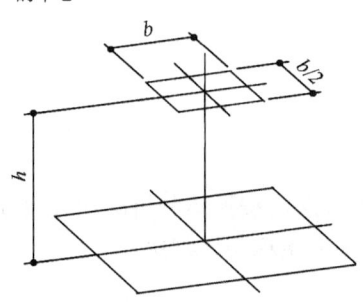 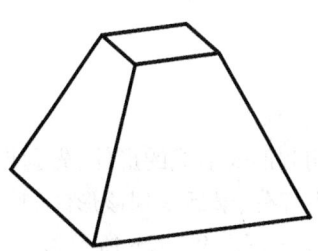

(c) 依据顶面高度画出顶面的轴测投影

(d) 连接相应顶点，擦去多余作图线，并描深，完成作图

图9-10 四棱台的正二等轴测图画法

9.3.3 叠加法

对以叠加形式组合的形体,画轴测投影时,先用形体分析法,将形体分成几个简单的组成部分,然后逐一将各部分的轴测投影按照相对位置关系叠加起来,最后得到形体的轴测图,这种作图方法称为叠加法。

例 9-4 画出图 9-11a 所示形体的正等轴测图。

(1)分析。图示形体是叠加组合而成,故采用叠加法作图。先将其分解为底板Ⅰ(长方体)、背板Ⅱ(长方体)和斜板Ⅲ(三棱柱)三个部分。然后根据位置关系逐一画出它们的轴测投影。

(2)作图。

①在三面投影图上定出坐标轴的位置,如图 9-11a 所示;

②画轴测轴后,先根据尺寸 a、b、c 画出底板,如图 9-11b 所示;

③根据图 9-11a 所示相对位置关系在底板上表面之上用尺寸 d 和 $h-c$ 画背板Ⅱ。背板Ⅱ的后面与底板后面平齐,左、右表面也与底板平齐,如图 9-11c 所示;

④在底板上表面和背板前面画斜板Ⅲ,斜板Ⅲ位于形体左右对称的位置,即其左、右两端面各距对称面 $e/2$,如图 9-11d 所示;

⑤擦去多余作图线,用中实线绘制可见轮廓线,即得到形体的正等轴测图,如图 9-11e 所示。

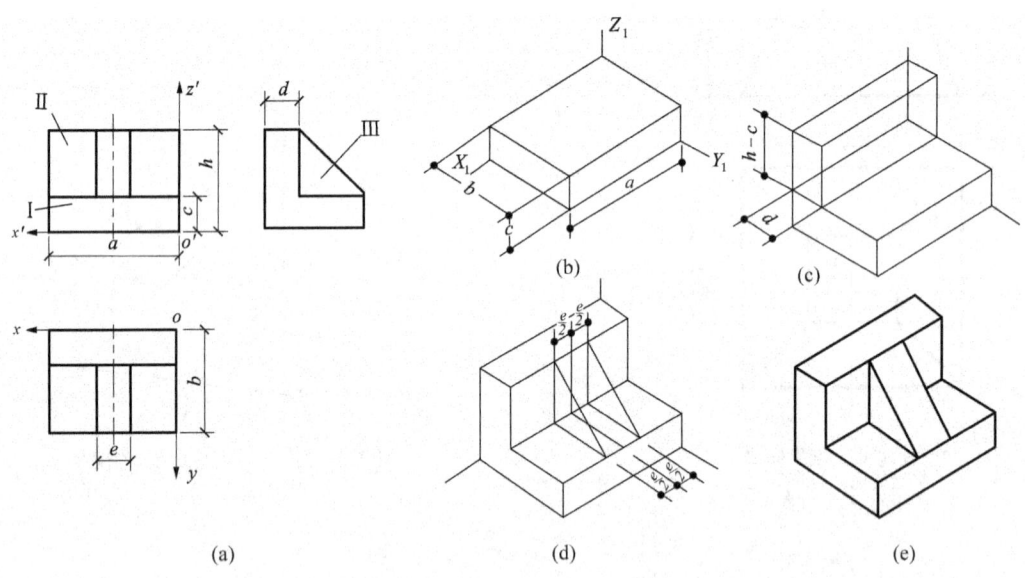

图 9-11 用叠加法画正等轴测图

9.3.4 切割法

对以切割形式形成的形体,先画出完整形体的轴测图,再按形体分析法和线面分析法逐一切割被切去部分,最后得到该形体的轴测图。这种作图方法称为切割法。

例 9-5 画图 9-12a 所示形体的正等轴测图。

(1)分析。图 9-12a 所示形体,可分析为由一个长方体切去一个三棱柱和一个四棱柱所形成的。这种形体适合用切割法作图。

(2)作图。

第 9 章 轴测投影

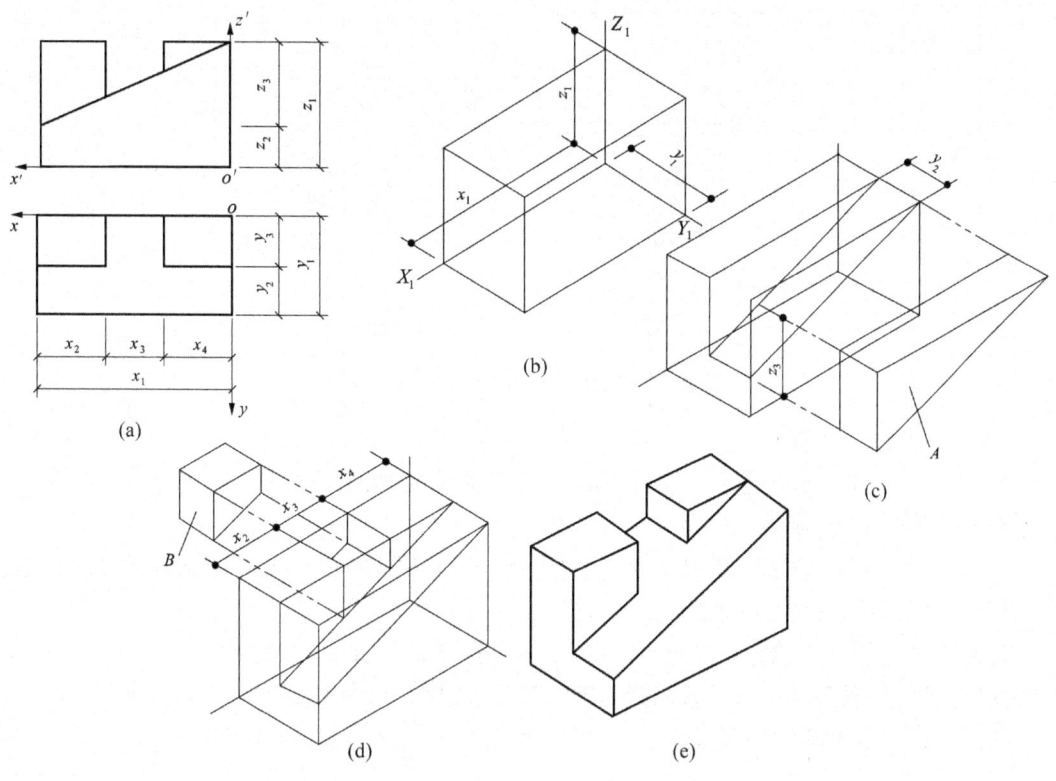

图 9-12 用切割法画正等轴测图

①在两面投影图上定出坐标轴位置,如图 9-12a 所示。
②画轴测轴,作出长方体的轴测图,如图 9-12b 所示。
③切去三棱柱 A,如图 9-12c 所示。
④切去四棱柱 B,如图 9-12d 所示。
⑤擦去多余作图线(注意形体被切割后所产生的表面交线,哪些应擦去,哪些应保留),即得形体的轴测图。如图 9-12e 所示。

9.3.5 圆的轴测投影

9.3.5.1 一般画法

在一般情况下,圆的轴测投影为椭圆,可以用坐标法作出圆上一系列点的轴测投影,然后光滑地连接起来,即得圆的轴测投影。

例 9-6 图 9-13a 为一水平面上的圆,求作它的轴测投影(图示为正等轴测投影)。

(1) 分析。该圆为水平面上的圆,可用坐标法作出圆上适当的点的轴测投影,然后光滑连接,得出其轴测投影。

(2) 作图。如图 9-13 所示:

①在两面投影图上定出坐标轴。
②首先画出 O_1X_1、O_1Y_1 轴,并在其上按直径大小直接定出 1_1、2_1、3_1、4_1。
③为了作出椭圆上不在轴测轴上的其余各点,可过 oy 轴上的 A、B 等点作一系列平行于 ox 轴的平行弦,然后按坐标相应地作出这些平行弦长的轴测投影,得 5_1、6_1、7_1、8_1 等。
④光滑地连接各点,即为该圆的轴测投影(椭圆)。

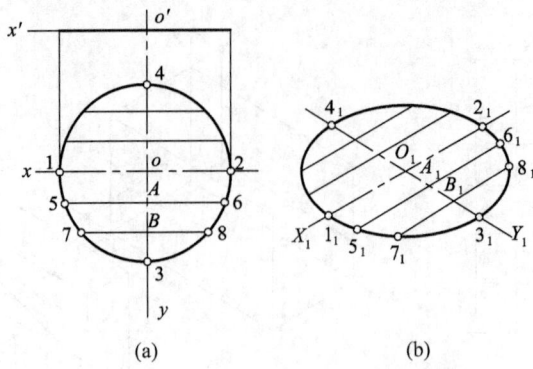

图 9-13 用坐标法画圆的正等轴测投影

9.3.5.2 "八点法"画法

作圆的轴测图时,除上述坐标法外,通常先作出圆的外切正四边形的轴测投影,再在其中作出圆的轴测投影(椭圆)。

椭圆的一般画法:先求出圆周上的八个点(称"八点法")的轴测投影,再连成椭圆。"八点法"适用于画圆的任何类型的轴测投影(椭圆)。

例 9-7 试用八点法作出图 9-14a 所示水平圆的轴测投影(椭圆)。

(1) 分析。如图 9-14a 所示,画圆的轴测投影,先画出圆外切四边形的轴测投影,再运用"八点法"在其中画出圆的轴测投影。

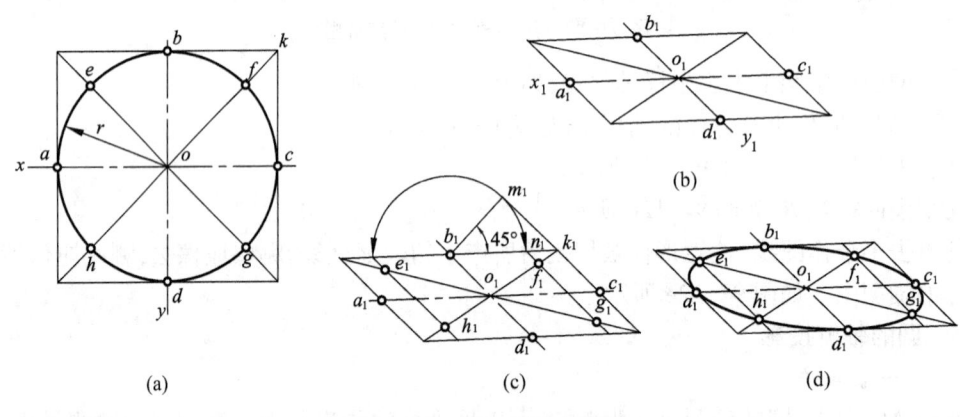

图 9-14 用八点法画椭圆

(2) 作图。

①根据轴测轴和伸缩系数,先画出圆外切四边形的轴测图,如图 9-14b 所示。图中 a_1c_1 和 b_1d_1 为水平面上圆的中心线的轴测投影,端点 a_1、b_1 和 c_1、d_1 即为圆周上的四个点。

②根据图 9-14a 所示圆与外切正四边形的关系,三角形 obk 是一等腰直角三角形,其中 $ob=of=r$,$ok=\sqrt{2}r$,所以 $of:ok=1:\sqrt{2}$。根据这个比例关系,不难求出点 f 的轴测投影 f_1,作图方法如图 9-14c 所示,以 b_1k_1 为斜边作等腰直角三角形 $b_1m_1k_1$;以 b_1 为圆心,b_1m_1 为半径作弧,交 b_1k_1 于 n_1;再过 n_1 作 b_1d_1 的平行线与四边形的两对角线分别相交得 f_1 和 g_1。

用同样方法求出 e_1 和 h_1。

③用曲线板连接 a_1、e_1、b_1、f_1、c_1、g_1、d_1 和 h_1 八个点,即得椭圆,如图 9-14d 所示。

9.3.5.3 坐标面上圆的正等轴测投影

在正等轴测投影中,坐标面(或其平行面)上的圆,其轴测投影是椭圆;椭圆的长轴方向与垂直于该坐标面的轴测轴垂直,长轴等于圆的直径 d;短轴与长轴垂直,即短轴方向与该轴测轴平行(图 9-15)。

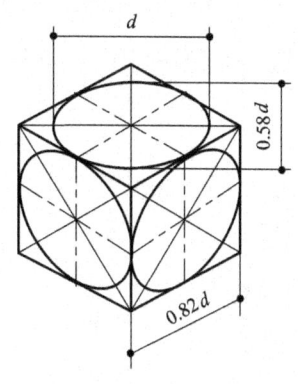

(a) 按 $p=q=r=0.82$ 作图

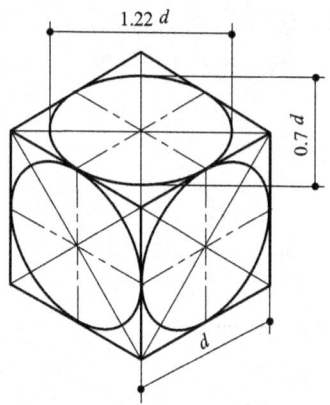

(b) 按简化伸缩系数作图

图 9-15 正等测坐标面上圆的轴测投影(椭圆)的长、短轴的方向和大小

如图 9-15 所示,为正等测坐标面上圆的轴测投影。

为了简化作图,在制图中常采用四段圆弧连成的近似画法(称"四心法")作正等轴测图中的椭圆(图 9-16)。按图 9-16 画法作出的近似椭圆的长轴为 1.15d,短轴为 0.73d,与理论长度(1.22d,0.7d)较为接近。如图 9-16 是在 XOY 坐标面上的直径为 d 的圆的正等测椭圆的近似画法。同理可作出 XOZ 和 YOZ 坐标面上的圆的正等轴测图。只是长、短轴的方向不同,其近似画法与在 $X_1O_1Y_1$ 面上的椭圆完全相同。具体作图步骤如下:

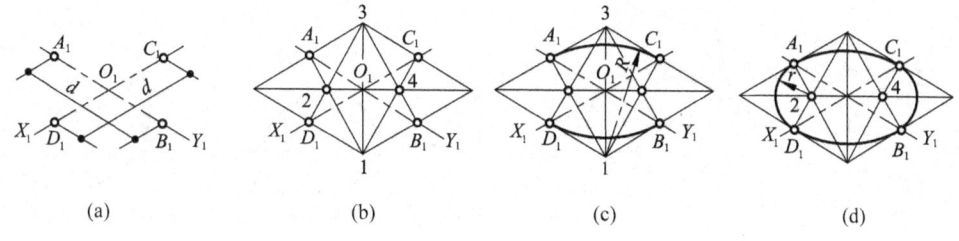

图 9-16 正等测椭圆的近似画法

① 画轴测轴,按直径 d 量取点 A_1、B_1、C_1 及 D_1,如图 9-16a 所示;
② 作出圆外切四边形的轴测图——菱形,连接 $1A_1$、$1C_1$、$3D_1$ 和 $3B_1$ 得交点 2 和 4,如图 9-16b 所示;
③ 分别以 1、3 为圆心,$1A_1$ 为半径作两大圆弧,如图 9-16c 所示;
④ 分别以 2、4 为圆心,$2A_1$ 为半径作两小圆弧,如图 9-16d 所示。

9.3.6 曲面立体的正等轴测图画法

掌握了圆的正等轴测投影画法后,就不难画出回转曲面立体的正等轴测图。

例 9-8 如图 9-17a 所示,已知圆柱体的两面投影,求作其正等轴测图。

(1) 分析。画圆柱的正等轴测图,只要分别作出其顶圆和底圆的正等轴测图,再作其公切线即可。这两条切线即为圆柱面轴测投影轮廓线。

(2) 作图。

① 选坐标系,如图 9-17a 所示;

② 用近似画法(四心法)画顶圆轴测图,如图 9-17b 所示;

③ 用"移心法"作底圆轴测图,如图 9-17c 所示;

④ 作两椭圆的公切线,擦去多余作图线,描深,完成圆柱正等轴测图(图 9-17d)。

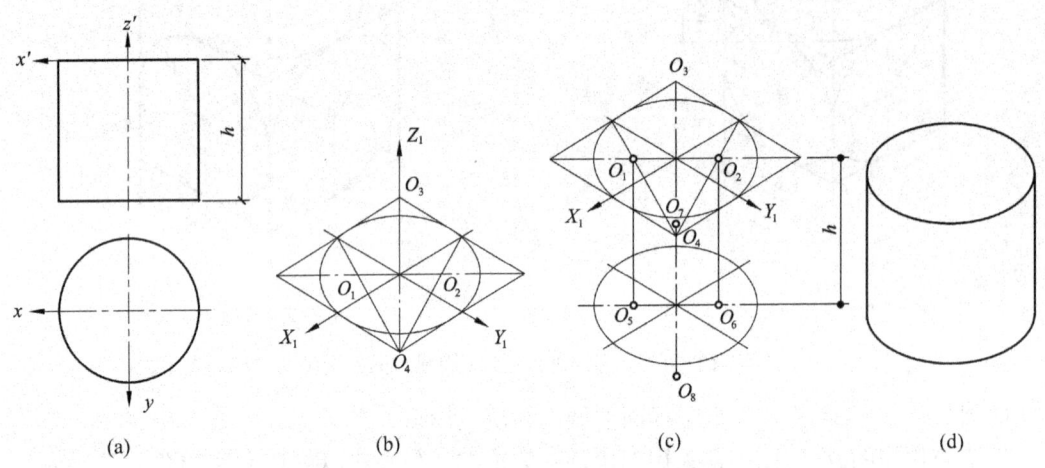

图 9-17　圆柱体的正等轴测画法

图 9-18a 所示为圆锥台的正等轴测图。图 9-18b 所示为去冠圆球的正等轴测图。

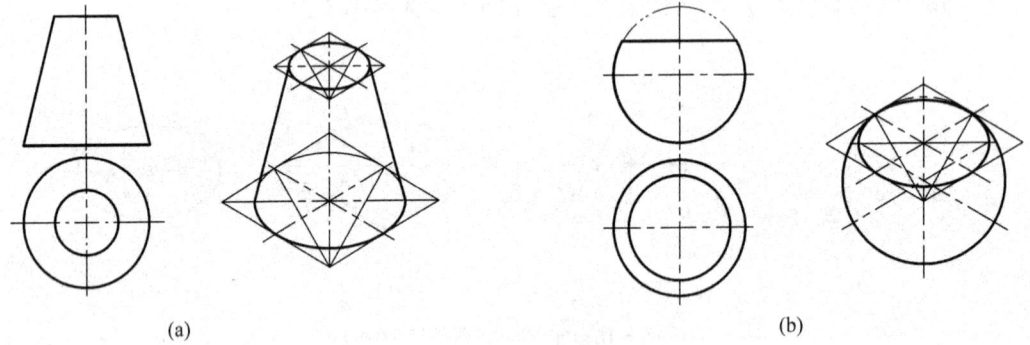

图 9-18　圆锥台、去冠圆球的轴测图

对曲面的轴测投影,有些曲面仅作出它们的投影轮廓线不一定可以得到直观性强的图形,所以在曲面的轴测图上常需补充作出在曲面上的某些曲线的轴测投影来表示。如球面常画出一些纬线或子午线的投影来表示。又如图 9-19 所示回转体,图中还画出喉圆和赤道圆。

9.3.7　包络线法

对不能直接画出轴测投影轮廓线的回转面,先作出它们的纬圆(或辅助球面)的轴测投影,然后作出各纬圆(或辅助球面)的轴测投影的包络线,即得该曲面的轴测投影轮廓线。此称为包络线法。

例9-9 试根据回转体的正投影图,画正等轴测图(图9-19)。

(1)分析。如图9-19a所示,回转体有上下底面、喉圆和赤道圆。采用包络线法作该回转体的正等测图:先作出上下底面、喉圆和赤道圆的正等测图,为使图形立体感强还作出个别一般纬圆的正等轴测图,最后作出与各椭圆相切的左右包络曲线,完成作图。

(2)作图。

①画出轴测轴,用四心法绘出回转体上下底面、喉圆和赤道圆及一个一般纬圆的正等轴测图(图9-19b)。

②作与上述各纬圆正等测投影(椭圆)相切的左右包络线,应注意其切点并不一定是各椭圆长轴的端点(图9-19c)。

③所得的上顶面椭圆和左右两条包络线,及下底面部分椭圆就构成了该回转体的正等轴测投影轮廓线。擦去多余作图线,描深,完成作图。图上还画有喉圆和赤道圆以加强立体效果(图9-19d)。

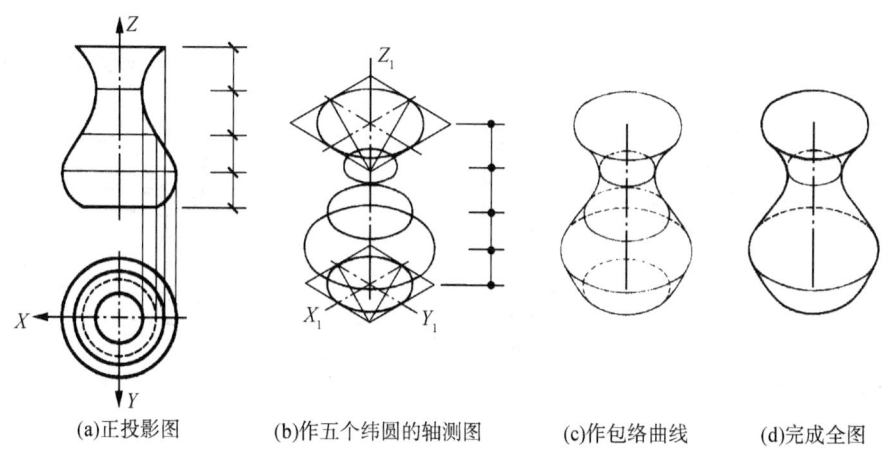

(a)正投影图　　(b)作五个纬圆的轴测图　　(c)作包络曲线　　(d)完成全图

图9-19　回转体的正等测画法

图9-20a所示的是用包络线法画出圆环(母线圆直径d,圆心回转直径D)的轴测图(圆环的投影轮廓线是利用内切于圆球的辅助球面作出的)。图9-20b所示的是用包络线法画出回转面的轴测图(回转面的投影轮廓线是利用内切于回转面的辅助球面作出的)。

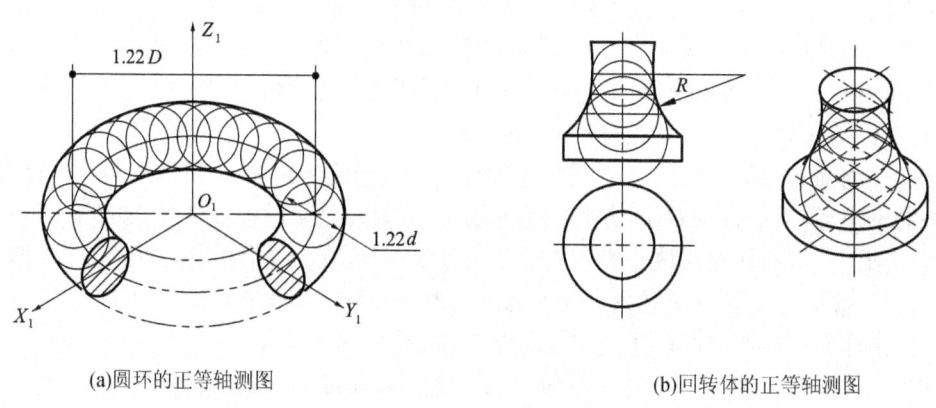

(a)圆环的正等轴测图　　　　　　　(b)回转体的正等轴测图

图9-20　圆环、回转体轴测图画法

9.3.8 网格法

将曲线纳于一个由正方形组成的网格中，先作网格的轴测图，然后找出形体与网格相对应位置的代表点，顺序连接各点，即得曲线的轴测图，称为网格法，如图 9-21 所示。

例 9-10 试根据柱墩的投影图，作正二等轴测图（图 9-21）。

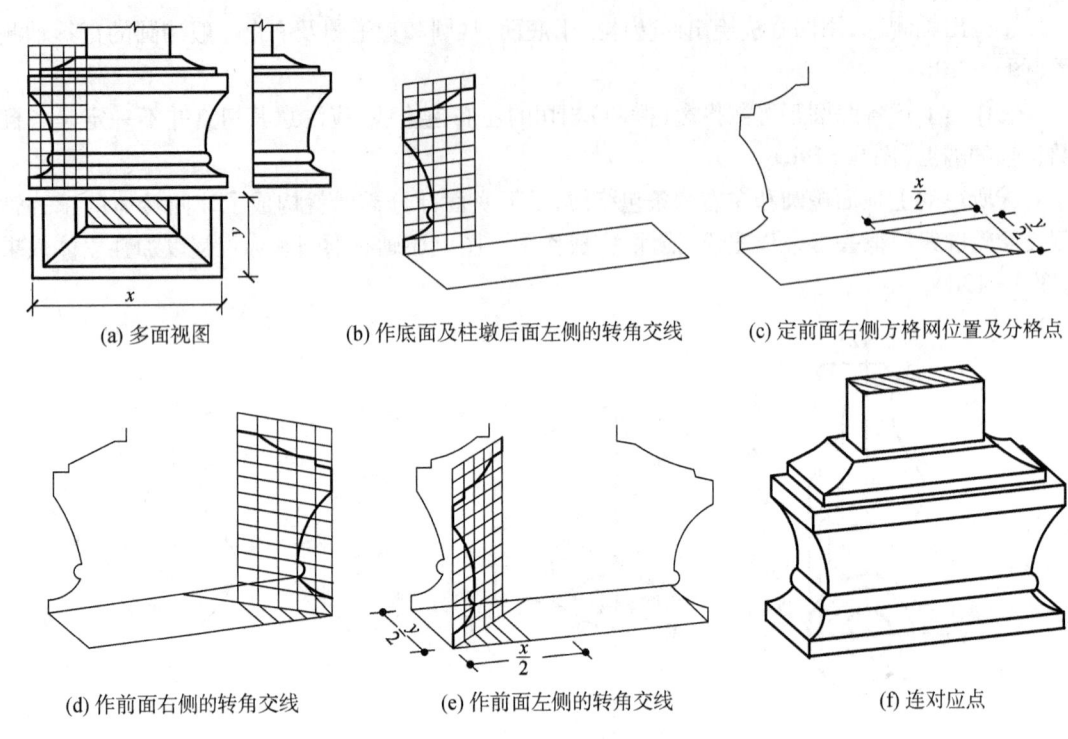

图 9-21　柱墩的正二等轴测图画法

(1) 分析。从视图可见，柱墩的四条转角交线都是由平面曲线和折线所组成的共面线，其中后面左右对称的两根位于与 V 面平行的平面上，前面左右对称的两根位于与 V 面成 45°的铅垂面上。所以，选用画正二等轴测图。采用网格法分别作出四条转角交线的正二等轴测图，然后用直线把对应顶点连接起来，即得柱墩的正二等轴测图。

(2) 作图。

①在立面图上将柱墩转角交线纳于一个方格网中，如图 9-21a 所示。

②作轴测轴后画出柱墩底面，再画后面左侧的转角交线。为此，根据立面图上已画方格网的尺寸，画网格的正二等轴测图，并在网上描出转角交线的投影。因考虑到后面右侧的转角交线将被挡住，故可暂不画出，如图 9-21b 所示。

③在作前面右侧的方格网之前，要在柱墩底面轴测图根据坐标定出方格网的位置线，然后按方格的 x 坐标，引平行于 O_1Y_1 方向的平行线，在位置线上交得各分格点，如图 9-21c 所示。

④作前面右侧的转角交线。先作出轴测图方格网，可在上述各分格点画高度，并作出水平分格线，最后在方格网上描出转角交线的轴测投影，如图 9-21d 所示。

⑤同法作出前面左侧的转角交线轴测投影，如图 9-21e 所示。

⑥用直线连对应顶点，即得柱墩的正二测。最后画出断面材料图例（图 9-21f）。

9.4 轴测图上交线的画法

轴测图上的交线,可以用下述方法画出:

(1)坐标法。作图时先在视图上定出交线上各点的坐标,再用坐标法在轴测图上求出各点的轴测投影,然后连成光滑曲线。

(2)辅助平面法。作图时,先用若干辅助截平面截切形体,使每个平面与各立体相交于素线或圆周,则这些素线或圆周的轴测投影(直线或椭圆)彼此相应的交点就是交线上各点的投影,然后连接成光滑曲线。

例 9-11 如图 9-22a 所示,已知被截切后圆柱的两面投影,作其正等测。

(1)分析。圆柱被侧平面截切后的截面为一矩形,被正垂面截切后的截面为一椭圆,作图时,先画出完整圆柱的轴测图,然后再截切。可采用坐标法。

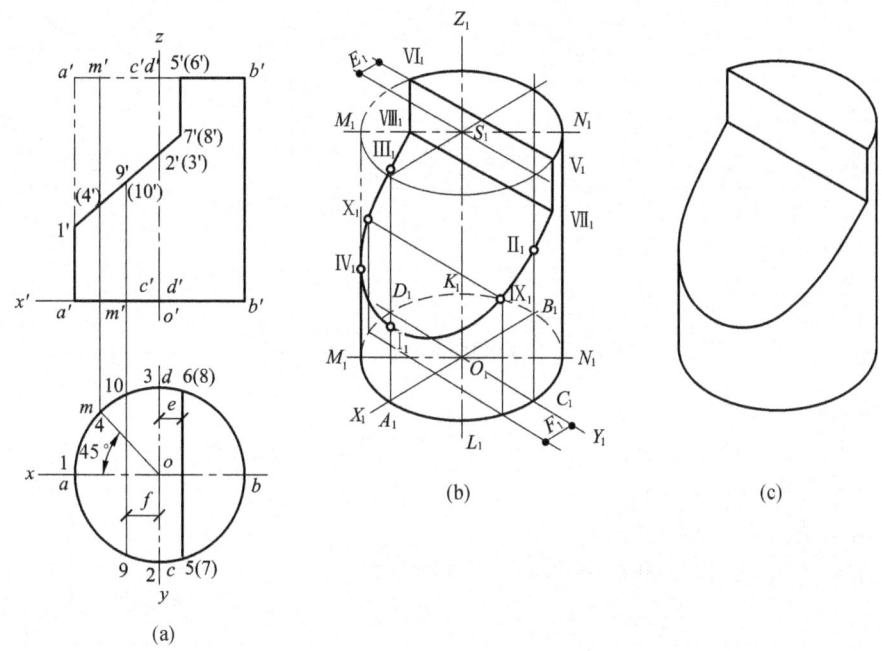

图 9-22 带截面圆柱的正等测画法

(2)作图。

① 在视图中画出坐标轴的位置,并定出截交线上各点(取适当点)的坐标,见图 9-22a。

② 画出正等测轴线,作出完整圆柱轴测图。

③ 作矩形截面。首先过 S_1,在 O_1X_1 轴右方量取 $E_1 = e$,在此位置作线平行于 O_1Y_1 轴,交顶圆(椭圆)于 V_1VI_1,即为所求矩形截面一边的投影。然后过点 V_1 作线平行 O_1Z_1 轴,量取 $V_1VII_1 = 5'7'$,即为所求矩形截面另一边的投影。再过 VI_1VIII_1 作 V_1VII_1 平行线,过 VII_1 作 VII_1VIII_1 平行于 V_1VI_1,两线交于 VIII_1,完成矩形截面的轴测投影作图。

④ 作椭圆形截面。首先画出多面正投影图中对 V 面和 W 面投影的圆柱面外形轮廓线(最左素线和最前、最后素线)上的点。点 I 属于线 AA,故在轴测图中的点 I_1 属于 A_1A_1,且 $A_1I_1 = a'1'$,得 I_1;同理可求出 II_1 及 III_1。然后画出轴测图中圆柱面投影轮廓线。在正等测图中,圆

柱面投影轮廓线恰是两底面投影——椭圆的长轴端点连线,即图示 M_1M_1 和 N_1N_1,它们是圆柱面素线的投影。点Ⅳ属于素线 MM,故 $M_1Ⅳ_1 = m'4'$,得Ⅳ$_1$。再画出截交线上一般点。在多面正投影图中,沿 OX 轴适当位置定一距离 f,得Ⅸ、Ⅹ两点,在轴测图中画出相应的Ⅸ$_1$、Ⅹ$_1$(图示取 $F_1 = f$)。同理,可作出其他一般点的投影。依次光滑地连接各点,即得椭圆形截面的轴测投影。

⑤擦去多余作图线,描深,完成作图,如图 9-22c 所示。

例 9-12 如图 9-23a 所示,已知两圆柱相贯的三视图,作其正等轴测图。

(1)分析。图 9-23a 是两圆柱正交相贯的三视图。作图时先画出两圆柱的正等轴测图,再用坐标法或辅助平面法画出相贯线上点的轴测投影。

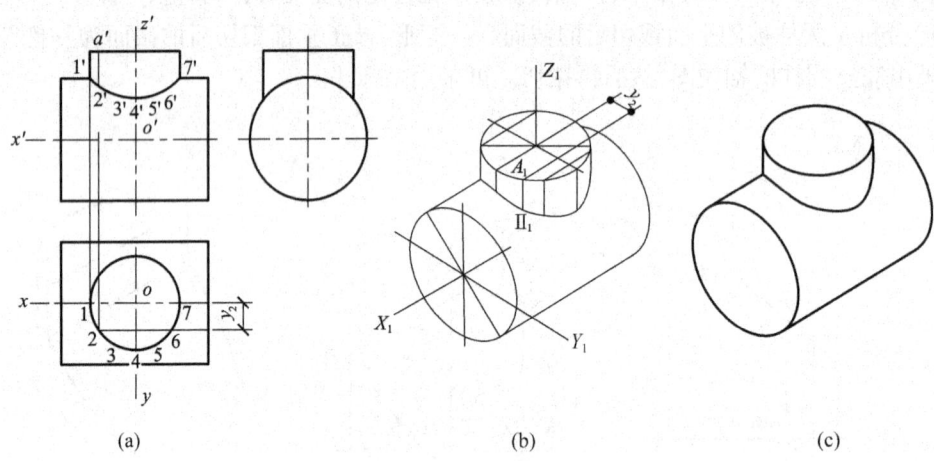

图 9-23　两圆柱相贯的正等测图画法

(2)作图。

①在三视图中选择坐标系位置,并在视图上定相贯线上各点的坐标;

②画出坐标系的轴测投影;

③画出两圆柱的轴测投影;

④画出轴测图中柱面投影轮廓线上的点;

⑤用坐标法作出相贯线上各点轴测图。以点Ⅱ为例。在小圆柱端面上作与椭圆中心距离为 y_2 的 O_1X_1 轴平行线,与小圆柱端面轴测投影之椭圆交于 A_1,过点 A_1 作 O_1Z_1 轴的平行线,在此线量取 $A_1Ⅱ_1 = a'2'$,则得点Ⅱ的轴测投影Ⅱ$_1$,其余类推(图 9-23b);

⑥依次光滑连接各可见点,即得相贯线;

⑦擦去多余作图线,描深,完成作图(图 9-23c)。

9.5　轴测投影的剖切画法

9.5.1　轴测图上剖切的画法

为了表示物体的内部形状,可以假想用与坐标面平行的剖切面将物体切去 1/4 或 1/2(图 9-24),这种剖切后的轴测图,称为剖切轴测图。一般多采用切去 1/4,而不采用切去 1/2,若切去 1/2,为了能较全面地显示物体外形,可将切去部分向前移一段距离画出(图 9-24b)。

剖切轴测图的具体画法:首先按选定的轴测投影的类型,画出物体的外形轴测图;然后根据选定平行于坐标面的平面剖切物体,画出物体被剖切后的断面轮廓线;擦去多余图线,补绘物体由于剖切而暴露出的可见轮廓线,并在断面轮廓线范围内画上剖面符号或剖面线(图9-25)。

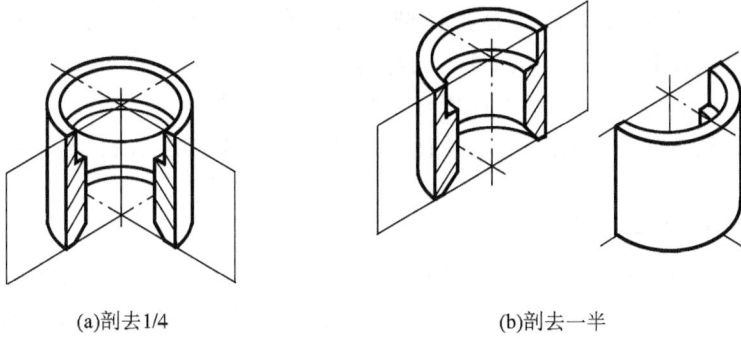

(a)剖去1/4　　　　　　　　　　(b)剖去一半

图9-24　轴测剖面图中的剖切面选择

例9-13　已知杯形基础的两面投影图,求作正等轴测图(图9-25)。

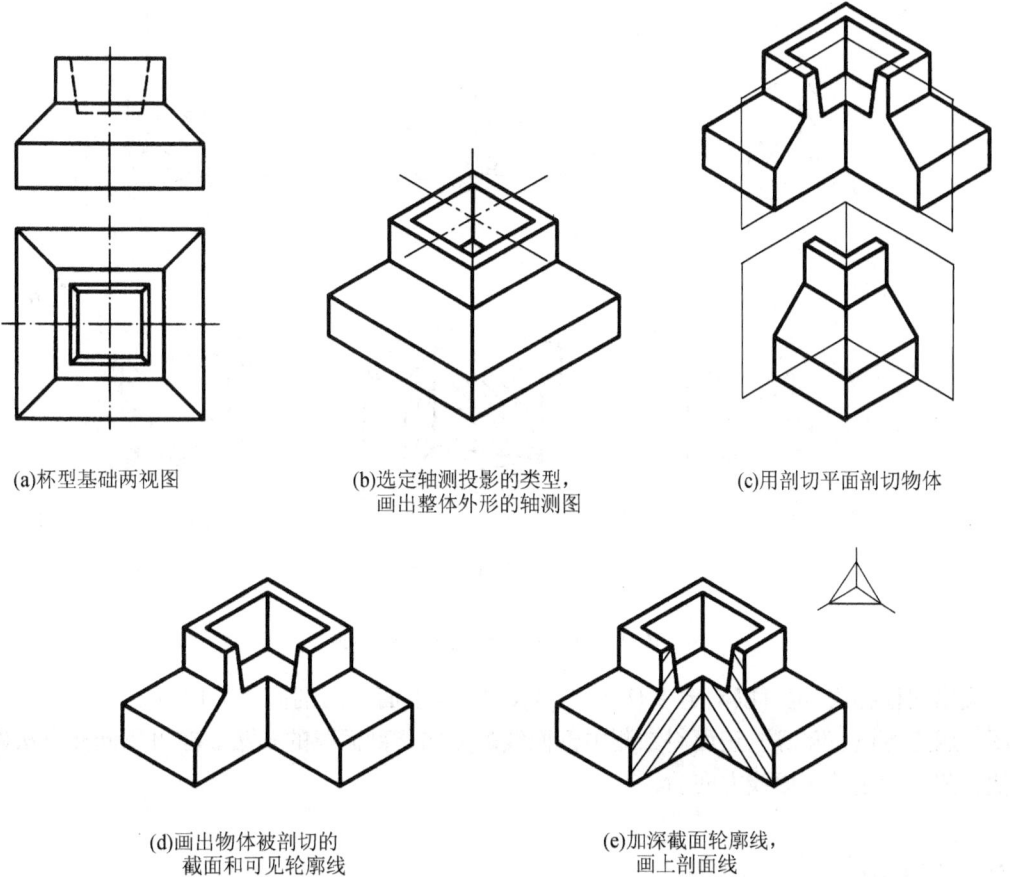

(a)杯型基础两视图　　(b)选定轴测投影的类型,　　(c)用剖切平面剖切物体
　　　　　　　　　　　　画出整体外形的轴测图

(d)画出物体被剖切的　　　　(e)加深截面轮廓线,
　截面和可见轮廓线　　　　　　画上剖面线

图9-25　杯形基础的正等轴测图剖切画法

(1)分析。由于作出基础的正等轴测图反映不出杯口的底面,为此,画出剖切轴测图表示。

(2)作图。

①画出整个基础的正等轴测图(图9-25b)。

②沿对称平面 $X_1O_1Z_1$、$Y_1O_1Z_1$ 将形体剖开,切去形体左前1/4部分(图9-25c)。

③擦去被剖去部分,画出形体内外表面与两剖切平面的交线(图9-25d)。连杯口顶面与底面的对应顶点,又连杯口内侧面及底面与剖切平面的交线。

④在截面轮廓范围内画上剖面线,从而完成杯形基础被剖切后的正等轴测图(图9-25e)所示。

9.5.2 剖面符号的画法

在轴测图的断面范围上应画出其材料图例或剖面线,材料图例或剖面线应按其断面所在坐标面的轴测方向绘制。多面正投影图上剖面线方向与水平线成45°,在剖切轴测图上如以45°斜线为材料图例时,仍要对应这个关系。因为45°角的对边和底边是1:1的比例关系,因此可以在轴测轴上按各轴的轴向变形系数取相等长度。例如当用简化变形系数时,可在 O_1X_1 及 O_1Z_1 轴上各取 L 长度单位,得到两点,其连线即为 $X_1O_1Z_1$ 平面上剖面线的方向,如图9-26a所示。对正等轴测图来说,该连线与水平线成60°角。

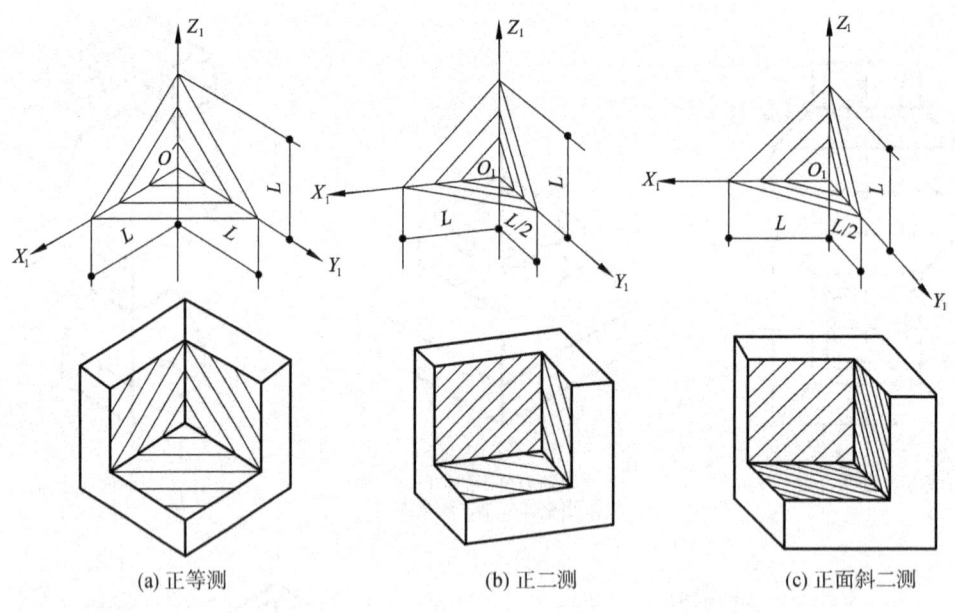

(a) 正等测　　　　　　　(b) 正二测　　　　　　　(c) 正面斜二测

图9-26　轴测图的剖面线方向

应用同样办法,也可以确定 $Y_1O_1Z_1$ 及 $X_1O_1Y_1$ 两平面上的剖面线方向,如图9-26所示,该图表示正等测、正二测、正面斜二测中剖面线的方向与剖面线的画法。亦可用同样方法确定其他轴测投影法的剖面线方向。

9.6　斜轴测投影

当空间形体的一个坐标面(或两条坐标轴)与轴测投影面平行,而投射方向 S 与轴测投影面倾斜时,这样得到的轴测投影称为斜轴测投影,也称斜轴测图。

在斜轴测投影中轴测投影面的选择,一般选择轴测投影面 P 平行于坐标面 XOZ(图 9-27)或坐标面 XOY(图 9-28)。这样,使平行于该坐标面的图形的轴测投影反映实形。由此,有两种类型斜轴测投影:

(1)正面斜轴测投影:当轴测投影面与正立面(V 面)平行或重合时,所得的斜轴测投影称为正面斜轴测投影,简称正面斜轴测(图 9-27)。

(2)水平面斜轴测投影:当轴测投影面 P 与水平面(H 面)平行或重合时,所得的斜轴测投影称为水平面斜轴测投影,简称水平斜轴测(图 9-28)。

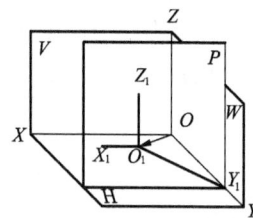
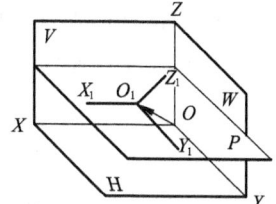

图 9-27　正面斜轴测图　　　　图 9-28　水平面斜轴测图

轴间角和轴向伸缩系数是绘制轴测投影的必备要素。对不同类型的轴测投影,有其不同的轴间角和轴向伸缩系数。所以画斜轴测图与画正轴测图一样,也是要先确定轴间角、轴向伸缩系数以选择轴测图的类型。至于作图方法,前面所介绍的正轴测图的基本作图方法,画斜轴测图同样适用。但必须指出的是,在斜轴测图中,由于其椭圆的画法较麻烦,所以,当形体的三个坐标面上都有圆时,应避免选用斜轴测图。

在斜轴测投影中,投射方向 S 与轴测投影面 P 的相对位置要考虑两个问题:一是它的投射方向,另一是它对轴测投影面的倾角大小。

9.6.1　正面斜轴测图

图 9-29a 所示为正面斜轴测图的形成。

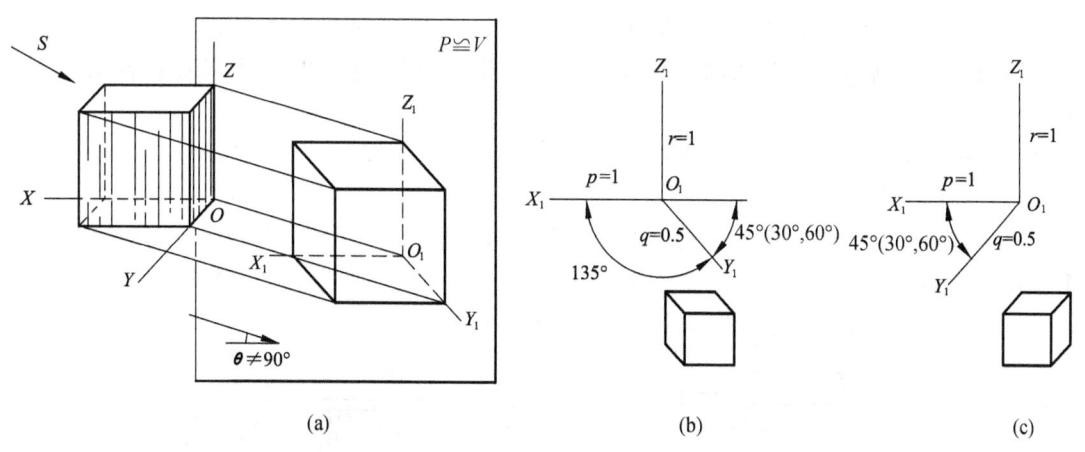

图 9-29　正面斜轴测图的形成和轴测轴的画法

9.6.1.1　正面斜轴测的特性

(1)空间形体的坐标轴 OX 和 OZ 平行于正立的轴测投影面($P \cong V$),所以 OX 和 OZ 或平行于 OX 和 OZ 方向的线段的轴测投影长度不变,即 $p = r = 1$,此两轴的轴间角为 $90°$。也就是说,在正面斜轴测图上能反映与 V 面平行的平面图形的实形。

(2)坐标轴 OY 与轴测投影面垂直。垂直于轴测投影面的坐标轴,其轴测投影的倾斜方向和长度将随着投射方向 S 与轴测投影面的倾角大小不同而变化。也就是说,正面斜轴测投影的 O_1Y_1 轴与其他两轴测轴之间的轴间角和 O_1Y_1 轴的轴向伸缩系数互不相关,可以单独随意选择。如轴间角可以是 30°、45°、60°;轴向伸缩系数,正面斜等测为 $p = r = q = 1$,正面斜二测为 $p = r = 1, q = 1/2$(一般选取轴与轴的轴间角为 45°或 135°,轴向伸缩系数 q 为 0.5。轴测轴 O_1Y_1 的画法可根据作图需要按图 9-29b、c 所示选择)。

例 9-14 根据台阶的两面视图(图 9-30a),求作它的正面斜二测图。

(1)分析。由于正面斜轴测图中形体上平行于 XOZ 坐标面的图形的轴测投影不发生变形,为简便作图,一般将形体表面形状比较复杂或有特征的那个面,放在与轴测投影面平行的位置作图。本例取台阶侧面平行轴测投影面,采用端面法画图。

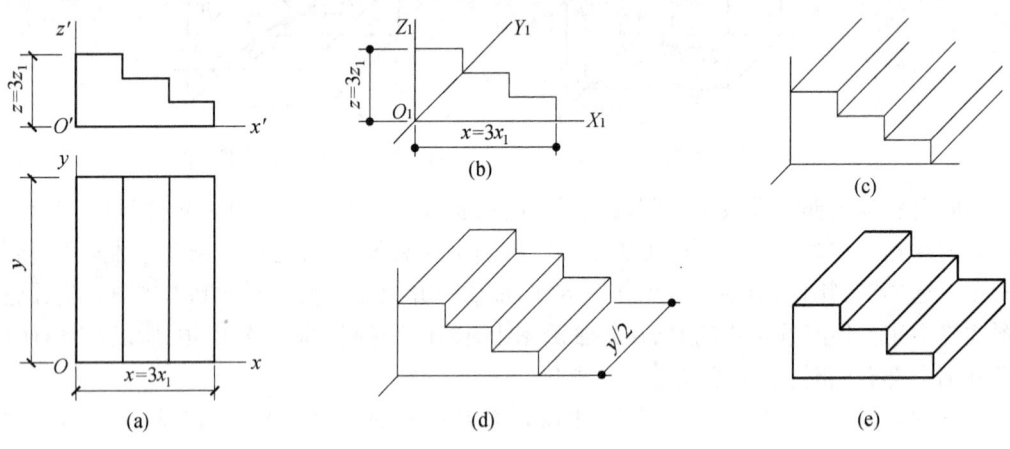

图 9-30 正面斜二轴测图的画法

(2)作图。
①画轴测轴,并按台阶两视图中的前侧面作出台阶侧面的轴测投影(图 9-30b);
②过台阶前侧面的轴测投影轮廓线的各转折点,作 45°斜线(图 9-30c);
③按轴向伸缩系数在各条斜线上量取视图中 OY 方向线段长度的 1/2,并连接各点(图 9-30d);
④擦去多余作图线,描深,即得台阶的正面斜二轴测图,如图 9-30e 所示。

9.6.1.2 正面斜轴测的应用

利用正面斜轴测图中有一个面不发生变形的特点来画斜轴测图,方法比较简便,对具有较复杂的侧面形状或只一个方向有圆或圆弧的形体,其优点尤为显著,故在绘制工程管线系统和小型建筑、园林小品及装饰构件时常被采用(图 9-31)。

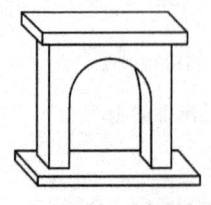 

(a) 拱门正面斜轴测图　　　　　　(b) 预制混凝土花饰的正面斜轴测图

图 9-31 形体的正面斜轴测图

9.6.2 水平面斜轴测图

图9-32a所示为水平面斜轴测图的形成。

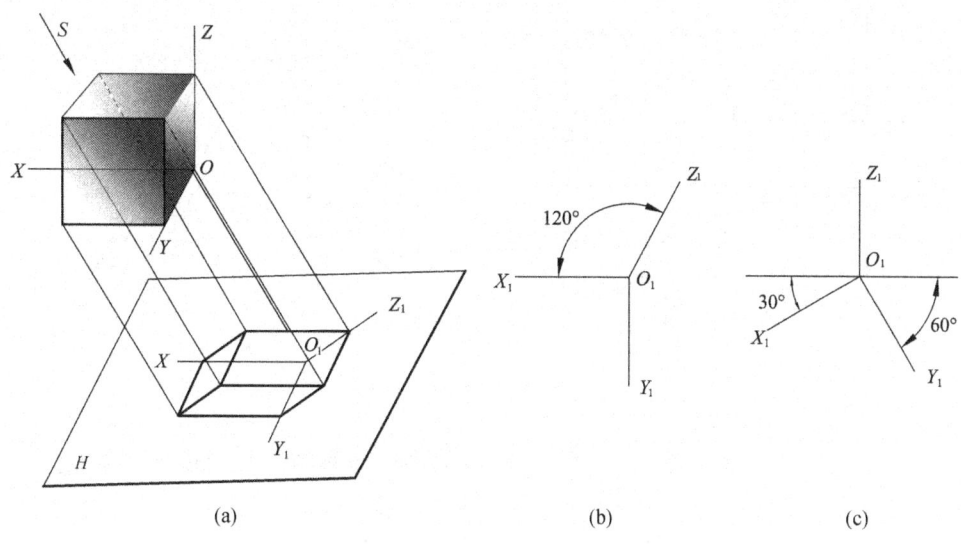

图9-32 水平面斜轴测图的形成和轴测轴的画法

9.6.2.1 水平斜轴测图的特性

①空间形体的坐标轴 OX 和 OY 平行于水平的轴测投影面,所以 OX 和 OY 或平行 OX 及 OY 方向的线段的轴测投影长度不变,即伸缩系数 $p=q=1$,其轴间角为 $90°$。也就是说,在水平斜轴测图上能反映与 H 面平行的平面图形的实形。

②坐标轴 OZ 与轴测投影面垂直。由于投射方向 S 是倾斜的,轴测轴 O_1Z_1 是一条倾斜线,如图9-32b所示。但习惯上仍将 O_1Z_1 画成铅垂线,而将 $X_1O_1Y_1$ 偏转一个角度,如 $30°$、$45°$、$60°$ 等,可任意选择。O_1Z_1 的轴向伸缩系数,同样可以单独任意选择。为了简化作图,通常,轴间角 $Z_1O_1X_1$ 或 $Z_1O_1Y_1$ 取 $120°$,即与水平线成 $30°$,O_1Z_1 的轴向伸缩系数取1,如图9-32c所示,即为水平斜等测;若取 O_1Z_1 的轴向伸缩系数为 $1/2$,则为水平斜二等轴测图。

例9-15 将图9-33a所示花坛、座椅组合的投影图,绘画水平面斜等轴测图。

(1) 分析。

由于花坛、座椅的高度不一,绘画时可先将花坛、座椅组合投影的平面图旋转 $30°$ 画出,然后在旋转后的花坛、座椅组合平面图上,按花坛、座椅的实际高度竖高度(图9-33c)。

(2) 作图。

具体绘图方法与步骤读者自行分析,不再赘述。

9.6.2.2 水平斜轴测图的应用

这种水平斜轴测图,常用于绘制建筑小区的总体规划图或景观规划图。作图时只需将小区总平面图转动一个角度(例如 $30°$),然后在各建筑物平面的转角处画铅垂线,再量出各建筑物的实际高度(竖高度),即可画出其水平斜等测图,如图9-34所示。

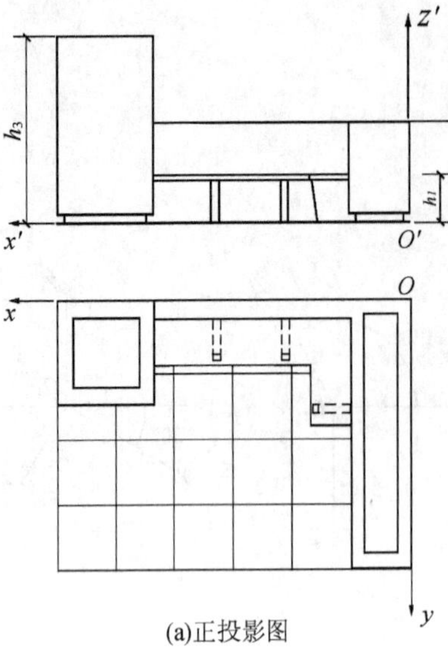

(a)正投影图

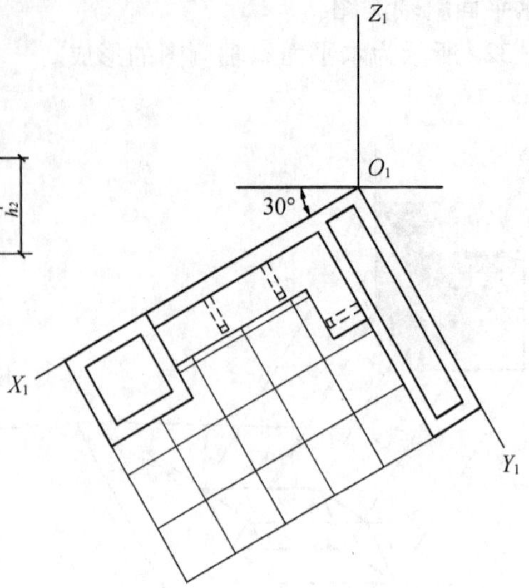

(b)建立轴测轴，画花坛、坐椅组合基底

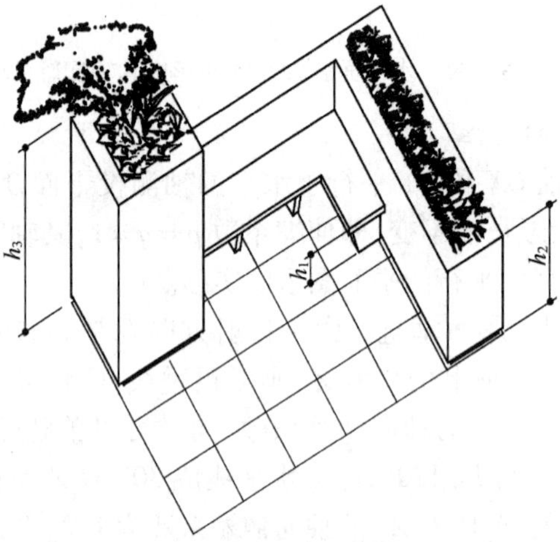

(c)竖高度，完成全图

图 9-33　花坛、坐椅组合的水平面斜等测

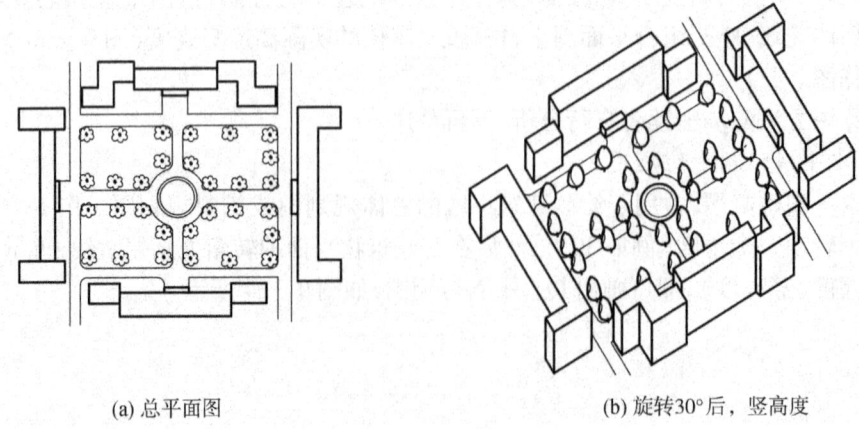

(a) 总平面图

(b) 旋转30°后，竖高度

图 9-34　总体规划设计图的水平面斜轴测图

9.7 轴测投影的选择

轴测投影的选择,是指在画形体的轴测投影时,应根据形体的形状特征选择最合适的轴测投影来表达,应从两个方面考虑:首先是直观性好,即使所画轴测投影既立体感强,图形清晰,又尽可能多地清楚表达形体的形状和特征;其次是作图的简便性,能较为简捷地画出该物体的轴测投影。

9.7.1 轴测投影应直观性好,图形清晰

轴测投影的特点,就是图形的直观性强,符合人们观察物体所得的形象。

对形体轴测投影的立体感与图形清晰程度的主要影响因素是形体的形状特征和轴测投射方向与形体的相对位置。画图时应结合形体的形状特征选择投射方向。要使画出的轴测投影有好的直观性,选择的投射方向:一要能较充分地表达形体的全貌,避免被遮挡;二要使形体上的主要平面、对称平面或棱线不与投射方向平行,以避免:①转角交线成直线;②成左右对称图形;③出现积聚性投影。

不论正轴测或斜轴测,其轴测投影的投射方向 S 总是倾斜于物体的三个坐标面。图 9-35 表示轴测投影的投射方向 S 在三投影面体系中的投影情况:它的正投影 s 和 s' 与 OX 坐标轴的夹角分别为 ε_1、ε_2,s'' 与 OY 坐标轴的夹角分别为 ε_3。显然,投射方向不同,与坐标轴的夹角 ε 也是不同的。图 9-36 分别表示了工程中常用的正等测、正二测和斜二测等三种轴测投影中投射方向 S 在三投影面体系中的正投影 (s、s'、s'') 及其与坐标轴的夹角 ε_1、ε_2 和 ε_3。可利用这些不同的角度,对物体的正投影图进行分析,从而判断对该形体在某种轴测投射方向下所作的轴测投影的表达效果,在尽量避免上述四种不良现象条件下,确定适合于该形体的轴测投影种类。

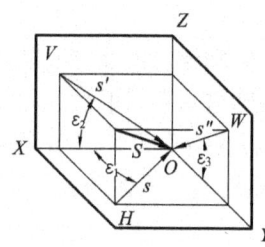

图 9-35 轴测投射方向 S 的投影及夹角

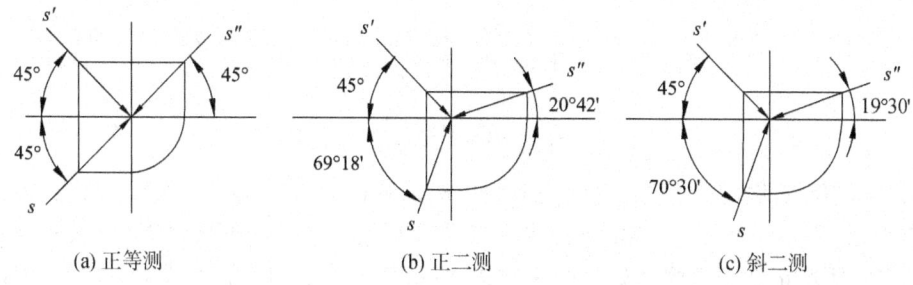

(a) 正等测　　(b) 正二测　　(c) 斜二测

图 9-36 三种轴测投影的投射方向

如何利用各类轴测投影的轴测投射方向 S,对形体的正投影图进行具体分析,从而判别选择表达形体直观性好的轴测投影种类,下面通过几个实例作进一步的分析。

(1) 应尽量避免被遮挡

轴测投影要直观性强,在选择轴测投射方向时,应分别采用各种轴测投影的投影方向的夹角来分析其表达效果,让轴测投影中尽可能地避免形体的孔、洞、槽等内部结构被遮挡,以将形

体清楚表达。如图9-37c所示,正面斜二等轴测投影清楚表达了门洞,故直观性好。而图9-37b所示之正等轴测投影,由于门洞被遮挡,所以直观性差。

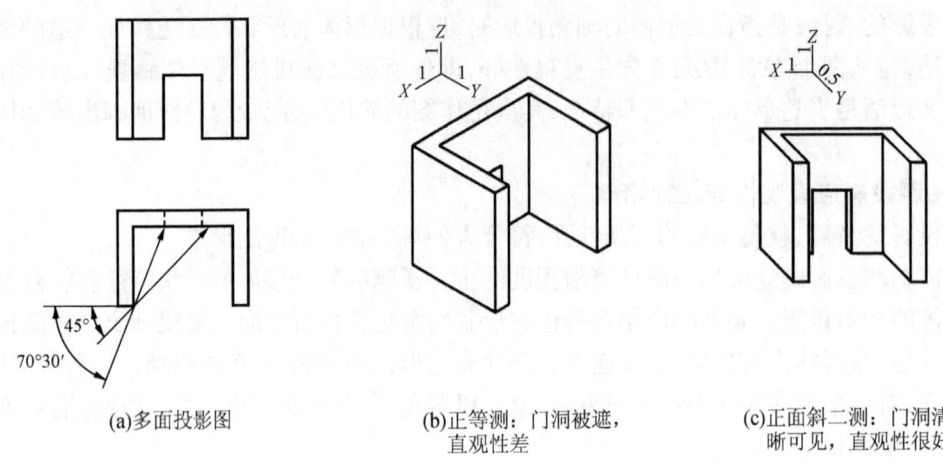

(a)多面投影图　　　(b)正等测:门洞被遮,　　(c)正面斜二测:门洞清
　　　　　　　　　　　　直观性差　　　　　　　　晰可见,直观性很好

图9-37　尽量避免被遮挡(一)

（2）应避免转角处交线轴测投影成一直线。选择轴测投射方向时,应尽量不与物体转角处交线所确定的平面平行。如图9-38a所示,由于物体左前方转角处四条交线均处在与V面成45°倾斜的铅垂面上,与正等轴测的投射方向平行,该四条棱线的正等轴测投影投射成一直线,故直观性差。形体的正二等轴测投影直观性好(图9-38c)。

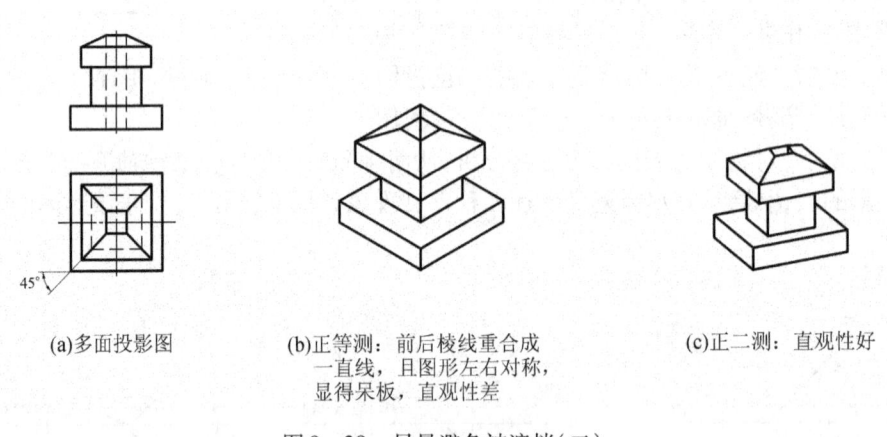

(a)多面投影图　　　(b)正等测:前后棱线重合成　　(c)正二测:直观性好
　　　　　　　　　　　一直线,且图形左右对称,
　　　　　　　　　　　显得呆板,直观性差

图9-38　尽量避免被遮挡(二)

（3）应避免轴测投影成左右对称图形。选择轴测投射方向时,应尽量不与物体对角线平面(对称平面)平行。如图9-38b所示其正等测图是左右对称图形,显得呆板,直观性差,不如图9-38c所示正二测直观性好。图9-39b所示其正等轴测投影的投射方向与底板的对角线平行,故底板的正等轴测投影也是左右对称的,不如正面斜二等轴测投影好(图9-39c)。

（4）应避免有侧面投影积聚成直线。选择轴测投射方向,应尽量不与形体的表面平行,否则其被平行的形体表面的轴测投影将积聚成直线。如图9-39所示,由于形体上有两个铅垂侧面的H投影与OX轴成45°位置,与正等轴测的投射方向平行,其正等轴测投影积聚为一直线,直观性差(图9-39b)。该物体的正面斜二等轴测投影直观性好(图9-39c)。

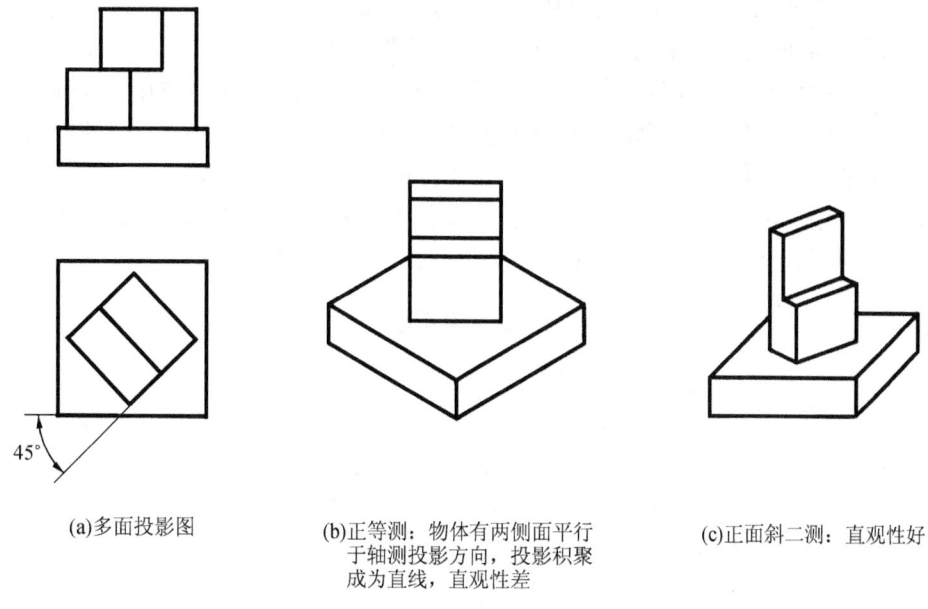

(a)多面投影图　　(b)正等测：物体有两侧面平行于轴测投影方向，投影积聚成为直线，直观性差　　(c)正面斜二测：直观性好

图 9-39　尽量避免被遮挡(三)

9.7.2　投射方向的选择应恰当

作轴测投影时,选定的投射方向应能突出地表现物体需表达的表面形状。常用的投射方向有四种,如图 9-40 所示。其中,图 9-40c 与图 9-40b 的轴测轴的安排相比较,相当于形体绕 OZ 轴顺时针旋转了 90°,轴测投影由着重表达形体的左、前、上三个侧面转为着重表达形体右、前、上三个侧面;图 9-40d 与图 9-40c 的轴测轴的安排相比较,相当于形体绕 O_1X_1 轴顺时针旋转 90°,轴测投影由着重表达形体右、前、上三个侧面转为着重表达左、前、下三个侧面;图 9-40d 与图 9-40e 的轴测轴的安排相比较,相当于形体绕 O_1Z_1 轴反时针旋转了 90°,轴测投影由着重表达左、前、下三个侧面转为着重表达右、前、下三个侧面。

从上述可见,不同的轴测投射方向侧重表达形体的表面是不同的。所以,究竟从哪个角度才能将形体清楚表达,直观性强,必须根据具体情况而选用不同的轴测投射方向。

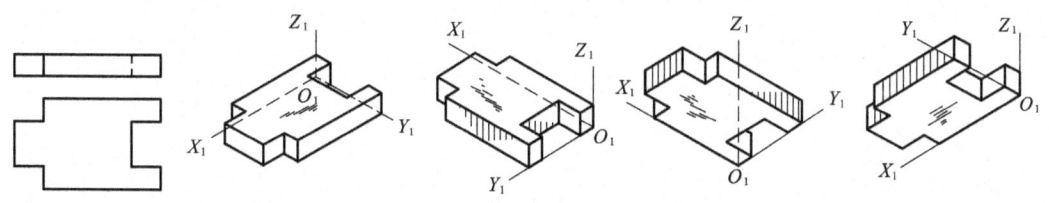

(a)多面投影图　(b)从左、前、上方向右、后、下方投射　(c)从右、前、上方向左、后、下方投射　(d)从左、前、下方向右、后、上方投射　(e)从右、前、下方向左、后、上方投射

图 9-40　形体的四种投射方向

9.7.3　工程中常用的几种轴测投影的一般比较

上面介绍的几种轴测图从直观性分析,在一般情况下,正二测的直观性最好,其次是正等测,再次是正面斜二测,正面斜等测和水平面斜等测最差。所以斜等轴测投影通常用于绘制建筑群、园林小品、道路、广场和管道系统的轴测图,虽然其图形的直观性比鸟瞰透视图较差,但

作图最简捷。其他几种轴测投影均可用于作一般物体的轴测投影。

　　从作图的简便性分析,正面斜等测和水平斜等测作图最简捷,其次是正等测和正面斜二测,正二测作图最繁复。正等测,由于三个轴间角和三个轴向伸缩系数相同,且各平行于坐标面上的圆的轴测投影形状又都相同,作图较简便,因此适用于三个坐标面及其平行面均有圆或形状都复杂的物体。斜轴测投影,由于有一个坐标面平行于轴测投影面,平行于该坐标面的图形在轴测投影中反映实形,所以对某一坐标面及其平行面上较为复杂或具有较多的圆或其他曲线,而其他平面上图形较简单时,采用这类型的轴测投影作图最容易。

复习思考题

　　1. 试画出正等测、正二测和正面斜二测的轴测轴。

　　2. 什么是简化伸缩系数？采用简化伸缩系数所画出的形体正等测、正二测,与用未简化的伸缩系数画出的形体正等测、正二测有何区别？

　　3. 平行于各坐标面的圆的正等轴测投影如何绘制？

　　4. 试述正面斜轴测与水平斜轴测的形式、投影特征及用途。

　　5. 画轴测图的基本方法有哪几种？作图有什么特点？

　　6. 轴测图上形体表面交线的作图方法如何？

　　7. 剖切轴测图的剖面线方向如何确定？

　　8. 在选择轴测投影的种类时,应掌握哪些原则？

第10章 曲线与曲面

10.1 曲 线

10.1.1 概述

10.1.1.1 曲线的形成

曲线可以看作是一动点不在一直线上连续运动的轨迹(如图 10-1 所示),也可以看作是由平面与曲面或两曲面相交而得的。

10.1.1.2 曲线的种类

按点的运动有无规则,曲线可分成有规则曲线和不规则曲线。

按曲线上各点的相对位置,曲线可分成:

(1)平面曲线:曲线上所有的点都属于同一平面的曲线称为平面曲线。

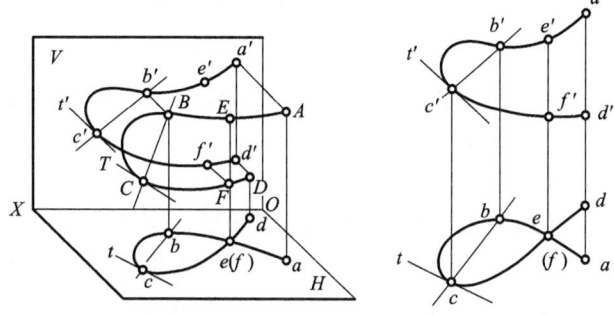

图 10-1 曲线形成之一

工程上常用的有圆锥曲线,如圆、椭圆、抛物线、双曲线(参见表 7-2)等。

(2)空间曲线:曲线上任意连续四点都不属于同一平面,则该曲线称为空间曲线。工程上常见的规则空间曲线有螺旋线等。

10.1.1.3 曲线的投影性质

(1)曲线的投影一般仍是曲线。图 10-1 中空间曲线 ABCD 的投影仍是曲线 abcd、a'b'c'd'。

对于平面曲线,它的投影一般仍为同一性质的曲线。例如椭圆、双曲线和抛物线的投影,一般仍为椭圆、双曲线和抛物线。当平面曲线所在平面平行于投影面时,平面曲线在该投影面上的投影反映实形,如图 10-2a 中曲线的 V_1 面投影就反映该曲线的实形。

当平面曲线所在的平面垂直于投影面时,平面曲线在该投影面上投影积聚在一直线上,如图 10-2a 所示。

(2)直线在空间与曲线相交,则其投影也必相交。如图 10-1 所示,割线 BC 与曲线 AB 相交于两点 B、C,其交点的投影属于该曲线在同一投影面上的投影。

(3)直线在空间与曲线相切(该直线称为曲线的切线),则其投影也必相切,且曲线投影上的切点也即空间切点的投影。如图 10-1 所示,直线 TC 与曲线 AD 相切于点 C。

(4)曲线上的特殊点在投影图中一般仍保持其原有性质。如椭圆共轭直径的端点,一般仍为投影椭圆一对共轭直径的端点;双曲线的顶点,一般仍为投影双曲线的顶点等。

应该指出,分析空间曲线的投影性质时,也必须同时分析曲线的两个投影。如图 10-1 中曲线 H 面投影上的 e(f),如果将曲线的两个投影一起研究,即可发现它是曲线上对水平投影面的一对重影点 E、F 的重合投影,并非空间曲线本身交点的投影。

10.1.1.4 曲线的表示法

由于曲线是点运动的轨迹,因而只要画出曲线上一系列点的投影,并将各点的同面投影顺序光滑连接,即为曲线的投影,见图 10-1。有时为了更确切地表示曲线,以便于想象和读图,可将曲线上一些具有特殊意义的点加以标注,如最高点、最低点、最左点、最右点、最前点、最后点。还有如图 10-1 中标注出的起讫点 A、D 和对 H 面投影的重影点 E、F 等。

10.1.1.5 曲线的实长

在工程中,当要求曲线的实长时,可采用近似图解法,将曲线展开成直线求得。

求平面曲线的实长时,可先按其投影求出它的实形,如图 10-2a 所示。然后把曲线实形分成若干段,并把各曲线段当作直线段连续展开在一直线上,如图 10-2b 所示。这样所得的曲线实长是近似的。

求空间曲线的实长时,可先将空间曲线展开成平面曲线,然后按平面曲线的展开法,展成一直线。如图 10-3 所示:

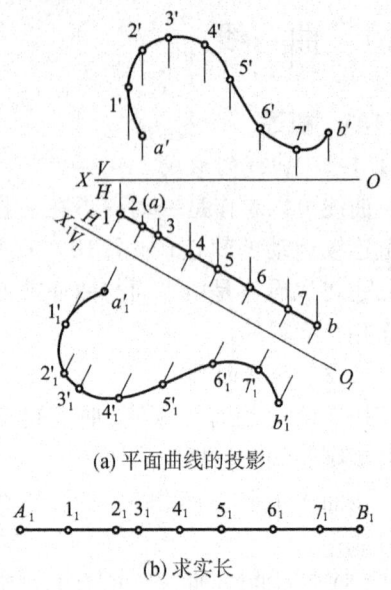

(a) 平面曲线的投影

(b) 求实长

图 10-2 平面曲线的投影及实长

(1)在空间曲线 AK 上取若干分点 $A,B,C,\cdots,K$。

(2)把每一曲线段看成直线段并求出其实长(图中采用直角三角形法求实长)。为此将曲线的 V 面投影 $a'k'$ 上的各曲线段,近似地依次量取在水平直线 OX 上,得 $a'_1,b'_1,\cdots,k'_1$,然后过 $a'_1,b'_1,\cdots,k'_1$ 向下作 OX 轴垂线,再过曲线的 H 面投影 $a,b,\cdots,k$ 作平行于 OX 的直线,与上述相应的垂线相交,将所得交点 $A_1,B_1,\cdots,K_1$ 连成曲线 A_1K_1,即近似地将空间曲线 AK 展开成平面曲线。

(3)按上述平面曲线的展开法,再将曲线 A_1K_1 展开成直线 A_1K_1,即得空间曲线的近似实长。

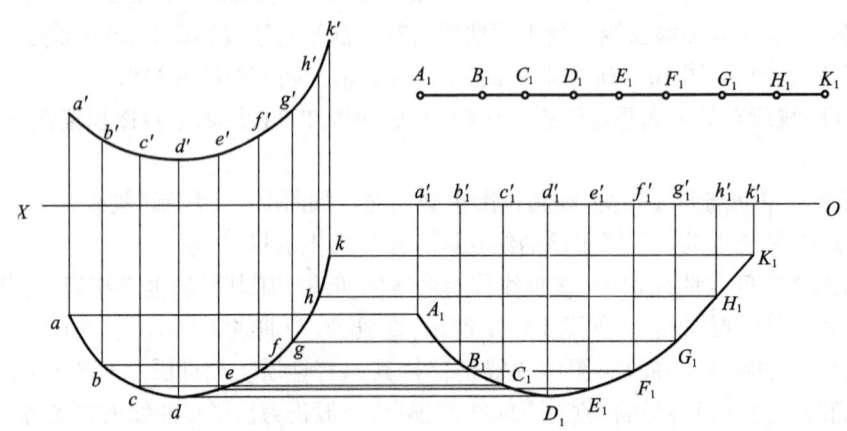

图 10-3 空间曲线的投影及实长

10.1.2 圆的投影

10.1.2.1 倾斜于投影面的圆,它的投影为椭圆。在该圆上一对相互垂直的直径,若其中有一条直径为投影面平行线,则它们在该投影面上的投影为椭圆的一对长、短轴

如图 10-4 所示,平面 P 倾斜于 H 面,在平面 P 上的圆的 H 面投影为椭圆。在该圆上有唯一的一条直径 AB 平行于 H 面,它的 H 面投影反映实长,即 $ab=AB$。圆的其他直径都倾斜于 H 面,它们的 H 面投影都比 ab 短,其中与 AB 垂直的直径 CD 为对 H 面的最大斜度线,其 H 面投影 $cd=CD\cos\alpha$ 为最短,且 $cd \perp ab$。因此,ab 和 cd 是椭圆的长轴与短轴。已知椭圆的长、短轴便可作出椭圆。

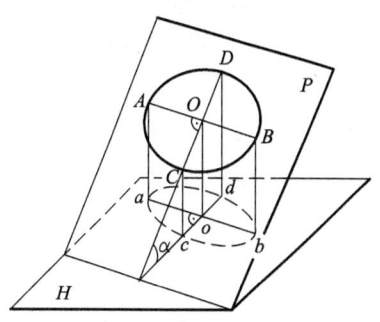

图 10-4 圆上投影成椭圆长、短轴的一对直径

例 10-1 已知一般位置平面ⅠⅡⅢⅣ上有一个以 O 为中心、直径为 $2R$ 的圆,试作其两面投影。

(1)分析。如图 10-5 所示,平面ⅠⅡⅢⅣ为一般位置平面,对两个投影面都倾斜,故圆的两个投影皆为椭圆。求作圆的两投影,可采用换面法或作其最大斜度线的方法,先确定椭圆的长、短轴的方向和长度,然后再完成作图。本例采用作最大斜度线的方法。

(2)作图。求 H 面投影椭圆的长轴与短轴。如图 10-5a 所示,过点 O 作属于平面的水平线 $MN(mn,m'n')$,在 mn 上取 $oa=ob=R$,ab 即为长轴。再过点 O 作属于平面的对 H 面的最大斜度线 OK,用直角三角形法求出它的实长 oK_0,并在 oK_0 上取线段长 R,求得对应的 H 面投影长度 oc,再在 ko 延长线上取 $od=oc$,cd 即为短轴。

用同样的作图方法及步骤可求出 V 面投影椭圆的长、短轴,如图 10-5a 所示。

图 10-5b 示出所求圆的两面投影,图中画出了两椭圆各自的长、短轴及一对共轭直径。

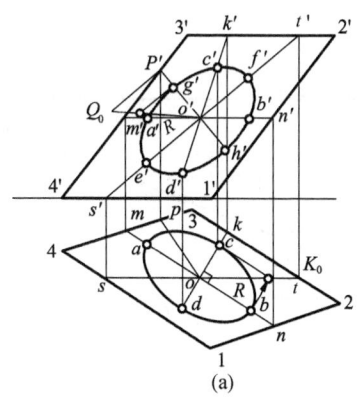
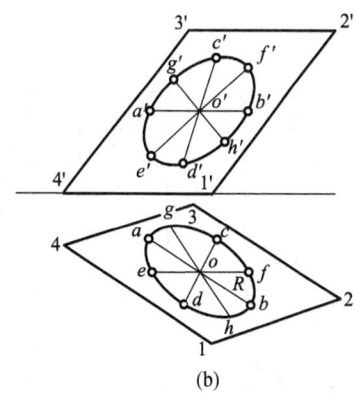

图 10-5 用最大斜度线求圆的投影

10.1.2.2 倾斜于投影面的圆上任意一对相互垂直的直径,投影成椭圆上的一对共轭直径,它们中任一直径都能平分另一直径的平行弦

如图 10-6,在圆上任作一直径 CD,并作一与它平行的弦 EF,则与直径 CD 垂直的直径

AB 必平分直径 CD，同时也平分其平行弦 EF。根据点分割线段之比投影后保持不变的性质，直径 AB 的投影 ab 也平分直径 CD 的投影 cd 及其平行弦 EF 的投影 ef，故 ab 及 cd 为椭圆上一对共轭直径。应该指出，椭圆的相互垂直的长、短轴，只是共轭直径的一对特例。

作图时求得了一对共轭直径，即可用八点法画出该椭圆，如图 10-7 所示。具体作图原理见 9.3 节。

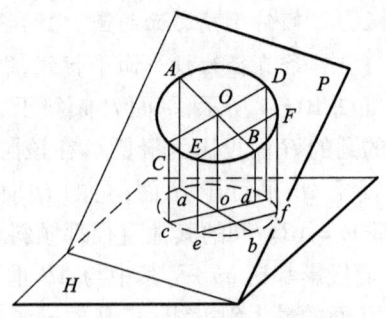

图 10-6 直径投影成共轭直径

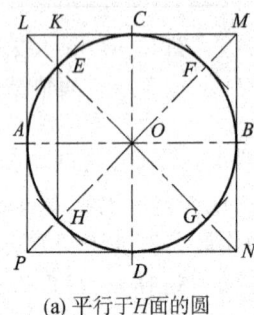
(a) 平行于 H 面的圆

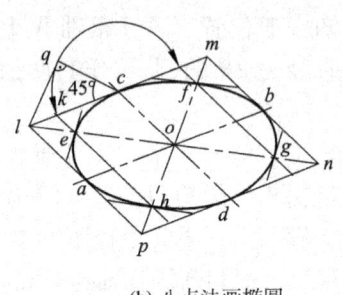
(b) 八点法画椭圆

图 10-7 用八点法画椭圆

10.1.3 圆柱螺旋线

10.1.3.1 圆柱螺旋线的形成

圆柱螺旋线为工程上应用最广泛的空间曲线。一动点 A 沿圆柱母线作等速直线运动，同时母线又绕圆柱的轴线作等速旋转运动，这时点 A 在空间形成的轨迹称为圆柱螺旋线，如图 10-8 所示。

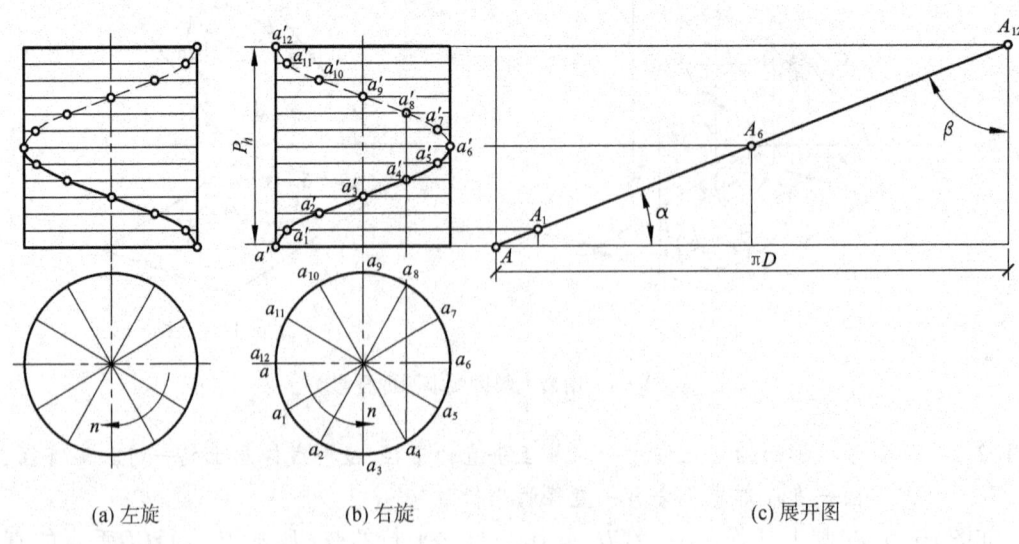

(a) 左旋　　(b) 右旋　　(c) 展开图

图 10-8 圆柱螺旋线

如两个或两个以上的动点同时在一个圆柱面上作同样的螺旋运动,则形成双线螺旋线、三线螺旋线等,它们统称为多线螺旋线。多线螺旋线的螺旋条数称为线数,用 Z 表示。

10.1.3.2 圆柱螺旋线的基本要素

(1)直径:圆柱螺旋线所在的圆柱面称为导圆柱面,导圆柱面的轴线即螺旋线的轴线,其直径即螺旋线的直径。

(2)导程:动点 A 沿圆周旋转一周,该点沿母线方向移动的距离称为导程,用 P_h 表示。

(3)螺距:螺旋线上沿母线相邻两点间的距离,称为螺距,用 P 表示。在单线螺旋线中,$P_h = P$;在多线螺旋线中,$P_h = ZP$。

(4)旋向:分左旋和右旋两种。右旋螺旋线动点 A 的运动符合右手定则:右手的四指弯曲指向动点的旋转方向 n,拇指指向动点 A 沿母线的运动方向。右螺旋线的特点是螺旋线的可见部分自左向右升高,见图 10-8b。左螺旋线的动点旋转方向与右螺旋线相反,动点的运动符合左手定则。左螺旋线的特点是螺旋线的可见部分自右向左升高,见图 10-8a。

从螺旋线的形成可以看到,螺旋线的形状取决于导圆柱直径、导程和旋向,这三者为确定圆柱螺旋线的基本要素。改变螺旋线的基本要素,就可以得到不同的螺旋线。

10.1.3.3 圆柱螺旋线的投影

图 10-8b 为一单线右旋圆柱螺旋线的投影图。设已知导圆柱直径 D、导程 P_h 和动点 A 的原始位置,螺旋线的作图步骤如下:

(1)画出导圆柱面的投影,并将底圆周及导程各分为若干等份,图中为十二等份。

(2)对圆周上各等分点 $a_1, a_2, a_3, \cdots$ 作投影连线,与由导程上相应的各等分点所作的水平直线相交,得 $a_1', a_2', a_3', \cdots$ 即为螺旋线上点的 V 面投影。

(3)判别可见性,依次光滑连接 $a_1', a_2', a_3', \cdots$ 即得螺旋线的 V 面投影。

由图 10-8 可见,圆柱螺旋线的 V 面投影为一正弦曲线,H 面投影为一圆。

10.1.3.4 圆柱螺旋线的展开

图 10-8c 为圆柱螺旋线的展开图。根据圆柱螺旋线的形成规律,点运动时水平方向与铅垂方向都作等速运动,因此圆柱螺旋线展开应成一直线,它是以导圆柱底圆周长(πD)和导程(P_h)为两直角边的直角三角形的斜边(AA_{12})。此斜边与底圆展开后所得直线的夹角 α 称为螺旋线的升角;而它的余角 β 则称为螺旋角。因此,螺旋线的升角为:

$$\alpha = \arctan \frac{P_h}{\pi D}$$

每一导程螺旋线的长度为:

$$AA_{12} = \sqrt{P_h^2 + (\pi D)^2}$$

10.2 曲 面

10.2.1 概述

10.2.1.1 曲面的形成及分类

曲面可以看作是一动线在空间连续运动所形成的轨迹。当动线按一定的规则运动时,则形成有规则曲面;当动线作不规则运动时,则形成不规则曲面。在有规则曲面中,形成曲面的动线称为母线;母线在曲面上的任一位置称为素线;控制母线运动的一些不动的点、线、面分别称为导点、导线和导面。

按母线性质,常见的有规则曲面可分成直纹曲面及曲纹曲面两大类。直母线形成的曲面称为直纹曲面,如柱面、锥面等。这里应当指出的是,同一曲面可以有不同的形成方法。如图10-9所示柱面,可看作直母线 I II 沿曲导线 Q,且始终平行于直导线 AB 运动的轨迹;也可看作曲母线 Q 沿直导线 AB,且始终平行于导平面 H 运动的轨迹。这就是说,直纹曲面不仅可由直母线运动形成,也可由其他适当的曲母线运动形成。因此,在分析曲面时应选择对作图或解决问题简便的形成方法。

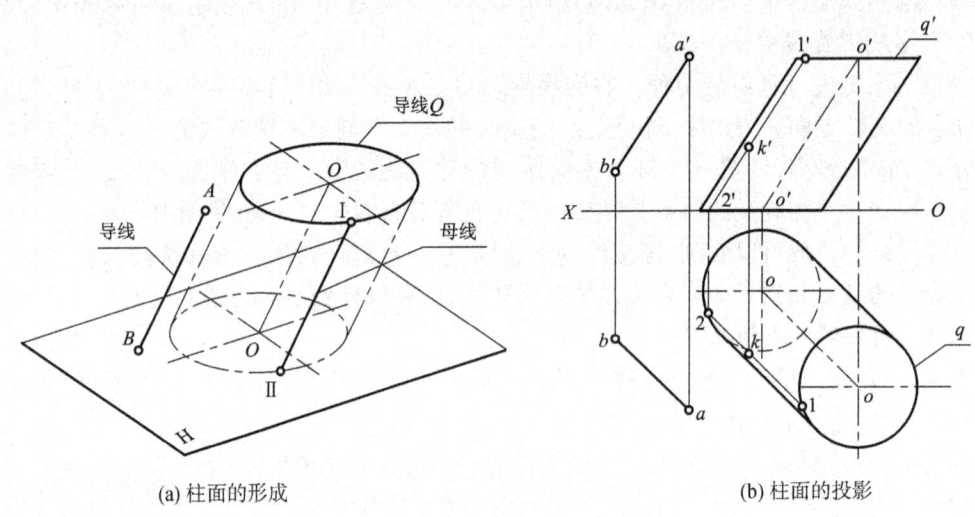

(a) 柱面的形成　　　　　　　(b) 柱面的投影

图 10-9　柱面

直纹曲面又可分为单曲面和扭曲面两类。直纹单曲面的连续两素线彼此平行或相交,位于同一平面内,因而是可展曲面;而直纹扭曲面的连续两素线彼此交叉,不在同一平面内,因此是不可展曲面。

曲纹曲面可分为定线曲面和变线曲面两类。曲纹定线曲面的曲母线在运动过程中其形状和大小不变,如球面、环面等;曲纹变线曲面的曲母线在运动过程中形状和大小发生变化。曲纹曲面都是不可展曲面。

10.2.1.2　曲面的图示法

既然规则曲面是由母线受导元素(点、线、面)控制按一定规则运动而成,故图示一曲面时,必须首先表示该曲面的母线及导元素,这样该曲面的性质即被确定。然后,为了清晰起见,还须画出该曲面投影轮廓线(轮廓素线和边界线投影)以确定曲面的范围。对于复杂的曲面,还须示出曲面上的某些素线或截交线。

变线曲面不能用简单的规则形成,因而在图上常用几组曲线来表示。

取属于有规则曲面上点和线的方法,与取平面上点和线的方法相似。如果一点属于曲面,则它一定属于该曲面的一条素线(直线或曲线)。如果要取属于曲面的线,一般方法是先确定属于该曲面的一系列点,然后顺序连接这些点成线。事实上,掌握了曲面形成的规则和特性,取点取线的问题也就能够得到简化。例如在直纹曲面上,可选取素线(直线)来解决问题。这些将在以后结合各种曲面的具体性质来研究。

现将工程上几种主要曲面的形成和投影特点分述于下。

10.2.2　非回转直纹曲面

直纹曲面是由直母线运动而形成的曲面。直纹曲面上若有一点,则过此点至少能在曲面上作出一条直线,这条直线可根据该曲面的形成方法来作出。

形成直纹曲面的方法很多,因而有许多种直纹曲面,除前面 6.2 节所介绍的单叶双曲回转面等是直纹曲面外,下面再介绍工程上常见的柱面、锥面、柱状面、锥状面和螺旋面。

10.2.2.1 柱面

1. 柱面的形成

如图 10-9a 所示,直母线 ⅠⅡ 沿曲导线 Q 运动,且始终平行于另一直导线(直线 AB),这样形成的曲面称为柱面。其中,曲导线可以是闭合的,也可以是不闭合的。由于柱面上相邻两素线必定是平行两直线,能组成一平面,因此柱面可以无变形地展开在一个平面上,是一种可展的直纹曲面。

2. 柱面的表示法

在投影图上一般先根据曲面形成规律画出导线投影以及曲面的投影轮廓素线,必要时还要画出若干素线的投影。如图 10-9 所示,导线 Q 为平行于 H 面的圆,导线 AB 为一般位置直线。表示这一柱面时,可先画出圆 Q 的 V 面投影和 H 面投影。圆 Q 即为柱面的顶面,其底面通常选取平行于 Q 的平面。顶圆和底圆中心的连线 O—O 即为该柱面的轴线,轴线必定平行直导线 AB。由于素线的方向可由轴线控制,因此直导线 AB 可以不再画出。最后画出柱面的投影轮廓线,如在 V 面投影中为顶圆和底圆最左、最右点投影的连线,此即为对 V 面投影时柱面轮廓素线的投影;在 H 面投影中为两圆的公切线,它是曲面对 H 面投影时柱面轮廓素线的投影。这些曲面投影轮廓素线均应平行于轴线的同面投影。

3. 柱面上取点

在柱面上取点可利用素线。如图 10-9b 所示,可利用素线 ⅠⅡ(1 2,1′2′)定出柱面上点 K 的投影。

4. 柱面的正截面

与柱面轴线垂直的截平面称为正截面。如图 10-10 所示,正截面与柱面的截交线(称正截交线)为圆,则柱面为圆柱面(回转圆柱面),圆柱面的轴线垂直于圆柱底面时,称为正圆柱面,如图 10-10a 所示。圆柱面的轴线倾斜于圆柱底面时,称为斜圆柱面,图 10-10b 所示的斜圆柱底面形状为椭圆。如正截交线为椭圆,则称为椭圆柱面。椭圆柱面的轴线垂直于柱底时,称为正椭圆柱面,如图 10-10c 所示。椭圆柱面的轴线倾斜于椭圆柱底面时,称为斜椭圆柱面,如图 10-10d 所示。

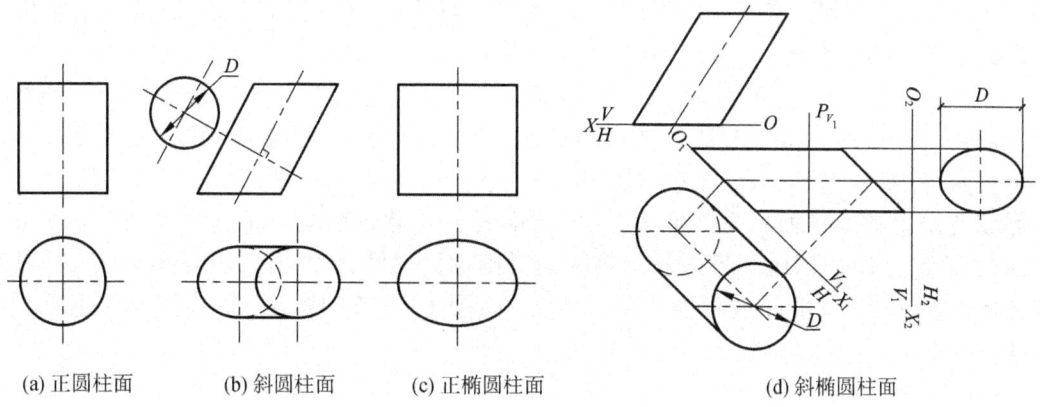

(a) 正圆柱面　　(b) 斜圆柱面　　(c) 正椭圆柱面　　(d) 斜椭圆柱面

图 10-10　柱面的正截面

正截面与柱面截交线的实形可用变换投影面法求得。如图 10-10d 所示,作一垂直于轴线的正截面 P,平面 P 与柱面的交线实形为椭圆(其长轴等于导圆的直径 D),因此这个柱面为椭圆柱面。

10.2.2.2 锥面

1. 锥面的形成

如图 10-11a 所示,直母线 SI 沿曲导线 Q 运动,且始终通过定点(锥顶 S)而形成的曲面称为锥面。曲导线可以是闭合的,也可以是不闭合的。由于锥面上相邻两素线必定为过锥顶的相交两直线,因此锥面亦可以无变形地展开在一个平面上。锥面亦是一种可展的直纹曲面。

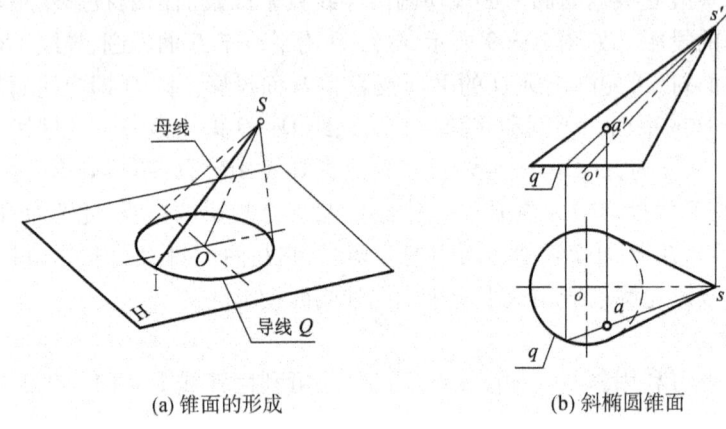

(a) 锥面的形成　　　　　(b) 斜椭圆锥面

图 10-11　锥面

2. 锥面的表示法

在投影图上一般只需画出导点、导线的投影以及曲面投影轮廓线,必要时还画出若干素线的投影。如图 10-11b 所示,导线 Q 为平行于水平面的圆,导点 S 和导圆 Q 的中心点 O 的连线 SO 为一正平线,分别作出点 S 及圆 Q 的两个投影,然后再作出其投影轮廓素线(对相应投影面投影时锥面轮廓素线的投影)。

3. 锥面上取点

锥面上取点可利用素线。如图 10-11b 所示,可利用素线定出属于锥面的点 A 的投影。

4. 锥面上的正截面

以封闭曲线(如圆、椭圆等)为导线所形成的锥面,它们的各个对称平面的交线即锥面的轴线。通常用垂直于轴线的平面与锥面相交所得交线(称正截交线)的形状来命名各种锥面(正截面与锥面截交线的实形可用变换投影面法求得,如图 10-12d 所示)。如正截面交线为圆的锥面称为圆锥面(回转圆锥面),当圆锥面轴线垂直于锥底时称为正圆锥面(图 10-12a),当轴线倾斜于圆锥底面时则称为斜圆锥面(图 10-12b);又如图 10-12c 所示是一轴线垂直于底面的正椭圆锥面;而图 10-12d 则是一轴线倾斜于底面的斜椭圆锥面。

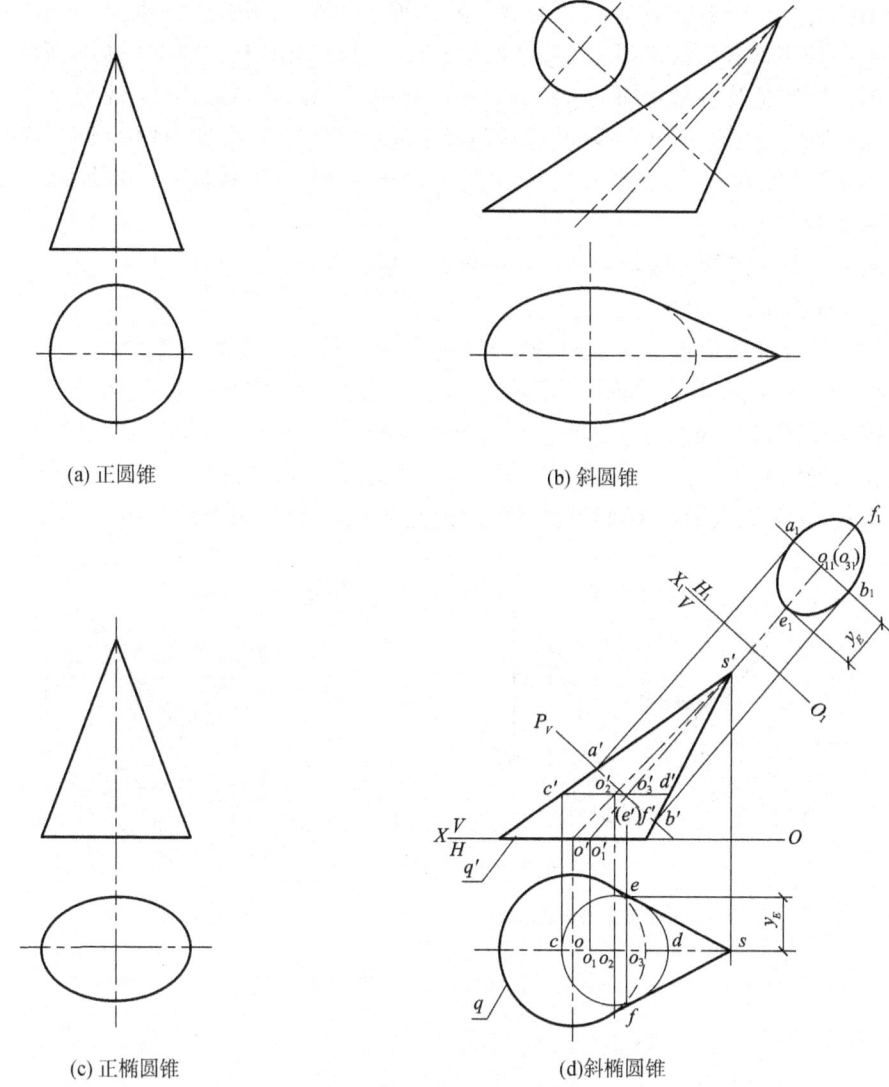

(a) 正圆锥　　(b) 斜圆锥　　(c) 正椭圆锥　　(d) 斜椭圆锥

图 10-12　锥面的正截面

10.2.2.3　双曲抛物面

1. 双曲抛物面的形成

一直母线沿两交叉直导线连续运动,同时始终平行于一导平面,其运动轨迹称为双曲抛物面。如图 10-13 所示,交叉两直线 AB 和 CD 为导线,P 为导面,AD 为直母线,AD 与导面 P 平行。当直母线 AD 运动到 BC 时,仍保持与交叉两直导线相交,且与导平面 P 平行,这样连续运动所形成的曲面即为一双曲抛物面。

2. 双曲抛物面的表示法

在投影图上,一般要画出导线和导平面的投影以及曲面投影的轮廓线,有时还要画出一些素线的投影,如图 10-13b 所示。

例如图 10-13 所示,已知导线 AB、CD 及导平面 P,具体作图步骤如下:

①分直导线 AB 为若干等份(图示为五等份),分别求出各等分点的 H 面、V 面投影,如图

10-13b 所示。

②由于各素线平行于导平面 P，因此素线的 H 面投影都平行于 P_H。据此，过 AB 上各等分点 H 面投影分别作各素线的投影，它们平行于 P_H 且与 cd 相交，如图 10-13b 所示。

③作出与各素线 V 投影相切的包络线——抛物线，如图 10-13b 所示，完成全图。

同一双曲抛物面可有两组素线，其导线与导平面也不同。如图 10-13b 所示，若以原素线 AD 和 BC 为导线，以平行于 AB 和 CD 的平面 Q 作为导平面，可形成同一个双曲抛物面。

3. 双曲抛物面上取点

双曲抛物面上取点的方法与上述曲面一样，应利用素线作图。

4. 双曲抛物面的截交线

当两方向的导平面垂直于 H 面时，双曲抛物面的水平面截交线是双曲线，正平面和侧平面的截交线是抛物线，在与导平面垂直的投影面上的投影反映实形。如图 10-14 所示，平面 P 和 Q 的截交线的 H 面投影分别为双曲线 1 和双曲线 2；水平面 R 通过曲面的中心 O，它的截交线蜕变成相交两直线，为两组双曲线的渐近线。而过中心点 O 的正平面 S 和侧平面 T 的截交线是抛物线，其 V 面投影和 W 面投影各反映的实形，是曲面的投影轮廓线。

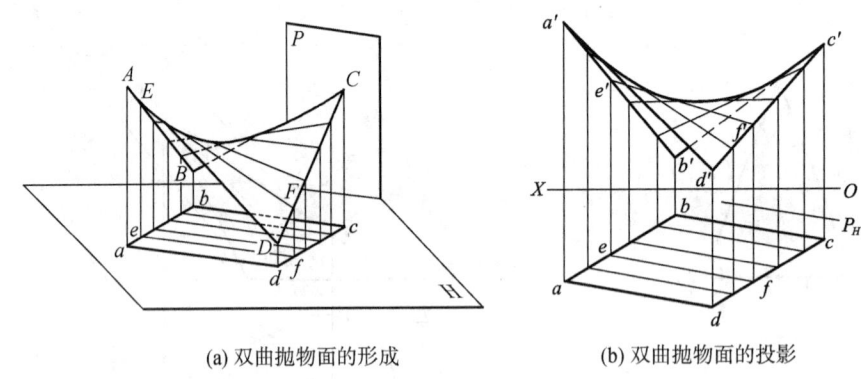

(a) 双曲抛物面的形成　　(b) 双曲抛物面的投影

图 10-13　双曲抛物面

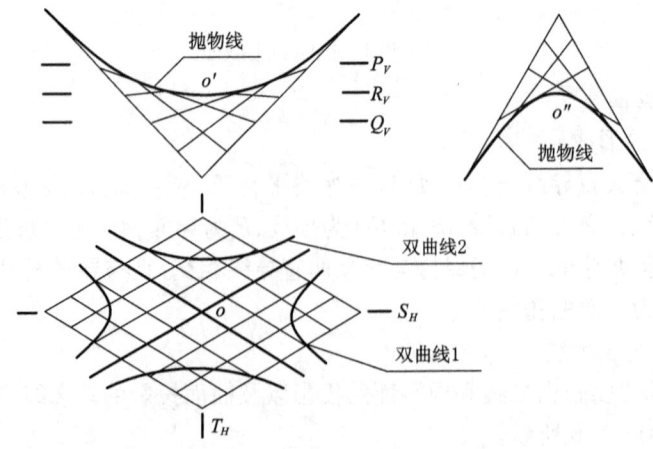

图 10-14　双曲抛物面的截交线

10.2.2.4 柱状面

1. 柱状面的形成

如图 10-15a 所示，直母线 AD 沿两条曲导线 AC 与 DF 运动，且始终平行于一导平面 V，所形成的曲面称为柱状面。柱状面的相邻两素线虽然同时平行于导平面，但在空间并不平行，是交叉两直线。因此，柱状面是一种不可展的直纹曲面。

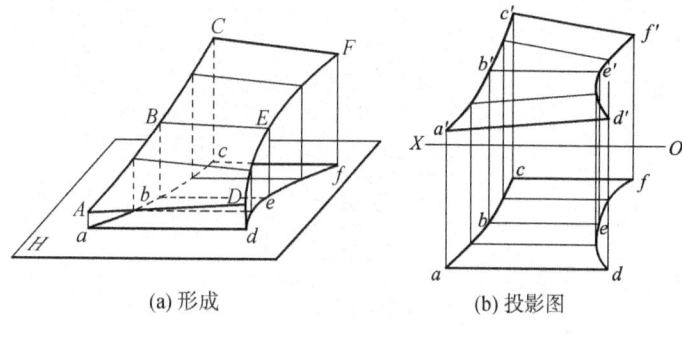

图 10-15 柱状面

2. 柱状面表示法

在投影图上表示柱状面，一般要画出导线、导平面的投影以及曲面投影轮廓线，有时还要画出若干素线投影。图 10-15b 所示为当导平面平行于 V 面时该柱状面的投影图。

3. 柱状面上取点

柱状面上取点，其方法与上述曲面一样，是利用素线作图。

10.2.2.5 锥状面

1. 锥状面的形成

锥状面是由一直母线沿一曲导线和一直导线运动而形成，运动过程中所有素线始终平行于一导平面。如图 10-16a 所示为一锥状面，AD 为直母线，AC 为直导线，DF 为曲导线，H 为导平面。母线 AD 在运动过程中，始终与导线 AC、DF 相交，同时平行于 H 面。

由于锥状面的两相邻素线彼此交叉，故锥状面也是一种不可展的直纹曲面。

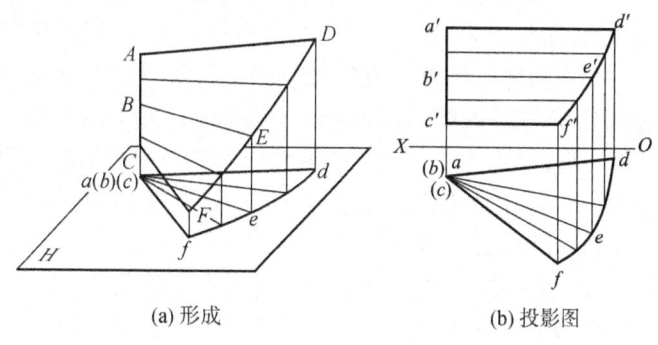

图 10-16 锥状面

2. 锥状面的表示法

在投影图上表示锥状面，一般应画出导线、导平面的投影以及曲面投影轮廓线，有时还要画出若干素线。图 10-16b 所示为当导平面平行于 H 面时锥状面的投影图。

3. 锥状面上取点

锥状面上取点，也是利用素线作图。

10.2.2.6 正螺旋面

1. 正螺旋面的形成

正螺旋面是锥状面的一种，它由一直母线沿圆柱螺旋线（非平面曲导线）和螺旋线轴线（直导线）运动而形成，在运动过程中直母线始终与轴线垂直相交，亦即母线始终平行于垂直轴线的导平面。正螺旋面的连续两素线既不平行又不相交，因而它是不可展的直纹曲面，如图 10-17 所示。

2. 正螺旋面的表示法

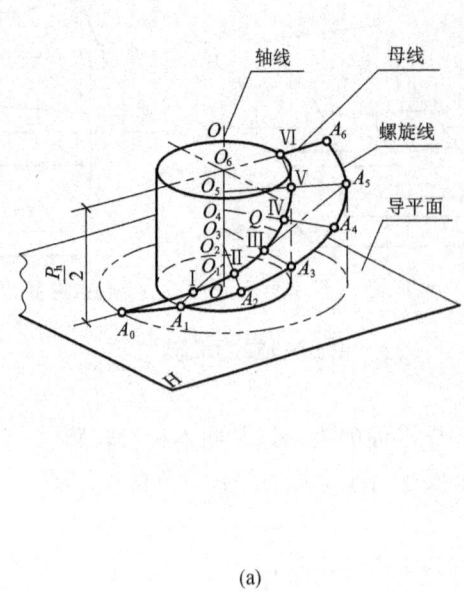
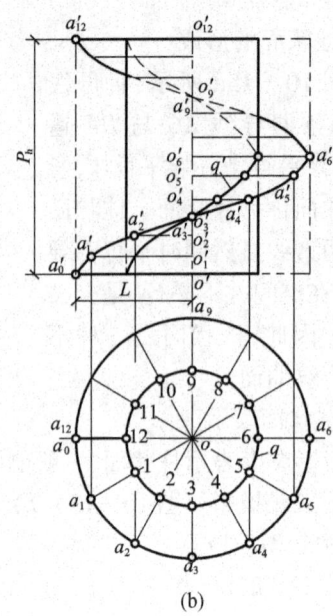

(a)　　　　　　　　　　　　　　(b)

图 10-17　正螺旋面的形成和投影

画正螺旋面的投影图时,先画出曲导线(圆柱螺旋线)及其轴线(直导线)的两投影,再画出螺旋面相应素线的 H 面和 V 面投影。为此,将圆柱螺旋线分成若干等份。当轴线垂直于 H 面时,可从螺旋线 H 面投影(圆周)上各等分点引直线与轴线的 H 面积聚投影(圆心)相连,就是螺旋面相应素线的 H 面投影;素线的 V 面投影是过螺旋线 V 面投影上各分点的投影引到轴线 V 面投影的水平直线。如果螺旋面被一个同轴的小圆柱面所截,它的投影图如图10-17b所示。小圆柱面与螺旋面的交线,是一根与螺旋曲导线有相等螺距的螺旋线。

具体作图方法如图 10-17b 所示:

已知正螺旋线的导程为 P_h,母线的长度为 L。①画出直导线(轴线)及曲导线(圆柱螺旋线)的 H 面和 V 面投影。②将导程 P_h 内的轴线和螺旋线分成若干等份。为将螺旋线分成相同等份,先等分其 H 面投影(圆周),再求得其 V 面投影上各等分点。③作出该曲面上各素线的投影。如图 10-17 所示,由于各素线平行于导平面 H,故为水平线,其 V 面投影为水平直线,H 面投影都交于轴线的 H 面积聚投影(圆心)。

正螺旋面在工程上应用颇多,如螺旋输送器、建筑物的螺旋梯等。下面以螺旋梯投影图作图的实例说明具体作图方法,如图 10-18 所示。

①确定螺旋面的螺距及其所在圆柱面直径。沿螺旋梯走一圈的高度就是该螺旋面的螺距;螺旋梯内、外侧到轴线距离分别是内、外圆柱的半径。

②根据内、外圆柱的半径,螺距的大小以及梯级数,画出螺旋面的两面投影,如图 10-18a 所示。

假设把螺旋面的 H 面投影分为十二等份,每一等份就是螺旋梯上一个踏面的 H 面投影。螺旋梯踢面的 H 面投影积聚在两踏面投影的分界线上,如图中$(1_1)2_12_2(1_2)$和$(3_1)4_14_2(3_2)$等。因此,在画螺旋梯的两投影时,只要按一个螺距的步级数目等分螺旋面的 H 面投影,就完成了螺旋梯的 H 面投影。

③画各步级的 V 面投影,如图 10-18b 所示,第一级踢面 $I_1II_1II_2I_2$ 的 H 面投影积聚成

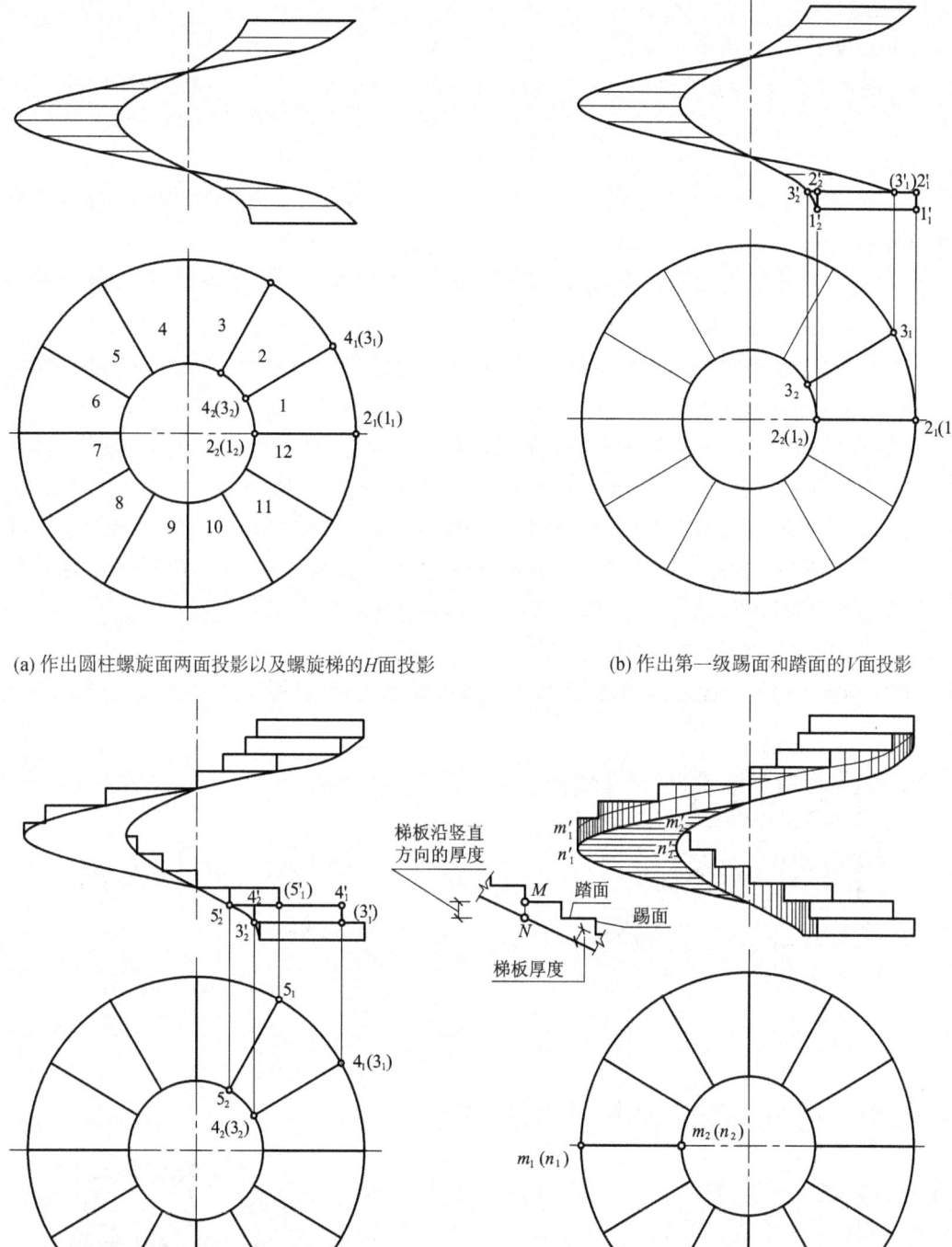

(a) 作出圆柱螺旋面两面投影以及螺旋梯的H面投影

(b) 作出第一级踢面和踏面的V面投影

(c) 作出第二级踢面和踏面的V面投影，并完成其余各级

(d) 螺旋梯的两投影

图 10-18　螺旋梯画法

一水平线段$(1_1)2_12_2(1_2)$,踢面的底线$I_1、I_2$是螺旋面一根素线,求出它的V面投影$1'_11'_2$后,过两端点分别画一竖直线,截取一级的高度,得点$2'_1$和$2'_2$。矩形$1'_12'_12'_21'_2$就是第一级踢面的V面投影,它反映踢面的实形。

第一级踏面的H面投影$2_12_23_23_1$是螺旋面H面投影的第一等份。第一级踏面的V面投影积聚成一水平线段$2'_12'_23'_2(3'_1)$,其中$(3'_1)3'_2$是第二级踢面底线(螺旋面的另一根素线)的V面投影,它与该踏面的H面投影3_13_2相对应,如图10-18b所示。

画第二步级的V面投影,如图10-18c所示,过点$3'_1$和$3'_2$分别画一竖直线,截取一级的高度得点$4'_1$和$4'_2$。矩形$3'_13'_24'_24'_1$就是第二级踢面的V面投影。

如此类推,依次画出其余各级的踢面和踏面的V面投影。必须注意,第五至第九级的踢面,由于被螺旋梯本身所挡住,它的V面投影是不可见的,各级的投影如图10-18c所示。

④最后画螺旋梯板底面的投影。梯板底面也是一个螺旋面,它的形状和大小与梯级的螺旋面完全一样,两者相距一个梯板沿竖直方向的厚度。梯板底面的H面投影与各梯级的H面投影重合。

画梯板底面的V面投影,可对应于梯级螺旋面上的各点,向下截取相同的高度,求出底板螺旋面相应各点的V面投影。比如第七级踢面底线的两端点是M_1和M_2,从它们的V面投影m'_1和m'_2向下截取梯板沿竖直方向的厚度,得n'_1和n'_2,即所求梯板底面上与M_1、M_2相对应的两点N_1、N_2的V面投影。同法求出其他各点后,用圆滑曲线连接,即为梯板底面的V面投影。完成后的螺旋梯两面投影如图10-18d所示。

10.2.3 曲面在建筑和园林小品中的应用

图10-19所示为柱面屋面,将柱面壳筒连续波浪式地排列使用,更可发展其理想的强度

(a) 候车廊　　　　　　　　　　　　(b) 墨西哥霍奇米柯薄壳餐厅

图10-19　柱面壳

和多姿、简洁和轻巧的体形。图10-20为锥面屋面,适用于屋面为圆形和扇形的建筑。图10-21所示为球面屋面,由对球体进行瓜瓣似的切割组合而成,其边界线选择了曲率为常数的圆曲线。图10-22所示为浙江省体育馆的双曲抛物面屋面,它由一个双曲抛物面被一个椭圆柱面截交而形成,图10-22a为屋面两面投影图。图10-23所示为某车站调度室的双曲抛物面屋面,其造型富有向上舒展的动态空间美。图10-24所示为螺旋楼梯实例。

图10-20　锥面壳

(b) 三角形球面扁壳体

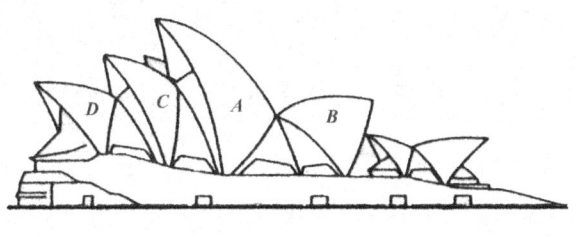

(a) 亭

(c) 澳大利亚悉尼歌剧院

图 10-21　球面壳

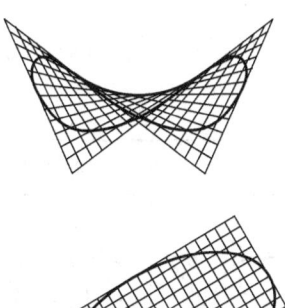

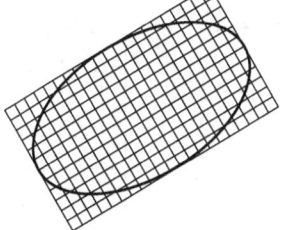

(a) 马鞍形屋面两面投影图　　　　　　(b) 马鞍形悬索(浙江省体育馆)

图 10-22

图 10-23　双曲抛物面屋面

图 10-24　螺旋楼梯

10.2.4 曲面的切平面

10.2.4.1 作曲面的切平面

设曲面上有一点 M,过点 M 在曲面上引任意两根曲线 K_1 和 K_2,然后过点 M 分别引曲线 K_1 和 K_2 的切线 T_1 和 T_2,则由相交两直线 T_1 和 T_2 所确定的平面 T 称为与曲面切于点 M 处的切平面(图 10-25)。在曲面上过切点 M 所引的任意曲线,它们的切线都必在该切平面上。如图 10-25 过曲面 S 上的点 M 任作一曲线 K_3,则它在点 M 的切线 T_3 必在曲面 S 上点 M 处的切平面上。

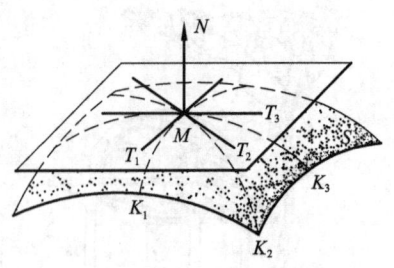

图 10-25 曲面的切平面

10.2.4.2 曲面的法线

曲面在某一点的法线是指经过该点并与该点的切平面相垂直的直线。如图 10-25 过点 M 作直线 MN 垂直切平面 T,则 MN 即为曲面 S 上点 M 处的法线。

10.2.4.3 切平面与曲面相切的各种情况

(1)曲面形状不同,切平面与曲面相切的情形也不同。如表 10-1 所示,切平面与曲面可以相切于一点、一直线或一圆,也可以切于一点并与曲面相交于直线或曲线。

(2)切平面与直纹曲面相切于过切点的直素线,如表 10-1 中的锥面与柱面的切平面。

表 10-1 曲面与平面相切的各种情形

球	锥	柱	环	双曲回转面
切于一点	切于一直线	切于一直线	切于一圆	切于一点,并与曲面相交于两直线

例 10-2 已知球面上一点 A,试作该球面上点 A 处的切平面。如图 10-26 所示,有两种作图方法。

方法一:如图 10-26a 所示。

①分析。根据切平面的概念,过球面点 A 的切平面,应为过点 A 所作任意两圆的切线(相交两直线)所确定的平面。

②作图。首先过点 A 作任意两圆,为便于作图,过点 $A(a,a')$ 作两个圆,一个平行于 H 面的圆 $K(k,k')$,一个平行于 V 面的圆 $S(s,s')$。然后分别作此两圆在点 $A(a,a')$ 处的切线 $AB(ab,a'b')$

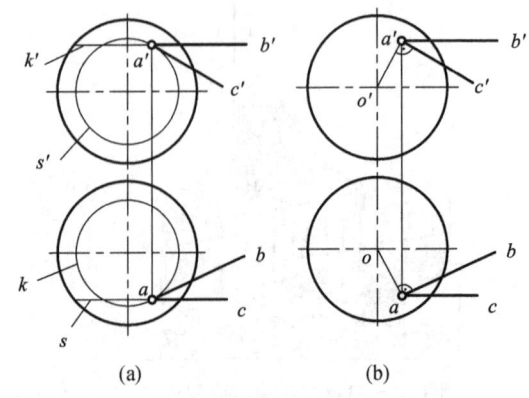

图 10-26 作球面上点 A 处的切平面

及 $AC(ac,a'c')$，这两条切线所决定的平面，即为所求切平面。

方法二：如图 10-26b 所示。

①分析。由上述知，曲面上某点的切平面与该点的法线方向垂直，故可过该点作任意两直线垂直于该点的法线，则两直线所确定的平面即为所求切平面。

②作图。首先求作过点 A 的法线方向，为此过点 $A(a,a')$ 与球心 $O(o,o')$ 连线，则 $OA(oa,o'a')$ 即为点 A 的法线方向。然后过点 A 作切平面，它垂直于法线，为此，过点 $A(a,a')$ 作水平线 $AB(ab,a'b')$ 及正平线 $AC(ac,a'c')$ 与 OA 垂直，则 AB 与 AC 所确定之平面即为所求的切平面。

复习思考题

1. 试述曲线的分类及投影特性。
2. 试述圆柱螺旋线的形成、几何性质和投影特性，并举例说明其投影图作法。
3. 当一直线绕轴线旋转时，可能产生哪几种曲面？
4. 试述投影表示曲面的一般方法及曲面上取点、取线的作图原则。
5. 试述正螺旋面的形成规律、投影特性和绘图方法，举例说明。
6. 如何经过曲面上一点作该曲面的切平面和法线？

第11章 工程形体的表达方法

在实际工程中,形体的形状和结构是多种多样的。在表达它们时,应使画出的图样清晰易懂,制图简便。显然,仅用前面介绍的三面视图是不够的。为此,国家标准《房屋建筑制图统一标准》(GB/T 50001—2010)(简称国家标准)中,对表达形体的画法、图形配置和标注方法等各种表达方法作了统一的规定。本章主要介绍上述标准中关于视图、剖面图和断面图及一些简化画法的基本规定。

11.1 视 图

11.1.1 基本视图

视图主要用来表达形体的外部形状和结构,按正投影法并采用第Ⅰ角画法绘制。如图 11-1 所示,当形体的外部形状和结构在前、后、左、右、上、下六个方向都不同时,若要清晰、完整地表达形体的形状和结构,可设六个基本投射方向,相应地向分别与它们垂直的六个基本投影面进行投影,得到形体的六面视图。

如图 11-2 所示,国家标准规定采用正六面体的六个面为基本投影面,即在原有 V、H、W 三个投影面的基础上,再增设三个分别对应平行于原三投影面的新投影面 V_1、H_1 和 W_1。将形体向三个新投影面投影,分别得到三个视图:从右向左投影,于 W_1 面上得到右侧立面图;从下向上投影,于 H_1 面上得到底面图;从后向前投

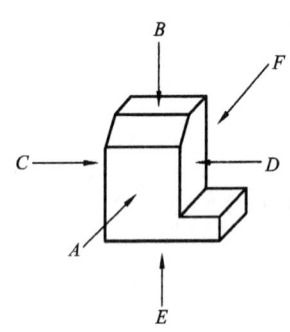

图 11-1 第Ⅰ角画法

影,于 V_1 面上得到背立面图。这样,加上前述三视图,形体向六个基本投影面投影得到相应的六面视图:正立面图、平面图、左侧立面图、背立面图、底面图、右侧立面图。这六面视图统称基本视图。六面基本视图按图 11-2a 所示的方法逐一展开摊平在 V 面所在平面上,展开后得到投影图的排列位置如图 11-2b 所示。必要时可画出第Ⅰ角画法的识别符号,如图 11-2c 所示。

六面基本视图之间仍保持"长对正,高平齐,宽相等"的投影关系。

当在同一张图纸上绘制若干视图时,各视图的位置宜按图 11-3 的顺序布置。

每个视图均应标注图名。各视图图名的命名主要应包括平面图、立面图、剖面图或断面图、详图。同一种视图多个图的图名前加编号以示区分。平面图,以楼层编号:如地下二层平面图、地下一层平面图、首层平面图、二层平面图;立面图,以该图两端头的轴线号编号:如图 11-3 所示,①-⑨立面图、⑨-①立面图、Ⓐ-Ⓗ立面图、Ⓗ-Ⓐ立面图;剖面图或断面图以剖切号编号,详图以索引号编号。图名标注在视图的下方或一侧,并在图名下用粗实线绘一条横线,其长度应以图名所占长度为准(图 11-3)。使用详图符号作图名时,符号下不再画线。

第 11 章 工程形体的表达方法

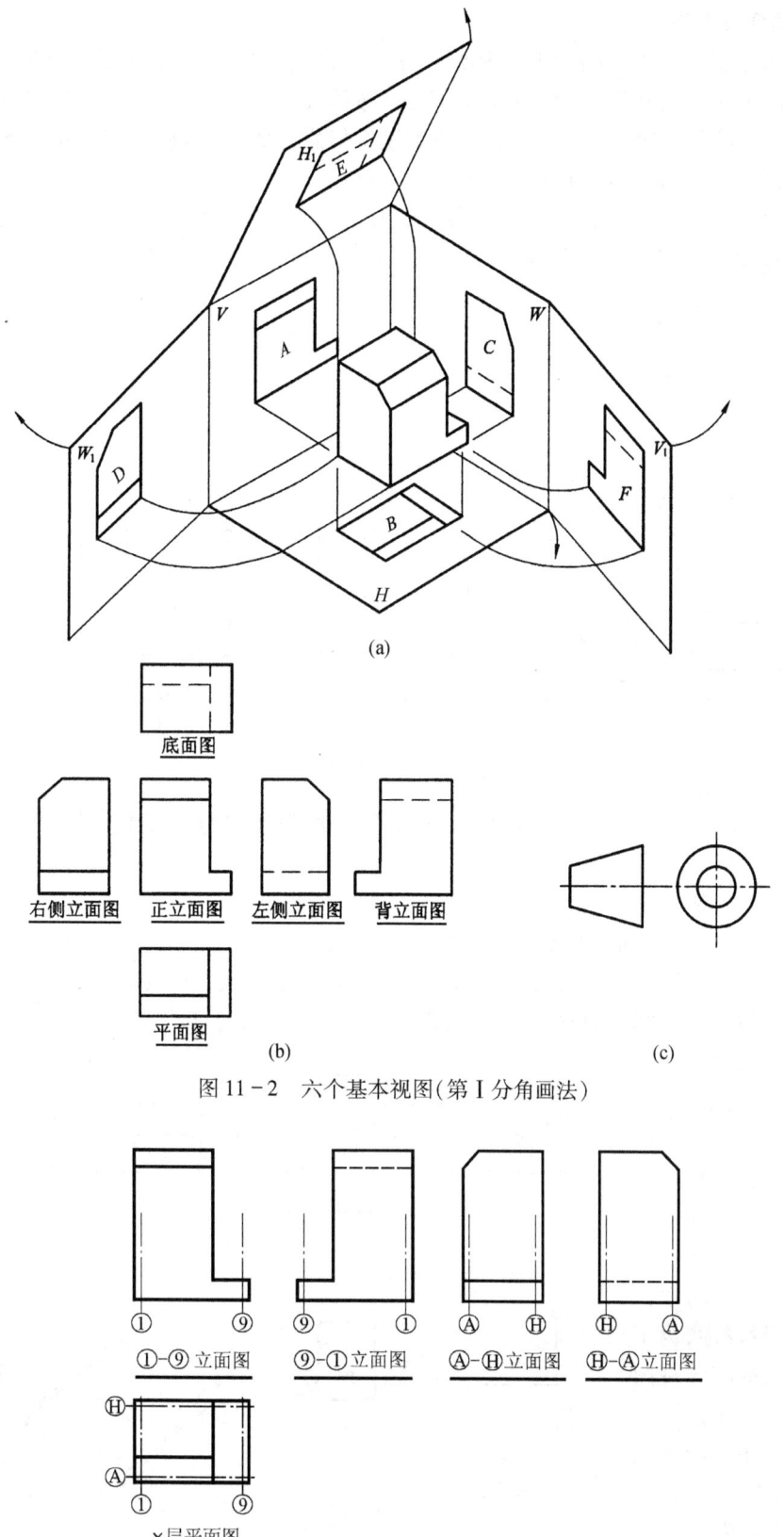

图 11-2 六个基本视图（第Ⅰ分角画法）

图 11-3 视图配置

11.1.2 镜像投影法

镜像投影是形体在镜面中的反射图形的正投影,该镜面应平行于相应的投影面,如图 11-4a 所示。图中,如按直接正投影法画出形体的平面图,则形体下部不可见部分只能用虚线画出,如图 11-4b 所示;如图 11-4c 所示,若用镜像投影法绘制,将镜面代替水平投影面,则在镜面中反射得到的图像,形体不可见部分就变为可见,用粗实线画出。

绘制镜像投影图时,应按图 11-4c 所示的方法在图名后注写"镜像"二字,或按图 11-4d 所示方法画出镜像投影画法识别符号。

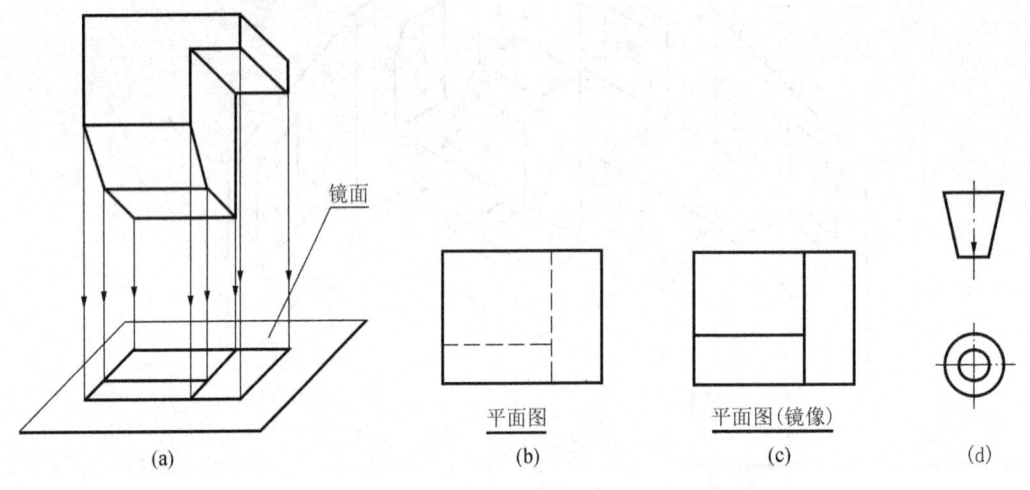

图 11-4 镜像投影法

建筑吊顶(顶棚)灯具、风口等设计布置图,应是反映在地面上的镜面图,不是仰视图(底视图)。

11.1.3 展开视图

建(构)筑物的某些面与基本投影面平行,某些面与投影面不平行(如圆形、折线形、曲线形等),为了同时表达出不平行面的形状和大小,可将该部分展开至与某一选定的基本投影面平行,再按正投影法绘制。如此,经展开后再向基本投影面投影所得的投影图称为展开视图。

如图 11-5 所示,表达图示房屋,共选用了屋顶平面图、南立面图、西立面图和东南立面图等视图。其中,南立面图是展开视图,由于房屋的右侧中朝向西南方的立面倾斜于正立投影面,为了反映其实形,故将该视图假想将其倾斜部分展至与左侧面同时平行于正立投影面后再进行投影。东南立面图则为辅助视图,因图上注写出反映投

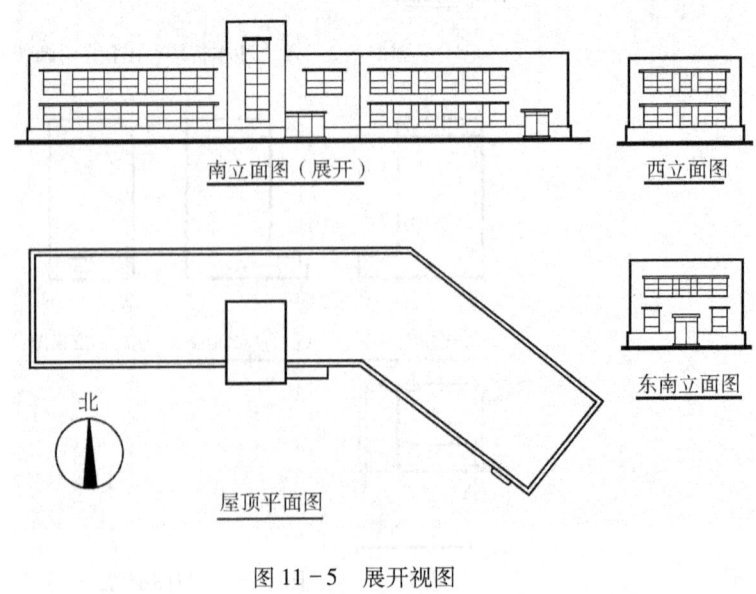

图 11-5 展开视图

射方向的方位图名,故不注出箭头。

展开视图在图形中不作任何标注,但要在该视图名后注写"展开"二字。

11.2 剖面图

前面遇到形体的内部形状和结构及被遮住的部分轮廓,在投影图上均以虚线表示。对于内部形状和结构复杂的形体,这将造成图样图面虚实线相互重叠、交错混淆、层次不清晰,既不便于看图,又不利于标注尺寸。因此,在工程图样中,常采用剖面图和断面图来表达形体内部的形状和结构。下面两节介绍国家标准对剖面图和断面图的规定画法。

11.2.1 概述

11.2.1.1 剖面图和断面图的形成

图 11-6a 所示为台阶的立体图。若用三视图表示,由于台阶两侧的栏板高于踏步,则在其左侧立面图中踏步将被栏板遮住只能用虚线画出。为了将左侧立面图中的踏步用实线表示,现假想用一个侧平面,从踏步中间将台阶剖开(图 11-6b),然后移开观察者与剖切平面之间的部分形体,将剩下的部分形体向与剖切平面平行的左侧立投影面投影,所得的投影图称为剖面图,简称剖面。剖面图除应画出剖切平面截切形体得到的截断面的投影外,还应画出沿投射方向看到的形体剩下部分的投影(图 11-6c)。

若假想采用剖切平面将形体剖切开后,仅画出剖切平面截切形体得到的截断面的图形,称为断面图,简称断面。断面图只需画出截断面的图形(图 11-6d)。

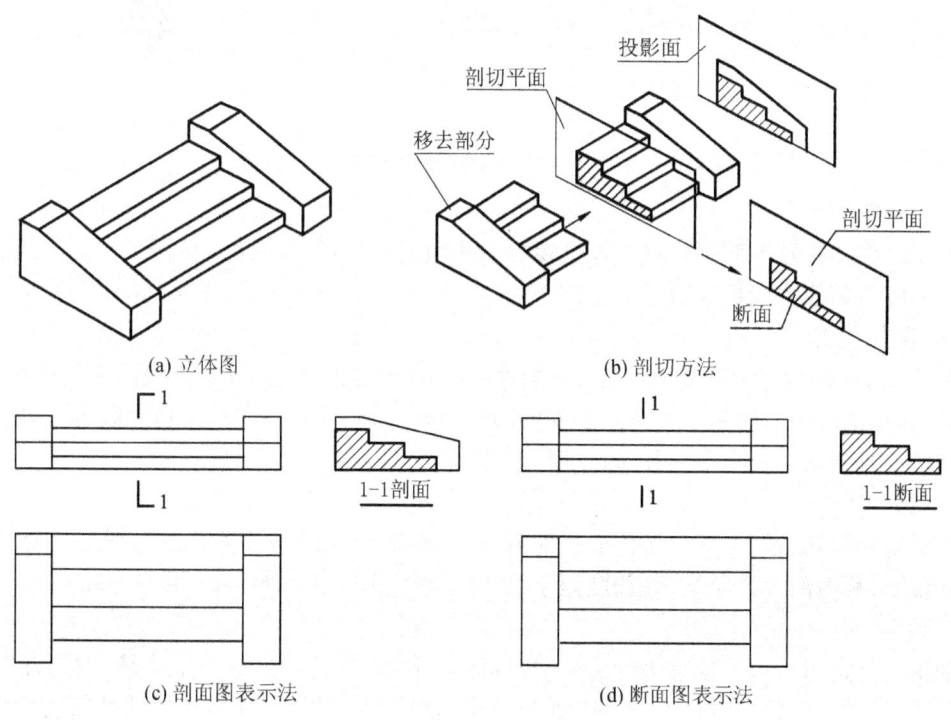

图 11-6 剖面图和断面图的形成

剖切平面是假想的用来剖开形体的平面。剖切是假想的,只有在画剖面图时,才假想切开形体并移开其一部分,画其他投影时,则一定要按未剖切的完整形体画出。

11.2.1.2 剖面图的绘图

(1) 在剖面图中,截断面的投影轮廓线用粗实线绘制,为突出表示截断面的形状,沿投射方向的形体剩下部分的可见投影轮廓线用中实线绘制(图11-6c)。

(2) 一般要在截断面上的投影轮廓线内画建筑材料图例。

(3) 在剖面图中,一般不绘出虚线(不可见的投影轮廓线)。只有当形体某部分在其他投影图上未表示清楚,画出虚线后既不影响图形清晰,又可省略投影图时,才画出虚线。

(4) 为使截断面反映实形,一般选择剖切平面平行于某一投影面,并通过形体上的孔、洞、槽等,使内部的结构形状得以清楚表达。若形体对称,一般选择形体的对称面为剖切平面。

11.2.1.3 剖面图的标注

为了明确投影图之间的投影关系,便于看图,剖面图一般应标注,以明确其剖切位置,投影方向,剖面图编号。剖面图标注,包括有剖视的剖切符号和剖视剖切符号的编号两部分(图11-7a),并在相对应的剖面图上用该编号作图名。也可采用国际统一和常用的剖视方法(图11-7b)。

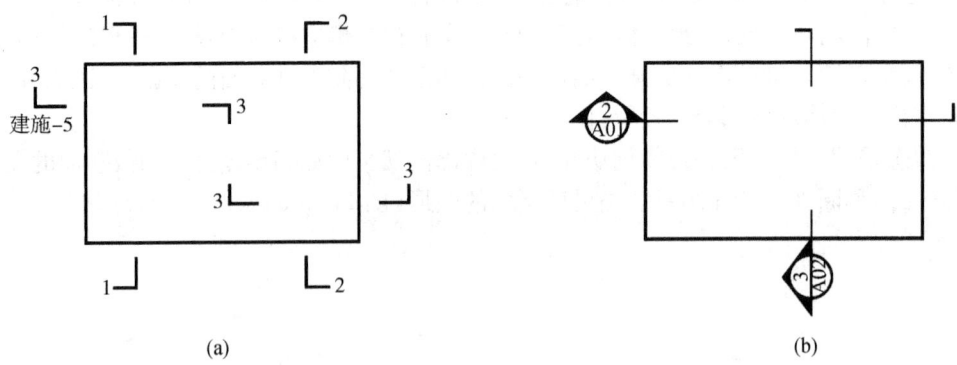

图11-7 剖视的剖切符号

1. 剖切符号

剖视的剖切符号由剖切位置线及剖视方向线组成,均以粗实线绘制(图11-7a)。剖视剖切符号不应与其他图线相接触。

(1) 剖切位置

由于剖切平面垂直于投影面,在该投影面的投影积聚为一直线,它可表明剖切平面位置。在投影图中,剖切平面的积聚投影用断开的两段短粗实线表示,称为剖切位置线,简称剖切线。每段剖切位置线长度宜为6~10 mm(图11-7a)。

(2) 投射方向

为了表明剖切后剩下部分形体的投射方向,在剖切位置线的外侧各画一段与之垂直的短粗实线表示,称为剖视方向线,其长度短于剖切位置线,宜为4~6 mm(图11-7a)。

2. 编号

剖切线规定用阿拉伯数字进行编号,按剖切顺序由左至右、由下向上连续编排,注写在剖视方向线的端部。需要转折的剖切线,如与其他图线发生混淆,应在转角处的外侧加注与该符号相同的编号。

同时,在所得剖面图的下方,注写相应的编号,以表明剖面图的名称,如图11-11所示"1—1"、"2—2"。

剖面图如与被剖切图样不在同一张图内,可在剖切位置线的另一侧注明其所在图纸的编号,也可以在图上集中说明。

11.2.1.4 材料图例

剖面图中包含了形体的断面,为了使剖面图层次分明,在断面上必须画上表示材料类型的图例(图11-11)。

1. 常用建筑材料图例

国家标准规定了常用建筑材料图例画法(附录一之附表1-1)。标准对常用建筑材料图例尺度比例不作具体规定,使用时应根据图样大小而定。

2. 常用建筑材料图例使用规定

(1)图例线应间隔均匀,疏密适度,做到图例正确,表示清楚。

(2)如果没有指明材料,要用45°方向的平行线表示,其线型为$0.25b$的细实线。当一个形体有多个断面时,所有图例线的方向与间距应相同。

(3)两个相同的图例相接时,图例线宜错开或使倾斜方向相反(图11-8)。

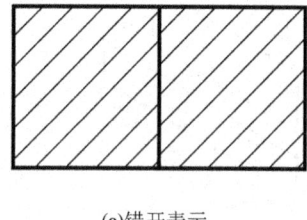

(a)错开表示

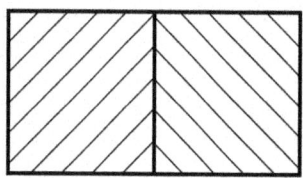

(b)倾斜方向相反

图11-8 相同图例相接时的画法

(4)两个相邻的涂黑图例间应留有空隙,其净宽度不得小于0.5 mm(图11-9)。

(5)需画出的建筑材料图例面积过大时,可在断面轮廓线内,沿轮廓线作局部表示(图11-10)。

图11-9 相邻涂黑图例的画法

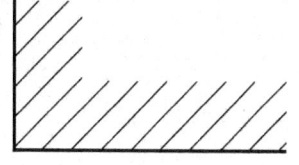

图11-10 局部表示图例

(6)当选用国家标准未包括的建筑材料时,可自编图例。但不得与国家标准所列图例重复。绘制时,应在适当位置画出该图例,并加以说明。

(7)当一张图纸内的图样只有一种图例,或图形较小无法画出建筑材料图例时,可不加图例,但应加文字说明。

11.2.2 常用的剖切方法

11.2.2.1 用一个剖切平面剖切

这种方法适用于一个平面剖切后就能将内部形状和结构表达清楚的形体。

1. 全剖面图

用一个剖切平面完全剖开形体所得到的剖面图,称为全剖面图(图 11-11)。

全剖面图适用于外形结构简单而内形结构复杂的形体。

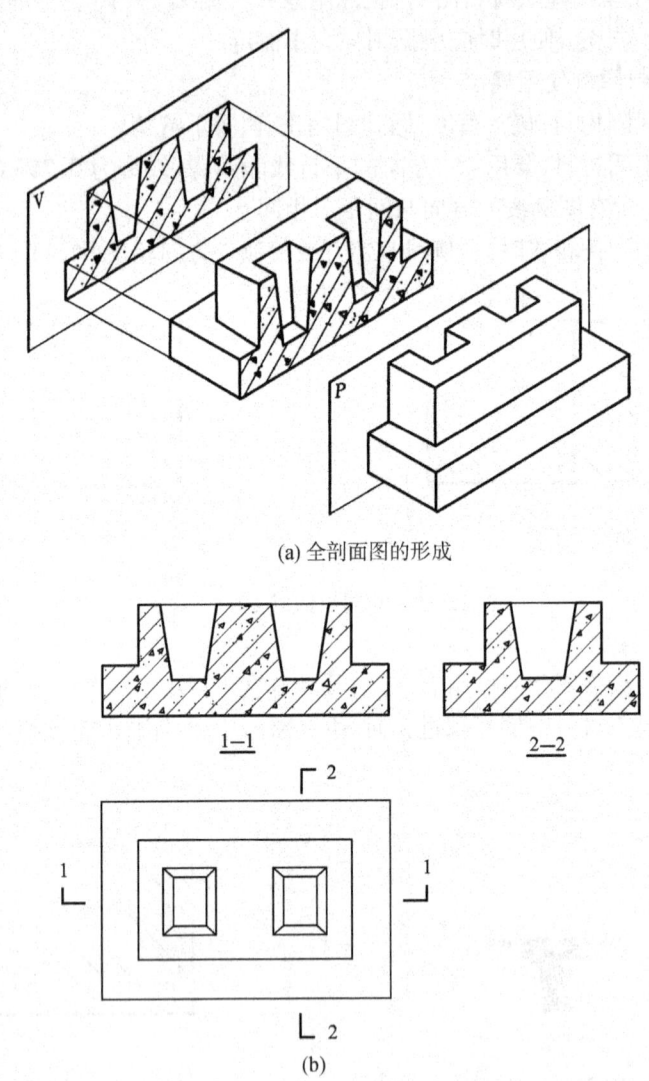

图 11-11 杯形基础的全剖面图

2. 半剖面图

当形体具有对称平面,且内外结构均需表达时,将垂直于对称平面的投影面上的投影,以对称平面的积聚投影(对称中心线)为界,一半画视图,一半画剖面图。这种剖面图,称为半剖面图(图 11-12)。在半剖面图中,剖面图和视图之间,规定用对称符号为分界线。对称符号由对称线及其两端的两对平行线组成。对称线采用细单点长画线绘制,平行线用细实线绘制,其长度宜为 6~10 mm,每对的间距宜为 2~3 mm。对称线垂直平分于两对平行线,两端超出平行线 2～3 mm。当对称线是竖直线时，半个剖面图画在视图的右半边；当对称线是水平线时，半个剖面图画在视图的下半边。

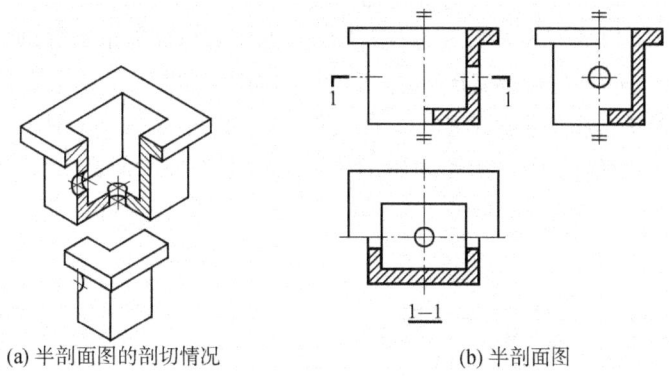

(a) 半剖面图的剖切情况　　(b) 半剖面图

图 11 - 12　构件的半剖面图

3. 局部剖切和分层剖切

当形体只有某一局部需要表达，可假想用剖切平面局部地剖开形体，所得剖面图，称为局部剖面图（图 11 - 13）。如图 11 - 14 所示的杯形基础的平面图中将局部画成剖面图，以表示基础的内部钢筋的配置情况。

假想用分层剖切法画出的剖面图，称为分层局部剖面图（图 11 - 15）。分层局部剖面图常用来表达楼面、地面和屋面的构造。

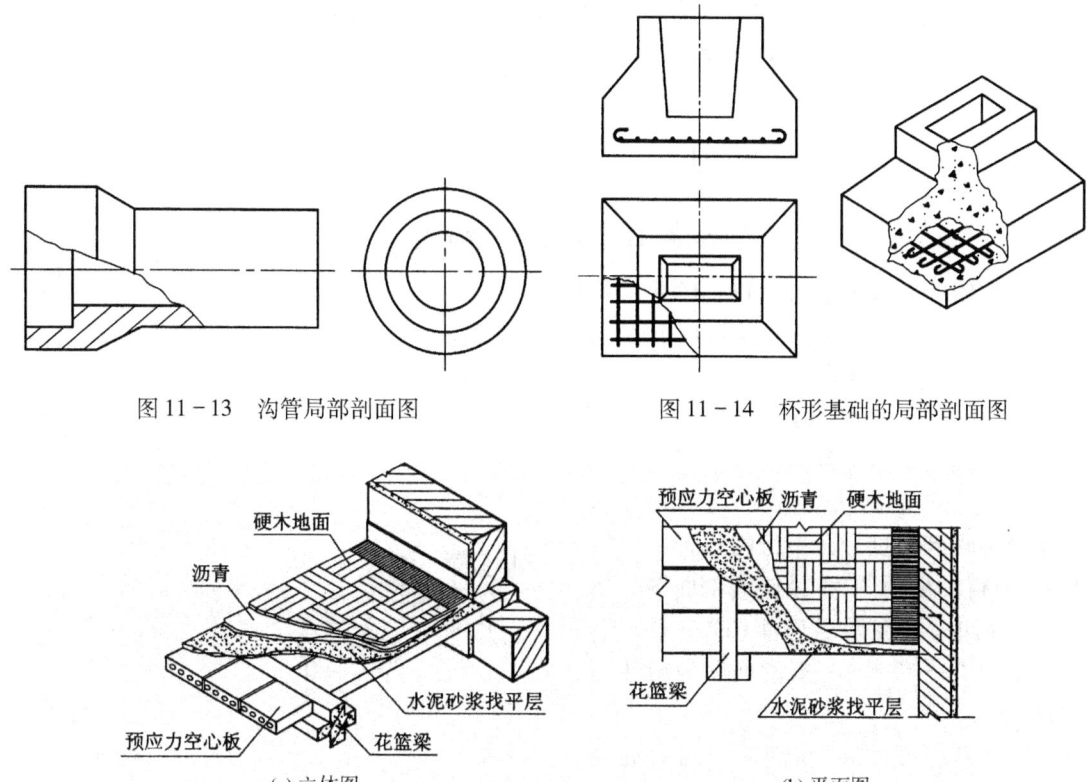

图 11 - 13　沟管局部剖面图　　　　图 11 - 14　杯形基础的局部剖面图

(a) 立体图　　(b) 平面图

图 11 - 15　分层局部剖面图

203

画局部剖面图和分层局部剖面图时，外形与剖面图部分，以及剖面部分相互之间均以波浪线为分界线。波浪线既不能超出轮廓线，也不能与图上其他图线重合。

11.2.2.2 用两个或两个以上平行的剖切面剖切

当形体内部形状和结构均较为复杂，而又处于相互平行且不重叠的剖切面上时，可假想用几个相互平行的剖切面剖切形体，所得的剖面图，称为阶梯剖面图。如图11-16所示，其中平面图是一个全剖面图，在房屋表示中，习惯上仍称为平面图；从平面图中所示剖切线可知，1—1剖面图是一个阶梯剖面图。由于房屋剖面图中的截断面投影图形狭小，故可不画材料图例。

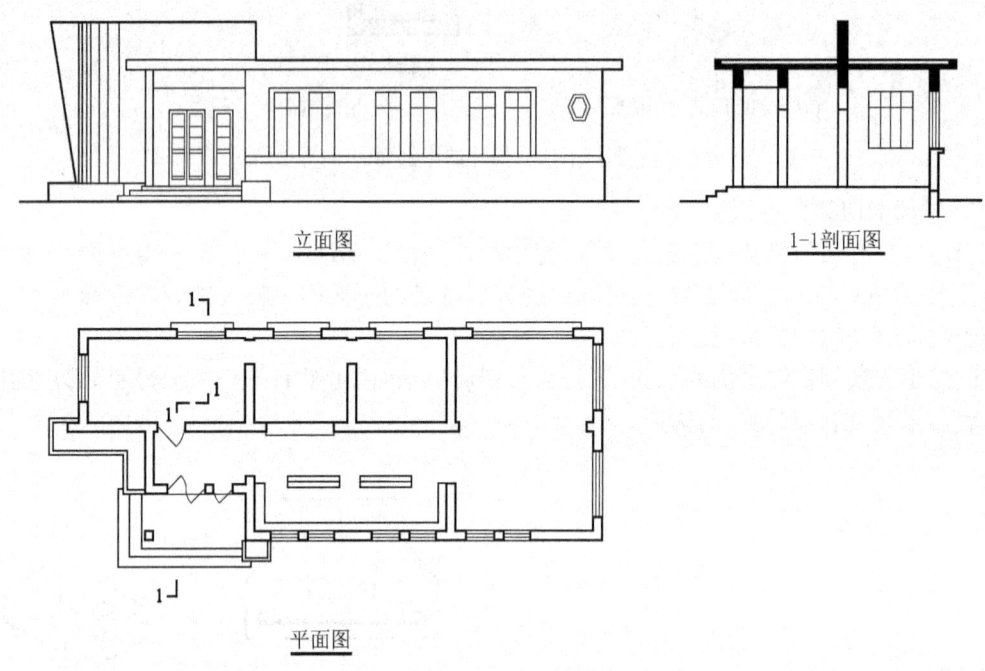

图 11-16 房屋的剖面图

剖切线的转折画法如图11-16平面图所示。

画阶梯剖面图时应注意：剖切平面的转折处，在剖面图上规定不画线；剖面图图形内不应出现不完整的结构要素。

11.2.2.3 用两个相交的剖切平面剖切

假想用两个相交且交线垂直于基本投影面的剖切平面剖切形体，并将其中倾斜的部分旋转到与投影面平行的位置再进行投影，所得的剖面图，称为旋转剖面图。用此法剖切时，应在图名后注明"展开"字样。如图11-17中1—1剖面图为旋转剖面图。

画旋转剖面图时，在剖切平面后的其他结构一般仍按原来位置投影。

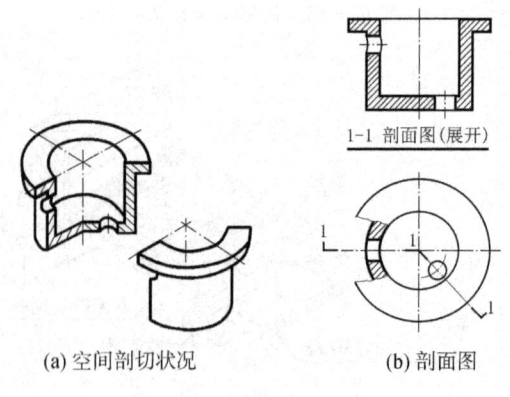

图 11-17 旋转剖面图

画剖面图应仔细分析截断面后面实物的形状和结构,分析其投影特点,以免画错。如图11-18所示,孔槽的形状不同,其投影也不同。

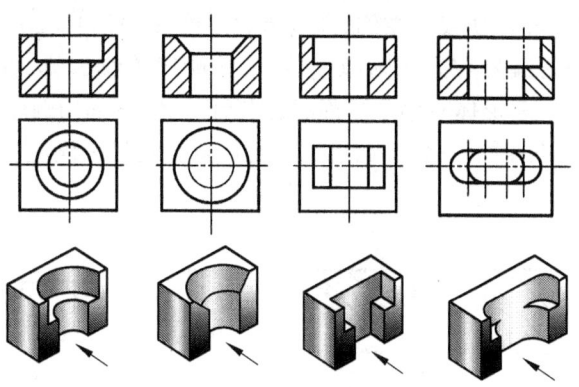

图 11-18　几种孔槽的剖面图

11.3　断面图

11.3.1　形成

如前述,假想用一个剖切平面将形体剖切,仅画出剖切平面切到的形体截断面的图形,称为断面图,简称断面(图 11-19d)。

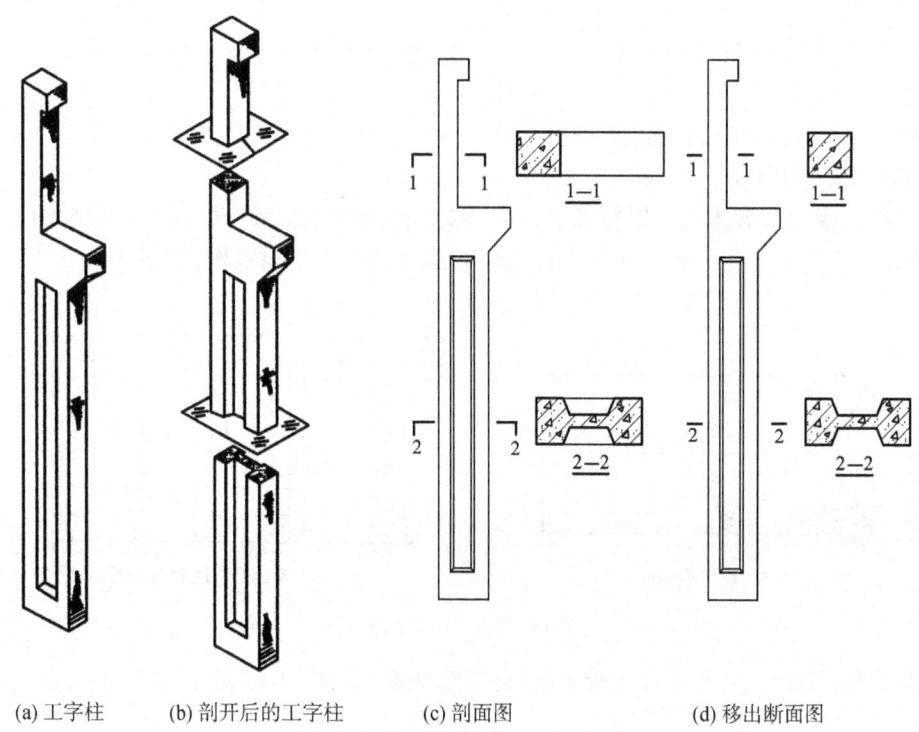

(a) 工字柱　　(b) 剖开后的工字柱　　(c) 剖面图　　(d) 移出断面图

图 11-19　剖面图与移出断面图

11.3.2 标注

(1)剖切位置,其表示方法同剖面图,也是以长度为 6～10 mm 的粗实线表示剖切线。

(2)投射方向,通过编号注写的位置来表示,如编号写在剖切线的下方,则表示向下投影(图 11-19d);如编号写在剖切线的左侧,则表示向左投影(图 11-20)。

(3)断面剖切符号的编号宜采用阿拉伯数字,按顺序连续编排,并在断面图下方标注出"1—1"、"2—2"等字样。若形体有多个断面时,则断面图应按剖切顺序依次排列(图11-20)。如断面图与被剖切图样不在同一张图内,可在剖切位置线的另一侧注明其所在图纸的编号,也可以在图上集中说明。

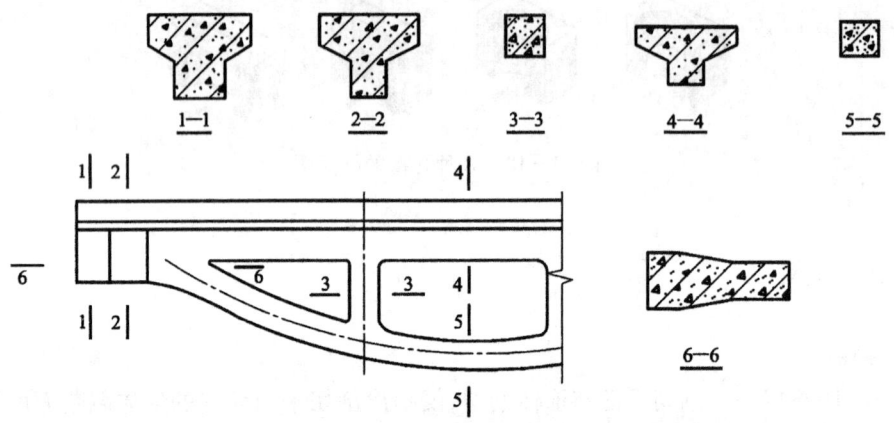

图 11-20 空腹鱼腹式吊车梁的断面图

11.3.3 分类

断面图根据其配置位置的不同,可分为移出断面、重合断面和断开断面三种。

1. 移出断面图

画在形体的投影图之外的断面图,称为移出断面图(图 11-19)。

2. 重合断面图

断面图直接画在形体的投影轮廓线以内,称为重合断面图(图 11-21)。重合断面图可不加任何标注,只需在断面图的轮廓线之内沿着轮廓线边缘画出材料图例(图 11-21)。

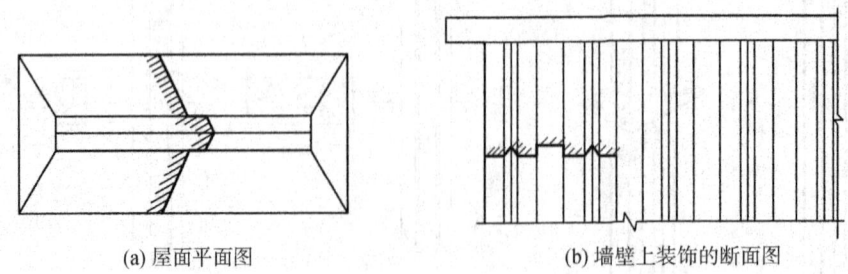

(a) 屋面平面图　　　　　　(b) 墙壁上装饰的断面图

图 11-21 重合断面图

在重合断面图中,当断面尺寸较小时,可将断面涂黑(图 11-22)。

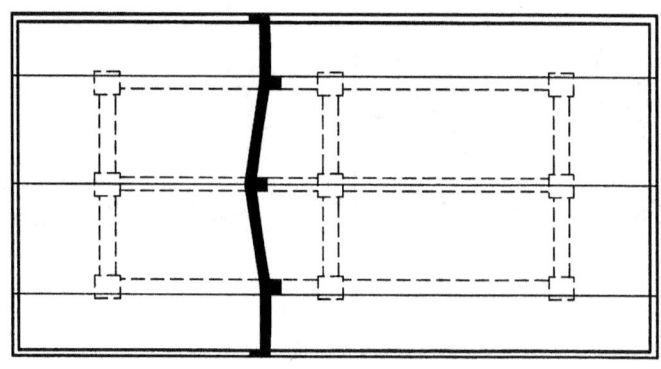

图 11-22 断面图画在布置图上

3. 断开断面图

布置在投影图中断处的断面图,称为断开断面图(图 11-23)。这种断面,常用来表示较长而只有单一断面的杆件及型钢,一般不作任何标注(图 11-24)。

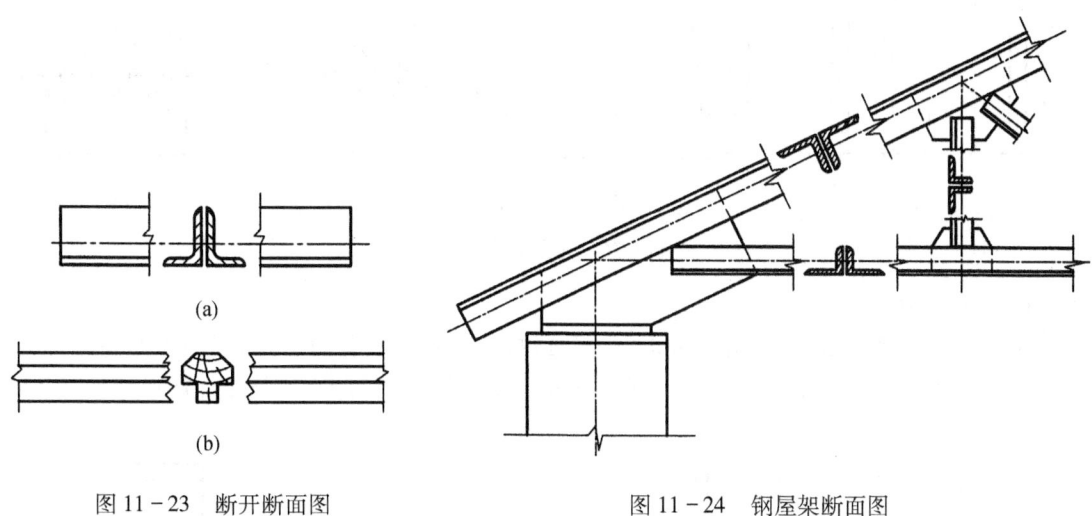

图 11-23 断开断面图　　　　图 11-24 钢屋架断面图

11.4 简化画法

11.4.1 对称简化画法

对于对称形体的对称投影图,可只画出一半或四分之一,此时应在对称线的两端画出对称符号,如图 11-25a 所示。对称图形也可画成稍超出其对称线,此时可不画对称符号,而画出折断线表示(图 11-25b)。

采用对称简化画法画出的图形,其尺寸要按全尺寸标注;尺寸线的一端画起止符号,另一端要超过对称线(不画起止符号);尺寸数字的书写位置,应与对称符号对齐。

11.4.2 相同要素省略画法

形体上多个完全相同而连续有规律排列的要素,可仅在两端或适当位置画出几个,其余部分以中心线或中心线交点表示(图 11-26a、b、c)。

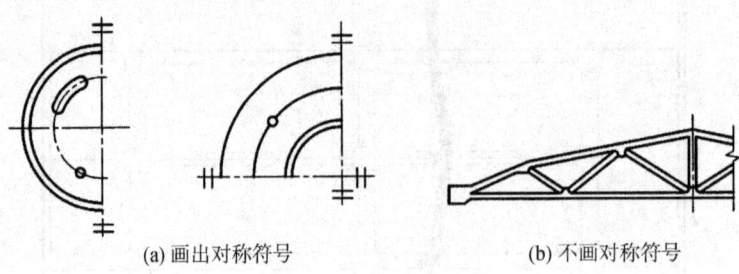

(a) 画出对称符号　　　　　(b) 不画对称符号

图 11-25　对称简化画法

若相同构造要素少于中心线交点,则其余部分应在相同构造要素位置的中心线交点处用小圆点表示(图 11-26d)。

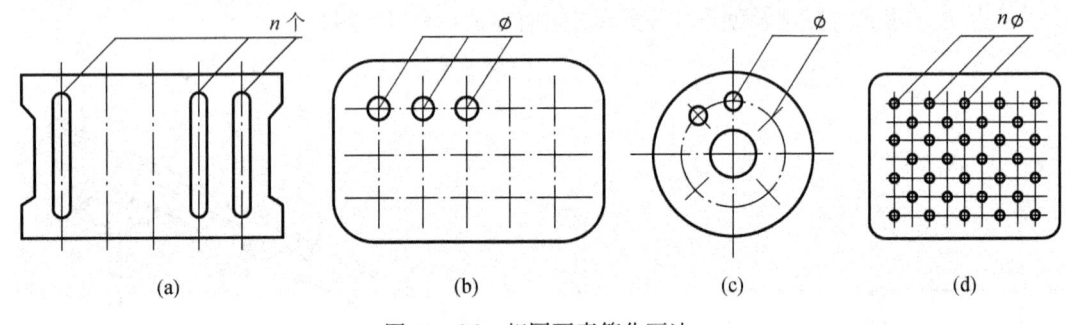

(a)　　　　　　　(b)　　　　　　　(c)　　　　　　　(d)

图 11-26　相同要素简化画法

11.4.3　断开画法

对较长的构件,如沿长度方向的形状一致或按一定规律变化时,可断开而省略中间部分,断开处以折断线表示(图 11-27)。采用断开画法时,应按形体的真实长度标注尺寸。

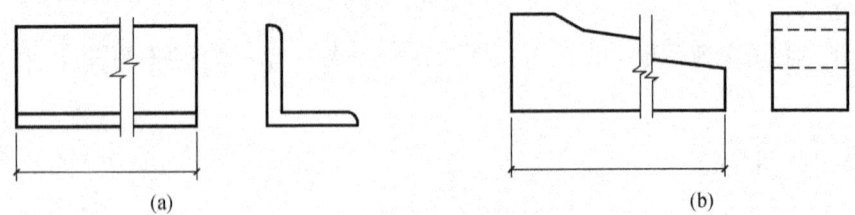

(a)　　　　　　　　　　　　(b)

图 11-27　折断简化画法

一个构配件,如绘制位置不够,可分成几个部分绘制,并应以连接符号表示相连。连接符号是以折断线表示需连接的部位,并在折断线的两端靠图样一侧用大写拉丁字母表示连接编号,且两个被连接的图样编号的字母相同(图 11-28)。

11.4.4　构件局部不同省略画法

一个构配件如果与另一构配件仅部分不同,该构配件可只画不同部分,但应在两个构配件的相同部分与不同部分的

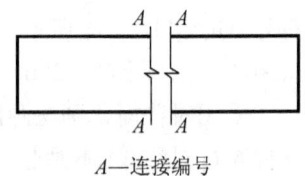

A—连接编号

图 11-28　断开的画法

分界线处分别绘制连接符号,两个连接符号应对准同一线上,并标注同一大写拉丁字母表示(图11-29)。

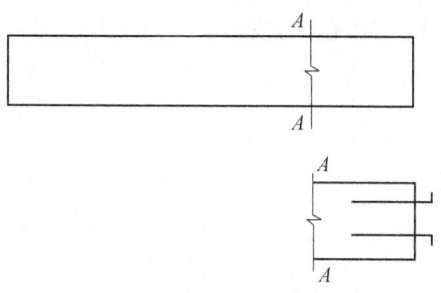

图11-29 构件局部不同省略画法

11.4.5 折断线的画法

当只需表示形体某一部分的形状时,可以只画出该部分的图形,其余部分断去不画,并在折断处画上折断线。对不同形状或不同材料的形体,折断线的画法也不同(图11-30)。

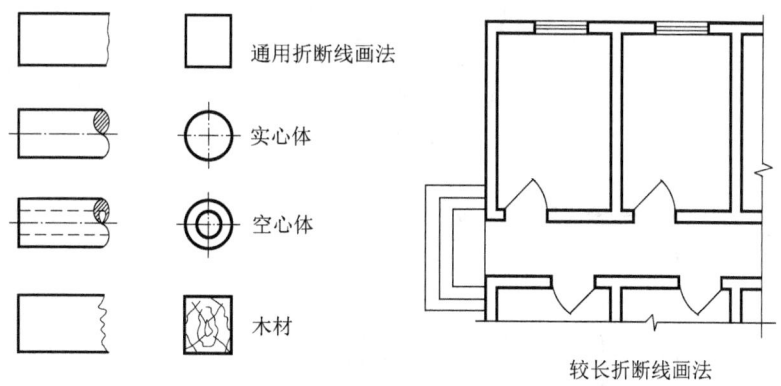

图11-30 断开的画法

11.5 第Ⅲ分角投影图

H、V、W三个互相垂直的投影面,将空间划分为八个分角(图11-31)。前面介绍的投影图是将形体放在第Ⅰ分角表达,称为第Ⅰ分角法。我国工程图样规定采用第Ⅰ分角法,有一些国家采用第Ⅲ分角法(图11-32)。

第Ⅲ分角法是将形体置于第Ⅲ分角,在各基本投影面得到形体的投影。六个基本投影面的展开方法如图11-32a所示,各视图的配置如图11-32b所示。采用第Ⅲ分角法,应在图样中画出如图11-32c所示之第Ⅲ分角投影的识别符号。

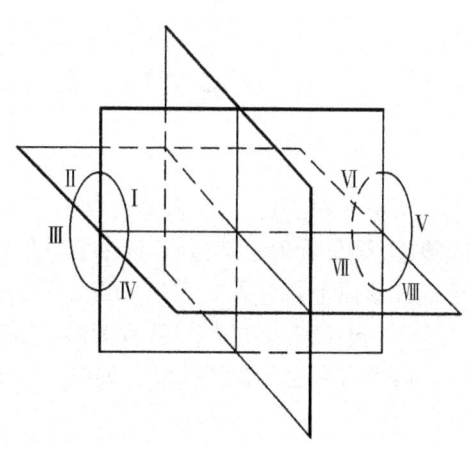

图11-31 三个投影面划分的八个分角

第Ⅲ分角投影法与第Ⅰ分角的异同点：

1. 相同点

两种投影法均采用正投影法，均可从六个方向向六个基本投影面投影，而得到六个基本视图，且均保持"长对正，高平齐，宽相等"的投影关系。

2. 不同点

（1）投影过程不同。

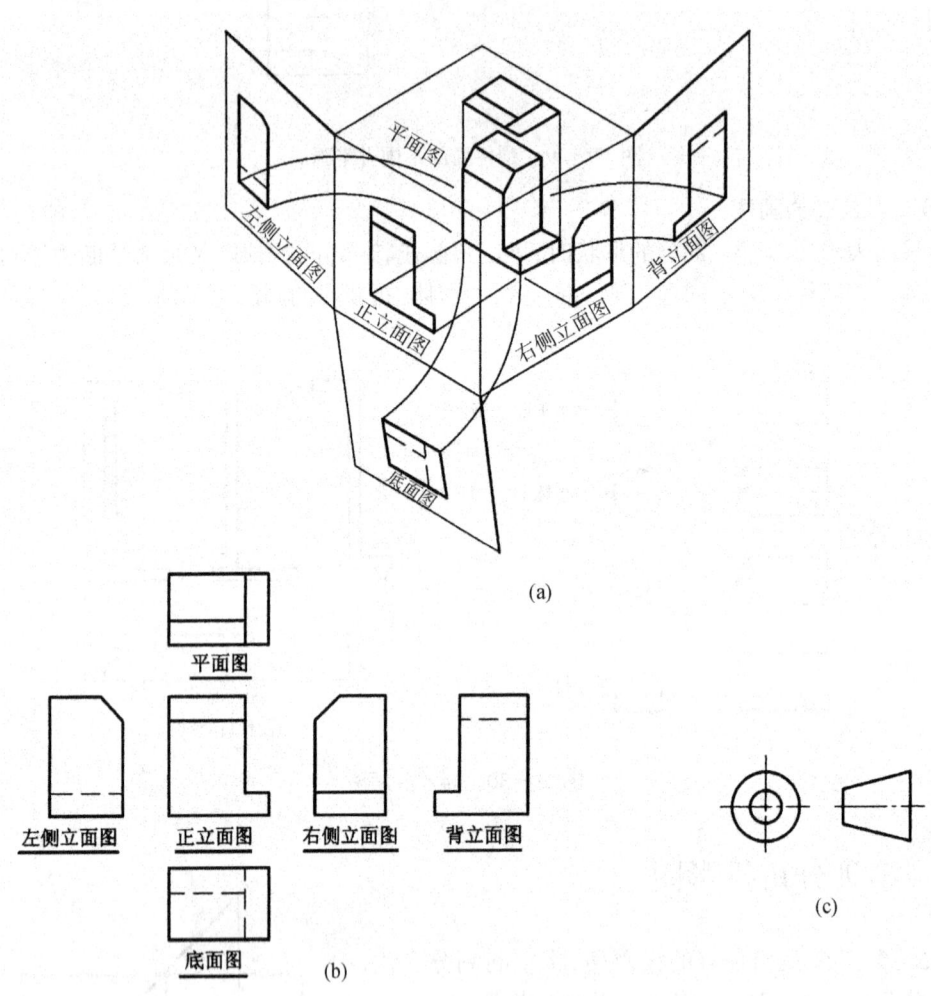

图 11-32 第三分角画法

第Ⅰ分角法是：人→形体→投影面，即通过形体上各点的投射线延长后与投影面相交得各点投影；第Ⅲ分角法是：人→投影面→形体，即通过形体上各点的投射线先与投影面相交，延长后通过形体上各点。

（2）投影面展开摊平后，视图的配置不同。

第Ⅰ分角法各视图的配置如图 11-2b 所示。第Ⅲ分角法各视图的配置如图 11-32b 所示。

210

复习思考题

1. 形体的表达方法包括哪些？
2. 视图分哪几种？各有些什么特点？怎样标注？
3. 剖面图有哪几种？它们各有哪些特点？如何标注？
4. 断面图有哪几种？有哪些画法特点？标注方法如何？
5. 断面图与剖面图的区别有哪些？

第12章 建筑施工图

12.1 概述

建筑物按其使用功能的不同,大致分为工业建筑(如厂房、仓库)、农业建筑(如谷仓、饲养场)及民用建筑(如居住建筑、园林建筑、公共建筑)三大类。

园林建筑物是园林的重要的造园要素,是点睛之笔。它一方面给游人游览娱乐、休闲活动,生活服务及提供观赏上的方便和舒适;另一方面起着点缀风景、分隔空间和组织游览路线等作用。在风景园林规划设计中,低处凿池、临水筑榭、架桥,高处堆山、居高建亭、引廊、叠石造洞,莳花种树以陪衬,同时充分考虑,使建筑格调、位置、朝向、高度、体量、体形、色彩等方面与环境取得协调统一,因地制宜,巧于利用自然又融于自然。其美观的造型,寓意深邃的意境和精湛的创造手法,于人工中见自然,极具天然之真趣。

12.1.1 建筑物的组成部分和作用

各种建筑物,虽然使用要求、空间组合、外形、规模等各不相同,并且由许多构件、配件和装饰装修件组成,但建筑物的组成部分及其作用基本上是一致的,一般包括以下几个方面(图12-1)。

(1)起支承载荷作用的构件,如基础、墙(或柱)、楼(地)面和梁等;
(2)起防侵蚀或干扰作用的围护构件,如屋面、雨篷和外墙等;
(3)起沟通房屋内外及上下交通作用的构件,如门、走廊、楼梯和台阶等;
(4)起通风、采光作用的部分,如窗、漏窗、花饰等;
(5)起排水作用的部件,如天沟、雨水管和散水等;
(6)起保护墙身不受侵蚀作用的结构,如勒脚和防潮层等。

12.1.2 房屋建筑的设计及建筑图的分类

房屋建筑设计一般分为初步设计和施工图设计两个阶段。

初步设计:根据项目的任务书及建设方提供的各项条件,诸如地质勘测资料、经费和需求等,明确要求,收集资料,踏勘现场,调查研究,对建筑物的平面布置、立面和剖面的形式、主要尺寸、设计说明及有关经济指标等主要问题,进行反复综合构思,做出方案。绘制建筑总平面图和平、立、剖面等方案设计图,必要时还要画出透视图和做出小比例模型。将方案图报送业主和有关部门审批。

施工图设计:在初步设计的基础上,为满足施工的各项具体要求,同时对结构、给排水、电气照明、采暖通风等工程进行设计,互相配合,提供一套完整、正确的反映该建筑整体及细部构造和结构的图样,以及有关的技术资料。

一套施工图,根据其内容和作用的不同,一般分为:

第12章 建筑施工图

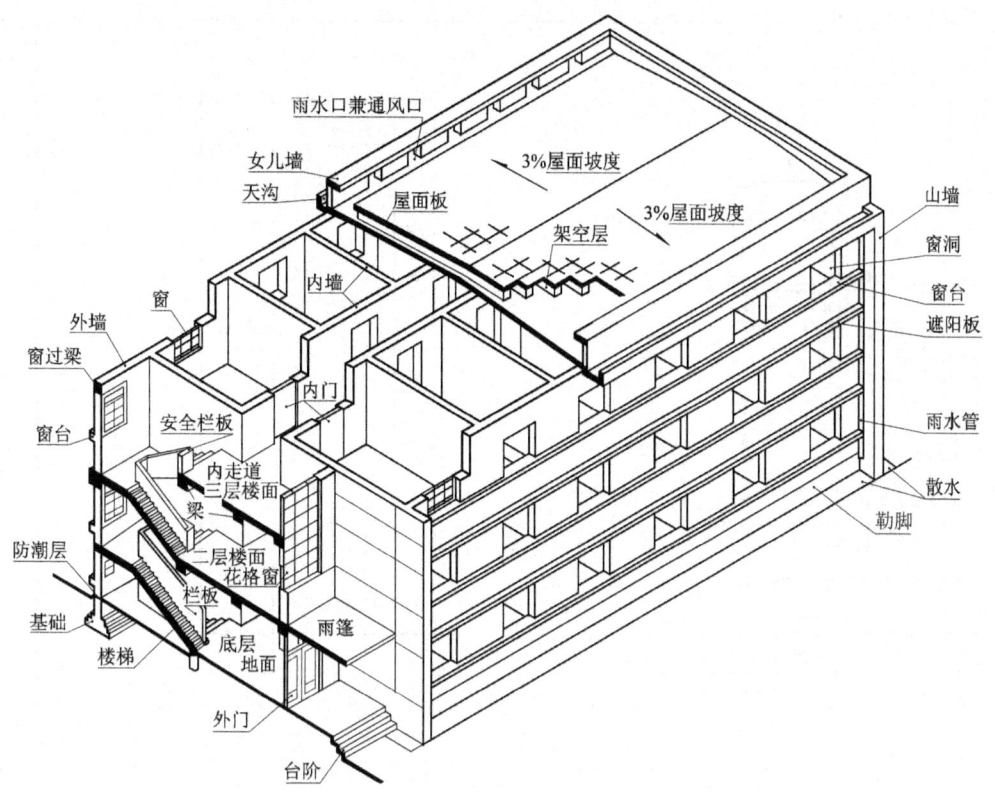

图 12-1 房屋的组成

(1)首页图:包括图纸目录和设计总说明。简单图纸可省略。

(2)建筑施工图(简称"建施"):主要表达建筑设计的内容,包括建筑物的总体布局、内部各室布置、外部形状及细部构造、装修、设备和施工要求等。基本图纸包括总平面图、平面图、立面图、剖面图和构造详图等。如图12-2和图12-3所示为一房屋建筑部分施工图。

(3)结构施工图(简称"结施"):主要表达结构设计的内容,包括建筑物各承重结构的布置、构件类型、材料、尺寸和构造做法等。一般包括:结构设计总说明、结构平面布置图、构件详图等。

(4)设备施工图(简称"设施"):主要表达设备设计的内容,包括各专业的管道、设备的布置及构造。基本图纸包括给排水(水施)、采暖通风(暖通施)、电气照明(电施)等设备的平面布置图、系统轴测图和详图。

房屋建筑图中,各类施工图所表达的建筑物配件、材料、轴线、尺寸(包括标高)和设备等必须统一,并互相配合与协调。

对大型民用建筑,一般应在初步设计和施工图设计之间增加一个技术设计阶段,主要探讨该项建筑计划的技术可行性、经济性、结构选型及其社会效益等。

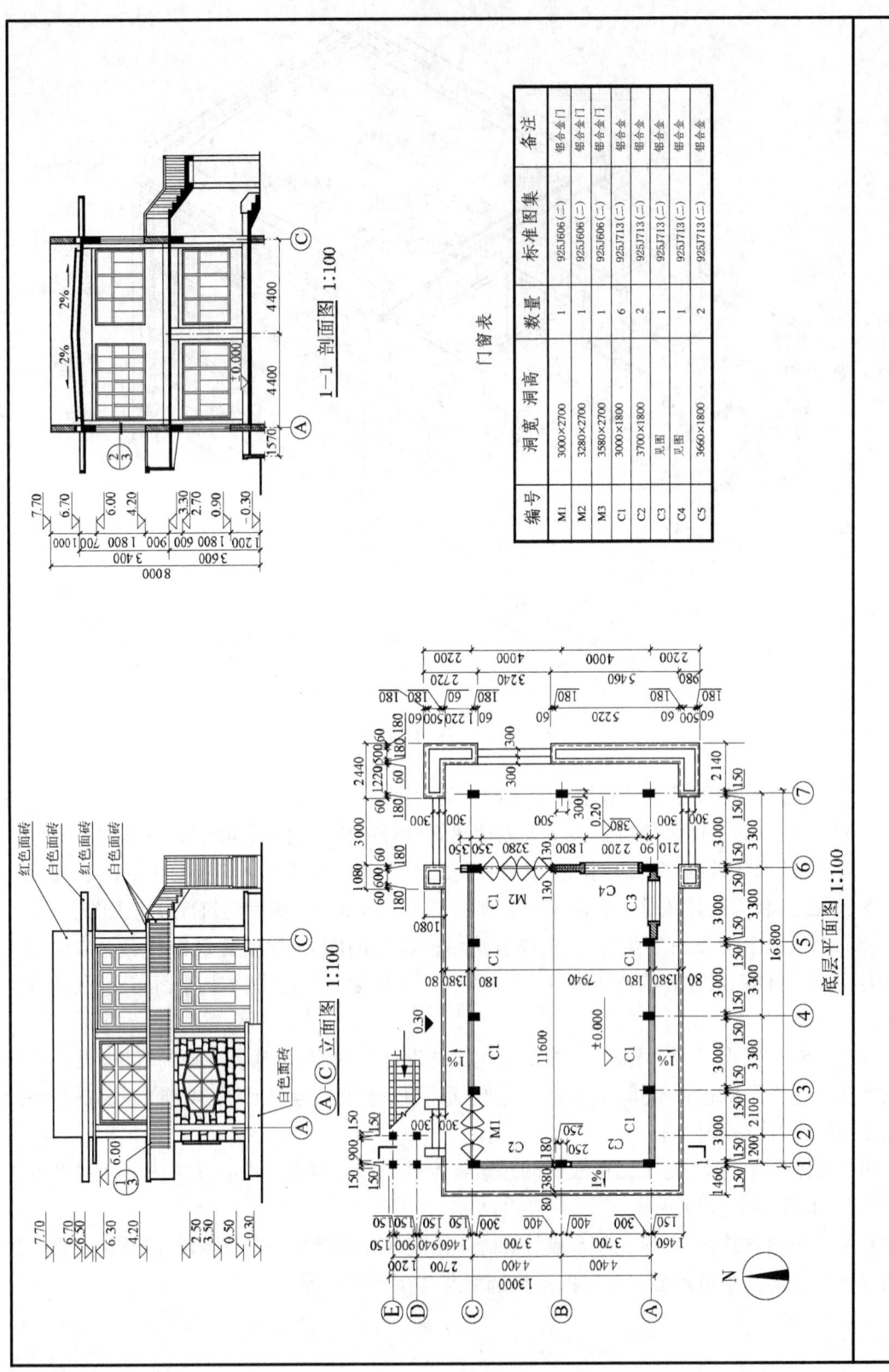

图12-2 建筑施工图（一）

第12章 建筑施工图

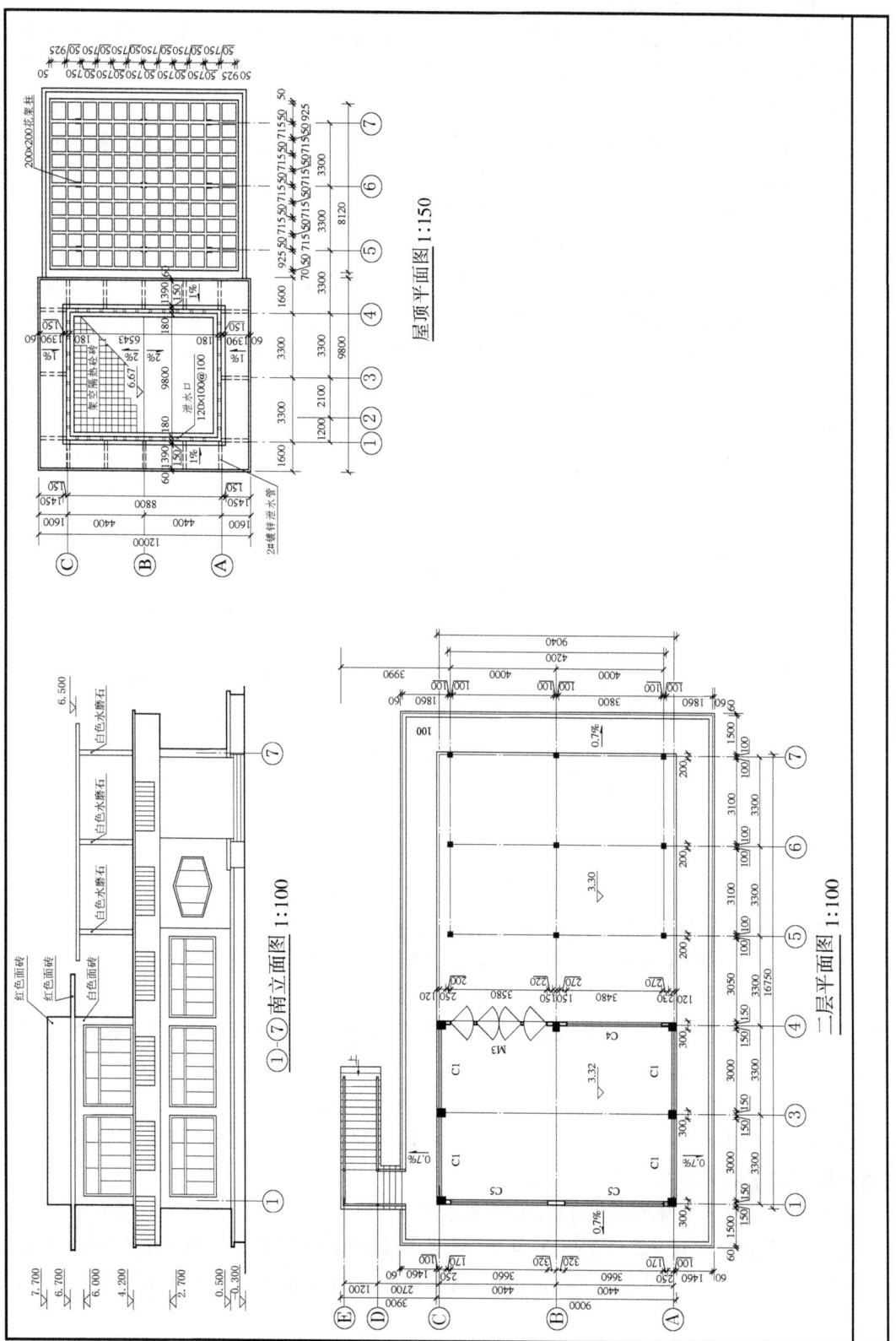

图12-3 建筑施工图（二）

12.1.3 建筑施工图的有关规定

为了保证绘图质量,提高效率,使表达统一,以方便阅读和交流,在绘图时,必须严格遵守国家标准中的有关规定。下面对有关标准进行介绍。

12.1.3.1 定位轴线

定位轴线是施工图中借以定位、放线的重要依据。凡承重墙、柱子、大梁或屋架等主要承重构件应画出定位轴线以确定其位置,并在轴线端部的圆圈内注写出编号。

定位轴线用细单点长画线绘制;定位轴线端部的圆圈用细实线绘制,直径为 8～10 mm,其圆心应在定位轴线的延长线上或延长线的折线上。

平面图上定位轴线的编号,宜标注在图样的下方与左侧;必要时,图形上方和右侧也可标注。编号注写的方法是:横向编号应用阿拉伯数字,从左至右顺序编写;竖向编号应用大写拉丁字母,从下至上顺序编写。拉丁字母中的 I、O、Z 三个字母不得用作轴线编号,以免与数字 1、0、2 混淆(图 12-4a)。如字母数量不够使用,可增用双字母或单字母加数字注脚表示。圆形与弧形平面图中定位轴线的编号,其径向轴线应以角度进行定位,其编号宜用阿拉伯数字表示,从左下角开始,按逆时针顺序编写;其圆周轴线宜用大写拉丁字母表示,从外向内顺序编写(图 12-4b)。

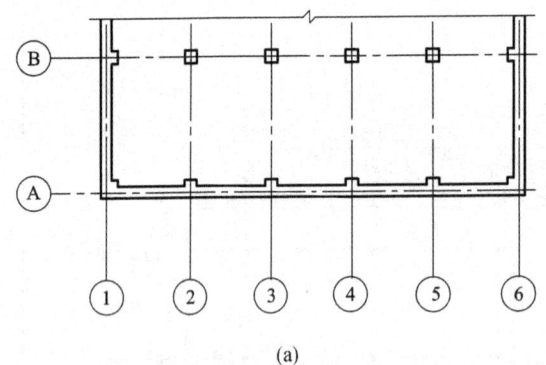 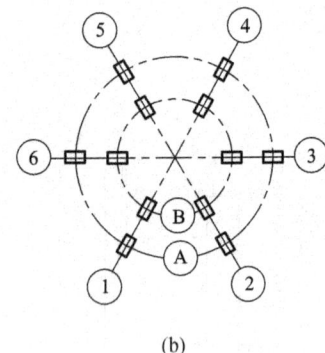

图 12-4 定位轴线的编号

定位轴线也可采用分区编号,编号注写的形式为:"分区号—该区编号"。分区号的表示同上述编号方式,采用阿拉伯数字或大写拉丁字母表示。如:"1—2"或"1—A",其中"1"为分区号,属一区;"2"或"A"为属于该区的定位轴线号。

附加定位轴线,是对于一般不设定位轴线的非承重墙以及其他次要承重构件等,必要时可在定位轴线之间附加的定位轴线。

附加定位轴线的编号,应以分数形式表示,并应按下列规定编写:

(1)两根轴线之间的附加轴线,应以分母表示前一轴线的编号;分子表示附加轴线的编号,用阿拉伯数字顺序编写(图 12-5)。

(2)1 号轴线或 A 号轴线之前的附加轴线的分母应以 01 或 0A 表示(图 12-6)。

详图的轴线编号如图 12-7 所示。其中,对通用详图的定位轴线,只画圆圈不标注轴线编号(图 12-7a);当一个详图适用于几根轴线时,应同时注明各有关轴线的编号(图 12-7b、c、d)。

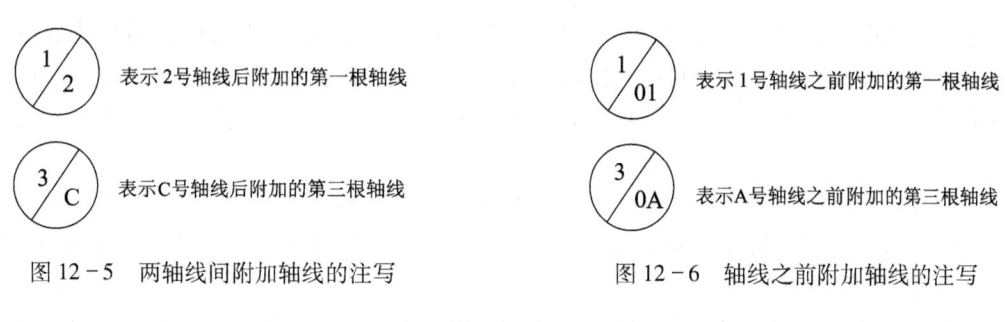

图 12-5　两轴线间附加轴线的注写　　　　图 12-6　轴线之前附加轴线的注写

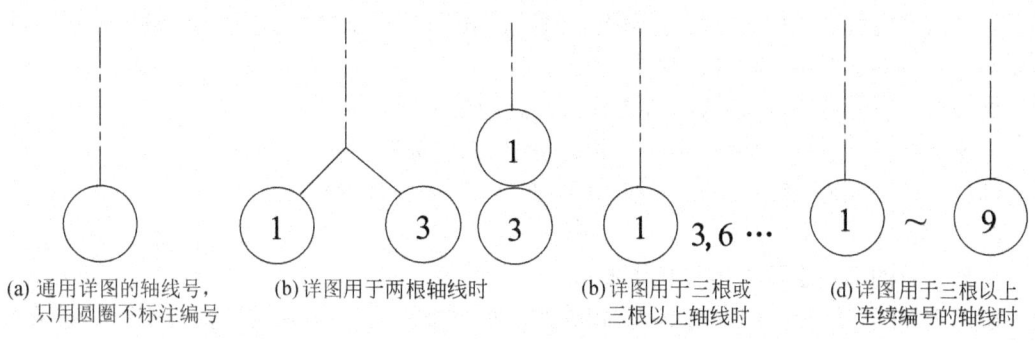

图 12-7　详图的轴线编号

12.1.3.2　标高与等高线

1. 标高

建筑物的标高是表明其各部分对标高零点(±0.000)的相对标高。

标高符号的形式:用细实线绘制直角等腰三角形表示,具体画法如图 12-8 所示。引线 l 的长度视需要填写标高数字等所占的长度而定。当标注位置不够时,也可按图 12-8c 所示形式绘制。标高符号的尖端应指至被标注的高度,尖端可向下也可向上(图 12-9)。

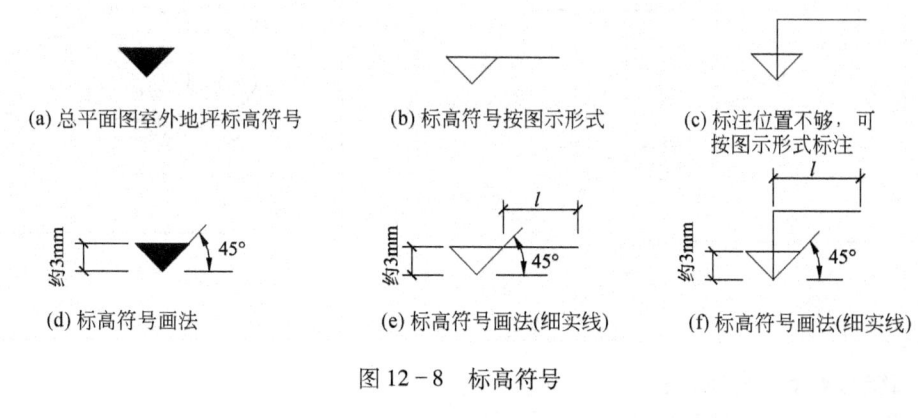

图 12-8　标高符号

图 12-9　标高符号的指向　　　　图 12-10　一个标高符号标注数个标高数字

标高数值以米为单位,标注到小数点后第三位;在总平面图中,也可标注到小数点后第二位。零点标高应标注成±0.000,正数标高不注"+",负数标高应注"-"。标高数字应标注在标高符号的左侧或右侧。在同一位置需表示几个不同标高时,标高数字可按图12-10的形式标注。

标高根据基准面的选定有绝对标高和相对标高两种。

绝对标高:我国规定,把我国东部青岛市附近的黄海平均海平面定为绝对标高的零点,其他各地标高均以它作为基准。

相对标高:根据工程需要选定标高的基准面,相对于该基准面的标高称为相对标高。一般将建筑物的室内底层地面的标高定为该建筑物的相对标高基准面,用"±0.000"表示。相对标高与绝对标高的关系一般在总说明中说明。

标高根据所标注的部位不同,分为建筑标高和结构标高两种。

建筑标高:"建施"图中,标注在各部位的完成面的标高。

结构标高:"结施"图中,标注在结构构件的上、下表面处的标高。

2. 等高线

室外地面的标高也可采用等高线表示。

所谓等高线,就是假想用一组高差相等的水平面截切地形面,所得的高程不同的每条截交线都为水平曲线,其上每一点距某一水平基准面 H 的高度相等,这些水平曲线称为等高线。绘出地形面的等高线的水平投影,并按规定将标注高度数字的字头朝向上坡方向标注,即得地形面的单面正投影图,称为标高投影图(图12-11)。所注高度,称为高程,也称为标高。

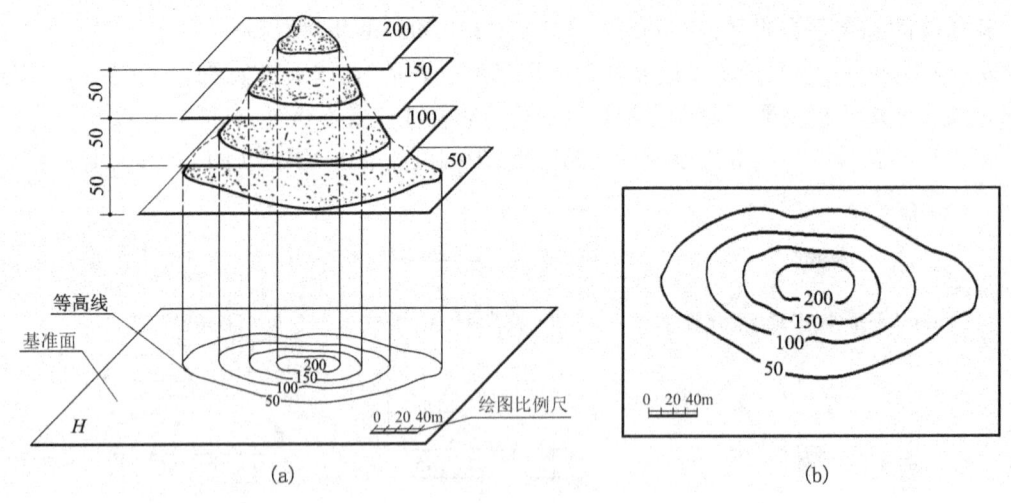

12-11 标高投影

等高线有如下一些特性:

(1)等高线一般是封闭曲线;

(2)除悬崖峭壁的地方外,等高线不相交;

(3)由等高线可以从平面图看出地形面的高低起伏。等高线愈密表明其地势愈陡;反之地势愈平坦。若等高线的高程在中间位置高而外面低,则表示山丘;反之,则表示洼地。相邻两等高线的高度差和水平距离之比,就是该处的地面坡度。

12.1.3.3 图例

国家标准规定的图例是一种图形符号,用来表示建筑物的位置、配件、建筑材料及设计意图等。

(1)常用建筑材料图例如附录一之附表1-1所示。绘图时在被剖切到的实体截断面(称为剖面区域)投影轮廓内应画出该物体相应的材料图例,且同一物体的各个剖面区域,其剖面线或材料图例的画法应一致;当不指明物体的材料时,可采用通用剖面符号(可按普通砖的图例)表示。

(2)建筑构造及配件图例,如附录一之附表1-2所示。

(3)表12-1 小品设施图例,摘自《风景园林图例图示标准》(CJJ 67-95)。

表12-1 小品设施图例

名称	图例	说明	名称	图例	说明
雕塑		仅表示位置不表示具体形态;也可依据设计形态表示	栏杆		上图为非金属栏杆 下图为金属栏杆
花台			园灯		
座凳			饮水台		
花架			指示牌		

12.1.3.4 索引符号与详图符号

索引符号:在图样中需要绘制详图的某一局部或构件处,注明详图的编号和详图所在图纸的编号符号(图12-12)。

如图12-12所示,索引符号是用一引出线指出所画详图的地方,在线的另一端用细实线绘一个直径为8～10 mm的圆和水平直径。上半圆中用阿拉伯数字注明该详图的编号,下半圆中用阿拉伯数字注明该详图所在图纸的编号(图12-12b)。索引出的详图,如与被索引的图样同在一张图纸内,则在下半圆中画一段水平细实线(图12-12a)。索引出的详图,如采用标准图,应在索引符号水平直径的延长线上加标注该标准图集的编号(图12-12c)。

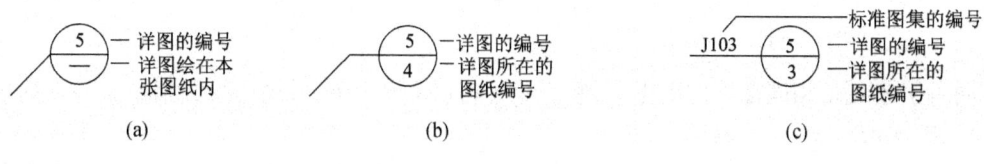

图12-12 详图索引符号

当索引符号用于表示索引剖面详图时,则在被剖切的部位绘制剖切位置线,并以引出线引出索引符号,引出线所在的一侧为剖视方向。图12-13分别表示剖切后向右、向下、向上、向左投射。

219

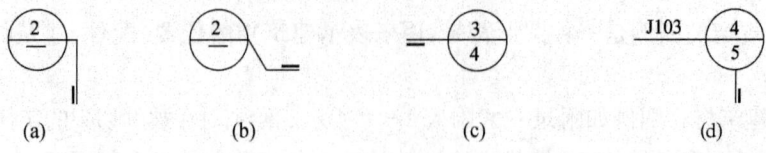

图 12-13　局部剖面的索引符号

详图符号：详图中注明详图的编号和位置（被索引的详图所在图纸的编号）的符号（图 12 - 14）。

详图符号用一粗实线圆圈表示，直径为 14 mm。详图与被索引的图样同在一张图纸内时，应在符号内用阿拉伯数字注明详图编号（图 12 - 14a）。如不在同一张图纸内，可用细实线在符号内画一条水平直径，在上半圆中注明详图编号，在下半圆中注明被索引图纸号（图 12 - 14b）。

图 12-14　详图符号

对零件、钢筋、杆件、设备等的编号，以直径为 5～6 mm（同一图样应保持一致）的细实线圆表示，其编号应用阿拉伯数字按顺序编写。消火栓、配电箱、管井等的索引符号，直径宜为 4～6 mm。

12.1.3.5　引出线

对图样中某部位由于图形比例较小，其具体内容和要求无法在图形中标注时，常采用引出线标注。

引出线应采用细实线绘制，宜采用水平方向的直线，或以水平方向成 30°、45°、60°、90° 的直线，或经由上述角度再折为水平直线。文字说明宜注写在水平线的上方（图 12 - 15a）；也可注写在水平线的端部（图 12 - 15b）；索引详图的引出线应与水平直径线相连接（图 12 - 15c）。

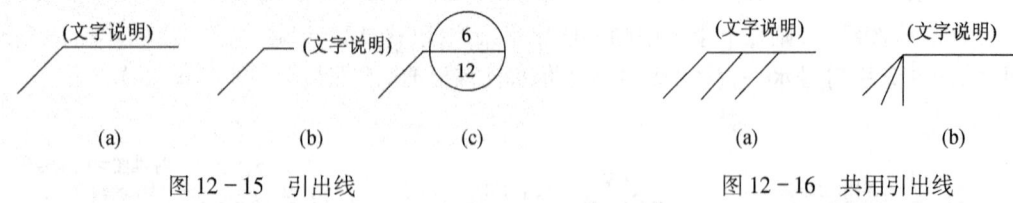

图 12-15　引出线　　　　　　图 12-16　共用引出线

同时引出几个相同部分的引出线，宜互相平行（图 12 - 16a）；也可绘成集中于一点的放射线（图 12 - 16b）。

如图 12 - 17 所示，对多层构造或多层管道共用引出线，应通过被引出的各层。文字说明注写在横线上方或横线的端部，说明的顺序应由上至下，并应与被说明的层次相互一致。如层次为横向排列，则由上至下的说明顺序应与由左至右的层次相互一致（图 12 - 17d）。

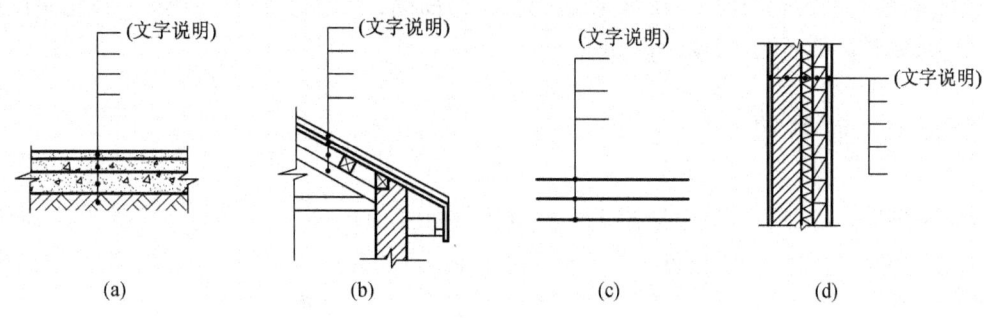

图 12-17 多层构造引出线的注写

12.1.3.6 指北针与风向频率玫瑰图

指北针的形状如图 12-18 所示,其圆的直径为 24 mm,用细实线绘制;指针头部应注写出"北"或"N"字,指针尾部宽度宜为直径的 1/8。

图 12-18 指北针　　　　图 12-19 风向频率玫瑰图

风向频率玫瑰图也称风玫瑰图(图 12-19)。它是根据当地多年平均统计的各个方位(一般用 12 个或 16 个罗盘方位表示)上吹风次数的百分率,以端点到中心的距离按一定比例绘制而成。由各方位端点指向中心的方向为吹风方向。有箭头的为北向。实线范围表示全年风向频率;虚线范围表示夏季风向频率,按 6、7、8 三个月统计。图中该地区全年最大风向频率为北风、夏季为东南风。

12.1.4 施工图的阅读

施工图是根据投影理论和图示方法及有关专业知识绘制,用以表示房屋建筑设计及构造、结构做法的图样。因此,要看懂施工图纸的内容,要做到:

(1)必须掌握投影原理和图示方法。
(2)必须熟悉图示图例、符号、线型、尺寸和比例的意义及有关文字说明的含义。
(3)必须善于观察、了解、熟悉房屋的组成和基本构造。
(4)必须明确各种工程施工图的图示内容和作用,注意各种图样间的互相配合和联系。
(5)对全套图纸来说,读图时,先看总说明和首页图,后依照建施、结施、设施的顺序阅读,然后再深入看构件图。并按照先整体后局部,先图标、文字后图样,先图形后尺寸,依次有联系地、综合地仔细阅读。先通读以概括了解工程对象的建设区域、周围环境、建筑物的形状、大小、结构形式和建筑关键部位等工程概况。
(6)在通读基础上,了解各类图纸之间的联系,进一步结合专业要求,重点深入地阅读各不同类别的图纸。对于"建施"图,先阅读平、立、剖面图,后读详图;对"结施"图,先阅读基础施工图、结构布置平面图,后读构件详图。

12.2 建筑施工图

在绘制建筑施工图之前,应根据建筑物的复杂程度、施工要求和表达内容的需要,对图样的数量进行全面考虑。并根据各种图样所表达的内容、投影关系、图形大小及其他内容(如图名、尺寸、标高、文字说明及表格等)的表达要求,进行合理的幅面布置。然后,按"平→立(剖)→剖(立)→详"的顺序进行绘制。

12.2.1 建筑总平面图

12.2.1.1 建筑总平面图的内容和作用

建筑总平面图,简称总平面图,它在画有等高线或加上坐标方格网的地形图上,以图例形式画出表明拟建建筑物所在基地一定范围内的总体布置:包括新建、拟建、原有和将拆除的建筑物、构筑物等的外轮廓线、定位坐标、名称、层数及室内外标高等,连同其周围的地形地物状况,如道路、明沟等的起点、变坡点、转折点、终点及它们的标高与坡向箭头,以及绿化规划、管道布置(如必要时还要画出该地区的给排水、供热、供气、供电等一系列管线的平面布置)等。同时,还画出该地区的方位和风向频率玫瑰图。总平面图,主要反映拟建建筑物、构筑物等的平面形状、位置、室内外标高和朝向、室外场地、道路、绿化区域和管道布置等的平面布置,场地

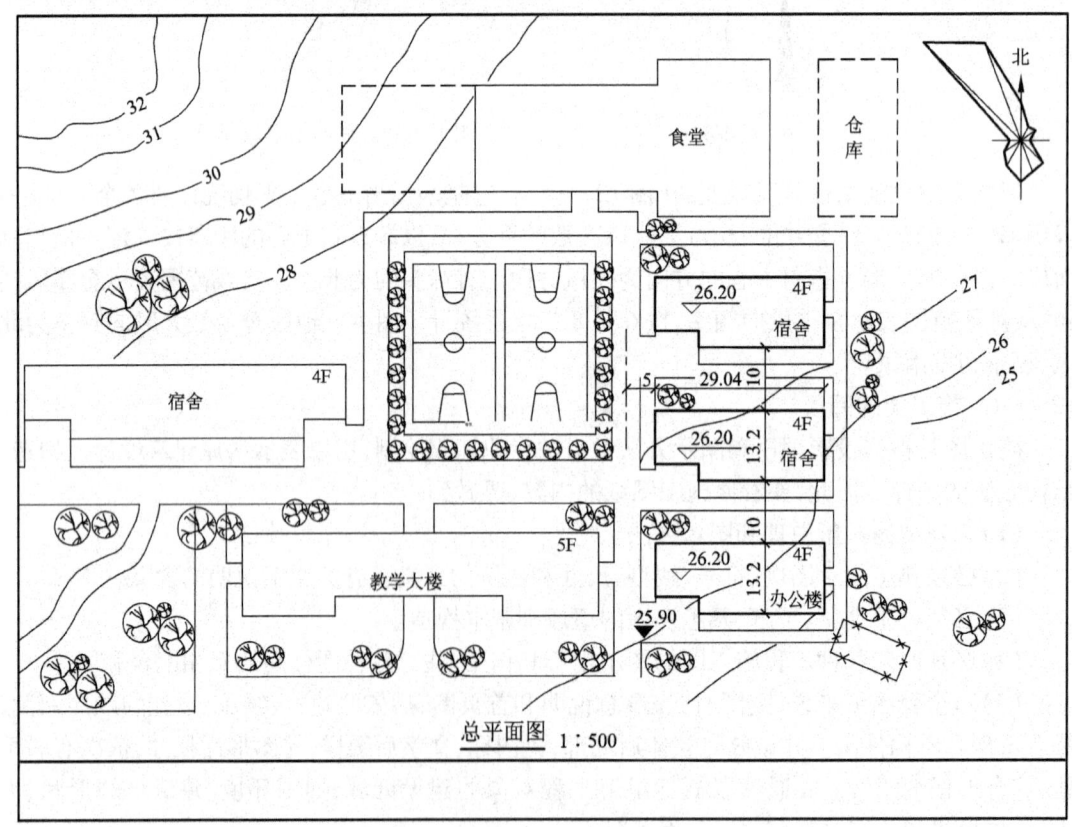

图 12-20 总平面图

的地形、地貌、标高、等高线等及其与周围环境(如原有建筑、道路、绿化、水沟、河流、池塘、土坡等地形地貌)的关系(图12-20)。对一些简单的工程,可不画出等高线、坐标网或绿化规划和管道的布置等。

图12-20是某学校的总平面图,该图采用的比例为1:500。从图中等高线的变化,可见该地区的地势由东南向西北逐渐升高,其中西北角和东南角坡度较大(等高线较密),中部较为平坦。从图中可见新建工程为办公楼(四层)一幢,宿舍(四层)二幢。这三幢楼的首层地面设计标高均为26.20 m。从等高线可见,它们的位置处于标高25.00~28.00 m之间。新建楼房的西面为原有教学大楼(五层)、宿舍(四层)等建筑及球场,北面有原有的食堂,食堂的西边规划扩建,食堂的东面有规划扩建的仓库,在新建办公楼的东南角有一原有建筑物需拆除。

总平面图是拟建建筑物、构筑物定位、施工放线、土方施工以及绘制水、暖、电等管线总平面图和施工总平面图的依据。

总平面图是该区域的总平面设计、道路和绿化规划、新建建筑物、构筑物施工定位、土方设计与施工,以及必要时绘制水、暖、电等管线总平面图的依据。

12.2.1.2 总平面图的画法

由于总平面图包括的范围较广,一般采用如1:300、1:500、1:1000、1:2000等较小比例绘制,图12-20采用的比例为1:500。由于比例小,所绘图样采用图例表示。其常用图例画法及线型要求见附录一之附表1-3总平面图图例。

总平面图中标高和尺寸均以m(米)为单位,一般标注到小数点以后第二位,应为绝对标高。当标注相对标高,则应注明相对标高与绝对标高的换算关系。建筑物应以接近地面处的±0.00标高的平面作为总平面。

总平面图中常用原有建筑物或道路来定位,也可根据坐标(测量坐标或施工坐标)来定位,特别是工程较大、项目较多时一般都采用直角坐标网格来定位。直角坐标网格用细实线绘制,有测量坐标网格与施工坐标网格两种。测量坐标网格是指在地形图上绘制正方形的坐标网格图,并以竖轴为X轴,横轴为Y轴;施工坐标网格是指将工程区域范围内的某一个点定为O(称原始点),且以竖轴为A轴,横轴为B轴。在绘图时上述两种坐标网格可以采用与地形图同一比例尺,如50 m×50 m或100 m×100 m为一方格。放线时根据现场已有点的坐标,用仪器导测出拟建建筑物或构筑物的坐标。总平面图除了一些较为简单的工程外,一般都画在有等高线或画有坐标网格的地形图上。

总平面图应按上北、下南的方向绘制。可根据场地形状与布局,向左或右偏转,但不宜超过45°。图中应该绘出指北针或风玫瑰图以表示朝向。

12.2.1.3 建筑总平面图的读图

(1)首先看图标、图名、比例、图例及有关文字说明,对工程图做概括了解;
(2)了解工程性质、用地范围、地形地貌和周围情况;
(3)根据标注的标高和等高线,了解地势高低、雨水排泄方向;
(4)根据坐标(标注的坐标或坐标网格)了解拟建建筑物、构筑物、道路、管线和绿化区域等的位置;
(5)根据指北针和风向频率玫瑰图,了解建筑物的朝向及当地常年风向频率和风速。

12.2.2 建筑平面图

12.2.2.1 建筑平面图的形成和图示方法

假想在建筑物的门窗洞口处以水平面剖切俯视,剖切面以下部分在水平投影面上得到的剖面图,称建筑平面图,简称平面图(图12-21)。

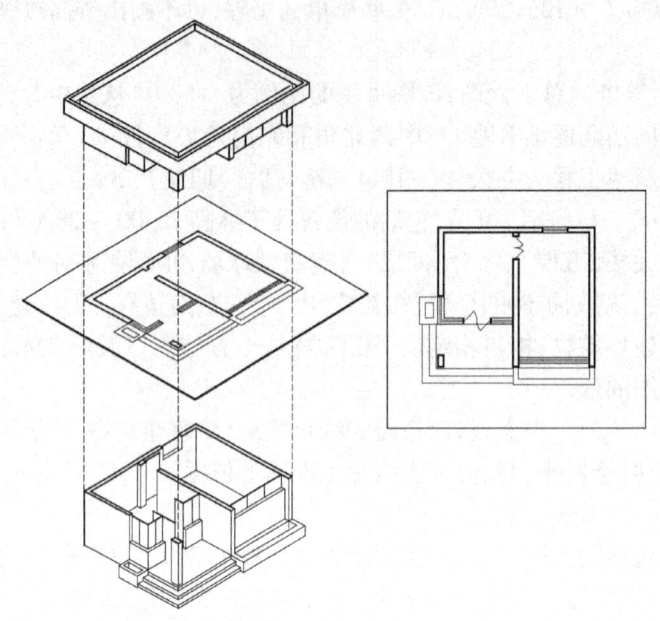

图 12-21 建筑平面图

当建筑物的各层都不一样时,每层都应绘制平面图,且在图的下方中间位置注明相应的图名,并在图名的下方画一粗实线。平面图以所表示的楼层作为图名,如底层平面图(也称首层平面图或一层平面图)、二层平面图等。对某些平面布置相同的楼层,可用一个平面图表示,该平面图称为标准层平面图。此外,还有表示屋面水平投影的屋顶平面图及根据需要绘制的局部平面图。

若房屋平面布置左右对称,绘制平面图时可按对称表示方法,将两层平面合绘在同一个图上,左边画出一层的左半,右边画出另一层的右半,中间用对称符号作分界线,并在图的下方,左右两边分别注明图名。

12.2.2.2 建筑平面图的内容及作用

如图12-2底层平面图所示,平面图主要用以反映:建筑物的建筑面积、平面形状;房间的布置、大小、标高、名称或编号(编号注写在直径为6 mm细实线绘制的圆圈内)及平面交通情况;墙(或柱)的位置、厚度和材料;门、窗的位置、类型、大小、开启方向及编号;其他构、配件,如阳台、台阶、花台、雨篷、雨水管、散水等的布置及大小;承重结构的轴线及编号;剖面图的剖切位置与剖视方向及其编号等。

底层平面图除表示该层的内外形状外,还表示室外的台阶、花池、散水、明沟、雨水管等形状和位置,还标注出剖面图的剖切位置线、剖视方向线与编号,以便与剖面图对照查阅,还画出指北针,以表明房屋的朝向。如图12-2所示。

屋顶平面图是在屋面以上俯视,反映屋面部位的设施和建筑构造。屋顶平面图一般表示女儿墙、检查孔、天窗、变形缝等设施及屋面排水分区;屋面坡度、檐沟、分水线与落水口的位置、尺寸、用料和构造等;还表示有关设备、设施,如水箱、楼梯间、电梯机房、消防梯等及其他构筑物和索引符号。屋顶平面图(包括花架)如图12-3所示。

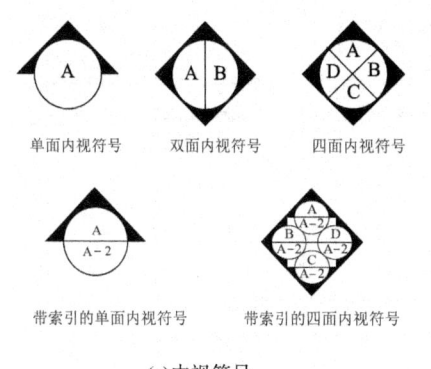

(a)内视符号　　　　　　　　　　　(b)平面图上内视符号应用示例

图 12-22　平面图上内视符号应用示例

顶棚平面图采用镜像投影法绘制,反映天花造型及各类设施、装饰件的名称、规格、材料、尺寸和工艺做法等。

为了表示室内立面在平面图上的位置,平面图上采用内视符号注明室内立面的视点位置、方向及立面编号。内视符号中的圆圈应用细实线绘制,直径为 8～12 mm。立面编号宜用拉丁字母或阿拉伯数字表示(图 12-22)。

建筑平面图是施工图中最基本的图样之一,是施工放线、砌墙、门窗安装和室内装修以及编制预算的重要依据。

12.2.2.3　建筑平面图的绘图方法与步骤

1. 画出定位轴线

平面图中用轴线表示各部分的准确位置,轴线间的距离由设计确定。绘图时先画出定位轴线,再画其他结构就有了画图的基准(图 12-23a)。

2. 画出墙、柱轮廓线

根据墙身的厚度和柱的大小及它们与轴线的有关位置,画出墙身、墙墩及柱子的轮廓线(图 12-23b)。

3. 画出细部

画出门、窗和其他细部,如门、窗洞、楼梯、台阶、卫生间、阳台、散水、花台等(图 12-23c)。

4. 检查并加深图线

检查全图,确认无误后擦去多余的作图线,按国家标准关于图线的有关规定加深图线。对剖切到的墙、柱等的截断面轮廓线采用粗实线;门的开启线(45°斜线)及其他未剖切到的构造可见轮廓线、尺寸起止符号等用中粗实线;其余如尺寸线、尺寸界线等用细实线(图 12-23c)。

5. 标注尺寸

如图 12-2 底层平面图所示,尺寸标注应标注出定形尺寸、定位尺寸和总尺寸,以确定房屋的建筑面积(建筑物首层外墙外边线所包围的面积)、房间的净面积、居住面积(居住面积 = 居室及厅的净面积)和平面利用系数 K(K = (居住面积/建筑面积) × 100%)。因此,标注尺寸应包括建筑物的外部尺寸和内部尺寸。

在平面图上所标注的尺寸以 mm(毫米)为单位,标高以 m(米)为单位。

(1)外部尺寸

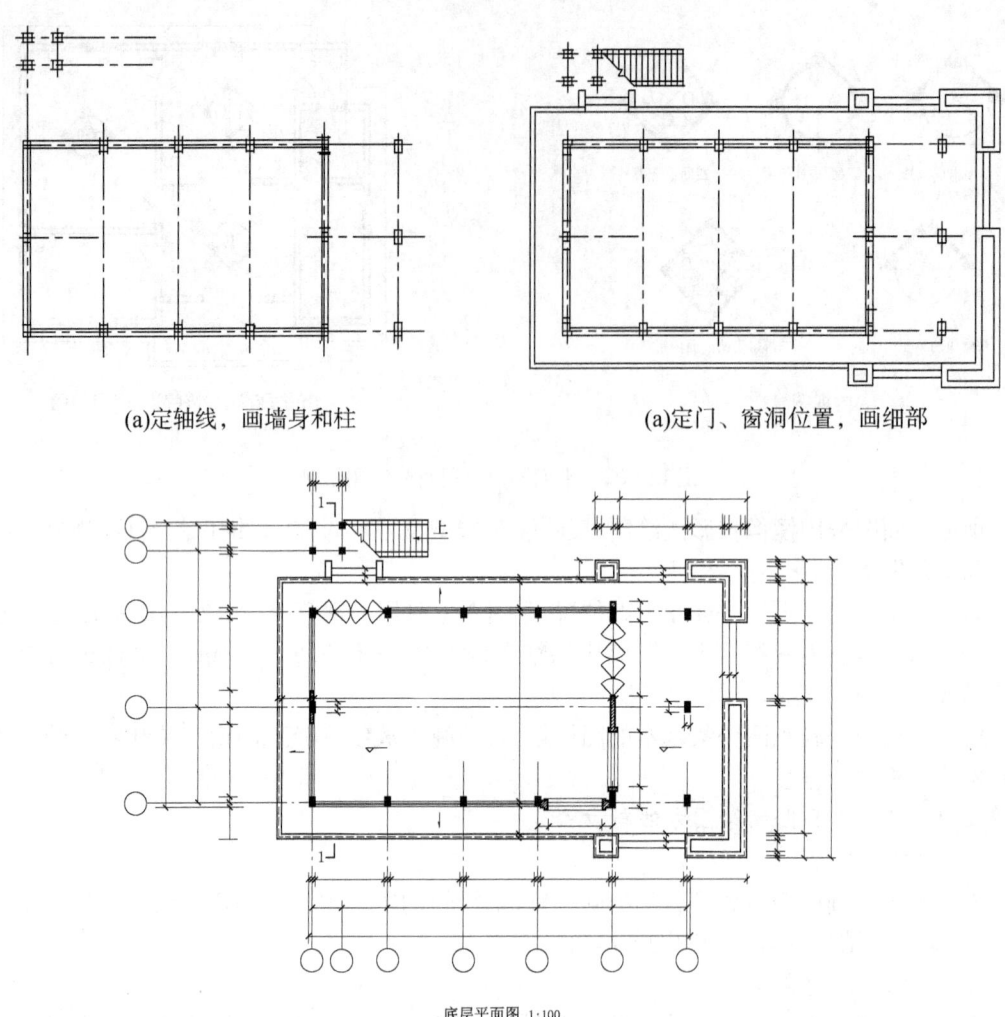

(c)加深图线和标注尺寸等,完成平面图

图 12-23 平面图的绘图方法与步骤

一般在平面图的下方及左侧注出三道尺寸。第一道尺寸(最外一道)为外轮廓的总尺寸,表示建筑物(从一端外墙边到另一端外墙边)的总长或总宽度尺寸。第二道尺寸表明轴线间距,说明房间的开间(相邻横向两轴线之间的距离)及进深(相邻纵向两轴线之间的距离)的尺寸,反映房间的大小及各承重构件的位置。第三道尺寸表示各细部的位置及大小,如表示门、窗洞宽和位置,墙垛、墙柱等的大小和位置,窗间墙宽等的详细尺寸。

标注三道尺寸时,尺寸线与尺寸线之间应有适当的距离(一般为 7～10 mm,且第三道尺寸应离图形最外轮廓线 10～15 mm),以便标注尺寸数字及剖切位置线。

如建筑物的前后、左右都不对称,则平面图上四边都需标注尺寸,但这时右边和上边可只标注出第二道(轴线尺寸)和第三道(细部尺寸)。在底层平面图中,台阶(或坡道)、花池及散水等细部结构的尺寸可单独标注。

(2)内部尺寸

为了说明建筑物室内房间的开间和进深的净尺寸,室内的门窗洞、墙、柱、梁和固定设备的大小、厚度和位置及室内楼、地面的高度,在平面图上应标注出有关的内部尺寸和楼、地面标高。楼、地面标高是表明各房间的楼、地面对标高零点(注写为±0.000)的相对标高。

一般内部尺寸分两道标注:一道尺寸标注内墙厚度及房间的开间和进深的净尺寸(即房间内墙各内表面间的距离);另一道是标注内墙上门、窗、墙、柱的尺寸,以及墙、柱与轴线的平面位置尺寸关系等尺寸。另外,如需要还应标注出墙上孔洞的大小、位置,洞底标高等。

6. 注写文字说明

注写内容有:房间名称、门窗代号、轴线编号、详图索引、剖切位置线、图名、比例及施工说明等其他文字说明。

建筑图中的门窗一般都采用标准配件。在平面图中每一门窗都用代号表示,门窗的图例及其编号反映它的类型、数量及其位置。具体的标注方法如:门用代号 M 表示,窗用代号 C 表示。其类型则在代号右下侧处标注出编号加以区别,如 M_1,M_2,…;C_1,C_2,…。同一编号表示同一类型的门窗,其构造和尺寸一样;也可直接用标准图集中的代(编)号。每一工程的门窗编号、规格、型号、数量一般都有汇总表说明。在标注时,也有在门窗代(编)号后面直接用数字表示出门窗洞口的宽度和高度尺寸,如 $M_2$0924,$C_2$1218。其中前两位数字表示宽,即 09 和 12 表示门、窗的宽度分别为900 mm 和1 200 mm;后两位数字表示高,即 24 和 18 表示门、窗的高度分别为2 400 mm 和1 800 mm。

7. 标明朝向

在底层平面图上绘出指北针或风向频率玫瑰图,表示建筑物的朝向。

8. 其他

检查并完成全图。

12.2.2.4 建筑平面图的读图

从上述可见,建筑平面图的内容是以图形、符号、代号、图例、数字及文字来说明。读图就是识读图样上的图示意义,并结合专业知识看懂图示内容。

读图的一般方法和步骤如下:

(1)了解图名、层次、比例,纵、横定位轴线及其编号。

(2)明确图示图例、符号、线型、尺寸的意义。

(3)了解图示建筑物的平面布置:如房间的布置、分隔,墙、柱的断面形状和大小,楼梯的梯段走向和级数等,门窗布置、型号和数量,房间其他固定设备的布置,在底层平面图中表示的室外台阶、明沟、散水坡、踏步、雨水管等的布置。

(4)了解平面图中的各部分尺寸和标高。通过外、内各道尺寸标注,了解总尺寸、轴线间尺寸,开间、进深、门窗及室内设备的大小尺寸和定位尺寸,并由标注出的标高了解楼、地面的相对标高。

(5)了解建筑物的朝向。

(6)了解建筑物的结构形式及主要建筑材料。

(7)了解剖面图的剖切位置、剖视方向及其编号、详图索引符号及编号。

(8)了解室内装饰的做法、要求和材料。

(9)了解屋面部分的设施和建筑构造的情况,对屋面排水系统应与屋面做法表和墙身剖面的檐口部分对照识读。

12.2.3 建筑立面图

12.2.3.1 建筑立面图的形成和图示方法

建筑物在与其立面平行的投影面上投射得到的投影图,称为建筑立面图,简称立面图(图12-24)。

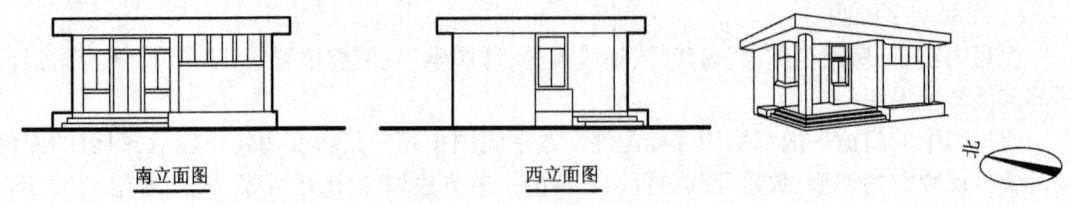

图 12-24　建筑立面图

建筑物的立面图可有多个,通常把反映主要出入口或比较显著地反映建筑物的外貌特征的那一个立面图作为正立面图,并相应地确定其背立面图和左、右侧立面图;有定位轴线的建筑物可根据两端定位轴线编号编注立面图的名称,如①—⑦立面图或Ⓐ—Ⓒ立面图等;无定位轴线的建筑物可按平面图各面的朝向确定立面图的名称,如东立面图,南立面图,西立面图,北立面图等(图12-24)。

建筑物室内立面图的名称应根据平面图中内视符号的编号或字母确定。

在建筑物立面图上,相同的门窗、阳台、外檐装修、构造做法等细部可在局部重点表示,绘出其完整图形,其他都可以简化,只需绘出它们的轮廓线。

对称式建筑物或对称的构配件等可采用对称画法。如左右对称的建筑物,可采用正立面图和背立面图合并成一个图形表示,这时在对称轴线处画对称符号。

平面形状曲折的建筑物,可绘制展开立面图、展开室内立面图。圆形或多边形平面的建筑物,可分段展开绘制立面图、室内立面图,但均应在图名后加注"展开"二字。

对于平面为回字形的建筑物,它的局部立面可在相关的剖面图上附带表示。如不能表示,则应单独画出。

立面图上需标注外部材料和做法,如对有花纹、装饰的结构,在立面图上不能表示清楚时,可采用局部剖面的方法表示,另外绘出相应的详图。

12.2.3.2 建筑立面图的内容和作用

建筑立面图主要反映建筑物的外貌和立面装修的做法,如图12-2东立面图所示。其基本内容有:

(1)表示建筑物的外形。反映室外的地坪线,房屋的勒脚、台阶、花台、门、窗、雨篷、阳台、室外楼梯、墙、柱,外墙的预留孔洞、檐口,屋顶的女儿墙、隔热层、雨水管及墙面分格线或其他装饰构件等的形式和位置。

(2)注出标高,反映建筑物的总高度和外墙的各主要部位完成面的高度。如室外地面、台阶、窗台、门窗顶、阳台、雨篷、檐口、屋顶的女儿墙等处的完成面,以及墙面分格线等的高度。立面图上一般不标注高度方向的线性尺寸,但对于外墙预留洞口除应标注标高外,还应标注出大小及定位尺寸。

(3)用图例和文字说明外墙面的装修材料及做法。由此可表明建筑物的外墙所用材料及饰面的价格。

(4)标注出各部分构造、装饰节点详图的索引符号及墙身剖面图的位置。

(5)标注出建筑物两端或分段的轴线及编号。

室内立面图应包括投影方向可见的室内轮廓线和装修构造、门窗、构配件、墙面做法、固定家具、灯具、必要的尺寸和标高及需要表达的非固定家具、灯具、装饰物件等。室内立面图的顶棚轮廓线,可根据具体情况只表达吊平顶或同时表达吊平顶及结构顶棚。

立面图在设计阶段用以表现、研究建筑物的外观造型,在施工阶段为室外、内装修提供做法要求和依据。

12.2.3.3 立面图的绘制方法与步骤

立面图的作图比例,一般取与平面图相同。具体作图方法与步骤如图 12-25 所示。

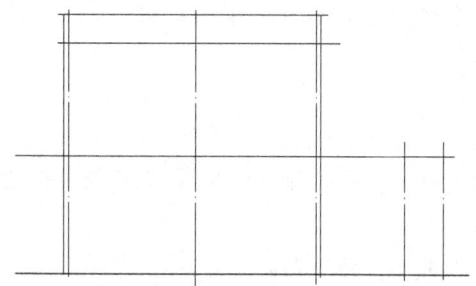

(a)画地坪线、定位轴线、层高线和外形轮廓线

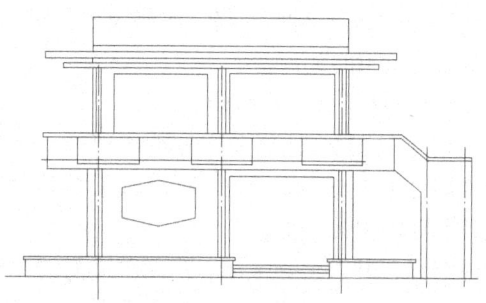

(b)定门、窗洞口位置,画细部外轮廓线

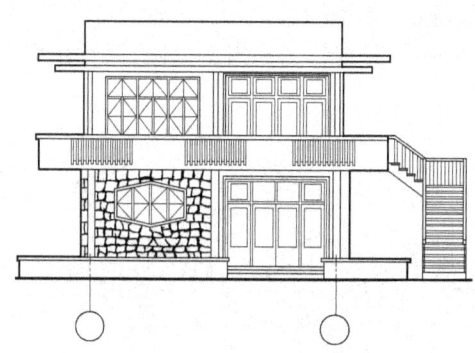

(c)画细部,加深图线,注写标高、尺寸和文字说明等,完成立面图

图 12-25 立面图的绘图方法与步骤

(1)画出室外地坪线、外墙轮廓线和屋顶轮廓线。其中,外墙轮廓线根据平面图的外部第一道尺寸画出,并根据平面图尺寸画出两端轴线(图 12-25a)。

(2)画出门窗位置和大小,根据平面图图示位置和宽度画出(图 12-25b)。

(3)画出门窗、窗台、台阶、雨篷、阳台、花池、勒脚、檐口、落水管等细节。对于门窗扇、檐口构造、阳台栏杆和墙面的复杂装修,画出其完整图形,其细部只在局部作重点表示,其余部分只画轮廓线,而详细的构造和做法则用详图或文字或列表说明(图 12-25c)。

(4)画出外墙装饰和墙面分格线等。

(5)检查并加深图线。

应根据国家标准的有关规定加深图线,对屋面和外墙等最外的轮廓线采用粗实线;勒脚、窗台、门窗洞、檐口、阳台、雨篷、柱、台阶和花池等细部用中实线;门窗扇、栏杆、雨水管和外墙面分格线采用细实线;地坪线采用特粗实线(图12-25c)。

(6)注写标高。

立面图一般不标注完成面高度方向的尺寸,只标注完成面的标高。标高注在引出线上,一般注在图形外的左侧,若建筑物立面左右不对称时,左右两侧均应标注,并做到符号排列整齐、大小一致。标注的标高包括:室内外地坪、台阶、窗台、门窗顶、阳台、雨篷、檐口、屋顶的女儿墙等处的完成面,以及墙面分格线等的高度。如果需要标注线性尺寸,可标注高度方向完成面的两道尺寸:一道是房屋的总高度;另一道是门窗高度和门窗间墙的高度,可为预算工程量和考虑施工方法提供依据。

(7)注写施工说明、图名、比例及各部分构造、装饰及节点详图的索引符号等内容,并注出建筑物两端的轴线及编号。

12.2.3.4　建筑立面图的读图

(1)了解图名、比例和定位轴线编号。

(2)了解建筑物整个外貌形状;了解房屋门窗、窗台、台阶、雨篷、阳台、花池、勒脚、檐口、落水管等细部形式和位置。

(3)从图中标注的标高,了解建筑物的总高度及其他细部标高。

(4)从图上的图例、文字说明或列表,了解建筑物外墙面装修的材料和做法。

12.2.4　建筑剖面图

12.2.4.1　建筑剖面图的形成

假想用一个或多个适当位置的铅垂剖切平面,将建筑物剖开,将剩余部分向与剖切平面平行的投影面进行投射,所得的正投影图称为建筑剖面图,简称剖面图(图12-26)。

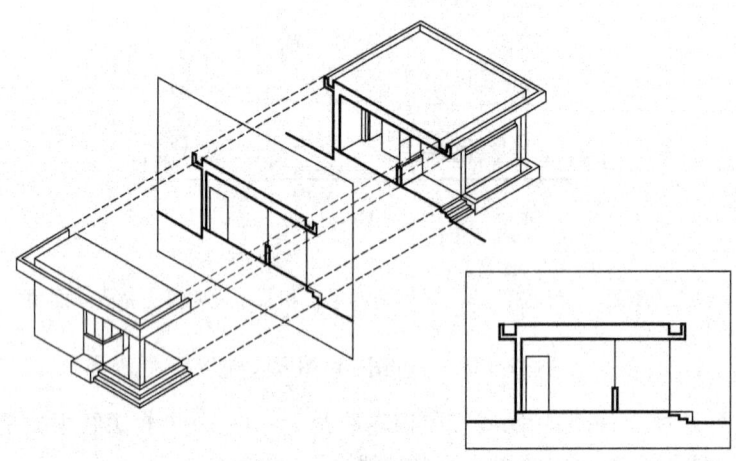

图12-26　建筑剖面图

建筑剖面图的数量,根据建筑物的具体情况和实际需要决定,可绘制一个或多个剖面图。剖切平面一般选择在内部结构和构造比较复杂和典型的部位,如通过门窗洞的位置、多层建筑的楼梯间或楼层高度不同的部位。剖面图的剖切面既可取横向(即垂直于屋脊线或平行于侧立面方向),也可取纵向(即平行于屋脊线或平行于正立面)。剖面图的图名应与平面图上所标注的剖切平面的编号一致,如1—1剖面图、2—2剖面图等(图12-26)。

剖面图中的截断面,其材料图例、线型、粉刷面层线、楼地面的面层线等的表示原则及方法与平面图的处理相同。习惯上剖面图不画出基础,而在基础墙部位用折断线断开。剖面图采用的比例一般也与平面图、立面图一致。

12.2.4.2 建筑剖面图的内容和作用

如图12-2的1—1剖面图所示,建筑剖面图主要表示建筑内部的空间布置、分层情况,结构、构造的形式和关系,装修要求和做法,使用材料及建筑各部位高度(如房间的高度、室内外高差、屋顶坡度、各段楼梯的位置)等。

画室内立面时,相应部位的墙体、楼地面的剖切面宜绘出。必要时,占空间较大的设备管线、灯具等的剖切面,亦应在图纸上绘出。

剖面图与平面图、立面图相互配合,作为施工的重要依据,是不可缺少的重要图样。

12.2.4.3 建筑剖面图的绘制方法与步骤

根据建筑物的具体情况选定剖切平面后,选用适当比例绘图。比例一般选用与平面图相同或适当放大的比例,通常选用1∶50或1∶100。具体绘图方法与步骤如图12-27所示。

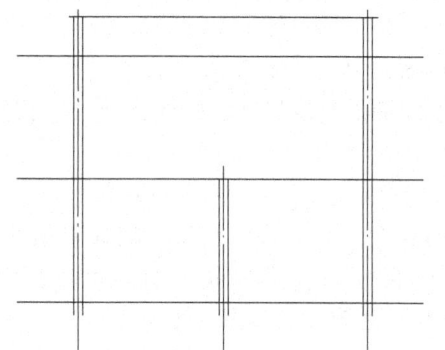
(a)定轴线、室内外地坪线、层高线,画墙身

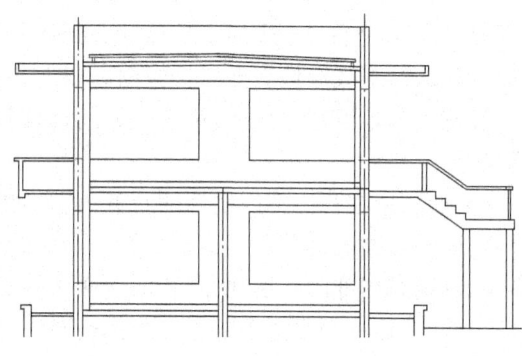
(a)定门、窗和楼梯位置,画楼梯、阳台等

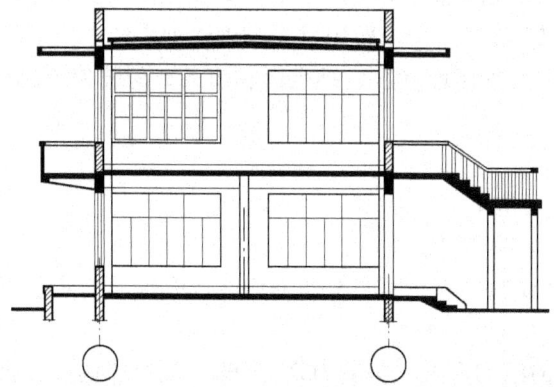
(c)画细部,加深图线,注写标高、尺寸和文字说明等,完成全图

图12-27 建筑剖面图的绘图方法与步骤

(1)画出图形控制线,如地坪线、楼面线、屋面线和定位轴线(图12-27a)。

(2)画出内外墙身、楼板层、地面层、屋面层、各种梁、女儿墙及压顶(或挑檐)的构造高度(图12-27b)。

(3)画出门窗和楼梯的位置及其他细部结构,如门窗、雨篷、檐口、台阶、楼梯、楼梯平台、阳台等的位置、形状及图例。并画出其他未剖切到的可见部分的投影轮廓线,如墙面凹凸、门、窗、踢脚、梁、柱、台阶、阳台、雨篷、水斗、雨水管以及有关装饰等的形状和位置。一般不画出地面以下的基础部分,而在基础墙部位用折断线断开。基础部分由结构图中的基础详图表示。

(4)检查底图,加深图线,画出材料图例。

经检查底图无误后,按照国家标准规定的线型加深图线。剖面图中的截断面轮廓线采用粗实线表示;未被剖切到的可见部分轮廓线采用中实线表示;室内外的地坪线采用特粗实线表示(图12-27c)。

剖面图上的材料图例及线型应与平面图一致。其粉刷面层线和楼面、地面的面层线,表示原则及方法与平面图的处理相同。

(5)注写尺寸、标高、图名、比例和文字说明,如图12-2的1—1剖面图。

在剖面图中必须标注完成面高度方向的尺寸。对建筑物外部围护结构的尺寸标注,可标注出三道尺寸;最外侧的第一道为室外地面以上的总尺寸,若为坡屋面则为室外地坪面到檐口底面的尺寸,若为平屋面则为室外地坪面到女儿墙的压顶或檐口的上平面的尺寸;第二道尺寸为楼层高尺寸,即底层地面至二楼楼面和以上各层楼面到上一层楼面,顶层楼面到檐口处屋面等,以及室内外地面高差尺寸;第三道为门、窗洞及洞间墙的高度尺寸。此外,还应标注出某些局部尺寸。

在剖面图中注写出室内地面的建筑标高为相对标高的基准面(±0.000),并标注包括建筑外部,即室外地面、窗台、门窗顶、檐口、雨篷的底面和女儿墙的顶面及建筑轮廓变化部位的标高,以及建筑内部的底层地面、各层楼面和楼梯平台面的标高,室内的门、窗洞和设备等的位置和尺寸。在标注剖面图中的尺寸和标高时应注意与平面图和立面图一致。

建筑物的地面、楼面和屋面等是采用多层材料构成的,在剖面图中用多层引出线,按构造的层次顺序,逐层用文字说明其构造、材料和做法。对于较复杂的装修,还应该画出相应的详图(如外墙身详图)。这时在剖面图中应该注出详图的索引符号(图12-2)。为使图面简洁,通常用"构造说明一览表"将有关构造所用材料和做法列表统一说明。

对于建筑的倾斜部位,如屋面、散水、排水沟和出入口的坡道等,应该注写出坡度以表示倾斜的程度。

(6)检查并完成全图。

12.2.4.4 建筑剖面图的读图

建筑剖面图的读图可按下列步骤:

(1)将图名、定位轴线编号与平面图上的剖切线及其编号与定位轴线编号相对照,确定剖面图的剖切位置和投影方向。

(2)从图示建筑物的结构形式和构造内容,了解建筑物的构造和组合,如建筑物各部分的位置、组成、构造、用料及做法等情况。

(3)从图中标注的标高及尺寸,可了解建筑物的垂直尺寸和标高情况。

12.2.5 建筑详图

12.2.5.1 详图的内容和作用

对建筑物的细部或构配件用较大的比例将其形状、大小、材料和做法,按正投影法详细画出的图样,称为建筑详图,简称详图。

建筑详图的比例一般选用1:20,1:10,1:5,1:2,1:1等,具体根据图样的复杂程度、表达的细部和构配件的大小决定。由于建筑详图的绘图比例较大,因此对建筑细部和构配件的表示要求做到:图形准确清晰,尺寸标注齐全,文字说明详尽。

建筑详图包括平面详图、立面详图、剖面详图和断面详图,具体应根据细部结构和构配件的复杂程度选用。对于套用标准图或通用详图的建筑构配件和节点,只要注明所套用图集的名称、型号或页码,不必再绘制详图。

建筑详图所画的节点部分,除了要在平、立、剖面图中有关部位标注索引标志外,还应在所绘制的详图上标注详图符号和写明详图名称,以便对照查阅。

建筑构配件详图,一般只要在所绘制的详图上写明该构件的名称或型号,不必在平、立、剖面图中标注索引符号。

详图的基本内容包括:

(1)对有特殊设备的房间,如实验室、浴室、厕所等,应绘制详图表明固定设备的位置、结构、尺寸和安装方法等。

(2)对有特殊装修的房间,如吊平顶、花饰、木装修、大理石贴面等,应绘制装修详图,表示结构、材料、施工方法与装修方法等。

(3)建筑局部构造,如外墙身剖面、屋面坡面、屋面顶面、楼梯、雨篷、台阶、阳台等,应绘制详图,表示结构、尺寸、材料、施工方法与要求等。

(4)园林建筑小品,如花窗、隔断、铺地、汀步、栏杆、坐凳、雕塑、小桥和园灯等,应绘制出详图表示结构、尺寸、材料、施工方法与要求等。

下面通过一些具体的图例,说明详图的表示方法与表达内容。

12.2.5.2 外墙身详图

1. 基本内容

外墙身详图是建筑剖面图中外墙身有关部位剖面的局部放大图。图12-28所示为外墙身详图。其基本内容如下:

(1)表明砖墙的定位轴线编号,砖墙的厚度及其与轴线的关系。

(2)表明各楼层梁、板等构件的位置及它们与墙身的关系;表明楼、地面和屋面等完成面的标高及高度方向的尺寸、构造做法及它们与墙身的关系。对它们的构造,图中采用多层构造说明方法表示(即采用引出线引出注写的方法表示)。

(3)表示窗台、窗过梁(或圈梁)、阳台、栏板等的构造及门窗洞口的高度、上下坡坡度。

(4)表示立面装修的要求,包括砖墙各部位的凹凸线脚、窗口、挑檐、檐口、勒脚、散水等的尺寸、材料和做法,或用索引符号引出做法详图。

(5)表明墙身的防水、防潮做法。

2. 外墙身详图读图

(1)根据剖面图的编号,对照平面图上相应的剖切线及其编号,明确剖面图的剖切位置和剖视方向。

(2)根据各节点详图所表示的内容,详细分析读懂有关内容。具体有:

①檐口节点详图,表示屋面承重层、女儿墙外排水檐口的构造;

②窗顶、窗台节点详图,表示窗台、窗过梁(或圈梁)的构造及楼板层的做法,各层楼板(或梁)的搁置方向及与墙身的关系;

③勒脚、明沟详图,表示房屋外墙的防潮、防水和排水的做法,外(内)墙身的防潮层的位

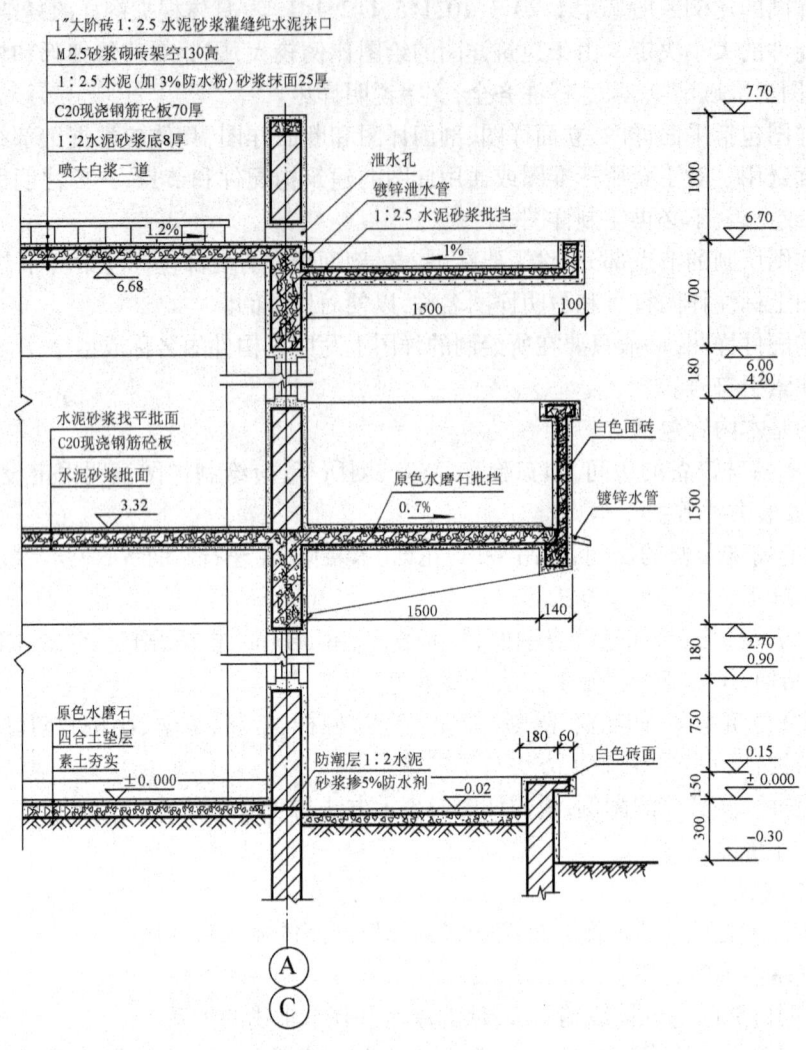

图 12-28 外墙身详图

置,以及室内地面的做法。

(3)结合图中有关图例、文字、标高、尺寸及有关材料和做法互相对照,明确图示内容。

(4)明确立面装修的要求,包括砖墙各部位的凹凸线脚、窗口、挑檐、勒脚、散水等尺寸、材料和做法。

(5)了解墙身的防火、防潮做法,如檐口、墙身、勒脚、散水、地下室的防潮、防水做法。

12.2.5.3 楼梯间详图

楼梯是多层建筑垂直交通的重要设施。在一般建筑中,通常采用现浇的钢筋混凝土楼梯,或是部分现浇、部分预制构件的楼梯。

如图12-30的立体图所示,楼梯主要由楼梯段(或称梯跑,包括踏步和斜梁)、平台(包括平台板和梁)和栏板(或栏杆)及扶手等组成。楼梯段是联系两个不同标高平台的倾斜构件,一般是由踏步和楼梯梁(或梯段板)组成;踏步是由水平的踏板和垂直的踢板组成;平台用来供行走时减轻疲劳及转换楼梯段方向;栏板(或栏杆)及扶手设在楼梯段及平台边缘上,是保证楼梯交通安全的保护构件。

楼梯详图主要表示楼梯的类型、结构形式、各部位的尺寸及楼梯段、栏板(或栏杆)及扶手等的材料和装修做法等内容,是楼梯施工、放样的主要依据。楼梯详图分为建筑详图和结构详图。一般两种详图分别绘制,但对一些装修简单的楼梯可合并绘制,编入"建施"或"结施"图均可。楼梯详图包括平面详图、剖面详图及踏步、栏板(或栏杆)及扶手等节点详图三大部分。平面详图和剖面详图比例一致(如1:20,1:30,1:50)。这些详图尽可能画在同一张图纸内以方便读图。下面分别说明其主要内容和绘图方法。

1. 楼梯平面图

楼梯平面图是在略高于地板面或楼板面的窗口处作水平剖切,剖切面以下楼梯间在水平投影面上得到的剖面图。楼梯平面图一般分层绘制,在高层或多层建筑中,若中间各层的楼梯位置及其楼梯段数、踏步数和大小都相同时,可绘制出标准平面图,这里只绘制出底层、中间层(标准层)和顶层三个平面图即可。这时,应在标准层的平台、楼面按照国家标准规定同一位置注写多个标高数字的形式注写出中间省略的各层相应部位的标高。在绘图时,一般把三个平面图画在同一张图纸内,并互相对齐以方便读图,同时可省略标注一些重复尺寸(图12-29)。

楼梯平面图详图应根据楼梯间的开间、进深及墙厚,画出墙、窗(窗台)、平台、栏板(栏杆)、各梯段踏面的投影。按国家标准规定,被剖切梯段的底层和中间层的平面图中分别以一条及两条细斜折断线表示,并画出该楼梯的全部踏面。同时应在梯段的投影中部画一长箭头,在箭头的尾端标注"上"或"下"字,表明上行或下行。在楼梯的底层平面图中还应标注出楼梯间剖面图的剖切位置线和投射方向(图12-29)。在计算楼梯的踏面数时,由于楼梯段的最高一级的踏面与平台面或楼板面共面,因此每一楼梯段的踏面数总比梯段的步级数少1。

具体画法如下(图12-29):

在底层平面图中,只画上行的第一楼梯段的投影,并在楼梯段投影的上部平台位置处以与踏面线成30°角的斜折断线折断,并在楼梯段投影的中部画一长箭头,在箭尾注写出"上"字,表示上行。

在中间层平面图(图示二层平面图)中,在上行第一梯段的中部画两条相互平行的与踏面线倾斜成30°角的折断线。在折断线的两侧,梯段水平投影的中部分别画一条方向相反的长箭头,在箭尾分别注写"上"、"下"字,分别表示上行至顶层和下行至底层。

在顶层平面图中,由于顶层平面图剖切位置线在栏板(或栏杆)以上,因此图中出现平台和完整的两楼梯段的投影,并在楼面悬空处一侧应画出水平栏板的投影。同样,在梯段投影的中部画一长箭头,在箭尾注写"下"字,表示下行。

在楼梯平面图中,标注定位轴线和编号表示楼梯间的位置,注明楼梯间的开间和进深尺寸(轴线间距尺寸)、楼梯段的宽度和长度、踏面数和踏面的宽度、楼梯井与平台等尺寸,以及窗洞的大小和定位尺寸。通常把梯段的长度方向尺寸采用"踏面数(步级数-1)×踏面宽=梯段长度"的方式标注。如底层平面图中的"11×260=2860",表示该梯段有12(11+1=12)步级、11踏面数,每一踏面宽为260 mm,梯段长为2860 mm。另外,还应标注出楼面、地面和平台面的标高等(图12-29)。

2. 楼梯剖面图

如图12-30所示,假想用一铅垂剖切平面沿楼梯段的长度方向,通过各层的一个楼梯段

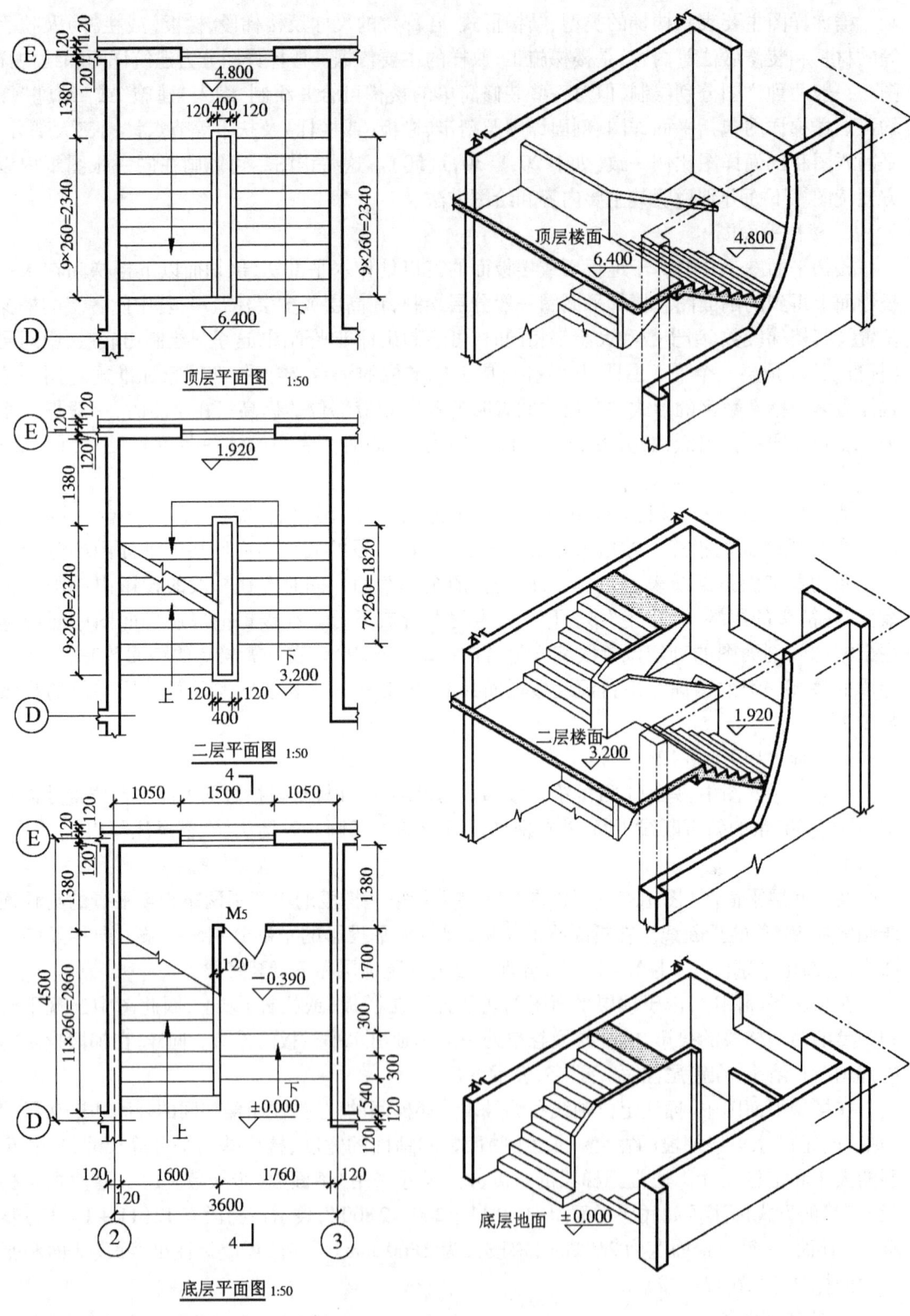

图 12-29 楼梯平面图

和门窗洞口将楼梯间剖开,在与剖切平面平行的投影面所得的剖面图,称为楼梯剖面图。在多层建筑中,若中间各层的楼梯构造完全相同时,可只画出底层、中间层(标准层)和顶层的剖面,中间以折断线断开,并在中间层的楼面、平台面处按照国家标准规定同一位置注写多个标高数字的形式注写出中间省略的各层相应部位的标高。对未剖到而又被栏板遮挡而不可见部分,其踏步可采用虚线画出,也可不画,但仍应标注出该梯段的步级数和高度尺寸。习惯上,如果楼梯间的屋面没有特殊结构,一般可折断不画。

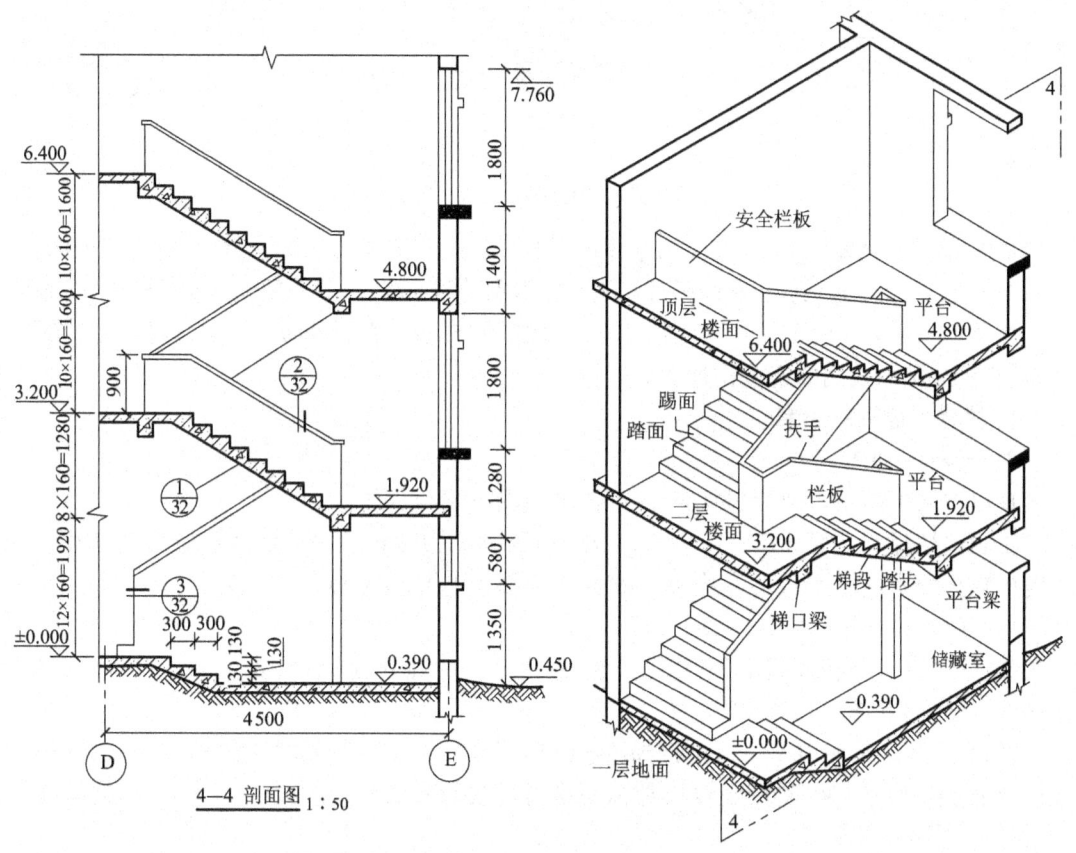

图 12-30 楼梯剖面图

楼梯剖面图主要表示被剖切的墙身、窗下墙、窗台、窗过梁、楼梯间的地面、楼面、平台、梯段等的构造及其与墙身的连接,以及未剖到的梯段、栏板、扶手等。扶手坡度与梯段的坡度一致。应标注出扶手、栏板(栏杆)、踏板等详图的索引符号。

楼梯剖面图中应标注出楼梯间的轴线及其编号,轴线间距尺寸(进深尺寸),楼面、地面、平台、门窗洞口的标高和竖向尺寸;通常采用"步级数×踢面高=梯段高度"的方式标注,如图中"8×160=1280"表示楼梯段有 8 步级数(8 踢面),踢面高为 160 mm,梯段高为 1280 mm。另外,还应标注出栏板(栏杆)的高度尺寸(即标注出踏面到扶手顶面的垂直高度,一般为 900 mm)。

3. 楼梯扶手、栏板(栏杆)、踏步详图

在楼梯详图中,对扶手、栏板(栏杆)、踏步等,一般都采用更大的比例(如 1∶10~1∶20)另绘制详图表示(图 12-31)。

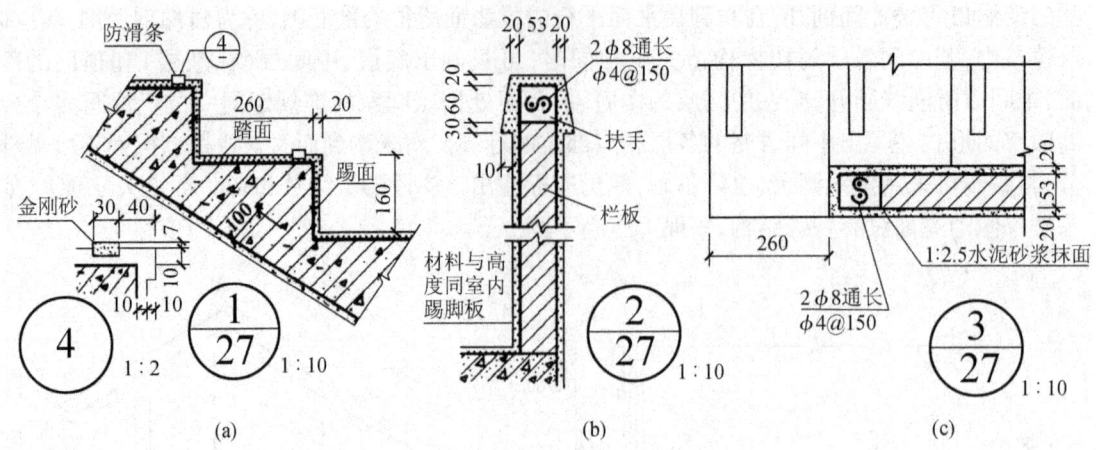

图12-31 楼梯踏步、扶手、栏板详图

如图12-31所示,踏步详图表明踏步的形状、尺寸,防滑条的位置、材料及面层的做法。一般只画出几级表示,其余以折断线断开。由于防滑条的截面小,一般采用更大比例(如1:5)画出。

如图12-31b、c所示,扶手、栏板详图表明扶手、栏板的截面形状、尺寸、材料以及扶手与栏板、栏板与踏面之间的连接构造等。

4. 楼梯平面图的绘制

(1)楼梯平面图

现以二层平面图为例,说明楼梯平面图的绘图方法与步骤:

①画出楼梯间平面图(图12-32a),根据楼梯间的开间、进深尺寸和楼层高度,确定平台深度(s)、梯段宽度(a)、梯井宽度(k)、踏面宽度(b)和步级数(n)。

梯段的水平投影长度 $l=b(n-1)$。

②采用"等分平行线间距"的作图方法,画出踏面的等分点(踏面数 $= n-1$),再分别画出踏面的水平投影(图12-32b)。

③画出栏板、箭头以及一层上行梯段被剖切部分与二层下行梯段被遮挡部分的投影分界线(两条相互平行的30°斜折断线),加深图线,标注标高、尺寸,注写图名、比例,画剖面符号,完成作图(图12-32c)。

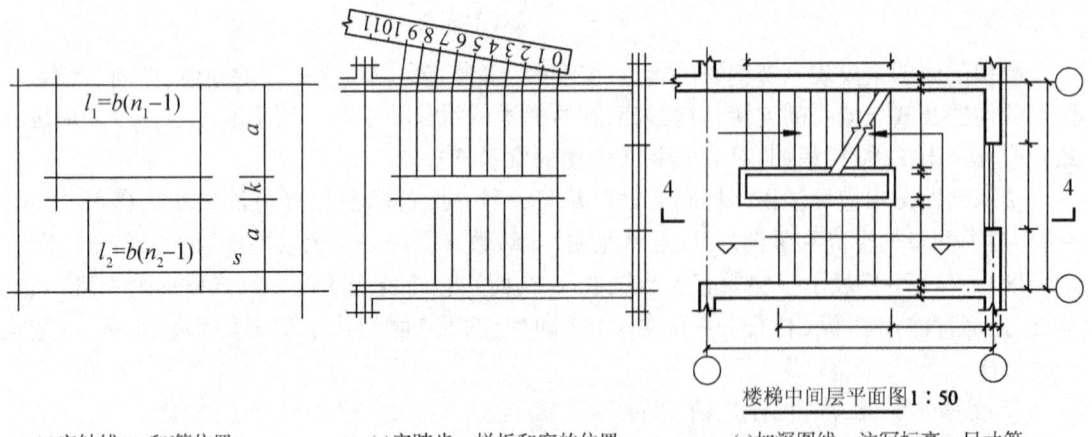

图12-32 楼梯平面图的画法与步骤

(2)楼梯剖面图

下面依据图12-30楼梯平面图所示的剖切位置"4—4",绘出楼梯的"4—4剖面详图",以此为例说明楼梯剖面详图的绘图方法与步骤(图12-33)。

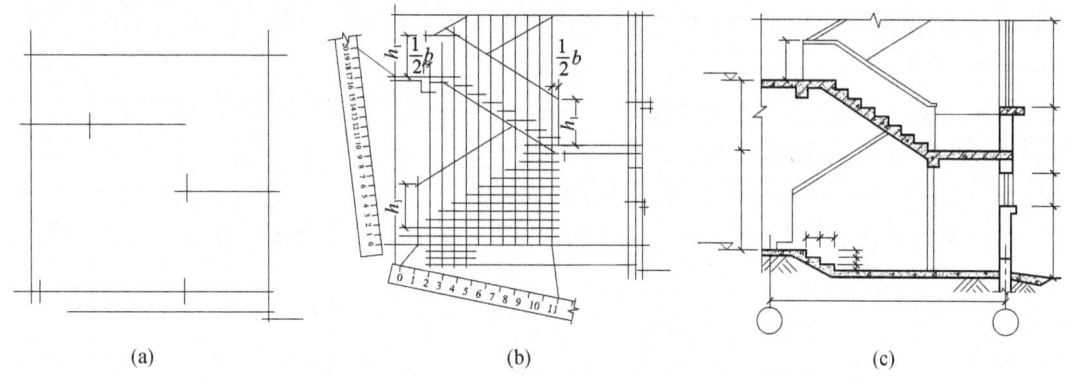

图12-33 楼梯剖面图的画法举例

①画出定位轴线,确定楼面、地面、平台与梯段的位置(图12-33a)。图形比例和尺寸应与楼梯平面图一致。

②画墙身、确定踏步位置(图12-33b)。

根据踢面的高度、踏面的宽度和踏步级数,采用"等分平行线间距"的作图方法进行分格。梯段高度(竖向)分格等于踏步级数,梯段高度(h)等于踏步级数(n)乘以踢面高度(c),即

$$h = n \times c$$

梯段长度(横向)分格等于踏步级数减1,梯段长度(l)等于踏步级数(n)减1再乘以踏面宽度(b),即

$$l = (n-1)b$$

③画细部,如窗、窗台、梁、楼面、地面、平台及栏板(栏杆)、扶手高度等(图12-33b)。

④加深图线,标注标高和尺寸,注写图名、比例,完成全图(图12-33c)。

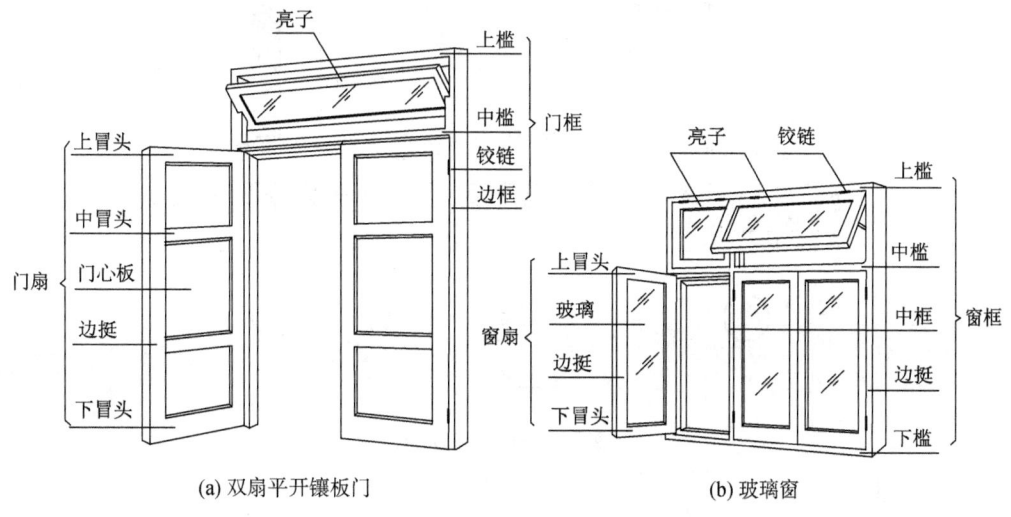

图12-34 木门窗的组成及各部分名称

12.2.5.4 木门窗详图

图 12-34 所示为木门窗的组成及各部分名称。木门窗一般都是由门窗框、门窗扇和五金件(铰链、插销、拉手等)组成。

一般各地区都规定有各种类型和规格的门窗标准图,设计时可以选用。在设计中,若采用标准图,只需要用索引符号注明详图在标准图集中的编号。若采用非标准门窗,则必须画出其详图。

门窗详图主要反映门窗的外形、尺寸、开启方向和构造、用料等情况,一般包括门窗立面图、节点图、断面图、门窗扇立面图、五金表和文字说明,以及整幢建筑门窗统计表。门窗详图是结构施工留孔和门窗加工制作、安装的重要依据。

具体表示方法与内容,分别以图 12-35、图 12-36 中的木门、木窗详图为例加以说明。

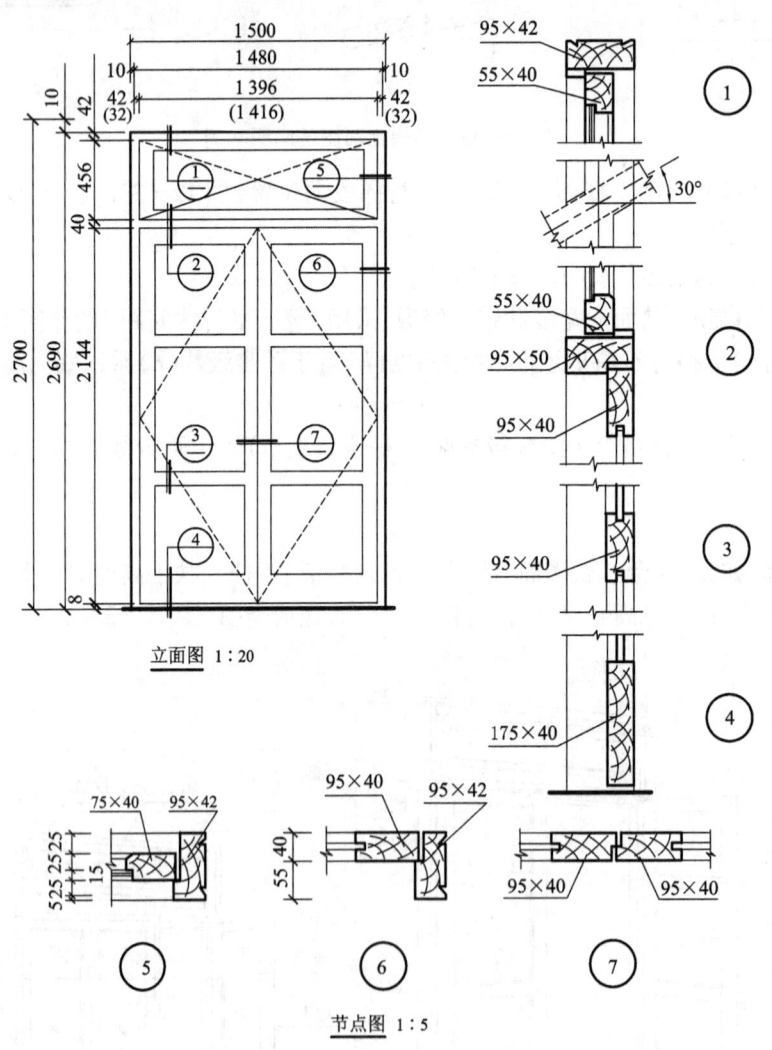

图 12-35 木门详图

1. 立面图

立面图表示门窗的形式、开启方式和方向、主要尺寸及节点索引符号等内容。

立面图上标注有三道尺寸:第一道即最外一道门窗洞口的尺寸(门窗洞口尺寸为砌砖墙

第 12 章 建筑施工图

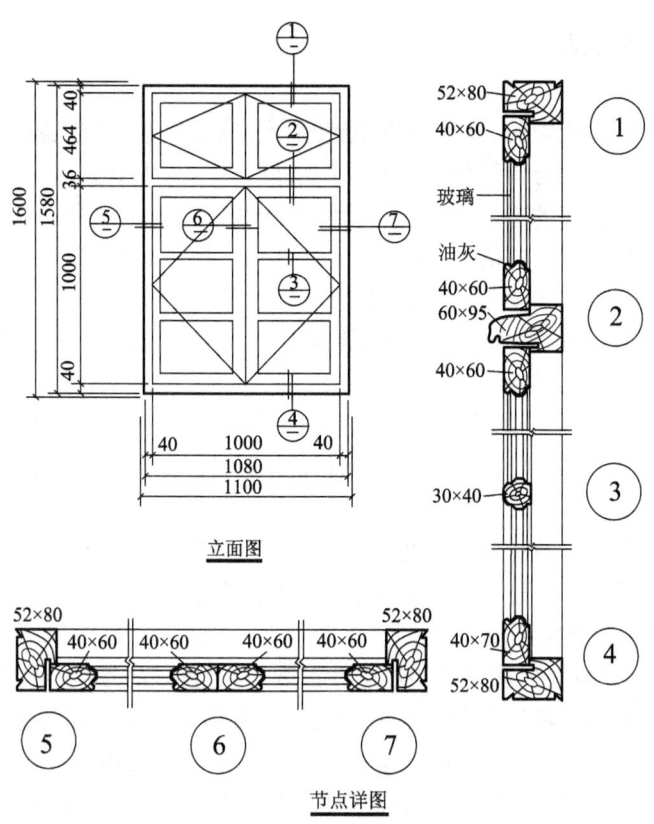

图 12-36 木窗详图

时用,应与建筑平面、立面、剖面图注出的尺寸一致);第二道为门窗框外包尺寸(门窗框成品的净尺寸);第三道为门窗扇尺寸(门窗扇成品的净尺寸)。

在立面图中,外轮廓线用中实线画出,其余可见部分用细实线画出。

2. 节点详图

为了图示简明,一般不画门窗的剖面图而以节点详图代替。

节点详图表明门窗各部件的断面形状、材料、尺寸、线型、开启方向以及安装位置和门窗扇与门窗框的连接关系等内容。

图示时,一般将同一方向的节点详图连在一起,中间用折断线断开,并分别在节点详图上编注出与立面图相对应的详图符号。

节点详图上应标注门窗材料断面的外围尺寸以及门窗扇在门窗框中的位置尺寸。

3. 断面图

断面图表示门窗框和门窗扇的用料断面形状和尺寸。断面内应标注断面净料的外围尺寸(实际下料尺寸比外围尺寸略大)和断面各截口尺寸,以便下料加工。断面图所用比例一般比立面图和节点详图都大。当节点详图比例大时,断面图可省略。

4. 门窗扇立面图

立面图中应表示门窗扇及其各组成部分的形状和尺寸。图中一般标注两道尺寸:外面一道为门窗扇外包尺寸;里面一道为扣除截口的挺或冒头的尺寸及表示玻璃板和门芯板的尺寸。

12.3　园林建筑小品

园林建筑小品,是功能简明、体量小巧、造型别致、富于特色、意境深邃、因地制宜、配置恰当、适得其所的精巧建筑物与构筑物。既有使用功能,作为人们观赏景色之所在,而又作为园林装饰小品,以其优美精巧的造型,点缀园林环境,作为被观赏的对象。它们将周围的景色巧妙地组织起来,予园林以无穷的活力、个性和美感,构成"园以景胜,景以园异",使园林景致更为优美动人,画面更富诗情画意,意境更加新颖生动。它们种类繁多,其内容包括:亭、廊、榭、花架、景墙、景窗、洞门、花格、栏杆、园灯、园椅、园凳、果皮箱、宣传牌、花卉盆池、各种园林标志以及儿童游园中的玩具设施等。

园林建筑小品设计应慎于构思,巧于立意,独具特色,精于体宜,将人工融于自然,在满足实用功能与技术要求的同时,要极力追求美观和艺术性,要继承传统园林建筑中寓意深邃的意境。

由于造型的艺术化,景致化和小品化,使园林建筑小品外形虽小,却形状复杂。故不论它们是依附于景物或建筑之中,还是相对独立,一般都需单独画出详图表达。

12.3.1　亭子的构造及其施工图

设计精巧的亭往往成为环境空间的焦点性景观,具有良好的景观空间与视觉效果,其功能简明,体量小巧,玲珑秀丽,精致多彩。亭子为人们游赏活动提供驻足休息、纳凉避雨、纵目眺望的去处,满足人们"观景"、"点景"的需求。它是我国园林中运用得最多的一种建筑形式。

亭子体量小而集中,独立而完整。亭的平面形状、平面上的组合及屋顶形式决定了亭子的造型。其平面形状和平面上的组合变化多样,自由灵活。屋顶形式结构独特,绚丽多彩。

亭子的立面构成,分为屋顶、柱、台基三个部分。台基,随境而异;柱,一般空灵;屋顶,形式丰富,结构独特。特种屋面曲线及其起翘手法——发戗,是中华民族的建筑语言符号的象征模式,是亭子外形表达上较为复杂的部分,如图 12-37 所示。

屋面曲线,由于力学与功能上的需要,由凹曲的屋面、向上耸起的出檐发戗和屋脊有机配合而成,且角柱以外的屋顶面积比角柱以内的面积几乎大三倍,为此在屋角外设置专用的角梁来悬挑,并在角梁之上的两个屋面相交处形成的阳角缝隙上筑脊,脊的曲线必与屋面交角的曲线形状吻合。

图 12-38 所示为传统屋面坡度设计参考曲线。

如图 12-37 所示的攒尖顶亭,屋顶无正脊,只由数条垂脊交合于顶部,再覆以宝顶。其屋面曲线复杂,由纵向曲线与横向曲线结合,构成一双曲屋面。因此,对其屋顶的表示,重点在于对屋顶曲线的表示。

亭子的屋面构造,除桁、椽等外一般铺瓦作脊。多用小青瓦,也有用筒瓦及琉璃瓦,并在瓦底下檐口处置下垂的尖圆形滴水瓦,使亭子的檐口部位形成了细致的花边,如图 12-39a 所示。现在,亭的屋面也有利用钢筋混凝土现浇或预制结构作成几块薄壳组成,再用水泥作成瓦垄,并将各种局部构件按传统形象作简化处理,如图 12-39b 所示。

亭子的屋面坡度主要由屋面曲线决定,并与屋面所选用的覆盖材料有关。如图 12-39a 所示,由于做屋面使用的小青瓦单块材料面积小,孔隙和搭接缝多,故坡度要大些。而图 12-39b 由于所采用的是现浇钢筋混凝土,其抗渗性较好,因此坡度可小些。根据实践经验,不同屋面材料的适应坡度如图 12-40 所示,图中粗黑线部分为常用的坡度范围。

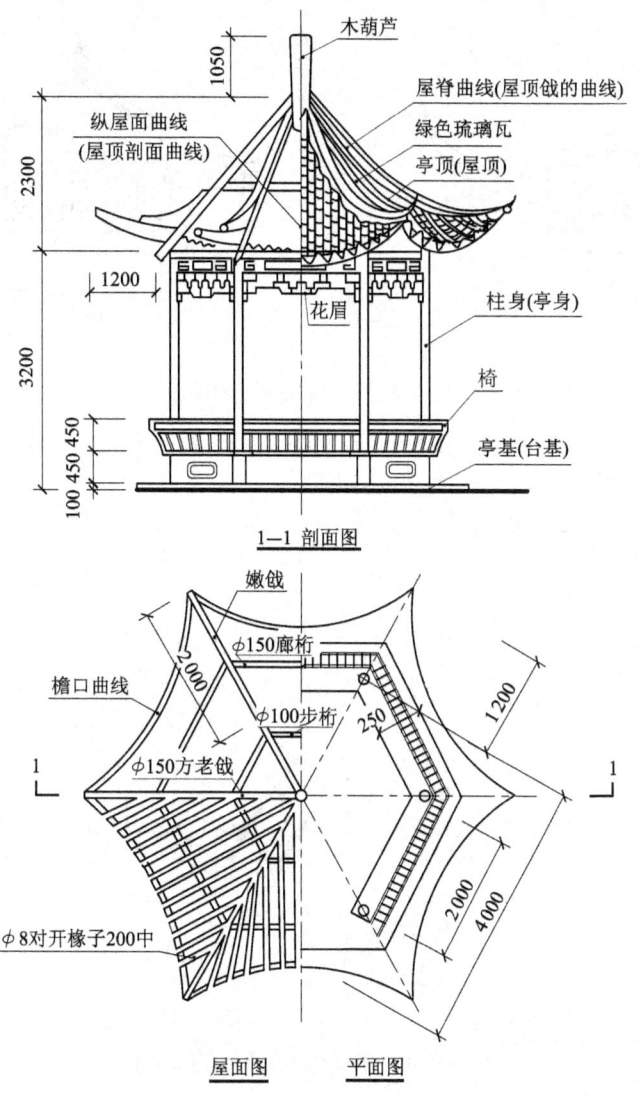

图 12-37　攒尖顶亭的构造

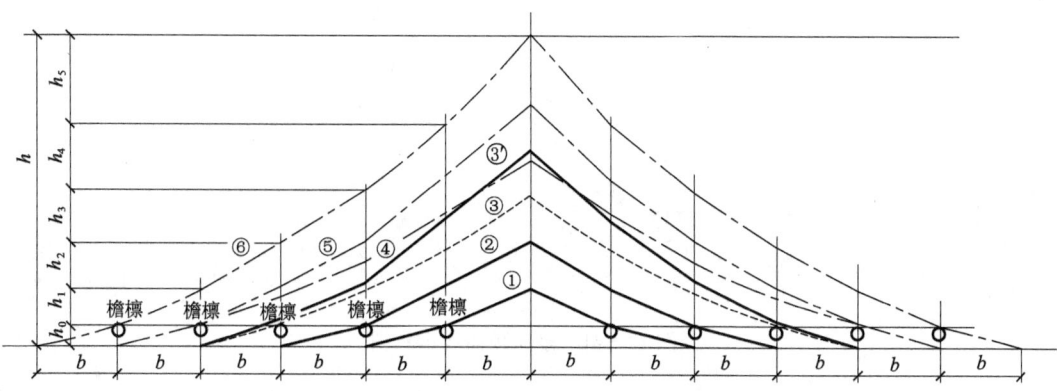

图 12-38　传统屋面坡度设计参考曲线

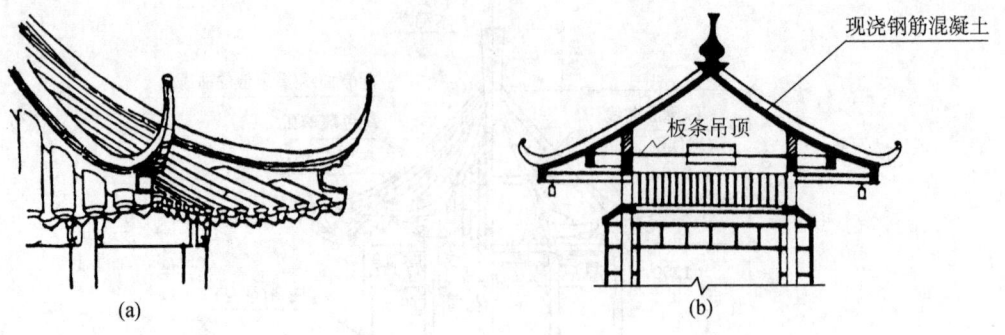

图 12-39 攒尖顶亭的屋面

屋顶曲线包括檐口曲线、屋脊曲线和屋面曲线。图 12-41 为图 12-37 所示的攒尖顶亭屋顶曲线示意图。现将具体表示方法简述如下。

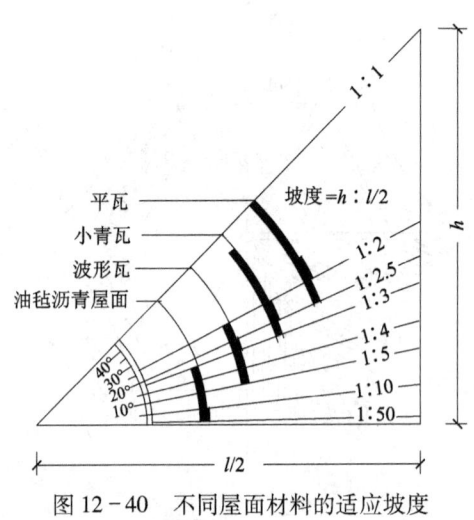

图 12-40 不同屋面材料的适应坡度

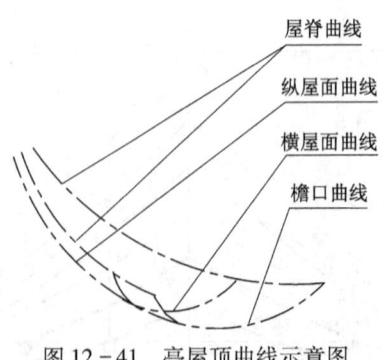

图 12-41 亭屋顶曲线示意图

12.3.1.1 檐口曲线

檐口曲线是由于檐柱逐渐升起和屋角起翘形成的。檐口曲线的立面形状直接取决于屋脊曲线和屋面曲线。该曲线的平面投影形状,只需在实际放样时以建筑角部檐口和屋面最低纵向曲线位置处檐口的尺寸为极限,适当调整就可得到,故对檐口曲线一般不需单独画出详图表示。

12.3.1.2 屋脊曲线

屋脊曲线,一般通过屋脊对称面取剖切平面,画出剖面详图表示。在剖面详图上,以坐标形式标注出屋脊坡度曲线一系列的坐标(尺寸数值),以作为屋脊坡度放线大样的依据,如图 12-46 的 1—1 剖面详图所示。

12.3.1.3 屋面曲线

屋面曲线包括纵向曲线和横向曲线。

1. 纵向曲线

纵向曲线直接通过建筑屋面的最低纵向曲线位置处取剖切平面,画出屋面坡度剖面详图表示。在详图上同样以坐标形式标注尺寸作为屋面纵向坡度放线大样的依据之一,如图 12-46 的 2—2 剖面详图所示。

2. 横向曲线

横向曲线一般可用支承屋面板(或椽子)的桁条的高度放样曲线来表示,如图 12-49(⑤木桁详图)所示。在该详图中,通过 7—7 剖面图表示出桁条高度放样曲线的最高、最低极限位置尺寸(图中分别表示出了桁条的前后两面的曲线最高、最低极限位置尺寸,因为桁条的曲面是由横向曲线和纵向曲线结合组成的曲面)。然后,在立面图中用文字说明该桁条的高度曲线的高度变化按实际放样适当调整,以此来说明和制约该曲线的形成。若屋面不是由屋面板,而是由椽子直接承受屋面载荷,则最好将桁条上搁椽子的每一位置的中线处都标注出高度尺寸及中线间的间距尺寸(即以坐标形式标注),以便直接作为放样的依据。

上述关于屋顶曲线的表示方法,是说明表示如攒尖顶亭子或类似的凹曲面的建筑屋顶与其他建筑物的表示方法不大相同。除上述外,还要注意到亭子结构和构造上的对称对选择投影图的影响。其他细部结构,如图 12-44 所示的屋面斜梁断面、花眉、栏杆、座椅等应该画出详图表示。

屋面曲线的起翘方法——发戗的构造有多种形式,如图 12-42 所示为水戗发戗(也称作嫩戗发戗)的构造。它由发戗,有时外加斜坐于戗端的小嫩戗插接而成(夹角较大,为 160°左右)。在屋面戗脊端部上筑小脊,该脊利用铁板和筒瓦泥灰等做成假脊状,其势随戗脊的曲度而变化,戗端逐渐起翘上弯,形如弯弓状,曲线优美,而屋檐却是平直的。其构造如图 12-43 所示,下为戗座,上为滚筒,做两路出线,再盖筒瓦粉刷而成。

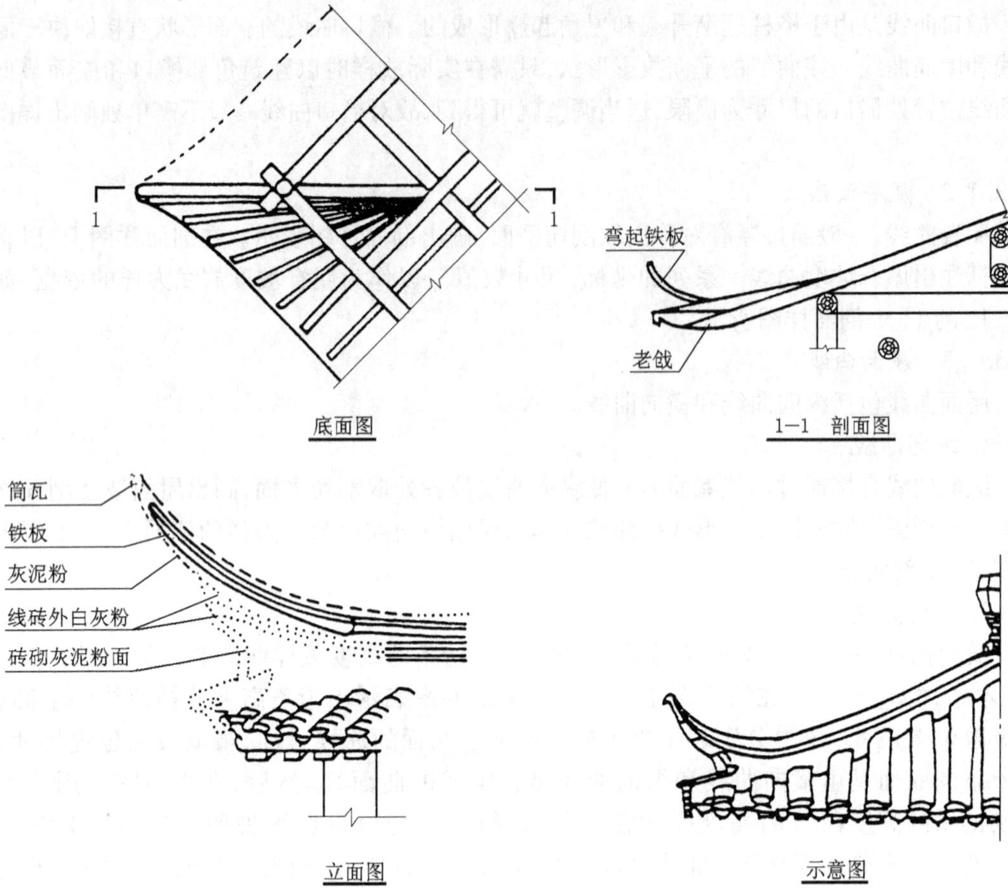

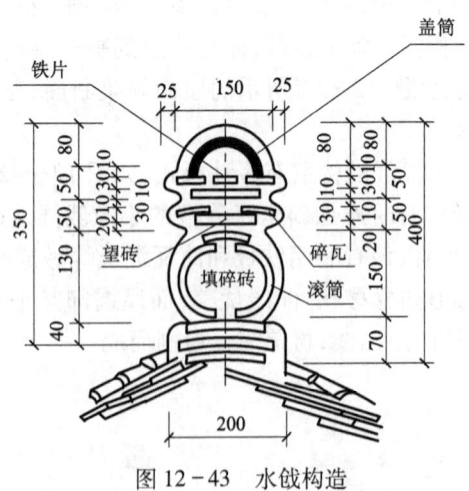

图 12-42 水戗发戗构造

图 12-43 水戗构造

图 12-44～图 12-49 为某庭园设计总平面图中的六角尖顶亭子的部分图样。各图所表示的具体内容有的已在前面提及，其余在此不作赘述，请读者自行分析。

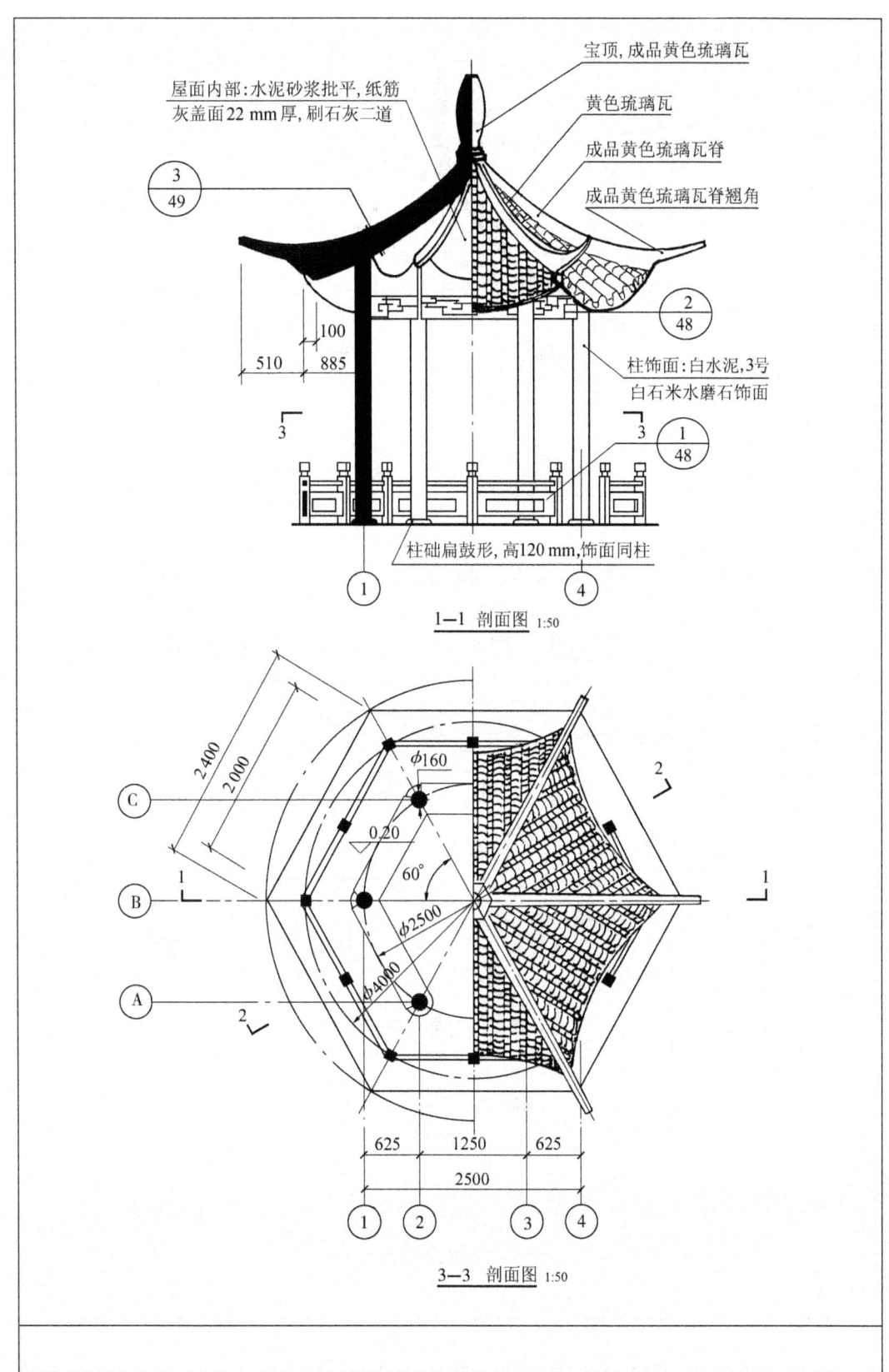

图 12-44 攒尖亭建筑施工图(一)

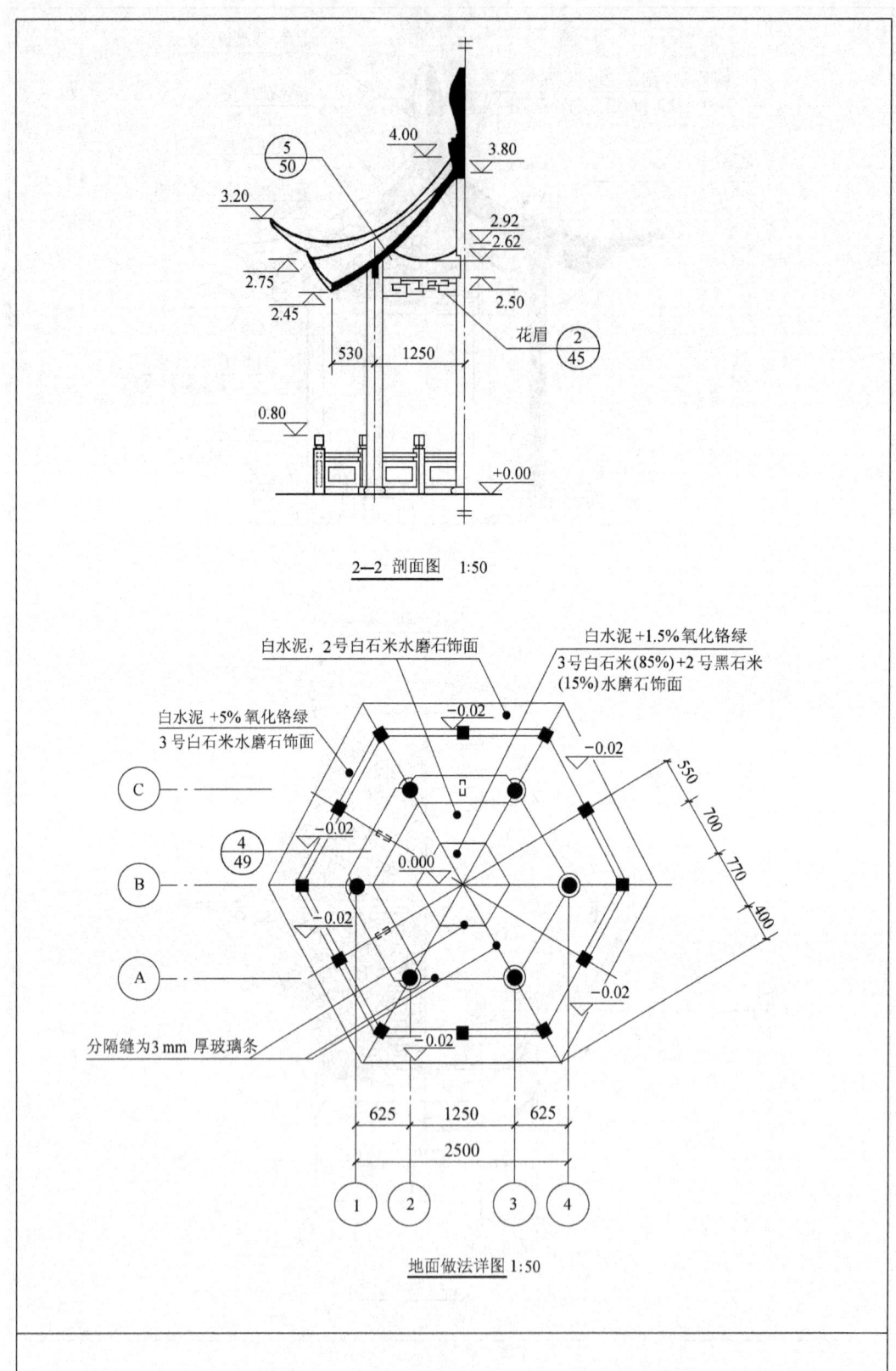

图 12-45 攒尖亭建筑施工图(二)

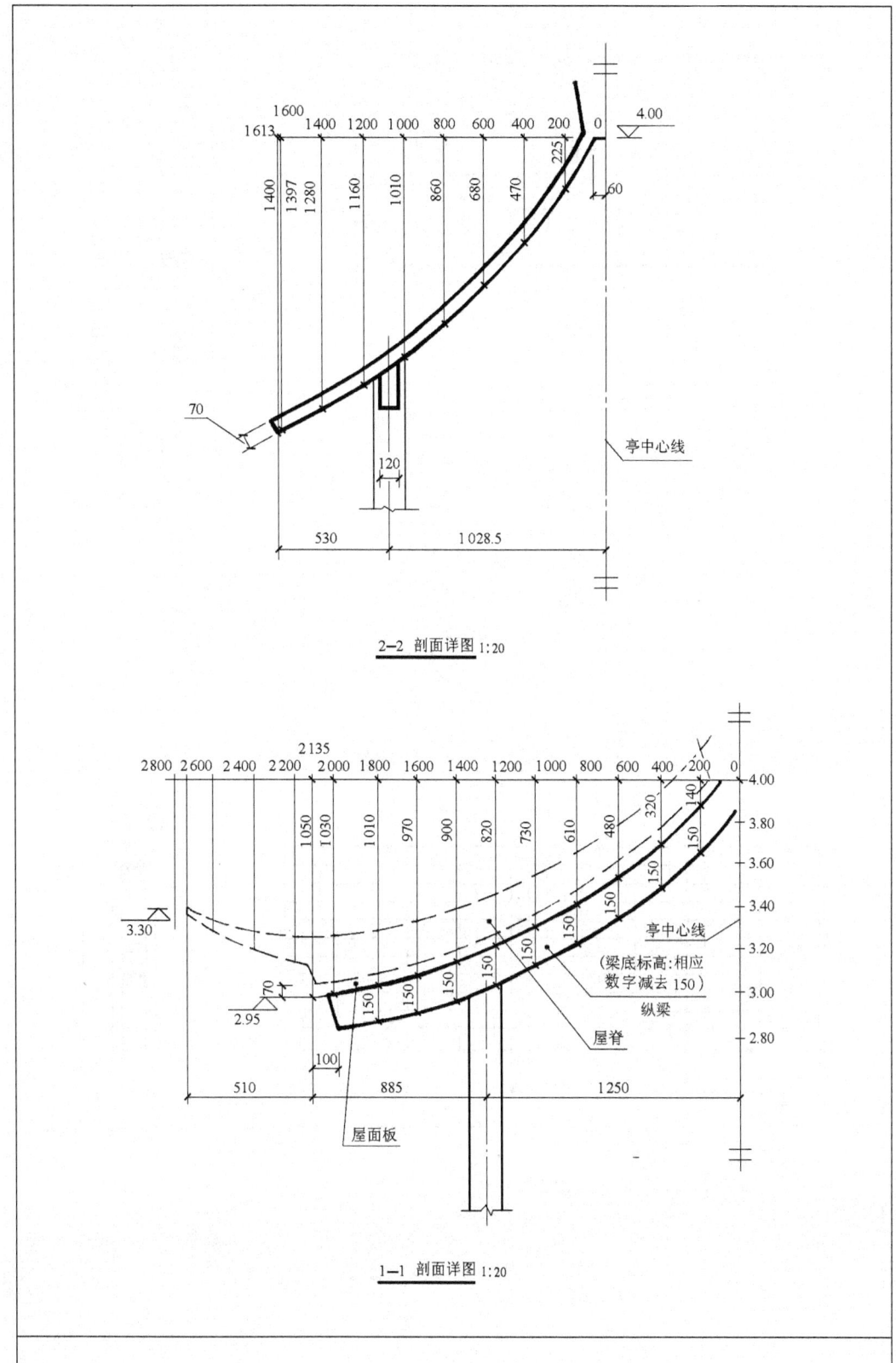

图 12-46 攒尖亭建筑施工图(三)

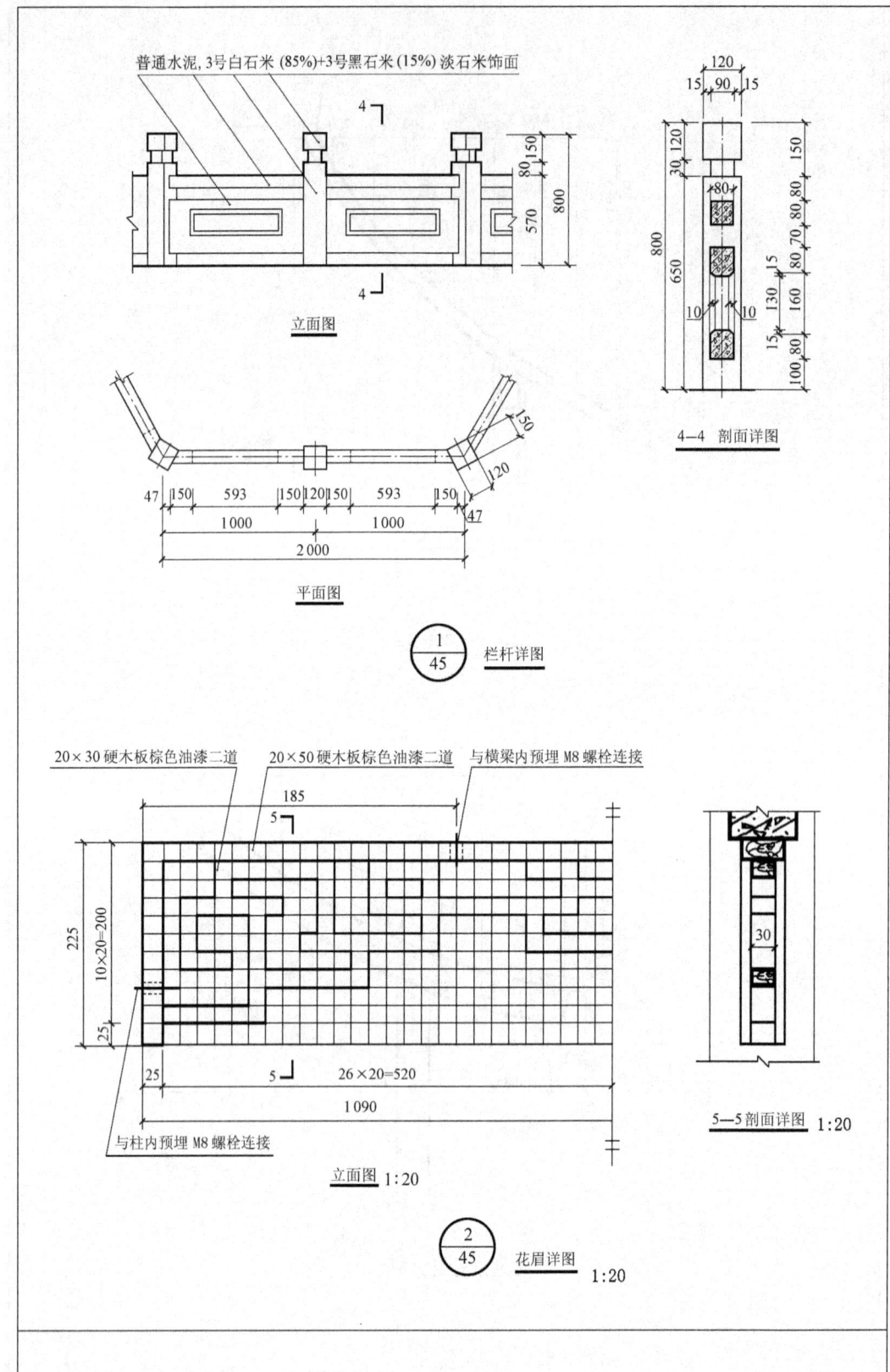

图 12-47 攒尖亭建筑施工图(四)

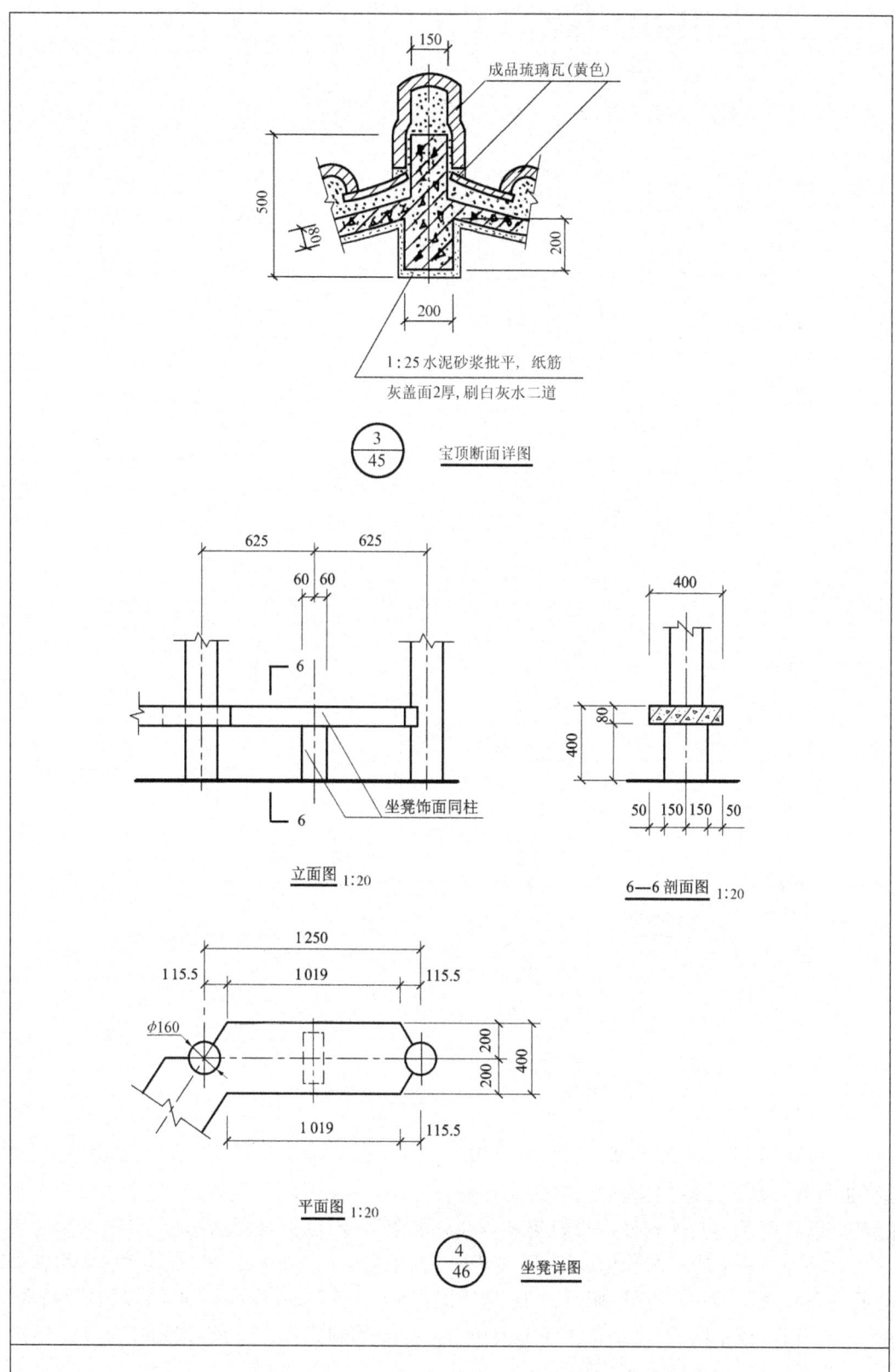

图 12-48 攒尖亭建筑施工图(五)

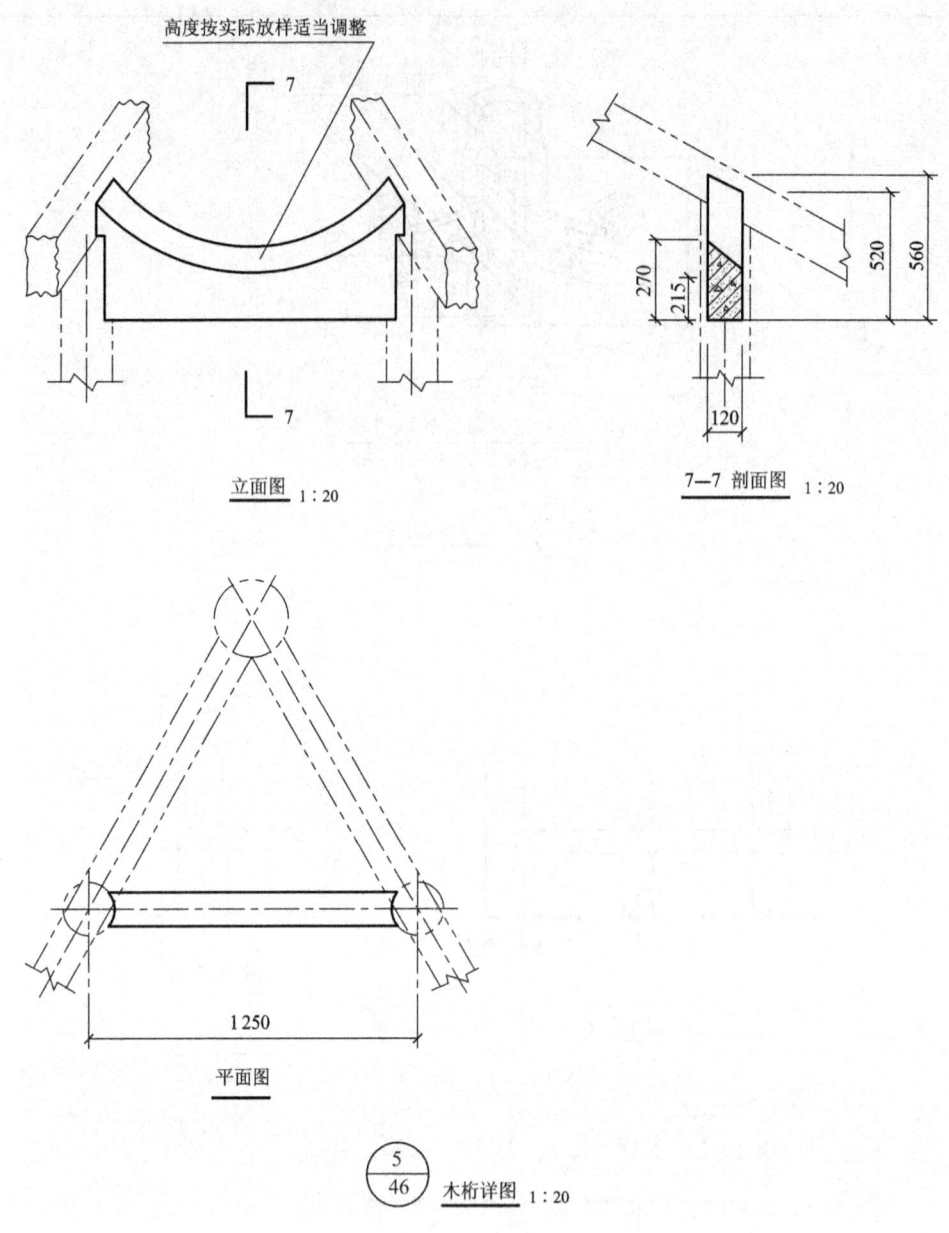

图 12-49 攒尖亭建筑施工图(六)

亭子在风景构图中起着画龙点睛的作用。"亭安有式,基立无凭",环境功能之不同,类型选择也有异。亭子的款式,有中式与西式之别,有传统与现代之分,还有自然野趣与奢华富贵之异。同时,亭子与其他园林建筑如花架、长廊、水榭组合,也别具简洁明快、轻巧活泼之美感(图 12-50)。亭子的屋面变化多样,可古为今用,洋为中用;可平顶、斜坡、曲线;可用新型建材、瓦、板材、悬索、布幕、玻璃、阳光板等,建造成折板形、弧形、波浪形等款式,或用竹、松木、棕榈等植物外形,或木结构,或茅草等建造成仿自然与野趣的式样;还可以建造成具有自然柔和曲线的帐幕式样,如图 12-51 所示。

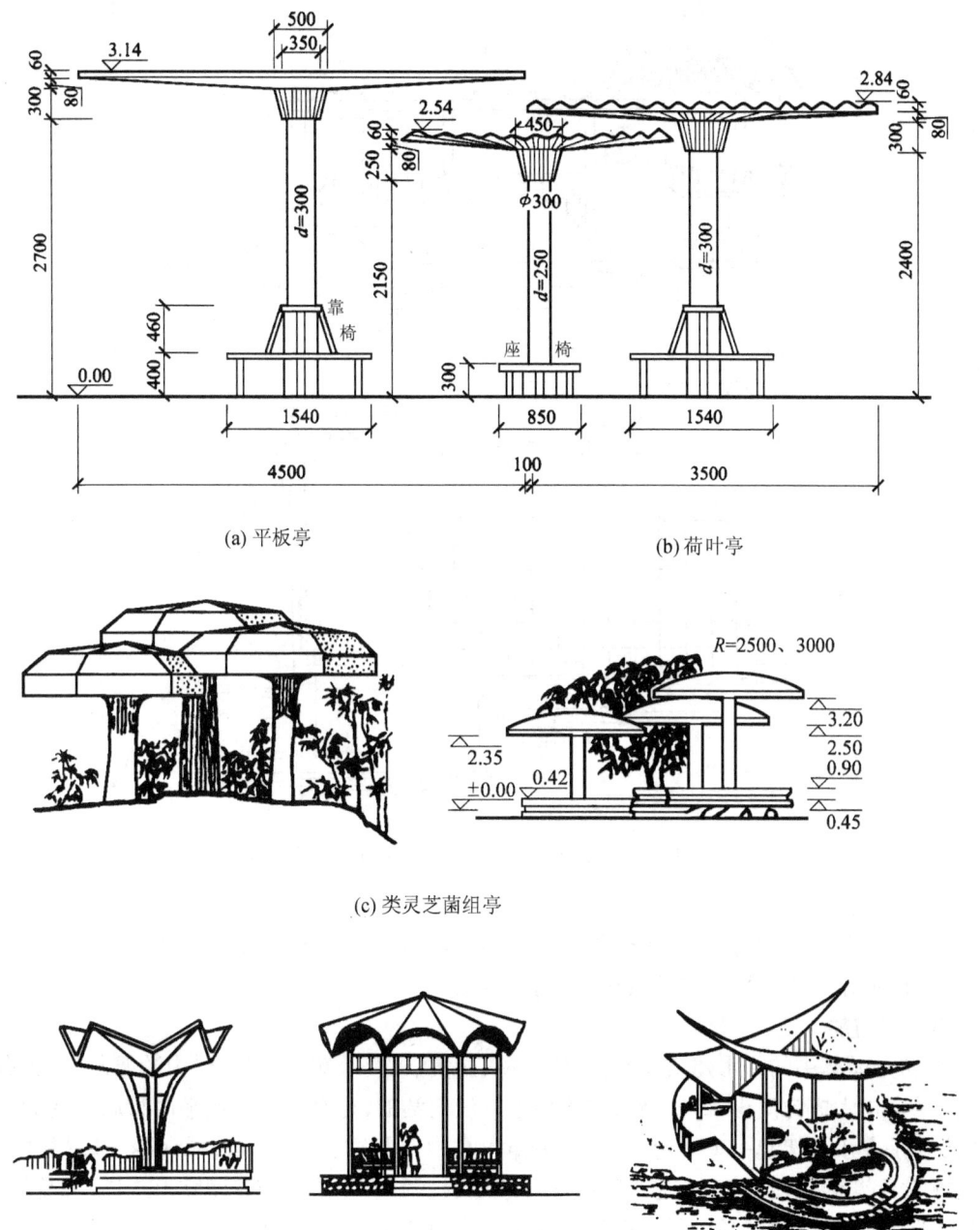

图 12-50 现代亭

12.3.2 廊

廊,是中国园林建筑小品的重要组成部分,是通行之要道,它联络建筑,分隔院宇,划分景区空间,丰富空间层次,为联系风景景点建筑的纽带。

廊列覆顶,"宜曲宜长则胜","随形而弯,依势而曲",迂回曲折,透迤蜿蜒。它的两柱间距横向宽 1.5～3.0 m,纵向长 2.5～3 m,柱高 2.5～2.8 m。屋面有平顶、坡顶、卷棚各式。上架桁条连接,饰以万顺挂落,下设半栏、半墙,内外可窥,上敷坐槛,用以坐憩。其材料常用木、

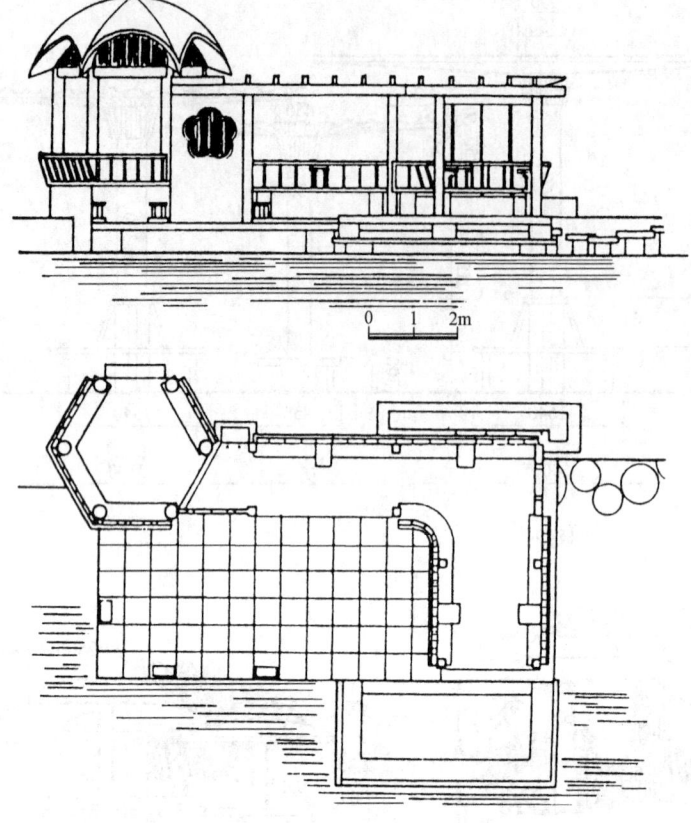

图 12-51　钢筋混凝土六角薄壳亭与平顶方亭和花架廊

竹、金属、钢筋混凝土等。

对屋面是卷棚式的廊,在表示时重点是屋面的表示。具体如图 12-52 卷棚歇山顶游廊的建筑施工图所示。如屋面是平顶或坡顶,则表示较为简单。

12.3.3　榭与舫

榭、舫是园林中的临水建筑,功能上作坐憩、游赏、饮宴小聚用,也有作为游船码头,还有把水榭的平台扩大成为演出舞台。榭、舫体型上有较简洁的,也有较复杂或平面布局多变的。其基本形式是在水边架起一个平台,平台一半伸入水中,一半架立于岸边,平台四周以栏杆相围绕,在平台上建起单体建筑物,建筑物四面一般空透、畅达,屋顶常用卷棚歇山式样,轻盈舒展。现代由于钢筋混凝土结构的运用,也常采用伸入水面的挑台取代平台。

舫是在园林湖泊的水面仿照船的造型建造起来的一种仿船型建筑。船舱,一般由船头、中舱及尾舱等三部分组成。屋顶常做成船棚式或卷棚式。

水榭在设计时,除了满足功能上的需要外,还必须处理好两个问题,首先是水榭与水面、池岸的关系,要在可能的范围内突出池岸,尽可能贴近水面,宜低不宜高。且水榭与水面、池岸的结合,以强调水平线为宜。其次,处理好水榭个体建筑与园林整体空间环境的关系,个体建筑应本身比例良好,造型美观,且建筑物在体量、风格、装修、装饰等方面应与所在的园林环境协调统一。

对卷棚顶水榭的表示,具体如图 12-53~图 12-56 所示。

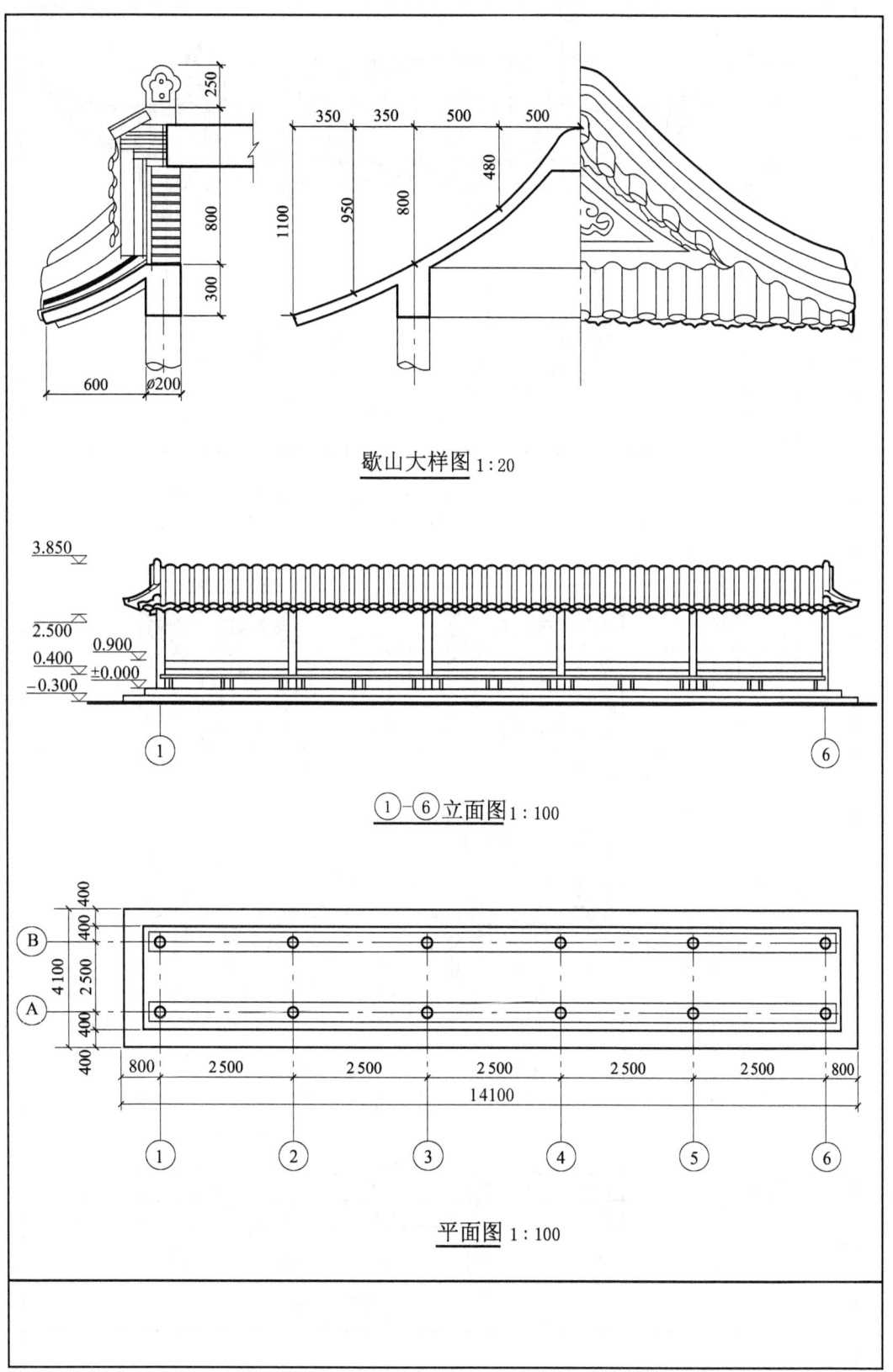

图 12-52 廊建筑施工图

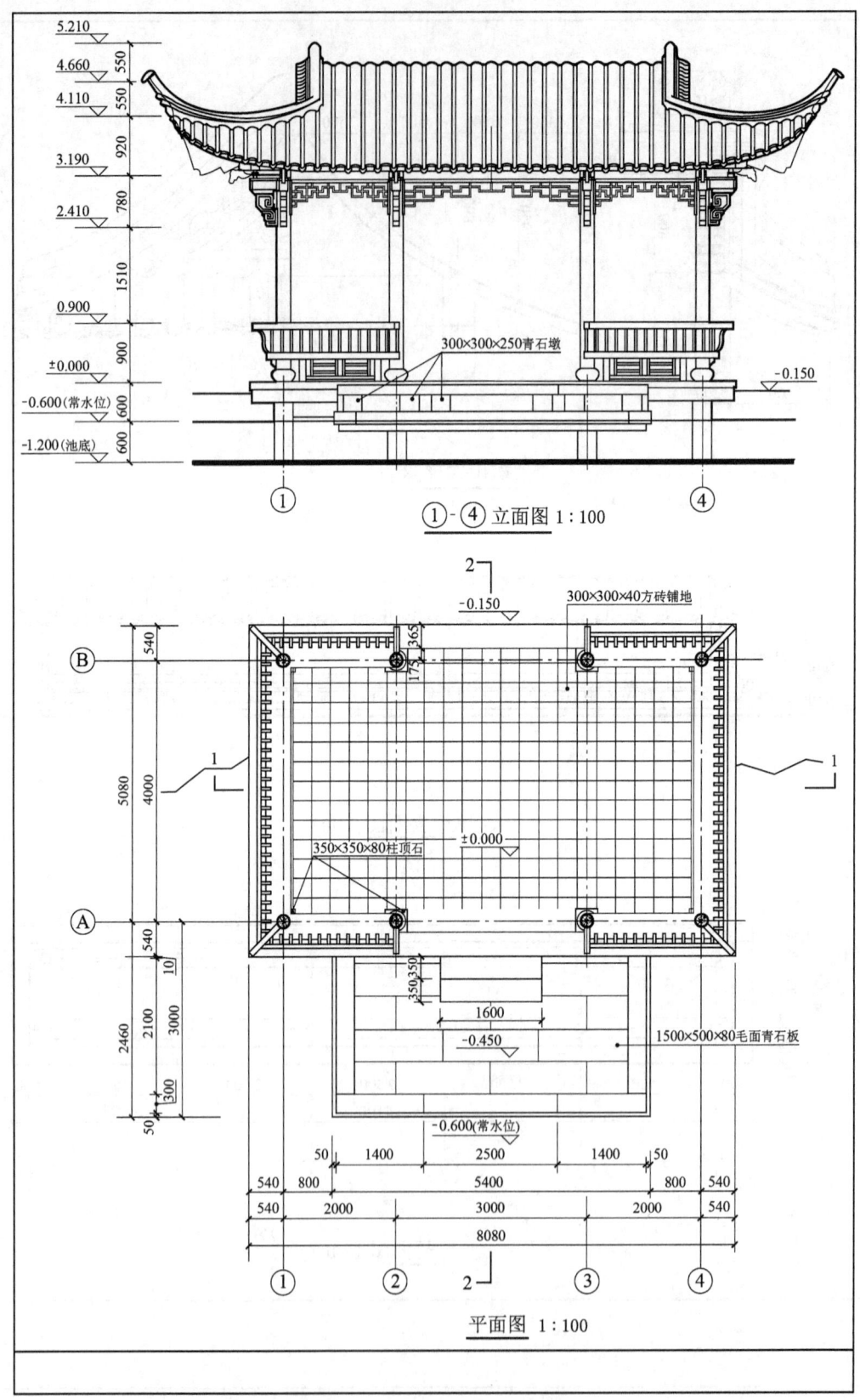

图 12-53 水榭建筑施工图（一）

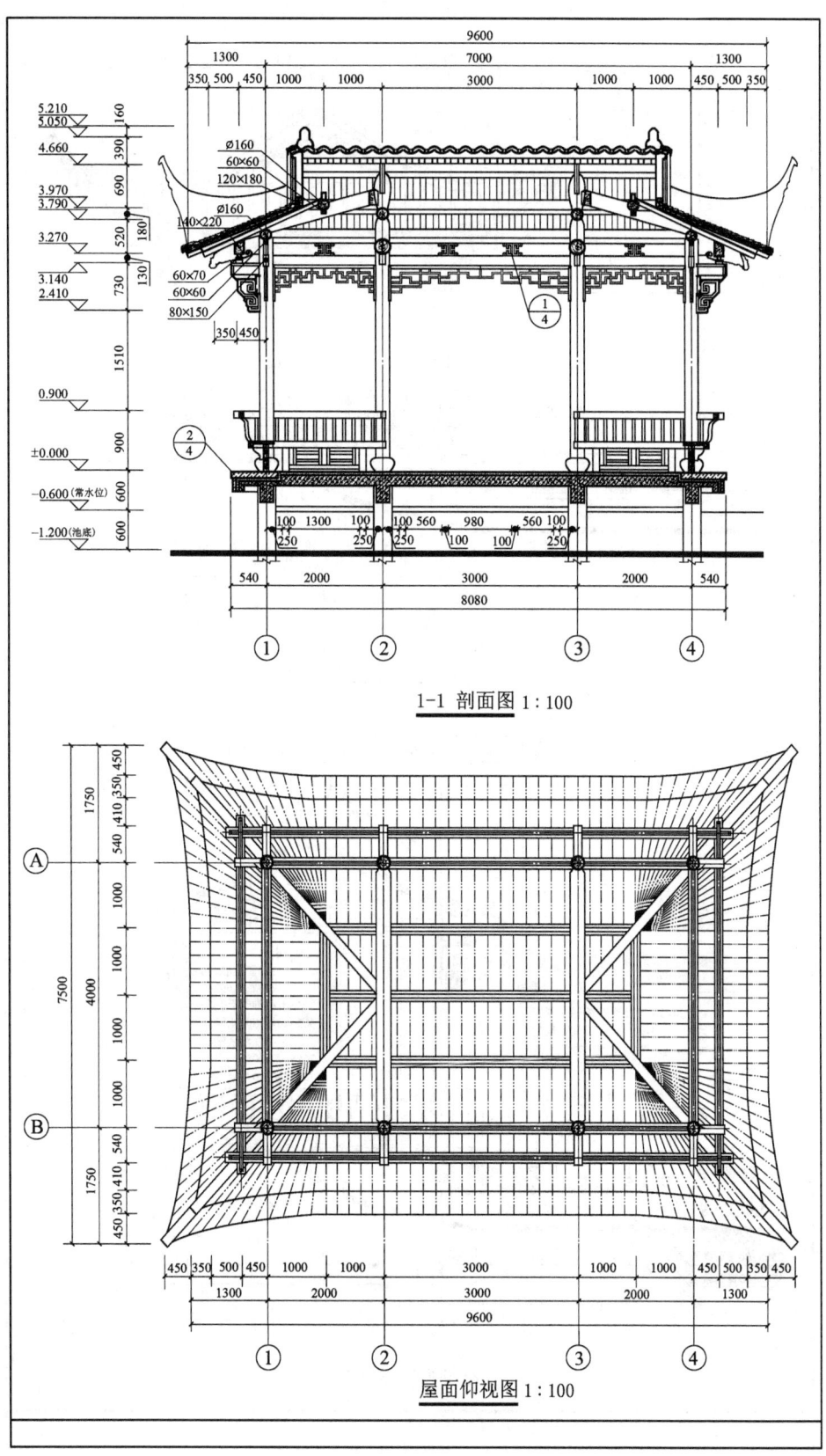

图 12-54 水榭的建筑施工图(二)

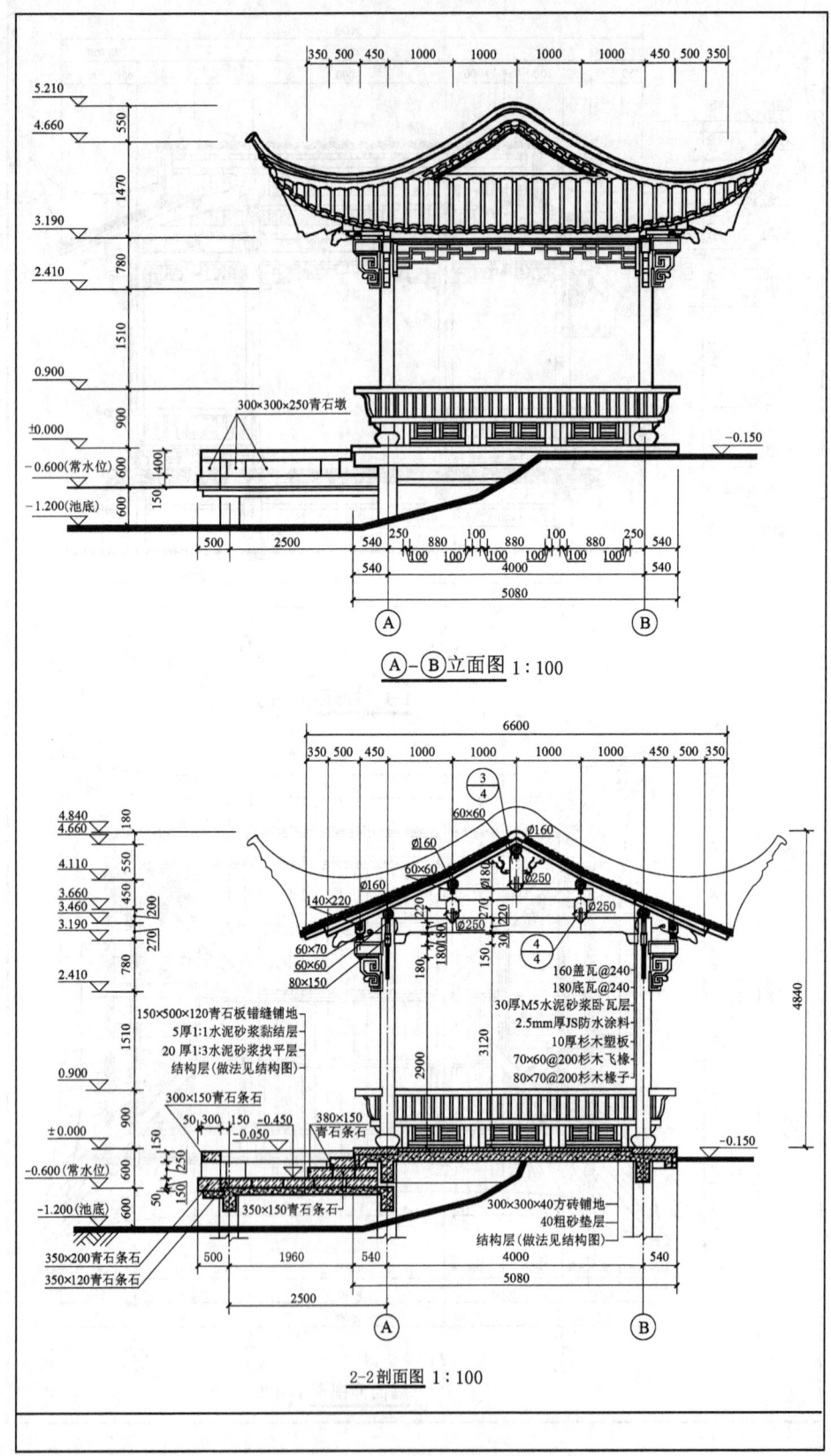

图 12-55 水榭建筑施工图(三)

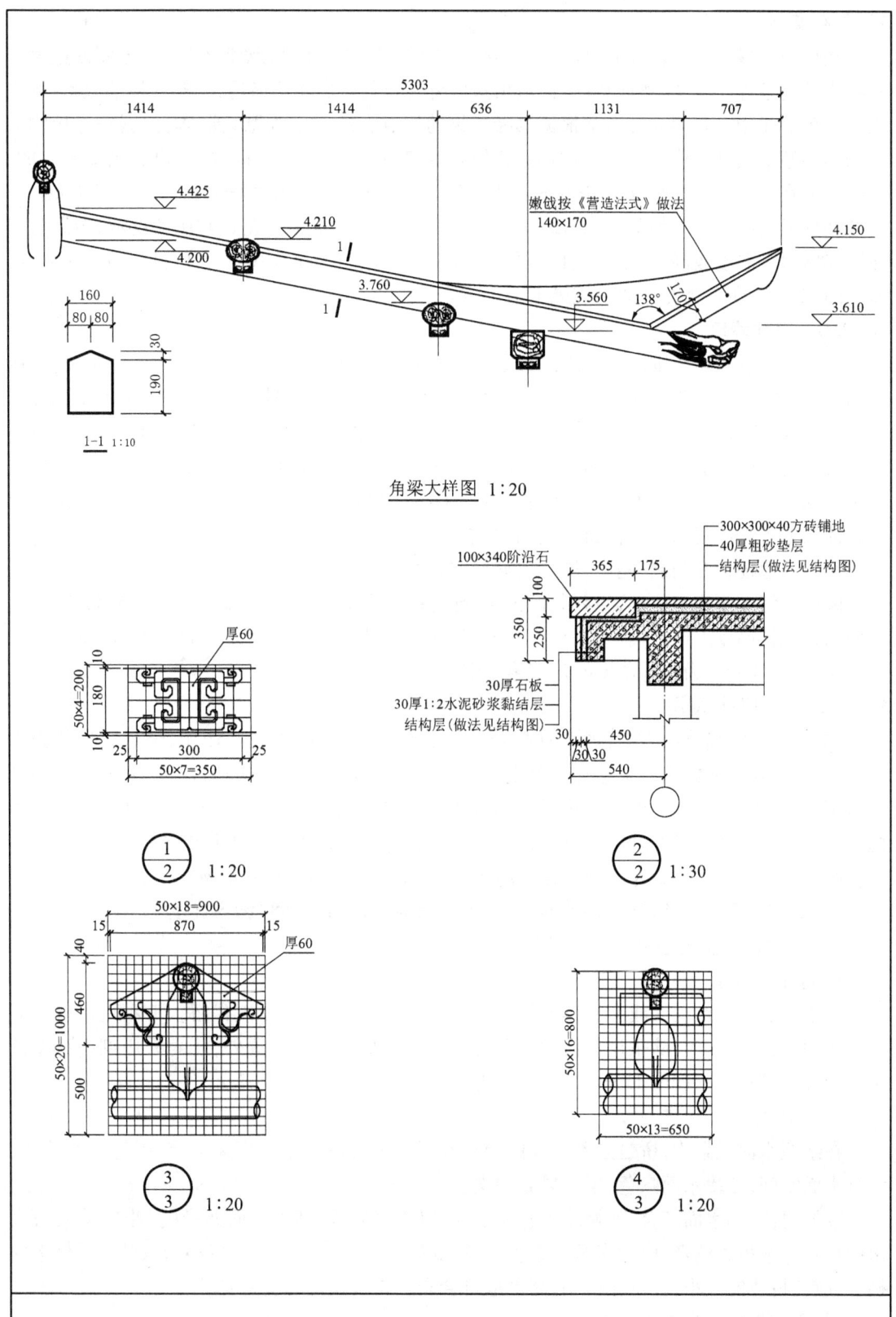

图 12-56 水榭建筑施工图(四)

12.3.4 花架

花架,是最接近于自然的园林小品。它一方面供人歇足休息,欣赏风景;一方面创造攀缘植物生长的条件。花架,物简意深,创造出室内外建筑与自然相互渗透、浑然一体的效果,起到画龙点睛的作用。花架设计通常根据攀缘植物的特点和环境来构思其形体,根据攀缘植物的生物学特性来设计其构造和选择材料。花架高度控制在2.5~2.8 m之间,也有用2.3 m的;开间一般在2~4 m之间;进深跨度通常用2.7 m,3 m,3.3 m。花架条间距为0.4~0.6 m。花架常用的材料有竹、木、混凝土、金属、玻璃钢、GRC等,其中混凝土是最常用的材料,金属材料在阳光照射下温度较高,对植物生长不利,较少采用。玻璃钢和GRC两种材料常用于花钵、花盆。图12-57所示为花架的建筑施工图。

12.3.5 园林墙垣

园林墙垣有景墙与围墙之分。园林景墙的主要功能是造景,其造型简洁,色彩协调,比例适当,内外通透,融合于绿地、蜿蜒在绿丛之中,构成一组独立的景物。园林围墙(含围篱)作为维护构筑,既分隔空间,又围合空间;既通透,又遮障,有隔断、划分组织空间的作用,具有围合、标识、衬景的功能。一般园林墙垣高度在1.8~2.5 m,内部围墙可用1.2~1.5 m。排水孔尺寸0.12 m×0.12 m,间距按降水量决定。材料一般就地取材,以体现地方特色,可选用或组合使用如各种石料、砖、木材、竹材、钢材、混凝土等。

园林墙垣还构有门洞、漏窗,构成"框景""对景"。

园林墙垣也可构有栏杆,主要起保护及分隔室间,划分活动范围和组织人流导向的作用。一般防护栏杆高度1 m左右(0.8~1.2 m),装饰性镶边栏杆的高度为0.15~0.30 m。

图12-58所示为园林墙垣的建筑施工图。

12.3.6 园门洞与窗洞

园林的门洞、窗洞(空窗、漏窗、景窗)在造景上有着特殊的地位与作用,通过它们作为空间的分隔、穿插、渗透、陪衬来增加景深变化,扩大空间,使园林空间通透,流动多姿,并与园林环境配合,利用门洞,漏窗外的景物,构成"框景""对景",在园林艺术上巧妙地作为取景的画框,遮移视线成为情趣横溢的造园障景,构成虚实相衬,"步移景异",画意更浓。

图12-59所示,图a为门洞的各种形式示例;图b为竹门的表示示例。

图12-60所示,为窗洞的各种形式;其表示示例,如图12-58"漏窗详图"。

12.3.7 水景、汀步与小桥

1. 汀步的表示

在小水面或大水收缩或弯头落差处,在水中置石,散点成线,藉以代桥。汀石也可以混凝土仿生制成,在图示时,除采用平面图表示汀石平面形状及放置位置外,还需采用剖面详图清楚表示汀石的构造。如图12-61所示,就为混凝土仿生制成汀石的表示。

2. 小桥的表示

在组织水面风景中,桥是必不可少的组景要素。桥可以联系水面风景点,引导游览路线,划分水面空间,点缀水面景色,增加风景层次。

窄处建桥,小水面场合,架桥取其轻快质朴,以曲折低矮、贴水面而架最能"小中见大";大水面场合或水势急湍者,应设高桥并带栏杆,有堤桥分隔,并化大为小,以小巧取胜。桥体上的栏杆,应与桥体的大小、轻重相协调,高度应符合安全要求和桥的造型要求。

图12-62所示为曲桥的表示法。

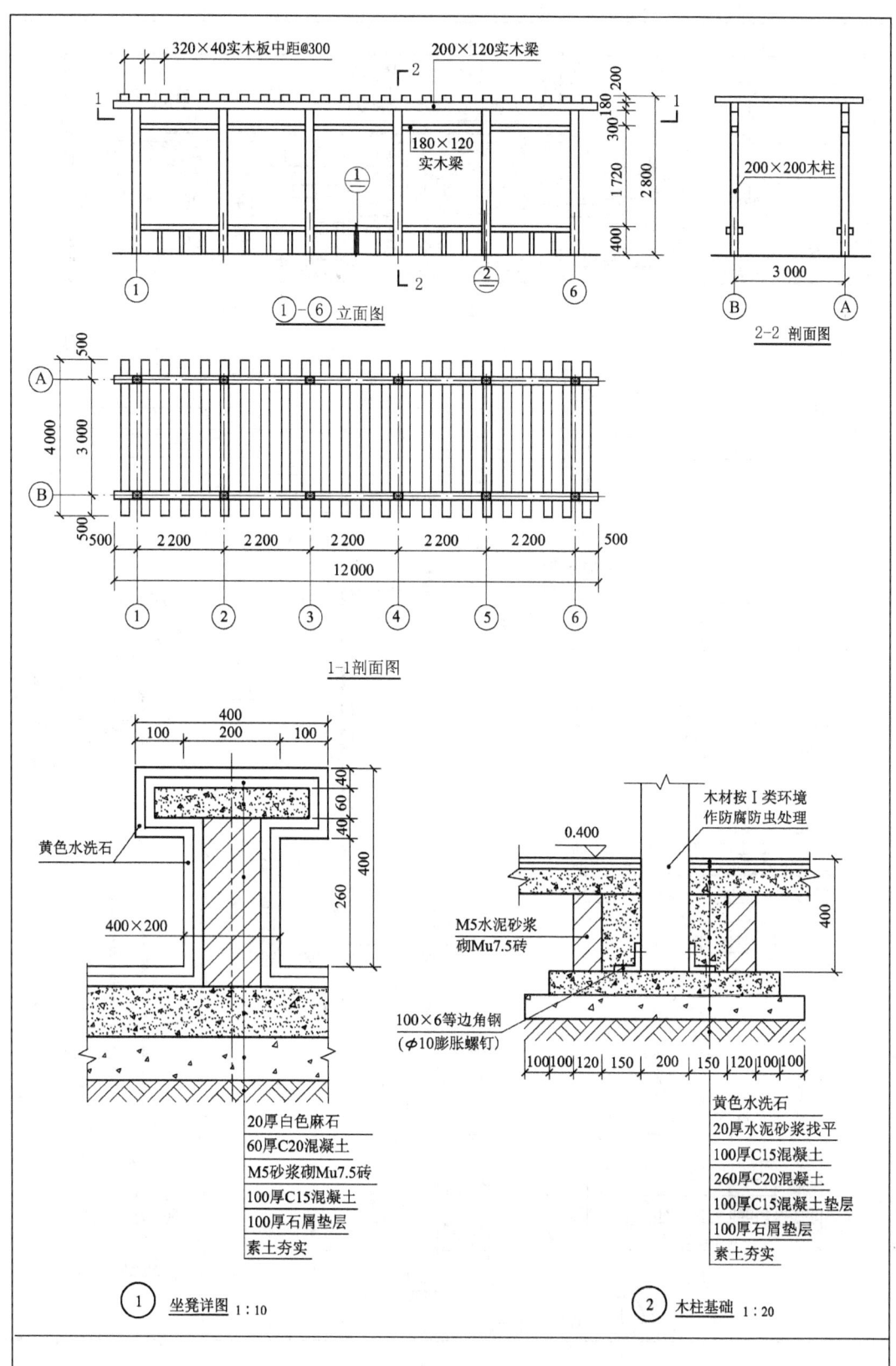

图 12-57 花架建筑施工图

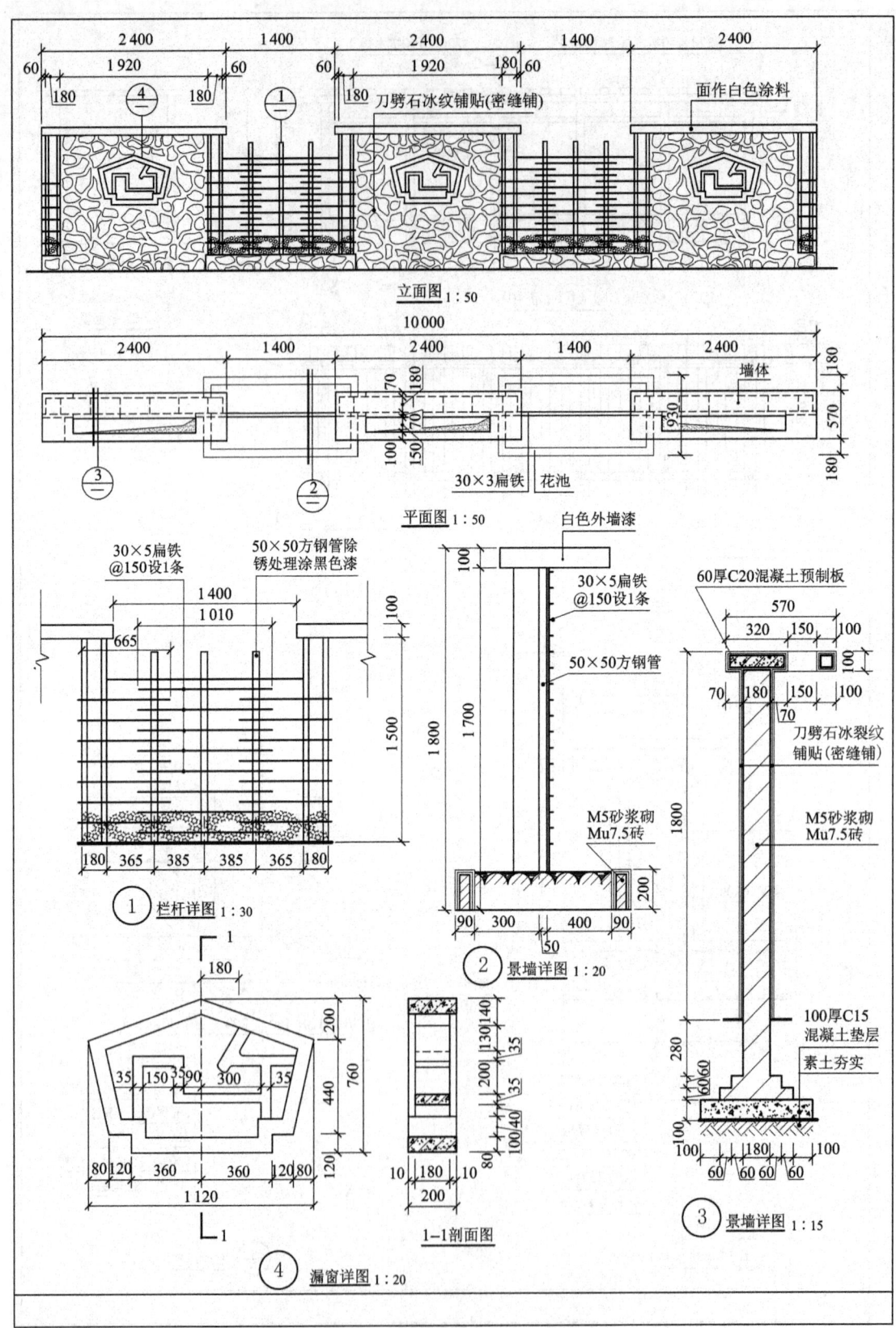

图 12-58 园林墙垣的建筑施工图

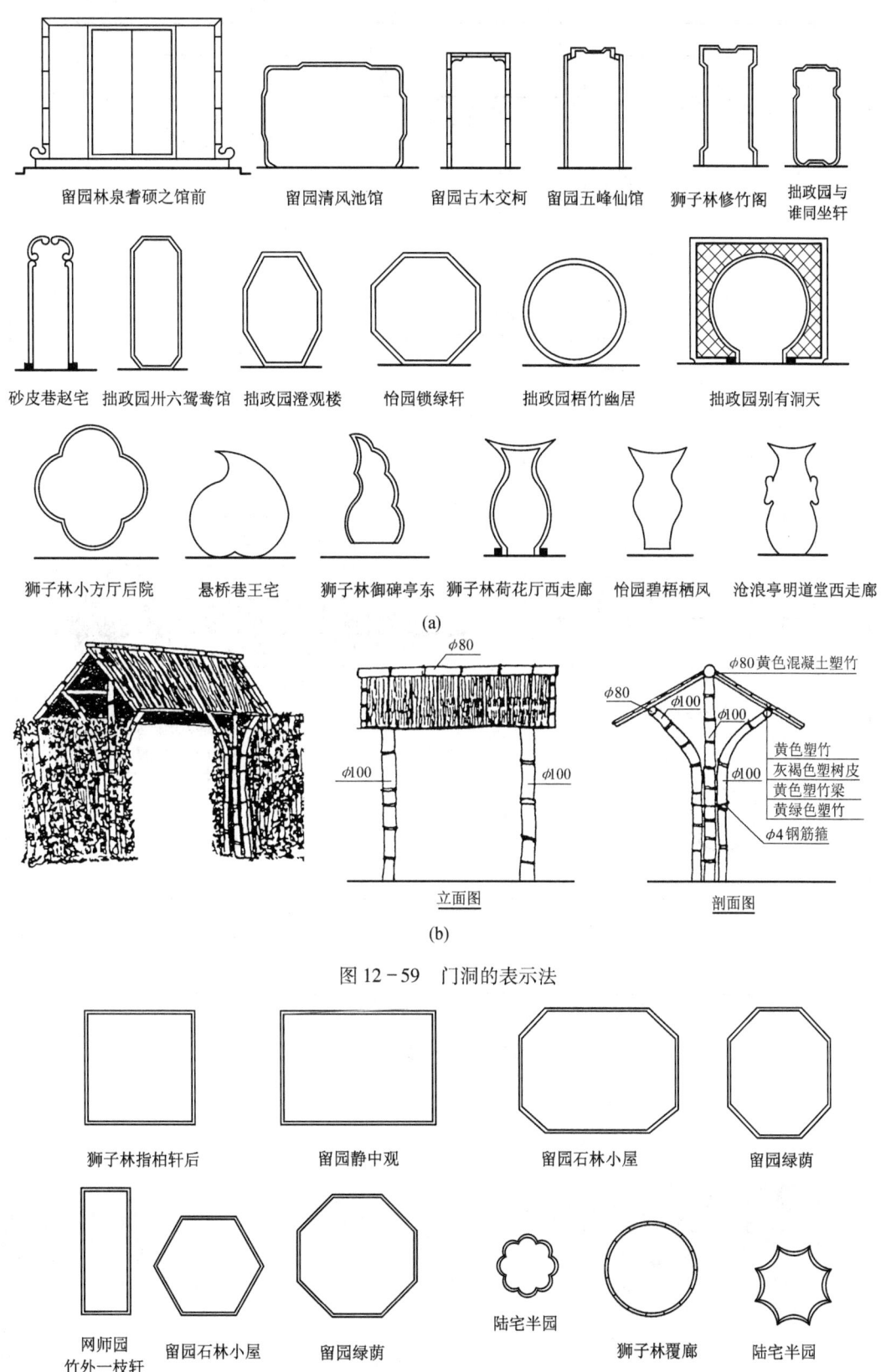

图 12-59 门洞的表示法

图 12-60 景窗示例

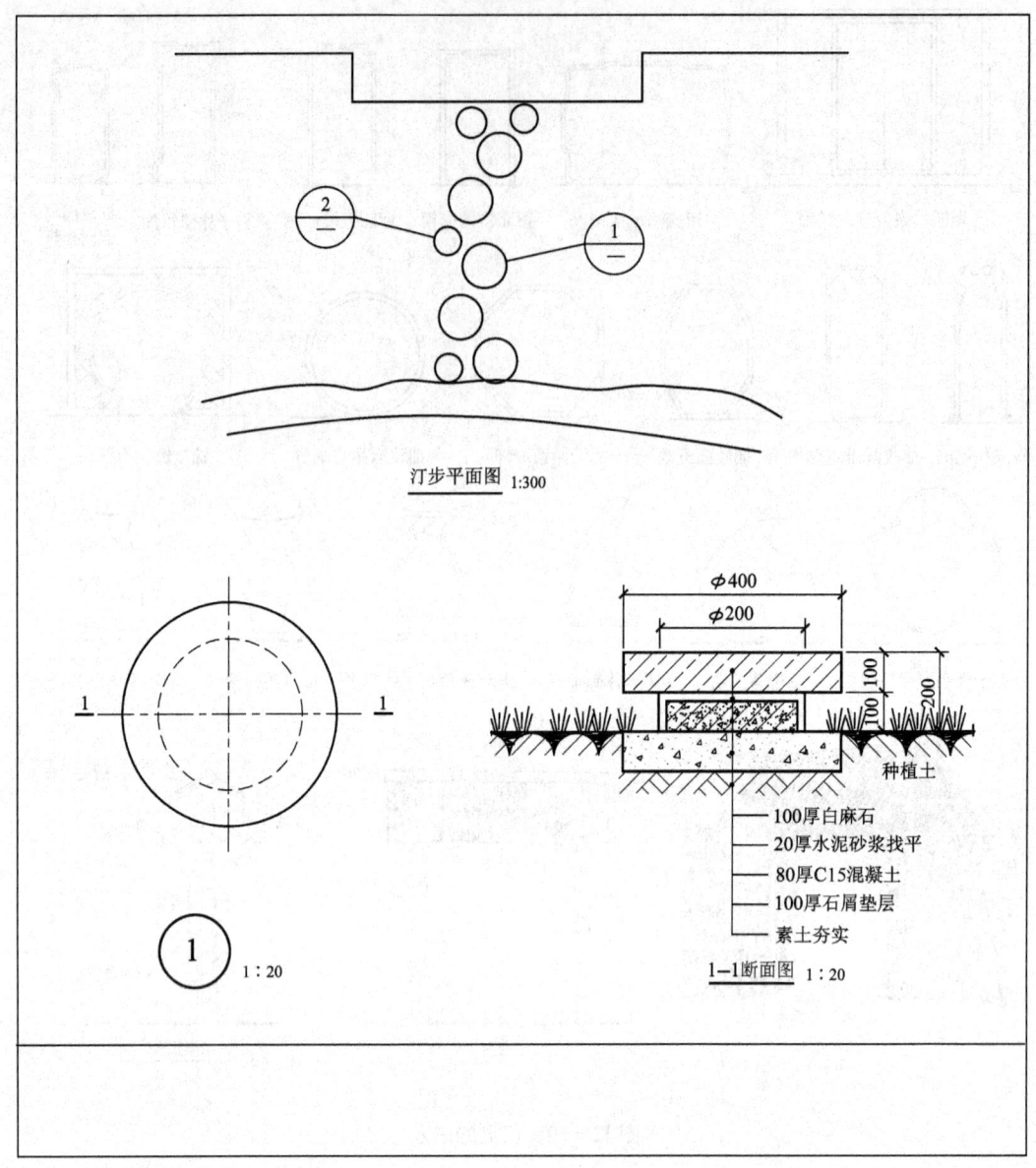

图 12-61 汀步表示法

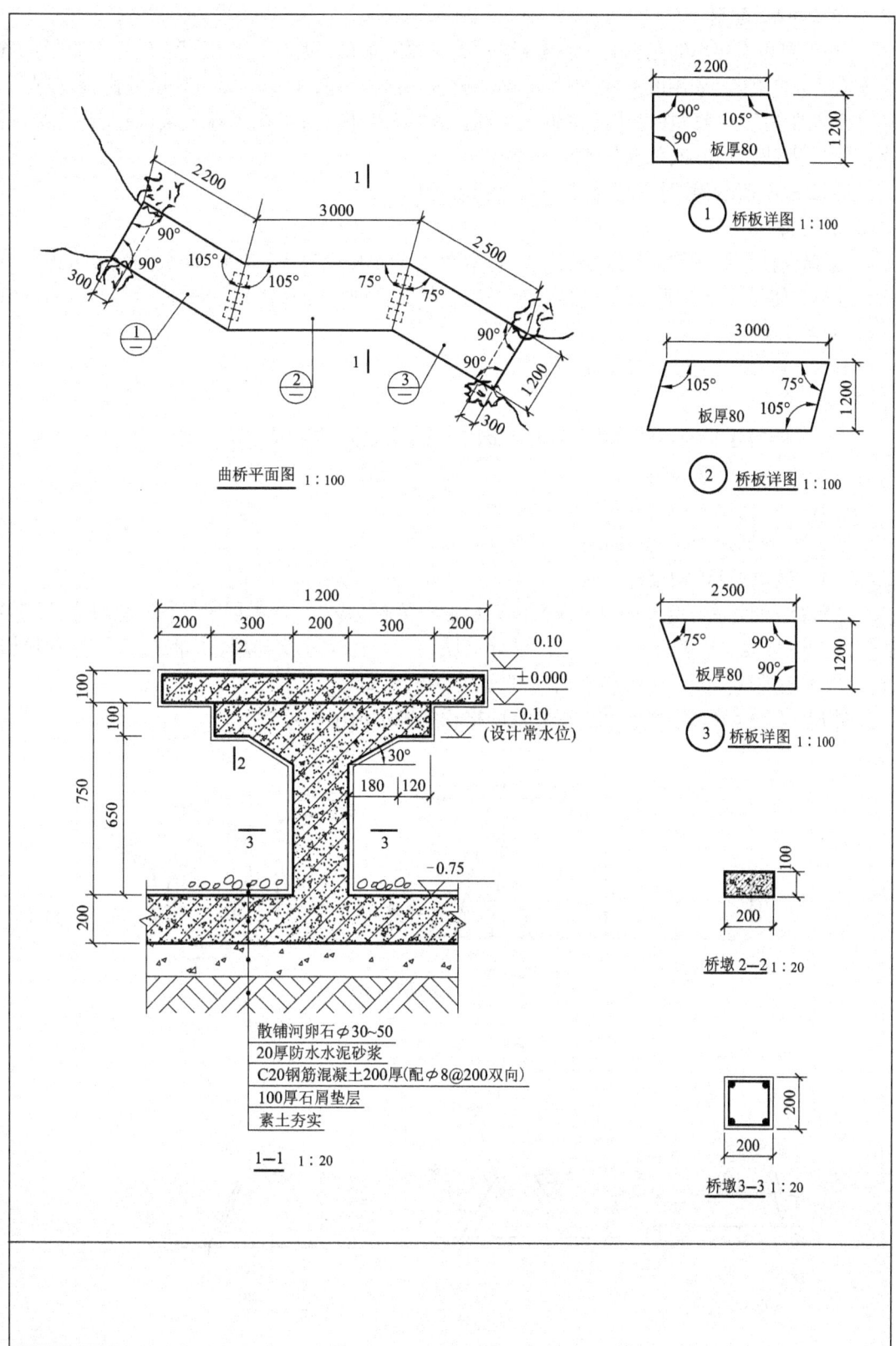

图 12－62 曲桥建筑施工图

12.3.8 园椅、园凳

园椅、园凳主要功能是供游人休憩歇坐,欣赏周围景物,除具有功能作用外,还有组景点景的作用。园椅、园凳采用的形式,根据不同的位置、性质考虑,主要取其与环境的协调,以产生各种不同的情趣。所以在适当的位置,置以适当的园椅、园凳,衬托园林气氛,使人顿感亲切,给大自然增添生活情趣,加深体现园林意境。

图 12-63 所示为园椅、园凳、园桌的表示示例。

12.3.9 园灯

园灯具有照明、点缀装饰园林环境及指示和引导游人的功能。因此,园灯设置要考虑园林环境景观与使用功能的要求,应达到造型精美与足够合理的光照度的要求,使园灯与自然融成一体,相得益彰,别具风韵。

图 12-64 所示为园灯表示示例。

12.3.10 花坛

花坛是园林组景不可缺少的,既起点缀作用,也增添园林生气。花坛随地形、位置、环境的不同而设置,是多种多样的。

图 12-65 所示为组合花坛的表示示例。

图 12-66 所示为树池、座椅的表示示例。

12.3.11 园林展示性小品

园林展示性小品,是园林中群众性的开放的宣传教育场地,作为展示性设施应具有造型美观和艺术性与实用功能并重的特点。设计上展示小品的尺寸要合理、体量适宜,应与环境协调,一般小型展面的画面中心离地面高度为 1.4~1.5 mm。

图 12-67 所示为钢筋混凝土双肢柱阅报栏的表示示例。

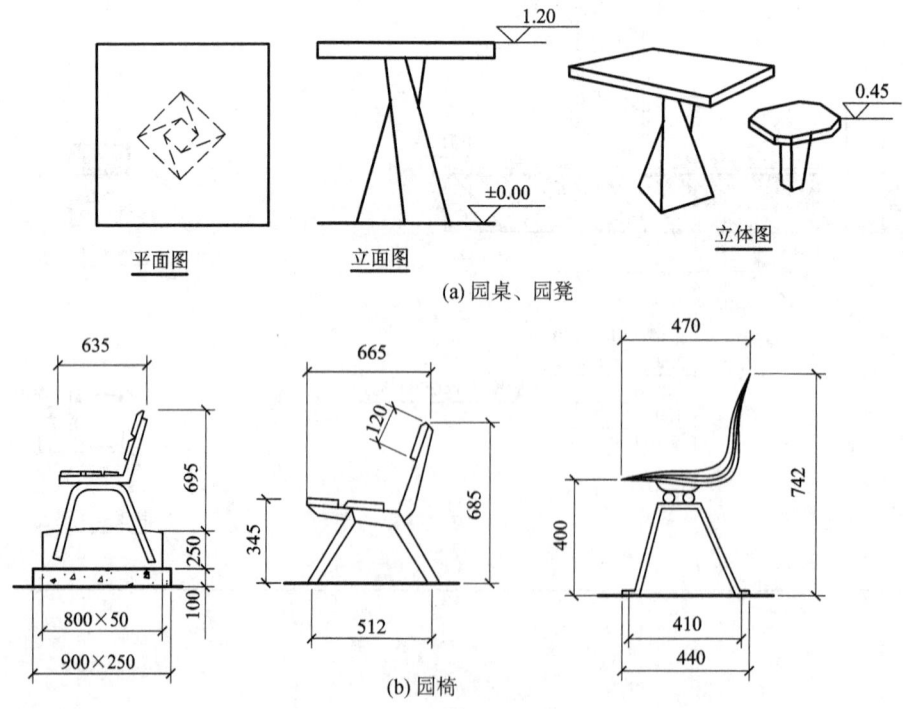

图 12-63 园桌、园椅、园凳

第12章 建筑施工图

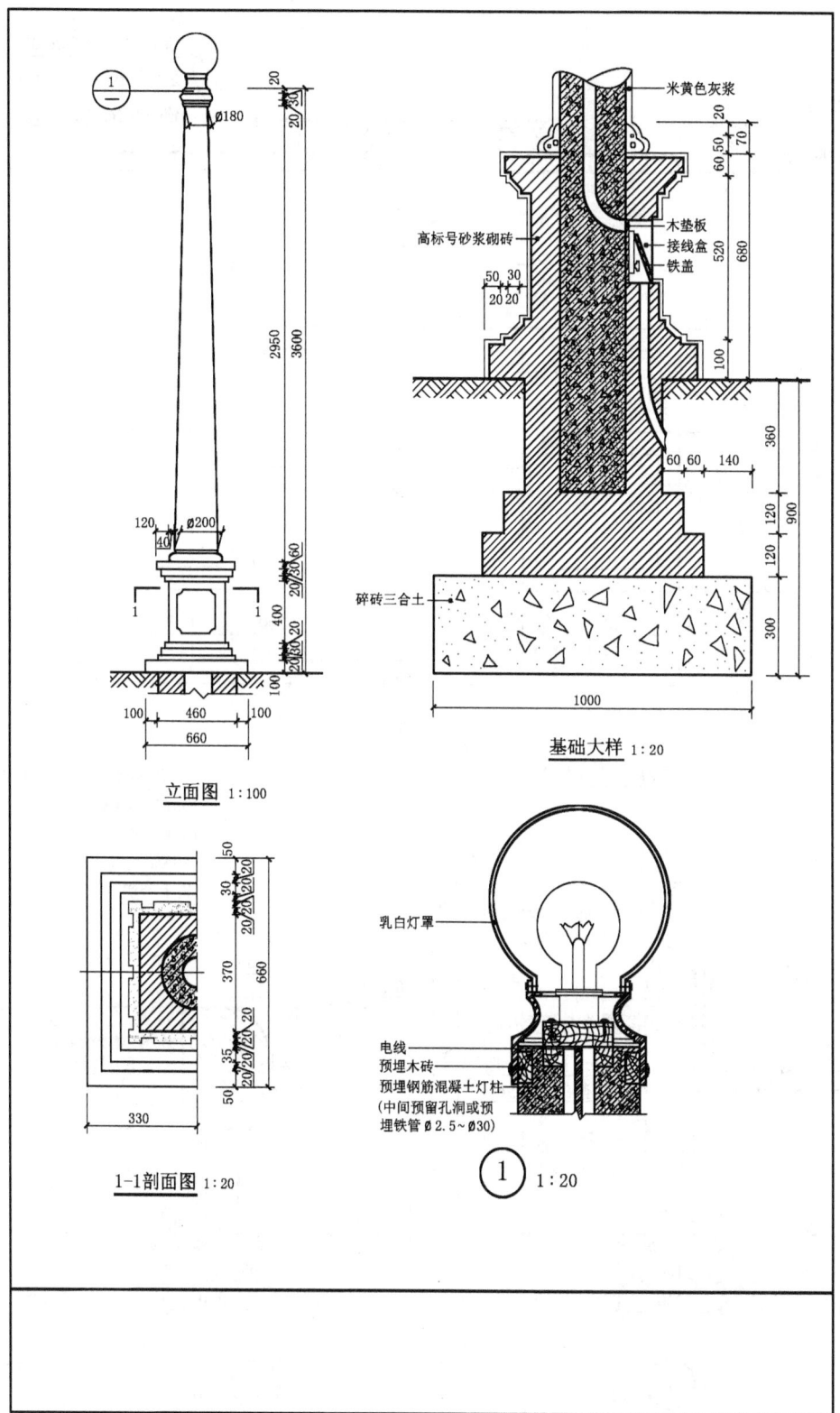

图 12-64　园灯构造图

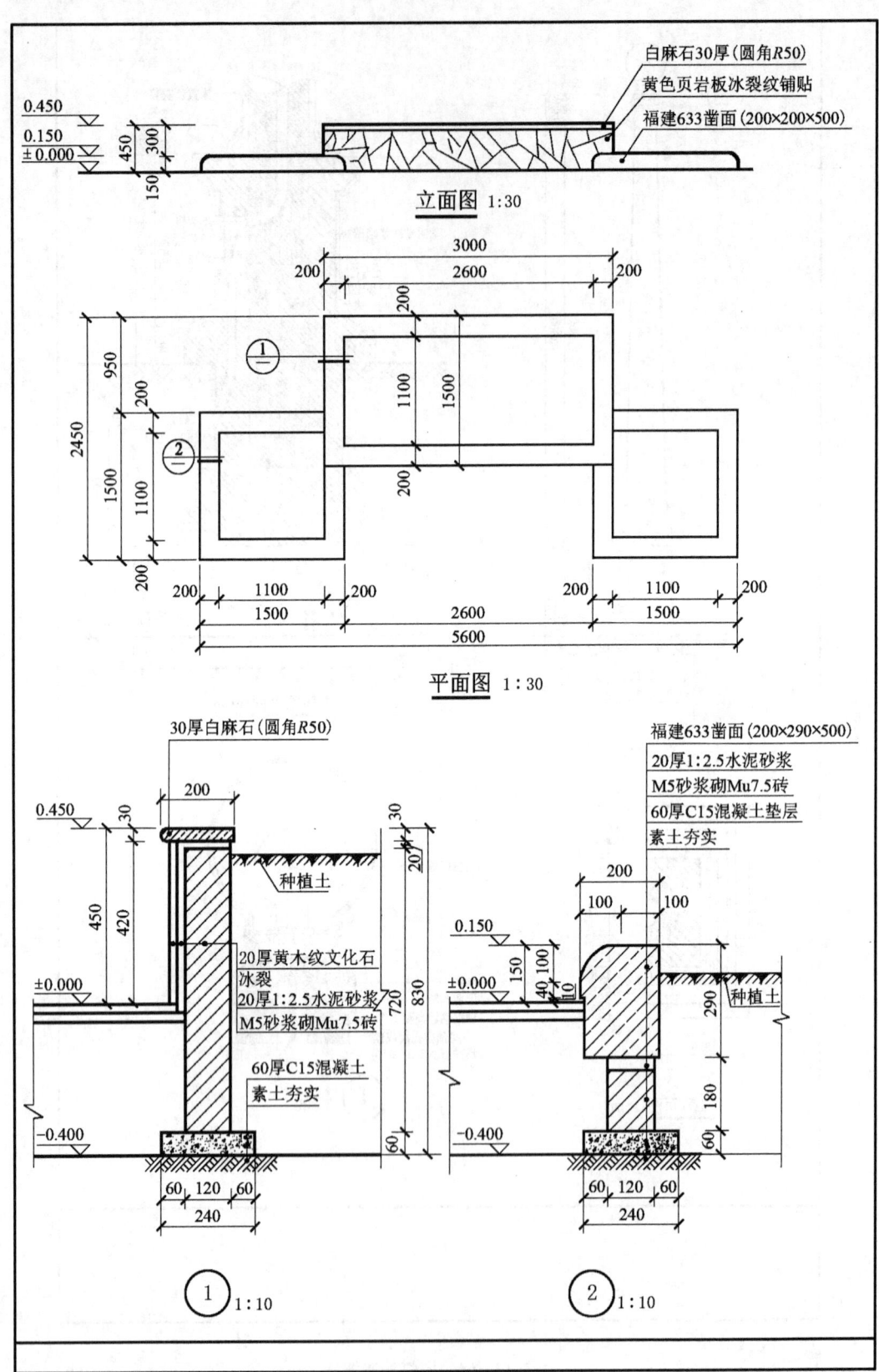

图 12-65 花坛建筑施工图

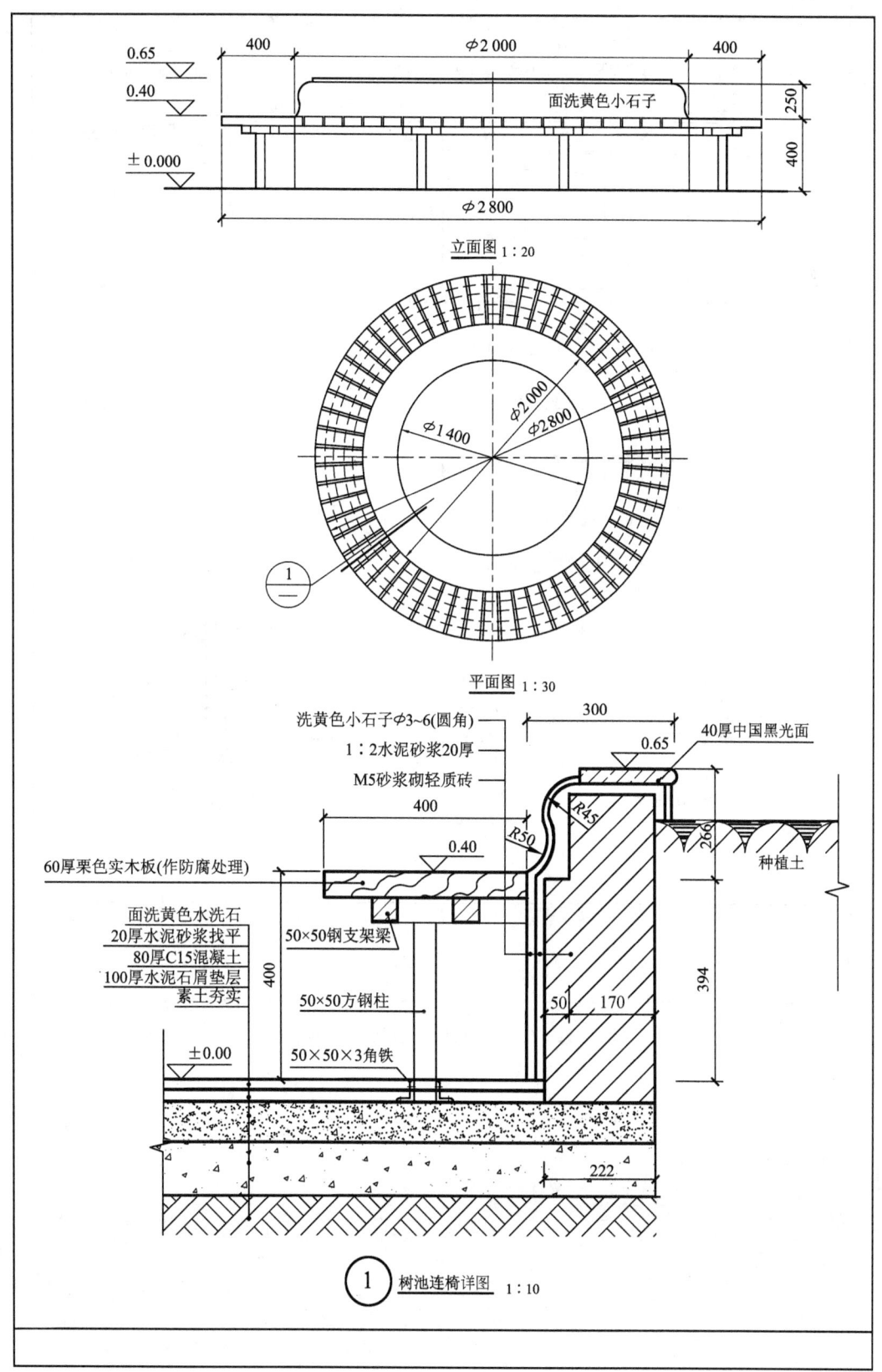

图 12-66 树池连坐椅建筑施工图

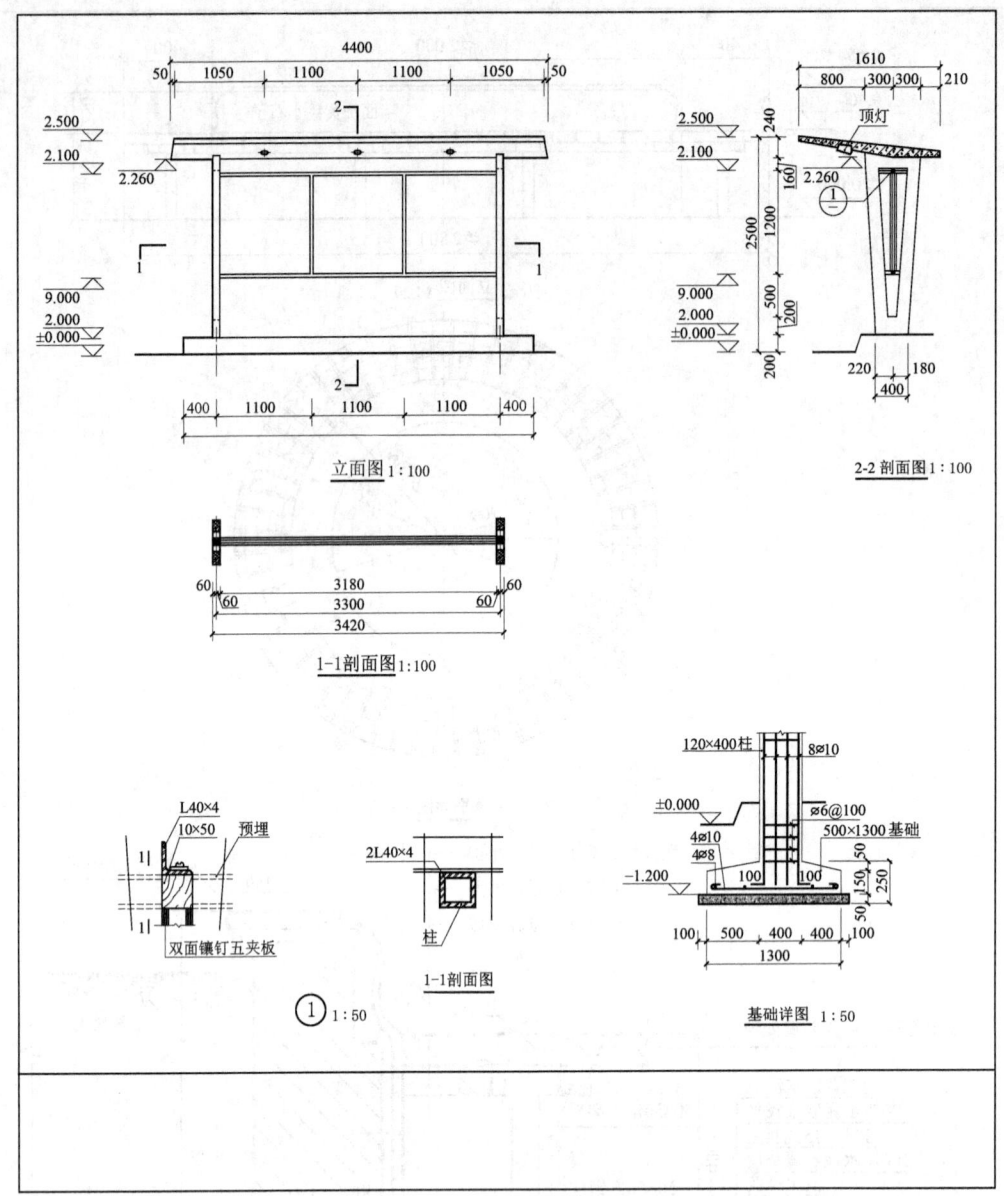

图 12-67 钢筋混凝土双肢柱阅报栏

第13章 结构施工图

13.1 概 述

13.1.1 结构施工图

结构设计人员根据建筑各方面的要求,进行结构选型和构件布置,并经力学计算,确定各承重构件的材料、形状、大小以及内部构造和施工要求等,最后把设计结果绘成图样,这一设计过程称为结构设计,所得用以指导施工的图样称为结构施工图。

建筑物是由结构构件(如梁、板、墙、柱及基础等)和建筑配件(如门、窗、阳台等)所组成。其中一些主要承重构件互相支承,联成整体,构成建筑物的承重结构体系(即骨架)。承重构件常用的材料有钢筋混凝土、钢、木和砖石等。建筑结构按其主要承重构件所采用的材料不同,一般可分为钢筋混凝土结构、钢结构、木结构、砖石结构及混合结构(采用两种或两种以上材料的结构,如钢筋混凝土与砖石混合使用的结构)等;按结构形式的不同,分为砌体结构、排架结构、网架结构、框架结构、框架剪力墙结构等。

图13-1所示为钢筋混凝土梁、板、柱体系结构示意图,图中说明了梁、板、柱、基础在房屋中的位置、作用及相互关系。

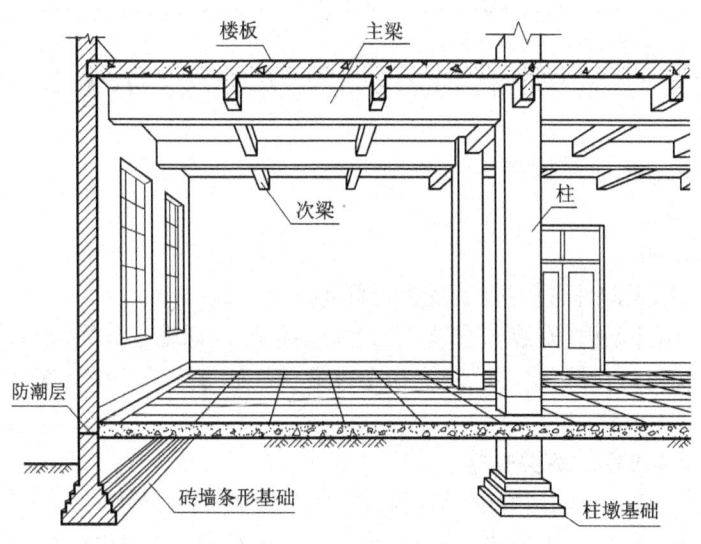

图13-1 钢筋混凝土结构示意图

传统的钢筋混凝土结构图包括结构平面布置图和结构构件详图,具体做法是将众多的结构构件从结构平面布置图中索引出来,再逐件绘制出如图13-16、图13-17所示的柱和简支梁的结构构件图,其方法烦琐。2011年,我国建设部批准由中国建筑标准设计研究院将混凝土结构施工图采用建筑结构施工图平面整体设计方法修订编制的"《混凝土结构施工图平面整体表示方法制图规则和构造详图(现浇混凝土框架、剪力墙、梁、板)》(11G101—1)、《混凝土结构施工图平面整体表示方法制图规则和构造详图(现浇混凝土板式楼梯)》(11G101—2)

和《混凝土结构施工图平面整体表示方法制图规则和构造详图(独立基础、条形基础、筏形基础及桩基承台)》(11G101—3)"等图集,作为国家建筑标准设计图集在全国推广使用。建筑结构施工图平面整体设计方法,简称"平法",是把结构构件的尺寸和配筋等,按照平面整体设计方法制图规则,整体直接表达在各类构件的结构平面布置图上,再与标准构造详图相配合,即构成一套完整的结构设计。设计时,只需用"平法"制图规则绘制结构平面布置图,而不必抄绘标准构造详图。如此,实现了少画图、简化图、多使用标准图的重大改革,既提高了设计效率,而且产生的图纸又具有统一性、简约性强等优点。"平法"制图规则,既是设计人员完成平法施工图的依据,也是施工、监理人员准确理解和实施平法施工图的依据,工程技术人员必须掌握"平法"制图规则。

本章为便于初步接触钢筋混凝土结构的读者学习,还是从结构构件图开始介绍,以让读者对钢筋混凝土结构和构件有一个基本的、较为清晰的概念,在其基础上再对"平法"作介绍。

13.1.2 结构施工图的内容与作用

结构施工图的内容主要表达结构设计的内容,它是表示建筑物结构中各承重构件的材料、形状、大小、构造和布置的图样,结构施工图一般包括:

1. 图纸目录及结构设计总说明

结构设计总说明包括:抗震设计与防火要求,选用结构材料的类型、规格、强度等级;地基情况;施工注意事项;选用标准图集等(小型工程可将说明分别写在各图纸上)。

2. 结构平面布置图

(1) 基础平面图,工业建筑还有设备基础布置图。

(2) 楼层结构平面布置图,工业建筑还包括柱网、吊车梁、柱间支撑、连系梁等构件的布置图等。

(3) 屋面结构平面图,包括屋面板、天沟板、屋架、天窗架及支撑系统布置图等。

3. 构件详图

(1) 梁、板、柱以及基础结构详图;

(2) 楼梯结构详图;

(3) 屋架结构详图;

(4) 其他详图,如天沟、雨篷、过梁、支撑详图等。

结构施工图是构件制作、安装和指导施工的重要依据。如施工放线、挖基槽、支模板、绑扎钢筋、设置预埋件和预留孔洞、浇捣混凝土和安装梁、板、柱等构件及作为编制预算和施工组织计划等的依据。

13.1.3 绘制结构施工图的有关规定

为了统一建筑结构专业制图规则,保证制图质量,提高制图效率,做到图面清晰、简明、符合设计、施工、存档要求,适应工程建设需要,国家标准对建筑结构制图制定有基本规定,画图应符合现行有关规定。

1. 常用构件代号

建筑结构的基本构件,种类繁多,布量复杂,为了图示简明扼要、清晰、便于绘图和查阅,国家标准对常用构件分别规定了代号。构件代号采用该构件名称汉语拼音的第一个字母及其组合表示。结构施工图中常用的构件代号见附录二附表 2-1。

在具体工程中,构件的名称应用代号来表示,代号后标注阿拉伯数字,用以表示构件的尺寸大小、荷载类型或构件的顺序号。虽国家标准有统一规定构件代号,但编号各地区有所不同。

2. 图线

钢筋混凝土构件图主要表示其配筋及构件的尺寸。配筋图中要突出钢筋。标准规定,在构件的平、立面图中,假想混凝土为透明体,未被剖切到的钢筋应用粗实线的单线画;构件轮廓线为中粗实线或中实线画出;在断面图中钢筋的横断面用涂黑的圆点表示;不可见的钢筋用粗虚线表示;预应力钢筋用粗双点画线表示。图中不画材料图例。

绘制不同图样,应根据其复杂程度与比例大小,先选定基本线宽 b,再选用相应的线宽组。依据国家制图标准规定图线的宽度 b,宜从下列线宽系列中选取:2.0 mm、1.4 mm、1.0 mm、0.7 mm、0.5 mm、0.35 mm。在同一张图纸中,相同比例的各图样,应选用相同的线宽组。

建筑结构专业制图图线选用具体见附录二附表 2-2。

3. 比例

绘制钢筋混凝土构件图时,应根据图样的用途和被表示物体的复杂程度,选用附录二附表 2-3 中的常用比例;特殊情况下也可选用可用比例。

当构件的纵、横尺寸相差悬殊时,在同一详图中的纵、横向可选用不同的比例绘制。轴线尺寸与构件尺寸也可选用不同的比例。

13.1.4 钢筋混凝土结构的基本知识

1. 混凝土(素混凝土)

混凝土是由水泥、石子、砂子和水,按一定的比例搅拌而成,凝固后坚硬如石的一种建筑材料。混凝土受压(称抗压强度)性能好,但受拉性能差,容易因受拉而断裂。规范规定混凝土强度的等级按混凝土立方体抗压强度标准值分为 14 级:C15、C20、C25、C30、C35、C40、C45、C50、C55、C60、C65、C70、C75、C80。其中,C50~C80 属高强度混凝土。将混凝土灌入定形模板,经浇捣密实和养护凝固就形成混凝土构件。

2. 钢筋的种类与符号

钢筋有光圆钢筋和带纹钢筋等种类,在钢筋混凝土结构设计规范中,对建筑用钢筋,按其抗拉强度标准值和产品种类分为不同等级,分别给予不同的符号。对国产建筑用部分钢筋的牌号、符号及强度标准值见附录二之附表 2-4。

在实际工程中,按国家标准 GB50010—2010 规定,受力钢筋宜采用 HRB335、HRB400、RRB400 或其他强度标准值较高的钢筋,HPB300 一般只作箍筋用。

3. 钢筋的标注方法

钢筋、钢丝束的说明,应给出钢筋的代号、直径、数量、间距、编号及所在位置。根据标注内容要求有下面两种标注形式:

(1)标注钢筋的代号、根数、直径,如梁、柱的受力筋和构造筋。如图 13-2a 所示,① 2ϕ18:表示第 1 号钢筋,是 2 根直径为 18 mm 的 HRB335 钢筋。

(2)标注钢筋的代号、直径和相邻钢筋的中心距,如梁柱箍筋和基础、板的配筋。如图 13-2b 所示,②ϕ8@200:表示第 2 号钢筋,是 HPB300 钢筋,直径为 8 mm,相邻钢筋的中心距为 200 mm。

构件内的各种钢筋应予以编号,编号采用阿拉伯数字连续编排,写在直径为 6 mm 的细实线圆圈中,引出线可以是平行的,也可以是集中于一点的放射线。

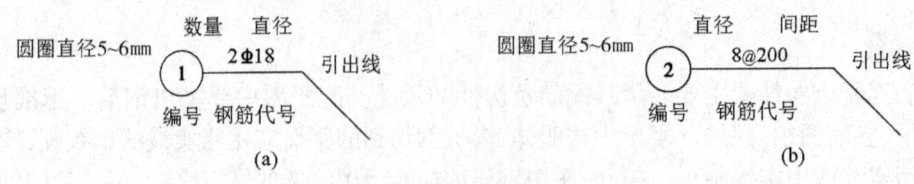

图13-2 钢筋的标注

4. 钢箍尺寸标注法

构件配筋中箍筋的长度尺寸,应指箍筋的内皮尺寸,弯起钢筋的高度尺寸应指钢筋的外皮尺寸(图13-3)。

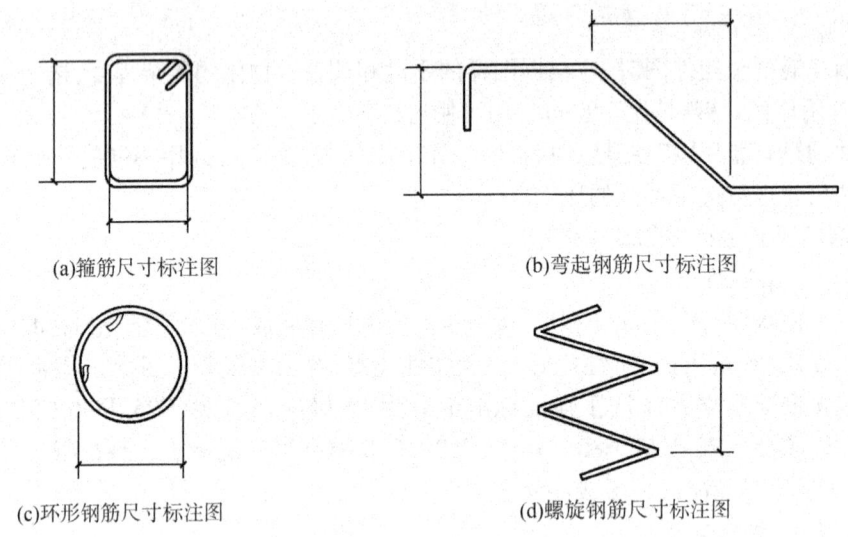

图13-3 钢箍尺寸标注法

5. 钢筋混凝土构件

在混凝土受拉区域内配置一定数量的钢筋,使两种材料粘结成一个整体,共同承受外力,这种配有钢筋的混凝土构件,称为钢筋混凝土构件。在钢筋混凝土构件中,混凝土主要承受压力,钢筋主要承受拉力。如图13-4所示,梁在外力作用下弯曲变形,上部受压,下部受拉。在构件的受拉区域内配置一定数量的钢筋,以提高构件的承载能力。钢筋混凝土构件的制作,在工程现场就地浇制的,称现浇钢筋混凝土构件;在工厂(场)预制好运到现场安装的,称为预制钢筋混凝土构件。

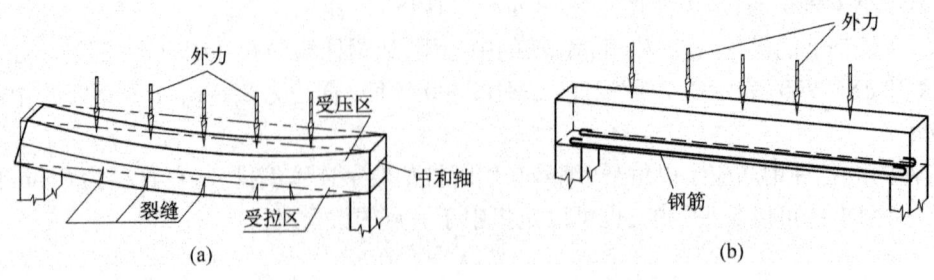

13-4 钢筋混凝土梁受力示意图

6. 预应力钢筋混凝土构件

制作构件时,预先给钢筋施加一定的拉力,反过来说,即对混凝土预加一定的压应力,以提高构件的强度和抗裂性能(常用于梁、板中),从而减小构件的截面面积,这种构件称为预应力钢筋混凝土构件。

柱、梁、板全部用钢筋混凝土构件承重现浇为一整体的结构物,称为框架结构;建筑物用砖墙承重,屋面、楼层、楼梯用钢筋混凝土板和梁构成的结构,称为混合结构;外围用砖墙承重,屋内用现浇钢筋混凝土板、梁、柱承重的建筑,称为内框架结构。

7. 钢筋的分类和作用

如图 13-5 所示,配置在钢筋混凝土结构中的钢筋,按其作用可分为下列几类:

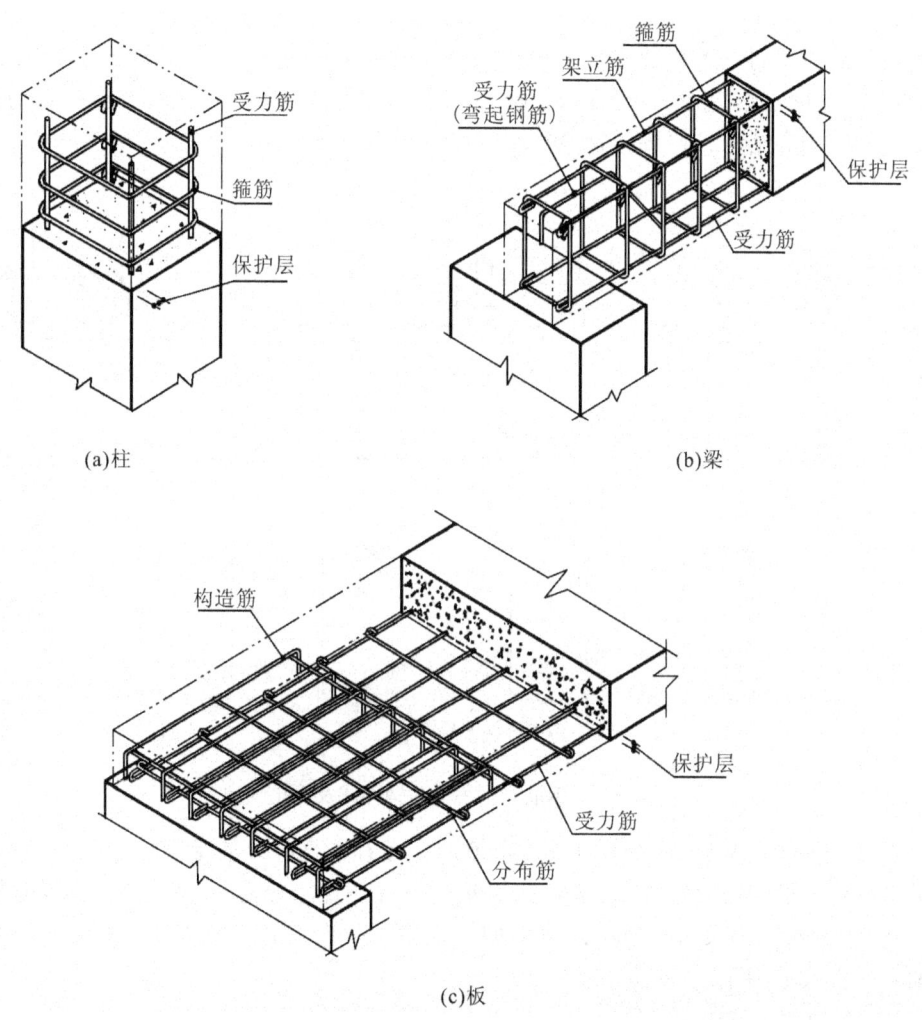

图 13-5 构件中钢筋配置构造及保护层示意图

(1)受力筋:承受拉、压应力的钢筋。用于梁、板中通常是配置在底层的直筋,或两端弯起的弯筋;在柱中为分布在四周的直筋。

(2)钢箍(箍筋):用来固定受力筋的位置的钢筋,且承受一定的剪力或扭力。一般用于梁和柱中。

(3)架立筋:用于固定梁中箍筋的位置,与受力筋、钢箍一起构成梁中钢筋骨架。

(4)分布筋:在屋面板、楼板内与板的受力筋垂直布置,与受力筋一起构成钢筋网,将承受的荷载均匀地传给受力筋,以及抵抗热胀冷缩所引起的温度应力。

(5)构造筋:因构件的构造要求或施工安装需要配置的钢筋。如腰筋、预埋锚固筋、吊环等。上述架立筋和分布筋也属于构造筋。

8. 保护层

为了保护钢筋,防腐蚀、防火、防锈以及加强钢筋与混凝土的黏结力,在构件中的钢筋外皮至混凝土表面之间应有一定的距离,这之间的混凝土层称为保护层(图 13-5)。按规定保护层的最小厚度如附录二之附表 2-5 所示。环境类别参见 11G101—1 图集。

9. 钢筋的画法

(1)钢筋的弯钩

钢筋与混凝土协调工作的前提是在两者之间存在的黏结力。如果受力筋是采用带肋钢筋,它与混凝土的黏结力强,两端可不必做出弯钩。若用光圆钢筋,则两端要做出弯钩,以加强钢筋与混凝土的黏结力,避免钢筋在受拉时滑动。

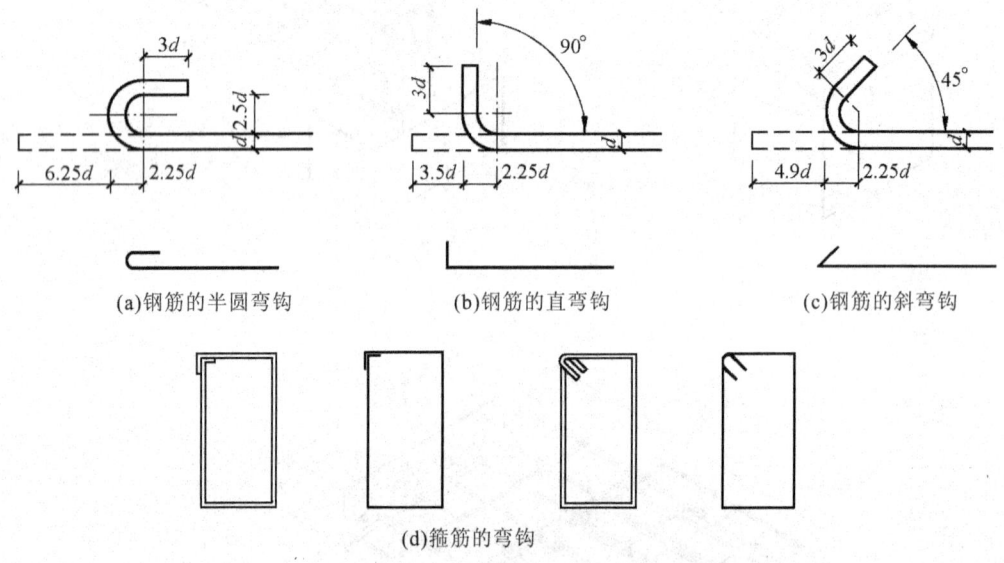

图 13-6 钢筋和钢箍的弯钩形式及简化画法

钢筋端部的弯钩共有两种形式(图 13-6):即带有平直部分的半圆形弯钩与直弯钩。由图可见各种弯钩的弯心直径为 $2.5d$(d 为钢筋直径),平直部分为 $3d$,其弯钩长度的增加值分别为:半圆弯钩 $6.25d$(图 13-6a),直弯钩 $3.5d$(图 13-6b),斜弯钩 $4.9d$(图 13-6c)。常用钢箍的弯钩形式如图 13-6d 所示。

(2)钢筋的表示方法

在钢筋混凝土构件图中,对构件的钢筋,不论是直的、弯的、带钩的都需清楚表达。通常用单根的粗实线表示钢筋的立面,用黑圆点表示钢筋的横断面。钢筋的一般表示方法如附录二之附表 2-6 所示。

(3)钢筋的画法

在钢筋混凝土构件图中,钢筋的画法要符合附录二之附表 2-7 的规定。

13.1.5 钢筋混凝土结构图的表示方法

钢筋混凝土结构图,是制作构件时模板安装、钢筋加工和绑扎等工序的依据。其内容包括结构平面布置图和构件详图。

1. 配筋平面、立面、断面图的绘制

在结构图中钢筋的表示方法应符合下列规定:

(1)钢筋在平面图中的表示方法

①钢筋在平面图中的配置应按图13-7所示的方法表示。当钢筋标注位置不够时,可采用引出线标注。引出线标注钢筋的斜短画线应为中实线或细实线。习惯上,现浇钢筋混凝土板的配筋平面图中,不画出分布筋,因为分布筋一般都是直筋,其作用是固定受力筋和构造筋的位置,不需计算,施工时根据具体情况放置,一般是 $\phi4 \sim \phi6$,@250~300。

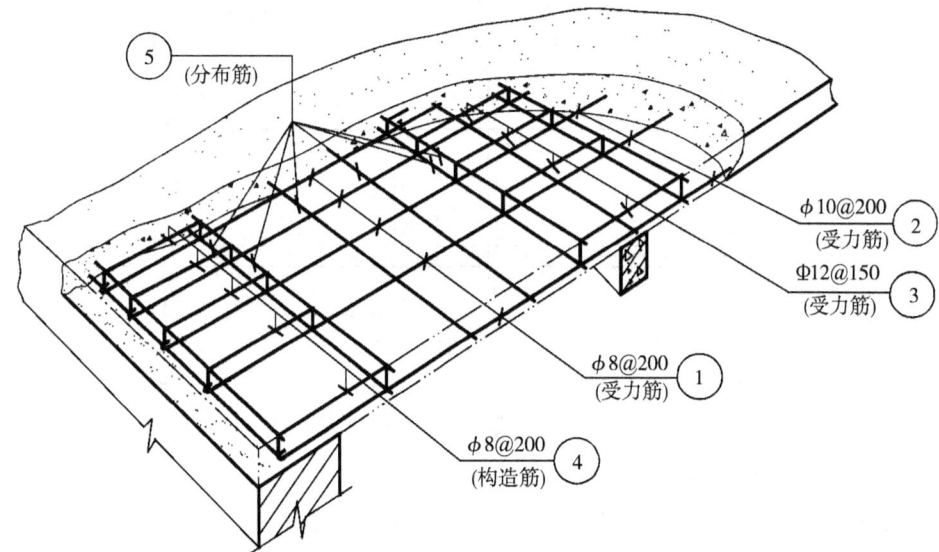

(a)现浇钢筋混凝土板构造示意图

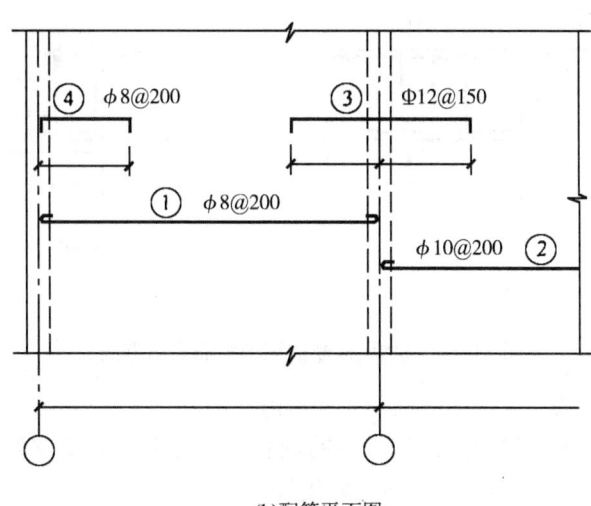

(b)配筋平面图

图13-7 钢筋在楼板配筋图中的表示方法

②当构件布置简单时,结构布置平面图可与板配筋平面图合并绘制。当平面图中的钢筋配置较复杂时,可按附录二之附表2-7及图13-8绘制。

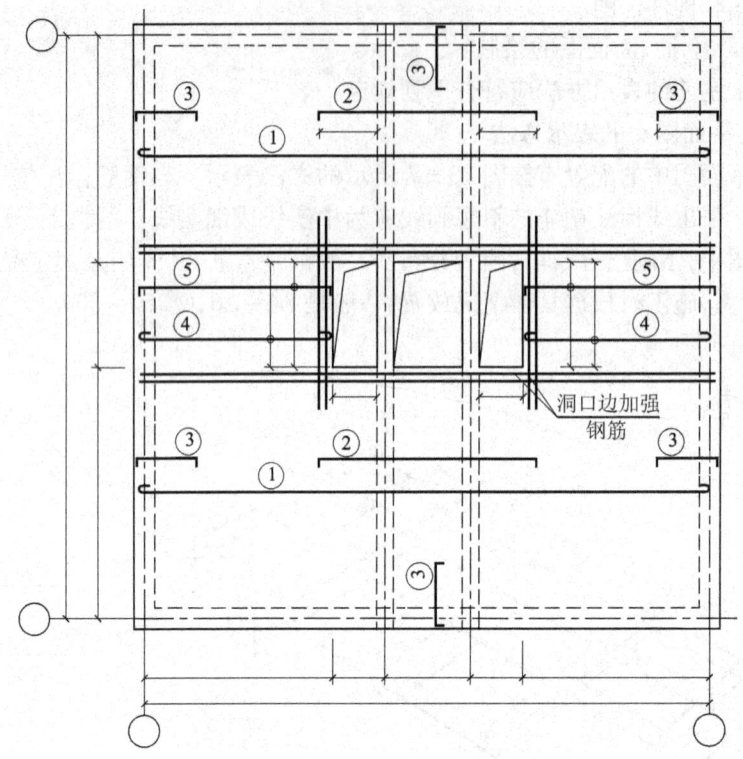

图13-8 楼板配筋较复杂的表示方法

(2)钢筋在立面图、断面图中的绘制

钢筋在梁纵、横断面中的配置,应按图13-9所示的方法表示。

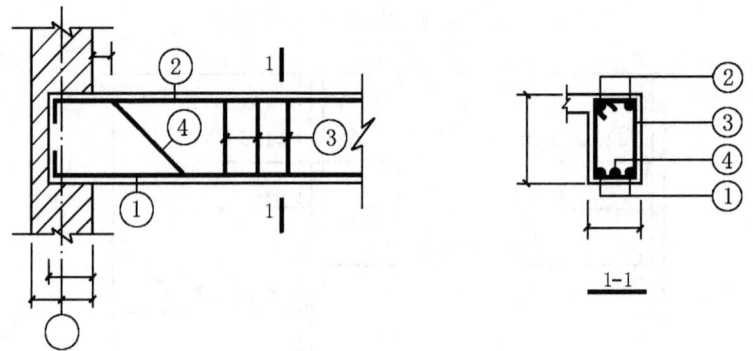

图13-9 梁纵、横断面图中钢筋表示方法

2. 配筋图的简化画法

(1)当构件对称时,采用详图绘制构件中的钢筋网片可用一半或1/4表示,如图13-10所示。图中"W"为钢筋代号,"G"为钢筋骨架代号。

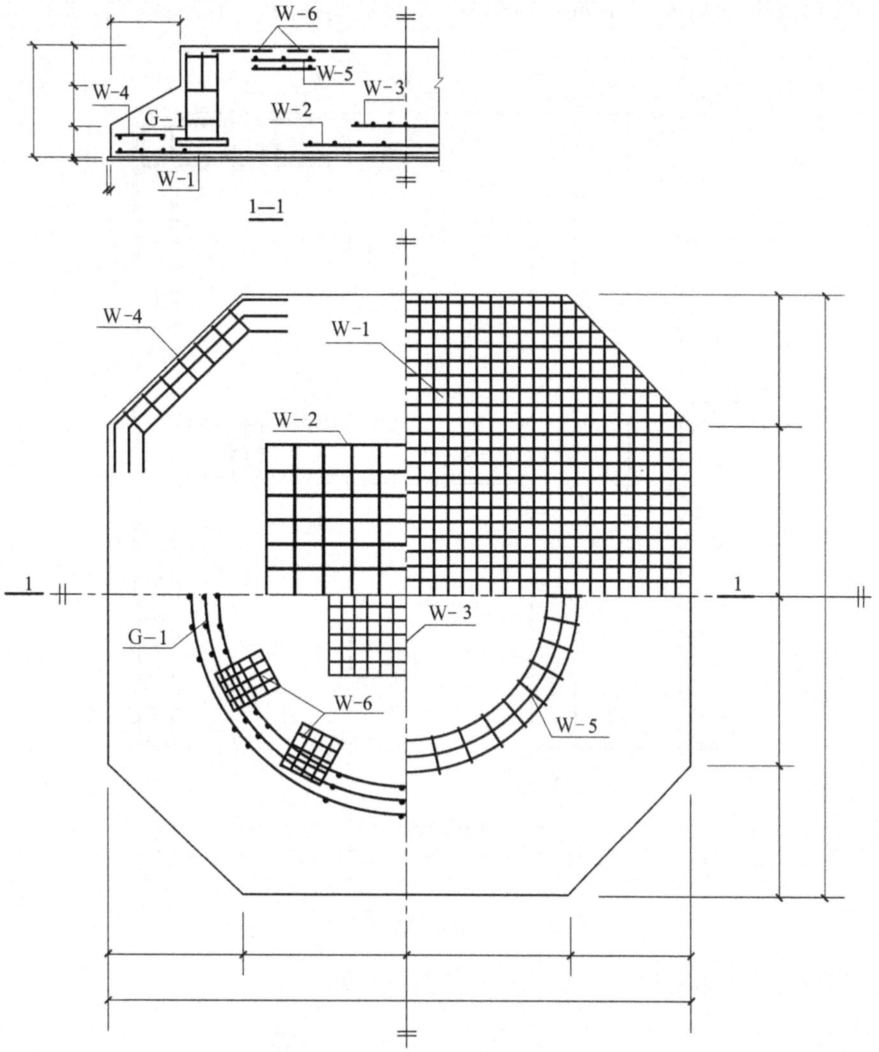

图 13－10　构件中钢筋简化表示方法

（2）钢筋混凝土构件配筋较简单时，宜按下列规定绘制配筋平面图。

①独立基础在平面模板图左下角，绘出波浪线，绘出钢筋并标注钢筋的直径、间距等。如图 13－11a 所示；

②其他构件可在某一部位绘出波浪线，绘出钢筋并标注钢筋的直径、间距等。如图 13－11b 所示。

(a)独立基础　　(b)其他构件

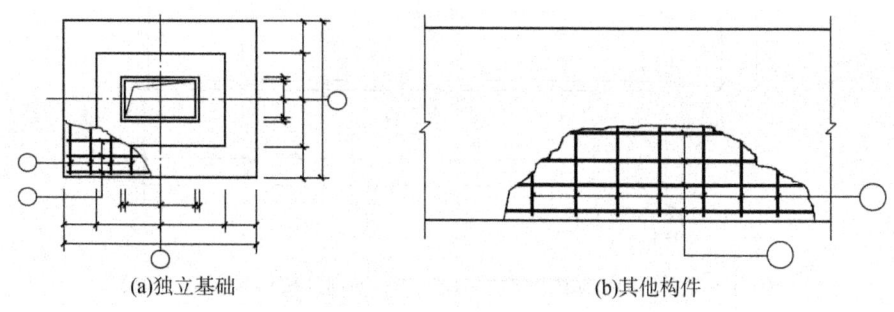

图 13－11　构件配筋简化表示方法

（3）对称的混凝土构件，可在同一图样中一半表示模板，另一半表示配筋，如图13-12所示。

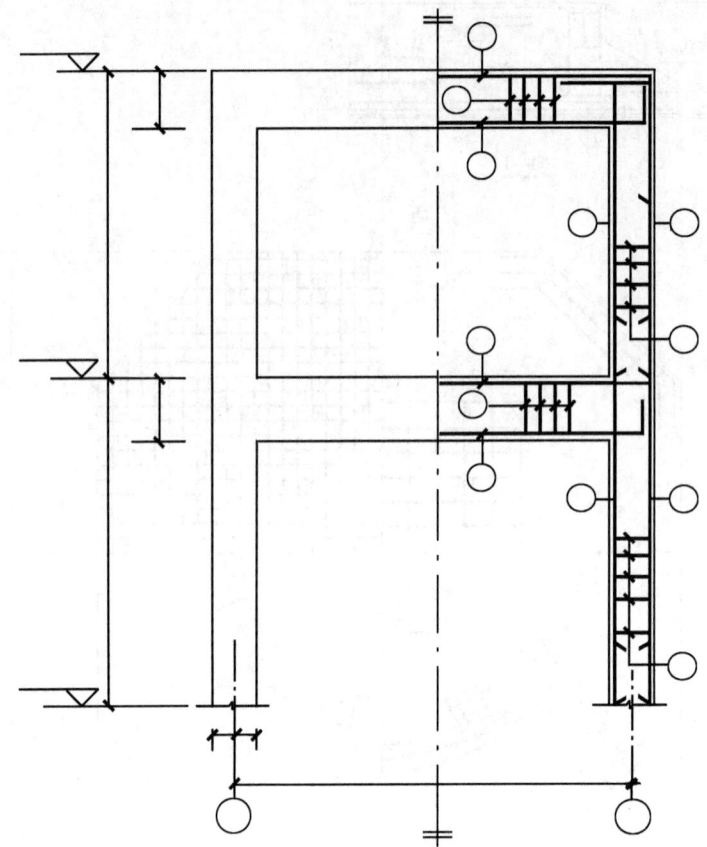

图13-12 构件配筋简化表示方法

3. 结构平面图中索引的剖视详图、断面详图的表示

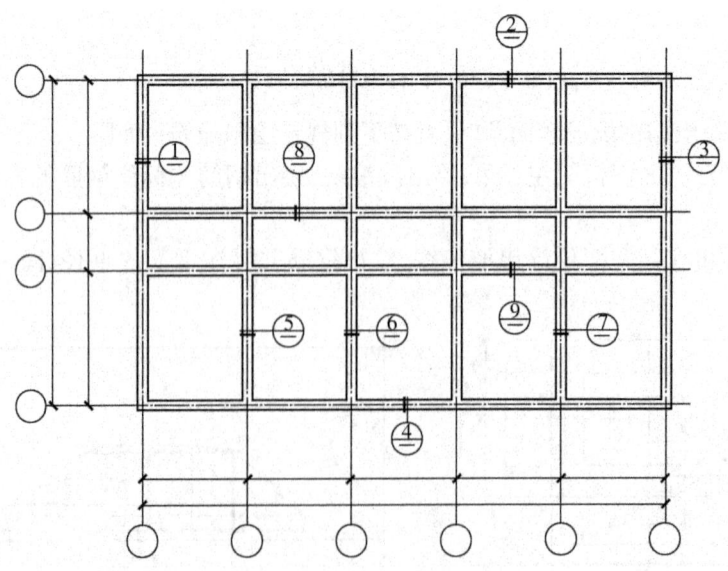

图13-13 结构平面图中索引剖视详图、断面详图编号顺序表示方法

结构平面图中的剖视详图,断面详图应按国家标准规定采用索引符号表示,其编号顺序宜按图 13-13 的规定进行编排。并符合下列规定:

(1)外墙按顺时针方向从左下角开始编号;
(2)内横墙从左至右,从上至下编号;
(3)内纵墙从上至下,从左至右编号。

13.2 钢筋混凝土结构图

13.2.1 结构平面图

结构平面布置图是表示建筑物各承重构件总体平面布置的图样,称为结构平面图。结构平面图包括基础平面图、楼层结构平面布置图、屋面结构平面布置图。下面介绍民用建筑的楼层结构平面布置图的传统表示方法。

1. 图示方法及作用

楼层结构平面布置图,是假想沿楼板面将房屋水平剖开后所作的楼层结构水平投影图,其图样表示该楼层的梁、板、柱、墙等承重构件的平面布置,现浇楼板的构造与配筋,以及它们之间的结构关系,为现场安装梁、板等各种楼层构件或制作圈梁和局部现浇梁、板提供依据。对多层建筑,一般应分层绘制,但若各楼层构件的类型、大小、数量、布置均相同时,可只画一标准层平面布置图。

在楼层结构平面布置图中,楼层上各种构件在图上均按国家标准规定的代号和编号标注。构件应采用轮廓线表示,如能用单线表示清楚时,也可单线表示。用中实线表示剖切断面或可见的构件轮廓线。用中虚线表示板下不可见的构件和墙身轮廓线。用粗单点长画线表示梁、屋架、支撑、过梁等的中心位置。定位轴线要与建筑平面图一致,标高采用结构标高。若平面对称,可采用对称画法。由于楼梯间和电梯间因另有详图表示,只在平面图上采用细实线画出一对角线表示。

2. 图示内容

楼层结构平面布置图主要表示梁、板、柱和墙等承重构件的位置、类型和数量或钢筋的配置。具体包括:

(1)图名、比例及与建筑图一致的定位轴线和编号,并标注出定位轴线间的尺寸和总尺寸。墙、柱、梁等各类构件的位置和编号(编号中含有构件的类型代号和顺序号)、断面尺寸、配筋及有关数值。预制板的跨度方向、代号、型号或编号、数量。

(2)现浇板应画出板的钢筋详图,表示受力筋的形状和配置情况,并注明其编号、规格(符号和直径)间距或数量等,每种规格的钢筋只画一根,按其立面形状画在钢筋安放的位置上,若图中钢筋布置表示不清楚时,可于图外画出钢筋详图表示。配筋相同的板,只需画出其中一块的配筋情况。

(3)图样应表明预留孔洞的大小及位置,圈梁、门窗洞过梁的编号,梁、板的底面结构标高和轴线间尺寸,梁的断面尺寸。

(4)附注文字说明选用预制构件的图集编号,各种材料标号,板内分布筋的符号级别、直径、间距及其他要求等(在图中不画出分布筋)。并注明有关剖切符号或详图索引符号。

3. 实例

如图 13-14 所示为房屋的二层楼面结构平面布置图。图中虚线为不可见构件(梁)的轮廊线。此房屋是一幢带有矩形柱的框架结构，图中涂黑部分是钢筋混凝土柱 Z(400×700)，断面尺寸为 400×700，共有 15 根。柱与柱之间是框架梁 KL(图中用虚线表示)，每根梁均标注有代号、编号及断面尺寸。如轴①处的框架梁 KL1 共二跨，两端有悬挑梁；KL1—1(200×800)支承在轴Ⓐ的 Z 和轴Ⓑ的 Z 上，断面尺寸为 200×800；KL1-2(200×800)支承在轴Ⓑ的 Z 和轴Ⓒ的 Z 上，断面尺寸同为 200×800。轴Ⓐ以南是悬挑梁，编号为 KL1—P2(200×500)；轴Ⓒ以北是悬挑梁，编号为 KL1—P2(200×500)。另两悬挑梁之间均安装有跨度梁，如轴①与轴③的南悬挑梁之间设有编号为 L5—1(200×400)的跨度梁。还有其他梁构件读者自行分析识读。

图中表明其楼板层有现浇和预制两种制作形式：由横向轴线①至⑦、竖向轴线Ⓐ至Ⓒ所包容的范围楼板为现浇部分，现浇楼板被框架梁分隔为 10 块，板厚均为 100 mm；而楼层四周，则为由预应力钢筋混凝土空心板铺设部分。

在平面图中对现浇钢筋混凝土板中钢筋的表示，有两个特殊规定：一是只需用粗实线画出每一种受力筋中的任一条，并注明其类型、直径和间距即可，而不必画出分布筋(但应在附注中或钢筋表中说明其级别、直径、间距(数量)和长度等)。二是凡位于板底层的钢筋筋端弯钩分别向上或向左；相反，位于板面层的钢筋筋端弯钩分别向下或向右。在现浇钢筋混凝土板中受力筋的配置，有可能只在一方向上配置受力筋的，这种板称单向板；也有可能在两个互相垂直的方向都配置受力筋的，这种板则称双向板。

在图 13-14 所示平面图中，现浇钢筋混凝土楼板被框架梁隔为 10 块，它们的配筋相同，因此只需将其中 1 块的配筋画出，其余均注明与该板相同的代号，如图示 10 块现浇楼板图示代号均为 B1。从图示可知该楼板钢筋配置的具体情况：B1 为双向板，有两互相垂直方向的受力筋，南北向配筋①ϕ8@100，即表示①号钢筋，是直径为 8mm 的 HPB300 钢筋(光圆钢筋)，每隔 100 mm 配置一根，筋端弯钩向左是底筋；东西向配筋②ϕ6@180，即表示②号钢筋，是直径为 6mm 的 HPB300 钢筋，每隔 180 mm 配置一根，筋端弯钩向上也是底筋。如图示板边配置面筋③ϕ8@100 和④ϕ8@100，长 900 mm；两板之间配面筋⑤8@100 和⑥8@100，长 1800 mm，均为构造筋，筋端没有弯钩，图中分别画出向右或向下的直弯钩，表示它们均为面筋。

预制钢筋混凝土楼板大致上分为实心板、空心板和槽形板三种，其中空心板应用最广，并多采用工厂预制、现场安装的施工方式。在图示方面，在每结构单元范围内，用细实线分块画出预制预应力板的铺设方向，如板的数量较多，可以细实线连结小圆黑点表示。如有相同的结构单元时，可只选择一个结构单元为代表绘制表示，并用大写的拉丁字母(A、B、C、……)外加细实线圆圈(直径为 8 mm 或 10 mm)表示相同的分类符号。如图 13-14 所示，其楼板四周的预应力钢筋混凝土空心板共分有Ⓐ、Ⓑ、Ⓒ三类。对预应力钢筋混凝土空心板，各地区均标注予一定的代号表示，各地区有所不同，图 13-15 所示为某地区的标注方式。

如图 13-14 中标注的预应力钢筋混凝土空心板Ⓑ，其给出代号"7Y - KB15 - 2A"，即表示为 7 块预应力空心板，板长 1500 mm，宽 600 mm，荷载 150 kg/m²。板厚，构造尺寸一律为 120 mm，在图中不必标注。图中还有 5Y - KB15 - 2A 和 2Y - KB15 - 2A 等预应力钢筋混凝土空心板代号，请读者自行分析。

在铺板时，板与板之间要预留 30 mm 的板缝，如果板缝无法调整或局部铺板有困难时，可采用现浇板带处理。

表示楼板的板墙和梁板节点可采用重合断面图表示，必要时标注出梁的底部结构标高。

第 13 章 结构施工图

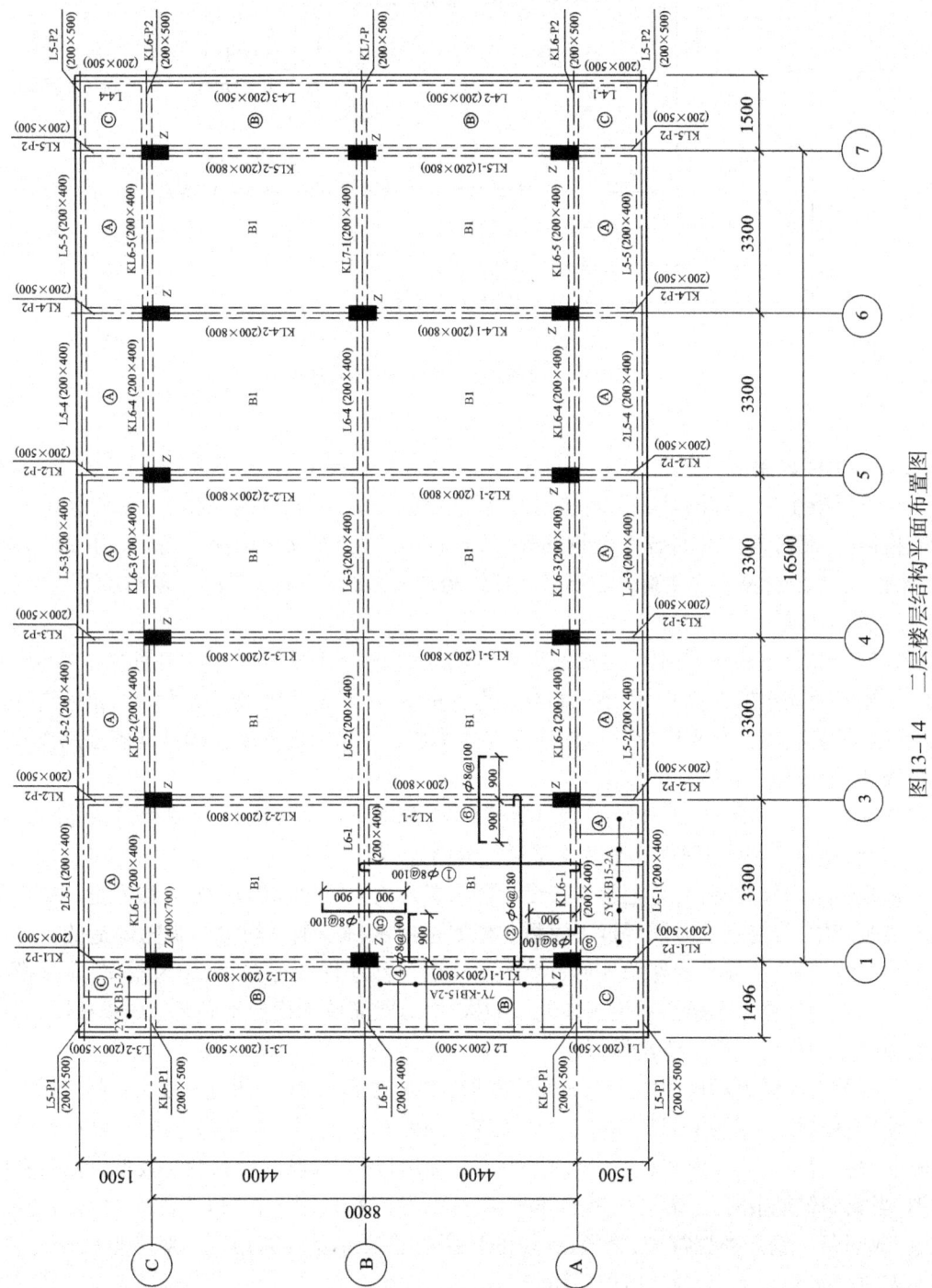

图 13-14 二层楼层结构平面布置图

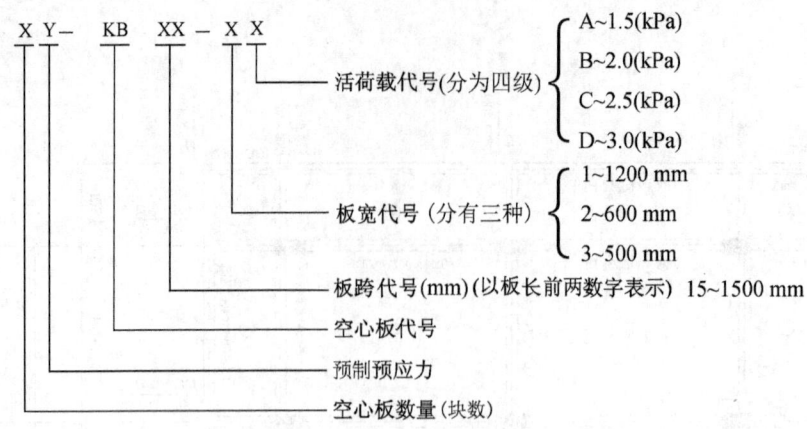

图 13-15 预制板的标注方式(某地区)

13.2.2 构件详图

钢筋混凝土构件详图是加工制作钢筋、浇筑混凝土的依据。钢筋混凝土构件详图,一般包括有模板图、配筋图、预埋件详图及钢筋表(或材料用量表)及文字说明等内容。下面以图 13-16 所示,传统画法表示的预制钢筋混凝土柱结构详图为例,说明其图示内容与方法。

1. 图示内容

在钢筋混凝土构件详图中,主要表明构件的长度、截面形状与尺寸及钢筋的型式与配置情况。必要时还表示模板尺寸,预留孔洞与预埋件的大小、数量和位置,以及轴线和标高等。现浇构件还须表明构件与支座及其他构件的连接关系。所以钢筋混凝土构件详图是制作构件时模板安装、钢筋加工和绑扎的依据。

如图 13-16 所示,构件详图一般包括模板图、配筋图(立面图、断面图和钢筋详图)、钢筋表(或材料用量表)和预埋件详图及文字说明等内容。

模板图。构件的制作,是把钢筋按设计要求置入由模板组成的模型中,然后把调制好的混凝土浇筑其中,待混凝土凝固后拆去模板。模型是用木材或钢材根据模板图制造的。模板图就是构件的外形图,表示构件的外形、尺寸、标高以及预埋件的位置等,作为制作、安装模板和安置预埋件的依据。模板图只用于较复杂的构件,形状简单的构件不必单独画模板图,只需在配筋图中把构件尺寸标注清楚即可。

配筋图。主要表示构件内部钢筋的配置情况,在配筋图中标注出相一致的钢筋编号,并在钢筋编号引出线上注明钢筋的品种、直径、根数、间距和长度等。配筋图包括有表示钢筋的上下和前后排列情况的立面图;表示钢筋的上下和前后排列,箍筋的形状及与其他钢筋关系的断面图;当配筋较复杂时,还需画出钢筋详图,同一编号钢筋只画一根,以详细表明钢筋的编号、数量(或间距)、钢筋类型符号、直径、各段的长度与总尺寸及弯起角度。对简单的构件,可在钢筋表中用简图表示,不必画出钢筋详图。

钢筋表。说明构件的名称、数量、钢筋编号、钢筋规格、钢筋简图、直径、长度、总数量、总长和重量等。以便于编制施工预算、统计用料。

预埋件详图。表示预埋件的形状和尺寸及各预埋件的锚固钢筋的位置、数量、规格以及锚固长度等。

第13章 结构施工图

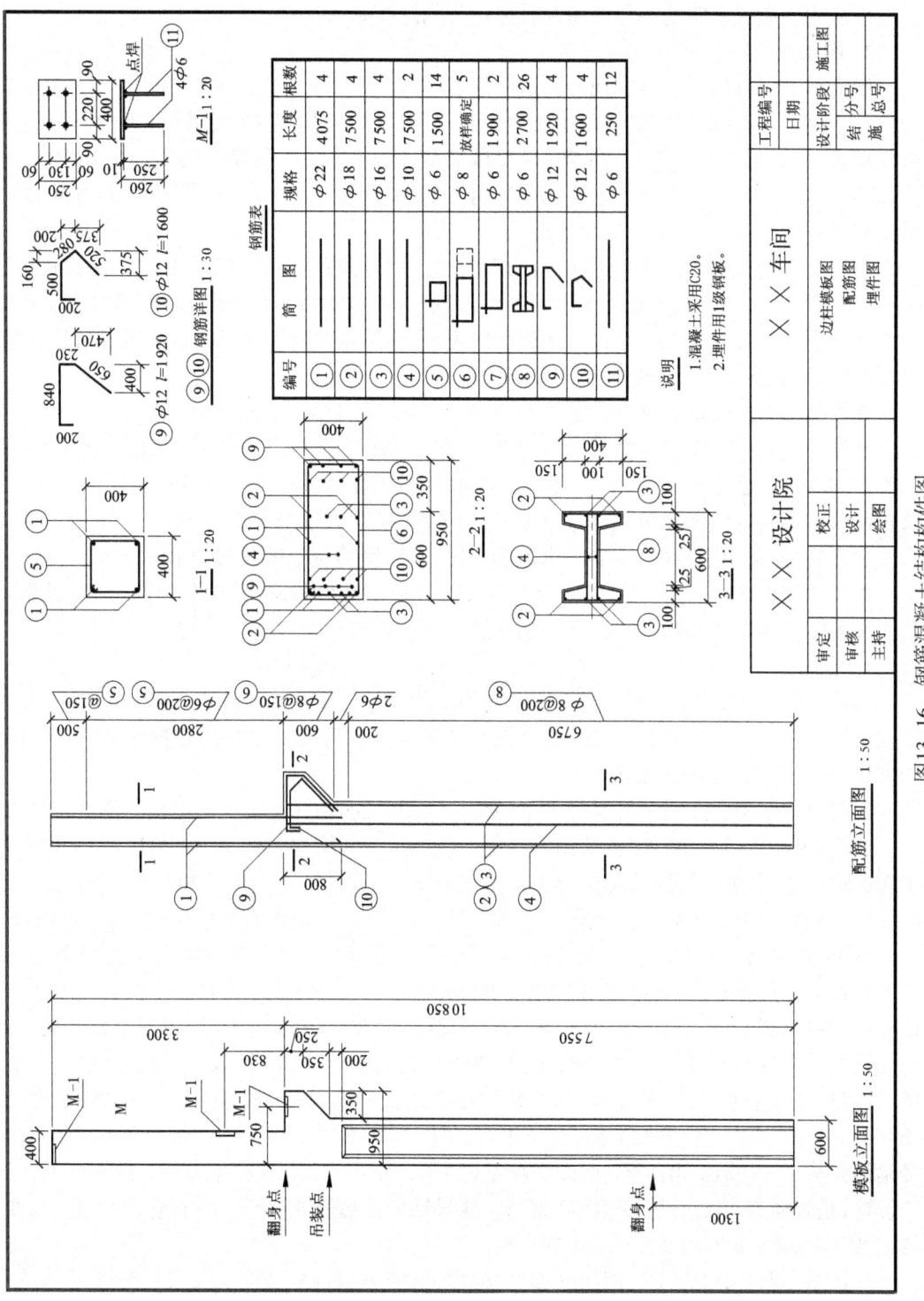

图13-16 钢筋混凝土结构构件图

文字说明。根据需要对在图中用图示无法表示清楚的内容,如有关混凝土、砖、砂浆的强度等级及技术要求等,须用文字清楚说明。

现浇构件还应表明构件与支座及其他构件的连接关系。

2. 图示方法

配筋图中,假设混凝土是透明的,这样能看到内部钢筋。

立面图中,构件的轮廓线采用中实线绘制,表明构件的构造长度;用粗实线画出各钢筋的纵向位置,弯起筋的弯曲部位,箍筋(只反映其侧面,投射成一根线。当箍筋的钢筋类型、直径、间距相同时,一般只画出其中一部分)的排列及其间距;对后面看不见的次梁与板,采用中虚线表示。

在构件断面形状或钢筋数量和位置有变化之处都需画出一断面图。断面图一般用较立面图大的比例绘制,断面轮廓线用中实线画出,表示构件的截面形状;断面内不再画表示混凝土的材料图例,图中钢筋的横断面,不论钢筋的粗细,均用相同大小的黑圆点表示,以显示箍筋形状及截断的钢筋横断面,表明钢筋的分布位置。

立面图和断面图都应留出规定的保护层厚度(保护层厚度一般不作标注)。

钢筋详图画在与立面图相对应的位置,从最上部(或最左侧)的钢筋开始依次排列,并与立面图的同号钢筋对齐,用同一比例绘制。同一编号钢筋只画一根,在表面钢筋的图线上面注出钢筋的编号、数量(或间距)、钢筋类型符号、直径、各段长度与下料长度(下料长度等于各段长度之和)。对简单的构件,不必画出钢筋详图,只需钢筋表中用简图表示。

模板图和配筋立面图一般用 1∶50、1∶30、1∶20 的比例绘制,断面图用 1∶20、1∶10 绘制。模板图用细实线绘制,配筋图的线型按国家标准相关规定绘制。

3. 实例

阅读构件详图时,必须根据构件详图的图示特点及尺寸注法的规定,才能弄清楚每一类型钢筋的型式、规格、数量与配置以及整个钢筋骨架的构造情况。读图时先看图名,再看立面图和断面图,后看钢筋详图和钢筋表。

下面以传统画法介绍钢筋混凝土梁的结构详图,说明钢筋混凝土梁结构详图的读图方法。

如图 13-17 是某单跨简支梁结构详图。从图示得知构件名称是梁 L208(150×300)位于①至②轴线之间,为二层第八号横梁。对照立面图和断面图,可知此为矩形断面的现浇梁,其断面尺寸是宽为 150 mm、高为 300 mm,梁长为 3840 mm。梁两端支承在砖墙上,楼板厚 100 mm。立面图的比例为 1∶50。立面图表示了梁的立面轮廓。结合断面图和钢筋详图可知,梁下方配置了三根受力筋,其中①号钢筋 2 根,从它们标注 $\phi 14$ 可知,它们是直径为 14 mm 的 HPB300 钢筋(见附录二附表 2-4),长度为 3923 mm,在两端带有向上弯的半圆形弯钩。②号钢筋在中间是弯起筋,其中间段位于下部,接近梁的两端时,它斜向(45°)弯起至梁的上部,到梁的端部它又垂直向下弯至梁的底部,同样是直径为 14 mm 的 HPB300 钢筋,长度为 4595 mm。三根受力筋,虽然类别、直径相同,但因形状不同,尺寸不一,故分别编为①号与②号钢筋。从 1—1 断面图结合立面图和配筋详图可知,梁上方有两根架立筋,其编号为③,沿全长设置,是直径为 10 mm 的 HPB300 钢筋。④号钢筋是箍筋,沿全长排列,它们是直径为 6 mm 的 HPB300 钢筋,每间隔 200 mm 放置一根。

从钢筋详图中,可知每种钢筋的编号、根数、钢筋类型符号、直径、各段设计长度和总尺寸(下料长度)以及弯曲的角度。如②号钢筋是弯起筋,弯起角度 45°(弯起角度是根据梁的高度取 45°或 60°,当梁高小于 800 mm 时,弯起角度宜取 45°,大于 800 mm 时,弯起角度宜取 60°)。但近年来由于考虑抗震要求,相关设计规范明确,宜采用加密的箍筋作为承受剪力的钢筋。现已大多采用在支座处放置面筋和支座边加密钢箍以代替弯起钢筋。

在钢筋详图中,如①号筋下面的数字3790,表示该钢筋从一端弯钩外沿到另一端弯钩外沿的设计长度,具体就等于梁的总长度减去两端保护层的厚度。钢筋上面的数字 l = 3923,表示该钢筋的下料长度,具体计算参考图 13-6 所示。而对④号箍筋的尺寸参考图 13-3。

图 13-17 还列出有钢筋表,说明构件的名称、构件数、钢筋编号、钢筋规格、简图、长度、每件根数、总长和重量等。

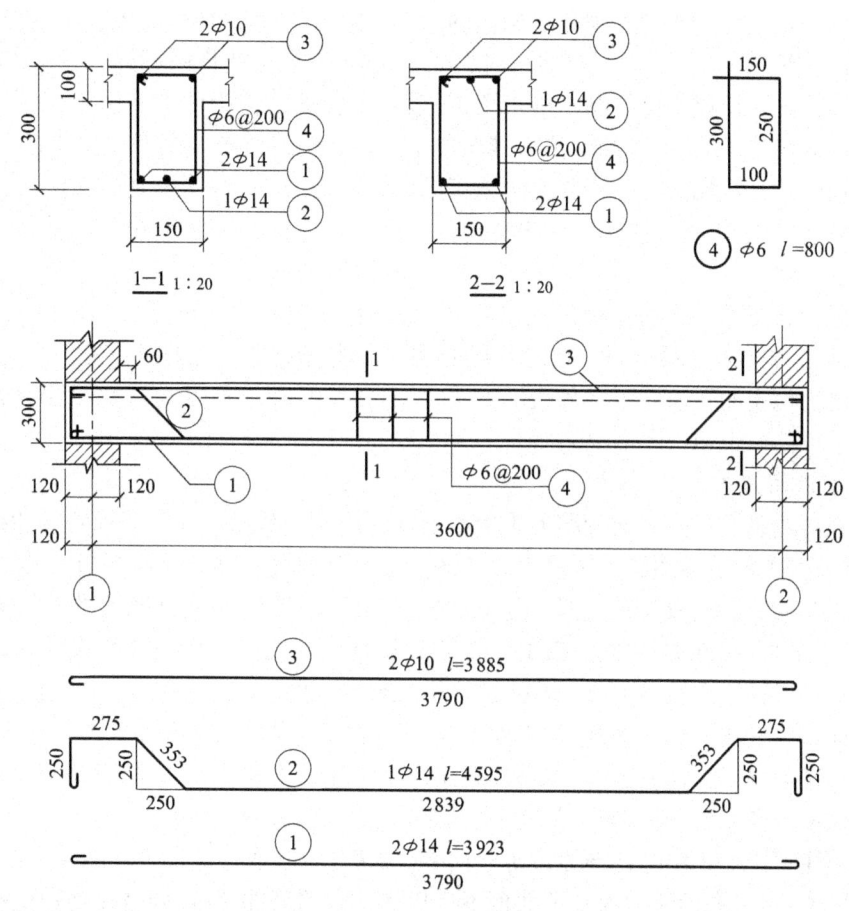

钢 筋 表

构件名称	构件数	钢筋编号	钢筋规格	简 图	长度(mm)	每件根数	总长度(m)	重量累计(kg)
L208	3	①	φ14		3923	2	23.538	28.6
		②	φ14		4595	1	13.785	16.7
		③	φ10		3885	2	23.310	14.4
		④	φ6		800	20	48.000	10.5

图 13-17 单跨简支梁的结构图

13.3 平法整体表示方法

依据国家标准 GB/T 50105—2010 规定,在现浇混凝土结构中,构件的截面和配件等数值可采用文字注写方式表达。平面整体表达方法制图规则,在按结构层绘制的平面布置图中,直接用文字表达构件的编号(编号中应含有构件的类型代号和顺序号)、断面尺寸、跨数、配筋等的具体数值和相对高差等内容。表达成构件的"平法施工图",如"柱平法施工图"、"梁平法施工图"、"板平法施工图"、"剪力墙平法施工图"……再与标准构造详图相配合,即构成一套新型完整的结构设计。所以平法绘制的施工图,一般是由各类结构构件的平法施工图与标准构造详图两大部分组成,而不必抄绘平法标准图集中的标准构造详图。在工程设计时,设计人员需按照各类构件的平法制图规则绘制平法施工图时,同时还应符合国家现行有关标准。对重要构件或较复杂的构件,不宜采用平法表达构件的截面尺寸和配筋等有关数值,宜采用绘制构件详图的表示方法。

在结构平面布置图上表示各构件的尺寸和配筋值有三种方式:即平面注写方式(标注梁和板)、列表注写方式(标注柱和剪力墙)和截面注写方式(标注柱、剪力墙和梁)。

下面以梁为例说明平法施工图的表示方法,并分别就平面注写方式和截面注写方式的标注表达方法予以简要说明。

13.3.1 平面注写方式

梁平法施工图是在梁平面布置图上采用平面注写方式或截面注写方式标注表达构件的断面尺寸、配筋及有关数值的图样。梁平面布置图,应分别按梁的不同结构层(标准层),将全部梁及与其相关联的柱、墙、板及轴线网一起采用适当的比例绘制(轴线网和梁的投影轮廓线同常规表示方法)。同时,在梁平法施工图中,应当用表格或其他方式注明各结构层标高及相应的结构层号。对于轴线未居中的梁,应标注其偏心定位尺寸。

依据平面整体表达方法制图规则,平面注写方式是直接在梁的平面布置图上,分别在不同编号的梁中各选一根梁为代表,在其上整体直接用文字注写构件的编号、断面尺寸、跨数、配筋的具体数值和相对高差(无高差可不注写)等内容。

梁的平面注写包括集中标注与原位标注两部分:集中标注表达梁的通用数值,原位标注表达梁的特殊数值;当集中标注中的某项数值不适用于该梁的某部位时,则将该项数值在该部位"原位"标注,施工时原位标注取值优先。

下面通过表示钢筋混凝土框架梁平面注写方式示例,简单介绍梁的平面注写方式。

13.3.1.1 梁的集中标注

梁集中标注的内容有五项必注值及一项选注值:五项必注值是梁的编号、截面尺寸、箍筋、梁上部通长筋或架立筋配置、梁侧面纵向构造钢筋或受扭钢筋配置;一项选注值是梁顶面标高高差。如图 13-18 所示。

1. 五项必注值

如图中引出线上所注写的四排数字,上面三排就分别表示五项必注值,第四排为一项选注值。按规定各排具体表达内容如下:

(1)第一排注明梁编号和梁断面尺寸,两项为必注值。

①梁编号。梁的编号由梁类型代号、序号、跨数及有无悬挑代号组成(见附录二附表 2-8)。

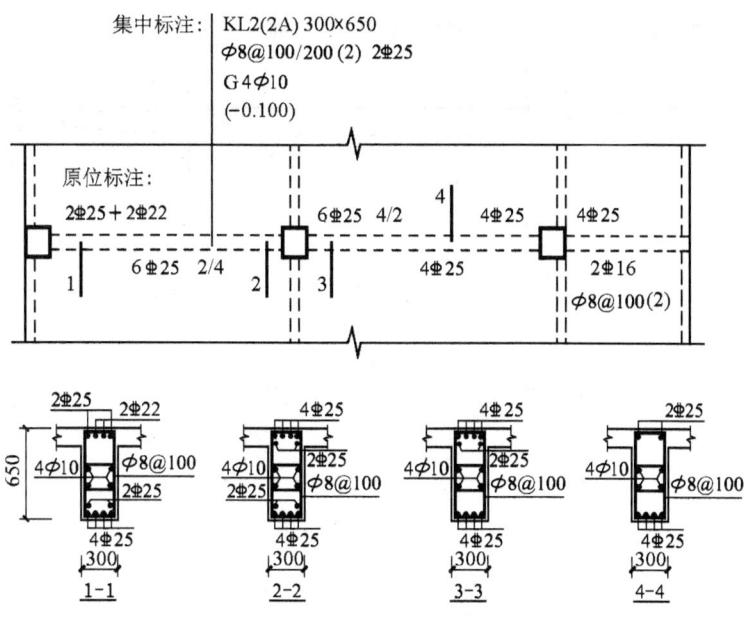

图 3-18 平面注写方式示例

注:图中四个梁截面是采用传统表示方法绘制,用于对比按平面注写方式表达的同样内容。实际采用平面注写方式表达时,不需绘制梁截面配筋图和图中的相应截面号。

如图 13-18 所示,KL2(2A)表示这是一根楼层框架梁 KL,序号为 2,共有 2 跨、一端有悬挑(2A)。

②梁断面尺寸。

当为等截面梁时,用 $b \times h$ 表示,如图 13-18 所示 300×650。

当为竖向加腋梁时,采用 $b \times h$ GY$c_1 \times c_2$ 表示,其中 c_1 为腋长,c_2 为腋高。

如图 13-19b 所示 350×700 GY500×250,其中:350×700 表示梁的断面尺寸,"GY"表示竖向加腋代号,500×250 表示竖向加腋长为 500 mm,腋高为 250 mm;

当为水平加腋梁时,采用 $b \times h$ PY $c_1 \times c_2$ 表示,其中 c_1 为腋长,c_2 为腋宽,加腋部位应在平面图中绘制。如图 13-19d 所示。

如图 13-19d 所示 350×700 PY500×250,其中:"350×700"表示梁的断面尺寸,"PY"表示水平加腋代号,"500×250"表示水平加腋的腋长为 500 mm,腋宽为 250 mm。

当有悬挑梁并且根部和端部高度不同时,用斜线分隔根部与端部的高度值,即 $b \times h_1/h_2$。

如图 13-19c 所示 350×700/550,就表示变截面梁,高端为 700 mm,矮端为 550 mm。

(2)第二排注明梁箍筋和梁上部通长筋(或架立筋)配置,两项为必注值。

①箍筋。包括钢筋级别、直径、加密区与非加密区间距及肢数。箍筋加密区与非加密区的不同间距及肢数需用斜线"/"分隔;当梁箍筋为同一种间距及肢数时,则不需要用斜线;当加密区与非加密区的箍筋肢数相同时,则将肢数只注写一次;箍筋肢数应写在括号内。加密区范围见相应抗震等级的标准构造详图,施工人员须根据标准构造详图的规定,在规定的几种长度值中取其最大值作为加密区长度。

289

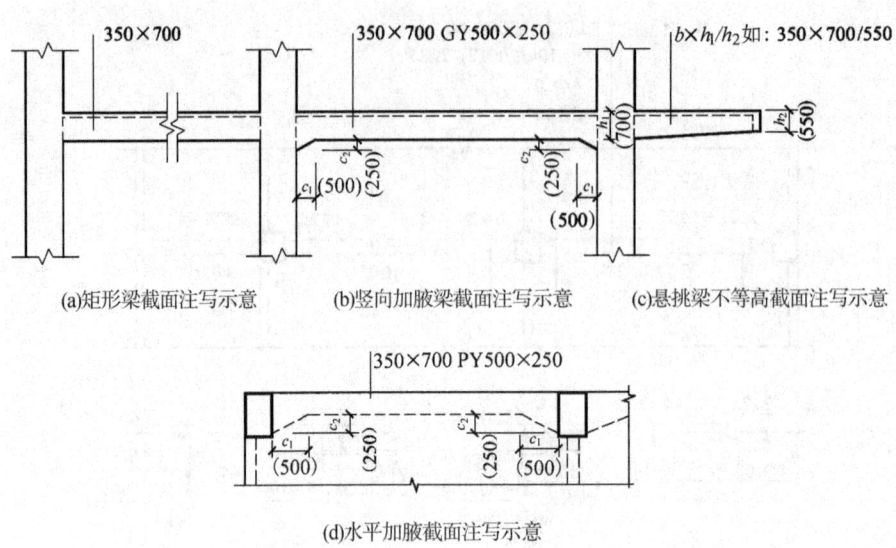

图 13-19 梁断面尺寸注写方式示意

如图 13-18 所示 $\phi 8@100/200(2)$，其中 $\phi 8$ 表明梁配置的箍筋直径为 8 mm 的 HPB300 钢筋（见附录二附表 2-4）；@ 为相等间距符号；斜线前面的 100 表明加密区（靠近支座处）间距为 100 mm；斜线后面的 200 表明非加密区间距为 200 mm，均为 2 肢箍筋（括号内2）。

②梁上部通长筋或架立筋配置。通长筋直接标注包括钢筋级别、直径和根数；架立筋同样需标注出钢筋级别、直径和根数。当同排纵筋中既有通长筋又有架立筋时，应用加号"+"将通长筋和架立筋相连。注写时需将角部纵筋标注在加号"+"的前面，架立筋标注在加号"+"后面的括号内，以示不同直径及与通长筋的区别。当全部采用架立筋时，则将其标注在括号内。

如图 13-18 所示 2⊕25，表明该梁的上部配有两根直径为 25 mm 的 HRB400 钢筋（见附录二附表 2-4），为通长筋。若标注为 2⊕25+(2⊕22)，则表明该梁的上部既配有两根直径为 25 mm 的 HRB400 钢筋（见附录二附表 2-4）为通长筋；同时还配有 2⊕22 的架立筋（即注在加号"+"后面括号内的 2⊕22）。

③如果梁的上部和下部都配有通长筋，且各跨配筋相同，可在此处统一标注，两者以分号"；"分隔。

如 2⊕22；3⊕20，分号前面数据 2⊕22 表明梁的上部配置通长筋有两根是直径为 22 mm 的 HRB400 钢筋（见附录二附表 2-4）；分号后面数据 3⊕20 表示梁的下部配置通长筋有三根，是直径为 20 mm 的 HRB400 钢筋。

（3）第三排注写梁的侧面纵向构造钢筋或受扭钢筋配置，该项为必注值。

当梁腹板高度 $h_w \geq 450$ mm 时，梁两侧面须配置纵向构造钢筋，此项注写值代号为大写字母 G，接续注写配置在梁两个侧面的总配筋值，并且对称配置。

如图 13-18 所示 G4⊕10，表示梁的两个侧面共配置有四根纵向构造钢筋，是直径为 10 mm 的 HRB335 钢筋，每侧各配置两根，且对称配置。

当梁侧面需配置受扭纵向钢筋时，此项注写值代号为大写字母 N，接续注写配置在梁两个侧面的总配筋值，并且对称配置。

如图 13-20a 所示 N4⊕18，表示梁的两侧配置受扭纵向钢筋共两根，是直径为 12 mm 的 HRB400 钢筋，每侧各配置一根，且对称配置。

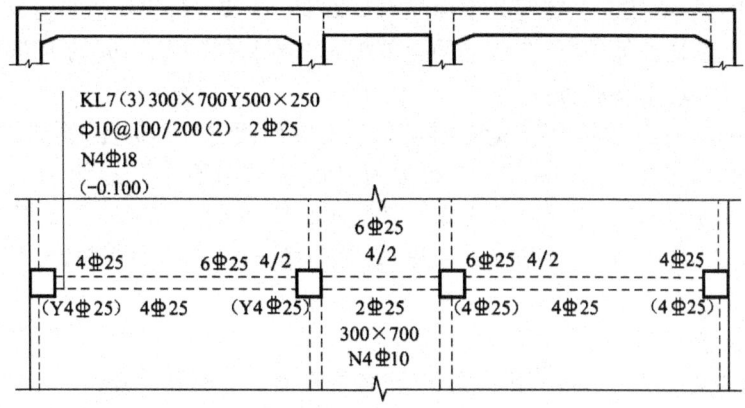

(a)梁加腋平面注写方式表达示例

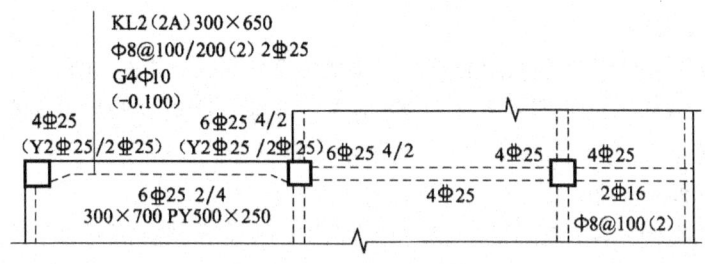

(b)梁水平加腋平面注写方式表达示例

图 13-20 梁加腋平面注写方式示例

2. 一项选注值：梁顶面标高高差

如图 13-18 所示第四排数字为选注内容,表示梁顶面标高相对于结构层楼面标高的高差值；对于位于结构夹层的梁,则指梁顶面标高相对于结构夹层楼面标高的高差。有高差时,需将其写入括号内,无高差时不注写此项。梁的顶面标高高于结构层楼面标高时,其标高高差为正(+)值,反之为负(-)值。

如图 13-18 所示(-0.100),即表示该梁顶面标高比楼层结构(楼板面)标高低 0.100 m。

13.3.1.2 梁原位标注

当梁集中标注中的某项数值不适用于该梁的某部位时,则将该项适用数值在该部位"原位"标注。施工时原位标注取值优先。

梁在原位标注时要特别注意各种数字符号的注写位置。如注写于纵向梁的上面表示梁的上部配筋,下面表示梁的下部配筋；注写于横向梁的左方表示梁的上部配筋,右方表示梁的下部配筋。标注时,注写方向同梁的方向。

1. 梁支座上部纵筋(含通长筋)

梁支座上部纵筋,该部位含通长筋在内的所有纵筋,进行注写时：

(1)当上部钢筋多于一排时,用斜线"/"将各排纵筋自上而下分开。

如图 13-20a 所示,梁支座上部纵筋注写为 6⊈25 4/2,表示上一排纵筋为 4⊈25,下一排纵筋为 2⊈25。全部伸入支座。

(2)当同排纵筋有两种直径时,用加号"+"将两种直径的纵筋相连,注写时将角部纵筋写在前面。

如图 13-18 所示,梁左边支座处上面注写 2⊕25 +2⊕22,表示该处除放置集中标注中注明的 2⊕25 上部通长筋外,还在该梁的上部配有两根直径为 22 mm 的 HRB400 钢筋(见附录二附表 2-4),为端支座钢筋。

(3)当梁中间支座两边的上部纵筋不同时,须在支座两边分别标注;当梁中间支座两边的上部纵筋相同时,可仅在支座的一边标注配筋值,另一边省去不注。

如图 13-18 所示,于其中一中间支座上部注明 6⊕25 4/2,表明除了 2 根 φ25 通长筋外,还放置了 4 根⊕25 的中间支座钢筋(共 6 根)。分两排配置,上排为 4⊕25,第二排为 2⊕25(即 4/2)。

2. 梁下部纵筋

(1)当下部钢筋多于一排时,用斜线"/"将各排纵筋自上而下分开。

如图 13-18 所示,左边一跨的梁下部注明 6⊕25 2/4,表明梁该跨的下部除了 4 根⊕25 的纵筋外,还放置有 2 根⊕25 的钢筋(共 6 根)。分两排配置,上排为 2⊕25,第二排为 4⊕25(即 2/4),全部伸入支座。

(2)当同排纵筋有两种直径时,用加号"+"将两种直径的纵筋相连,注写时将角筋写在前面。

(3)当梁下部纵筋不全部伸入支座时,将梁支座下部纵筋减少的数量写在括号内。

如梁下部纵筋注写为 6⊕25 2(-2)/4,表示上排纵筋为 2⊕25,且不伸入支座;下一排纵筋为 4⊕25,全部伸入支座。

(4)如果梁的集中标注注写了梁上部和下部均为通长的纵筋值时,则不需在梁下部重复做原位标注。

3. 梁的加腋钢筋的原位标注

(1)梁的竖向加腋钢筋的原位标注:

梁的竖向加腋钢筋只有"加腋部位下部斜纵筋"。在梁的加腋跨下方原位标注"加腋部位下部斜纵筋",其标注的方式是:在该跨支座下部以 Y 打头注写在括号内,如图 13-20a 所示(Y4⊕25)。

(2)梁的水平加腋钢筋的原位标注:

梁的水平加腋钢筋存在有上、下部斜纵筋。当梁设置水平加腋时,水平加腋钢筋的原位标注的方式为在加腋支座上部。即上、下部斜纵筋应在加腋支座上部以 Y 打头注写在括号内,它们之间用"/"分隔。如图 13-20b 所示(Y2⊕25/2⊕25)。

(3)当在多跨梁的集中标注中已注明加腋,而对该梁某跨根部却不需要加腋时,则应在该跨原位标注等截面的 $b \times h$,以修正集中标注中的加腋信息。如图 13-20a。

4. 梁附加箍筋或吊筋及其他

在主、次梁相接处,要附加箍筋或吊筋。需将其直接画在平面图中的主梁上,并用细实线引注总配筋值(附加箍筋的肢数注在括号内),如图 13-21 所示。

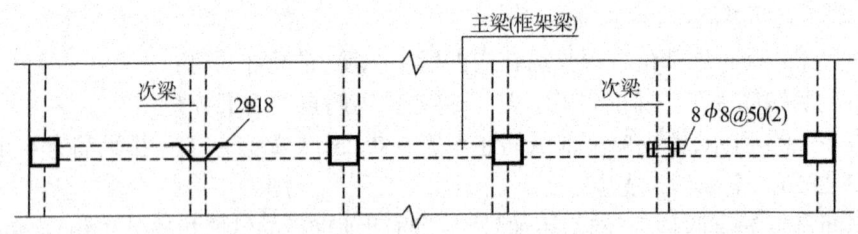

图 13-21 附加箍筋和吊筋的画法

当多数附加箍筋或吊筋相同时,可在梁平法施工图上统一注明,少数与统一注明值不同时,再原位引注。

13.3.2 截面注写方式

截面注写方式表达梁平法施工图,是在分标准层绘制的梁平面布置图上,分别从不同编号梁中各选择一根梁,用剖面号(单边截面号)引出截面配筋详图,并在其上注写断面尺寸、配筋的具体数值等。将截面图形画在图中或其他图上。

在截面配筋详图上注写截面尺寸 $b×h$、上部筋、下部筋、侧面构造筋或受扭筋以及箍筋的具体数值,其表达形式与平面注写方式相同。当某梁的顶面标高与结构层的楼面标高不同时,应在其梁编号后注写梁顶面的标高高差(注写规定与平面注写方式相同)。具体应用截面注写方式表达的梁平法施工图示例,如图 13-22 所示。

截面注写方式既可以单独使用,也可以与平面注写方式结合使用。

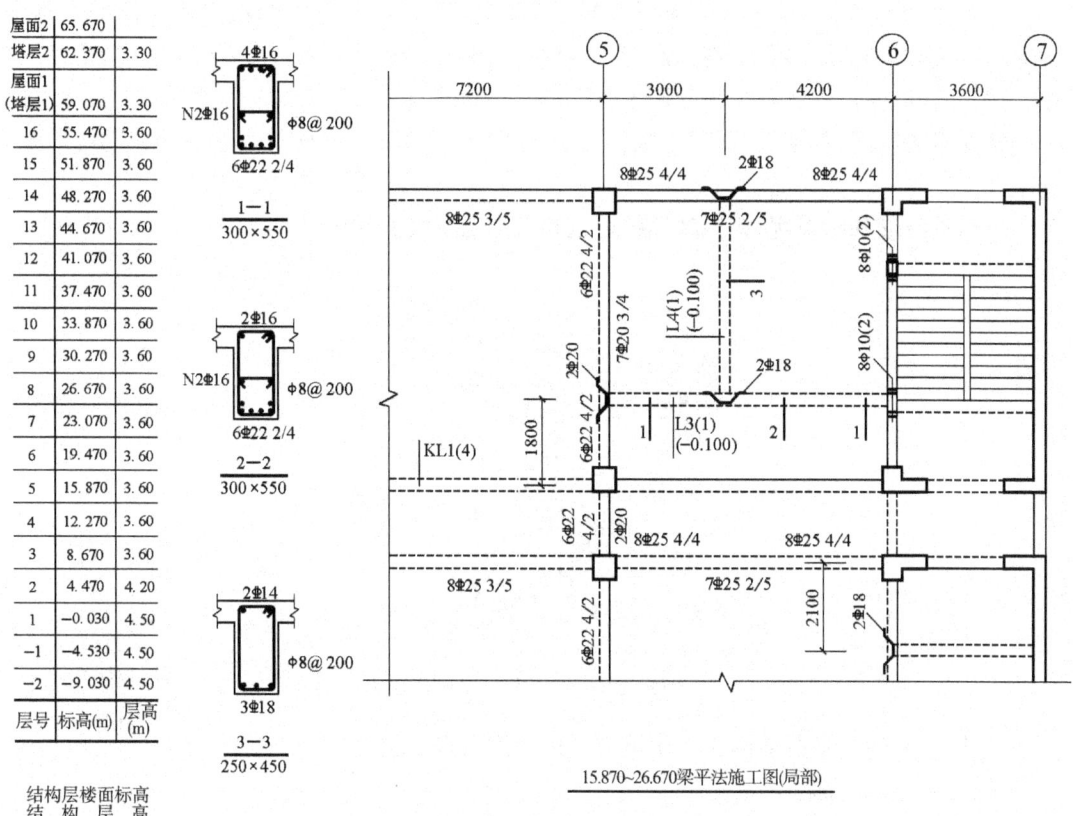

注:可在结构层楼面标高、结构层高表中加设混凝土标号等栏目。

图 13-22 梁平法施工图截面注写方式示例(局部)

图 13-18(梁平面注写方式示例)及图 13-22(梁平法施工图截面注写方式示例)中对各编号的梁,均未标注各类钢筋长度及伸入支座长度等尺寸,这些尺寸将由施工单位的技术人员,查阅对照《11G101—1 国家建筑标准设计图集》中的标准构造详图确定。这就要求在读图计算时:与建筑图配合,明确梁的编号、数量和布置;结合结构有关说明,明确梁的混凝土强度等级及其他要求;认真查阅"平法"标注,明确梁的截面尺寸、配筋和标高,依据抗震等级、设计要求和标准构造详图确定纵向钢筋、箍筋和吊筋的构造要求。依据上述已知条件要求,结合标

准设计图集中的标准构造详图及相关表格,就可完成各类钢筋(如面筋、底筋、端支座筋和中间支座筋等)长度及伸入支座长度等尺寸的计算和明确搭接要求。

13.4 基础图

13.4.1 概述

如图13-23所示,基础是建筑物室内地面以下与土层直接接触的地下承重结构部分,是建筑物地面以下承受建筑物全部荷载,并将荷载均匀地传递给下面地基的构件。基础下面承受基础传递荷载的土层称地基。基础的作用是将上部荷载均匀地传递给地基。从建筑首层地面±0.000到基础底面的深度,称为基础的埋置深度。

基础的类型很多,其形式的选用主要取决于地基的承载能力和建筑承重结构的形式。常见的有条形(墙)基础、独立(柱)基础和桩基础(图13-24)。条形基础多用于砖混结构中。独立基础又称柱基础,多用于钢筋混凝土结构中。桩基础既可做成条形基础,用于砖混结构中作为墙的基础;又可做成独立基础用于柱基础。

按材料的不同,基础又可分为:砖(石)基础,混凝土基础,毛石混凝土基础和钢筋混凝土基础。

下面以条形基础为例,介绍基础的组成和与基础有关的术语。

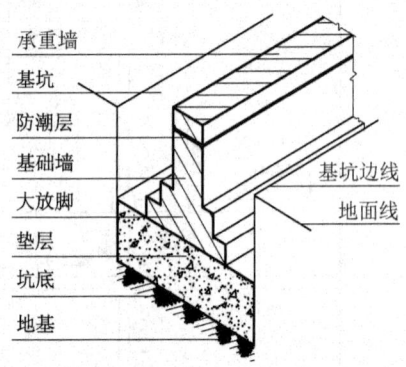

图13-23 条形基础的组成

地基:承受建筑物荷载的天然土层或经过加固的岩土层。

坑底:基础的底面。

垫层:直接与地基土接触,把基础传来的荷载均匀地传递给地基的结合层。上部结构的荷载通过垫层传递到地基土上,而基础垫层则承受地基上的反作用力。

大放脚:基础墙下部的阶梯形砌体部分。作用是把上部结构传来的荷载分散传给垫层的基础扩大部分,目的是使地基上单位面积的压力减小。

基础墙:建筑中把±0.000以下的墙称为基础墙。

防潮层:为了防止地下水对墙体的侵蚀,在地面稍低(约-0.060 m)处设置一层能防止水气沿墙体向上渗透的防潮材料来隔潮,这一层称为防潮层。

基坑:为基础施工而在地面上开挖的土坑。

基坑边线:施工时用作测量放线的灰线。

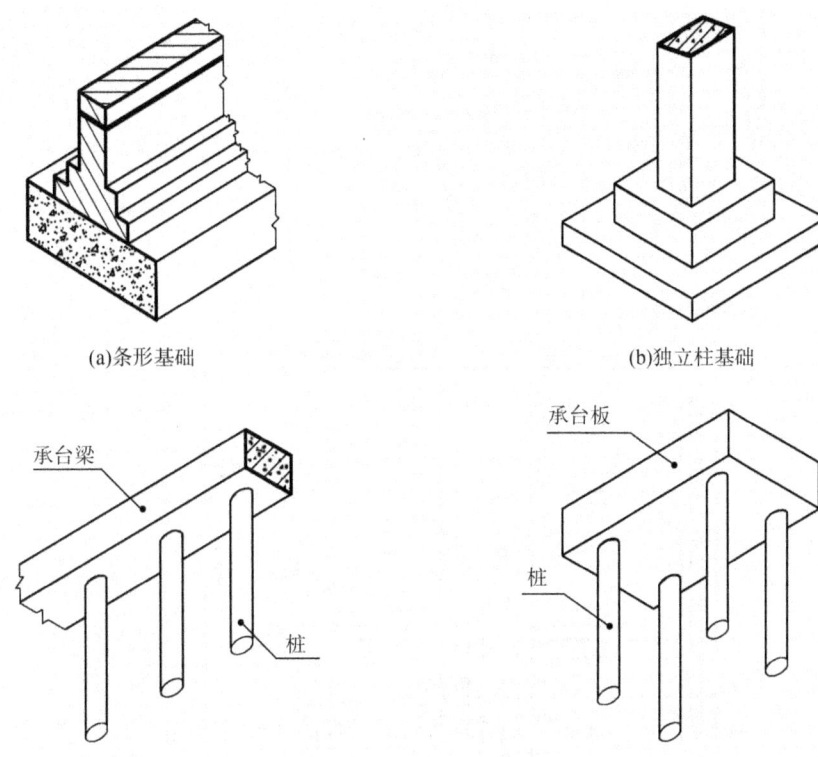

(a)条形基础　　(b)独立柱基础　　(c)桩基础

图 13-24　常见的基础类型

13.4.2　基础图的内容

基础图是表示建筑物室内地面以下基础部分的平面布置和详细构造的图样。它是基础施工放灰线、开挖基槽或基坑及砌筑基础的依据,是结构施工图的重要组成部分之一。基础图一般包括基础平面图、基础详图和文字说明三部分。

13.4.2.1　基础平面图

基础平面图是表示基坑没有填土之前基础平面布置的图样。即假想采用一水平剖切面,沿房屋的底层地面与基础之间把整幢房屋剖开,然后移开剖切平面以上的房屋和基础回填土,所绘制的基础水平投影图(图 13-25、图 13-27)。在基础平面图上,只绘出基础的垫层边线和基础墙(柱)的投影轮廓线,主要表示基础的平面布置以及墙、柱与轴线的关系,大放脚投影则省略不画。

基础平面图的图示内容:

(1)图名和比例。图名一般为"基础平面(布置)图"。图的比例一般与建筑平面图相同,如采用1:100。

(2)纵横向定位轴线及其编号和轴线之间的尺寸。它们必须与建筑平面图一致。

(3)基础的平面布置和尺寸标注。

基础平面图应反映基础墙、构造柱、承重柱、基础梁、地基圈梁以及基础底面的形状、大小及其与轴线的尺寸关系。

在基础平面图中,轴线两侧用粗实线画出被剖切到的基础墙的轮廓线;用粗实线绘制或涂黑表示被剖切到的钢筋混凝土构造柱、雨篷承重柱;用细实线绘制基础底面的外形轮廓线;以

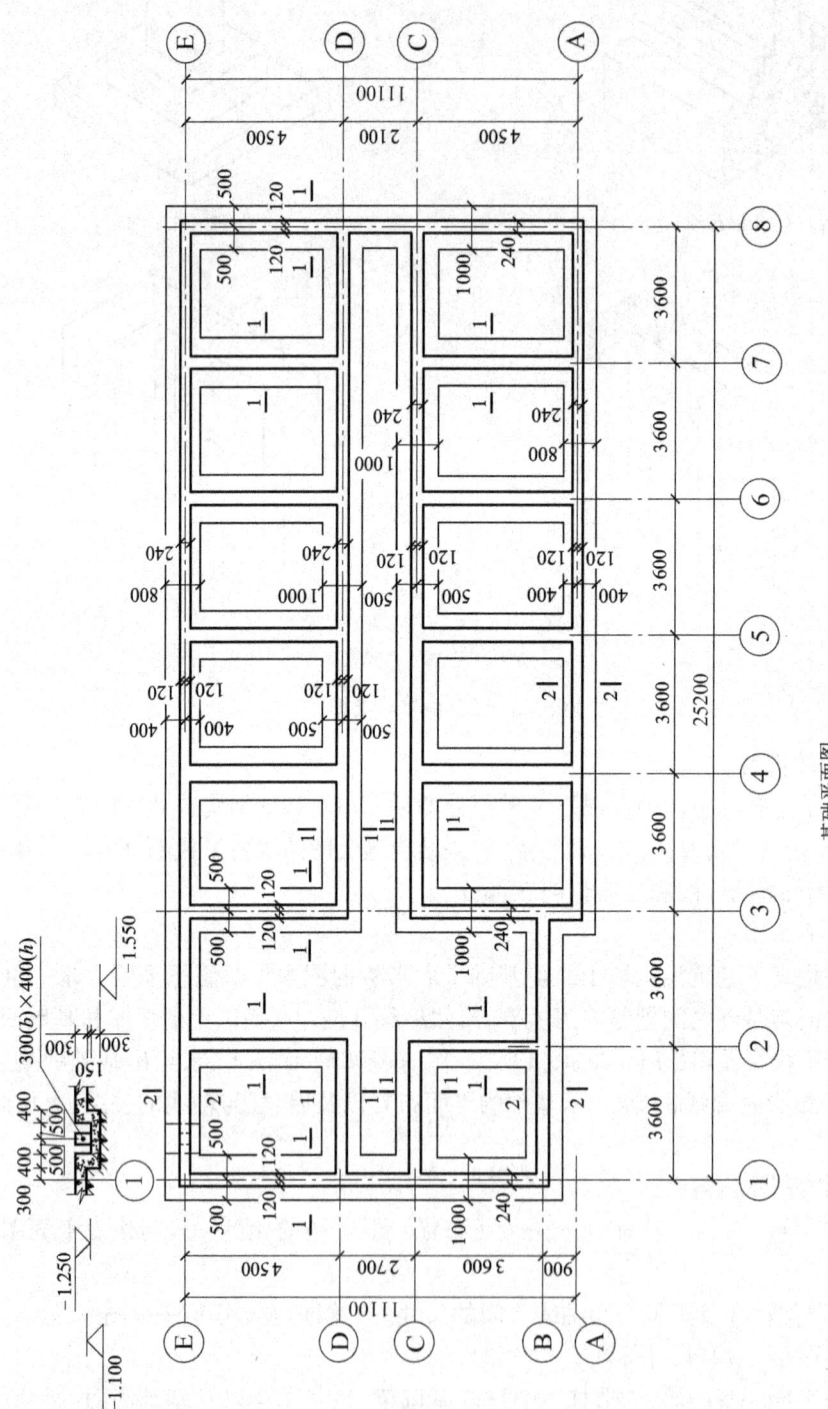

图13-25 基础平面图

细虚线表示地沟及基础预留管洞的位置,其做法及尺寸另用断面详图表示;习惯上不画大放脚和垫层等其他细部轮廓线的水平投影。这些细部的形状和尺寸在基础详图中表示。

基础平面图上必须标注的尺寸:基础的定位尺寸、大小尺寸及细部尺寸等。基础的定位尺寸主要指轴线间尺寸、轴线到基坑边尺寸及轴线到基础墙边尺寸。基础的大小尺寸主要包括:基础墙宽度、柱外形尺寸以及它们基础的底面尺寸,这些尺寸可直接标注在基础平面图上,也可以用文字加以说明和用基础代号等形式标注。

(4)基础编号和柱的代号。

不同类型的基础,如独立基础的形状、尺寸、埋置深度及与轴线的相对位置不同,需要分别对它们进行编号。基础编号用代号"J"和序号组成;柱的代号用代号"Z"和序号组成。如图 13-27 所示,基础平面图中基础的编号有 J1、J2,表示该建筑有两种类型的基础;柱的代号有 Z1、Z2,表示该建筑有两种类型的柱。

(5)基础梁编号。

不同形式的基础梁或地梁的编号:基础梁编号用代号"JL"和序号组成,如 JL 1、JL2……;地梁编号用代号"DL"和序号组成,如 DL1、DL2……

(6)基础断面的剖切位置和编号。

基础断面形状与埋置深度要根据上部的荷载及地基承载力确定。同一建筑根据不同的荷载,不同的地基承载力,下面就有不同的基础。凡基础截面形状、尺寸不同时,均应画出它的断面详图表示,并在基础平面图上用 1—1、2—2 等剖切符号注明该断面的位置。

(7) 其他。

当基础底面标高有变化时(如阶梯基础),应在基础平面图对应部位的附近画出一段基础垫层的垂直剖面图来表示相应基底的标高。具体如图 13-25 所示。

对于基础底面标高、条形基础和基础梁等的材料要求可以用文字作统一的说明。

13.4.2.2 基础详图

在基础的某一处,采用铅垂的剖切平面剖切基础所得的断面图,称为基础详图。

基础平面图仅表明了基础的平面布置,基础断面详图表示了基础与轴线的关系、基础的断面形状、尺寸大小、材料及细部构造和做法及基础的埋置深度等。基础详图是表示基础的截面形状、尺寸、材料和做法的图样。基础断面详图常用 1:20 或 1:50 比例绘制。并尽可能与基础平面图画在同一张图纸上,以便对照看图。

基础的断面形状与埋置深度要根据上部的荷载以及地基承载力而定。根据基础平面布置图的不同编号,不同构造的基础应分别画出断面详图表示。条形基础详图通常采用垂直断面图表示;独立基础详图通常用垂直剖面图和平面图表示。

基础详图的主要内容:

(1)图名,比例。图名为基础代号;比例一般用 1:20 或 1:50。

(2)断面图中画出与基础平面图相对应的定位轴线及其编号(若为通用断面图,轴线圆圈内不予编号);

(3)画基础底面线、室内地面和室外地坪及基础垫层标高位置线。根据基础高、宽尺寸画出基础断面轮廓。

(4)画出砖墙、大放脚,垫层断面和防潮层的位置和做法。表明基础断面形状、大小、材料及配筋;基础梁的宽度、高度及配筋。

(5)表明基础断面的详细尺寸,室内地面、室外地坪、基础垫层的底面标高,及防潮层的位置和标高。

(6)表明有关混凝土、砖、砂浆的强度等级和防潮层材料、做法及施工技术要求等说明。

基础详图要结合基础平面图和基础剖面图阅读。如图13-26所示1—1和2—2基础断面详图,为图13-25所示条形基础平面图中的断面详图;图13-28所示,J1独立基础详图,为图13-27所示独立基础平面图中的断面详图。

13.4.2.3 基础图例示

1. 条形基础平面图及基础详图

(1)条形基础平面图

如图13-25所示为房屋的基础平面图。从图示可见整幢房屋的基础都是条形基础。图中轴线两侧的粗实线是墙边线,细实线是基础底边线(即垫层宽度线),大放脚省略不画。以①轴线的基础为例,图中注出基坑边线的宽度尺寸为1000 mm,基坑左右边线到轴线的定位尺寸为500 mm;墙厚为240 mm,左、右墙边分别到轴线的定位尺寸为120 mm。在①轴线与Ⓔ轴线相交的外墙转角附近有地下管洞300 mm(b)×400 mm(h)通过基础,其洞底标高为-1.250 m,洞的中心与①轴线相距1200 mm(300 mm + 400 mm + 500 mm = 1200 mm)。在图示中,在基础平面图中配合设备施工图,采用细虚线表示画出各跌级的位置表示出地沟及基础预管洞的位置,并注明其定形、定位尺寸和洞底标高。由于基础不得留孔洞,因此构造上把该段基础砌深450 mm成阶梯形,称为阶梯基础。这时,在基础平面图对应部位附近画出一段基础垫层局部断面详图来表示基础坑底标高的变化情况,并标注出基底标高,用来表示基底标高变化。坑底也挖成阶梯形,其尺寸和做法另用基础断面详图表示。

(2)条形基础详图

如图13-26所示,是图13-25所示条形基础的1—1、2—2断面详图。

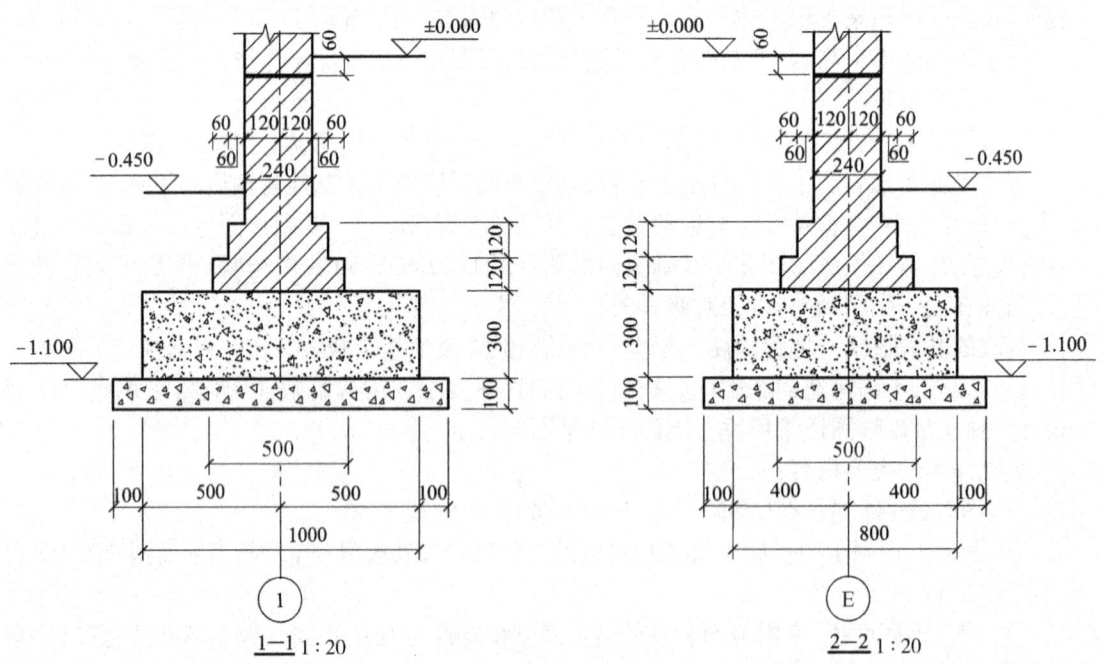

13-26 基础断面详图

如1—1断面详图所示,该图比例是1:20。从图所示,断面图是根据基坑填土后画出的,其扩展基础部分由素混凝土浇成,高300 mm、宽1000 mm。其上是两层大放脚,每层高120(即两层砖厚)。底层宽500 mm,每层每侧缩60 mm,墙厚240 mm。基础底下为三合土垫层,厚 100 mm,两边比基础各宽 100 mm。图中注出室内地面标高 ±0.000 mm,室外地面标高 -0.450 mm,基础垫层的底面标高 -1.100 mm。标注出防潮层距离室内地面 60 mm;轴线到基础边线的距离 500 mm,到墙边的距离 120 mm 等。至于 2—2 基础断面详图由读者自行分析。

2. 独立基础平面图和基础详图

(1)独立基础平面图

工业厂房或大、中型民用建筑通常采用排架或框架体系承重,通过柱子把上部荷载传递到基础上,所以在一般情况下柱子的基础是各自独立的,故称独立基础。

图 13 - 27 所示独立基础平面图,是第十二章图 12 - 2 所示某框架结构房屋的基础平面图。图中用中实线绘制"□"表示独立基础的外轮廓线,基础沿定位轴线布置;图中涂黑表示钢筋混凝土柱(也可用粗实线绘制出钢筋混凝土柱的断面);用中实线绘制基础上基础之间设置的基础梁的位置。不同类型的基础、柱分别用代号及编号表示:J1、J2 表示基础,其中 J1 有 15 个,J2 有一个;Z1、Z2 表示柱,其中 Z1 有 15 根,Z2 有 4 根;基础梁的代号及编号标注,具体如 JL1 - 1(200 × 400),其中:JL 表示基础梁,1 - 1 表示为第一号的第一跨度梁,梁宽为 200 mm,高为 400 mm。

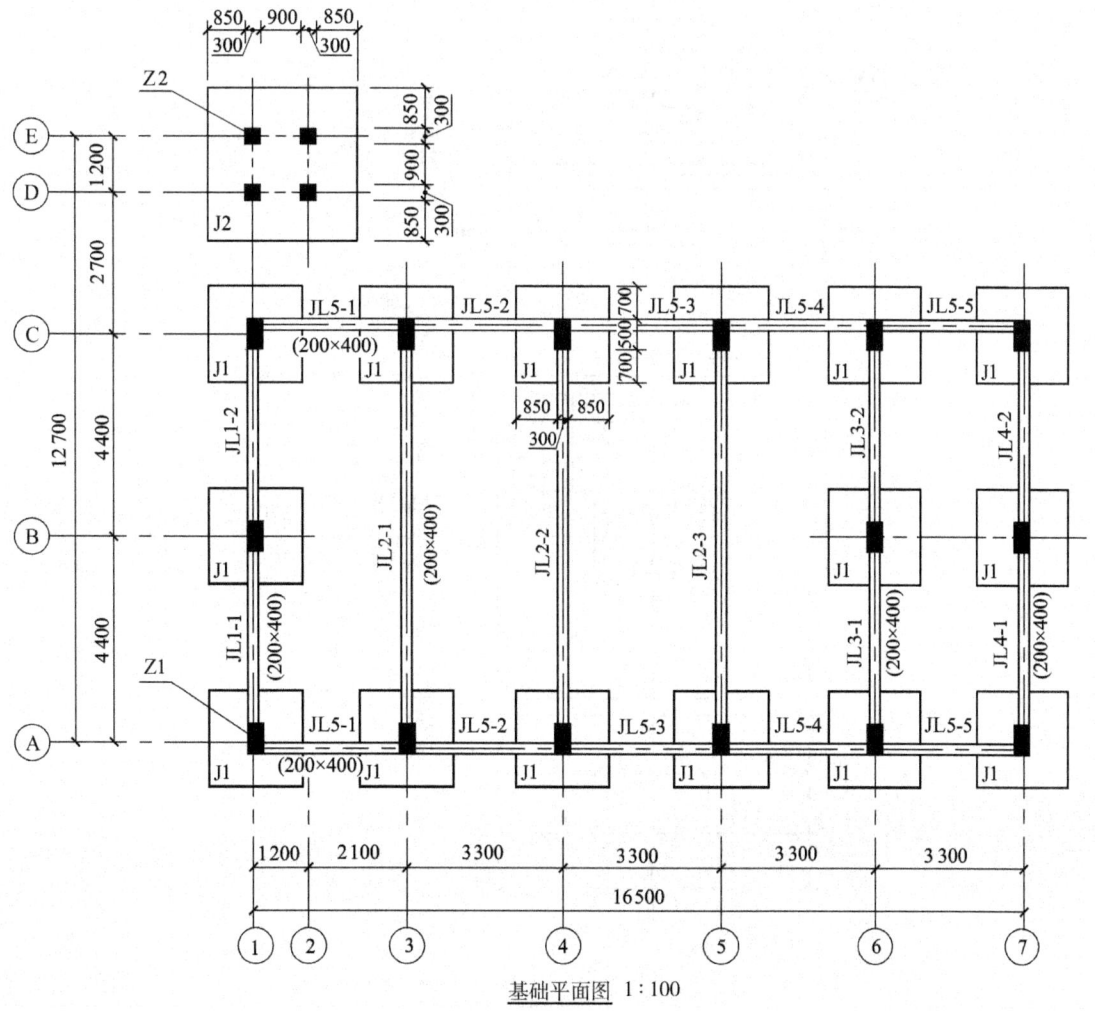

13 - 27 基础平面图

(2)独立基础详图

图 13-28 为钢筋混凝土独立基础 J1 的结构详图。图中应将定位轴线、外形尺寸、钢筋配置等标注清楚。立面图采用全剖面图表示基础和杯口的外形及配筋;平面图采用局部剖面图表示基础的网状配筋情况。图中由于画出了钢筋,故剖面图中不画剖面符号。通常采用 1∶20 比例。立面图中用细实线绘制外轮廓线,粗实线表示钢筋;剖切的钢筋,其断面用黑圆点表示。平面图中,用中粗实线表示可见轮廓线,用粗实线表示钢筋。图中注出定位轴线到基础边缘的尺寸,以及杯口的顶面和底面等细部的长、宽、深尺寸。钢筋底下保护层的厚度尺寸一般是 35 mm,但不必标出。另外,还标注出基础的顶面、底面标高。

基础 J1 纵横两向钢筋配置 φ14@200(编号分别为①和②号)的钢筋网。柱的钢筋配置同一层柱结构。基础底部通常浇灌低强度等级(一般为 C15)素混凝土垫层,柱子材料及配筋在柱详图中注明。

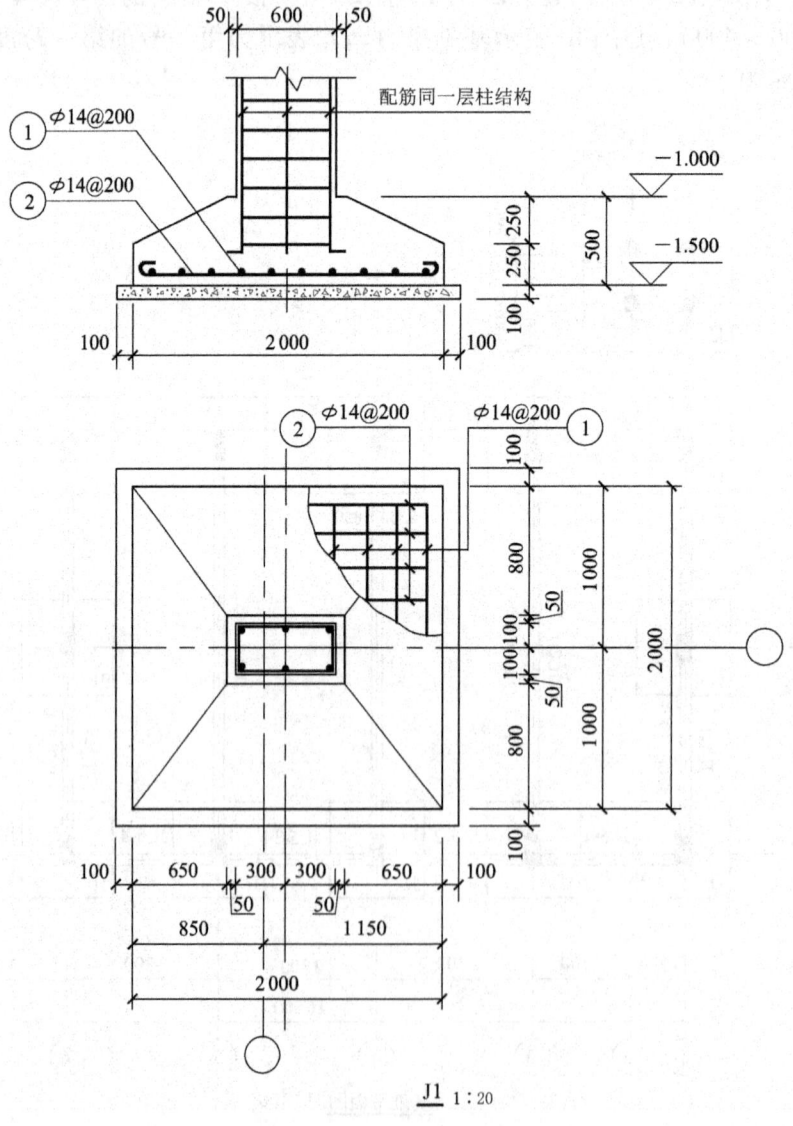

13-28 独立基础详图

13.5 图例

如图13-29、图13-30所示,分别为一圆平顶亭的顶板结构平面图和剖面图。平面图反映了顶板和独立中心柱之间的连接关系和构造处理;剖面图主要表示梁、板、柱等承重构件之间的连接关系和构造处理。还反映板的厚度与标高。

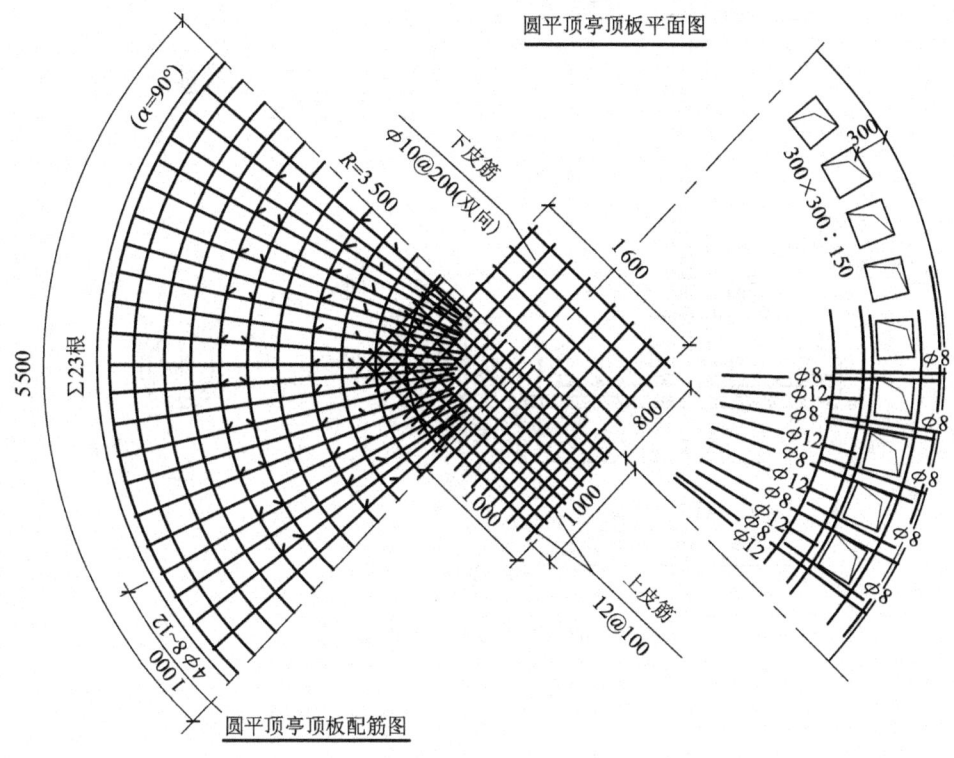

图13-29 圆平顶亭顶板配筋图

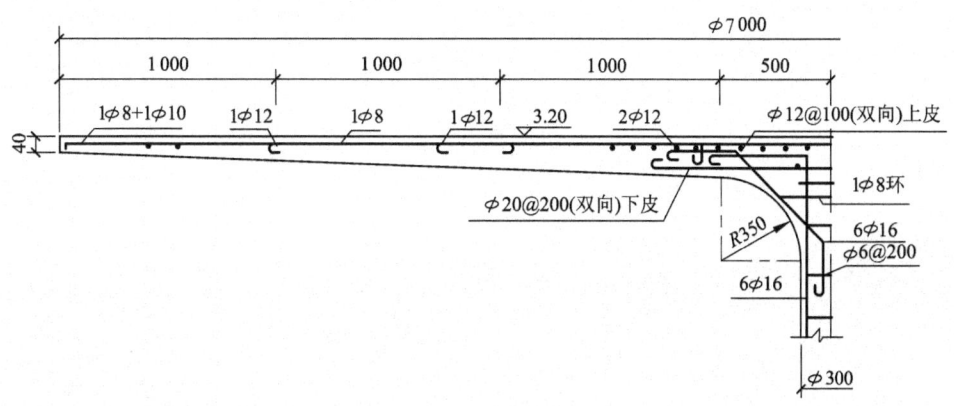

图13-30 圆平顶亭顶板剖面图

图13-31所示为圆平顶亭的柱与基础详图。

该圆平顶亭，$R=3500$ mm，独立中心柱直径 $d=300$ mm，$r=d/2=150$ mm。该亭的平顶板的厚度，拟为 $h=L/20=3000/20=150$（mm），实际取平顶板的厚度为 160 mm，起始端板的厚度为 40 mm，混凝土为 C30。

该圆平顶亭为钢筋混凝土结构，现浇制作。具体读者自行分析。

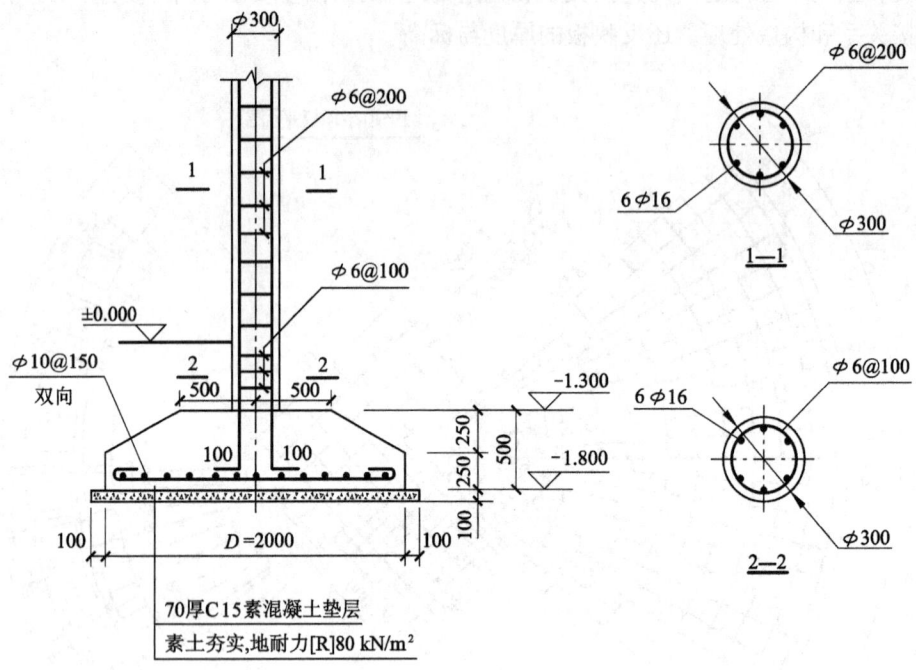

图 13-31　圆平顶亭柱与基础详图

第14章 风景园林工程图

14.1 概 述

14.1.1 园林工程图的内容和作用

园林景观是一种有明确构图意识的美的空间造型。

园林景观设计集工程、艺术、技术于一体,既要求有科学技术设计的精华,又要有艺术创新的想象力及精湛的技艺。园林景观设计的范围是非常广泛的,景观规划是从宏观出发,大规模、大尺度地把握景观的整体规划,使对土地和自然资源的保护和利用更加合理,利用美学理论巧妙地协调好人和自然的关系,景观设计是针对景观中的因素进行良好的利用和设计,其核心是空间设计和场地设计。其造园技法,采用藏与露、虚与实、疏与密、内向与外向、主从与重点、引导与暗示、起伏与层次、渗透、借景、蜿蜒曲折、高低错落及空间对比等园林艺术手法进行组景和造景,蕴涵了浓厚的中国传统文化内涵。

园林景观设计是在一定土地范围内运用艺术法则和工程技术手段,依据形式可先于或决定功能,或形式追随于功能的观念,将山、水、植物、建筑、道路等园林要素组合,塑造出美的园林艺术形象,从而创造出步移景异、丰富多彩、富有诗情画意的园林景观,造成"虽由人作,宛自天开"的境界,给人们以赏心悦目的美的享受与鸟语花香、景色宜人的优美自然环境,既满足人们的需要又保证环境的可持续发展。正是"百科交渗远流长,因地制宜巧布妆。动静依存分有合,实虚相济露还藏。亭廊曲径蜿蜒建,山水繁花毓秀扬。咫尺园林多意境,诗情画意永留芳。"

园林景观工程包括土方工程、筑山工程、理水工程、园路工程、种植工程等园林组成要素专项工程。园林规划设计经过总体规划、详细规划、总体设计(方案设计)、施工图设计四个阶段。施工图设计提供满足施工要求的设计图纸、说明书、材料标准和施工概(预)算等。根据园林景观设计的结果绘制出的施工图,统称为园林工程图。

一套园林工程图,根据其内容和作用的不同,分为:

(1)设计施工总说明。包括设计图纸和文件目录及设计总说明。

(2)园林总体规划设计图。包括总平面图、总立面图、剖面图及整体或重要景区局部鸟瞰透视图。

(3)土方工程施工图。包括竖向设计图、土方调配图的平面图及剖面图。

(4)筑山工程施工图。包括假山工程施工图和置石工程施工图的平面图、立面图(或透视示意图)、剖面图及详图。

(5)园路工程施工图。包括园路工程施工图和广场工程施工图的平面图、剖面图与详图。

(6)理水工程施工图。包括驳岸、水体工程施工图的平面图、立面图、剖面图、断面图及水体单项土建工程详图、综合管网图的平面图与剖面图。

(7)种植工程施工图。包括道路绿化、广场绿化、园林绿化等种植工程施工图的平面图、立面图、剖面图和详图。

园林工程图主要用于表达园林工程设计意图,说明工程施工要求与做法,为工程编制预算、施工放线及施工组织规划提供依据。

同时,国家标准《风景名胜区规划规范》(GB 50298—1999)规定园林风景区规划成果应包括:①规划文本;②规划说明书;③基础资料;④规划图纸。其中,风景区规划设计的主要图纸应符合附录三之附表3-1的规定。

14.1.2 定位轴线

在园林工程图中,工程平面位置的标定方法与前述建筑总平面图的平面布置标定方法相同。对于小型工程,如在原有的园林庭院中新增园林景观设施及单体建筑物、构筑物,则可在图上直接标注出新建工程与原有的保留景物、园路、建筑物等的坐标(定位尺寸)及标高,作为新建工程施工放线的依据;对于大中型工程,由于工程项目较多,规模较大,为了确定定位放线的基准,在总平面图与其他施工图中常利用直角坐标网格(测量坐标网格或施工坐标网格)来定位,以表示工程规划设计的平面布置。

在采用坐标网格法标定工程的平面位置时,应该分别表明它的定位轴线。定位轴线可直接用坐标网格线延长线表示,并在其一端绘制出直径为8 mm的圆圈,圆圈的圆心应在定位轴线的延长线上(图14-1)。

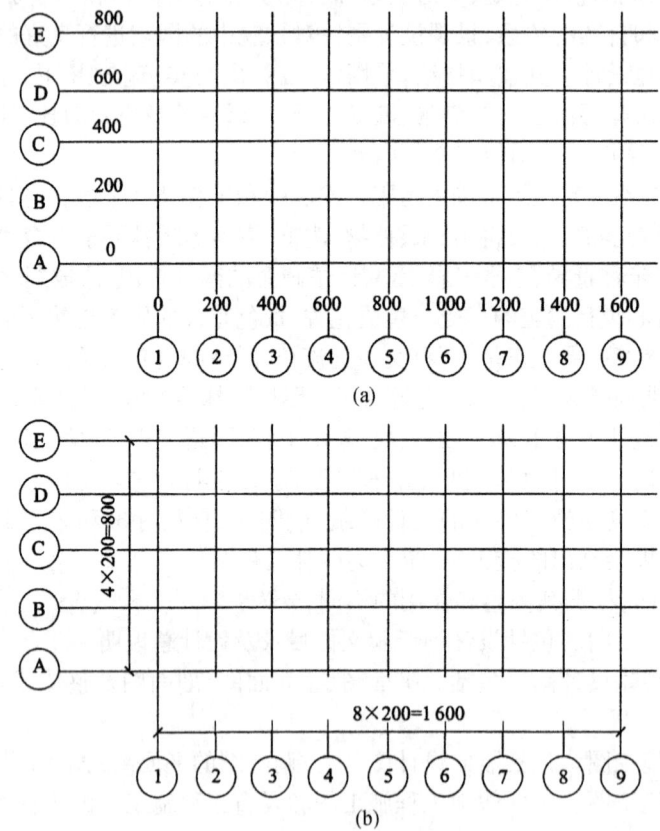

图14-1 定位轴线

在总平面图上,定位轴线的编号标注在图样的下方和左侧,横向用阿拉伯数字,从左向右按顺序编号;竖向用大写拉丁字母(不采用I、O、Z,以避免误解为数字1、0、2),从下至上按顺序编写(图14-1)。其中,图14-1a的基准点是"0",横向以轴线Ⓐ为基准线,纵向以轴线①为基准线;图14-1b的定位轴线采用尺寸标注的形式说明。不管采用图14-1a还是图14-1b的形式,都应清楚表明基准点和基准线的位置。

14.1.3 图例

绘制园林工程图必须遵照国家或行业的有关标准进行制图,以保证制图的规范化。

绘图时应参考、采用本书附录一之附表1-3总平面图图例、附录三之附表3-5植物树冠立面图例等有关标准规定的图例,或直接查阅、采用国家标准《总图制图标准》(GB/T 50103—2001)与行业标准《风景园林图例图示标准》(CJJ 67—95)所规定的有关图例。若采用有关标准规定之外的图例,则必须用文字说明所设计图例的名称或意义。

14.2 园林总体规划设计图

14.2.1 总体规划设计图的内容和作用

园林规划设计包括风景名胜区、城市绿地系统、各类公园、住宅区及一切单位等的面向户外环境的规划设计。

园林总体规划设计图,简称总平面图。它是在首先理解项目特点,进行全面规划的基础上,调查、研究,拟定详细的设计方案,结合现代新技术、新材料、新理念,创造出新的符合时代特征的景观;经方案设计、技术设计、施工图设计,最后绘制成表明一个征用区域范围内,对原有自然状况的改造和规划的总体综合设计图(平面图)。它是在一定区域范围的基本条件下,艺术意境和功能巧妙融合的结晶。它提供工程施工放线、土方工程及编制施工预算的依据,表明各系统工程相互关系及与周围环境的配合关系。

总平面图的具体内容,如图14-2庭园总平面图所示,主要包括:景区景点的设置,出入口位置及主要拟建建筑物、假山石及其他构筑物(包括桥梁)的风格、造型、规模、位置,以及各专业工程系统的规划和竖向设计及地貌设计、园路系统、河湖水系、绿化规划、景观设置等。此外,还有一些必要的常规设施(附录三之附表3-2)等的综合设计。

总平面图对综合设计的各项目可在图中直接用文字说明,也可用阿拉伯数字按顺序标注出序号,再用文字说明,如图14-2所示。

由于总平面图要说明的是总体规划设计的内容,而不是园林组成要素的专项设计内容,其工程项目多,征用地域范围较大,因此,只有在工程内容较简单的情况下,上述内容可合并于一张总平面图中。否则,还需分别绘制各子项工程施工总平面图,如绿化总平面图、综合管线总平面图等。必要时还可画出总立面图、整体或重要景区的局部鸟瞰透视图等。如图14-3所示,为图14-2所示庭园规划设计总平面图的鸟瞰透视图。它逼真地反映了科学馆庭园风景规划设计总平面图,所表示的庭园整体外貌,让人看图如同身临其境目睹景观一样。

总平面图应清晰准确,图文相符,图例一致。总平面图一般采用1:300、1:500的比例绘制,若征用地域范围大而工程简单,也可用1:1000的比例。

总平面图的具体内容一般应包括:

(1)表明工程征地区域现状及规划范围;准确的放线基准点、基准线位置,并在基准点处注明标高。

(2)表明工程征地区域现状及规划范围内对地形、地貌原有自然状况的改造和新的规划,以及地形竖向控制标高。

(3)以详细定位尺寸或坐标网格标明园林植物种植范围,建筑物、构筑物及地下或架空管线的位置和外轮廓线。

(4)为了减少误差,对整体式平面要注明轴线与现状的关系;自然式道路、山丘、种植物应以坐标网格为控制依据,坐标网格可用(2 m×2 m)~(10 m×10 m)的方格,其方向尽量与测量坐标网格一致。

(5)注明道路、广场、建筑物、水体水面、地下管沟、山坡、山丘、绿地和古树根部的标高,并注明其衔接部位。

(6) 应在图纸上标明图名、图例、风玫瑰、规划期限、规划日期、规划单位及其资质图签编号等内容。

(7) 撰写规划说明书。规划说明书应分析现状，论证规划意图和目标，解释和说明规划内容。

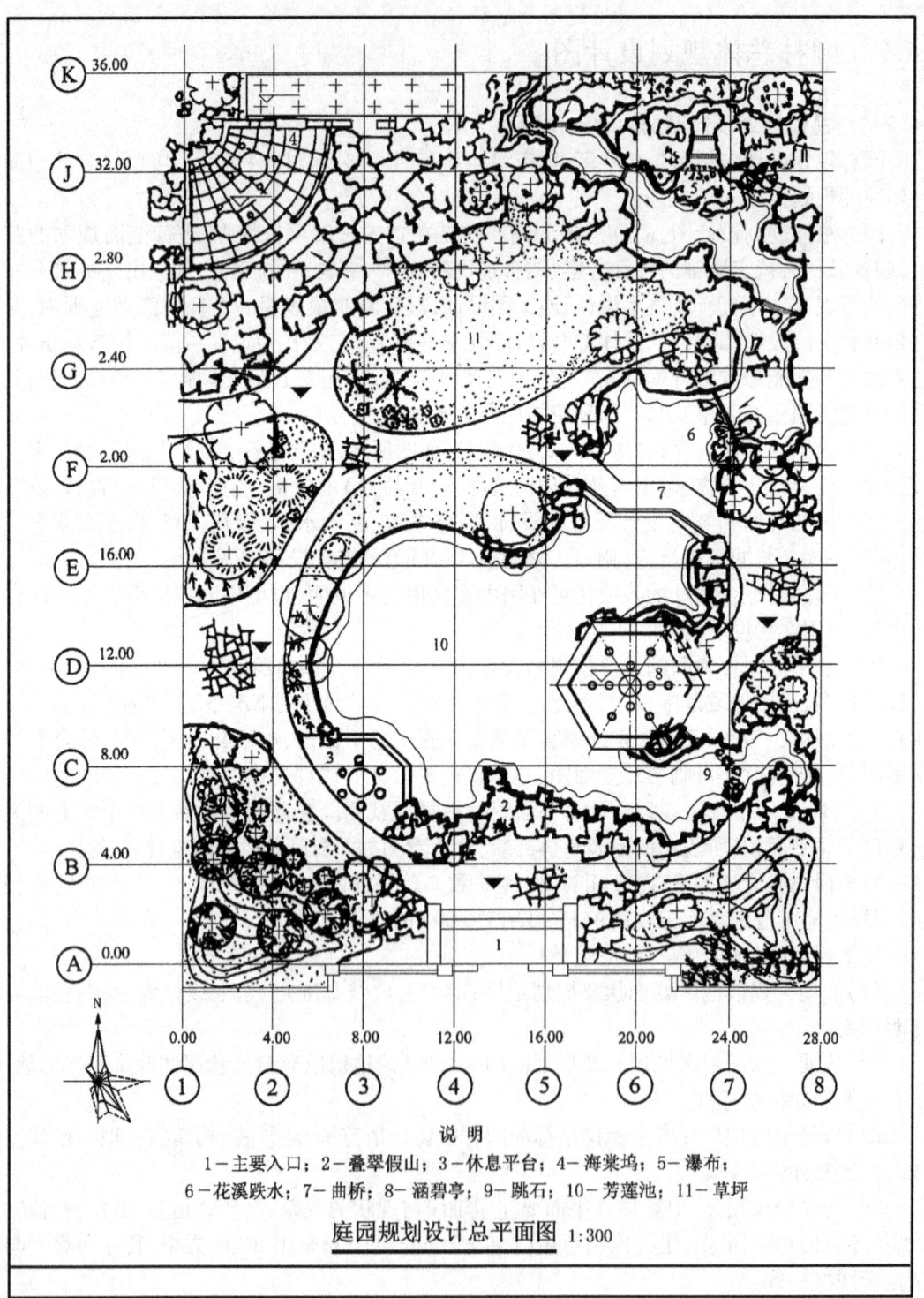

图 14-2　庭园总平面图

第 14 章 风景园林工程图

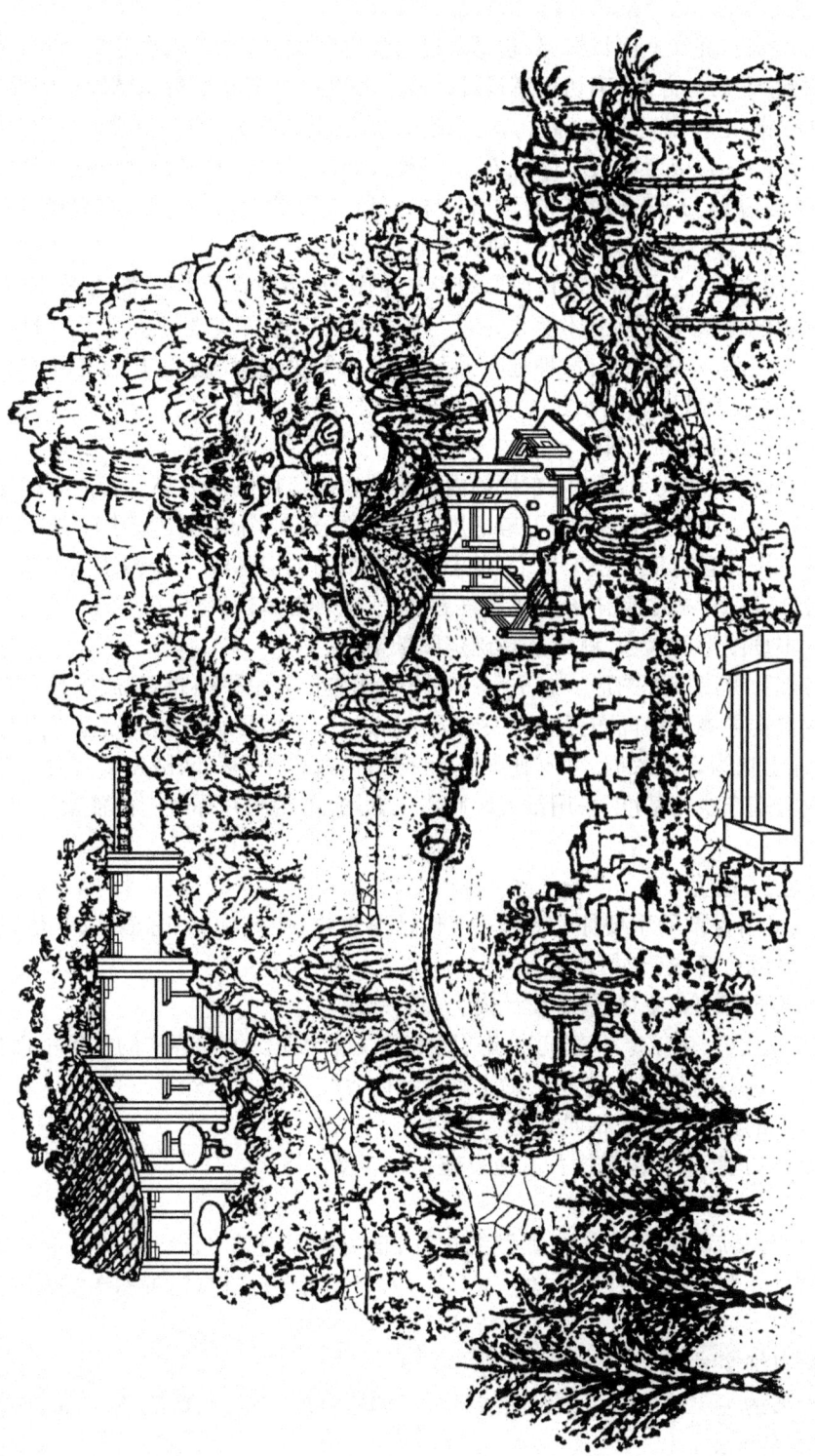

图14-3 科学馆庭园鸟瞰透视图

14.2.2 总平面图的绘图方法与步骤

14.2.2.1 确定设计内容、进行合理布局、做出综合设计

进行设计时,首先了解整个项目概况,包括对园林整体的立意构思、风格造型、项目建筑规模、投资规模、可持续发展等方面,确切理解设计任务书和城市总体规划对园林绿地的性质、服务对象的规定和要求,正确制定其内容;再通过调查、基地现场踏勘,收集并掌握有关原始资料;然后,根据设计任务书,结合城市总体规划、绿地性质与服务半径要求,按照科学规律,运用艺术和科学技术手段筹划,进行合理布局,做出总体设计(方案设计),并着手绘制施工图。

14.2.2.2 全面了解工程征地范围的地形、地貌现状

在绘制总平面图之前,必须通过现状地形图或测量图,及市政设施综合管线图,详尽而确切地了解地形、地貌的现状及与周围环境的关系。有条件的应进行实地勘察。了解的内容包括:建筑物、构筑物、道路、水体系统、各种地上及地下物的平面位置(对地下物还需了解其埋置的确切深度),以及地面坡度和雨水排除方向。

14.2.2.3 根据征用地范围和工程内容,确定比例

一般应根据征地面积的大小及总体布置的内容来选择确定比例的大小。若征用地范围大而总体布置较简单,施工工程项目不多,可考虑用较小比例;若征用地范围较小而总体布局较为复杂,或征用地范围大且施工工程项目多,考虑到图样图面的清晰性,应该采用较大的比例。

14.2.2.4 选定图纸幅面,确定坐标及基准点与基准线,绘制定位轴线

比例确定后,根据图形的大小,就可选择确定图纸幅面。

图纸幅面选定后,考虑布置图形。总平面图中一般用坐标表示平面布置,放线时根据现场已有点的坐标,用仪器导测出平面布置的有关坐标。所以,布置图形首先要确定基准点与基准线。若采用原有地上物为定位依据,可不画出坐标网格;但若采用坐标网格为依据的总平面布置,则应以基准点与基准线为基准,采用细实线画出坐标网格,绘制并标注定位轴线。

14.2.2.5 画底稿

1. 绘出现有地形、地貌

绘出现有地形和将保留的主要原有地上物(包括建筑物、构筑物、原有道路、其他自然物及地形等高线等)及综合管线(包括地上、地下)。

2. 依据"三定"原则,绘出园林景观设计内容的轮廓线

"三定":包括"定点",依据原有建筑物或道路中心线确定新设计内容中的某点平面坐标;"定向",确定新设计内容的朝向;"定高",确定新设计内容的标高。

(1)绘出新设计的道路系统和活动用地。

(2)绘出新设计的建筑物、构筑物及其他设施、水体、绿化等。

14.2.2.6 检查底稿,描深图线

检查底稿正确无误后,将多余作图辅助线擦掉,依据国家标准《总图制图标准》(GB/T 50103—2010)之"总平面图例"(附录一之附表1-3)及有关行业标准规定的图线线型的要求,描深图线:

(1)坐标网格以细实线表示。

(2)对现有地形的主要地上物采用细实线表示。如原有的建筑物、构筑物、道路、桥涵、围墙等的轮廓线以细实线表示。

(3)新建道路的路肩、人行道、排水沟、树丛、草地、花坛等的可见轮廓线以细实线表示。

(4)对新设计的建筑物采用粗实线表示;对设计的地下建筑物以粗虚线表示其轮廓;对设计的构筑物等可见轮廓线以中实线表示。

(5)对计划扩建的预留地或建筑物用中虚线表示。
(6)对管线采用有关图例及现行有关标准代号规定标注。

14.2.2.7 标注尺寸和绝对标高

在总平面图中,标注出新设计的建筑场地、道路、其他设施等的定位尺寸和大小尺寸,作为施工放线的依据;若采用坐标网格,则以坐标网格作为施工放线的依据;若为圆形建筑物、构筑物则要标注出中心坐标或定位尺寸。

总平面图中的尺寸和标高以 m 为单位,并取小数点后两位,不足的以 0 补齐。详图以 mm 为单位,若不以 mm 为单位的应加以说明。

14.2.2.8 注写设计说明

设计说明主要包括分析现状、论证规划意图和目标、解释和说明规划的内容,具体有:
(1)总体规划、布局的有关说明;
(2)工程情况的有关说明;
(3)关于总体标高以及基准引测点的说明;
(4)关于补充图例的说明;
(5)施工技术要求和做法说明。

14.2.2.9 其他

画出风向频率玫瑰图,标注比例尺,填写图签、标题栏。

14.2.2.10 检查

检查并完成全图。

14.2.3 总平面图读图要则

(1)大概了解。
①了解工程设计意图、工程性质、图样比例;阅读文字说明,熟悉图例。
②了解工程征地范围、地形、地貌和周围环境情况。
(2)了解总体规划,分析规划内容的合理性。
①了解总体规划,根据园林性质、服务对象分析其规划内容的合理性;
②明确各子项工程的合理设计及相互关系,以及与周围环境的关系。
(3)了解总体平面布置,分析规划设计布置的合理性。
了解总体平面布置,明确新造景物的平面位置和朝向,并根据下述条件分析其规划设计的合理性。
①出入口的类别和具体位置,应根据城市的规划和内部布局的要求确定。
②园路系统应根据总体设计内容和游人容量确定;主要园路应具有引导游览的作用,并便于识别方向。
③河湖水系设计,应根据园中水系的不同使用要求(如活动水面和观赏水面)确定。
④种植设计应根据当地气候、城市特点、居民活动习惯和管理条件确定,既要满足功能上的需要,又要创造优美的景观。
⑤对工程管线综合管网布置,必须考虑安全、卫生、节约和保护景观等因素。
⑥对其他常规设施的位置,应根据实际条件设计。
(4)了解各处位置的标高,分析竖向设计的合理性。
了解各处位置的标高,并根据周围的城市规划标高、规划内容和景观要求,分析庭园竖向设计的合理性,明确地面坡度和雨水排除方向。

(5) 明确工程施工放线的基准依据。

(6) 明确对工程情况的有关说明。

14.3 土方工程施工图

土方工程施工图,主要反映地形设计和竖向设计的内容和要求。地形设计,是对场地中的自然因素和人为因素进行规划,是对原有地形、地貌进行工程结构和艺术造型的设计,从而达到良好的使用目的。地形设计和竖向设计结合,确定高程、坡度、朝向、排水方式等,以及工程上的安全要求,环境小气候的形成及游人的审美要求等。

土方工程施工图包括竖向设计图和土方调配图,下面分别进行介绍。

14.3.1 竖向设计图

14.3.1.1 竖向设计图的内容和作用

园林总体规划设计应与竖向设计和地形景观规划同时进行。竖向设计的关键是处理好自然地形和景园建设中各单项工程(如建筑物、构筑物、园路、园桥、水池、排水沟道、工程管线等)之间的空间关系。根据景点及设施工程的控制高程和排水方向,顺应其土地使用性质的不同,因地制宜,以最少的土方量,在原有地形上创造性地布置小地形,创造出自然、和谐的园林景观地貌骨架,使景观造型丰富优美,风景建筑工程经济合理,以其极富变化的创造力,赋园林风景以生机。

竖向设计图主要表达竖向设计所确定的各种造园要素的坡度和各点高程,如:各景点、景片的主要控制标高;主要建筑群的室内控制标高;室外地坪、水体、山石、道路、桥涵、各出入口和地表的现状及设计高程。

竖向设计图有平面图和剖面图,必要时还可绘制土方调配图(包括平面图与剖面图)。

竖向设计图主要为工程土方预算、地形改造的施工方法与要求提供依据。

14.3.1.2 竖向设计平面图

1. 竖向设计平面图的内容

平面图主要表示设计和现状高程,以设计等高线表示。设计等高线的高差,因图样的比例不同要求也不同;平面图的比例选择宜同总平面图,具体比例可有 1∶300、1∶500、1∶1 000,等高线的高差分别有 0.2 m、0.5 m、1.0 m。坐标网格可用(2 m×2 m)~(10 m×10 m)的方格。

如图 14-4 所示为庭园竖向设计平面图。平面图表示的具体内容包括:①设计和现状标高;②建筑物室内及室外地坪标高;③出入口标高;④园路主要折点、交叉点、变坡点的标高和护坡坡度;⑤水体驳岸的岸顶与岸底的标高;人工水体的进水口、泄水口、溢水口(常水位)和自然水体的最高水位、最低水位、常水位的标高及池底标高;⑥假山山顶标高;⑦绿地高程采用等高线表示;⑧表示排水方向及雨水口的位置。

2. 竖向设计平面图作图方法与步骤

(1) 根据征用地和图样复杂程度,选择比例(尽量选择与总平面图一致的比例),确定图纸幅面。

(2) 画出定位轴线与坐标网格,确定基准点与基准线。

(3) 依据坐标画出工程的平面布置,对建筑物只要求采用粗实线绘制出外形轮廓线。

(4) 检查底稿,并描深图形。

(5) 标注尺寸和标高,标注出网格尺寸,并按上述标高内容标注出必要的标高或等高线的

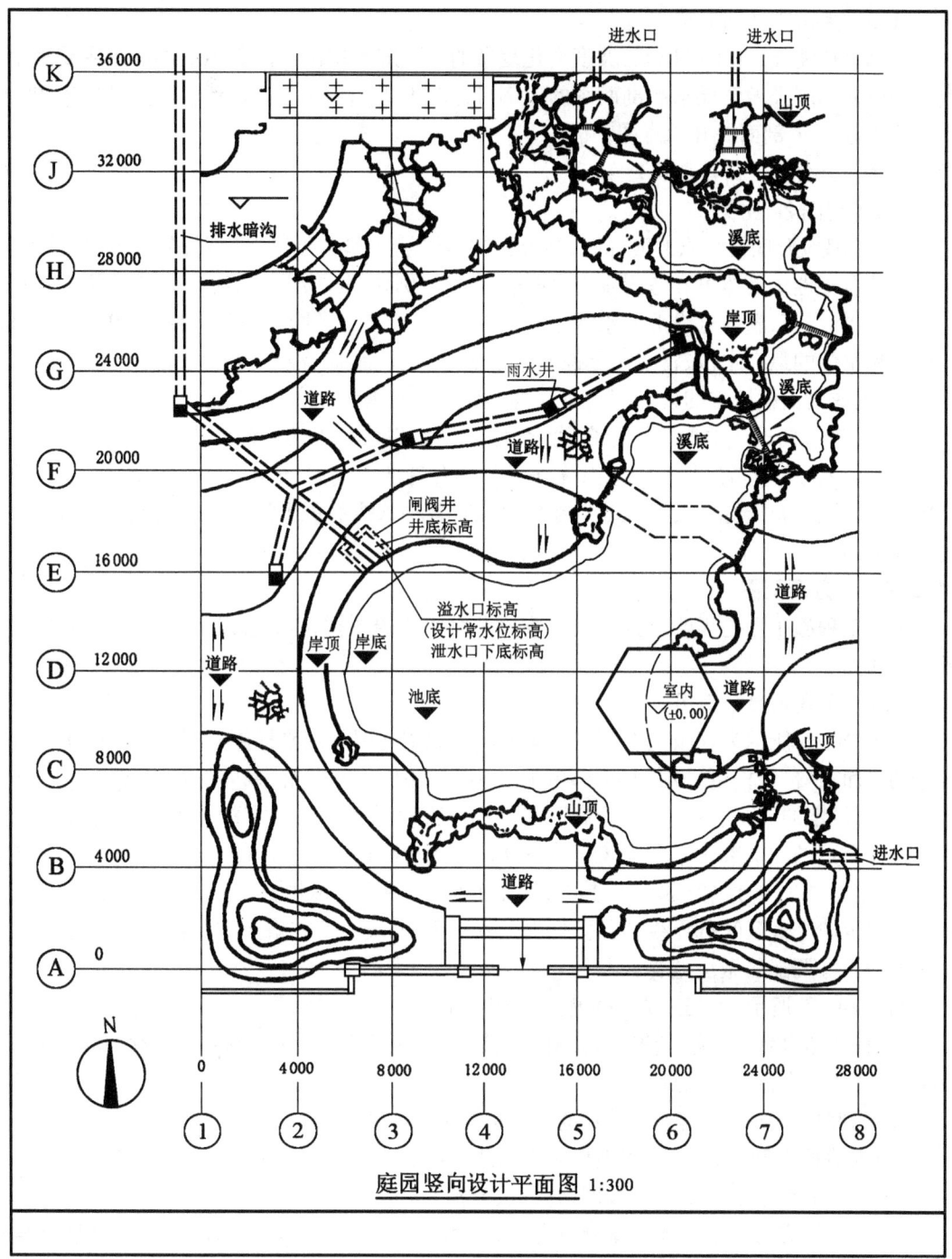

图 14-4 庭园竖向设计平面图

高程数字,标注定位轴线编号。

(6)写出做法说明,包括:施工放线依据;夯实程度;土质分析;工程要求的地形处理及客土处理。

(7)标注图名、比例,填写会签栏、标题栏。

(8)检查并完成全图。

14.3.1.3　竖向设计剖面图

根据表达需要,在重点地区、坡度变化复杂的地段应该用剖面图表示。剖面图主要表示各重点部位的标高及做法要求。剖面图的比例可选取1∶20、1∶50、1∶100等。具体可参考图14-6庭园水池1—1剖面展开示意图。

14.3.1.4　竖向设计图读图要则

(1)了解图名、比例。

(2)了解地形现状及原地形标高,结合园林整体规划和地形景观规划,分析竖向设计坡度和高程的合理性。具体可参考附录三之附表3-3。例如,要求绿地的最小坡度不得小于1%;无栏杆的水池、河、湖的近岸部分水深不宜超过1.20 m,汀步附近水深不得超过0.40 m,以及保证各种水体的最高水位、常水位标高及水池进水口、泄水口、溢水口和河湖闸门标高的合理性;大高差或大面积填方的设计标高应为自然沉降后的永久标高等。

(3)了解竖向设计地形填挖标高、填挖土方总量,以及弃土的处理方法。

(4)了解地形改造的施工要求及做法设计的合理性。例如,土山、河、湖泊的整地,护坡的合理做法、要求与必要措施;保证改造地形对原有各种管线的覆土深度符合当地各种市政工程设计规范的规定。

14.3.2　土方调配图

土方工程施工图是表明土方调配改造的平面布置的图样,也称土方调配图。它包括平面图和剖面图。

14.3.2.1　土方调配平面图

如图14-5所示为庭园土方调配平面图。土方调配图采用坐标网格标定工程的土方调配改造的平面布置,网格可采用(2 m×2 m)~(10 m×10 m)的方格;采用附录一之附表1-3中序号14所规定的"方格网交叉点标高"的标注方法,表示各方格交点的原地面标高(图14-5中各方格交点的右下数字)、设计标高(图14-5中各方格交点的右上数字)、填挖高度(图14-5中各方格交点的左上数字。其中,数字前面的"+"表示填方,"-"表示挖方),并采用等高线表示填挖方区间分界线;同时,列出土方平衡表,表明各方格土方量和总土方量,用文字说明工程土方调配的做法与要求。

如图14-5所示,工程土方调配做法说明如下:

(1)图中以0线(横向以轴线Ⓐ,纵向以轴线①)为基准线。以4000 mm×4000 mm为一方格,方格交点为施工标高点。

(2)内庭原地面整平作为设计水池岸顶标高的±0.000。

(3)水池挖方150 m^2 与人工地形填方大致平衡。

(4)填方时整平地形呈自然坡度,并分层夯实。

(5)水池挖方时池壁与池底垂直,图中实线为池壁线,虚线为施工线(即预留池壁结构层厚350 mm)。

(6)等高线的高差为0.20 m。

14.3.2.2　土方调配剖面图

对重点地区、坡度变化复杂的地段,必要时可绘制剖面图表示土方调配。剖面图的内容和作用与竖向设计图相同。剖面图的比例可选取1∶20、1∶50、1∶100等,也可选取与平面图相同的比例。

图14-6为庭园水池1—1剖面展开示意图。

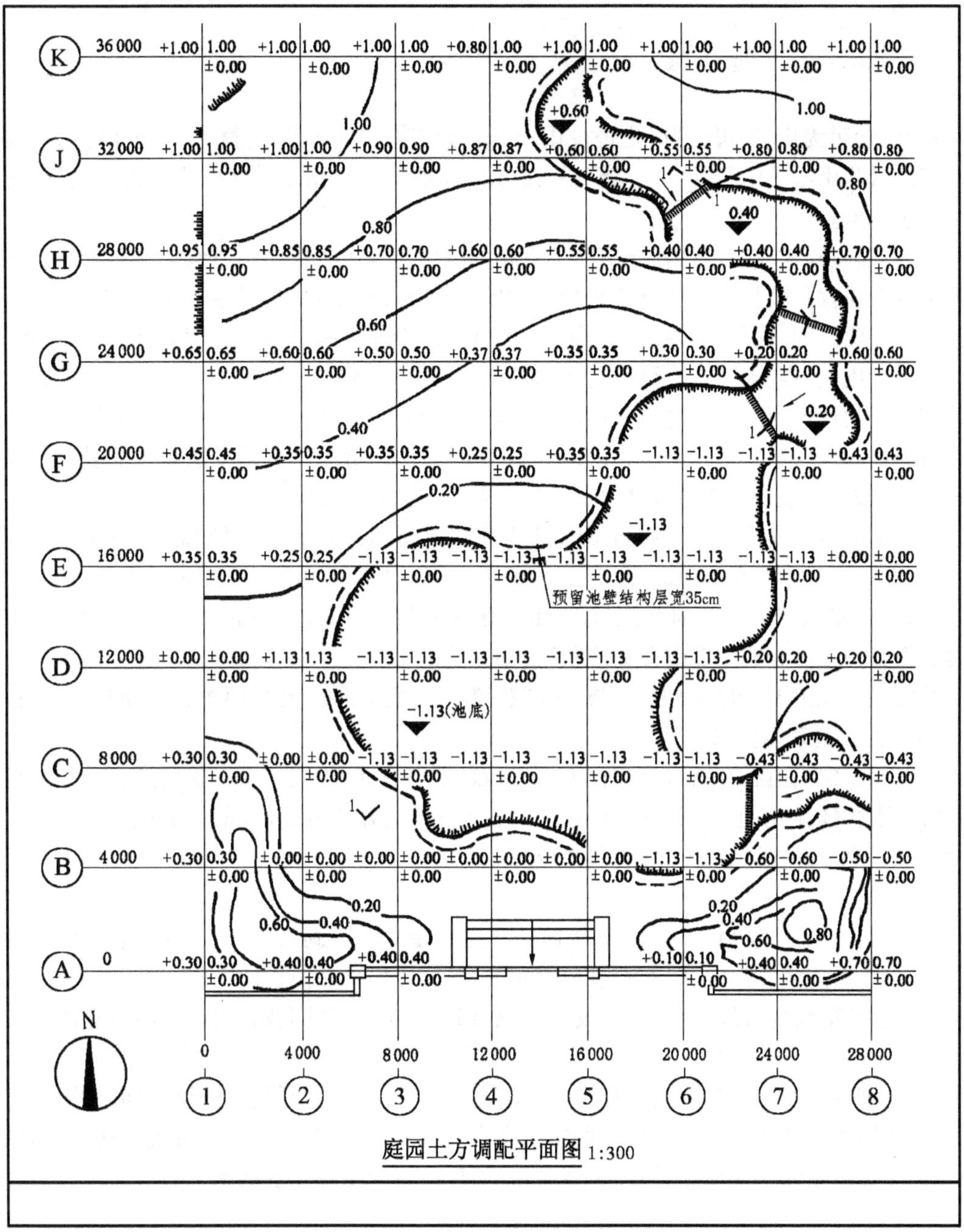

图 14-5 庭园土方调配平面图

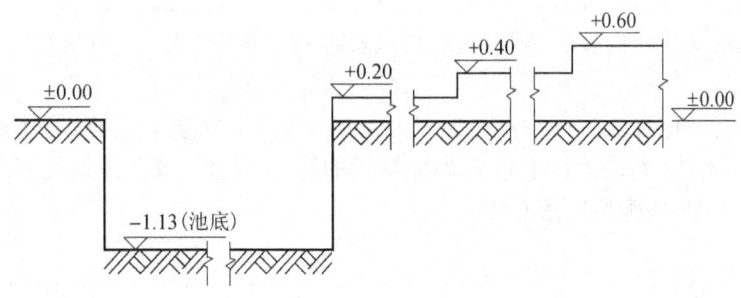

图 14-6 庭园水池 1—1 剖面展开示意图

14.4 筑山工程施工图

古有"园可无山,不可无石"之说。山石,既可作庭园的点缀、陪衬小品,也可作为主题构成庭园的景观中心。山石既可固岸筑桥,又可为人攀高作蹬、围山作栏、叠山构峒、引泉作瀑,伏池喷水成景。

山,按其质料构成,有石山、土山和土石相间的山。筑山工程包括有假山工程和置石工程。假山和置石在我国园林中占有重要地位。"山,骨于石,褥于林,灵于水",它以造景观览或登高览胜为主要目的,既可作为主景,亦可组织空间,结合作为障景、对景、背景、框景和夹景。

假山是用土石或人工材料结合建造的隆出地面的地形地貌,一般坡度应在15%以上。假山是不同于微地形的山水景物,它可以用天然山石材料,以水泥胶结混凝土作基础,经过选石、采运、相石、立基、拉底、堆叠中层和结顶等工序叠砌而成;或采用艺术手法将水泥混合砂浆、钢丝网(或低碱度玻璃纤维水泥,GRC)等人工材料,塑造翻模成型。

置石是以石材或仿石材料布置成自然露岩景观,它具有挡土、护坡和作种植床等实用功能,以及点缀园林空间的功用。置石比假山小,可作独立性的孤赏石,如上海豫园的"玉玲珑"、苏州的"瑞云峰"、杭州的"绉云峰"、北京的"青芝岫"等;也可作造景布置(如散点石),主要表现山石的个体美或局部组合美,而不具备完整的山形。

筑山工程施工图,包括假山工程施工图和置石工程施工图,有平面图、立面图、剖面图。

14.4.1 山石的表示方法

我国庭园常用山石有湖石、黄石、英石、青石、石笋石等,不同的山石其质感、色泽、纹理、形态等特性不一样,画法也不同。而且,石的组合形式与功用不同,表现的方法也有差异。

14.4.1.1 常用山石特性及画法特点概括

1. 湖石

湖石:石灰岩。色以青黑、白、灰为主。产于江、浙一带。湖石具有纹理纵横,脉络起隐,面多坳坎,自然形成沟、缝、穴、洞的特点。绘图时,首先画出自然曲折的轮廓线,再画出随形线条变化自然起伏的纹理;最后利用深淡线点组织,刻画大小不同的洞窝,表现出明暗对比。

2. 黄石

黄石:细砂岩。色有灰、白、浅黄。产于江苏、常州一带。黄石具有石纹古拙、型形顽夯、轮廓分明、块钝而棱锐、锋芒毕露,具有强烈的光影效果。绘图时,用平直转折线表现块钝而棱锐的特点;用重线条或斜线加深,加强明暗对比,表现山石的质感和空间感。

3. 英石

英石:石灰岩。色呈青灰、黑灰等,常夹有白色方解石条纹。产于广东英德一带。英石节理天然,褶皱繁密,多棱梢莹彻、峭峰如剑戟。绘图时,用平直转折线条表现多棱梢莹彻、峭峰如剑戟的特点;用深淡线点表现涡洞,粗细线条表示褶皱繁密,表现出明暗对比。

4. 青石

青石:细砂岩。色青灰。青石具有交叉互织的斜纹,无规整节理面,形体多呈片状,故有"青云片"之称。绘图时,着重注意该石多层片状的特点,为此,水平线条要有力,侧面要用折线,石片层次要分明,搭配要错落有致。

5. 石笋石

石笋石:竹叶状石灰岩。色呈淡灰绿、土红,带有眼窝状凹陷。产于浙常山、赣玉山一带。

石笋石形状修长,表面有些纹眼嵌卵石,有些纹眼嵌空。绘图时,首先要掌握好修长比,以表现修长之势。而表面的细部纹理则根据其个性特点刻画,如纹眼嵌卵石,则着重刻画石笋石中的卵石,表现出卵石嵌在石中;若纹眼嵌空,则利用深淡线点,着重刻画出窝空;而对鸟炭笋石,则用斧劈线条表示;对钟乳石,则利用长短不同随形而异的线条表示。

14.4.1.2 山石的表示法

山石的绘图方法除上述特例外,一般采用尖钢笔仿中国画的画法,分别以皴表示石山和土山的质感和立体感(图14-7)。其中,对石山可采用大斧、小斧劈法(图14-7a、b),或解索皴法(图14-7c)表示其形体;对土山可采用披麻类皴法(图14-7d)。

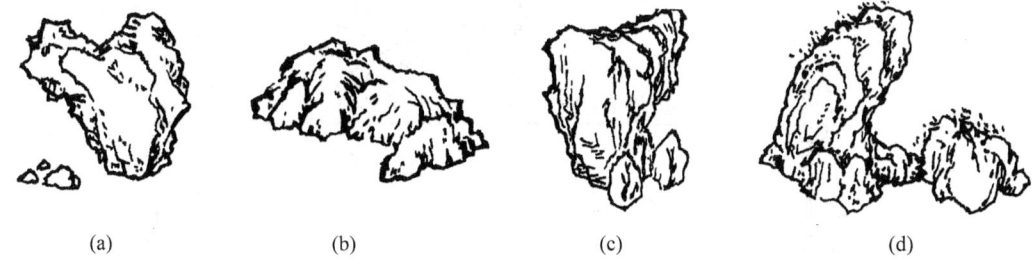

图14-7 尖钢笔仿中国画绘山石表示法

图14-7与图14-8所示的山石画法,一般可作为山石的立面图。

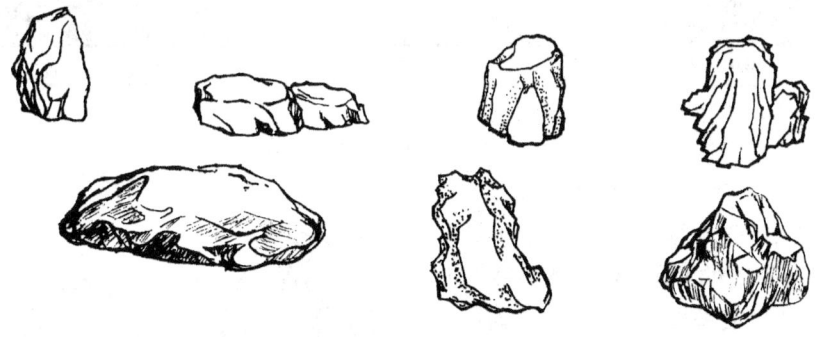

图14-8 山石的立面图表示法

山石的平面图可用附录一之附表1-3所示图例表示。对散石可依照图14-9所示绘图。

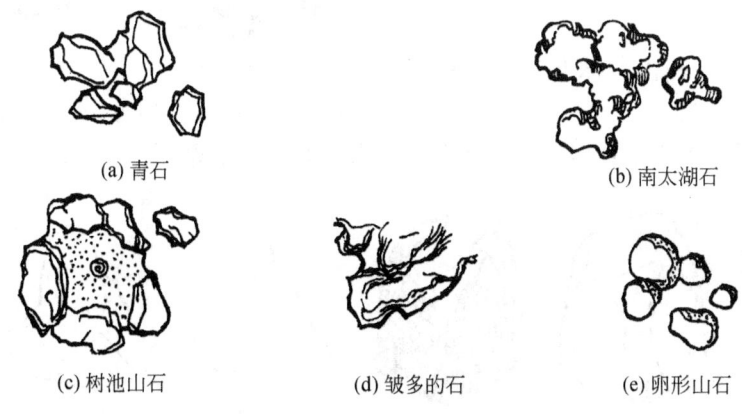

图14-9 散石的表示法

图 14-10 所示为山石小品的表示法。

图 14-11 为距离不同的山石表示法。对距离不同的山石,表现的深度也不一样。如图 14-11a 表示近景山石,应细致地描绘出山石的细部特征、纹理、形态、质感和立体感;若为远景山石,则如图 14-11c 所示,只需描画出山石的粗略轮廓线,不必表示它的细部。

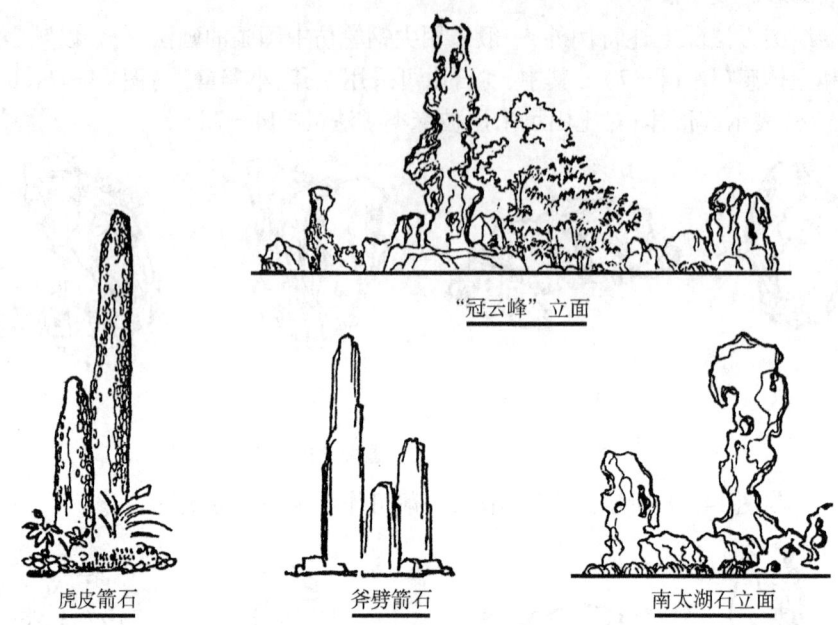

图 14-10 山石小品表示法

14.4.1.3 山石的绘画方法与步骤

绘画山石,首先根据山石形体结构特点,将它们概括为简单的几何形状,然后将它们切割(图 14-12)或垒叠(图 14-13)勾画出山石的基本轮廓。最后,表示纹理、脉络、洞窝,反映出明暗光影,体现出质感和立体感。

具体绘图方法与步骤如下(见图 14-12、图 14-13):

(1)用细实线画出主体几何体形状(图 14-12a、图 14-13a);

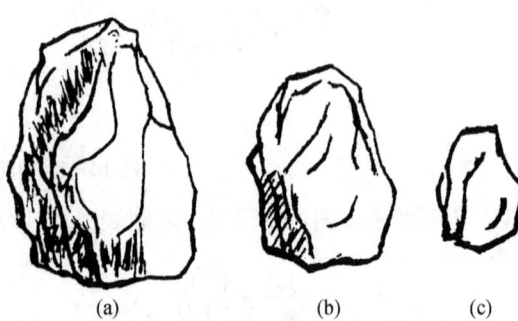

图 14-11 距离不同的山石表示法

(2)用细实线切割(图 14-12b)或垒叠出山石的基本轮廓(图 14-13b);

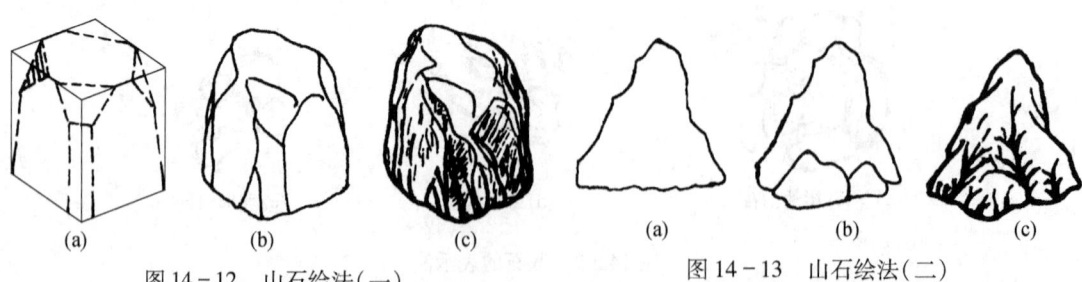

图 14-12 山石绘法(一)　　　　图 14-13 山石绘法(二)

(3)依据山石的形状特征及阴阳背向,"依廓加皴"描深线条(图14-12c、图14-13c);
(4)检查并完成全图。

14.4.2 假山工程施工图

14.4.2.1 假山的基本结构

假山根据"有真为假,做假成真"的法则,其组合单元有峰、峦、洞、壑等变化,其造型有法无式,变化万千,一般经过选石、采运、相石、立基、拉底、堆叠中层和结顶等工序叠砌而成。其基本结构与建造房屋有共通之处,可分为三大部分:

(1)基础:包括立基(基础部分)和拉底(在基础铺置底层的自然山石)两部分。基础的大部分在地面以下,只有拉底的山石小部分露出地面。

(2)中层:基础以上、顶层以下部分。这部分占体量最大,用材广泛,单元组合和结构变化多,是假山造型的主要部分,也是表达上较为复杂的部分。

(3)顶层:最顶层的山石部分。一般有峰、峦和平顶三种类型。外观上,顶层起着画龙点睛的作用,在表示时要注重对其体态特征的表达。

14.4.2.2 假山工程施工图

由于假山是集零为整、寓情于石,从设计到施工均受到具体山石素材特征的影响,须根据具体素材,反复琢磨,取其形、立其意,借状天然,发挥特征,以求实现"片山有致,寸石生情",达到深化园意、丰润园景的意图。而且,由于山石素材的形状特征比较复杂,没有一定的规则,即使是人工塑山,也因山形、色质和气势的可塑性较大,所以,在设计时,对假山从整体形状到结构细节,既难于以确切的图样表示,也不易用精确的尺寸注明。也就是说,不论是图形表示还是施工造型的尺寸精度,都不能做到确切和精确。故此,为了简化图中的尺寸标注,在假山设计图上多采用坐标网格来直接确定尺寸,而只标注一些设计要求较高的尺寸和必要的标高。

假山工程施工图包括平面图、立面图(或透视示意图)、剖面图及详图等图样。现以总体规划图(图14-2)所示庭园中(5-瀑布)之一假山的设计图为例,将假山设计图的内容和绘图方法分述如下。

1. 平面图

假山平面图,是在水平投影面上表示出根据俯视方向所得假山的形状结构的图样,具体作图可按标高投影作图方法绘制,如图14-14所示。

假山平面图主要表示周围的地形、地貌,假山的占地面积、范围;俯视假山形状特别是底面及顶面的水平面形状特征和相互位置关系;同时,通过直角坐标网格直接表示尺寸大小,并注明必要的标高表示各处高程。具体包括:①假山、山石的平面位置和尺寸;②山峰制高点、山谷、山洞的平面位置、尺寸及各处高程;③假山周围的地形、地貌,如构筑物、地下管道、植物和其他造园设施的位置、大小及山石间的距离。

假山平面图,作图比例可取1:20、1:50、1:100等,度量单位为mm。

具体绘图方法与步骤如下:

(1)画出定位轴线。画出定位轴线和直角坐标网格,为绘制各高程位置的水平面形状及大小提供绘图控制基准。

(2)画出平面形状轮廓线。底面、顶面及其间各高程位置的水平面形状,根据标高投影法绘图,但不注明高程数字。

(3)检查底图,并描深图形。在描深图形时,对山石的轮廓应根据前面讲述的山石的表示方法加深,其他图线用细实线表示。

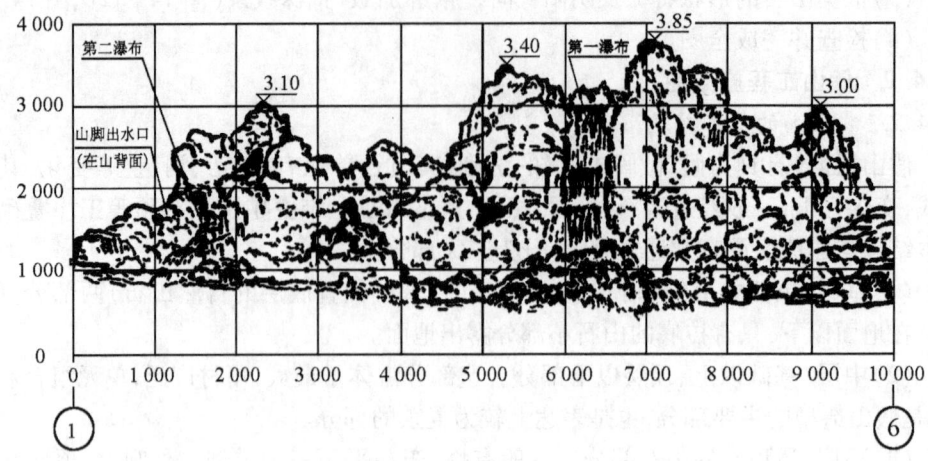

瀑布、跌水造型示意图 1:100

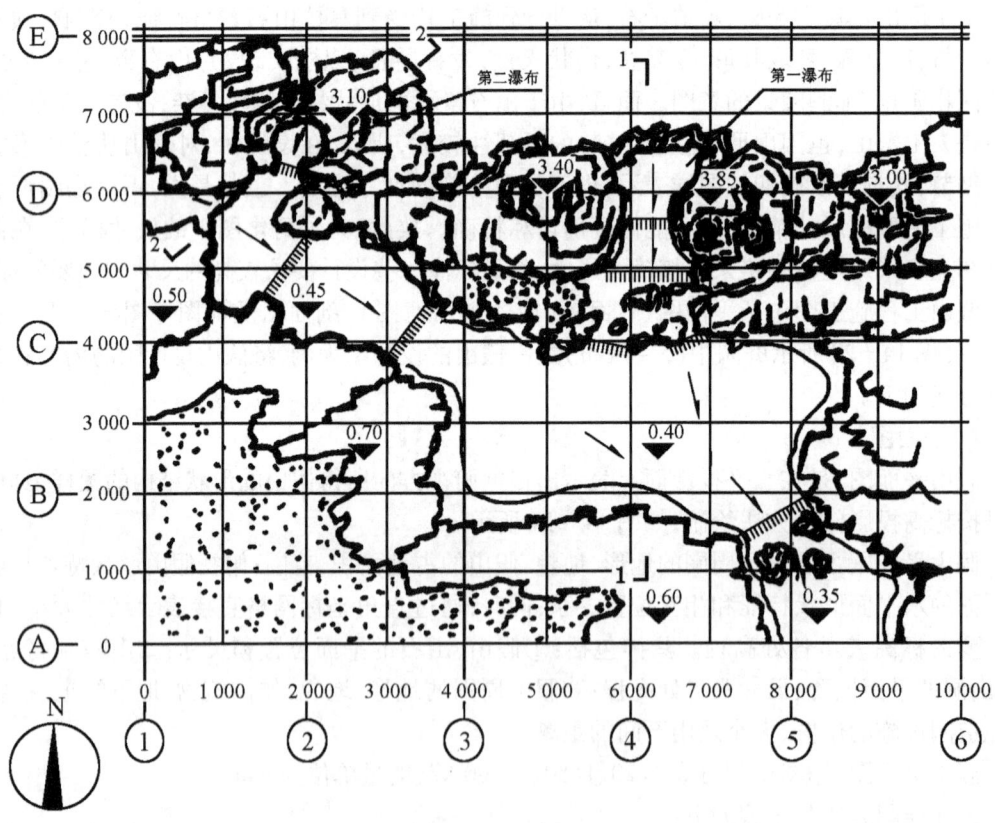

假山跌水平面图 1:100

图 14-14 假山设计施工图

(4)注写有关数字和文字说明。注明直角坐标网格的尺寸数字和有关高程,注写轴线编号、剖切线、图名、比例及其他有关文字说明和朝向。

(5)检查并完成全图。

2. 立面图

立面图是在与假山立面平行的投影面所作的投影图。立面图是表示假山的造型及气势最好的施工图,一般也可绘制出类似造型效果图的示意图或效果图代替。如图14-14所示为"假山的瀑布、跌水造型示意图"。

立面图主要表示假山的整体形状特征、气势和质感,表示假山的峰、峦、洞、壑等各种组合单元变化和相互位置关系及高程尺度。具体为:①山石的层次,配置的形式;②用石的形状和大小;③与植物及其他设施、设备的关系。

立面图的作图方法与步骤如下:

(1)画出定位轴线,并画出以长度方向尺寸为横坐标、以高程尺寸为纵坐标的直角坐标网格,作为绘图的控制基准。

(2)画假山的基本轮廓。绘制假山的整体轮廓线,并利用切割或垒叠的方法,逐渐画出各部分基本轮廓。

(3)依廓加皴、描深线条。根据假山的形状特征、前后层次、阴阳背向,依廓加皴,描深线条,体现假山的气势和质感。

(4)注写数字和文字。注写出坐标数字、轴线编号、图名、比例及有关文字说明。

(5)检查并完成全图。

3. 剖面图

假山剖面图是假想用剖切平面将假山剖开所得的投影图。

剖面图主要表示:①假山、山石的断面外形轮廓及大小;②假山内部及基础的结构和构造形式、位置关系及造型尺度;③有关管线的位置及管径的大小;④植物种植地的尺寸、位置和做法;⑤假山、山石各山峰的控制高程;⑥假山的材料、做法和施工要求。

图14-15所示为图14-14之"假山跌水平面图",在1—1和2—2位置剖切所得的两个剖面图。

剖面图的数量及剖切平面位置的选择,应根据假山形状结构和造型复杂程度的具体情况和表达内容的需求决定,一般可从下列几点来考虑:

(1)有内部结构需要表达的部位,如山石洞结构的表示。

(2)断面外形较典型的部位,如瀑布成形地势造型及跌水成形地势造型等。

(3)山石造型形状较复杂,对断面造型尺寸有特殊要求的部位。

(4)需要表示内部分层材料做法的部位,如堆石手法、接缝处理、基础做法等,必要时对上述内容还可采用详图表达。

具体绘图方法与步骤如下:

(1)画出图形控制线。图中如有定位轴线则先画出定位轴线,再画出直角坐标网格,如图14-15a所示1—1剖面图;若不便标注定位轴线,如图14-15b所示2—2剖面图,则直接画出直角坐标网格。

(2)画出截面轮廓线。

(3)画出其他细部结构。

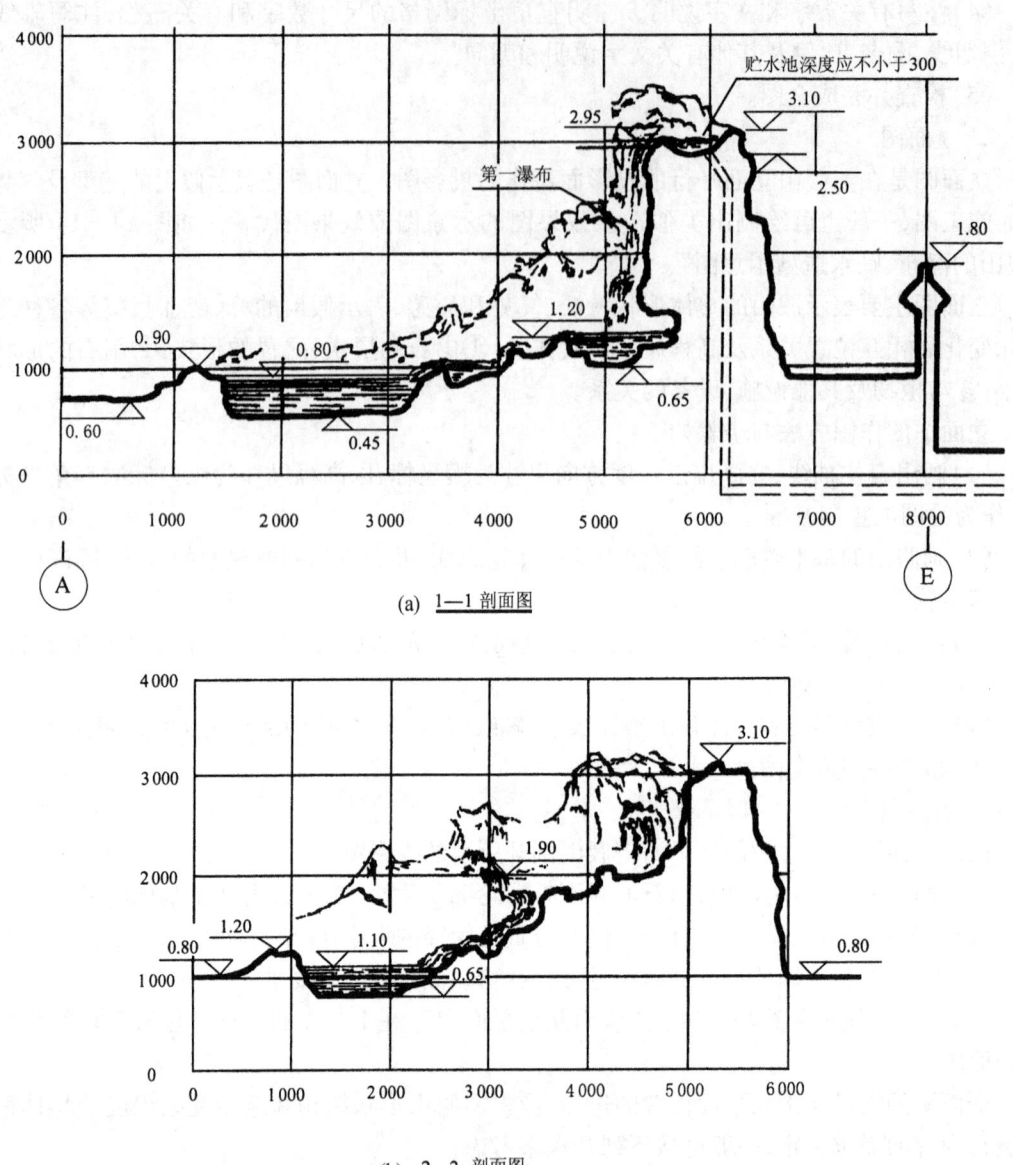

图 14-15 假山剖面图

(4)检查底图并加深图线。在加深图线时,截面轮廓线用粗实线表示,其他用细实线画出。

(5)标注尺寸,注写标高及文字说明。注写出直角坐标值和必要的尺寸及标高,注写出轴线编号、图名、比例及有关文字说明。

(6)检查并完成全图。

除上述三种基本的主要施工图之外,必要时还可绘制详图表示各细部结构及基础,为施工提供依据。图 14-16 为置石工程施工图。

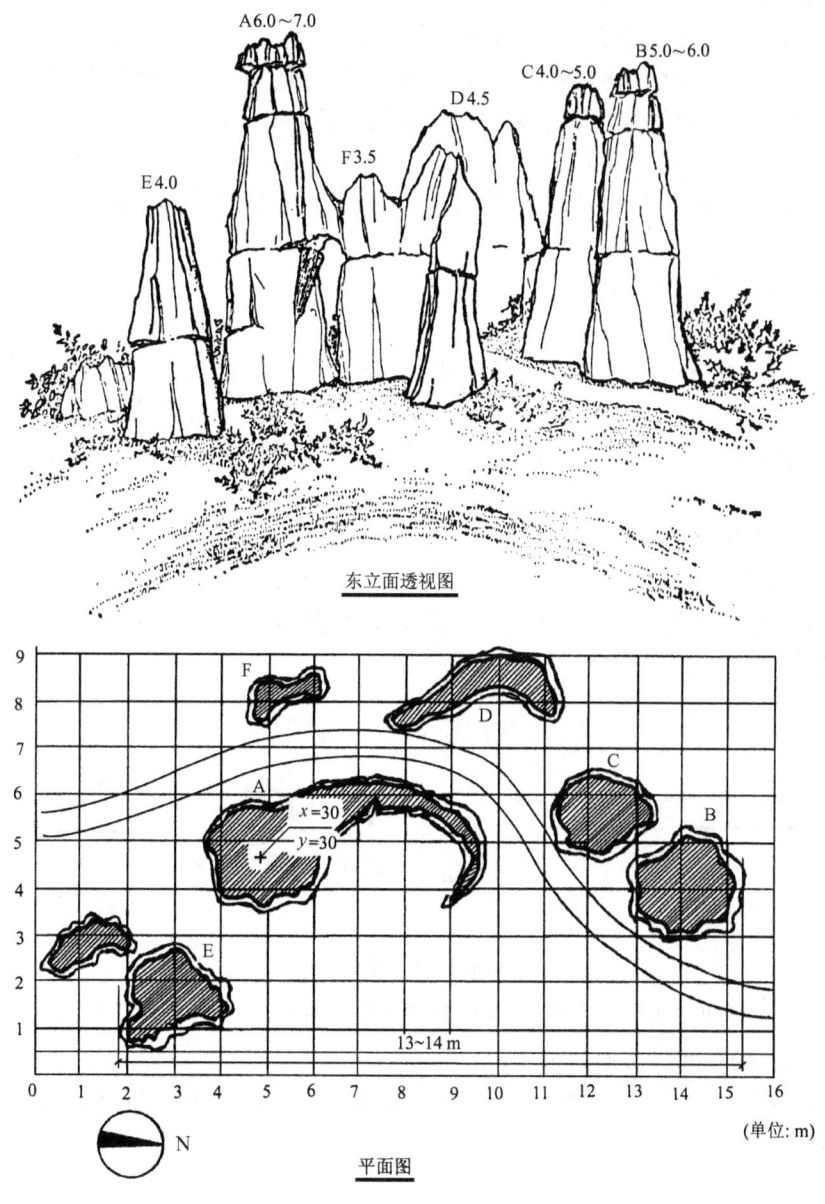

图 14-16 置石工程施工图

4. 做法说明

堆叠山石构成的艺术造型,要求既有巧夺天工之趣,又不留斧凿之痕,做到质、色、纹、面、体、姿的协调一致。其关键在于"源石之生,辨石之灵,识石之态",而灵活正确运用造型技法则是基本。传统的山石堆叠造型有 25 种手法:安、连、接、斗、跨、拼、悬、卡、剑、垂、挑、飘、戗、挂、压、钉、担、扎、垫、杀、转、顶、钩、榫、靠。这些叠石掇山造型技法见附录三之附表 3-4。

在假山工程施工图中,根据需要应对下列各项具体做法进行说明:①堆石手法;②接缝处理;③山石纹理处理;④山石形状、大小、纹理、色泽的选择原则和具体要求及用量控制;⑤植物种植池做法。

14.4.3 假山工程施工图读图要则

(1)了解假山、山石的平面位置,周围地形、地貌及占地面积和尺寸;
(2)了解假山的层次,山峰制高点,山谷、山洞的平面位置、尺寸和控制高程;
(3)了解山石配置形式、假山的基础结构及做法;
(4)了解管线及其他设备的位置、尺寸;
(5)了解假山与附近地形、地貌,如构筑物、各种管线、植物及其他设备的位置和尺寸关系。

14.5 园路工程施工图

园路是园林的脉络,是联系园林景区、景点的纽带。园林园路和广场设计结合景点意境,衬托景色、美化环境,根据不同功能,以其流畅、多变的线型,朴素、典雅的铺地图案,使路面与地形、植物、山石等相互配合取得协调,既方便游人步行,又丰富园林景色,达到因景设路,因路得景;以路隔景,步移景异;景、路一体,行、游统一的效果。本节主要讨论园路、广场设计图的表示方法。

14.5.1 园路构造及分类

14.5.1.1 园路的构造形式

园路一般有两种构造形式:街道式,其结构如图 14-17a 所示;公路式,其结构如图 14-17b 所示。

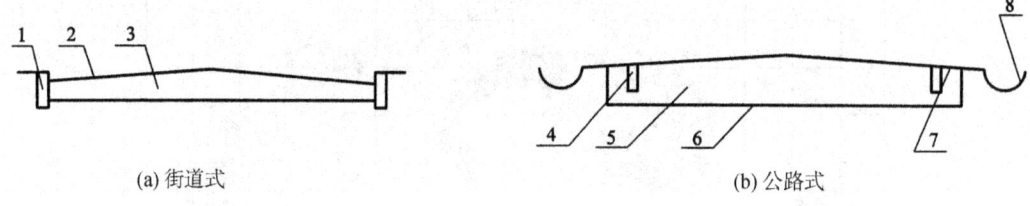

(a) 街道式　　　　　　　　　(b) 公路式

图 14-17　园路构造

1—立道、立道牙;2—路面;3—路基;4—平道牙;5—路面;6—路基;7—路肩;8—明沟

14.5.1.2 园路的结构模式和作用

园路的路面结构是多种多样的,一般的路面结构模式如图 14-18a 所示,图 14-18b 为卵石嵌花路面结构模式。

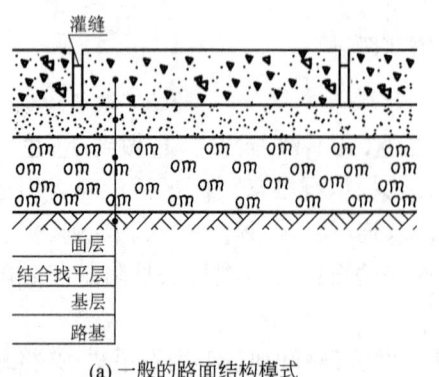
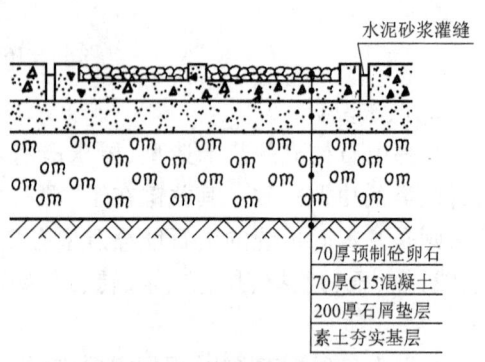

(a) 一般的路面结构模式　　　　　　　　(b) 卵石嵌花路面结构模式

图 14-18　园路的路面构造

园路各组成层的作用:

(1)面层:路面的最表层,直接承重受磨损和给游人观光。因此,要求坚固、平稳、耐磨耗、不滑、减少灰尘和美观。

(2)结合层:采用块料做路面时,在基层上铺设有结合层,起着结合和找平之作用。

(3)基层:路面结构主要承重部分,能增加面层抵抗荷载的能力,使荷重扩散给路基,并增进路基部分排水,防止冰冻。

垫层是在面层和基层之间的一个薄层,属于基层的一部分,主要起找平作用,要求均匀密实。

(4)路基:道路的基础,承受路面及外来的压力。

14.5.1.3 园路的分类

园路按路面材料的不同,可以分为三大类:

(1)整体路面:包括水泥混凝土路面和沥青混凝土路面。此种路面色彩单调,流畅的线型具有运动感和弹性韵律,如图14-19a所示。

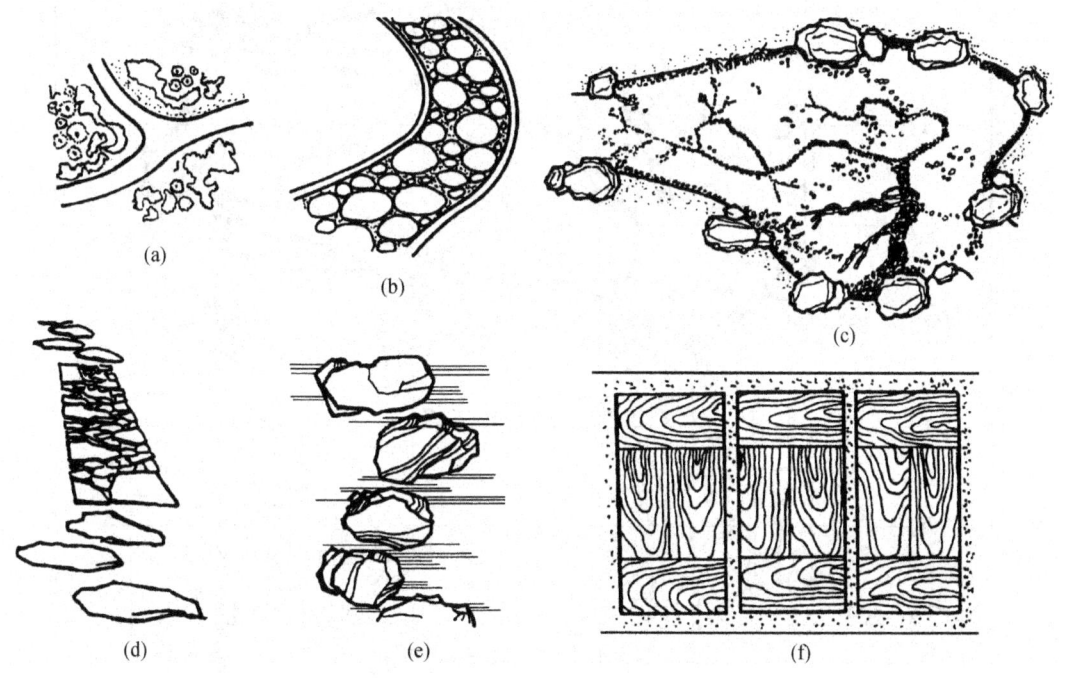

图 14-19 园路示例

(2)碎石路面:用各种碎石片、瓦片、卵石、砖等组成的路面。此种路面铺排的地纹图案精美、色彩丰富,可增添景色、深化意境。图14-19b、c、d所示为各种碎石路面。其中图14-19c为杭州花港观鱼牡丹亭边山坡上的一株古梅树下,以黄卵石为底,黑卵石为画,组成的一幅苍劲古朴的铺地图案。

(3)块料路面:由各种天然块石或各种预制块料铺装的路面。此种路面简朴、大方、美观、舒适,易与自然环境协调,如图14-19e、f所示。

按交通功能分,园路可以分为下面几种:

(1)主要道路。联系全园,通行生产、救护、消防、游览车辆,路宽7～8 m。

(2)次要道路。沟通各景点、建筑,通行轻型车及人力车,路宽3～4 m。

(3)林荫道、滨江道和广场。

(4)休闲小径、健康步道。双人行走路宽1.2~1.5 m,单人行走路宽0.6~1 m。

14.5.2 园路、广场工程施工图

园路、广场工程施工图:包括平面图、断面图和详图,及做法说明、要求和预算等内容,主要表明道路路线的长度、位置、线型、沿线的地形、地物及路线上的所属构筑物、路基宽度和边坡、断面标高和坡度、路面结构等。

14.5.2.1 平面图

平面图主要表示园路、广场的平面状况(包括形状、线型、大小、位置、铺装状况、高程等内容)及沿线两侧一定范围内的地形、地貌,对沿线地物及新建园桥等用图例表示。

图14-20所示为园路工程施工图的平面图。

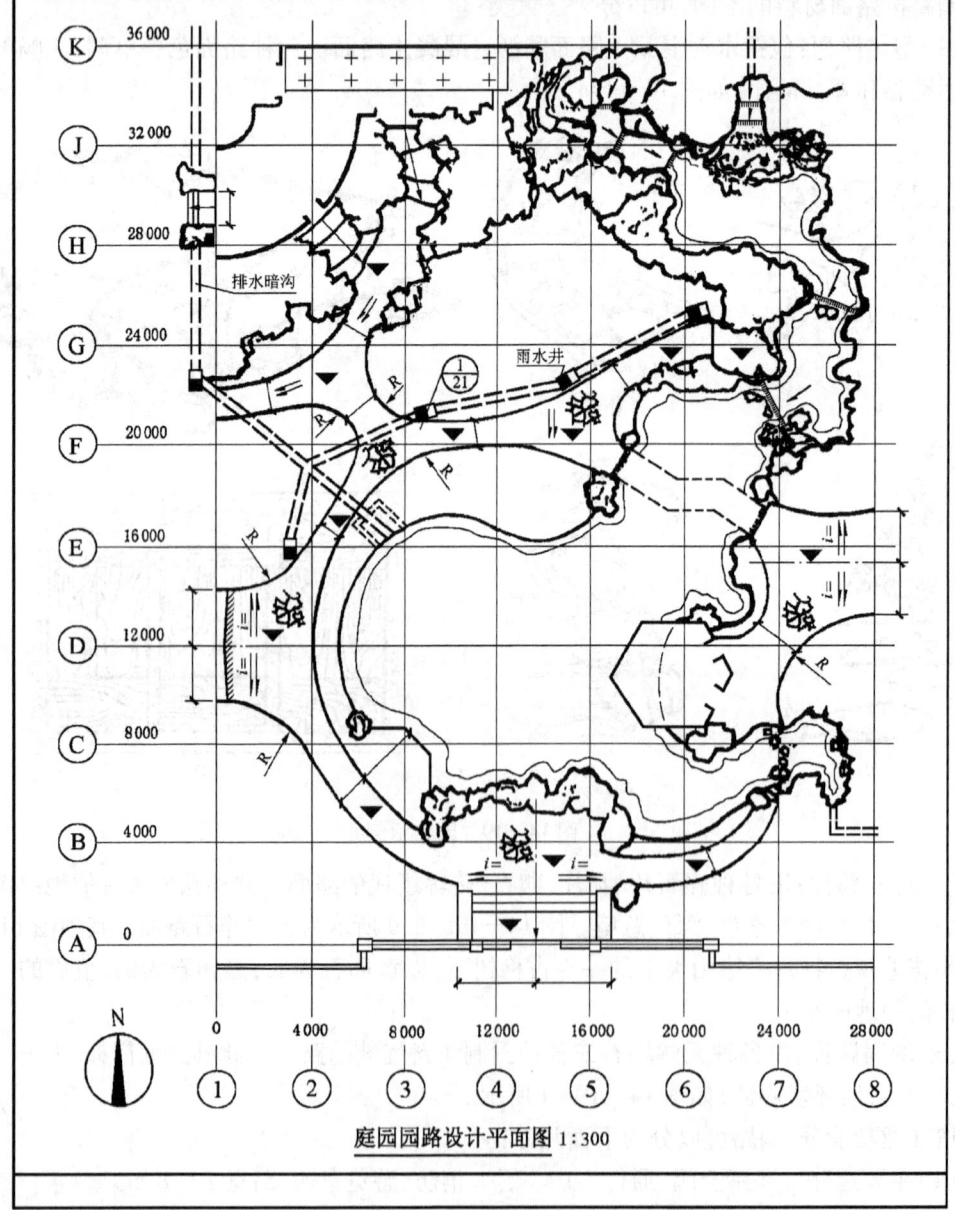

图14-20 园路工程施工图

(1) 表达路线的长度和平面线型；表示路面宽度及细部尺寸；广场总尺寸及细部尺寸。在设计时：

①园路宽度应根据游人的通过量确定，并与养护管理所用机具、车辆的宽度相适应；其线型应根据不同功能确定。

②广场根据集散、活动、演出、休息等使用功能要求做出不同设计。

(2) 表示根据不同的功能所确定的路面的线型、广场的轮廓，表面铺装材料及其形状、大小、图案、花纹、色彩、铺排形式、位置关系和艺术效果。对碎石路面和块料路面，一般采用局部详图表示。

(3) 表示路面、广场的高程；路面纵向宽度，路面中心标高（按其长向每 10～30 m 处标出高程）；各转折点标高及路面横向坡度。对坡度较大的需作防滑处理，对采取防滑措施的路段须绘出详图表示。

①主园路纵坡宜控制在 8% 以下，横坡宜控制在 1%～4%，纵坡超过 8% 应采取防滑措施。

②支园路及小径纵坡宜控制在 18% 以下，超过 10% 应作防滑措施，超过 22% 应按台阶、梯道设计。台阶踏步的高、宽比应较楼梯平缓，台阶一般高 100～150 mm，踏步宽 300～380 mm，宽×高以 38 cm×12 cm 为宜。每 10～20 级设一平台段，平台表面向外倾斜 1%～4% 坡度。

③坡度大于 58% 的梯道应作防滑措施，应设扶手栏杆，栏杆高 80～90 cm。

④表明广场的高程，如广场的中心及四周标高，并标明排水方向。

(4) 表明雨水口的形状、大小和位置。也可采用详图或注明雨水口标准图索引号表示。

(5) 在平面图中，路和广场的轮廓用具体的尺寸标明；其位置或曲线线型标出转弯半径或直接用直角坐标网格（或轴线、中心线）控制，并绘出轴线注出编号。平面图的比例尽量同总平面图的比例。

(6) 表明沿线两侧一定范围内的地形地物。如沿线和周围的构筑物，及地上地下管道、管线的距离尺寸，对应标高及位置。

(7) 表明施工放线用的基点、基线及坐标。

(8) 画出指北针，表明园路的方位与走向。

14.5.2.2 断面图

园路、广场是根据造景的需要及地形的变化来设计的。若因地形变化较大，其立面形状一般用断面图表示。

断面图有路基横断面图和路线纵断面图。

1. 路基横断面图

路基横断面图是假设用垂直于设计路线的铅垂剖切平面进行剖切所得到的断面图（图 14-21）。在园路设计中，断面图主要用来表明路面的面层结构（包括表层、基础做法）、分层情况、分层尺寸、材料、施工方法和要求，剖面上标高，是计算土石方和路基施工的依据。

2. 路线纵断面图

路线纵断面图是假设用铅垂剖切平面沿着设计路线的中心线进行剖切，并采用展开画法所得到的断面图，其内容包括图样和资料表两部分。

路线纵断面图主要用于表示线路中心的路面起伏状况，表明线路中心铅垂方向坡度的变化。图样以其水平方向表示路线的长度，铅垂方向表示地面及设计路基边缘的标高。由于线路的水平方向长度与铅垂方向高度之比相差很大，故规定铅垂方向的比例比水平方向的比例放大 10 倍，即若长度采用 1∶2000，则铅垂方向采用 1∶200。

图样主要包括:地面线,表示道路中心所在线,为原地面高程的连接线,是用细实线按比例将水准测量所得各桩高程点绘在相应的里程桩上所得的不规则曲线;设计坡度线,表示道路路基纵向设计高程连接线,简称设计线,用粗实线表示;竖曲线,表示设计线纵坡变更处两相邻纵坡之差超过规定值时,于变坡处设置的连接两相邻纵坡的圆弧竖曲线。竖曲线分凸形竖曲线与凹形竖曲线。

资料表绘制在路线纵断面图的正下方,并与纵断面图的各段一一对应。其主要内容包括地质、纵坡、坡长,设计标高,地面标高,挖、填,里程桩号和平曲线等。

路线纵断面图是在道路线路地形起伏曲折、变化很大时根据需要绘制,如此情况在园林景观设计中一般较少。因园路设计主干道坡度不宜太大,而游憩小路虽布局曲折自由,但为缓解园林地形高差,在景观设计中以设置富有节奏外形轮廓的台阶解决,这既满足使用功能,又具美化装饰作用,所以设计中应用纵断面图以表达台阶的高度等,如图14-21、图14-22所示。

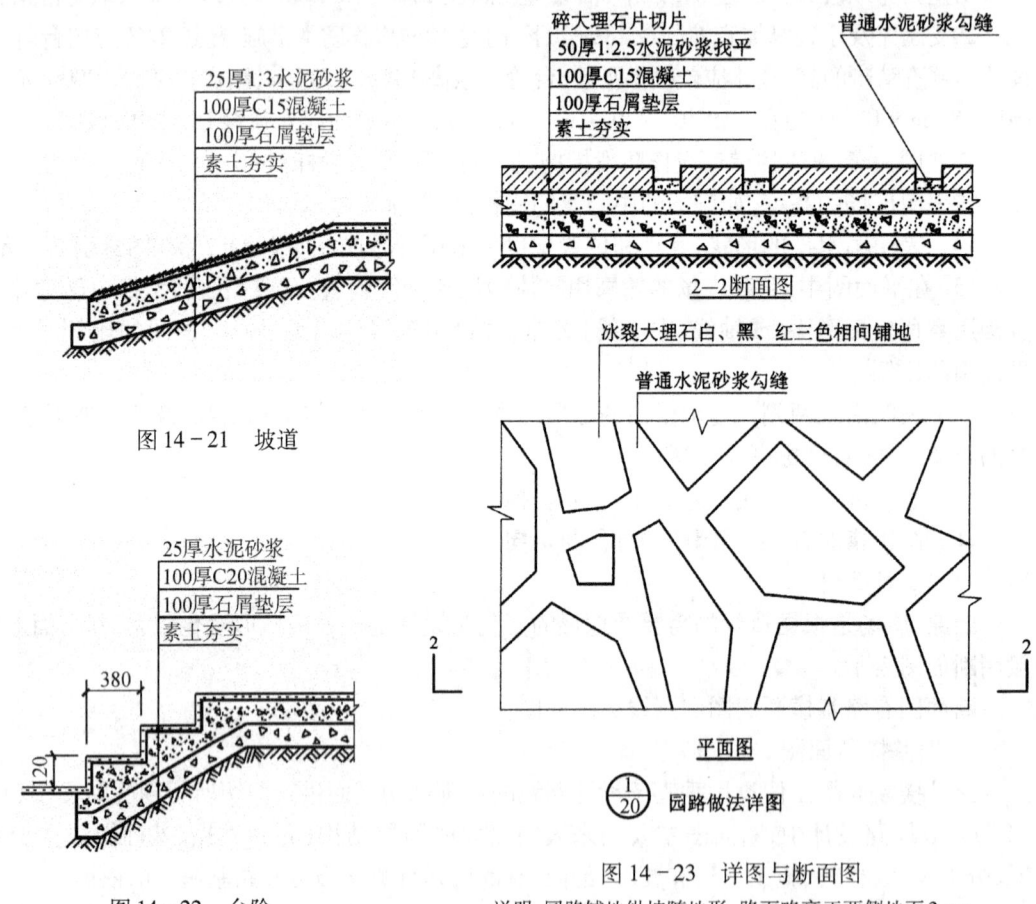

图14-21 坡道

图14-22 台阶

图14-23 详图与断面图
说明:园路铺地纵坡随地形,路面略高于两侧地面2 cm

14.5.2.3 铺装详图

对园路、广场及其重点结合部的路面铺装、面层结构,采用铺装详图表达:采用平面大样图表示铺装图案、布置形式及艺术效果,并标注出断面图的剖切位置;采用断面图表明路基分层情况,断面形状,并用引出线说明各层材料、尺寸、施工做法、要求等,如图14-23、图14-24所示。

附录三之附图3-1为园路的路面示例,具体表示各路面适用的园路宽度,其中附图3-1i为古典园林中的路面示例。

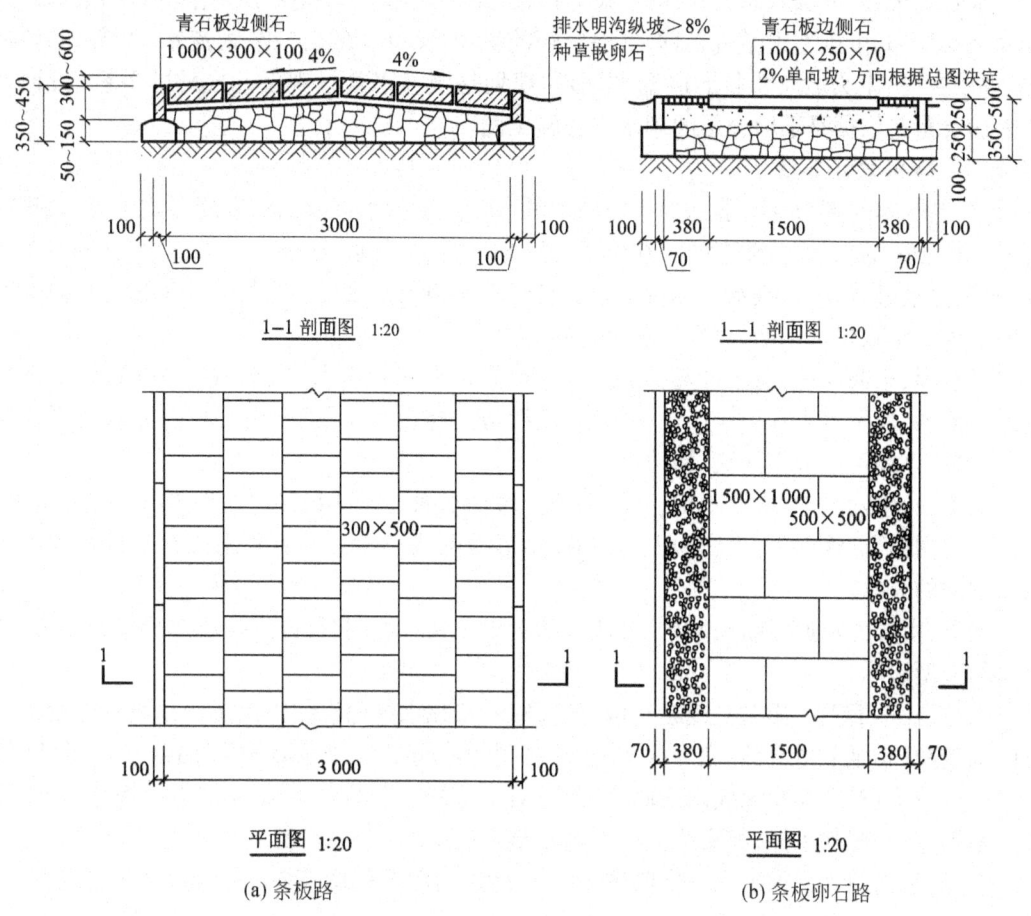

图 14-24 园路示例——条板路和条板卵石路

附录三之附图 3-2 为铺地示例,图例表示铺地采用定型的水泥预制块,间铺小卵石,构成光面与粗面交错、大小不等的规则图案,其形式多样,施工简单,效果良好。

14.5.2.4 做法说明

对园路、广场的具体做法、要求要进行说明。说明的具体内容包括:①放线依据;②路面强度、表面粗糙度;③铺装缝线允许尺寸;④路牙和路面结合部做法,路牙与绿地结合部高程及做法;⑤异形铺装块与道牙衔接处理;⑥正方形铺装块的折点转弯处做法。

14.5.3 园路工程施工图读图要则

阅读园路工程施工图,应着重了解:①图名、比例;②了解道路宽度,广场外轮廓具体尺寸,放线基准点、基准线坐标;③了解广场中心部位和四周标高,回转中心标高、高处标高;④了解园路、广场的铺装情况,包括:根据不同功能所确定的结构、材料、形状(线型)、大小、花纹、色彩、铺装形式、相对位置、做法处理和要求;⑤了解排水方向及雨水口位置。

14.6 理水工程施工图

水在园林景观设计中"无水不成园",其变化不定的艺术形态和丰富的人文内涵,不仅构成优美的景观,还为水生动植物提供了生活环境,衬托出宜人的空间视觉效果,深化景观意境。

水若置于江、河、湖、海之中,既有怒卷巨浪,翻江倒海之态,也有风恬浪静,烟光淼渺之景。园林之水局,既可创造出激流奔腾、气势磅礴的景观,又可表现出"小桥、流水、人家"的诗情画意。"水为面、岸为域",水景的造型、岸形的规划是园林水景景观设计成败的关键,设计意图的表达及营造依据是下面介绍的理水工程施工图。

14.6.1 水的表示方法

水,其基本表现形式有静态的水与动态的水。静态的水常以面的表现形式出现,表现有规则式或自然式的水景池;动态的水在形式上又分为流水、落水、喷泉三大类,流水又分自然式和规则式;落水又有瀑布、叠水、溢流;喷泉也有天然涌泉及自然式、规则式、间歇式、旱地式喷泉和壁泉等。水景景观不同,表现方法也有异。

静水面,水明如镜,清澈可鉴,可见倒影,如静止水和紊流水水景。对静水面,用平行直线表示。绘图时,平行直线可连接也可断续,断续留出空白表示受光部分,反映光影效果。对大水面、平行直线可绘成中间疏、周边密。

动水面,水随风动,微波起伏,其纹如锦。对动水面,有可用"网巾法"(即绘图时,笔平拉,有规则地屈曲,上线向下,下线向上,互相连结形成网状)表示;也可利用波形短线条表现水面随风拂动的波纹。

喷泉,由压力水通过喷头而构成,造型的自由度大。绘图时,可依据所选喷泉的型式,形成喷泉的造型表示。

水体,在平面图上用粗实线绘出水体轮廓线,并在水体轮廓线内绘出一条与水体轮廓线平行的细实线(似池底等高线)表示。在绘图时,水体轮廓线对自然水体以曲线表示,规则形水体以直线表示;对水体轮廓线内所画细实线,对不规则池岸的水体,细实线应绘得流畅自然,且线间距不等;对规则水体,细实线应画得规则整齐(见附录一之附表1-3)。

水面,平面图表示如附录三之附图3-3所示;立面图之图案画法,如附录三之附图3-4所示。

14.6.2 驳岸、护坡施工图

为提供稳定的水体边界,防止地面被淹和维持地面和水面的一定面积比例,园林的水体边缘都建有驳岸或护坡,如图14-25所示。其中图14-25a为驳岸的断面图;图14-25b为护坡的断面图。

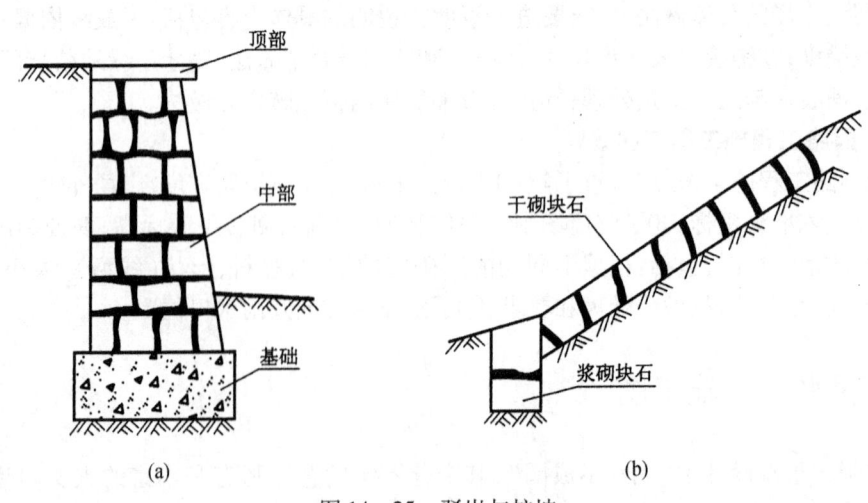

图14-25 驳岸与护坡

驳岸可分为基础、中部和顶部三部分,如图 14-25a 所示。根据驳岸成型特点,可分整体式及自然式两种。其形式不同,在设计图的表达上也稍有差异。下面简述驳岸设计图的表达内容和方法。

驳岸设计图主要由平面图、断面图及驳岸断面采用类型表表示,必要时可画立面图和详图补充。

驳岸平面图表示驳岸的平面位置、区段划分及水面形状、大小等内容,如图 14-26 所示。驳岸平面位置的确定:若为园林内部水体驳岸,则根据总体设计确定;若该水体与江河接连,则按照城市规划河道系统规定的平面位置确定。在设计图上,一般以常水位线显示水面位置。对垂直驳岸,显然常水位线就是驳岸向水一侧所限定的位置,即驳岸平面投影重合于水面平面投影;对倾斜驳岸的水位线,根据倾斜度和岸顶高程向外推算求得,驳岸顶平面投影轮廓应比水面平面投影轮廓稍大。在平面图上,驳岸的平面位置根据直角坐标网格确定。驳岸平面图的直角坐标网格的大小,应尽量选用与确定驳岸平面位置的规划图样的直角坐标网格一致。

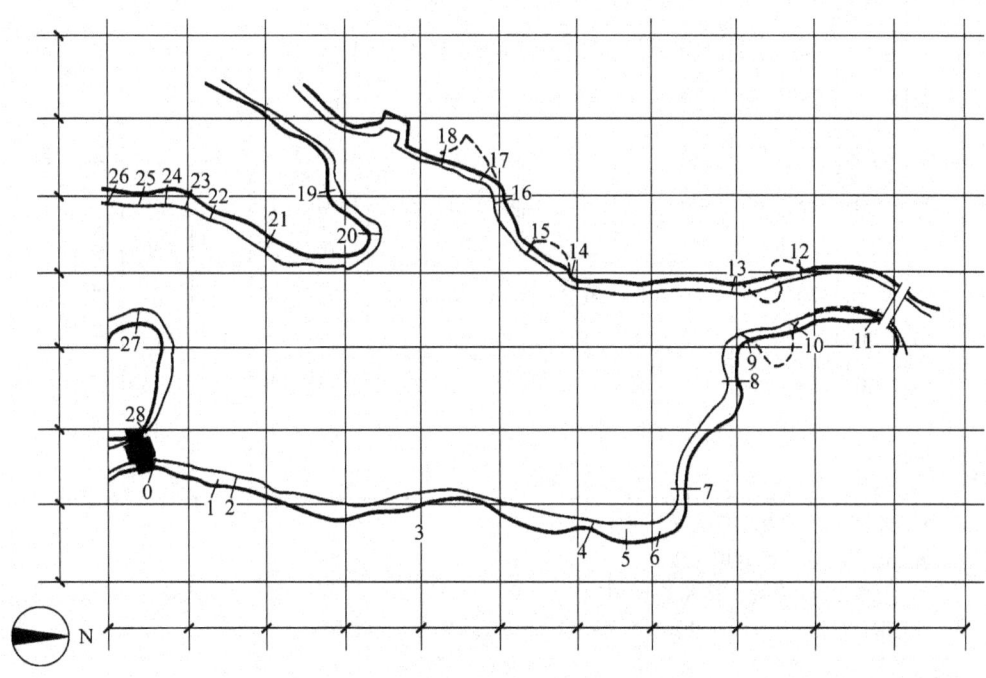

图 14-26 驳岸平面图

驳岸的断面图,主要用于表示驳岸向水一侧的纵向坡度的形状、结构、大小尺寸和标高,驳岸的建造材料、施工方法与要求等,以及湖(河)底、水位(包括最高水位、常水位和最低水位)和驳岸顶部、底部的位置和标高。对人工水体,则标注出溢水口标高为常水位标高。对整体式驳岸,驳岸断面形状、结构尺寸和有关标高等均应注写出,如图 14-27 所示;对自然式驳岸,由于形体欠规则,尺寸精度要求不高,为了简化图样中的尺寸,一般采用直角坐标网格直接确定驳岸的宽度(即驳岸的壁厚),并以水平方向为横坐标、高程为纵坐标,这时,在设计图上只需注出一些要求较高的尺寸和标高,如图 14-28 所示。

图 14-26 和图 14-27 分别为某公园驳岸的平面图和断面图。从驳岸平面图可见,驳岸分为 25 个区间(图示驳岸被截为 28 个断面,每两个断面之间为一个区间)。为了表达根据原

有地形条件、土质和设计要求,所设计的7种类型驳岸的纵向坡度形状、结构、尺寸和标高及建造材料、施工方法与要求等内容,分别采用7个断面图来表达7种驳岸断面类型。同时还附有驳岸断面类型表(见表14-1),说明驳岸在各区间采用的断面类型及具体的标高要求和施工要求,以及说明驳岸平面位置的决定方法。

表14-1 驳岸断面采用类型

区间	压顶	覆土	基础	平台	高度(m)	驳岸类型	备注	区间	压顶	覆土	基础	平台	高度(m)	驳岸类型	备注
0~1	3.25	1.85	1.40		140	Ⅱ		14~15	3.00				175	Ⅰ	外移
1~2	3.20	1.65	1.15		155	Ⅲ		15~16	2.85	1.25	0.75		160	Ⅰ	原拆新建
2~3		城	建	局	施	Ⅰ		16~17		整		修			上装栏杆
3~4	3.15	1.65	1.15		150	Ⅱ	覆土	17~18	3.30	1.80	1.30		150	Ⅱ	原拆外移
4~5	3.00	1.70	1.25		130	Ⅲ	覆土	19~20		整		修			
5~6	3.00	1.85	1.50		115	Ⅵ		20~21	3.15	1.65	1.25	2.50		Ⅱ	踏步式
6~7	3.00	1.60	1.15		140	Ⅲ		21~22	3.00	1.60	1.15		140		
7~8	3.05	1.65	1.15	2.50		Ⅴ	踏步式	22~23	3.10	1.70	1.25		140	Ⅲ	
8~9	3.05	1.65	1.20		140	Ⅲ	覆土	23~24	3.25	1.90	1.45		135	Ⅲ	
9~10	3.10	1.70	1.25			Ⅲ	外移	24~25	3.30	2.15	1.80		115	Ⅳ	
10~11	3.10	1.80	1.35		135	Ⅲ	内移	25~26	3.30	2.15	1.80		115	Ⅳ	
12~13	3.15	1.70	1.35		145	Ⅲ	地位变更	24~28	3.05	3.05	1.20		140	Ⅲ	
13~14	3.15	1.65	1.10	2.50		Ⅴ	踏步式								

说明:①断面平面位置根据设计逐段放样决定。
②覆土面须夯实,表面1:10坡度。
③所注标高以绝对高度3.15 m为基准标高。
④块石驳岸截面大于50 cm,用细砼灌浆;小于50 cm,用M15水泥砂浆。基础C25。
⑤每隔30 m左右做二毡二油伸缩缝一道(截面变化边)。每隔20 m,设两处毛竹出水口。

图14-28所示为杭州花港观鱼公园金鱼池驳岸设计图。原地形的基础是一条水塘中间的土埂,利用当地的废料填筑扩大建成。设计图只绘制剖面图,从图中可见驳岸左右均面临水面。左面是水生莴尾栽植带,且因岸坡平缓,故采用木材沉褥护岸;右面因岸墙陡直,故做成桩基假山石驳岸,桩间除以碎石固定间隙外,还用木材沉褥。

由于驳岸造型尺寸精度要求不高,图中除直接标出必要的外形轮廓尺寸及必要的标高外,其他各部分尺寸由直角坐标网格直接确定。

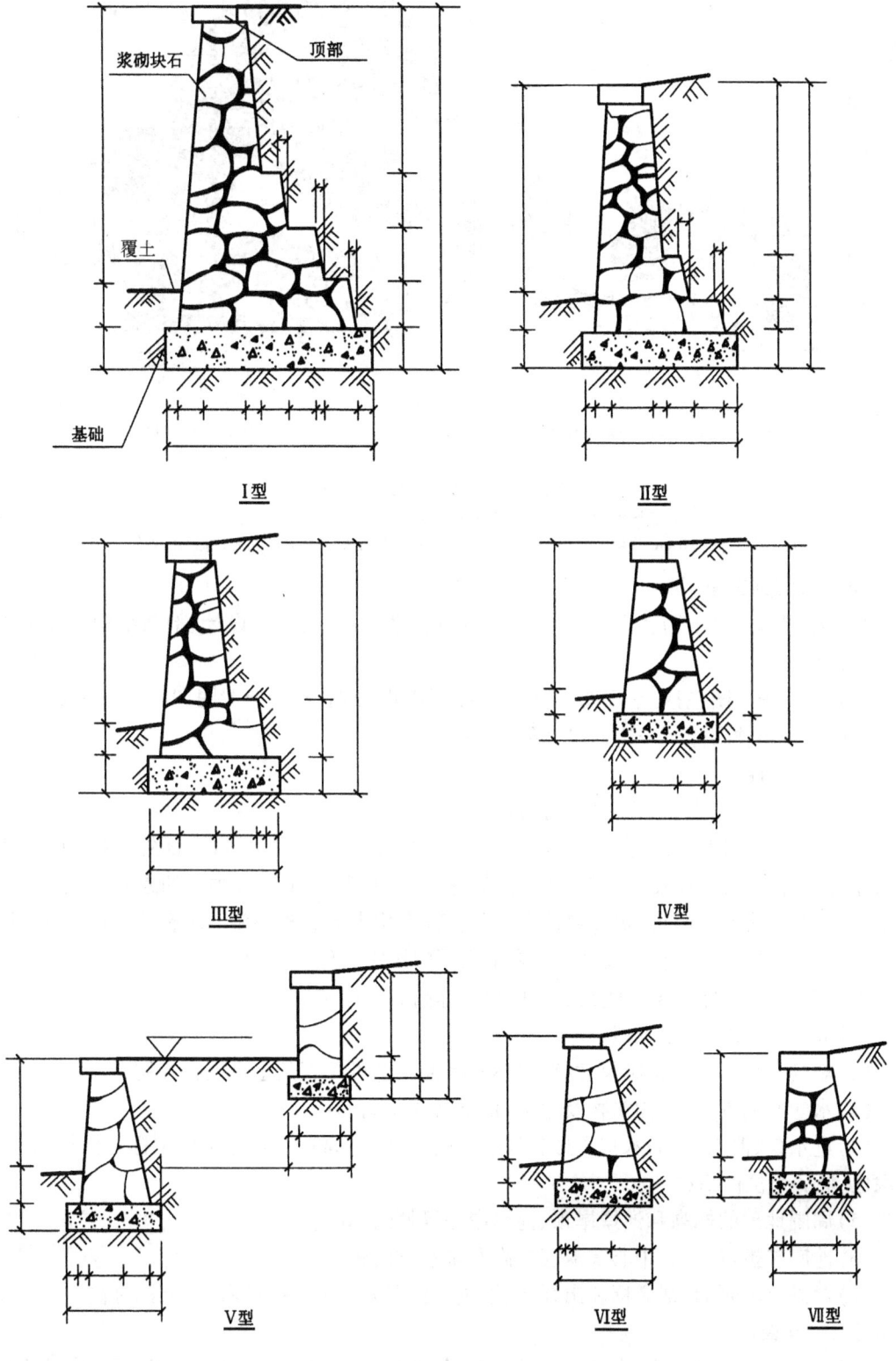

图 14-27 驳岸断面图

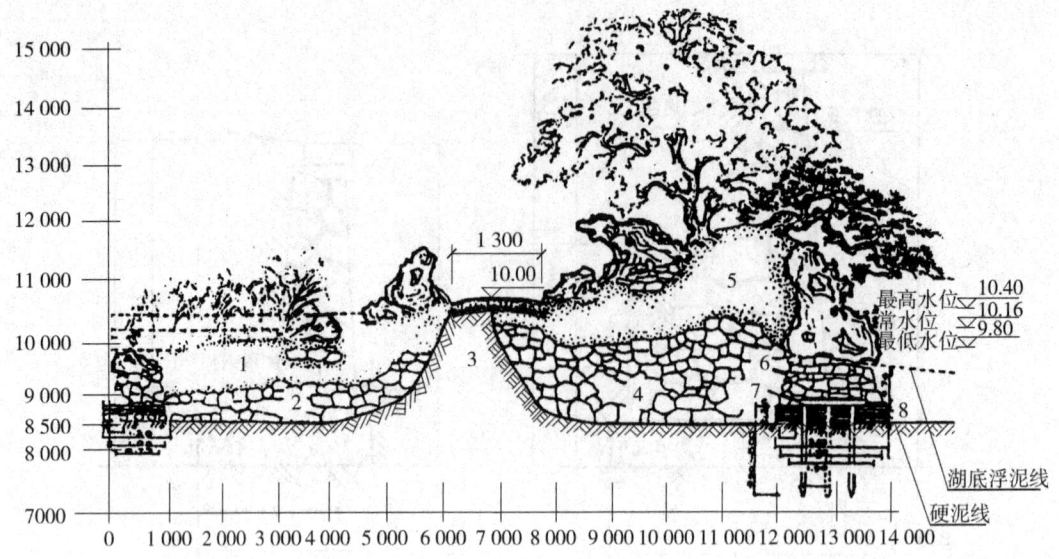

图 14-28 驳岸、护坡剖面图
1—湖底淤泥;2—灰土块填底;3—原有土埂;4—利用灰土废物填底;
5—灰土方加埂土每次 30 cm 分层夯实;6—干砌块;7—桩头加盖石板;8—木材沉褥,每束木材直径 10～12 cm

14.6.3 水体施工图

水体在园林造景中用途广泛。水体设计包括:平面设计、立面设计、剖面结构设计和管线安装设计等内容。

水体设计施工图包括:平面图、立面图、剖面图、断面图、管线布置图和详图等图样。

下面介绍各种图样所表达的内容和表示的方法。

14.6.3.1 平面图

平面图用以表达水体平面设计的内容。

图 14-29 为图 14-2 所示庭园总平面图中的水池设计施工图的平面图。平面图主要表示水池的平面形状、布局及其周围环境、构筑物,以及地下、地上管线中心的距离;表示进水口、泄水口、溢水口的平面形状、位置和管道走向。若为喷水池或种植池,则还须表示出喷头和种植植物的平面位置。水池的水面位置,在平面图中按常水位线表示。

水体图中,一般标注出一些必要的尺寸和标高。具体包括:

(1) 放线的基准点、基准线;
(2) 规则几何图形的轮廓尺寸,对自然式水池轮廓可用直角坐标网格控制;
(3) 水池与周围环境、构筑物及地上、地下管线距离的尺寸;
(4) 进水口、泄水口、溢水口等形状和位置的尺寸及标高,对自然水体则标注出最高水位、常水位、最低水位标高;
(5) 周围地形的标高和池岸岸顶、池岸岸底等处的标高;
(6) 池底转折点、池底中心等池底标高及排水方向;
(7) 对设有水泵的,则应标注出泵房、泵坑的位置和尺寸,并注写出必要的标高。

14.6.3.2 立面图

立面图表示水池立面设计内容,着重反映水池立面的高度变化、水池池壁顶与附近地面高差变化、池壁顶形状及喷水池的喷水立面。

14.6.3.3 剖面图

图 14-30 为图 14-29 中的小溪 1—1 剖面图。

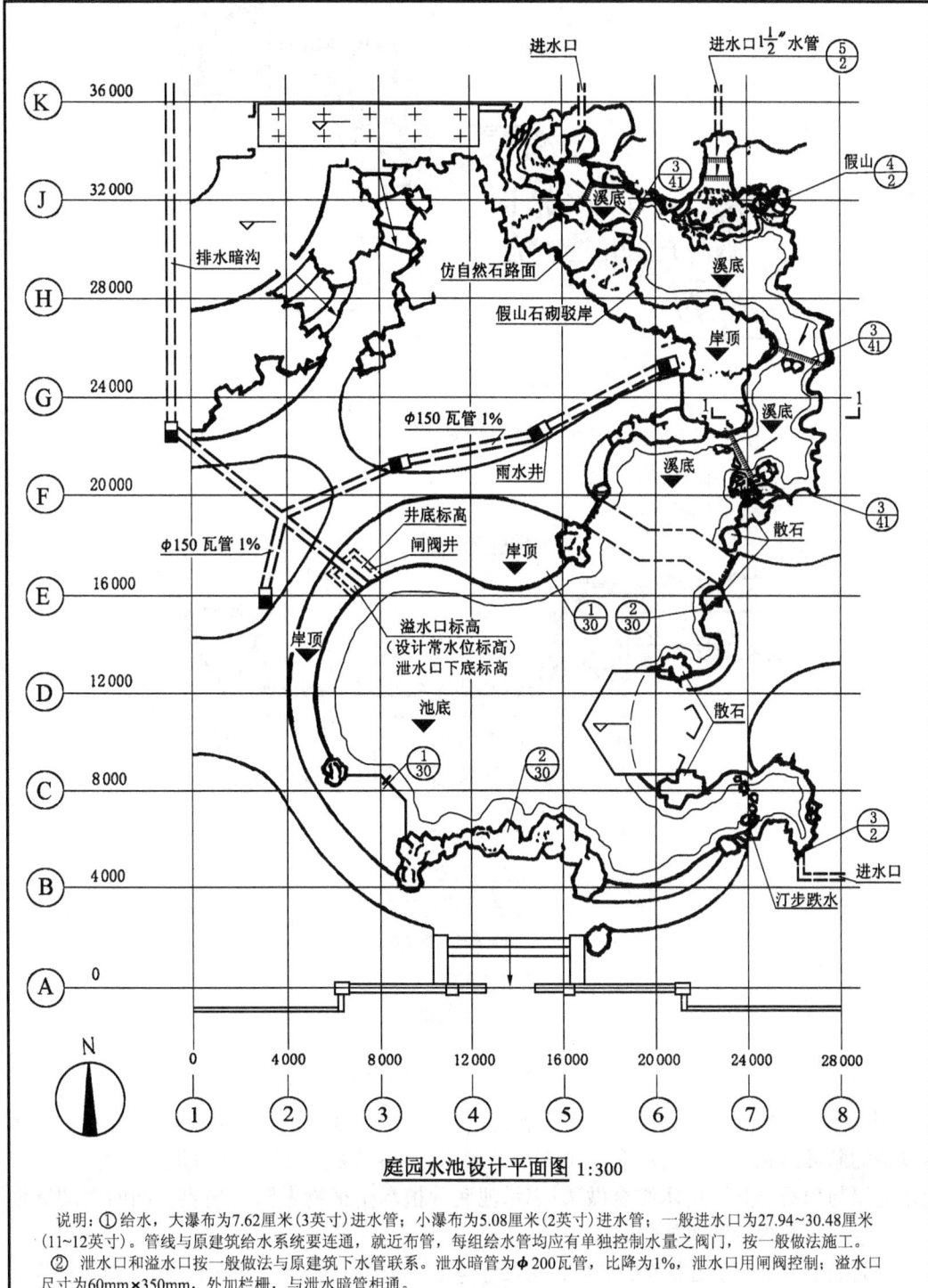

图 14-29 水池设计平面图

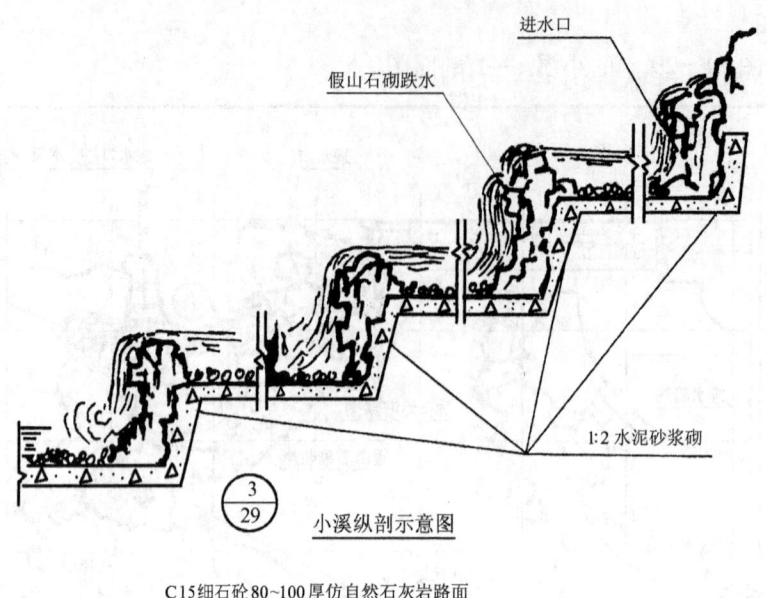

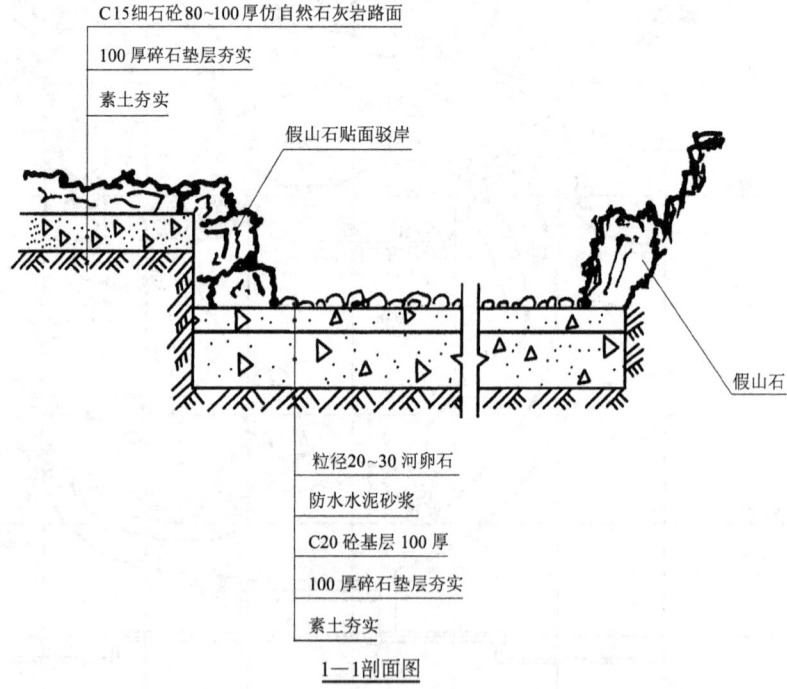

图 14-30 小溪剖面图

剖面图表示剖面结构设计的有关内容,主要表示水池池壁坡高、池底铺砌,以及从地基至池壁顶的断面形状、结构、材料和施工方法及要求;表示表层(防护层)和防水层的施工方法;表示池岸与山石、绿地、树木结合做法;表示池底种植水生植物做法等内容。剖面图的数量及剖切位置应根据内容的需要确定。

剖面图上主要标注出断面的分层结构尺寸及池岸、池底、进水口、泄水口、溢水口的标高。与江河连接的湖、溪等园林内部的水体,在剖面图上需表示出常水位、最高水位和最低水位高程。

14.6.3.4 详图

对各单项土建工程,如假山及泵房、泵坑、给排水、电气管线、配电装置、控制室等,绘制详图表示。图14-31为水池的详图。

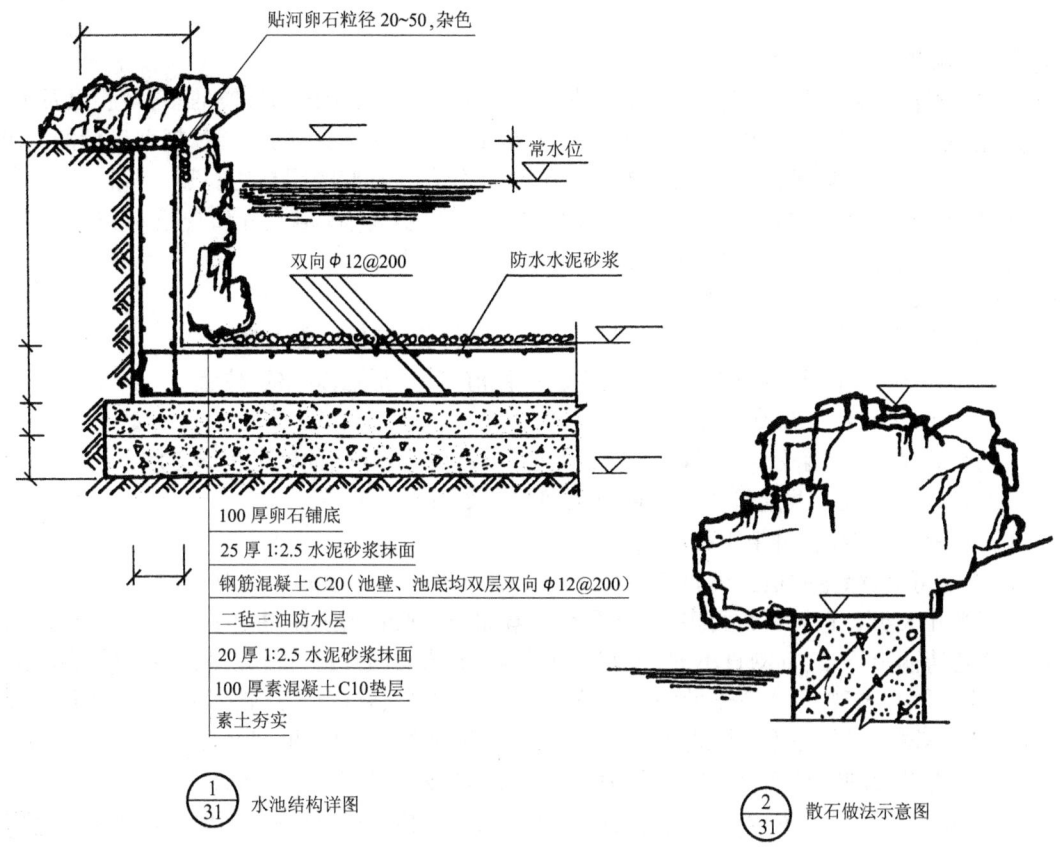

图14-31 水池详图

14.6.4 综合管网图

综合管网图表达管线安装设计的内容,主要表明各种管线的平面位置和管线的中心距尺寸,如给排水管线、电气管线、配电装置、水池的进水口、泄水口、溢水口的平面位置、形状结构、材料及安装要求等内容。若管线较为简单,也可直接在水池平面图和剖面图上表示。

综合管网图包括平面图和剖面图,必要时还可画出轴测图和构件详图。

在图14-29中,由于在水池施工图的平面图和剖面图中,直接反映了管线安装设计的内容(剖面图未绘出),所以未画出综合管网图。

14.6.5 水池施工图读图

(1)图名、比例;
(2)了解放线基准点、基准线的依据;
(3)了解水池平面的形状、大小、位置,以及与周围构筑物、管线的距离尺寸;
(4)了解池岸、池底结构,以及表层(防护层)、防水层、基础做法;
(5)了解进水口、泄水口、溢水口位置、形状、标高;
(6)了解池岸、池底、池底转折点,以及池底中心高和排水方向;
(7)了解池岸与山石、绿地、树木结合做法,池底种植水生植物做法;
(8)了解给排水、电气管线布置及配电装置、泵房等有关情况。

14.7 种植工程施工图

14.7.1 概述

种植设计是园林设计的重要部分,它是根据植物生态习性和植物种类的多样性,以及人工植物群落配置的科学性,并讲求构图、形式等艺术要求和文化寓意,结合园林规划设计的要求,合理配置多种植物,形成合理的复层混合结构,以充分发挥它们的园林功能和观赏特性。

绿化种植工程施工图,是表示园林种植植物的种类、数量、规格及种植规格和施工要求的图样,是种植施工、定点放线的主要依据。

14.7.1.1 绿化种植工程施工图内容

(1)在图样上用图形、符(代)号和文字表示种植植物的种类、数量和规格;
(2)在图样上用图形、符(代)号和文字表示种植植物的种植规格和位置。

14.7.1.2 绿化种植工程图分类

(1)城市道路(高速公路、高架路、景观大道、步行街等)绿化种植工程施工图;
(2)城市广场及公共建筑的绿化种植工程施工图;
(3)园林、庭院绿化种植工程施工图。

从上述可见,绿化种植工程施工图表示的主要对象是园林植物。园林植物有乔木、灌木、藤木、草本几大类。它们种类繁多、千姿百态。譬如:苍柏古雅苍劲,古榕浓荫蔽天、香桉潇洒俏洁、碧竹清丽疏秀、红棉刚直不阿、垂柳婀娜多姿、葡萄柔韧蜿蜒、桄榔刺若天穿、蒲葵伏地成群……这些丰姿多彩、形态万千的园林植物,经过人工组合、有机配置,使不同性格、不同形态、不同颜色、不同花讯的花木"景到随机",有节奏、有韵律地以其花、果、叶、形、香给园林带来四季生气,其春花、夏叶、秋实、冬枝,使园中常年有景,四季有花,构成园林景栽空间的各种形态和格调。对如此种类繁多、丰富多彩、变化万千的园林植物,在设计图上如何表现呢?

14.7.2 树木的表示方法

树木种类繁多,其枝叶错杂、相互交织、有疏有密,形态多变,不易表现。但树木也有共同点:树必有干、枝从干长、叶从枝生;而树枝偏离树干的整体形状,树干和树冠的相互对比,是决定树木整体形状的突出因素。所以,绘图前必须对所表达的树木,从树干特征到树枝结构,从叶片形状到树冠整体,进行认真的观察、分析、研究,从而了解和掌握树木的特点,抽象出简单的轮廓线来表示各种树木。

在园林工程图中,对树木的表示主要有如下内容:①树木的种类;②树木的形状;③树木的大小;④树木的位置。上述四方面的内容,一般通过树木的平面图和立面图来表示。

14.7.2.1 平面图中树木的表示

1. 树木的平面符号

树木在平面图中是以一定线条变化的象征圆圈作为树冠线符号来表示。符号可简可繁,最简单的可以是一个象征性圆圈,最繁杂的可以是树木、树枝和树叶相互缠绕、交织成的图形,一般常用的是由变化绵线条画出的圆圈来表示,以达到区别一定的树木种类的效果。在园林工程图中,树冠线符号只要能给工程施工提供依据便行,因此,要求画出的符号简单清晰、能区别不同的树木种类、直观效果强。这不同于建筑图上的树木图形,建筑图上的树木图形是作为配景图形,要求能协调、衬托画面,因此要求具有装饰性的图案花纹。

(1)树木种类的平面图表示法

树木的种类,在平面图中是以树冠线平面符号表示。在同一图样中,对不同种类的树木,树冠线平面符号应采用变化的不同线条画出;树木种类相同,树冠线平面符号也相同。对各类树木的表示,没有具体的标准可循,因此,树冠线平面图符号的变化线条一般是根据所表示的树木的树叶形状进行推敲、抽象、简化(见表 14-2)。

表 14-2 植物树冠平面图例(摘自 CJJ 67—95)

序号	名 称	图 例	序号	名 称	图 例
1	落叶阔叶乔木		12	落叶花灌木疏林	
2	常绿阔叶乔木		13	常绿灌木密林	
3	落叶针叶乔木		14	常绿花灌木密林	
4	常绿针叶乔木		15	自然形绿篱	
5	落叶灌木		16	镶边植物	
6	常绿灌木		17	一、二年生草本花卉	
7	阔叶乔木疏林		18	多年生及宿根草本花卉	
8	针叶乔木疏林		19	缀花草皮	
9	阔叶乔木密林		20	整形树木	
10	针叶乔木密林		21	仙人掌植物	
11	落叶灌木疏林		22	藤本植物	

说明:

1. 1~14 中:①落叶乔、灌木均不填斜线;常绿乔、灌木加画 45°细斜线。②阔叶树的外围线用弧裂形或圆形线;针叶树的外围线用锯齿形或斜刺形线。③乔木外形成圆形;灌木外形成不规则形。乔木图例中的粗线小圆表示现有乔木,细线小十字表示设计乔木。④灌木图例中黑点表示种植位置。⑤凡大片树林可省略图例中的小圆、小十字及黑点。

2. 常绿林或落叶林根据图面表现的需要加或不加画 45°细斜线。

如图 14-32 所示,人们通常以放射短线圆圈表示柳树;以三角形叶片圆圈表示杨树;以成簇针状圆圈表示松柏树。

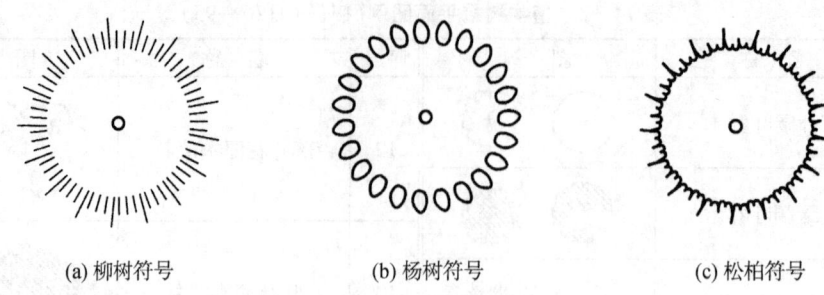

(a) 柳树符号　　　　　　　(b) 杨树符号　　　　　　　(c) 松柏符号

图 14-32　树冠平面图图例

附录三之附图 3-5～附图 3-8 为常用树冠平面符号,绘图时可作为参考。

另外,为了区别常绿或落叶的乔木或灌木、疏林与密林,在同一图样中,通常在树冠线平面符号内画出相互平行且间隔相等的 45°细实线表示常绿,而落叶的则不绘线,见表 14-2。

在实际绘图中,由于树木种类繁多,在各种图样上对各种树木完全用不同的特定树冠线平面符号表示是十分困难的。在有关标准中除了针叶和阔叶及其常绿或落叶之乔木、灌木的树冠线平面符号有所区别,作图时可以借鉴外,对各种具体的树木种类的表示,树冠线平面符号图例要靠设计人员根据图纸性质结合树木的叶片形状进行推敲、抽象、简化画出,再借助文字注明图例的方法说明意义,如图 14-33 所示。其中,图 14-33a 是在平面图中对图例标注出编号,然后再用表格对编号和图例加以说明;图 14-33b 为种植工程施工图中常用的表示方法,可在平面图中用文字直接注写说明,以方便看图。这时,还可以在注写的植物名称右下角注写该种植物需要的数量。如图 14-33b 中"丁香 8",表示在该种植工程中共有丁香 8 株。

附录三之附图 3-9 所示为建筑平面图和立面图中一些常用的具有装饰效果的树木投影图,是运用得最多、最普遍的配景图形。

(2) 树木形状的平面图表示法

在平面图上,树木的形状是通过描绘树冠线平面符号来表示的。对有些规则变化的树木,一般按比例用一定的线条描绘出象征性圆圈作为树冠线平面符号;对不规则形状的树木,则按一定构思描绘出不同规则的树冠线平面符号。

(3) 树木大小的平面图表示法

不同的树木,其树干和树冠的大小也不同;就是同一种树木,树龄不同,其大小、形状也不同。树木的大小,通常是用树木树冠线平面符号的大小来表示。表示哪一种树木或同一种树木描绘为哪一种成形效果,要根据设计意图、图纸用途、图面要求确定,并根据所表示树木树龄应有的树干和树冠的直径按比例画出。

对所示树木的成形效果,没有特别要求时一般从下述几方面考虑确定:

①若表示施工当时的成形效果,则按苗木出圃时的规格绘出。一般取干径 1～4 cm,树冠径 1～2 m。

②若表示现状树,则根据现状实际成形效果,按比例表示。

③对原有大树、孤立树,可根据图纸的表现要求,将树冠径适当描绘得大一些。

④除上述几种情况外,一般按施工后若干年时成形效果尺寸表示。如树木从出苗圃过 5 年后,干径为 10 cm,冠径为 4 m 以上。

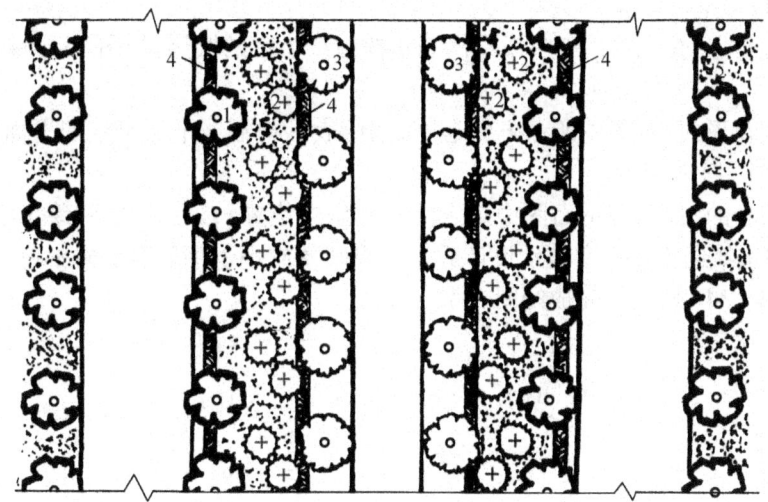

(a) 用编号和图例说明园林植物

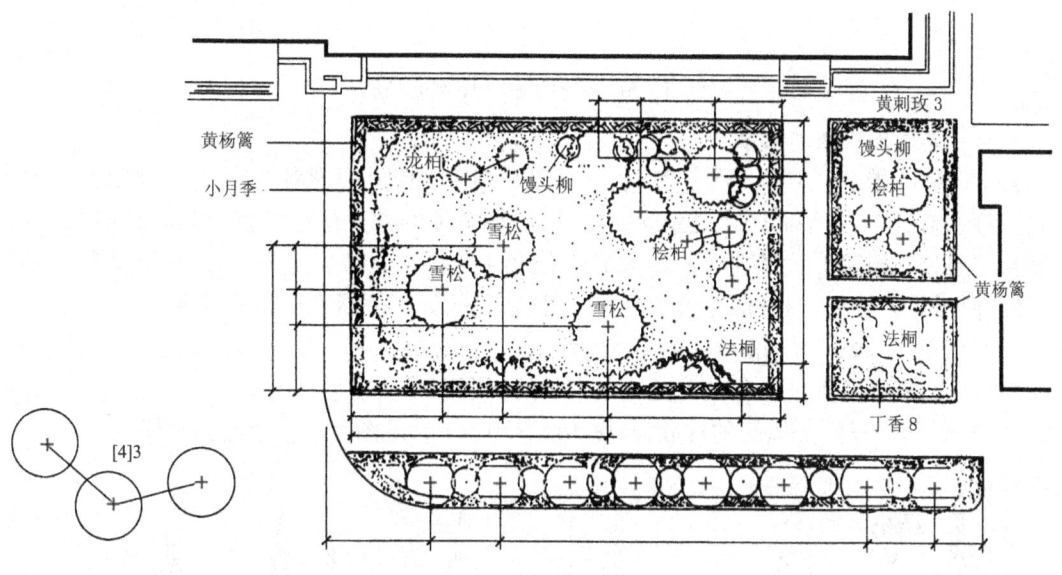

(b) 在图上直接标注树种、株数、株距

图 14-33 园林植物在平面图上的表示法

注：在平面图上标注树种、株数、株距，也可如图 b 左下图示。其中，[4] 表示苗木编号，3 表示株数；树冠直径，一种树种用同一规格；株行距按中心点实际位置。

在园林工程图的种植设计平面图上，常用的树冠直径如下：

高大乔木（毛白杨、槐树、柳树、悬铃木、栾树、银杏等）成年树冠径 5～10 m；孤立树冠径可适当描绘得大些，为 10～15 m。中小乔木（元宝枫、玉兰、海棠、卫矛、山桃、白蜡）成年树冠径 3～7 m。常绿乔木（油松、雪松）幼树冠 4～8 m。锥形常绿树（桧柏、云杉、杜松等）幼树冠 2～3 m。花灌木（木槿、丁香、榆叶梅、珍珠梅、黄刺玫等）1～3 m。绿篱宽 1～1.5 m。

2. 树木平面图绘图

绘图时，先确定树木在平面图上的坐标位置，根据树冠直径的大小按比例选定线条变化形式,顺圆周方向流畅绘图。

(1)在平面图上确定位置,按比例用细实线绘出表示树冠线大小的圆周,如图14-34a所示。

(2)用选定的线条变化形式,按图中所示方向运笔,描绘表示树冠线平面符号的平面图,如图14-34b所示。

(3)在树冠线平面符号的中心(即平面图中确定的树木坐标位置),采用粗实线绘出小圆圈表示现有乔木,采用细实线绘出小十字表示设计乔木。小圆圈或小十字就表示树木在平面图上的坐标位置,如图14-34c所示。完成绘图。

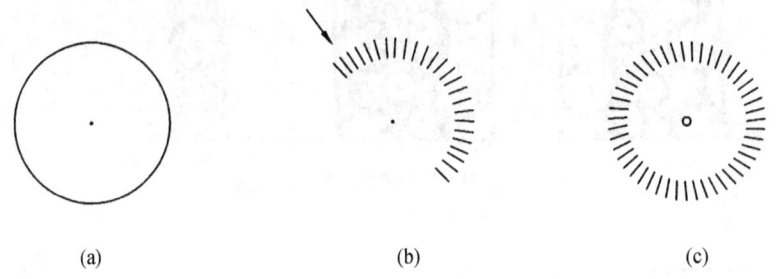

图14-34 树冠平面图图例的画法

14.7.2.2 立面图中树木的表示

树木的种类繁多、姿态万千,各种树木的树形、树干、叶形、质感各有特点,差异很大。树木的这些特点,在树木的平面图中是反映不出的,而在树木的立面图中就可得到较精确的表现。立面图中通过对树冠形状、树叶特点、树木枝干的组合和大小以及树干的粗细、形状和长度等的描绘,使树木的特征、树枝形态、树叶形状及树冠轮廓等特征得到更好的表现。

树木在立面上的画法,既可用以实物为对象进行描绘的写生法,也可用只强调树冠轮廓,省略细部或在细部位置以一些装饰性线条表示的所谓图案法描绘。如图14-35所示,其中图14-35a所示为用写生法描绘的针叶树,图14-35b~f为用图案法描绘的针叶树。

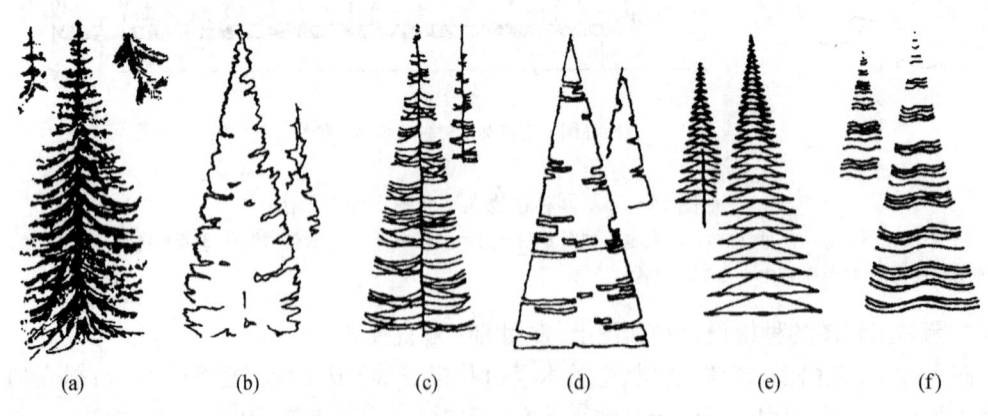

图14-35 树冠立面图图例表示法

从图14-35可见,采用写生法描绘从实际出发较精确地表现出了树木的树形、枝干、叶形、质感等特点。而采用图案法描绘,由于树木形状抽象简化,使除了树木外轮廓外,其他特点都得不到体现。所以,在园林工程图中,一般较多采用写生法描绘树木的立面图。这就首先必须学会观察树木,下面就这一问题进行讨论。

1. 分析树木的特征

为了更精确地表现各种树木的特征,在绘图前,可从下面几方面对树木的各种特点进行认真的观察、分析、推敲、概括。

(1) 树木的枝干结构

树木的树干和树枝之间相互位置和长度决定着树木的整体形状。而树枝偏离树干的倾斜角又直接影响树冠的形状。因此,要表现好树木,就必须详细地观察与分析树木的枝干结构。进行观察分析时,应从下面几方面着手。

① 有无明显主干

树木有无明显的主干,对树枝的排列结构有很大的影响。有的树木有明显的主干,这些树木的树枝有的呈辐射状排列,有的逐渐分叉。如图 14-36 所示的树木枝干结构,其中图 14-36a 所示为雪松的树干结构,其干形通直,枝条平展开放,呈辐射状排列;树冠呈塔形或尖塔形。图 14-36b 所示为刺槐的枝干结构,其树干直立,逐渐分叉,主枝领导力强,侧枝多斜上或横展;树冠为卵圆形或长圆形和球形。图 14-36c 所示为杜鹃花,杜鹃花为半常绿或落叶灌木,其主干不明显,树枝呈放射排列,叶互生,其花冠如图 14-36d 所示,为阔漏斗形。

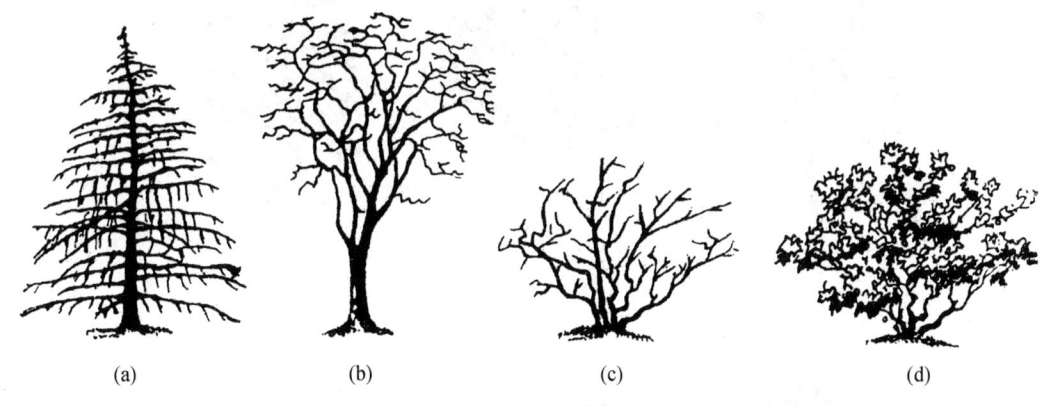

图 14-36 树冠立面图图例表示法

② 枝干间倾斜角

树干和树冠的相互对比是决定整体形状的突出因素。而树冠的形状,由于树枝与树干之间的倾斜角的不同而不同。树枝与树干之间的倾斜角,一方面与树干是否有明显的主干有关系;另一方面与树枝的尽端形态有关。树枝的尽端形态由于树枝的软硬不同而不一样。硬枝槎枒支离,长势向上,形态叉直;软枝纤细柔软,叶压枝垂,姿态弯曲。所以,树枝尽端的形态或长势斜上,或开阔伸长,或平展开张,或弯曲下垂,使树冠也形成有多种形状的几何形体。图 14-37 为树干间的倾斜角与树冠形状:图 14-37a 为新疆杨树,其枝紧贴树干,向上伸展与树干倾角小,树冠冠幅小而呈圆柱形;图 14-37b 为雪松,其枝条平展开张,树冠呈尖塔圆锥形;图 14-37c 为槐树,其树干直立,树枝开阔、伸张向上分为较密的幼枝,树冠幼年、中年呈圆球形(图 14-37c 之 1),老年变得较开阔,呈扁圆球形(图 14-37c 之 2);图 14-37d 为槐树的栽培变种——龙爪槐,其枝条下垂,树冠呈伞形;图 14-37e 为垂柳,其枝条下垂,小枝细长下垂,树冠呈长圆球形,冠幅较小。

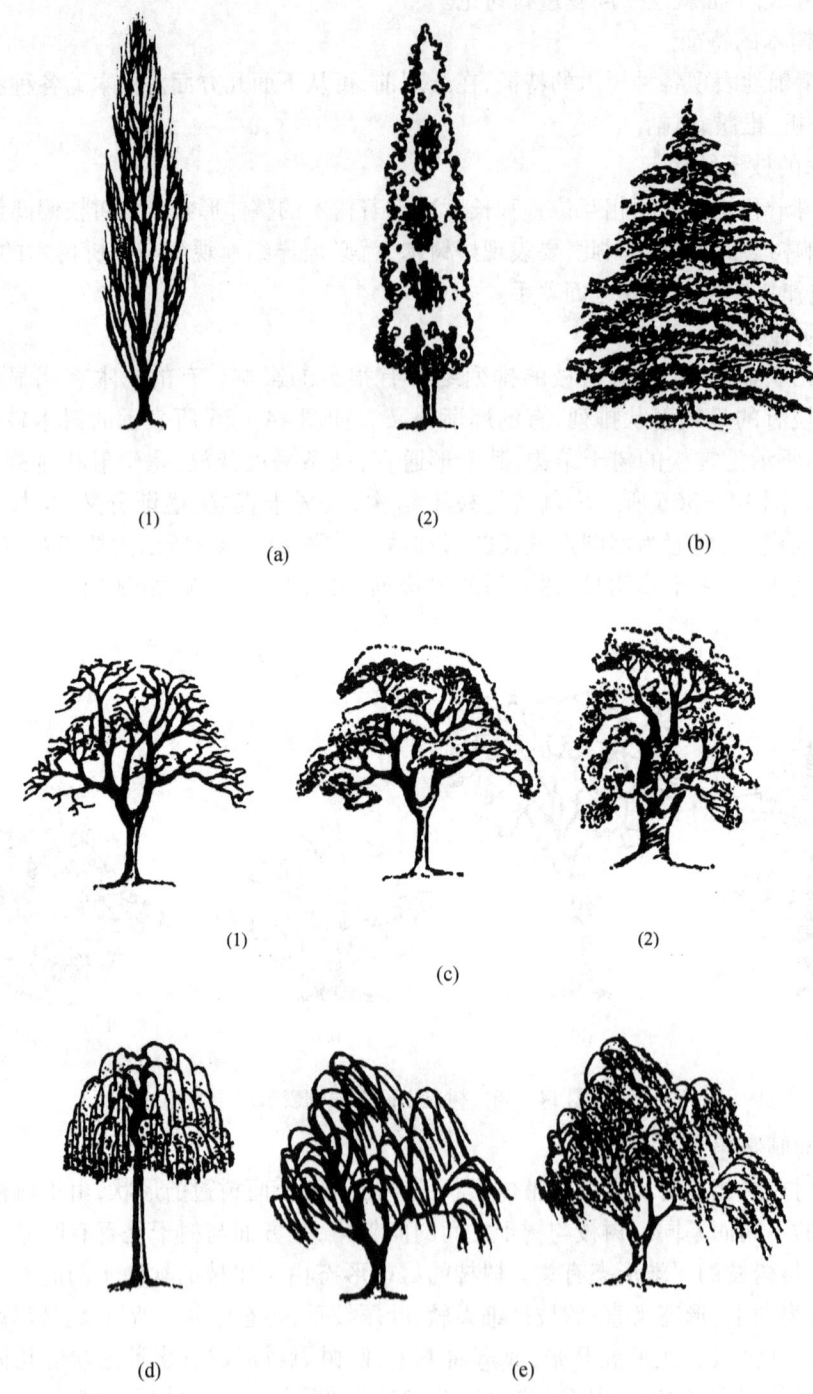

图 14-37　树冠立面图图例表示法

从上述可见，由于树枝与树干间的倾角不同，树冠的形状可能形成某种几何形体，如圆锥形、椭圆形、圆球形……，如表 14-3 和表 14-4 所示，分别为枝干形态与树冠形态。此外，还有人工修剪造型的。

表14-3 枝干形态(摘自 CJJ 67—95)

序号	名 称	图例	序号	名 称	图例
1	主轴干侧分枝形		3	无主轴干多枝形	
			4	无主轴干垂枝形	
2	主轴干无分枝形		5	无主轴干丛生形	
			6	无主轴干匍匐形	

表14-4 树冠形态(摘自 CJJ 67—95)

序号	名 称	图例	序号	名 称	图例
1	圆锥形	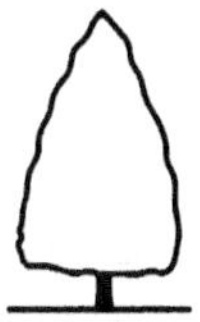	4	垂枝形	
2	椭圆形	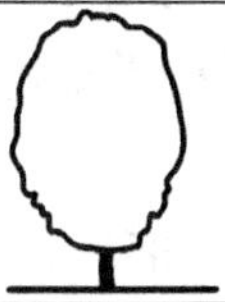	5	伞形	
3	圆球形		6	匍匐形	

说明:树冠轮廓线,凡针叶树用锯齿形;凡阔叶树用弧裂形。

③枝干空间结构

枝干是立体的,俗话说"树分四枝",充分概括了枝干的空间立体感。枝干的枝条,左右伸展、前后穿插,形成了树木的前、后、左、右、内、外的空间层次。如图14-38为树干的空间结构。在描绘树木时要注意枝干结构的空间层次,将枝干的前、后、左、右、内、外层次确切地描绘出来,这样描绘的枝干才有立体感。

为了便于对树木的枝干空间结构进行分析,图14-39给出了枝干空间结构示意图。图中将枝干的空间结构抽象为相互垂直的三角平面。

④枝干年期变化

同一树木,生长年期不同,枝干的组合、排列形式也可能不一样。描绘树木要掌握树木的不同生长年期枝干的结构变化及由此引起的不同树冠外轮廓形状变化,以求准确表达。图14-37c之1和2为不同生长年期的槐树。

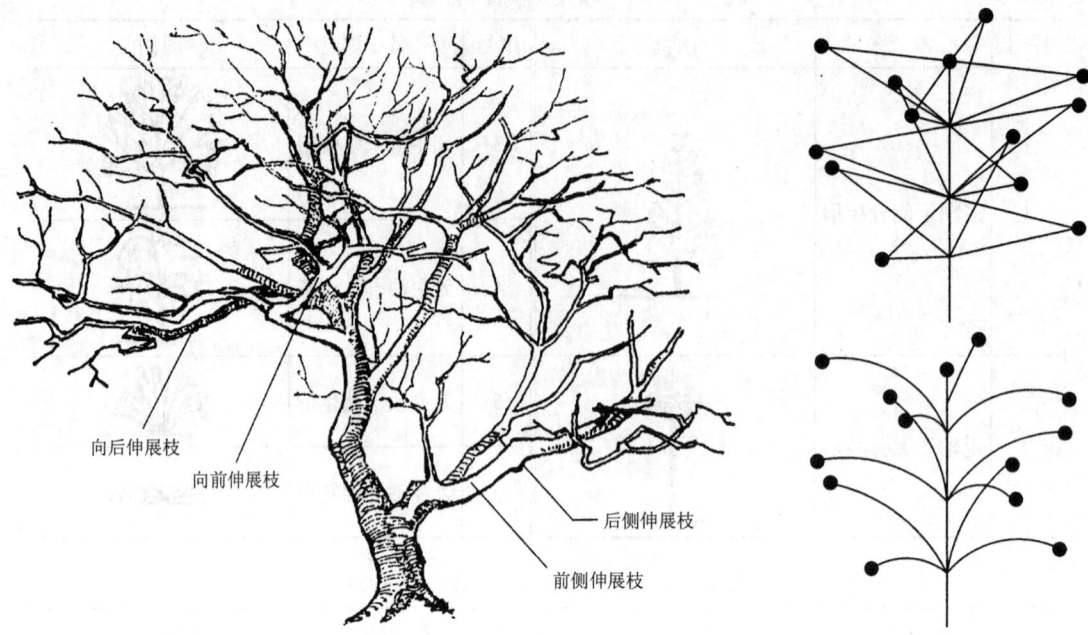

图 14-38　树的枝干空间结构与层次　　　　图 14-39　枝干空间结构示意图

⑤观察方向的影响

从不同角度观察同一棵树,其枝干结构的空间感效果也有所不同,如图 14-40 表示观察方向对空间感效果的影响。该图将同一棵树木旋转一周,从不同方向观察得到不同的空间感效果的示意图。所以,在描绘枝干时要注意观察角度对枝干结构的空间感效果的影响,以求准确表示各种树木,尤其在画透视投影图时更要注意。

在描绘树木时,一般可以从上述几个方面进行分析、推敲、抽象、简化,从而把握所描绘树干的特征、枝的生态、梢的形象、冠的形状,以正确表现枝干的结构,准确表现树木。

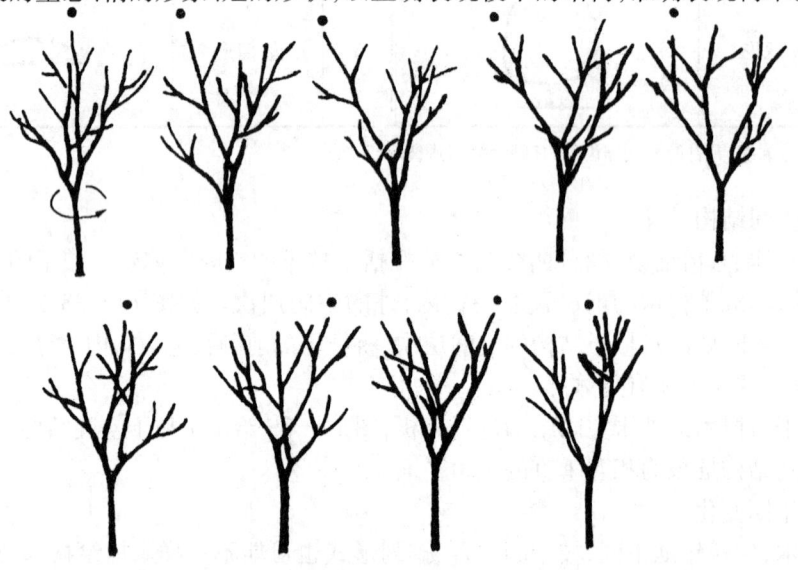

图 14-40　观察方向对枝干结构空间感的影响

2. 树叶的夸张简化

由繁盛的树枝和茂密的树叶组成树木的体积，由树叶的铺排形成树冠，树叶与树枝的形状有机联系，是树木的主要组成单位。各种树木的树叶，其形状都不相同，这就使树叶的形状及由它们铺排成的树冠对树木种类的辨认具有独特的作用。但是，在实际绘图中，由于树叶形状复杂，数量又多，除特殊情况外，一般不把树叶一一描绘出来。因此，描绘树木时，必须对树叶的形状和铺排进行认真的观察分析，从而正确地采用夸张的手法，以简单的笔法概括表现出来。

（1）叶形的近似简化

树木的种类繁多，树叶形状区别也很大。在实际中有不少树叶的形状是相似的，根据树叶形状相似的特点，在描绘时一般以近似于叶形的简单笔法表示，如图14-41所示。图14-41a为柳树，根据柳树的叶形一般为枝披形或线状披针形的特点，将它简化为线条表示；图14-41b为松树，根据松树的叶形为针状的特点，将它概括简化为成簇的针状短线；图14-41c、d所示分别为白杨和加杨，其叶形呈三角形，据此将其概括简化，以三角形表示。在实际描绘中，对树叶多以简单笔法绘出，习惯上还常将柏树树叶（实际中柏树的叶形有针状与鳞片状两种）绘成针状，悬铃木树叶绘成多边形，海棠、苹果叶绘成圆形，银杏叶绘成扇形等。还有些只以各种变化线条画出树冠边缘来表示树叶的特征，如图14-37c对槐树的表示。

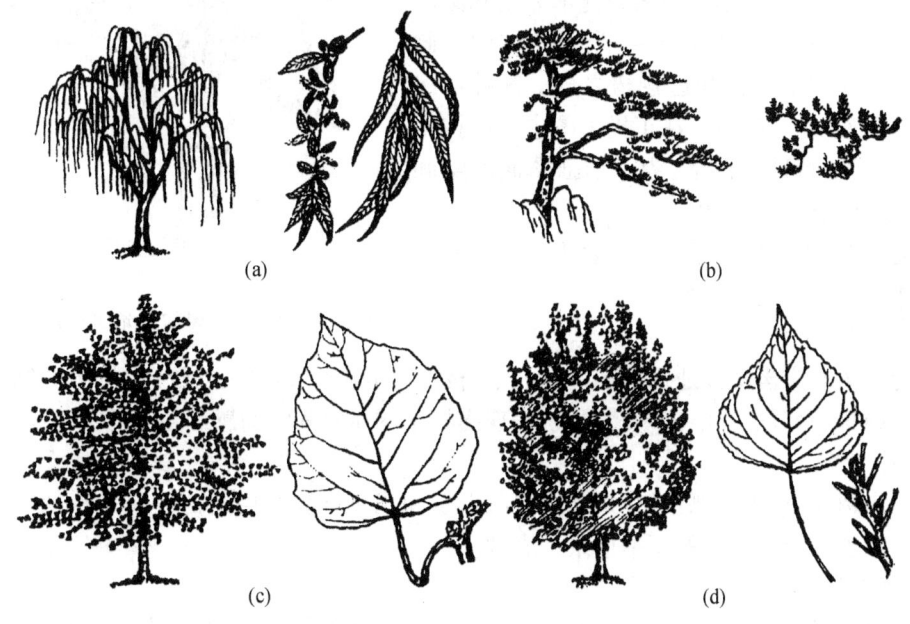

图14-41 叶形的近似抽象简化

除此以外，还可以用其他简单的笔法表示。如图14-42为树叶的描绘图例，表示对同一棵树木的树叶采用不同的简化画法表示树冠的形态和轮廓。

（2）树叶的概括夸张表示

树木的叶片有成千上万之多。显然，要在图上全部表示是不可能的。因此，在描绘树叶时须高度地概括夸张，达到以一当十，以十当百，以有限的线条表示茂密的树叶。

3. 明显层次的表现

一棵枝叶繁茂的树在阳光的照射下，由于受到阳光照射的角度不同，就会显示出亮、暗、最

(a)　　　　　　　(b)　　　　　　　(c)　　　　　　　(d)

图 14-42　树冠的近似抽象简化画法

暗等三个基本层次：迎光的一面亮，背光的一面暗，里层最暗，如图 14-43 所示。在描绘树木时，必须正确地认识阳光照射在树上的光影效果，准确地描绘从明到暗的层次转变，确切表示出空间层次，表现树的空间感。

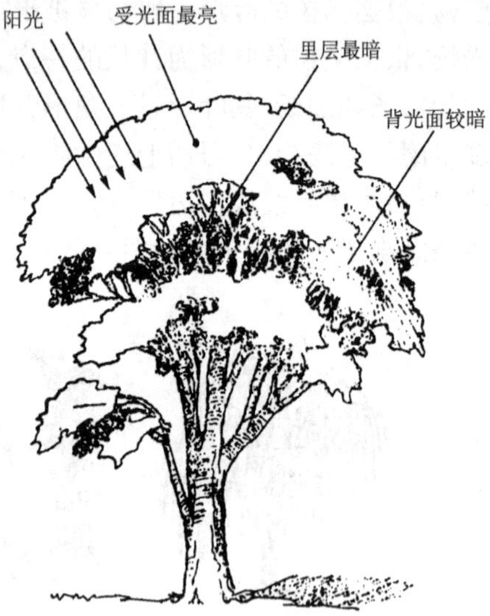

4. 距离不同的树木的表现和刻画

从透视角度分析，不同距离的树木表现和刻画出的深度有所不同，如图 14-44 所示。在同一画面中，有近景树、中景树和远景树之分。这种情况主要表现在透视投影图中；在正投影图中一般按中景树表示，但在特殊情况下，为了加强图面的空间感，也可按其远近不同画出。

对近景树、中景树和远景树的表现和刻画的深度的具体要求分别是：

（1）近景树

画近景树时应当细致地描绘出树木的干、枝、叶的特征，如树皮的纹理、枝干的结构、树叶的形状与铺排等特征，描绘出明暗层次，表现出树木的质感和空间感。

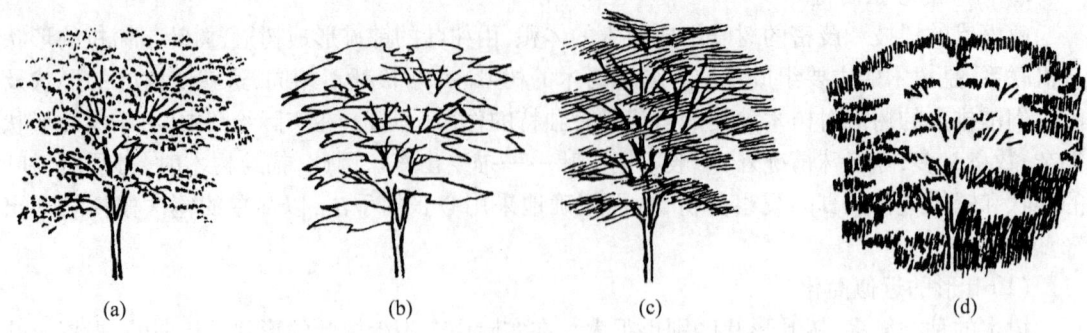

图 14-43　树的受光面及背光面

（2）中景树

画中景树时，重点应抓住树形轮廓特征，以反映出不同树种的特点。具体绘图时，主要通过对枝叶特点和树冠轮廓的概括描绘来表现。

（3）远景树

画远景树时，只需画出树冠线轮廓，即主要表现树丛的整体轮廓，无需对枝叶特点进行描绘。具体绘图时，也将整体轮廓描绘成上深下浅、上实下虚，以表现出图面的深远感。

通过上述分析，全面了解并掌握了所描绘的树木的特征后，就可着手描绘树。

5. 树木画图步骤

在立面图中描绘树，其方法与步骤可归纳为：始于干，干生枝，枝添叶，叶铺冠，分明暗。具体绘图步骤如下：①画出主干或中心线；②从主干出发画出大枝，再从大枝出发画出小枝；③从小枝出发描绘叶片，并铺排组合成树冠外轮廓；④根据光影效果，表示出亮、暗、最暗的空间层次，加强树的立体感；⑤检查并完成绘图。

图 14-45 所示为常绿针叶树的画法。

图 14-44 距离不同的树木的表现

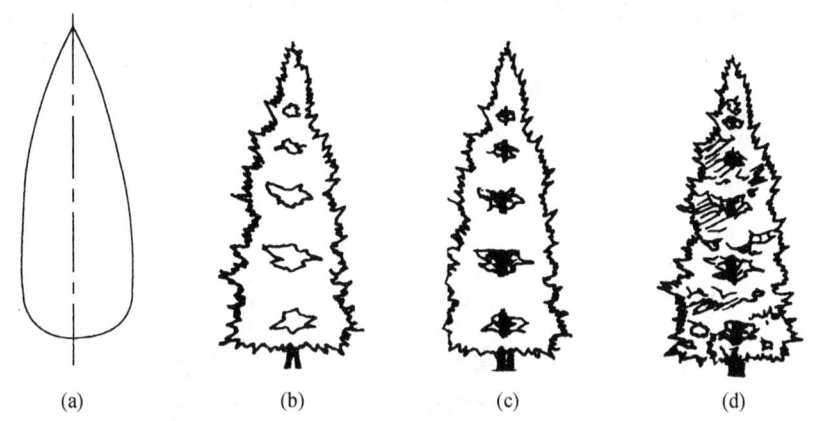

图 14-45 常绿针叶树的画法

有许多常绿树,如油松、白皮松、云杉、松柏等,在幼年时,树形为圆锥形或广圆锥形。对这类圆锥体树形,在具体绘图时可按下述步骤进行:①画出中心轴线及圆锥体外形轮廓线,如图 14-45a 所示;②按树冠外形轮廓线用针状线画出树形,如图 14-45b 所示;③画出枝干,如图 14-45c 所示;④按针叶排列方向在轮廓线内画针状叶,并根据光影效果表示出空间层次,如图 14-45d 所示;⑤检查并完成全图。

树木的种类繁多,树形变化也很大。树的主干或端直挺立,或多杈开阔,或弯扭多姿;树的侧枝或向上伸展,或平展开阔,或弯曲下垂。因此,应注意树枝与主干的夹角及树枝尽端形态变化的描绘。对这些树,具体的绘图方法与步骤如下列图例所示。

图 14-46 为常绿阔叶树,其绘图步骤为:①画出主干,如图 14-46a 所示;②画出树枝,注意树枝与主干间的夹角及主要树枝的尽端形态,如图 14-46b 所示;③描绘树叶,注意树叶形状的简化与树叶的铺排,并根据光影效果描绘出空间层次,如图 14-46c 所示;④检查并完成全图。

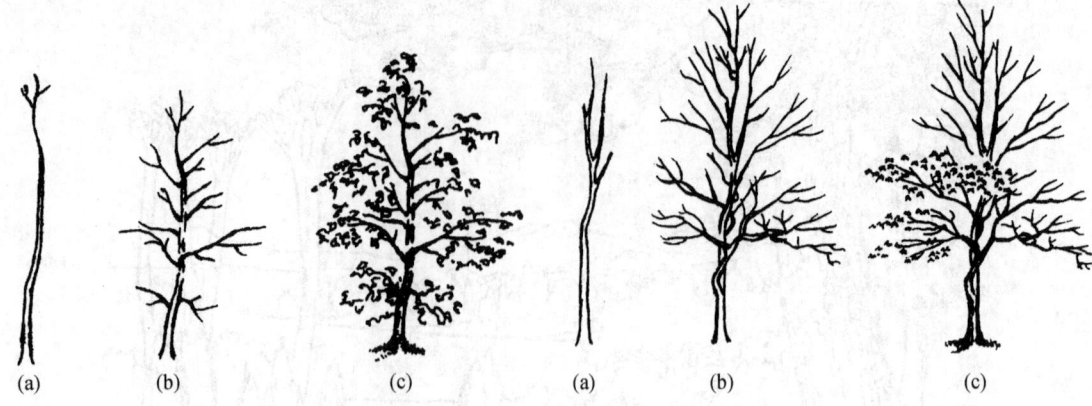

图 14-46　常绿阔叶树的画法　　　　图 14-47　落叶树的画法

有时为了表达不同的季节,在画面上可通过树上有无叶片来暗示。落叶时,可只描绘树的枝干,也可在树的少数树枝尽端画一些叶片表示。如图 14-47 所示为落叶树,其描绘步骤为:①画出主干,如图 14-47a 所示;②画出树枝,注意侧枝与主干间的夹角及主要树枝尽端姿态,如图 14-47b 所示;③描绘树叶,注意树叶的形状,只需在少数几条邻近树枝尽端画出一些叶片,如图 14-47c 所示;④检查并完成全图。

图 14-48 所示为竹的描绘方法与步骤。竹的特征:杆木质化,有明显的节,枝干都是直线,主干的箨叶缩小而无明显的主脉,而普通叶片为短柄,又与叶鞘相连成一关节。具体绘图方法与步骤如下:①画出主干,如图 14-48a 所示;②描绘出部分枝、叶,应逐枝描绘,如图 14-48b 所示;③画出全部枝、叶,并根据光影效果描绘出明暗层次变化,如图 14-48c 所示;④检查并完成全图。

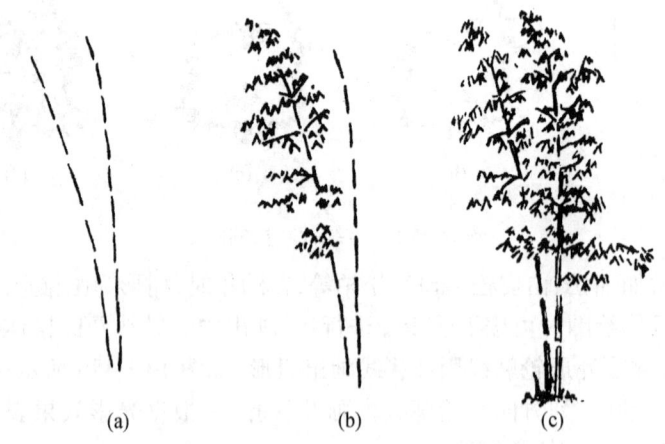

图 14-48　竹的画法

14.7.2.3　树的正投影图

在正投影图上表示树木时,同一棵树所用的树冠轮廓线的线条变化应尽可能一致,且最好采用园林工程习惯上常用的表示符号来表示,以方便看图,促进技术交流。但树冠外轮廓线的尺寸比例,在立面图上可比平面图略大,具体如图 14-49 所示。

建筑配景图中树木正投影图画法参见附录三之附图 3-5。

第 14 章 风景园林工程图

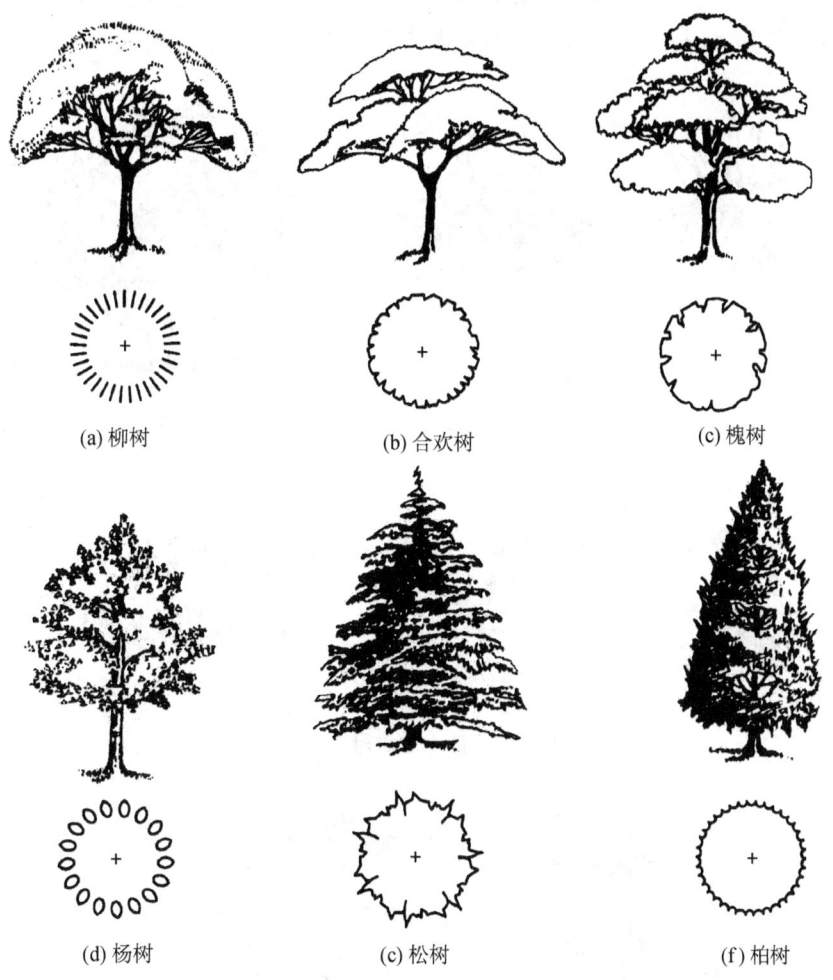

图 14-49 乔木的投影图表示法

14.7.3 灌木和花卉的表示方法

14.7.3.1 灌木的表示方法

灌木是无明显主干的木本植物，与乔木不同，灌木植株矮小，近地面处枝干丛生，具有体形小、形变多、株植少、片植多等特点。因此，灌木的描绘和乔木相似，但也有其特点。

1. 灌木的平面图表示法

由于灌木体形小、形变多、株植少、片植多，所以，在平面图上表示时，株植灌木的表示方法与乔木相同，即用一定变化的线条描绘出象征性的圆圈作为树冠线平面符号，并在树冠中心位置画出"黑点"表示种植位置；对片植的灌木，则用一定变化的线条表示灌木的冠幅边，如表 14-4 所示。绘图时，用粗实线画出树木边缘之轮廓，再用细实线与黑点表示个体树木的位置。画树冠线要注意避免重叠和紊乱，一般将较大的树冠覆盖于较小的树冠上面，而较小的树冠被覆盖的部分不画出。对常绿灌木，则在树冠线符号内加画 45°细斜线表示。

2. 灌木的立面图表示法

灌木由于具有上述特点，在立面图上较少用写实描绘表示，一般只用有一定变化的线、点或简单图形描绘灌木(丛)冠的轮廓线，再在轮廓线内按花叶的排列方向，根据光影效果画出有一定变化的线、点或简单图形,表示出花叶,分出空间层次表示空间感。具体表示方法如图14-50所示。图14-51所示为灌木丛的立面图表示实例。

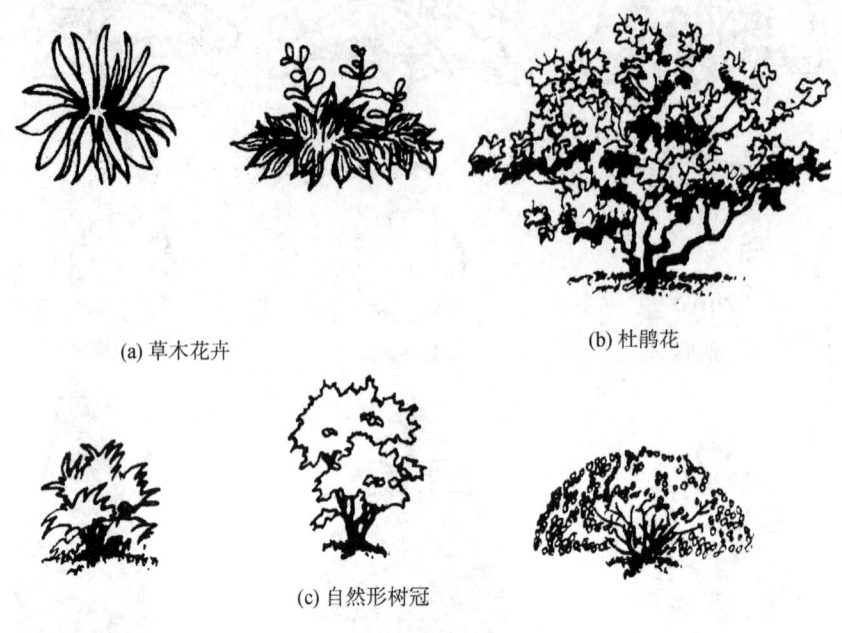

(a) 草木花卉　　　　　　　　(b) 杜鹃花

(c) 自然形树冠

图 14-50　灌木的树冠立面图图例

图 14-51　灌木丛的立面图表示实例

3. 灌木的表示方法

上面分述了灌木在平面图和立面图上的表示方法。下面通过图 14-52 绘图实例,论述灌木的投影作图方法与步骤。

在论述灌木的平面图与立面图表示方法时,已强调灌木在投影图上的表示方法与乔木的表示方法大致相同,但由于灌木本身的特点,特别是对丛生而又片植的灌木,其绘图方法与乔木又有所区别。同样地,绘图前,首先对所描绘的对象进行详细的观察、分析,抓住灌木的树形轮廓特征和片植灌木的树冠特征,概括枝叶特点,然后用有一定变化的线、点或简单图形描绘出树形,反映出灌木的区别和特点。具体绘图步骤如下:

(1) 用细实线分别画出灌木(林)在立面和平面图上的外形轮廓线,如图 14-52a 所示;

(2) 用有一定变化的线、点或蠡形描绘出外轮廓线,如图 14-52b 所示;

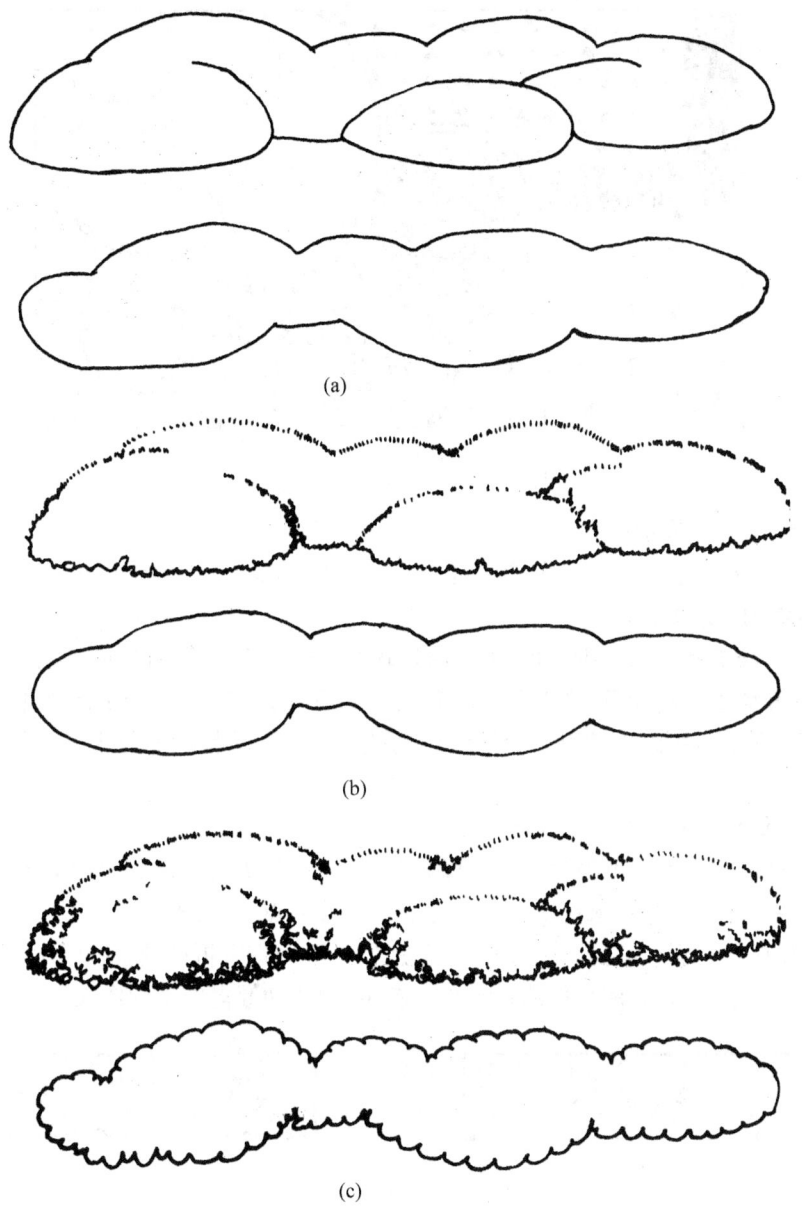

图14-52 灌木的投影图画法

(3) 根据光影效果,在轮廓线内描绘一定变化的线、点或简单图形表示叶、花,以分出空间层次,体现立体感;

(4) 检查并完成作图。

14.7.3.2 花卉的表示法

1. 花卉的平面图表示法

花卉种类繁多,在平面图上的表示方法也很多,一般可用连续曲线描绘出花卉表示花带,也可用自然曲线描绘出花卉种植的范围,然后在中间用小圆圈或变化曲线表示花卉(见表14-2)。如为了取得直观效果,也可用简单花卉图案表示。图14-53为花卉的平面图图例。

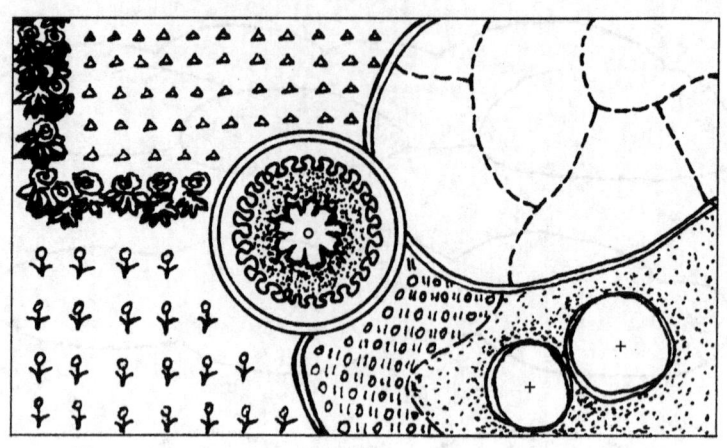

图 14-53 花卉的平面图图例

2. 花卉的立面图表示法

花卉立面图的表示方法与灌木是相同的,如图 14-50a 所示,故在此不再赘述。

14.7.4 绿篱的表示方法

为了分隔、防护和装饰周围环境,人们将珊瑚树、黄杨、茶树等植物成行密植成绿篱,以代替篱笆、栏杆和墙垣。高绿篱,高 1.2～2.0 m;中绿篱,高 0.5～1.2 m;低绿篱,高 0.3～0.5 m。由于绿篱是成行密植,株多丛小,枝多叶密,故一般不用较精确的写生法描绘,而多用图案法表示。

14.7.4.1 绿篱的平面图

绿篱有常绿绿篱和落叶绿篱两种。常绿绿篱又分为修剪与不修剪两种情况。

常绿修剪绿篱与不修剪绿篱在平面图上表示的异同点是:两种都用斜线或弧线交叉表示,但由于修剪绿篱外轮廓线修剪得较整齐平直,所以一般用带有折口的直线画出;而不修剪绿篱由于外轮廓线不整齐,因此用自然曲线画出。图 14-54 为绿篱的平面图表示法。

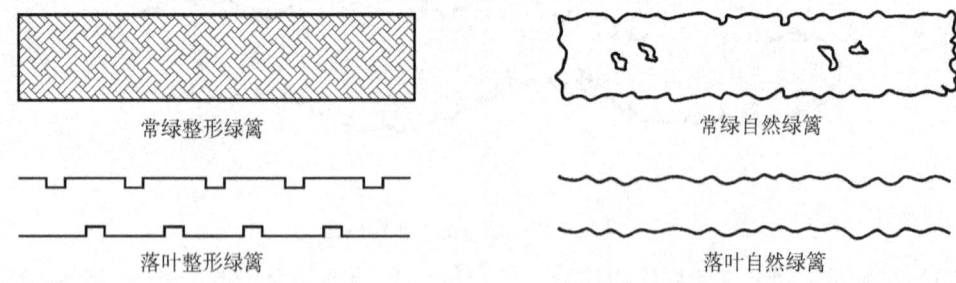

图 14-54 绿篱的平面图表示法

落叶绿篱一般可只画出绿篱的外轮廓线,如图 14-54 所示。必要时可在外轮廓线内加上"黑点"表示出种植的位置。

14.7.4.2 绿篱的立面图表示方法

绿篱的立面图可用图案法绘出。绘图时,可根据不同的花卉形状,用线、点、自由曲线、圆形曲线等绘出外轮廓线,然后在外轮廓线内用上述几种要素和线条描绘出明暗效果,如图 14-55 所示,也可用竖线条或竖向交叉线来表示。

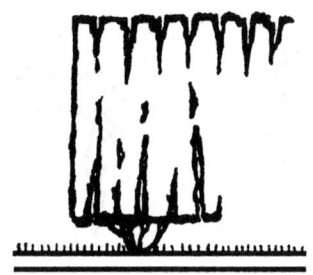 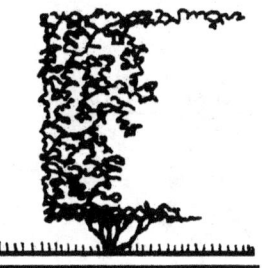

图 14-55　绿篱的立面图表示法

14.7.4.3　绿篱表示方法

绿篱投影图作图步骤如图 14-56 所示：

(1) 用细实线分别画出平面图和立面图的外轮廓线，如图 14-56a 所示；

(2) 用线、点、自然曲线、圆形曲线和竖向线条、竖向交叉线画出外轮廓线，如图 14-56b 所示；

(3) 用上述几何要素和直线线条表示出层次，如图 14-56c 所示；

(4) 检查并完成全图。

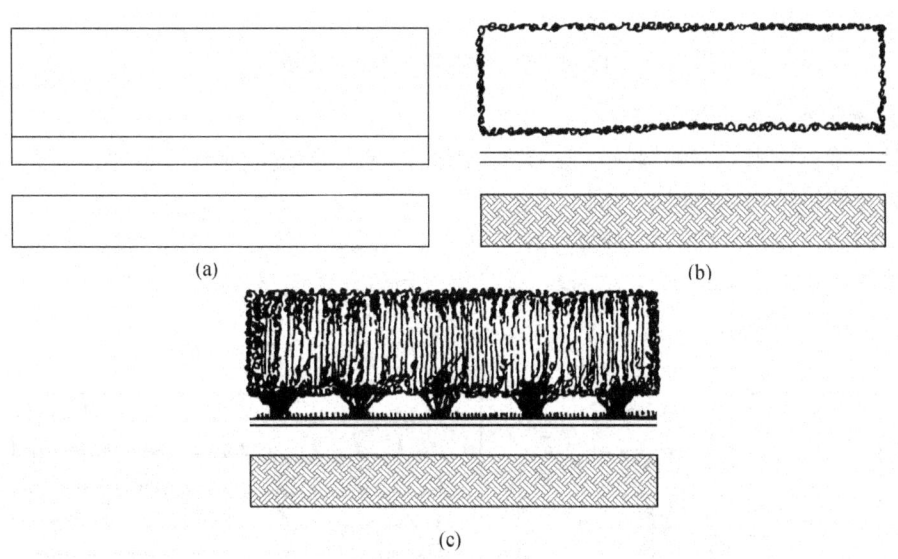

图 14-56　绿篱的投影图画法

14.7.5　攀缘植物的表示方法

攀缘植物是靠缠绕或借附着器官攀附他物向上生长的植物，如紫藤、牵牛花、葡萄等。在园林绿化设计中，利用这类植物进行垂直绿化，形成凉棚、花架、走廊等绿色游廊，或攀缘于阳台、栏杆、壁墙等，有遮阳、美化环境等作用。

攀缘植物投影图如图 14-57 所示。其画法既可用写生法（如图 14-57a、c 所示），也可用图案法（如图 14-57b 所示）。用写生法描绘，则先画出攀缘茎，然后顺着攀缘茎，根据植物花、叶、形，用线、点、圆圈、曲线或简单图形表示花叶，如图 14-57c 所示。若用图案法表示，则只要用变化线条绘出外轮廓线即可。不管用哪种方法表示，必要时都必须用文字说明图中符号代表的意义，即注写植物的名称。

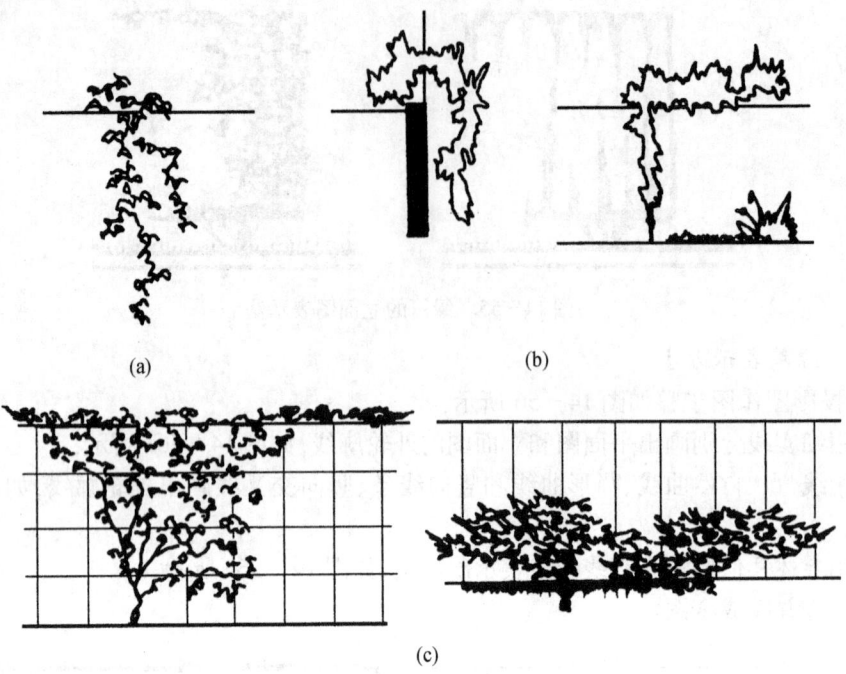

图 14-57 攀缘植物的表示方法

14.7.6 地被植物的表示方法

园林环境有树木花草的绿化点缀、装饰,因此,一张完整的园林设计或建筑平面图,常需要画出花卉及地被植物来点缀。

在平面图上,地被植物如草地等一般用小圆点、小圆圈、线点等符号来表示。在表示时,符号应画得有疏有密。凡在草地、树冠线、建筑物等边缘外应密,然后逐渐稀疏。图 14-58 所示为地被植物平面图表示法。

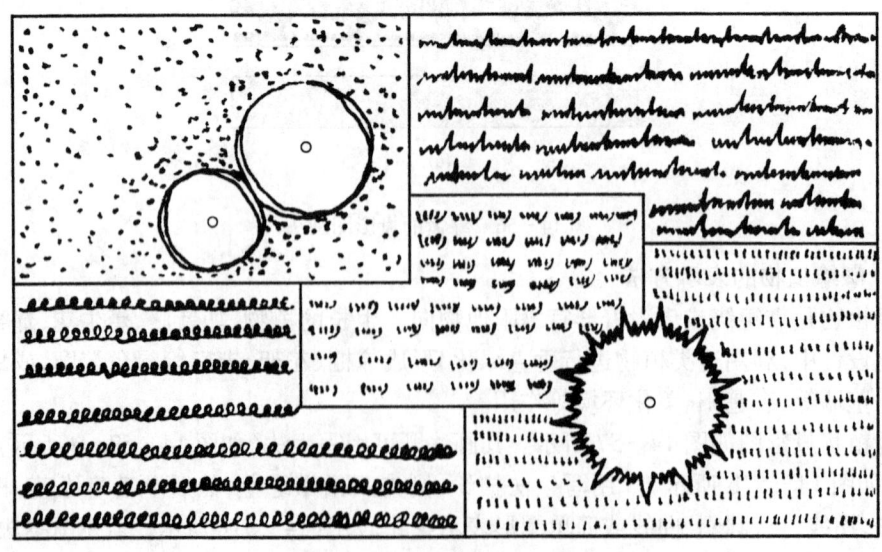

图 14-58 地被植物平面图表示法

14.7.7 道路绿地工程施工图
14.7.7.1 道路绿地内容

道路绿地是城市道路组成部分之一,它随着城市道路伸向城市的四面八方,联系着城市中的各种专用绿地和公共绿地,组成城市的绿化系统。它与道路的性质相关,例如高速公路、高架路、景观大道、步行街等各有很大不同。

如图14-59所示,道路绿地包括:

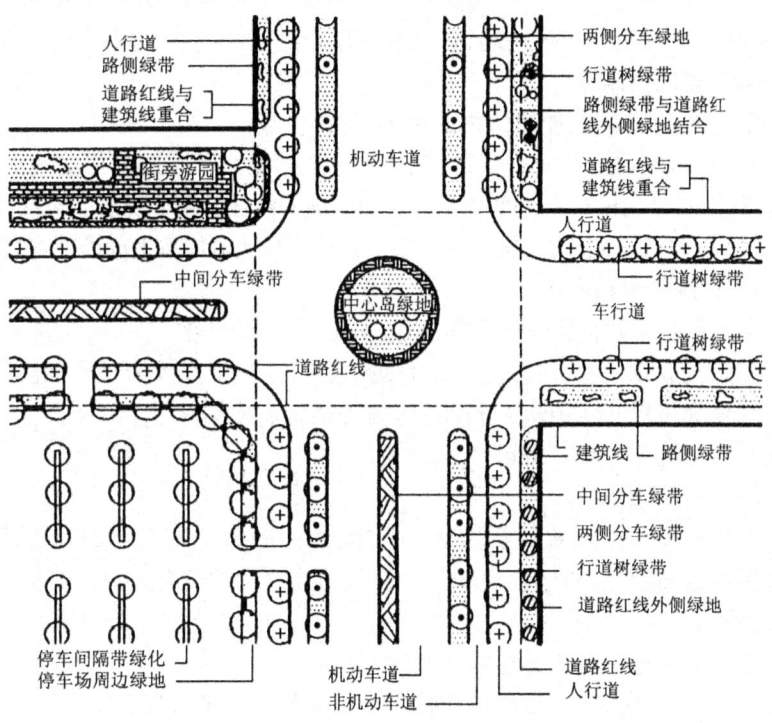

图14-59 道路绿地名称示意图

(1)广场绿地:广场(如交通广场、游憩集会广场)用地范围内的绿地。

(2)停车场绿地:社会停车场用地范围内的绿地,包括停车场周边绿地和停车间隔带绿地。

(3)交通岛绿地:交通岛(如中心岛、立体交叉绿岛)上的绿地,交通岛绿化要结合交通岛的行车引导方向,起引导交通的作用。

(4)道路绿带:位于道路用地范围(道路红线以内范围)的绿地,多为带状。道路绿带又分:中间分车绿带、两侧分车绿带、行道树绿带和路侧绿带。而行道树绿带常见有两种:一种是仅种植一排行道树,树下留有树池;另一种是行道树下成带状配置地被植物和灌木,形成复层种植的绿带。路侧绿带常见有三种:一是建筑线与道路线重合,路侧绿带毗邻建筑布设;二是建筑退让红线后留出人行道,路侧绿带位于两条人行道之间;三是建筑退让红线后在道路红线外侧留出绿地,路侧绿带与道路红线外侧绿地结合。

此外,还有道路红线外侧绿地,如街旁游园、宅旁绿地、公共建筑前绿地等。这些绿地虽不属于道路绿化用地范畴,但能加强道路的绿化效果。

14.7.7.2 道路绿地工程施工图

道路绿地设计是在街道建筑、道路系统及市政各种管线等设计的基础上,进行绿化种植设计。在绘制绿地种植工程施工图时,应注意处理绿化种植与上述有关设施之间的关系,如保持适当距离(具体见附录三之附表 3-6～附表 3-9),使设计合理。

具体绘图方法与步骤如下(图 14-60):

(1)根据工程的内容和表达要求,选择好绘图比例,确定图纸大小绘制平面图。

各种图样常用的比例:平面图的比例(1:100)～(1:500);立面图、剖面图的比例为(1:20)～(1:50);也可取与平面图同一比例。

(2)城市道路规划(或现状)。

在图上画出建筑物的位置、建筑线路、道路中心线、快慢车道、人行道和市政管线、杆线位置。其中,建筑物的位置用粗实线绘制,建筑红线用细实线绘制,道牙线用中实线绘制,其他市政管线按有关标准规范绘制。

(3)根据设计要求,表示出种植植物的种类、种植位置。

①树的种类,画出树冠线平面符号,其他植物也根据上面所讲过的方法表示。

②种植位置,树木以在树冠线平面符号中心的"细实线画十字"表示。对同一树种、同一株距、同一行距的树木,可用直线上的连续"小十字"表示。其他植物按上面所讲过的方法表示。

具体绘图如图 14-60b 所示。

(4)根据设计的定位要求及种植规格,标注出株距、行距。

①行道树的定位放线尺寸,可以道路中心线、道牙、建筑位置等为基准标注。

②标注出种植规格尺寸(即株距、行距)作为种植定点依据。

具体标注方法如图 14-60c 所示。

(5)绘制立面图或剖面图。

①根据苗木的种植规格、位置关系及设计意图的表达需要,选择适当的剖切面绘制剖面图。

②在立面图或剖面图上,从竖向表明各种园林植物之间的位置关系、与周围环境及各种地上、地下管线设施的关系。

③表明施工时准备选用的园林植物的高度、体型。

④根据设计要求标注出种植植物的定位尺寸及它们之间的位置距离。

⑤表明各种管线的位置和地上设施、地下埋设深度高程。注意其与种植植物的位置、种植土层厚度、种植空槽规格、水生花卉最适水深及位置关系等,使设计合理,并符合绿化工程竣工验收单的要求,具体见附录三之附表 3-7～附表 3-18。

(6)制作苗木表。

采用苗木统计表说明种植植物种类或园艺品种、植物的规格(干径以 cm 为单位,写出小数点后一位,冠幅和高度以 m 为单位,写出小数点后一位)及各种植物的数量,对花类应标明花色(在备注栏内注写)。具体如表 14-5 所示。

表 14-5 苗木统计表

序 号	树 种	数 量	单位	规 格			备 注
				干径(cm)	高度(m)	冠幅(m)	
1	白杨树	200			3～4		
2	水 槿	100			1.0～1.5		
3	侧 柏	2000			0.8～1.0		
4	珍珠梅	160			1.0～1.5		
5	榆叶梅	50			0.8～1.0		
6	野牛草						

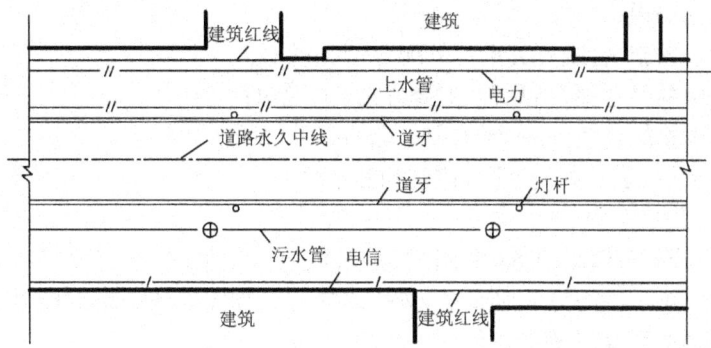

(a) 将道路现状(或规划)描绘在图纸上,包括建筑、道路、各种地下管线及杆线

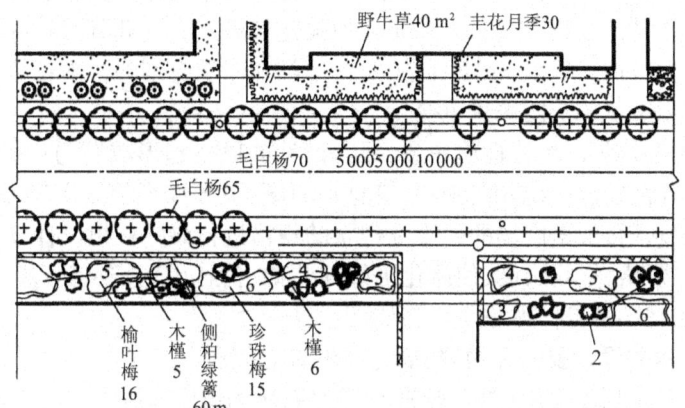

(b) 按株距点上种树位置,并画树冠线。注明树种、数量及株距

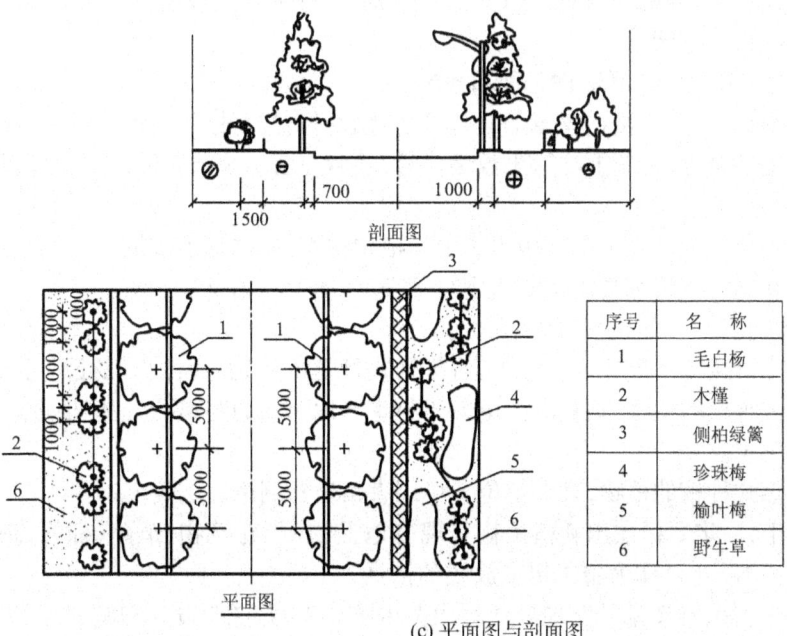

(c) 平面图与剖面图

图 14-60 城市道路种植工程设计图

(7)注写做法说明。
①放线依据的说明;
②与各市政设施、管线有关单位的配合情况说明;
③选用苗木的要求(包括品种、剪修方法)的说明;
④对园林植物的栽植方法、要求和管理的有关说明。
(8)绘出指北针表示朝向,注写比例和标题栏。
(9)检查并完成全图。

必须指出,若一条道路的各段绿化规则不同,则必须采取"分路段"表示方法,分别绘出平面图和剖面图。对一些街头绿地或立交桥的"绿岛",如需要还需绘出详图来表示。

14.7.8 广场绿化种植工程施工图

城市广场及公共建筑前(广场)的绿化地段是城市街道绿化的重点。人们利用这些地段种植树木花草,以衬托、点缀建筑物,补充和加强建筑艺术,使不同性质的广场具有各不相同的风格和特点。这样,种类繁多、千姿百态、万紫千红和四季有别的树木花草,既改善了广场的小气候,又给城市创造了一个四季景色变化、富有生气的环境。

广场的绿化必须与广场的性质一致,绿化设计的风格和形成要与广场的性质相适应。因此,在进行绿化种植设计前,要准备好建筑总平面图、市政综合管线图和底层建筑平面图。在明确设计任务要求后,根据广场的性质及现状的规格进行绿化种植设计,广场绿地布置和植物配置要考虑广场规格、空间尺度,使绿化更好地装饰、衬托广场,改善环境,利于游人活动与游憩。绘制种植工程图的具体方法与步骤如下:

(1)根据工程的设计要求和内容,确定比例,选择图幅。
(2)画出建筑底层平面图(外形轮廓)、道路系统和市政管线设施的平面位置。
(3)用符号表示出植物的种类、种植位置(范围)和大小。

对同一树种,排列式种植时可用直线相连表示,对集团式或自然式种植成片状的,用树冠外轮廓的连线表示范围。

(4)用文字和数字说明植物名称和数量。
①图形简单的,可直接在树冠平面符号处就近引出注写植物名称,并在名称后填写数量。
②图形复杂时,可在图上注写出数字代号,然后在苗木统计表里说明代号所示的植物名称和数量。
③也可在苗木统计表中直接用图例说明植物种类,并注写出数量。
④图上相同的植物种类用相同图例符号表示,图上不用重复注明。

(5)标注株距、行距及定位放线尺寸。
①在图上直接标注尺寸说明行距,对排列式种植的植物,标注出几处尺寸便可,其他可省略。对自然式种植的植物,则只需注出大树与主要地上物的距离,其他则根据地上物与自然点的大致位置确定。
②对自然式种植的植物,其种植位置可用直角坐标网格直接确定。
③在图上,一定要标注出新植植物与现有地上物(如建筑物、道路、杆线、现有树木等)的关系尺寸(定位尺寸),作为施工定点放线的依据。

(6)注写比例,在图幅的空白处注写出苗木统计表,并说明设计和施工要求。
(7)绘出指北针,填写标题栏。
(8)检查并完成作图。

图14-61所示为某公共建筑外庭园种植设计图示例。表14-6为苗木统计表。

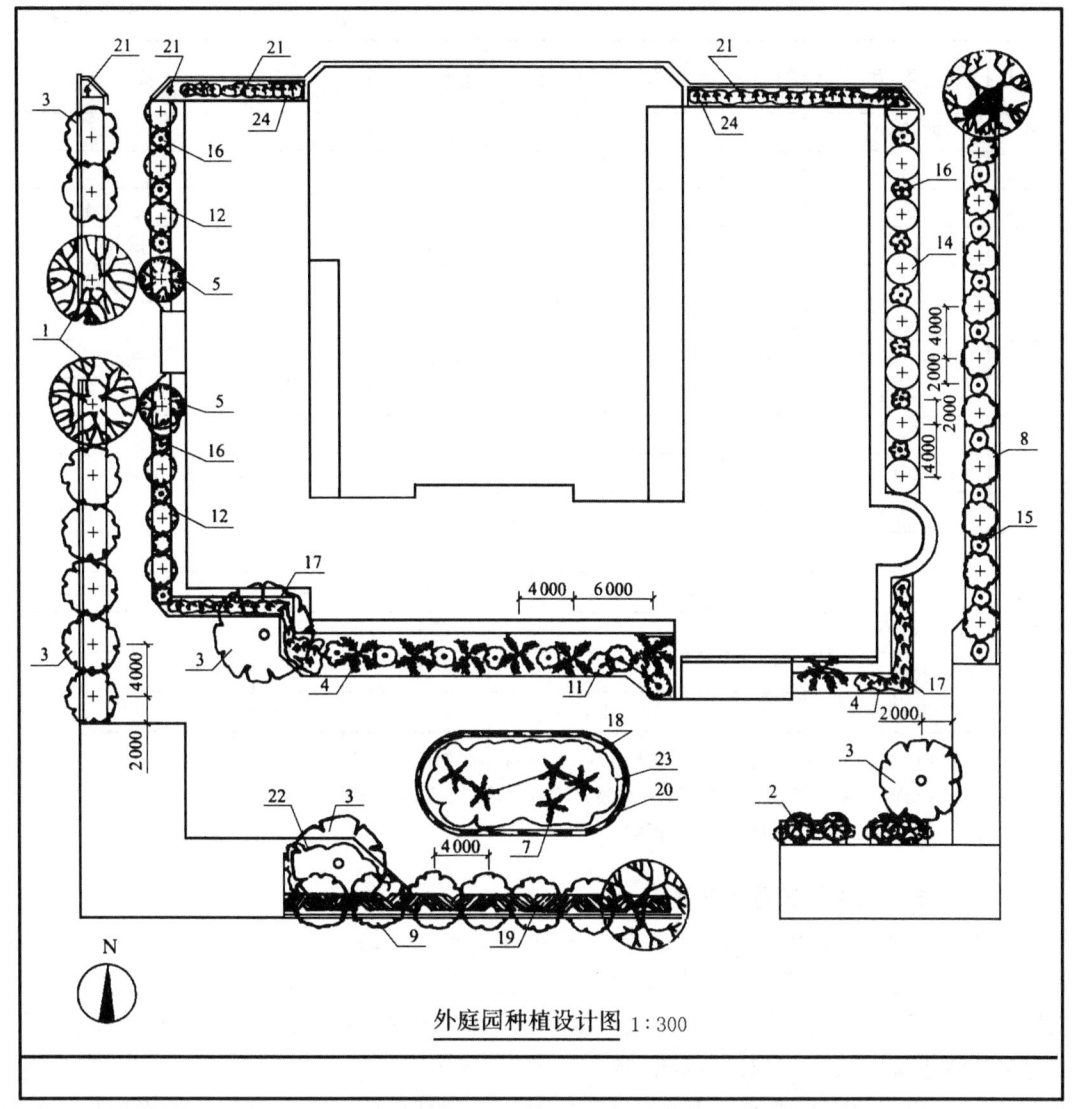

图 14-61 外庭园种植设计图

表 14-6 苗木统计表

序 号	树 种	数 量	单 位	规 格			备 注
				干径(cm)	高度(m)	冠幅(m)	
1	小叶榕	4			4～5		
2	广玉兰	3			4～5		
3	白玉兰	7			4～5		
4	散尾葵	2			2～3		
5	鱼尾葵	6			2～3		
6	假槟榔	5			2～3		
7	南洋杉	5			1～3		
8	大叶紫薇	10			3～4		

续表 14-6

序号	树种	数量	单位	干径(cm)	高度(m)	冠幅(m)	备注
9	四季桂花	6			2~3		
10	含笑	5			1		
11	茶花	3			1~2		红或宫粉
12	九里香	1			1		球状
13	米兰	6			1		球状
14	海桐	7			1~2		丛状
15	梗骨凌霄	10			0.5		球状
16	一品红	14			2		
17	棕竹	18			1~1.5		丛状
18	月季花(各色)	200			0.5		株、行距50 cm
19	簕杜鹃	60			0.5		植双行,株、行距50 cm
20	天冬草	200			0.5		
21	竹子	10(丛)			5枝以上		
22	夜合	7			0.5		
23	杜鹃花	100			0.5		
24	爬墙虎	20					

注：①月季花坛中心用5株南洋杉点缀,南洋杉树高1~3 m,高低错落,按自然式树丛配植。
②行列式植树,苗木选择大小高矮一致,排列整齐,灌木要求树冠整齐或球状。
③树下要求不露黄土,铺植草皮(大叶油草)。

14.7.9 公园绿化种植工程施工图

"庭院无石则不奇,无花木则无生气",景栽对园林造景的配合作用至关重要。园林景栽的配置,一般有孤植、丛植、群植、带植、花池、草地、蔓生等方法。为了获得丰富而自然的景观,园林空间里多以数种景栽配置方法组合。又由于园林的组成除了景栽之外,还包括园路、活动场地及园林建筑(亭、廊、花架)、水池、喷水池、栏杆、坐凳、假山石等园林设施,因此,在绘制种植工程图前,首先要将总平面图中的道路、活动场地、园林设施及市政管线等的平面位置绘在图上,再绘制种植设计内容。所以,园林种植工程施工图所表达的内容比前面所讲过的"街道"和"广场"的绿化种植工程施工图复杂得多。虽然如此,但就绘图的方法与步骤来说与前述两种绿化种植工程施工图基本相同,故在此不再赘述。而在这里需要指出的是,由于园林景栽配置方法较多,且同一空间又以数种景栽配置方法组合,为了反映植物的高低配置要求及设计效果,往往还要绘出立面图和鸟瞰透视图(效果图)。对于个别构造,必要时还须绘出局部放大图或剖面图。如花池设计,在绘制时既要绘出它的平面放大图,以表示平面布局,标明园林植物种植行距尺寸及定位放线尺寸;还要绘出剖面图或详图,以表示花池的构造、剖面尺寸、材料和施工做法要求;必要时还要绘出立面图,表示花池表面的形状、装饰及种植植物的高低,以及色彩调配的设计效果等。

种植工程施工图对各种图样的要求和表达内容,分述于下。

1. 平面图

(1)标明施工放线的基准点、基准线。

(2)表示各种园林植物的品种、数量,并标明施工放线的依据。

①表示出各种园林植物的品种、数量,图中用编号说明,在施工图中常用文字直接说明;
②标明现状保留的树、古树、名木;
③标明各种园林植物品种、数量的实际距离尺寸和位置;

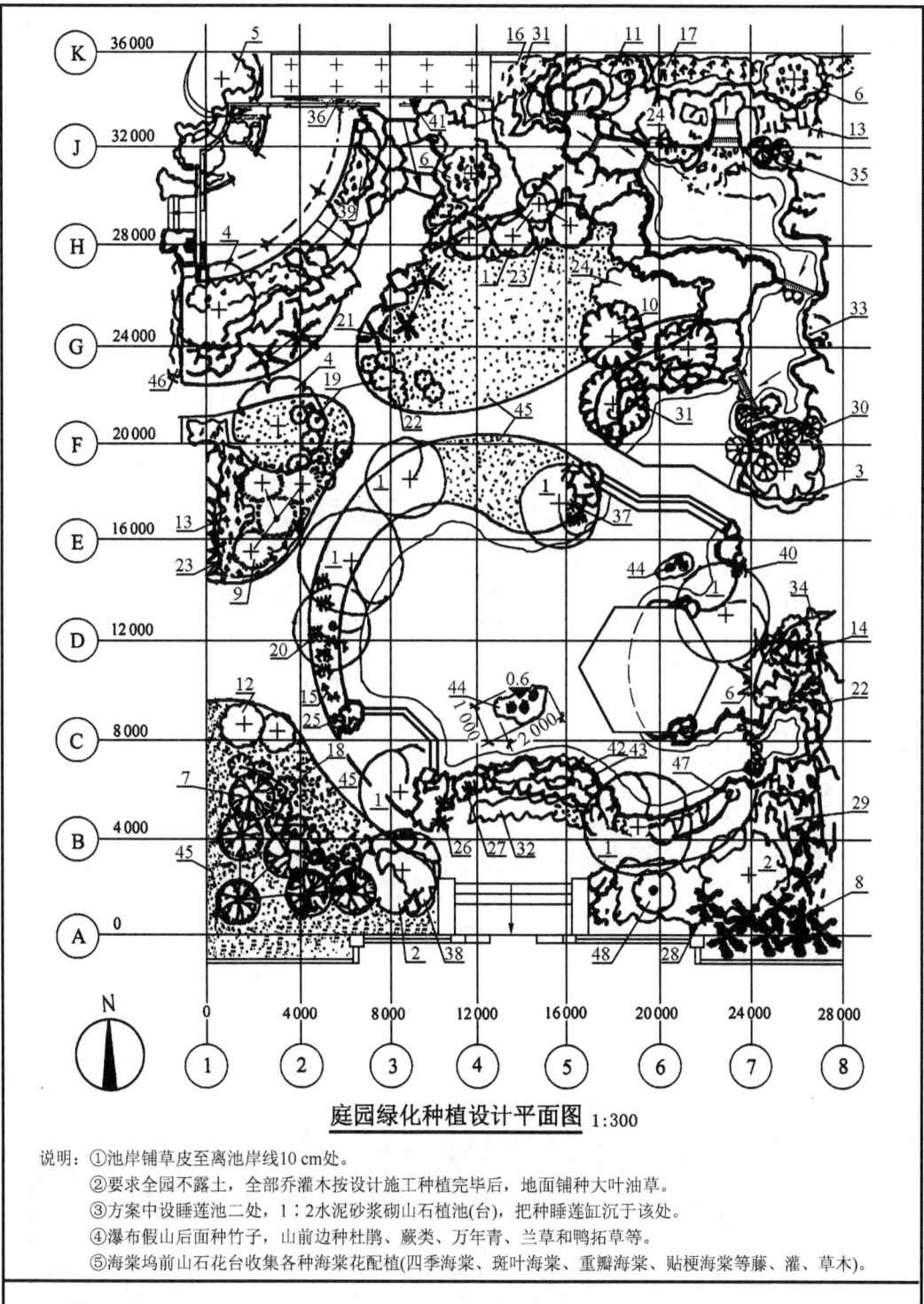

说明：①池岸铺草皮至离池岸线10 cm处。
②要求全园不露土,全部乔灌木按设计施工种植完毕后,地面铺种大叶油草。
③方案中设睡莲池二处,1∶2水泥砂浆砌山石植池(台),把种睡莲缸沉于该处。
④瀑布假山后面种竹子,山前边种杜鹃、蕨类、万年青、兰草和鸭拓草等。
⑤海棠坞前山石花台收集各种海棠花配植(四季海棠、斑叶海棠、重瓣海棠、贴梗海棠等藤、灌、草木)。

图14-62　某庭园园林种植工程施工图

表 14-7 苗木统计表

编号	树 种	数量（株）	干径(cm)	高度(m)	冠幅(m)	备注
1	垂柳	7		3~4		
2	丹桂	3		2~3		
3	四季桂花	1		2~3		
4	荷花玉兰	2		2~3		
5	刺桐	1		3~4		树枝苍劲
6	罗汉松	3		3~4		
7	鱼尾葵	6		2~3		
8	假槟榔	6		2~3		
9	竹柏	4		2		
10	红杏	3		2		
11	细叶紫薇	5		1.5~2		
12	含笑	1		1以上		冠幅1m以上
13	棕竹	13丛		1以上		
14	梅花	3		1.5~2		或梅树
15	佛肚花	2丛		2~3		每丛7根以上
16	黄金间碧玉竹	1丛		2~3		每丛7根以上
17	散生竹子	10丛		2~3		每丛5根以上
18	硬骨凌霄	15		0.5		
19	山丹	10		0.5~1		
20	文殊兰	7		0.5		
21	赤铁	5		0.5~1		
22	红背桂	10		0.5		
23	绣球花	15		0.5		
24	杜鹃花	38		5斤脱盒		各色品种
25	黄素馨	14		0.5		
26	南天竺	5		0.5~1		
27	玉簪	50		5斤脱盒		
28	鸢尾	50		5斤脱盒		
29	花叶万年青	7		0.5		
30	花叶芋	5		0.5		
31	紫背竹芋	6		0.5~1		
32	老米娇	40		0.5		
33	薊叶鹃	14		0.5~1		各色
34	鸭拓草	50		50斤脱盒		
35	龟背草	2				
36	天冬草	15		5斤脱盒		
37	兰花	20		5斤脱盒		一般品种
38	贴梗海棠	15		0.5		
39	海棠花	50		5斤脱盒		各种品种
40	秋海棠	10				藤木
41	炮仗花	10				藤木
42	金银花	10				藤木
43	爬墙虎	10				藤木
44	睡莲	3盆				
45	大叶油草	8m				
46	青叶铁树	20		0.5		
47	麦冬草	2m²				水生植物
48	茶花	1		1.5~2		冠幅1m以上

④自然式种植可以用直角坐标网格控制距离和位置,方格网可采用(2 m×2 m)～(10 m×10 m)的方格,其方向尽量与测量图坐标网格的方向一致。

(3) 标明与地形、地貌的关系。

①标明与周围环境,如建筑物、构筑物及地上、地下各种管线的距离尺寸;

②对重点地区的种植设计图,为了表示与地形的关系,可将地形图同时标明。

(4) 如以后需调整树木密度,应注明要移走的种类、数量。

(5) 平面图的比例为(1:100)～(1:500)。

具体内容及表示方法如图14-62的某庭园种植工程施工图所示。

2. 立面图与剖面图

立面图与剖面图表示的主要内容有:

(1) 在竖向上表明各园林植物之间的关系;园林植物与周围环境,如建筑物、构筑物、山石及各种地上、地下管线等设施的位置、距离(参见附录三之附表3-6～附表3-8)和高程,以及园林植物的高度限制和植物栽植土层厚度(参见附录三之附表3-9)等之间的关系。

(2) 表明施工时准备选用的园林植物的高度、体型。

立面图与剖面图的比例可选择(1:20)～(1:50)。

3. 局部放大图

(1) 表示重点树丛、树种的关系;古树、名木周围的处理和覆盖混合种植详细尺寸。

要注意在规划中采取有效的工程技术措施保护古树、名木。在其保护范围内,不得设置永久或临时建筑物、构筑物及架(埋)设各种管线;在保护范围之外也不得设置影响古树、名木正常生长的设施。

(2) 花池的详细花纹。

(3) 与山石的关系。

4. 苗木表

具体内容见前述。设计图见图14-62;苗木表见表14-7。

5. 做法说明

(1) 放线依据。

(2) 与各市政设施、管线管理单位的配合情况。

(3) 栽植地区客土层的处理,客土或种植土的土质成分要求。

(4) 苗木的具体要求:

①选用苗木的要求(园艺品种、修剪措施);

②苗木供应规格发生变动的处理:重点地区用规格苗木采取号苗措施,即苗木编号与现场定位的办法。

(5) 施肥要求。

(6) 非植树季节施工要求。

14.7.10 种植工程施工图的读图要则

读种植工程施工图的主要目的是明确工程设计意图,即明确绿化的目的与任务,绿化施工完后应达到的效果。通过对图纸及有关资料的阅读,一方面评定设计方案是否合理,表达是否确切;另一方面,明确工程性质、范围和任务量,作出工程预算,为施工过程兑现图示要求提供依据和保证,使工程施工达到设计要求,体现设计意图。

具体读图时,从下列几方面分析:

(1) 从标题栏明确工程名称、建设单位和设计单位。

(2) 根据图示各种植物的图例和注写说明、代号及苗木统计表,了解图示植物的种类、名称和数量,检查表达是否正确、明确。

(3) 根据图示植物的种类、数量、种植形式和配置方法,分析是否与整个环境谐调,是否符合功能要求,研究是否需要调整。

(4) 根据图示植物种植位置,分析植物栽植位置规划与现有或规划的各种建筑物、构筑物和其他地上物和市政管线的配置安排是否协调、合理,有否矛盾。它们之间的距离是否符合规范要求,是否需要调整。

(5) 根据图示所标注的种植规格尺寸和定位尺寸,分析并明确植物的种植位置及定点放线的基准,保证园林植物配置有适宜的密度和各种类型植物良好的群落关系。

(6) 在上述几方面都明确,确认工程设计合理、表达确切无误后,以图样为根据开始施工前的准备以及施工进程的安排,并于施工后检验工程施工的质量。

第 15 章 阴影与透视

15.1 阴影的基本知识

15.1.1 阴影的概念

如图 15-1 所示,设在空间有一长方体,被平行光线 L 照射。此时,长方体迎光部分的表面(表面 $ABFE$、$ADHE$ 和 $ABCD$)被直接照亮,称为阳面;背光部分的表面(表面 $BCGF$、$CDHG$ 和 $EFGH$)由于不直接受光,是阴暗的,称为阴面,简称阴。阴面和阳面的分界线(如图 15-1 中的封闭折线 $BCDHEFB$)为阴线,阴线上的点称为阴点。由于长方体遮断了一束光线,使 P 面上部分表面因被阻挡而不直接受光,造成的阴暗部分称为影子或落影,简称影。影子所在的面称为承影面。影子的轮廓线(如图 15-1 中的 $B_0C_0D_0H_0E_0F_0B_0$)称为影线,影线上的点称为影点。

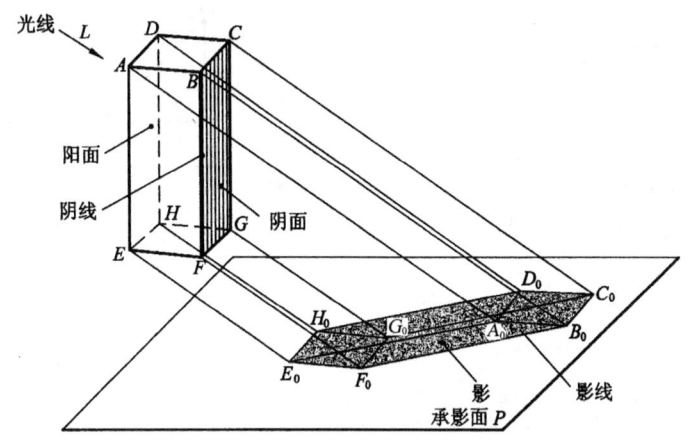

图 15-1 阴影的概念

从上述可见,阴影应该是阴和影的合称,产生阴影的要素是光线、物体、承影面。

15.1.2 阴影的作用

建筑物的立面图(正面投影)只表达建筑物的高度和长度,而不反映宽度。如果在立面图上画出该建筑物在某种特定的平行光线照射下所产生的阴影,如图 15-2 所示,则阴影区的形状、大小和建筑物的体量就会存在着某种对应关系,就能反映出建筑物的凹凸、深浅、明暗空间层次,使图面生动逼真、富有立体感,加强并丰富了立面图的表现能力,对研究建筑物造型是否优美、立面是否美观、比例是否恰当有很大的帮助。所以,在建筑方案设计中,常在立面图上画出阴影。

15.1.3 习用光线

产生阴影的光线有辐射光线(如灯光)和平行光线(如阳光)两种。建筑物的阴影,主要由太阳光造成。在画建筑立面图的阴影时,为了便于画图,习惯采用一种固定方向的平行光线,

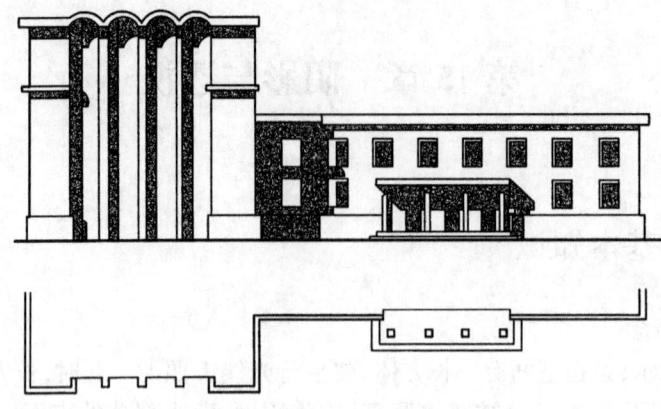

图 15-2 某建筑物的立面阴影

即以图15-3a所示正立方体的对角线方向(其指向是从左前上方到右后下方),作为光线的方向。这时,光线对 V、H、W 投影面的倾角,都等于 $35°15'53''$,光线的 V、H、W 面投影与相应投影轴的夹角均为 $45°$,如图15-3b所示,这种光线称为习用光线。

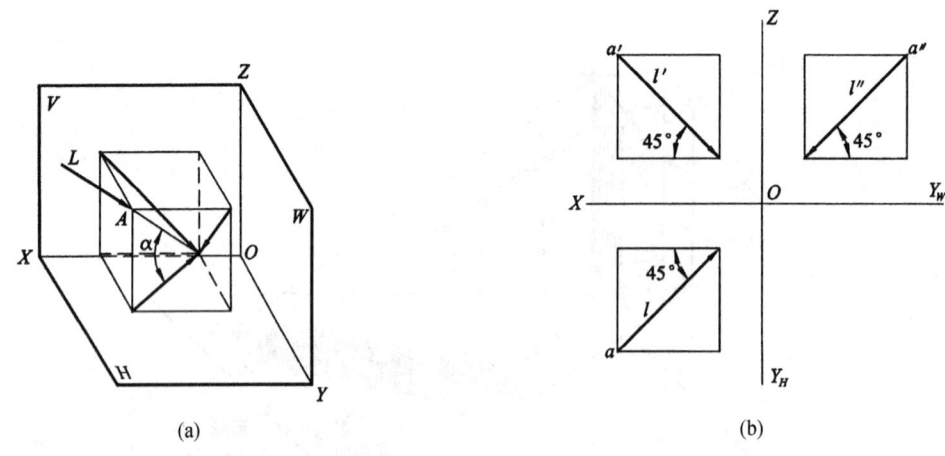

图 15-3 习用光线

15.2 阴影的基本作图方法

阴影作图,实质上是求形体的阴线和影线。其中,阴线是光柱面和形体表面的切线;影线是光柱面和承影面的交线(如图15-1);又由于阴线和影线属于同一光柱面,所以阴线的落影就是影线。因此,阴线的作图,实质上是引光线和形体表面相切,求出切点和切线;影的作图,实质上是把这些光线继续延长,求出它们与承影面的交点和交线。所以,阴影作图问题实质上是求作直线(光线)与形体表面相切的切点,以及直线(光线)与承影面相交的交点的问题。

15.2.1 光线迹点法与度量法

15.2.1.1 求作空间一点在承影面上的落影,实质上就是求取过该点的光线与承影面的交点

(1)如图15-4所示,空间一点 A 在光线的照射下,落在承影面 P 上的影为 a_P。换句话

说,过点 A 的光线 L 与承影面 P 的交点为 a_P,a_P 即为空间一点 A 的影。显然,求点的落影,在作图上就是求作光线和承影面的交点。

倘若点 B 在 P 面上,可以认为,点 B 的影 b_P 与点 B 本身重合。

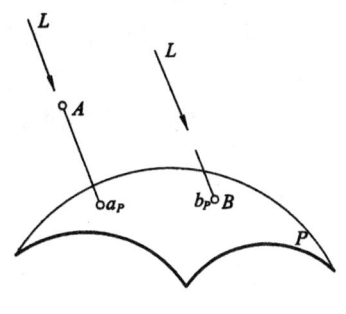

图 15-4 点的落影

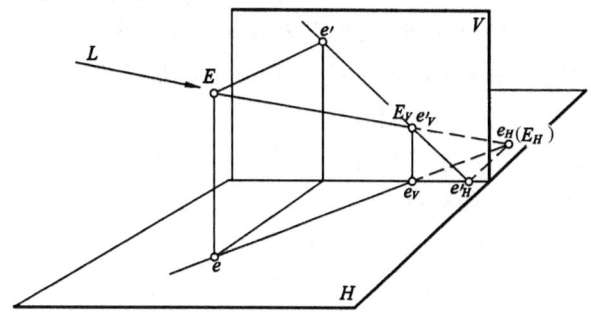

图 15-5 点在投影面上的落影

(2)空间点 E 在投影面上的落影。

如图 15-5 所示,过空间点 E 的光线 L 与投影面 V 的交点 $E_V(e_V,e_V')$,即为点 E 落在投影面 V 上的影。实际上 E_V 是光线 L 的 V 面迹点。倘若光线 L 透过 V 面,再与投影面 H 相交,则光线 L 与 H 面的交点 $E_H(e_H,e_H')$,即为点 E 在投影面 H 上的落影。实际上 E_H 是光线 L 的 H 面迹点。所以,作点的落影也就是作过该点光线的迹点,这一方法简称为光线迹点法。

若有两个或两个以上承影面时,则与过该点的光线先交出的点,是真正的落影(简称真影),用该点的字母加承影面的名称来标志,如 $E_V(e_V,e_V')$;交于其余承影面上的都是虚影,加上括弧表示,如点 $E_H(e_H,e_H')$ 称为点 E 的虚影。

15.2.1.2 求作空间一点在承影面上落影的作图方法与步骤

求空间点 E 落于投影面 V 面和 H 面上的影,其具体作图方法和步骤如图 15-6 所示。

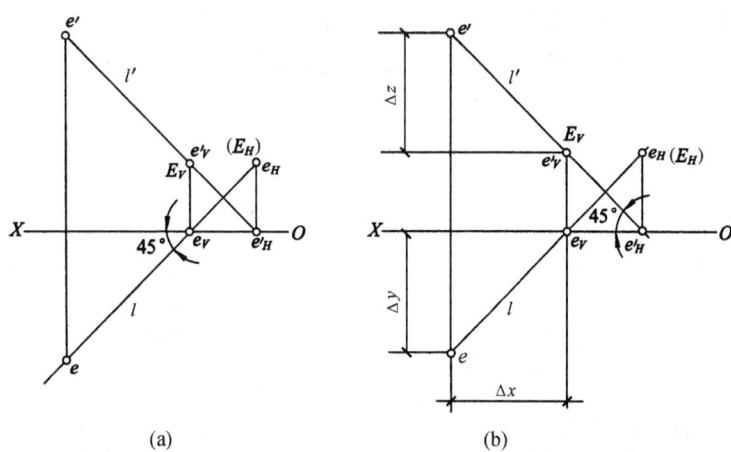

图 15-6 点在投影面上落影的作图方法与步骤

1. 光线迹点法(图 15-6a)

(1)分别过 e、e' 作 45°方向习用光线的 H 投影 l 和 V 投影 l'。

(2)求点 E 于投影面 H 面和 V 面的落影。延长习用光线的 H 投影 l,交 OX 于 e_V,e_V 即为点 E 于投影面 V 之落影 E_V 的 H 投影;e_V 即为落影 E_V 的 V 投影。延长习用光线的 V 投影 l',

交 OX 于 e'_H，为点 E 于投影面 H 面之虚影（E_H）的 V 投影；e_H 即为虚影（E_H）的 H 投影。

2. 度量法（图 15-6b）

由于习用光线 L 的 H 面和 V 面投影 l 和 l' 与 OX 的夹角均为 $45°$，因此，对于点 E 与其在 V 面上的落影 E_V 的相对坐标，有 $\Delta z = \Delta y = \Delta x$。由此，求作空间点 E 在投影面上落影的另一种方法如图 15-6b 所示，求点 E 在 V 面上的落影时，可根据点 E 到 V 面的距离 Δy，在 V 面上直接作出。即在 e' 右侧作相距为 $\Delta x = \Delta y$ 的铅垂直线与在 e' 下方所作相距为 $\Delta z = \Delta y$ 的水平直线相交，交点即为所求影点 E_V 的 V 投影 e'_V，E_V 与 e'_V 重合。这种求影点的方法称为度量法。其优点是可以通过单面投影直接求作影点。

15.2.2 线面交点法

15.2.2.1 点在投影面垂直面上的落影

点在投影面垂直面上的落影如图 15-7 所示，承影面 P 为铅垂面。过 a' 作 l'，过 a 作 l，l 与承影面于 H 面的迹线 P_H 的交点 a_P 即为点 A 在 P 面落影的 H 面投影，a'_P 即为点 A 在 P 面落影的 V 面投影。$A_P(a_P, a'_P)$ 即为点 A 在 P 面的落影。

15.2.2.2 点在一般位置平面上的落影

点 A 在一般位置平面 $\triangle ABC$ 上的落影如图 15-8 所示，按一般位置直线与一般位置平面相交求交点的三个步骤进行

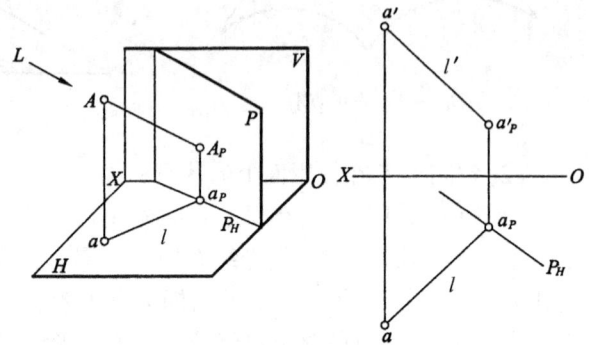

图 15-7 点在铅垂面上的落影

作图，即：①包含光线 L 作辅助平面 R 垂直于 H 面；②求辅助平面 R 与 $\triangle ABC$ 的交线 $\mathrm{I\,II}$；③交线 $\mathrm{I\,II}$ 与 L 的交点 A_P 即为所求。其投影作图过程如图 15-8b 所示。

应注意，点在投影面上的落影可只标注一个落影名称，因另一个在轴上不必标注；但点在其他承影面的落影，其两个投影都不在投影轴上，故一般均应标注。

点在投影面或其他承影面的落影，以下均以该点的符号加下标"0"标记。

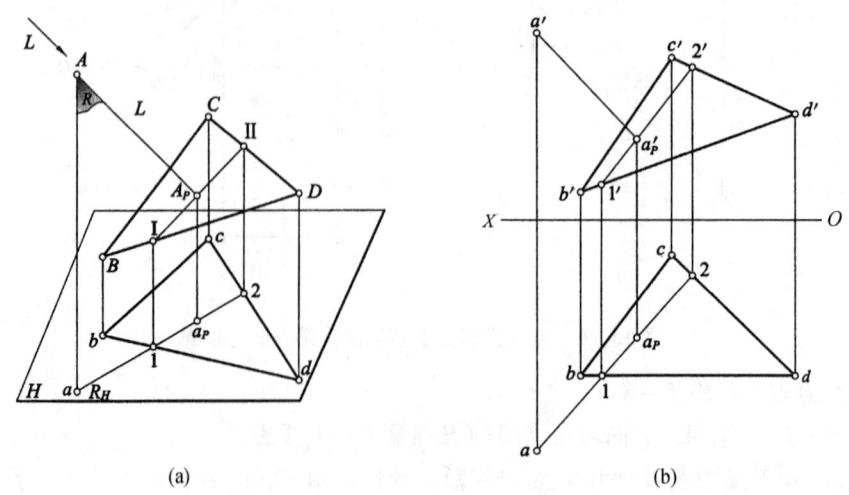

图 15-8 点在一般位置平面上的落影

15.3 直线的落影

直线的落影,就是由过直线上各点的光线所组成的光线平面与承影面的交线(图15-9)。因此,直线段在某一平面上的落影,一般仍是直线段。只有当直线平行于光线时,如图15-9的直线 CD,在承影面上的落影积聚为一个点。

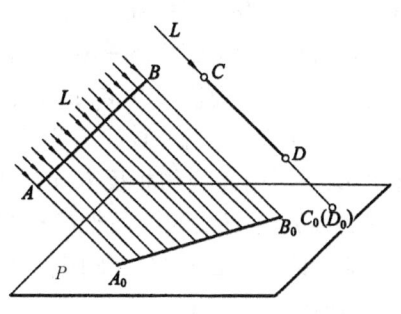

图15-9 直线的落影

15.3.1 直线在投影面上的落影

15.3.1.1 一般位置直线的落影

作直线在投影面上的落影时,可分别作出直线两端点的落影。若两端点 A、B 落影在同一投影面上,连接两端点的落影即为该直线的落影。如图15-10a所示,AB 的落影,其 V 面投影为 $a_0'b_0'$。注意:同面落影才能相连。

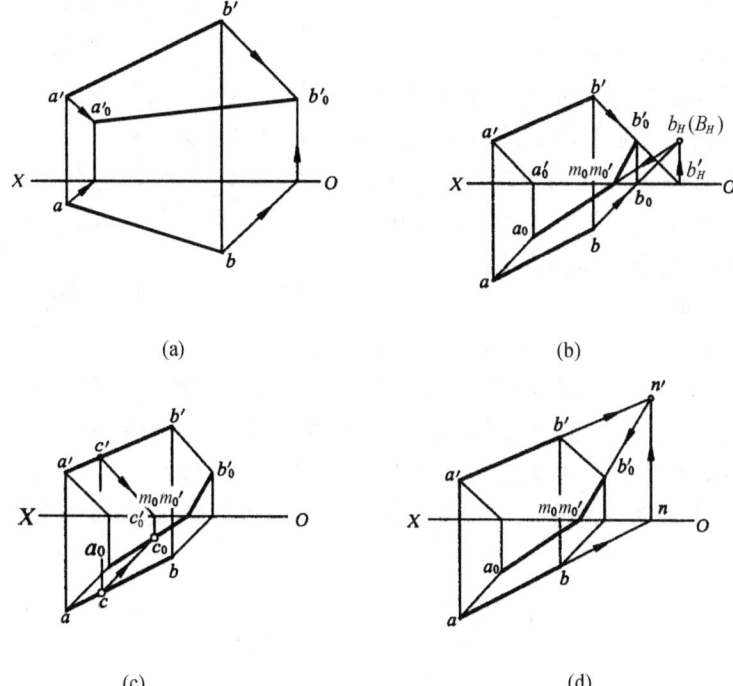

图15-10 一般位置直线的落影

如图15-10b、c、d所示,若直线 AB 落影于两投影面上,作图时,首先确定直线 AB 两个端点的影子,它们分别落于 H 面和 V 面上,可求得影点 $A_0(a_0,a_0')$ 和 $B_0(b_0,b_0')$。为了求得直线落于 V 面和 H 面上的两段影子,这时必须确定折影点 M_0(直线分别落在两承影面上的两段影交于投影轴上的点,称为折影点)。折影点 M_0 可采用虚影法,或辅助点法,或迹点法,或反射光线法作图求得。

虚影作图法: 如图15-10b所示,作出端点 B 在 H 面上的虚影 $B_H(b_H,b_H')$,连接 a_0b_H。直线 AB 在 H 面上的落影 A_0B_H(含虚影)与 a_0b_H 重合,A_0B_H 与 OX 轴的交点 $M_0(m_0,m_0')$ 即为折影点。

A_0M_0 与 a_0m_0 重合,为 AB 落影在 H 面上的一段;M_0B_0 与 $m_0'b_0'$ 重合,为 AB 落影在 V 面上的一段。

辅助点作图法:如图 15-10c 所示,在直线 AB 上任取一辅助点 $C(c,c')$,并求得点 C 的落影 $C_0(c',c_0)$。连接 a_0c_0 并延长与 OX 轴相交于 m_0。m_0 即为折影点 M_0 的 H 面投影,点 M_0 本身及其 V 面投影 m_0' 与 m_0 重合。

迹点作图法:如图 15-10d 所示,作出直线 AB 之迹点 $N(n,n')$,连接 $n'b_0'$ 并延长与 OX 轴相交于 m_0'。m_0' 为折影点 M_0 的 V 面投影,点 M_0 本身及其 H 面投影 m_0 与 m_0' 重合。

反射光线法:先过直线落影折影点的一已知投影,沿习用光线的相反方向作 45° 斜线(即反射光线),与直线的同面投影相交,再过交点求折影点的另一面投影。如图 15-11 所示,由于承影面Ⅰ$(1,1')$、Ⅱ$(2,2')$、Ⅲ$(3,3')$ 分别是水平面或侧平面,它们之间的交线的正面投影积聚为一点。所以,直线 $AB(ab,a'b')$ 在这些承影面上的落影,其折影点的正面投影 d_0'、c_0' 也必分别重合在这些交线的积聚投影上,为已知。于是,可过 d_0' 作 45° 斜线交 $a'b'$ 于 d',求出 d,再过 d 作 45° 斜线与Ⅱ、Ⅲ面的交线的水平投影交于 d_0,$D_0(d_0,d_0')$ 即为 AB 落影于Ⅱ、Ⅲ面上的折影点。其他作图如图示。其中也可利用折影点 C_0,根据"一直线在两互相平行的承影面上的落影必互相平行"的原理作图,直接作 $c_0a_0 \parallel b_0d_0 \parallel ab$ 即可。

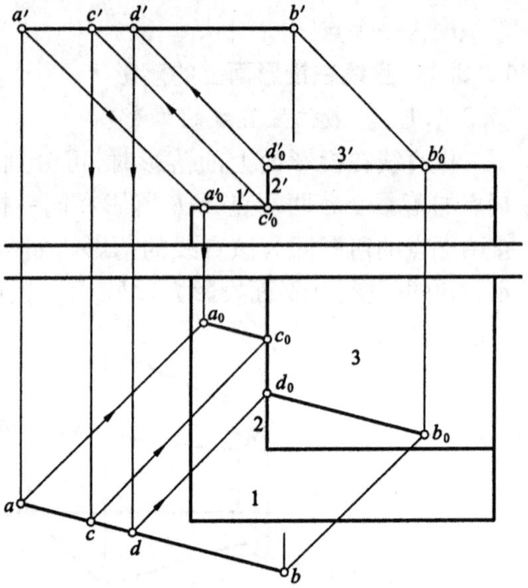

15.3.1.2 铅垂线的落影

铅垂线在 H 面上的落影,是与光线的 H 面投影平行的直线,即与 OX 轴成 45° 的斜线。在 V 面上的落影则与铅垂线的 V 面投影平行,即与 OX 轴垂直,它们之间的距离等于铅垂线与 V 面的距离。当点 B 在 H 面上时,b 即为 B_0(一般不标注),故 AB 在 H 面上的落影从 b 开始,如图 15-12a 所示。点 B 在 H 面上方距离为 k 时,则 AB 在 H 面上的落影离开 b,b_0 与 b 的 X 方向距离也为 k,如图 15-12b 所示。

图 15-11 反射光线法求直线在互相垂直平面上落影的折影点

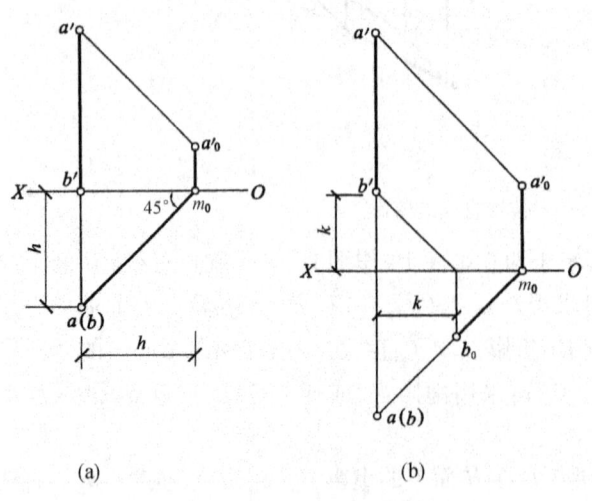

图 15-12 铅垂线的落影

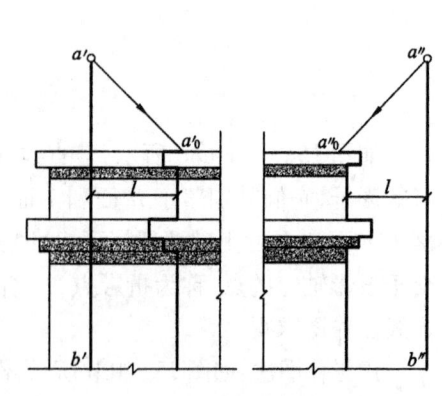

图 15-13 铅垂线在侧垂承影面上的落影

铅垂线在凹凸不平的侧垂承影面上的落影,例如竖立在地上的旗杆落在挑檐和女儿墙上的影,由于过旗杆的习用光线所形成的光平面是一个与 V 面成45°倾角的铅垂面,该铅垂面与凹凸不平的挑檐和女儿墙及其压顶的截交线,就是旗杆在承影面上的落影。该落影的 V 面投影和这些承影面的侧面投影恰好成对称图形,如图15-13所示。

15.3.1.3 正垂线的落影

如图15-14所示,正垂线在 V 面上的落影与光线的 V 面投影平行,即与 OX 轴成45°角,其 H 面落影与 OX 轴垂直,即平行于正垂线的 H 面投影,H 面落影与正垂线 H 面投影的 X 方向距离等于直线与 H 面的距离。当点 B 在 V 面上时,b' 即为 B_0(一般不标注),故 AB 在 V 面上的落影从 b' 开始,如图15-14a所示。若点 B 在 V 面前方距离为 k 时,则 AB 在 V 面上的落影离开 b',b_0' 与 b' 的 X 方向距离也为 k,如图15-14b所示。

直线落在起伏不平的承影面上的影,在空间是一条起伏变化的线。如图15-15所示,由于过正垂线 AC

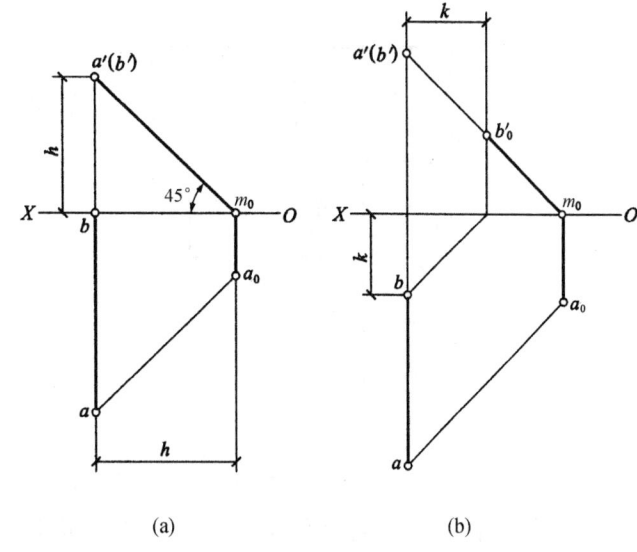

图15-14 正垂线的落影

的习用光线所形成的光平面是一个与 H 面成45°倾角的正垂面,故该面的 V 投影积聚成一条从左上向右下倾斜的45°线。由此可得,该正垂线的影不论落在 V 面上还是起伏不平的侧垂承影面上,它的 V 面投影都是一段由左上向右下的45°直线,并且通过该正垂线的积聚投影。落影的 H 面投影与承影面的 W 面投影成对称图形。

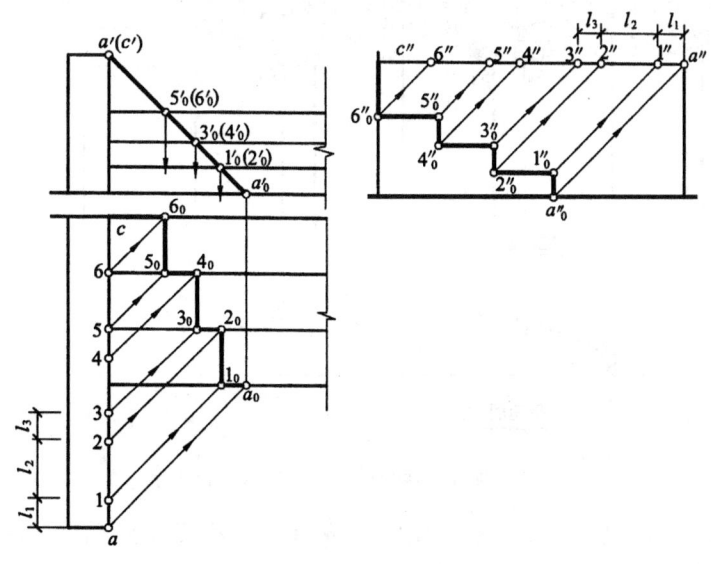

图15-15 正垂线 AC 在侧垂承影面上的落影

15.3.1.4 侧垂线的落影

求侧垂线 EF 落在 V 面上的影,其作图方法如图 15-16 所示,显然,侧垂线 EF 在 V 面上的落影 E_0F_0(与 $e_0'f_0'$ 重合)是与 EF 平行、等长,且间距和右移距离均为 k 的一段水平直线。由此可得,侧垂线在 V 面的落影与该侧垂线平行且相等,它们的 V 面投影之间的距离,等于侧垂线到 V 面的距离。

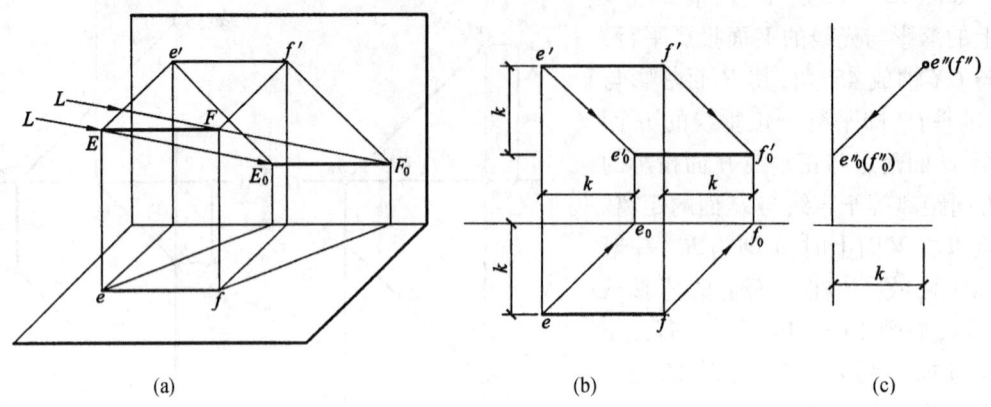

图 15-16 侧垂线落在 V 面上的落影

侧垂线落在起伏不平的铅垂承影面上的影,其 V 面投影与该承影面在 H 面上的积聚投影成对称图形。如图 15-17 所示,由于过侧垂线 AB 的习用光线形成一个对 V 面倾斜 45° 的侧垂面 L,它与起伏不平的铅垂承影面截交线的 W 面投影积聚在 L_W(45°斜线)上,因此落影的 V 面投影与 H 面投影成对称图形。作图时,只要作出影线的起点 I_0 的 V 面投影 $1_0'$ 后,按照墙面的平面图(即水平截面)的形状,反过来画在墙面的 V 面投影上,得折线 $1_0'2_0'3_0'\cdots9_0'$,即为所求侧垂线 AB 在墙面上的落影的 V 面投影。

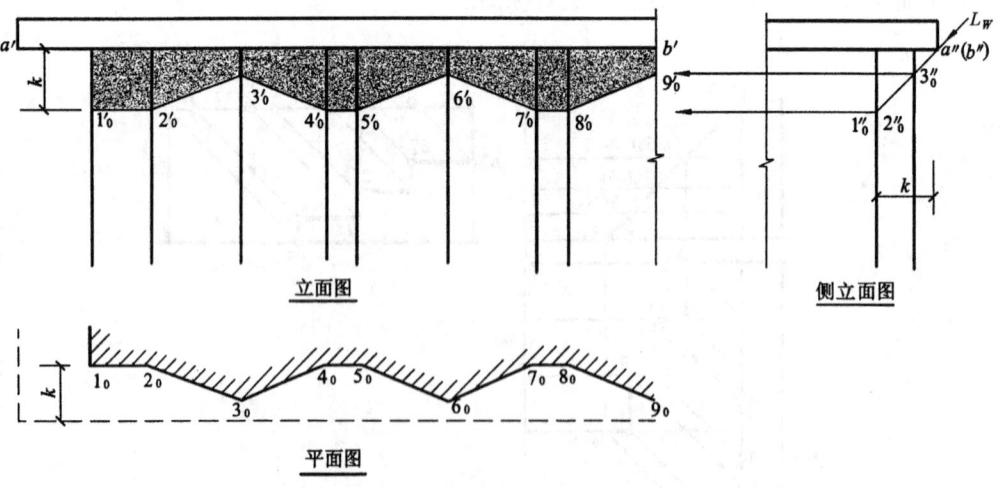

图 15-17 侧垂线在起伏不平的铅垂墙面上的落影

本例的作图也可以根据侧立面图,利用光线平面 L 的积聚投影 L_W 与墙面墙角线 W 面投影的交点 $1_0''$ 和 $3_0''$,求得影线上各折影点的 W 面投影。然后在相应的折线上求得影线各折影点的 V 面投影 $1_0',2_0',3_0',\cdots,9_0'$ 等。

15.4 平面的落影

15.4.1 平面在同一个承影面上的落影

平面图形在承影面上的落影是由组成该平面图形的各边线的影所围成。平面图形为多边形时,只要求出多边形各顶点的同面落影,并依次以直线连接,即为所求的落影,如图 15 - 18a、b、c、d 所示。落影的轮廓(即影线)用细实线表示,并在其范围内涂灰黑色。

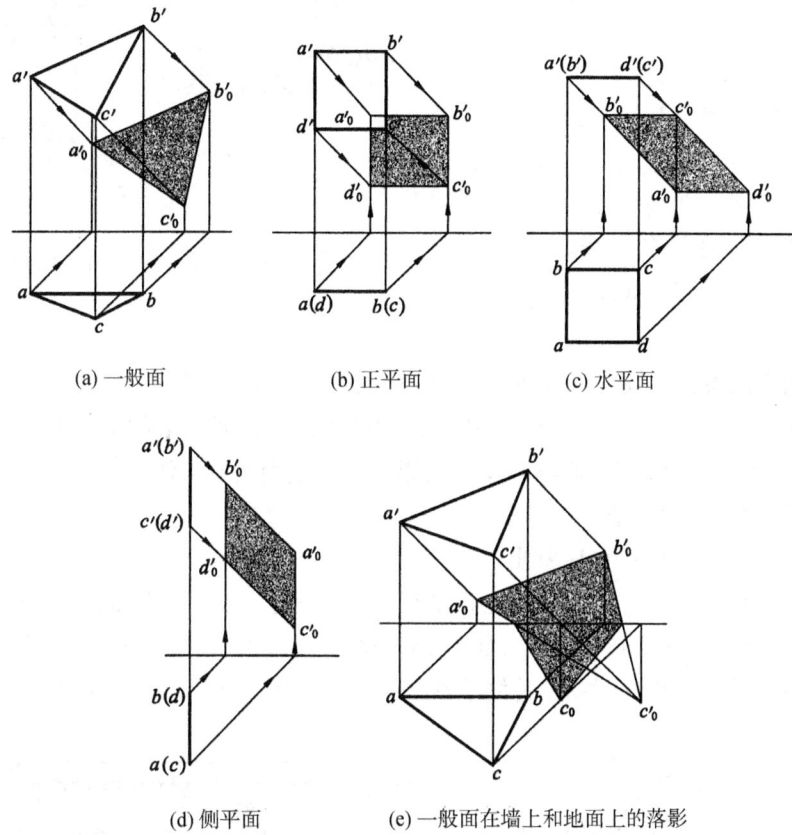

(a) 一般面　　(b) 正平面　　(c) 水平面

(d) 侧平面　　(e) 一般面在墙上和地面上的落影

图 15 - 18　各种平面在墙面或墙面和地上的落影

15.4.2 平面不在同一承影面上的落影

如图 15 - 18e 所示,△ABC 的顶点 A 和 B 的落影在 V 面上,而顶点 C 的落影在 H 面上。这时,必须求出边线 AC 和 BC 落影的折影点,方法是除要分别求出各顶点的实影外,还要求出顶点 C 的虚影 c_0',然后按同一承影面上落影的点才能相连的原则,依次连接各点,即得平面的落影。也可按前述其他求直线落影折影点的方法求作其折影点。

15.5 建筑细部的落影

在建筑立面图上画阴影时,墙面是主要的承影面,其次是窗扇和门扇等。门窗等建筑细部的形状多数是长方形。下面介绍如何应用上述求落影的基本方法,在立面图上作窗洞、窗台、雨篷、阳台及隔墙、挑檐、台阶等建筑细部的落影。

15.5.1 窗洞和窗台的落影

从立体图图15-19a中可以看出：在平行光线的照射下，窗洞边缘的影落在窗扇上，窗台的影落在墙面上。窗洞的阴线是 FEG。窗台的阴线是 $HABCD$。其中 EG、BC 是铅垂线，EF、AB 是侧垂线，AH、CD 是正垂线。用线面交点法作图如下（如图15-19b）。

15.5.1.1 求窗洞的落影

（1）求出窗洞阴线上点 E 的落影 e'_0。

（2）过 e'_0 作水平直线与 $e'f'$ 平行，又作垂直线与 $e'g'$ 平行。所作两直线即为所求窗洞边框在窗扇上落影的影线。落影的宽度 l 与窗洞边框到窗扇的深度相等。

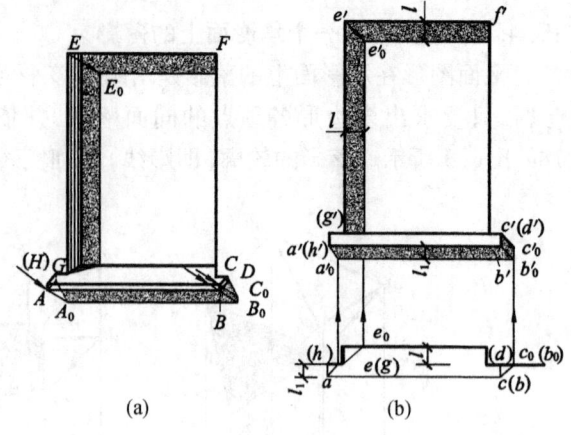

图15-19 窗洞与窗台的影

15.5.1.2 窗台的落影

（1）分别求出窗台阴线上点 A、B、C 落影的 V 投影 a'_0、b'_0 和 c'_0。

（2）连接折线 $(h')—a'_0—b'_0—c'_0—(d')$，即为所求窗台在墙面上的落影的影线。影的宽度 l_1 等于窗台凸出墙面的深度。窗洞和窗台的影都可直接用度量法作出。

15.5.2 雨篷和门洞的落影

从立体图图15-20a中可以看出：

（1）雨篷的影落在墙面和门扇两互相平行的承影面上。其中，左侧阴线 AB 是正垂线，它的落影的 V 面投影是一段45°线 a'_0b'，如图15-20b。点 A 和 E 的落影的 V 面投影 a'_0 和 e'_0 可用线面交点法作出。前缘阴线 AE 是侧垂线，它在两个承影面上的影的 V 面投影分别是通过

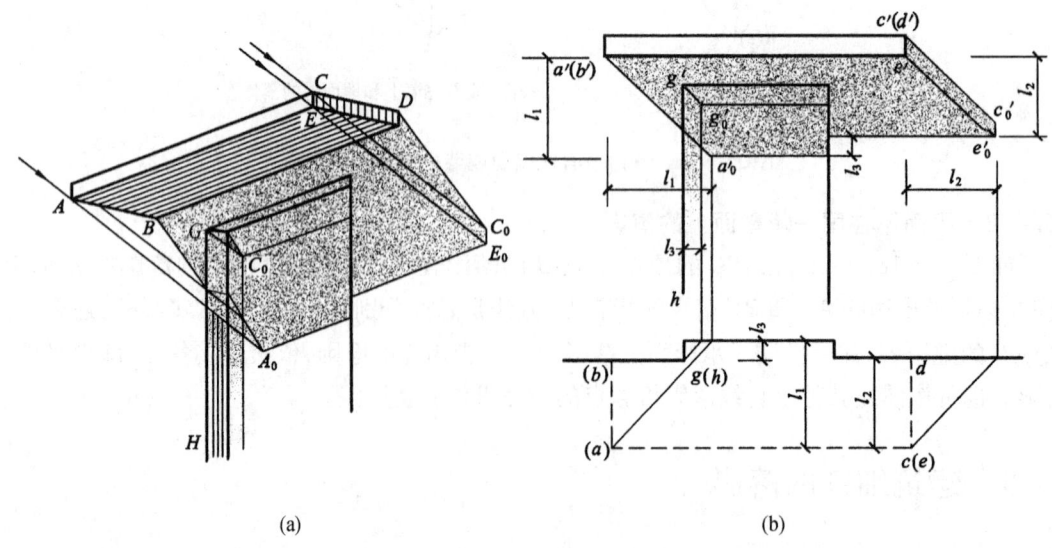

图15-20 雨篷和门洞的落影

a_0' 和 e_0' 的两段水平影线,它们的间距等于门洞深度 l_3。通过 e_0' 的水平影线与 $a'e'$ 之间距则等于雨篷前缘到墙面的水平距离 l_2。

（2）门扇上还有门洞边缘的落影,但其中一部分影落在雨篷的影线范围之内,作图时只需作出阴线 GH 的落影,如图 15-20b 所示。

15.5.3 雨篷和隔墙的落影

15.5.3.1 雨篷的落影

如图 15-21 所示,平板雨篷是一长方形,其落影分别在墙面、门窗扇和隔墙上。其左、右阴线 AB、CD 的落影之 V 面投影均为由左上向右下的 45° 斜线。

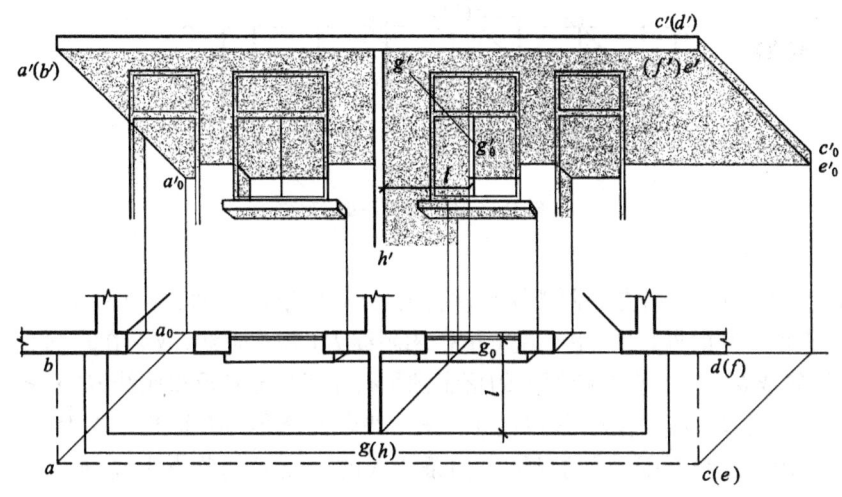

图 15-21 雨篷、隔墙、门窗框、窗台的落影

前缘阴线 AE 是一侧垂线,它的落影的 V 面投影与承影面的积聚投影（H 投影）呈对称图形,反映出门窗扇、墙面和隔墙的凹凸情况,具体如图 15-21 所示。

15.5.3.2 隔墙的落影

如图 15-21 所示,隔墙的阴线是铅垂线 GH。它的落影之 V 面投影与其承影面（墙面、窗扇和窗台）的积聚投影（W 面投影,图中未表示）对称。反映出墙面、窗扇和窗台的凹凸情况。

15.5.3.3 门洞的落影

门洞的落影,其中一部分落在雨篷的影线范围之中,而剩下部分,由于其阴线为铅垂线,故在门扇上的落影之 V 面投影与阴线平行且相距为门扇凹入的深度。

总之,对上述雨篷和隔墙落影的具体作图,可采用线面交线法,也可采用度量法作出。

15.5.4 折板式屋面的落影

如图 15-22 所示,折板的前缘阴线 BCDEFGHIJK,它们都平行于承影面（墙面、门扇）,所以它们的落影与其本身对应平行且相等。作图时,先作出点 B 落影的 V 面投影 b_0' 之后,作 $b_0'c_0'$ // $b'c'$,同理可作出 $k_0'j_0'$ // $k'j'$, $j_0'i_0'$ // $j'i'$, $i_0'h_0'$ // $i'h'$, $h_0'g_0'$ // $h'g'$, $g_0'f_0'$ // $g'f'$、$d_0'e_0'$ // $d'e'$。折线在墙面上的影与在门扇上的落影之间是错开的,可用反射光线法求出错开点的位置。如图 15-22 所示,先由 H 投影中门框右侧两转角处 1_0 和 2_0 开始,它们是折板的前缘阴线 EF 段中落影在门洞右侧转角上的两个点 I 和 II 的 H 面投影,求出它们的 V 面投影 $1'、2'$,再准确作出错开点 $1_0'$ 和 $2_0'$ 的位置,便可完成全部落影作图。

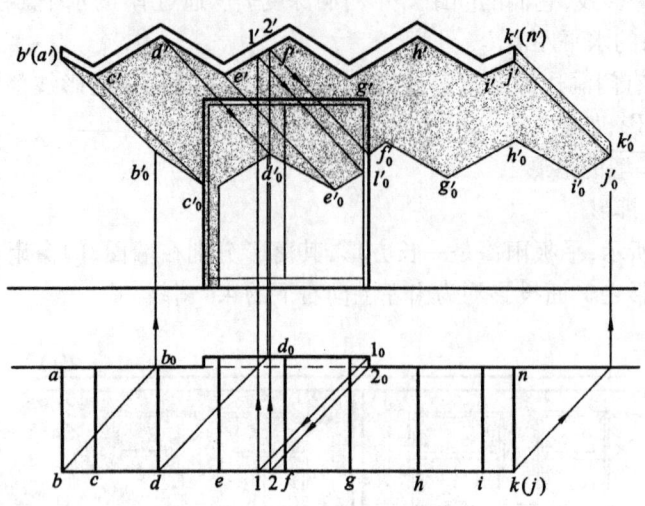

图 15-22 折板屋面的影

15.5.5 台阶的落影

如图 15-23 所示，台阶左右两侧矩形护栏的影落在地面、踏面、踢面和墙面等水平面和正平面上。在落影的 V 面投影中，由于左侧护栏的阴线 BA 是正垂线，故它在踢面和墙面上落影的投影为 $45°$ 斜线 $b'b'_0$。而它在踏面上的落影则平行于 BA，分别反映阴线 BA 对各踏面的垂直距离。另一条阴线 BC 为铅垂线，其在地面和第一级踏面落影的 H 面投影为 $45°$ 斜线 bb_0，而在第一级踢面落影 V 面投影则平行于 $b'c'$。两条阴线的交点 B 的落影为 $B_0(b_0,b'_0)$（从 W 面投影可得点 B_0 落在第一级踏面上）。

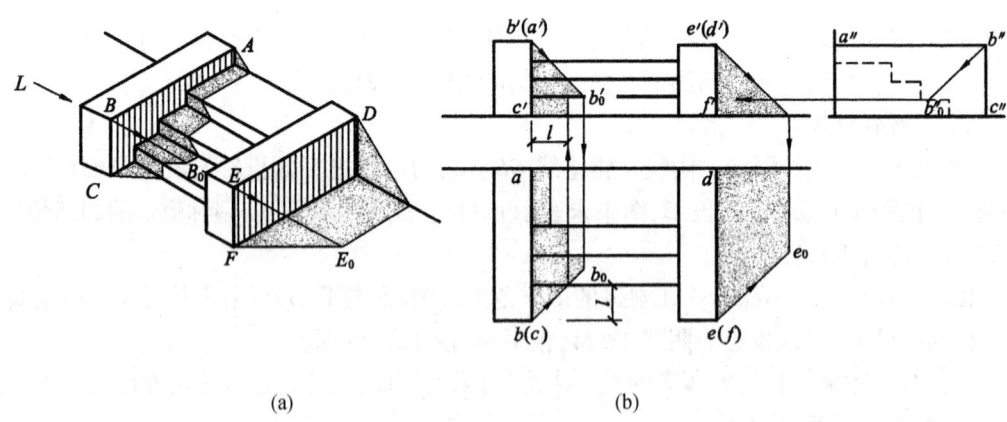

图 15-23 台阶的落影

同理，台阶的右侧护栏阴线 ED 在墙面（V 面）上的落影为 $45°$ 斜线。在 H 面投影中，在地面上的落影平行于 ed，并反映阴线 ED 对地面的距离；因阴线 EF 为铅垂线，故在地面上的落影的投影为 $45°$ 斜线 ee_0。

15.6 圆形平面与曲面立体的阴影

有些建筑细部或园林小品的形状为圆形或者由若干曲面立体所组成,例如圆形的窗洞,圆形、半圆形的雨篷或圆顶亭等,这时要作圆形平面或曲面立体的阴影。

15.6.1 圆形平面的落影

15.6.1.1 正平圆面在正立面上的落影(图15-24)

当圆面平行于承影面时,它的落影反映圆面实形。作图方法如下:①用交点法或度量法求出圆心 O 在 V 面上的落影 o'_0;②以 o'_0 为圆心,圆面的半径为半径作圆,即为所求的 V 面落影。

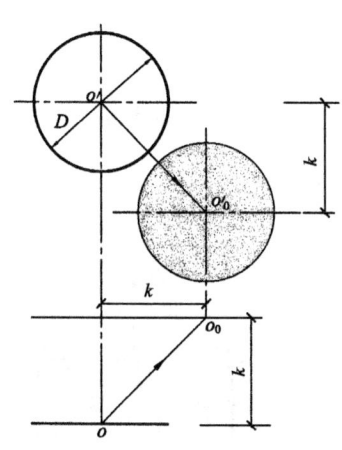

图 15-24 正平圆面的落影

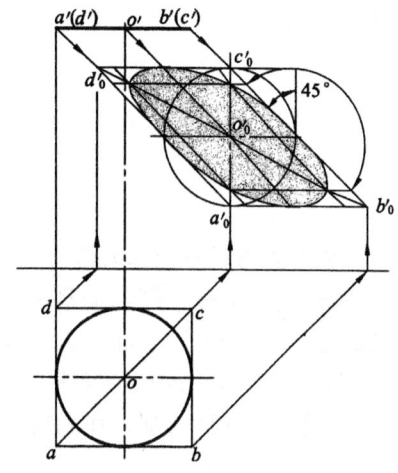

图 15-25 水平圆面的落影

15.6.1.2 水平圆面在正立面上的落影(图15-25)

水平圆面在正立面上的落影是一个椭圆。作法如下:①在水平投影上作圆的外切正方形 $abcd$;②用交点法求出正方形在正立面上的落影 $a'_0b'_0c'_0d'_0$。连接对角线 $a'_0c'_0$,$b'_0d'_0$,其交点 o'_0 便是椭圆的中心;③用八点法作出椭圆,即为所求在 V 面上的落影,如图15-25所示。

15.6.2 圆柱的阴影

如图15-26所示,AB 与 CD 两直素线是圆柱面与光平面相切的切线,即是圆柱面的阴线。此外,还有圆柱顶面右后半圆 $\overset{\frown}{AC}$ 和底面左前半圆 $\overset{\frown}{BD}$ 也都是阴线。故此,圆柱的阴线为由两条直素线和两个半圆周组成的空间封闭线框。

作铅垂圆柱在 H 面上的落影时,先分别求出圆柱上、下底圆在 H 面上的落影(圆),再作此两影线(圆)的切线,即为圆柱在 H 面上的落影。由于该两直素线(阴线)为铅垂线,其落影必为45°斜线。圆柱上底的影落在 H 面上或 V 面上时,整个圆柱的落影如图15-26b、c所示。确定两条直素线(阴线)在 H 面上和 V 面上投影位置的方法是,过 H 面上的圆心 o 作与光线投影方向垂直的45°线,与圆周交于 $a(b)$、$c(d)$,即得阴线之 H 面投影,据此便可求出阴线的 V 面投影。

377

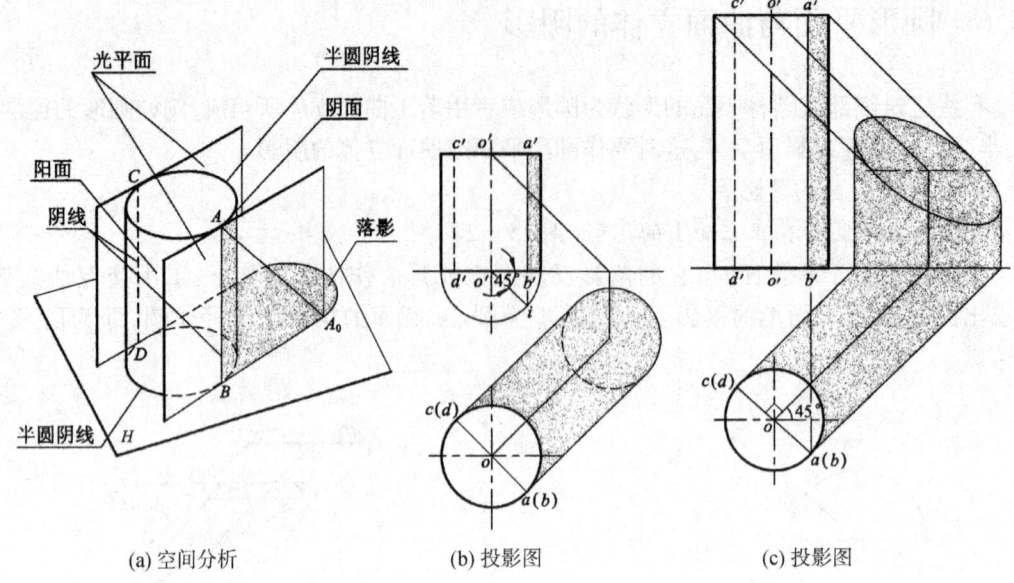

(a) 空间分析　　　　(b) 投影图　　　　(c) 投影图

图 15-26　圆柱的阴影

15.6.2.1　圆盖盘在圆柱面上的落影

如图 15-27 所示是一带圆盖盘的圆柱。盖盘下底圆弧 $ABCD$ 是一段落影在柱面上的阴线。由于柱面垂直于 H 面,可利用该投影的积聚性来求阴线在柱面上的落影,实际就是求光柱面与圆柱面的交线。

（1）求影线上的最高点。如图 15-27 所示,通过铅垂轴线作光平面 L 与盖盘及圆柱的表面相交,其中阴线 $ABCD$ 与光平面 L 的交点 $B(b,b')$ 与其落影 $B_0(b_0,b'_0)$ 之间的距离为最小。因此,在 V 面投影中,b'_0 与 b' 的高度方向距离也最小。这样,影点 b'_0 就是盖盘阴线在圆柱面上落影的最高点。

（2）求圆柱上最左、最前素线上的影点。由于它们对称于光平面 L,因此高度相等。当在 V 面上求出最左素线上的影点 a'_0 后,自 a'_0 作水平直线与最前素线投影（与轴线投影重合）相交,即得 c'_0。

（3）求位于圆柱阴线上的影点。在 H 面投影中,作 $45°$ 线与圆柱相切于 d_0,而与盖盘投影圆周相交于 d,由 d 求得 d'。自 d' 作 $45°$ 线,与引自 d_0 的铅垂直线（即圆柱阴线的投影）相交,得 d'_0。自 H 面投影 e 求得 e',在 V 面投影上过 e' 作铅垂直线,即为圆盖盘阴线的 V 面投影。由此,得出其阴面。

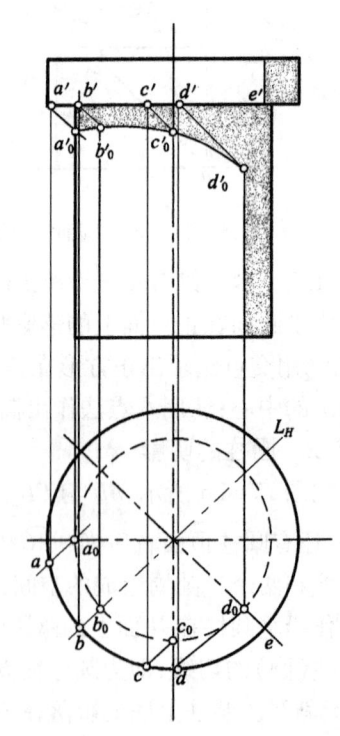

图 15-27　圆盖盘在圆柱上的落影

（4）以光滑曲线连接 a'_0、b'_0、c'_0、d'_0 各点,即得盖盘阴线在柱面上的落影。

15.6.2.2 带方盖的圆柱的落影

如图 15-28 所示,带方盖圆柱的阴影由三个部分组成:一是方盖和圆柱在墙上的落影;二是方盖落在圆柱表面上的落影;三是圆柱面本身的阴面。

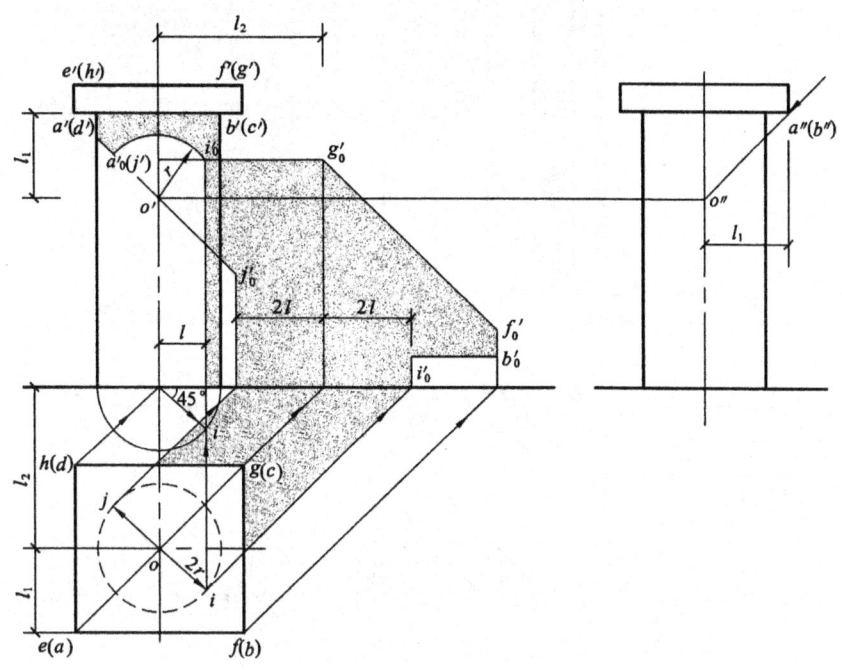

图 15-28 带方盖圆柱的影

方盖在圆柱面上的落影由该方盖阴线 AD 与 AB 的落影组成。阴线 AB 是侧垂线,圆柱轴线垂直于 H 面,因此在 V 面投影中,AB 在圆柱面上的落影与圆柱的 H 面积聚投影成对称形状,表现为圆弧,其半径与圆柱的半径相等。圆弧的中心 o' 与 $a'b'$ 间的距离正好等于该阴线 AB 到圆柱轴线的距离 l_1。所以,可沿轴线自 $a'b'$ 起向下量度一段距离 l_1,求得 o'。以 o' 为圆心,圆柱的半径 r 为半径,作一圆弧,即得阴线 AB 在圆柱面上的落影。阴线 AD 是正垂线,它在圆柱面上的落影是一段向右下并与圆弧形影线相接的45°线。

整个落影可以用线面交线法作出,还可以根据 l、l_1、l_2 三段距离用度量法作出,具体作法如图 15-28 所示。其余作图不再赘述。

15.6.3 圆柱半圆盖门廊的阴影(图 15-29)

圆柱半圆盖门廊的阴影由 11 部分组成:半圆盖本身的阴面①;圆柱本身的阴面②;门洞边缘在门扇上的落影③;圆柱在门扇上的落影④;圆柱在墙上的落影⑤;半圆盖在圆柱面上的落影⑥(可用反射光线法求出半圆盖阴线上的 Ⅰ、Ⅱ、Ⅲ、Ⅳ 各点后,再作出它们在圆柱面上的落影 $1'_0 2'_0 3'_0 4'_0$);半圆盖在门扇上的落影⑦;半圆盖在墙面上的落影⑧(它由半圆盖底面、柱面和顶面的阴线 AB、BC 和 CD 在墙上的落影围成,其中 AB 有一段落影在门扇上,成为影⑦的轮廓线);右前圆柱落在右后圆柱上的影⑨;半圆形台阶的阴面⑩;半圆形台阶落在墙面上的影⑪。

具体作法请读者自行分析。

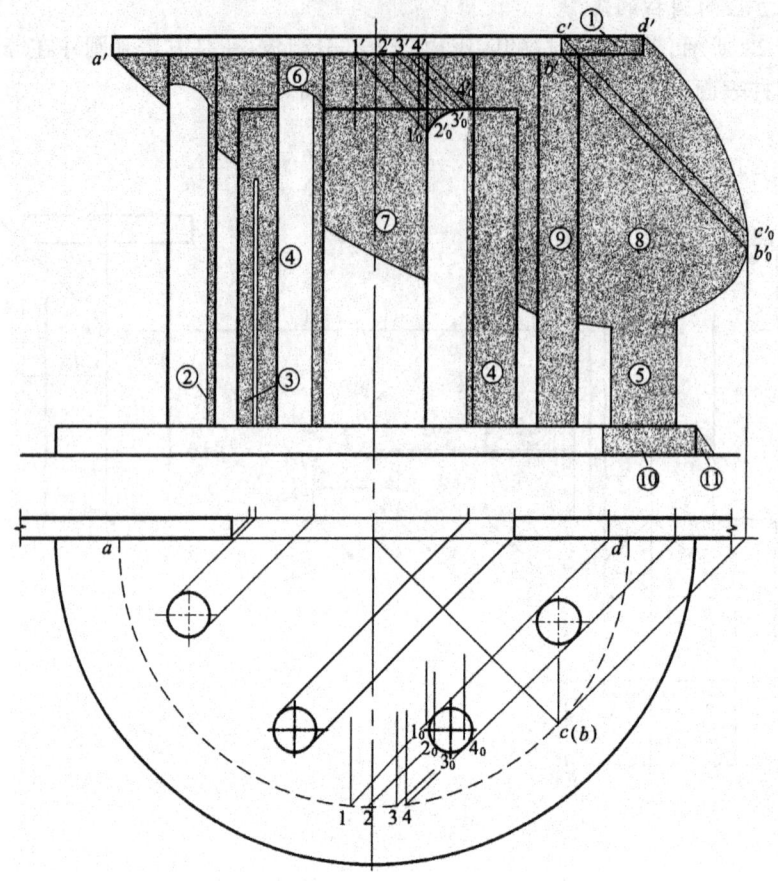

图 15-29 圆柱半圆盖门廊的阴影

15.7 透视投影概述

15.7.1 透视

透视投影与轴测投影一样,都是一种单面投影,不同的是轴测投影用平行投影法画出,而透视投影则是用中心投影法画出。

例如(图 15-30),在人与建筑物之间设立一个透明的铅垂面 K 作为投影面,人的视线(投射线)透过投影面而与投影面相交所得的图形,称为透视图,或称为透视投影,简称透视。投射线 $SA, SB, SC, \cdots$ 在透视投影中称为视线。显然,在作透视图时,逐一求出各视线 $SA, SB, SC, \cdots$ 与画面 K 的交点 $A^0, B^0, C^0, \cdots$ 就是建筑物上点 $A, B, C, \cdots$ 的透视。然后将各点的透视连接起来,就成为建筑物的透视图。

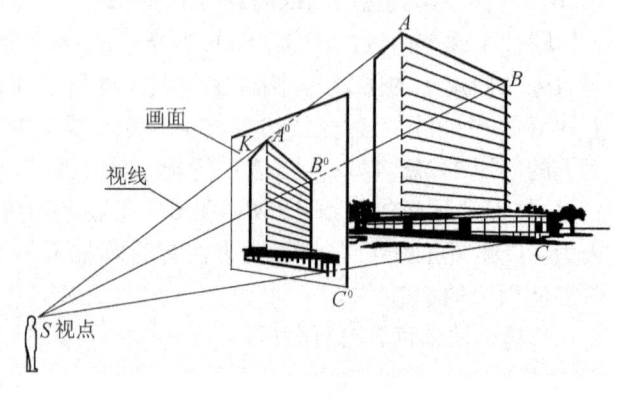

图 15-30 透视图的投影过程

透视图由于比较符合人的视觉印象,空间立体感强,形象生动逼真,故在科学、艺术、工程技术中被广泛应用。特别是在建筑设计或总体规划设计中,设计人员常用它来表现设计对象的整体直观效果,以便进一步做方案比较、修改、选择或供方案设计竞赛、投标评价和欣赏。

15.7.2 基本术语

如图 15-31 中,空间 AB 线段的端点 A 和 B,分别与视点 S 的连线称为视线,它与画面 K 的交点,即为点 A 和点 B 的透视,用 A^0、B^0 表示(B 是画面上的点,本身与其透视重合,用 $B \cong B^0$ 表示)。连接 A^0B^0,即为线段 AB 的透视。透视中各要素如图 15-31 所示。

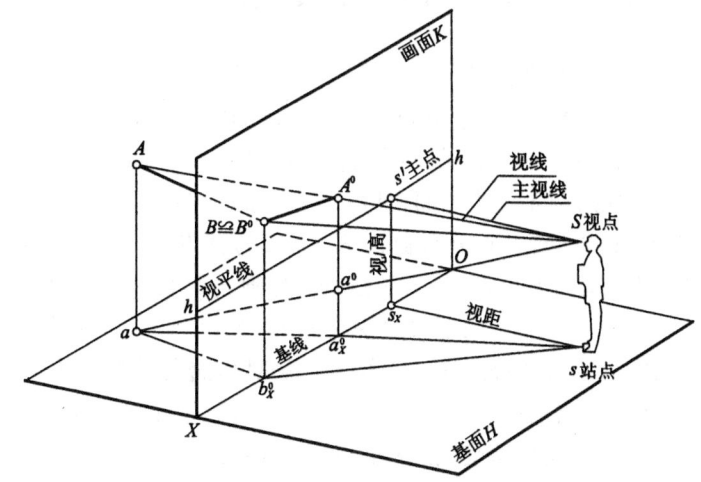

图 15-31 透视图各要素名称

H——基面,承载物体的平面,即地面。一般把地面看作正投影的 H 面。

K——画面,绘制透视图的投影面,一般将画面垂直于基面。

OX——基线,画面与基面的交线。

S——视点,即投射中心。

s——站点,视点 S 在基面上的正投影,即观察者站立的位置。

Ss——视高,视点 S 与站点 s 间的距离。

s'——主点,视点 S 在画面上的正投影。

Ss'——主视线,通过视点且与画面垂直的视线,也称视中线。Ss' 也表示视点 S 与主点 s' 间的距离,称视距,$Ss' = ss_X$。

hh——视平线,过视点 S 所作视平面与画面的交线,即过主点 s' 的水平线。视平线平行于基线 OX。

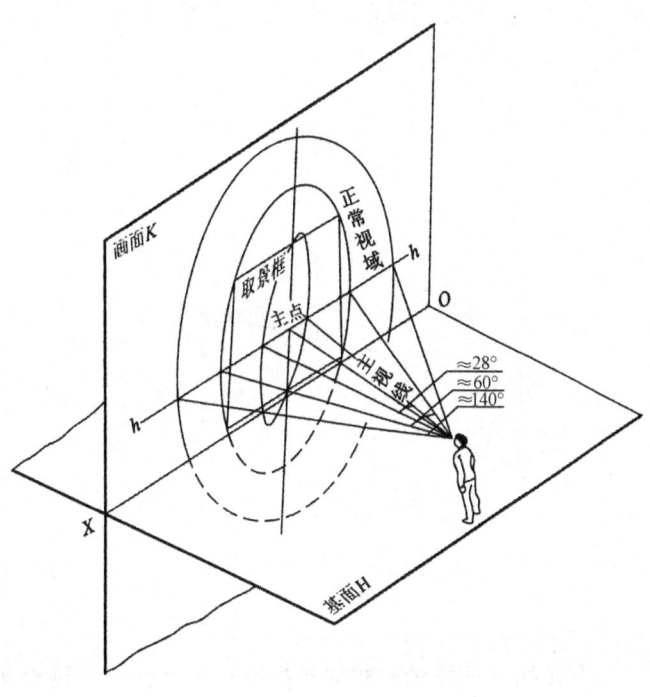

图 15-32 视锥角

SA——视线,过空间点 A 与视点 S 的连线。

A^0——透视,视线 SA 与画面的交点,用与空间点相同的字母,于右上角加"0"表示。

a^0——次透视,视线 Sa 与画面的交点,即点 A 在基面上的正投影 a 的透视。

α——视角,视锥的锥顶角。用眼睛凝视前方景象时,以瞳孔为顶点放射出去的无数视线形成一个圆锥形的空间范围,这个以瞳孔为顶点的圆锥形范围称为视锥。其圆锥顶角称为视角,经人机工程学测定,这个视锥的水平视角,其最大角度为 140°左右。但一般认为视角在 60°范围内视物清楚(图 15-32),而视物最清晰的视角则在 28°~37°范围之内。

15.8 点、直线和平面的透视

15.8.1 点的透视

点的透视就是过该点的视线与画面的交点。

图 15-33 为各种不同位置点的透视。设画面为 K,视点为 S,如果点 A 位于画面之后,作视线 SA,与 K 面的交点 A^0,即为点 A 的透视。点 B 在画面 K 上,其透视 B^0 即为点 B 本身。点 C 在画面 K 之前,延长视线 SC,与画面 K 相交得透视 C^0。

点的透视,可用正投影法中求直线和画面 K 交点的方法作出,称为视线迹点法。视线迹点法是作透视图的基本方法。作图的实质是:过空间物体上各点作视线,求出视线与画面的交点,然后连接这些交点即得物体的透视。

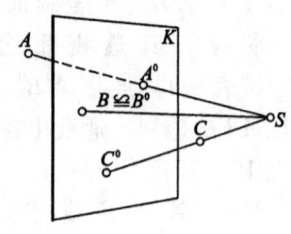

图 15-33 各种位置点的透视

根据正投影图作透视图的空间分析如图 15-34a 所示,设点 A 在 H 面和 K 面的投影为 a 和 a',视点 S 在 H 面和 K 面的投影为 s 和 s',连接 $s'a'$,则 $s'a'$ 为视线 SA 的 K 面投影。因透视 A^0 在 K 面上,其 K 面投影即为本身,故 A^0 必在 $s'a'$ 上。sa 为视线 SA 的 H 面投影,A^0 的 H 面投影就是 sa 与 OX 的交点 a_X^0。

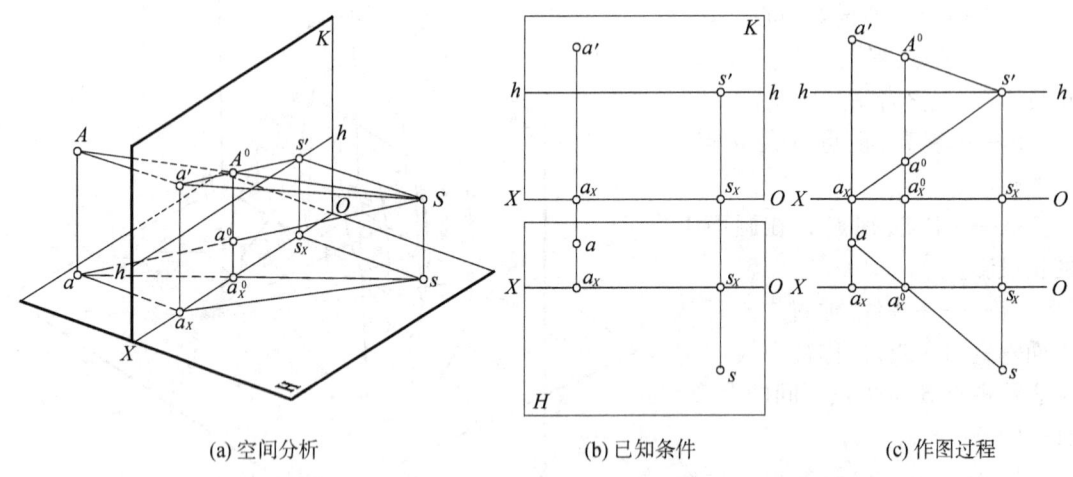

(a) 空间分析　　　　　　(b) 已知条件　　　　　　(c) 作图过程

图 15-34 点的透视画法

点 A 的 H 面投影 a 亦称基投影 a;基投影 a 的透视 a^0 称为点 A 的次透视。a^0 可由连接 Sa 与画面 K 相交而得,a^0 与 A^0 必位于 sa 与基线 OX 交点 a_X^0 的同一铅垂线上。

习惯上把画面 K 和基面 H 拆开来上下排列,如图 15-34b,K 面排在上方,H 面排在下方,这样,基线 OX 在 H 面和 K 面上各出现一次。在作图时,H 面和 K 面在铅垂方向应对齐。有时也可把 H 面放在上方,K 面放在下方;而且,在画透视图时,H 面和 K 面通常可不画边框。

具体作图步骤如下(图 15-34c):

(1) 作视线 SA 和 Sa 在画面上的投影,即在画面上连 $s'a'$ 和 $s'a'_X$,在基面上连 sa(即视线 SA 在基面上的投影);

(2) 求出基面上 sa 与 OX 之交点 a^0_X;

(3) 过 a^0_X 引铅垂直线,分别与 $s'a'$、$s'a'_X$ 相交得交点 A^0 和 a^0,A^0 和 a^0 即分别为点 A 的透视和次透视。

15.8.2 直线的透视

直线的透视在一般情况下仍是直线。当直线通过视点时,其透视为一点;当直线在画面上时,其透视即为本身。

直线对画面的位置,可分为两大类:一是画面平行线,即与画面平行的直线;二是画面相交线,即与画面相交的直线。

15.8.2.1 画面相交线的透视

1. 直线的迹点

直线与画面的交点称为直线的画面迹点,简称迹点。如图 15-35 所示,将线段 AB 向画面延长,与画面相交于点 N,N 就是迹点。迹点的透视即其本身 N,其 H 面投影 n 是 AB 的 H 面投影 ab 与 OX 的交点,n 也就是迹点 N 的次透视。

2. 直线的灭点

直线上无穷远点的透视称为该直线的灭点。

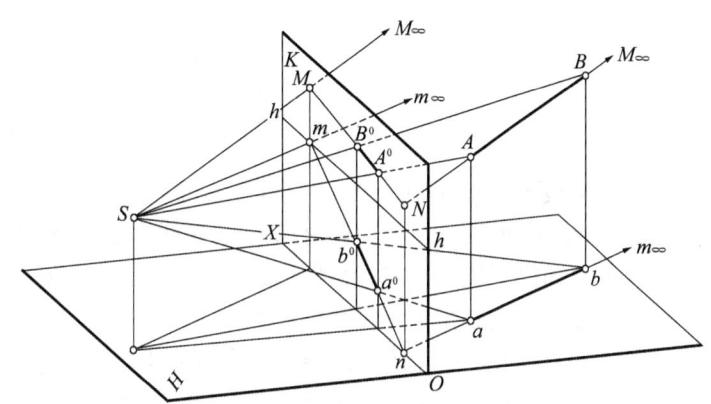

图 15-35 直线的迹点和灭点

如图 15-35 所示,若将线段 AB 及其 H 面投影 ab 分别向远离画面 K 的方向延长至无穷远处的点 M_∞ 和 m_∞。从几何学可知,两平行直线相交于无限远点。所以,由视点 S 作平行于 AB 的直线 SM_∞,它与画面的交点 M 就是直线 AB 上无穷远点 M_∞ 的透视,也即直线的灭点。由 S 作直线 Sm_∞ 平行于 ab,也可在画面上得点 m_∞ 的透视 m。因为过 S 且平行于 ab 的直线是一条水平线,所以 m_∞ 的透视 m 必在视平线 hh 上。

3. 与画面相交的水平直线的灭点

由上述在基面上的正投影 ab "是一条水平线",它的灭点必在视平线上推论可知,一切与画面相交的水平线,其灭点均在视平线 hh 上。因为,平行于水平线的视线也是水平线,所以它们与画面的交点必在视平线上。并且,一组互相平行的画面相交线必只有一个共同的灭点。此种与画面相交的直线的灭点,以下用字母 F 标记,其中,两个主向上的水平直线的灭点,分别标记为 F_1、F_2。

4. 与画面相交的一般位置直线的灭点(天点和地点)

与画面相交的一般位置直线,如图 15-36 中直线 AB 和 BC,它们的灭点的求法如下:

(1) 由视点 S 作水平视线平行于 AB(或 BC)的 H 面投影 abc,与视平线夹角成右偏角(α),并与视平线相交,得灭点 F_1;

(2) 再由视点 S 作视线平行于 AB(或 BC),与水平视线夹角成上升角(或下降角),并与画面相交,得右上灭点 F_2(或右下灭点 F_3)。

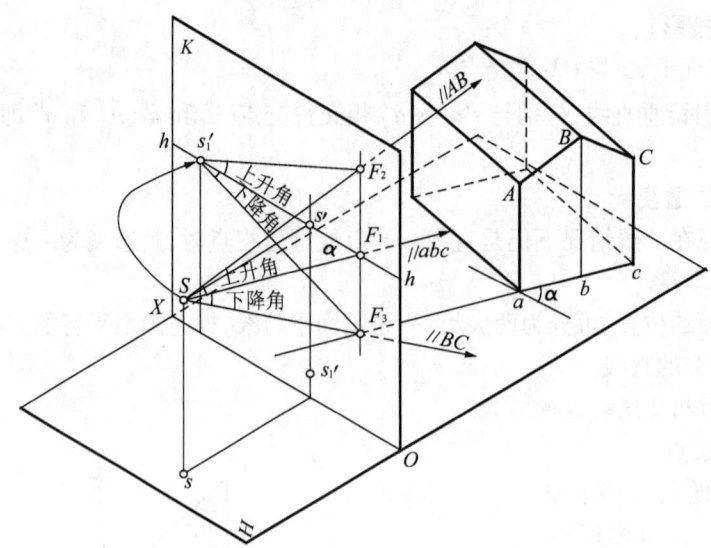

图 15-36 一般位置直线的灭点

因为视线 SF_1 和 SF_2（或 SF_3）同属于一个铅垂面，它与画面 K 相交于一条铅垂线，所以灭点 F_2（或 F_3）和 F_1 必位于同一条垂直于视平线 hh 的直线上。

有上升角倾斜线的灭点，又叫天点，它必位于视平线的上方；相反，有下降角倾斜线的灭点，又叫做地点，它必位于视平线的下方。

如果要在画面上根据所给一般位置直线的上升角（或下降角），直接作出天点 F_2（或地点 F_3），此时，可以 F_1 为中心，以 F_1S 为半径，把 S 向左旋转到视平线上得 s_1'，再从 s_1' 作斜线与视平线成上升角（或下降角），而与过灭点 F_1 所作出的铅垂线相交，便得天点 F_1（或地点 F_3）。

空间相互平行的画面相交线，其透视必相汇于同一个灭点。如图 15-37 所示，空间两直线 AB、CD 相互平行，由视点 S 引平行于 AB 或 CD 的直线，将与画面 K 交于两平行线的共同灭点 M。所以，这两条平行线的透视就相交于一点 M，它们的次透视交于 m，m 也位于 hh 上。

5. 画面垂直线的灭点

画面垂直线（正垂线）的灭点与主点 s' 重合。如图 15-38 所示，正垂线 AB 垂直画面 K，其基投影为

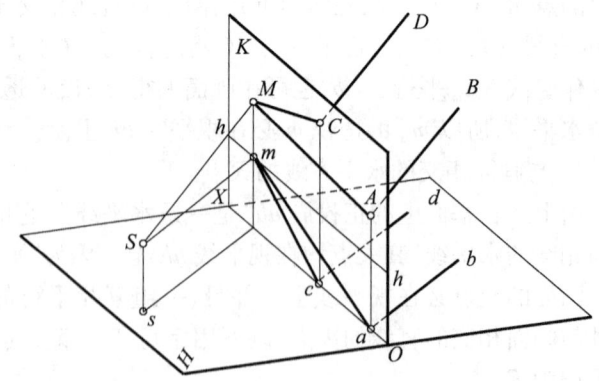

图 15-37 平行线的灭点

ab，正垂线 AB 的画面迹点为 N^0，其基投影的画面迹点为 n^0，由于 $AB /\!/ Ss'$，故其灭点就是主点 s'。连 $s'N^0$ 和 $s'n^0$，由基线 OX 上的 a_X^0 和 b_X^0 引垂线，即得正垂线的透视 A^0B^0 以及其次透视 a^0b^0。

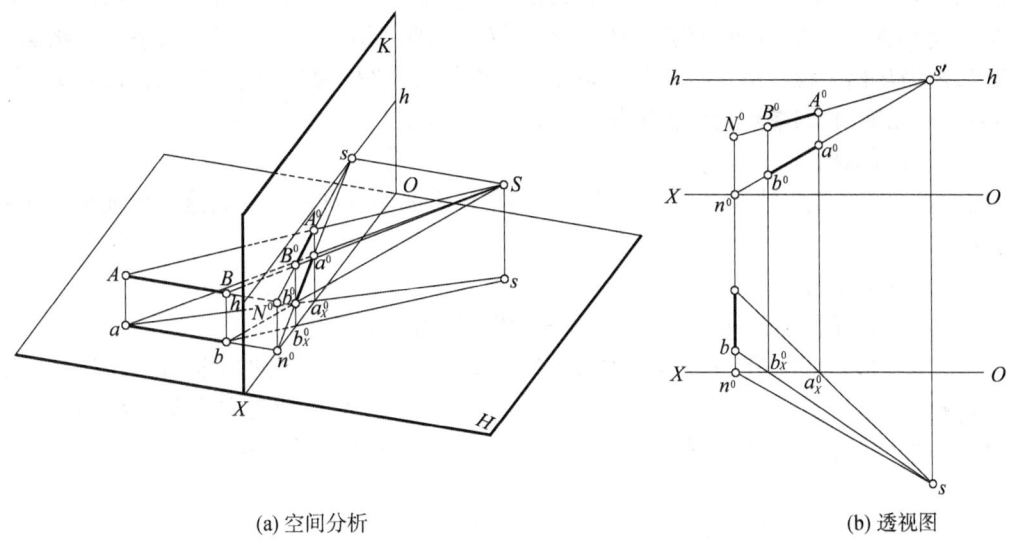

(a) 空间分析　　　　　　　　　　　　(b) 透视图

图 15-38　正垂线的灭点

15.8.2.2　画面平行线的透视

1. 画面平行线的透视特性

一切与画面平行的直线没有灭点,或者说灭点在无限远处。因为由视点引出的与这类直线平行的视线,也和画面平行而不与其相交,或者说交于画面的无限远点,所以没有灭点。其透视的特性如下:

(1) 等长的两平行线段离画面近的长,远的短;在画面上的直线段的透视则反映线段真长。

(2) 画面平行线的透视与直线本身平行。

(3) 两条平行的画面平行线的透视仍相互平行。

(4) 画面平行线上各线段长度之比,等于这些线段透视的长度之比。

如图 15-39a 所示,直线 AB 平行于画面 K,其透视就是过 AB 的视平面 SAB 与画面 K 的

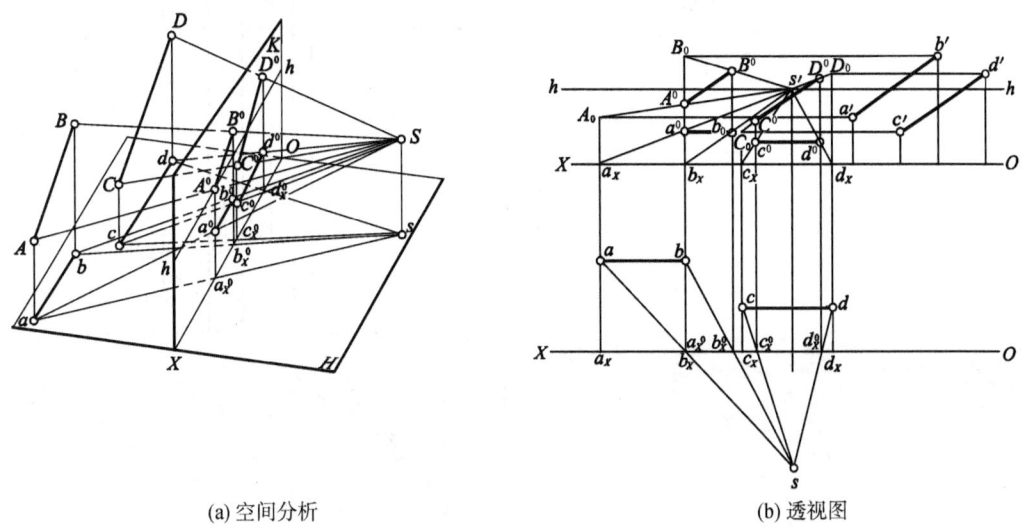

(a) 空间分析　　　　　　　　　　　　(b) 透视图

图 15-39　画面平行线的透视

交线 A^0B^0,则 $AB/\!/A^0B^0$。所以,画面平行线的透视与直线本身平行。同样,如有另一直线 CD $/\!/AB$,同为画面平行线,由于 $AB/\!/A^0B^0$,$CD/\!/C^0D^0$,因此 $A^0B^0/\!/C^0D^0$,即互相平行的画面平行线,其透视仍互相平行。图 15-39b 为画面平行线的透视图(为使图示较清晰,将 $a'b'$、$c'd'$ 各平移至图示位置,它们端点的原投影位置为 A_0、B_0 和 C_0、D_0)。

2. 侧垂线的透视

侧垂线平行于视平线和基线 OX,其透视仍平行于视平线和基线 OX,这是画面平行线的特殊情况。

3. 铅垂线的透视和真高线

铅垂线是画面平行线的另一种特殊情况,其透视仍为铅垂线。

如图 15-40a 所示,有一组铅垂线 CD 和 1、2、3、4、5 等,它们的高度相等,CD 在画面 K 上。其透视图如图 15-40b 所示。过 s 作 sf 平行于辅助线 $C5$,由此可求得灭点 F。自基线 OX 向上作 $C^0D^0 = CD$,C^0D^0 称为真高线。分别连接 C^0F 和 D^0F,得辅助线 $C5$ 的透视和次透视。

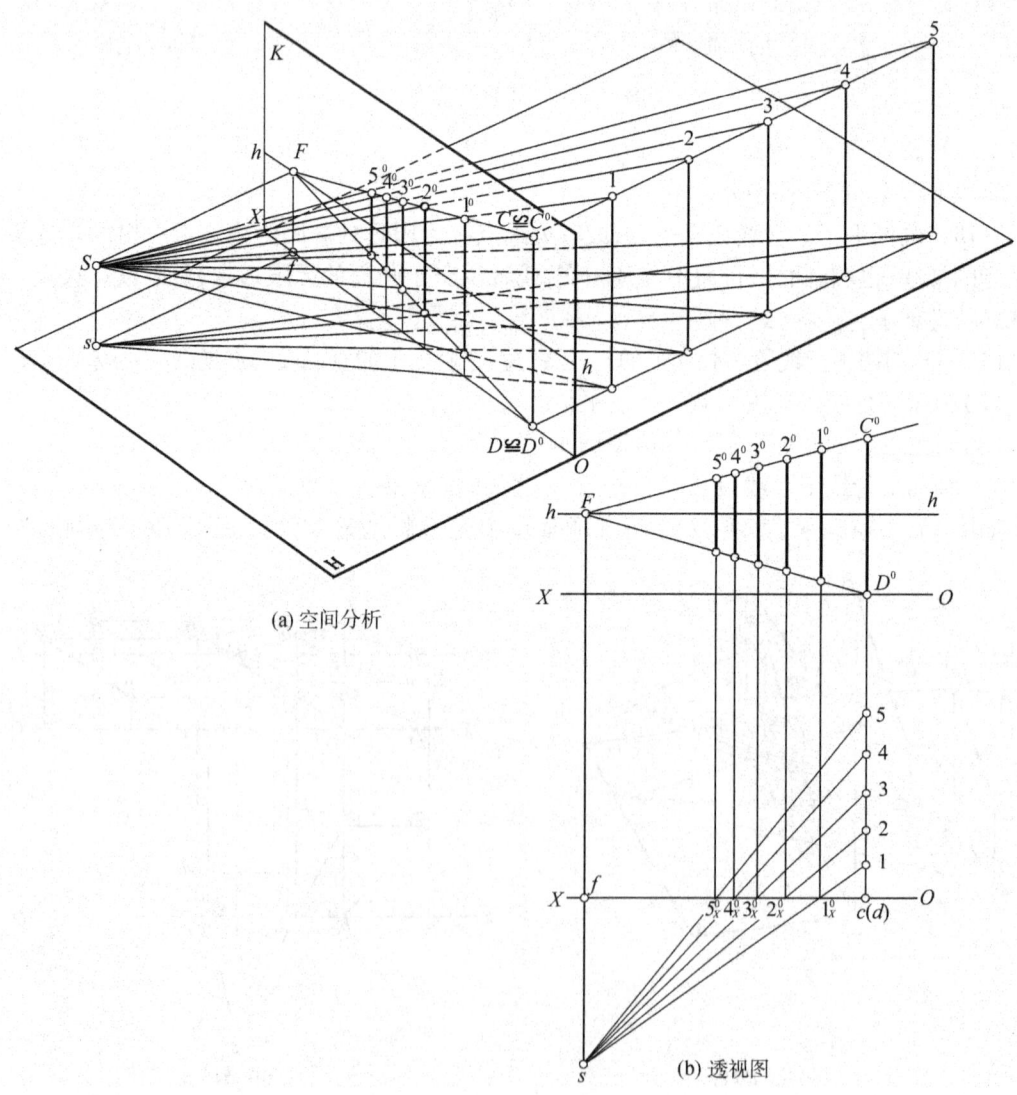

(a) 空间分析

(b) 透视图

图 15-40 铅垂线的透视

再过 $1_X^0, 2_X^0, \cdots, 5_X^0$ 等点引基线 OX 的垂线,在 FC^0 和 FD^0 间得 $1^0, 2^0, \cdots, 5^0$ 等线段,即为各铅垂线的透视。如图 15-40b 所示,等高等距的一组铅垂线段,其透视随着远离画面,长度逐渐缩短,愈远间距愈窄,即近高远低、近宽远窄,直至线段两端点连线的透视相交于灭点 F。

15.8.3 平面的透视

15.8.3.1 平面的透视画法

平面的透视一般情况下仍为平面。当平面通过视点时,其透视为一直线。平面图形的透视就是组成该平面图形的边界线的透视。所以,绘制一多边形平面的透视,可归结为作出此平面的各边的透视。如图 15-41 所示,已知在基面上的矩形 $ABCD$,选定基线 OX 及站点 s 的位置和视平线 hh 后,求作其透视图的方法如下。

先过点 A 作水平的基线 OX,再过站点 s 分别作平行于 AB 和 AD 的直线与 OX 分别交于 f_1 和 f_2,即为 AB、CD 和 AD、BC 两平行线组的灭点在基线 OX 上的投影,于是可得在视平线 hh 上的灭点 F_1 和 F_2。再连接 sB、sC、sD 分别与 OX 相交于 b_X^0、c_X^0、d_X^0,过各点向上引 OX 垂线交 A^0F_1 和 A^0F_2 于 B^0、C^0、D^0,连 A^0、B^0、C^0、D^0 即得矩形 $ABCD$ 的透视 $A^0B^0C^0D^0$。

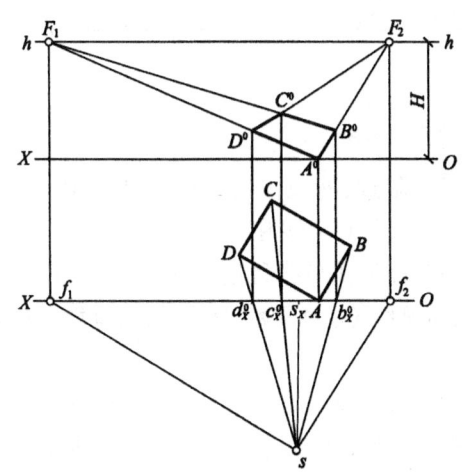

图 15-41 作平面的透视

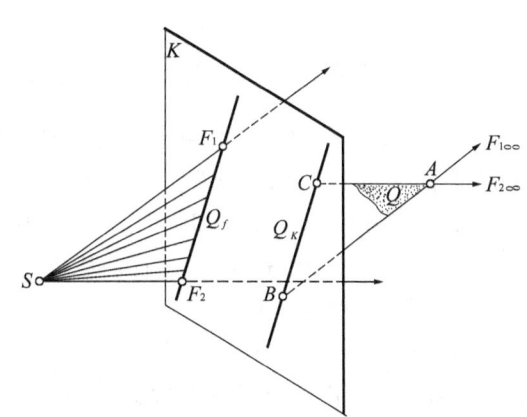

图 15-42 平面灭线的概念

15.8.3.2 一般位置平面的透视、迹线及灭线

如同空间直线的透视在画面上消失于一点的道理一样,空间平面的透视在画面上必消失于一条直线。

当平面处于一般位置时,该平面必和画面相交,其交线称为平面的画面迹线。如图 15-42 所示,在画面 K 后方,用两条相交直线 AB 和 AC 给出一个平面 Q,它的画面迹线为 Q_K,该平面上所有直线的画面迹点,均在此迹线上。

过视点 S 作平行于已知平面 Q 的视平面,与画面 K 的交线 Q_f 称为平面的灭线。若把 Q 面扩展到无限远处,则 AB 和 AC 也跟着延伸到无限远处,得两个无限远点 $F_{1\infty}$ 和 $F_{2\infty}$。直线 $F_{1\infty}F_{2\infty}$ 即为平面 Q 上的无限远直线。为求这两个无限远点的透视,根据直线灭点的求法规则,从视点 S 分别作两条视线平行于 AB 和 AC 而与画面相交,得两个灭点 F_1 和 F_2。用直线连接这两个灭点,即得平面 Q 上无限远直线 $F_{1\infty}F_{2\infty}$ 的透视 Q_f。由此可见,平面的灭线即为平面上无限远直线的透视。由于互相平行的两平面与第三平面的交线必互相平行,所以得出结论:平面的灭线必平行于该平面的画面迹线(即 $Q_f /\!/ Q_K$)。另外,还可以推知:求作平面的灭线,可归结为求作此平面内任两条相交直线的灭点,然后连线。

15.8.3.3 特殊位置平面的透视

根据平面的灭线实质上是平行于该平面的视平面与画面的交线的结论,可以推论:

(1)凡水平面,其灭线即为视平线。如图 15-43 所示,R_1、R_2、R_3 等均为平行于基面 H 且高度不同的平面的透视,其画面迹线 R_{K1}、R_{K2} 和 R_{K3} 必为不同高度的水平线,其灭线为视平线 hh(R_f 重合于 hh)。

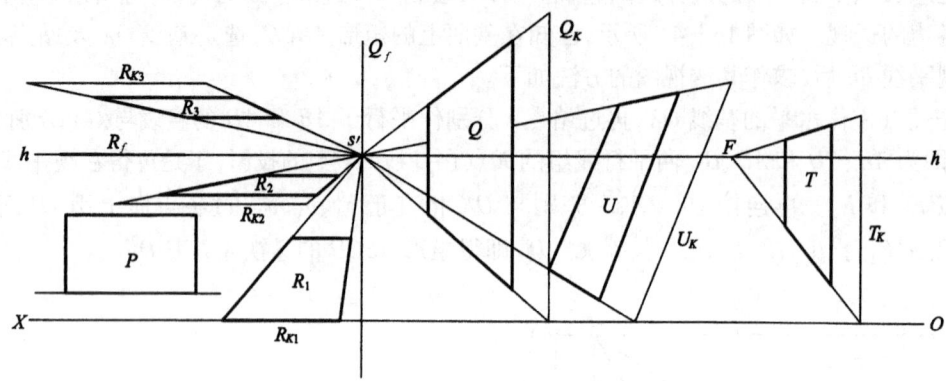

图 15-43 特殊位置平面的透视

(2)与画面平行的平面,可理解为与画面相交于无限远,所以没有灭线。如图 15-43 所示,P 平面平行于画面,其透视为一个与原平面相似的图形,其灭线在无限远处。

(3)凡同时垂直于基面和画面的平面,其灭线必垂直于视平线且通过主点。如图 15-43 所示,Q 平面是一个铅垂面,且垂直于基线 OX,其画面迹线 Q_K 和灭线 Q_f 均为铅垂线,其灭线 Q_f 通过主点 s'($Q_f \perp hh$)。

(4)凡垂直于画面的平面,其灭线必过主点。如图 15-43 所示,U 平面是一个正垂面,即该平面垂直于画面而与基面 H 倾斜,其灭线 U_f(图中未画出)也必过主点 s',且和平面迹线 U_K 平行。

(5)T 平面是一个铅垂面,其灭线为过视平线上某一灭点 F 的铅垂线(图中未画出)。

另外,如同相互平行的直线有共同的灭点一样,空间互相平行的平面,也有共同的灭线。所以,在透视图上,空间相互平行的平面在无限远处必相汇于一条灭线。

15.9 透视图的分类及透视参数的选择

15.9.1 透视图的分类

当视点、画面和物体三者的相对位置不同时,物体的透视形象将呈不同的形状,从而产生了各种形式的透视图。这些形式不同的透视图,它们的适用情况以及所采用的作图方法都不尽相同。习惯上,可按透视图上灭点的多少来分类和命名;也可根据画面、视点和形体之间的空间关系来分类和命名。不管怎样分类与命名,透视图都是分为三类。

15.9.1.1 一点透视

当画面平行于物体的一个坐标面 XOZ,即 OY 轴垂直于画面时,如图 15-44 所示,在这种情况下,只有与 OY 轴平行的直线的透视汇聚于视平线上的一个灭点;而与画面平行的 OX 轴和 OY 轴以及与它们平行的直线无灭点。故一点透视也称平行透视。

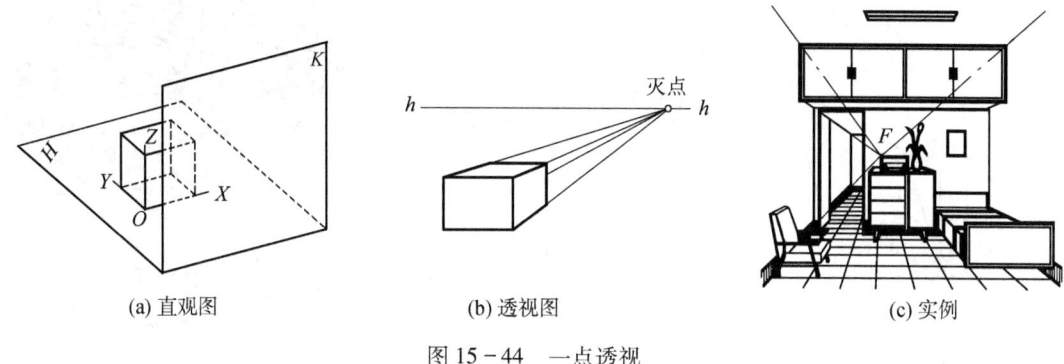

图 15-44　一点透视

15.9.1.2　两点透视

当画面平行于物体的一根坐标轴 OZ 而与其余两坐标轴 OX、OY 成一定的角度时,因在这种情况下,所得的透视图在两个轴向上各有一个灭点,故称为两点透视,也称成角透视。如图 15-45 所示,与 OX 或 OY 平行的直线的透视分别汇聚于视平线上的两个灭点,但与 OZ 轴平行的直线无灭点。

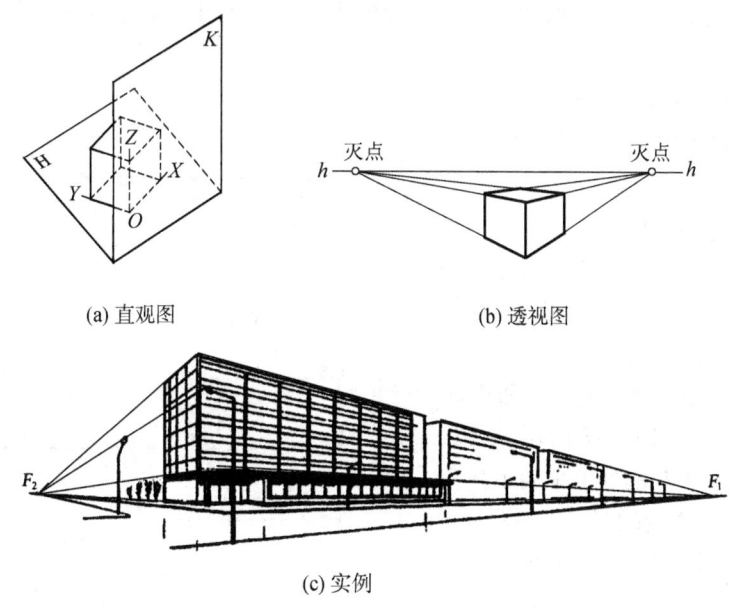

图 15-45　两点透视

15.9.1.3　三点透视

画面与物体三根坐标轴都不平行,因而具有三个灭点,故称三点透视。通常,与 OX 轴和 OY 轴平行的直线的灭点仍在视平线上。三点透视一般用来表现大型物体,如高大建筑物的透视图(图 15-46)。三点透视也称斜透视。

在上述的一点透视中,当画面倾斜于基面时,所作透视通称为平行斜透视。

又当上述各类透视图其视点高于投影对象时,画面上的图像就会显示出"俯视"的效果,此时则称为"鸟瞰透视"或"鸟瞰图"。

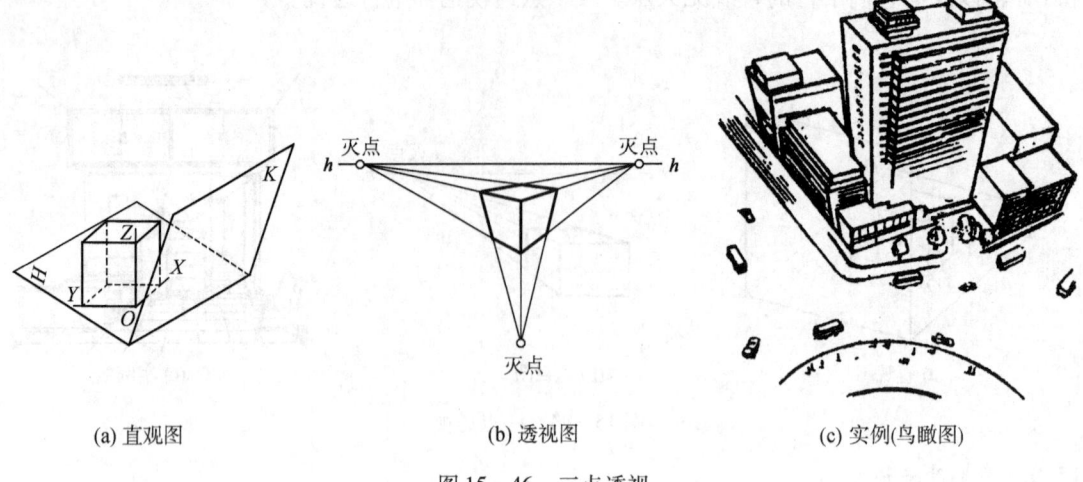

(a) 直观图　　　　　(b) 透视图　　　　　(c) 实例(鸟瞰图)

图 15-46　三点透视

15.9.2　透视参数的选择

15.9.2.1　透视参数的选择

由前面透视图的分类可见,要使画出的透视图的表现效果符合人们处于最适宜位置观察物体所获得的最佳的视觉印象,首先必须正确选择好视点、画面和物体三者之间的相对位置,其中视点的位置由视距和视高两个参数的取值来确定。上述三者之间相对位置的选择统称透视参数的选择。

15.9.2.2　影响透视参数的因素

影响透视参数取值的因素有三个方面。

1. 视点与视角、视距的关系

视点的选择要尽可能使视角保持在 19°～50°之间,一般控制在 60°范围内,画室内透视时可稍大于 60°。

由于视角的大小随画宽 B 和视距 D 的比值而定,如图 15-47 所示,所以,可以用相对视距 D/B 的数值来表示视角的大小,从而确定视点的位置。图 15-47 表明了在绘制透视图时可供选择的一系列相对视距的数值。用这一系列相对视距的数值,可以作出各种具有不同视觉效果的透视图,一般在绘制外景透视时宜选 $D=(1.5～2.0)B$。在绘制室内透视时,由于受室内面积的限制,这时可以选择 $D \leqslant 1.5B$。相对视距 $D/B \geqslant 2.0$ 可用来画规划透视图。

图 15-47 所示的过站点 s 所作的视中线即为视角的分角线。但实际作

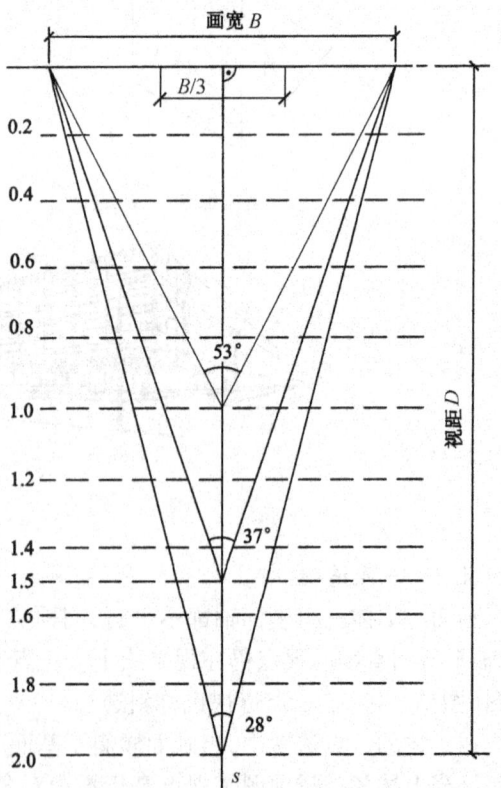

图 15-47　可供选择的相对视距

图中,常常发生视中线不是分角线的情况。此时,要注意视中线和画宽的交点不要超出画宽的中间三分之一。这样就能保证所作透视图变形为最小,否则会严重失真。

2. 视点与画面的相互关系

着手画图时,选择好画面、物体及视点间的相互位置是绘制透视图的关键。物体与画面的相对位置确定之后,视点位置的选择应有利于物体的表达和画面的布局,应能表达形体的特点和主要部分。如图 15-48 所示,物体的位置当 $\theta > \theta_1 > \theta_2$、$\theta_2 = 0$ 时(绘制外景透视一般 θ 以 30°~45°为宜),s_1、s_2、s_3 宜选如图所示的位置。视点确定后,视中线和画面的位置也就随之而确定。

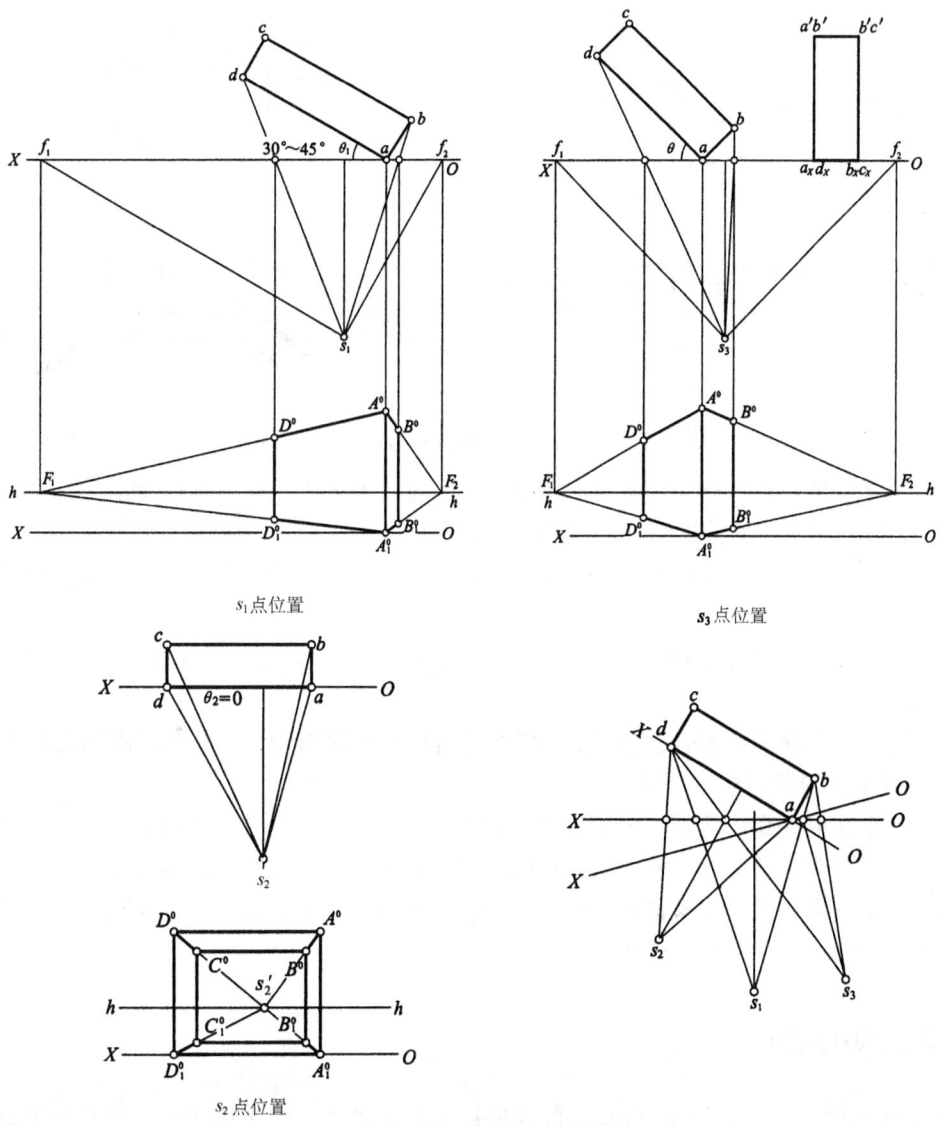

图 15-48 视点对画面位置的影响

3. 视平线高度的选择

视点的高低确定了视平线的高度，视平线的高低变化，对所表现的建筑物的透视形象影响甚大。在一般情况下，取人的平均高度 1.5～1.7 m，但这不能作为不变的定律，须视建筑物的类型及表现的需求而定。

图 15－49 所示为一个长方体房屋模型在不同视高下透视图的变化情况。

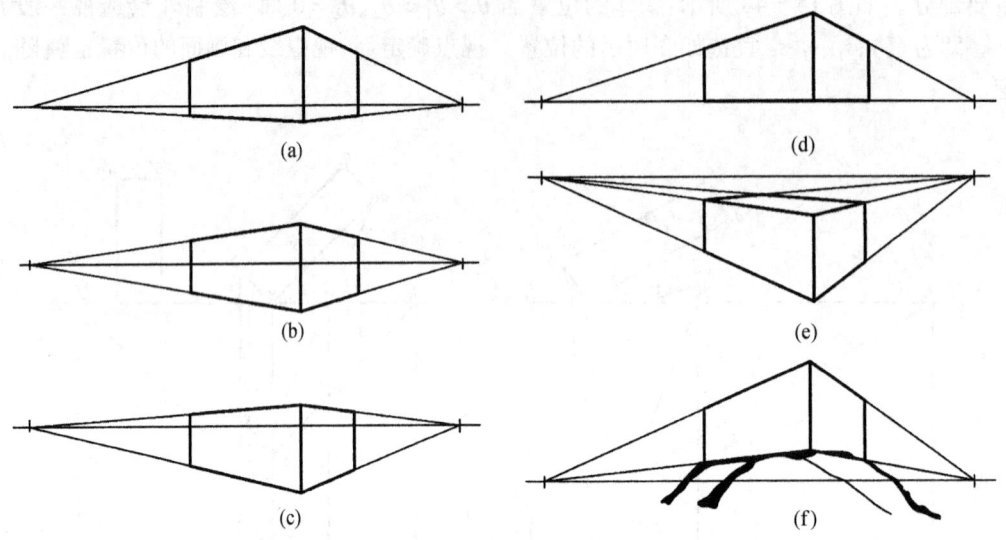

图 15－49 视平线的高低对透视效果的影响

(1) 视平线取在接近房屋墙脚线的地方，即视高相当于 1.5～1.7 m，此时两边墙脚向灭点的消失较缓，而屋檐的消失则陡斜，适宜于表现低层建筑(图 15－49a)；

(2) 视平线取在接近屋高的中间，墙脚与屋檐消失的程度大致相同，这样，透视图就显得呆板，一般不宜采用(图 15－49b)；

(3) 视平线取在接近屋檐处，消失的情况与图 15－49a 相反，适宜于表现低层建筑(图 15－49c)；

(4) 视平线与地平线重合，则两边墙脚线的透视与地平线重合，屋檐的透视更陡斜，适宜于表现雄伟的建筑物(图 15－49d)；

(5) 视平线取在高出建筑物处，画出的鸟瞰图有利于表示建筑物和道路、广场及建筑群之间的相互关系，适用于表现厂区、区域规划的全貌和室内透视图(图 15－49e)；

(6) 视平线取在低于建筑物处，这样画出的透视图称仰透视图，适用于绘制高山上的建筑透视和高层建筑檐口的局部透视(图 15－49f)。

15.10　圆的透视

当圆所在的平面不平行于画面时，圆的透视一般是椭圆。当圆所在的平面平行于画面时，则圆的透视仍然是圆。画圆的透视时，如果投影是椭圆，通常是先作圆的外切正方形的透视，然后找出圆上的八个点，再用曲线板连成椭圆。如果投影是圆时，则应先找出圆心的位置和半径的透视长度，再用圆规画圆。

15.10.1 水平位置圆的透视

画水平位置圆的透视,作图步骤如图 15-50 所示。

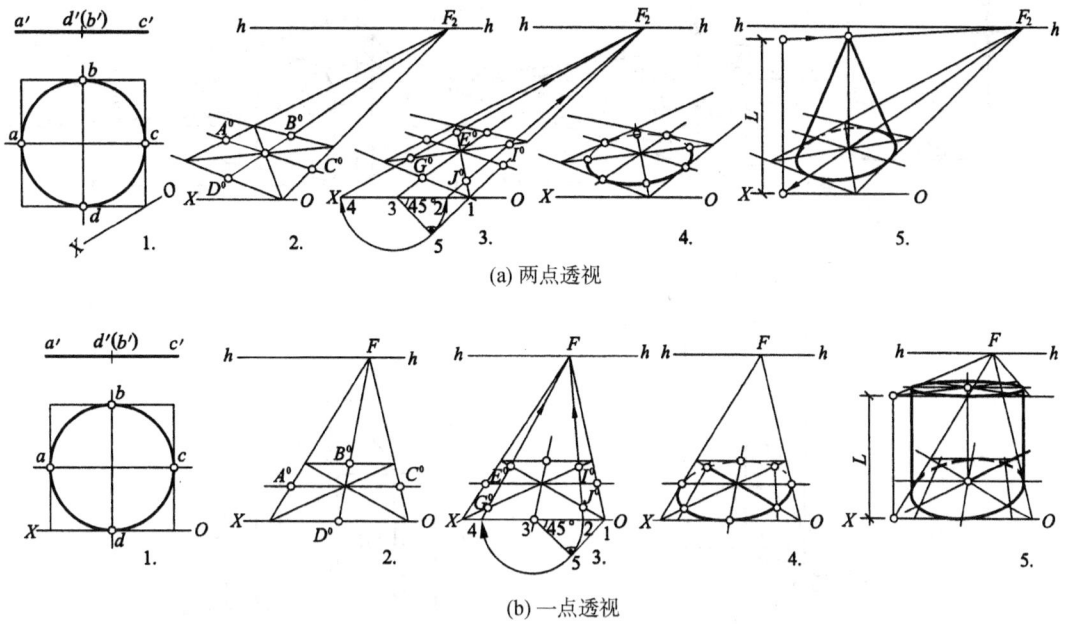

图 15-50 画水平位置圆的透视

(1) 在平面图上,画出外切正方形。

(2) 作出外切正方形的透视,然后画对角线和中线,得圆上四个切点的透视 A^0、B^0、C^0 和 D^0。

(3) 求对角线上四个点的透视。当作两点透视时,如图 15-50a,要延长 F_2D^0,交基线于点 3。然后以 13 为斜边作等腰直角三角形。以直角边 35 为半径,点 3 为圆心,作圆弧交基线于点 2 和 4,连 $2F_2$ 和 $4F_2$,交对角线于点 J^0、I^0、G^0 和 E^0。当作一点透视时,如图 15-50b,由于正方形的一边与基线重合,则可直接在基线或平行于画面的边上作图。

(4) 用曲线板连八个点,所得椭圆即为所求。

15.10.2 垂直于地面的圆的透视

当圆所在的平面垂直于地面,但不平行于画面时,作图方法与上述类似,如图 15-51a。

当圆所在的平面平行于画面时,先求出圆心 O 的透视 O^0,然后以半径 oa 的透视长度为半径,以 O^0 为圆心,用圆规画圆,如图 15-51b 所示。图 15-51b 是圆所在平面平行于画面的拱门透视图。

15.10.3 蘑菇亭的透视

蘑菇亭的形体属回转体一类,其透视如图 15-52 所示。其中,圆柱部分先画上、下底圆的透视,随后,作出蘑菇曲面部分的透视即可完成圆柱的透视。蘑菇曲面部分是一曲线回转面,其透视画法的实质是作出回转面上若干纬圆的透视,这些透视椭圆的包络线就是蘑菇曲面的透视轮廓线。图 15-52c 中示意了 P_0 和 P_1 处纬圆透视的作图方法和蘑菇曲面的透视。

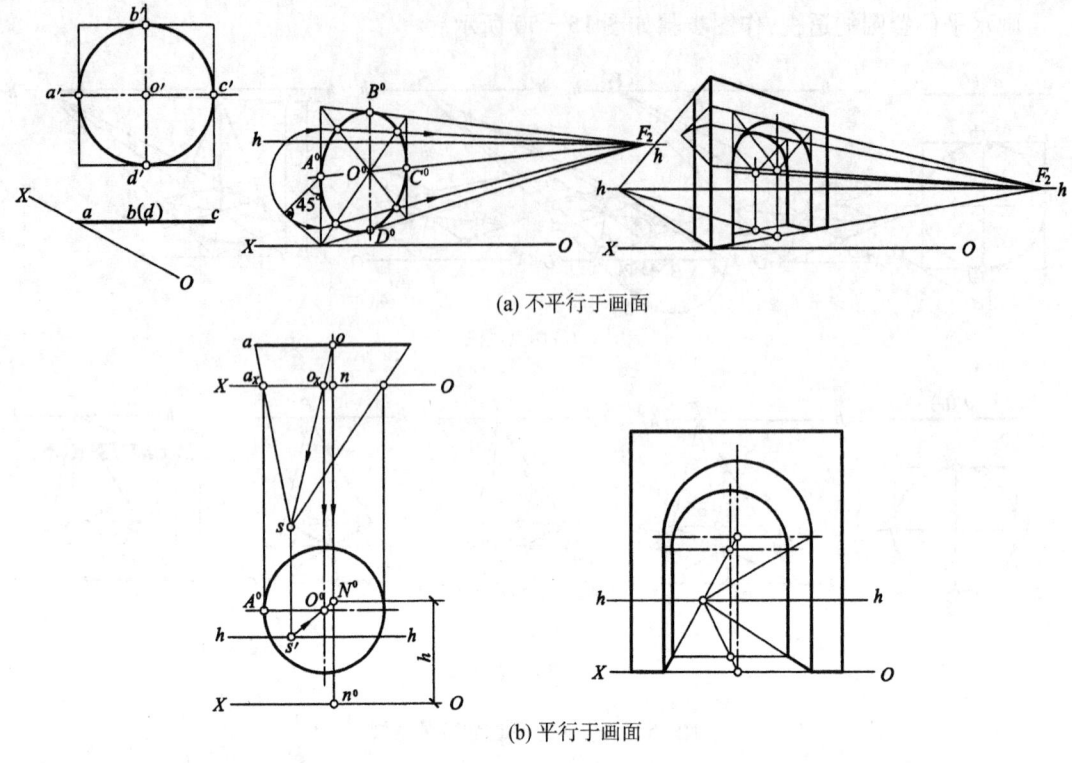

(a) 不平行于画面

(b) 平行于画面

图 15-51 画垂直于地面的圆的透视

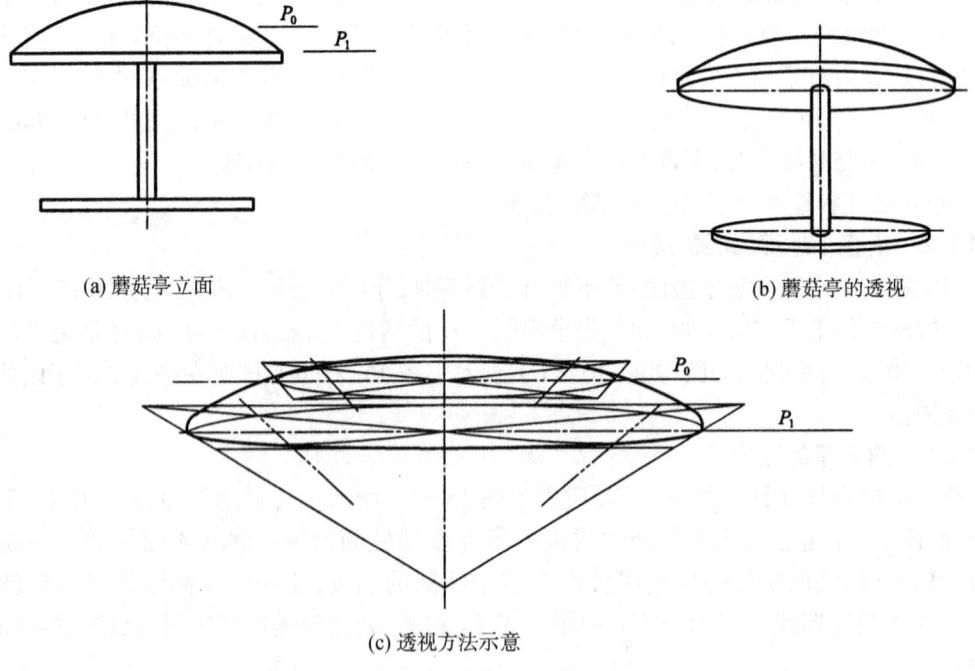

(a) 蘑菇亭立面

(b) 蘑菇亭的透视

(c) 透视方法示意

图 15-52 蘑菇亭的透视

15.11 透视图的基本画法

15.11.1 建筑师法

建筑师法是综合运用视线迹点法和利用物体主向轮廓线的灭点画透视图的基本作法。其作图原理是过空间物体上各点作视线,求出各视线与画面的交点,然后分别利用主向轮廓线的灭点,连接各交点即得物体的透视。下面分别以两点透视和一点透视作图为例,予以说明。

15.11.1.1 用建筑师法画建筑物的两点透视

例 15-1 已知长方形建筑物的平面图,建筑物的高度为 z_1,试绘制它的两点透视(图 15-53)。

(1) 分析。该长方形建筑物各处的高度相同,画它的透视图时,若令它的某个墙角与画面接触,则该处的墙角线便是真高线,可利用此真高线来解决透视高度的度量问题。

(2) 作图。

① 先合理地选择透视参数,作好画透视图的布局。即选择好基线 OX、站点 s 相对于建筑物平面图的位置,在一般情况下,令 OX 通过顶点 a,并取建筑物前立面与画面的夹角约等于 $30°$(图 15-53a)。

② 在图纸的下方画入两条水平直线——画透视图用的基线 OX 和视平线 hh。这两条线之间的距离(即视高)应按前面图 15-49 所展示的原则来选择(图 15-53b)。

③ 过站点 s 引 sf_1 // ab 与 OX 相交于 f_1,过 f_1 引竖直线与视平线 hh 相交即得灭点 F_1;同理,可求得另一个灭点 F_2(图 15-53c)。

④ 过平面图中的顶点 a 引竖直线与基线 OX 相交于 a^0,点 a^0 即为点 a 的次透视。连 a^0F_1 即得墙脚线 a^0b^0 的全透视(空间直线无限远点的透视是其灭点,所以无限长的直线,其透视却是有限长的直线段。这些从画面上的端点开始至灭点止的直线段,称之为全透视)。同理,可作出 a^0c^0 的全透视 a^0F_2。

再过 sb 与 OX 的交点 b_X 引竖直线交全透视 a^0F_1 于 b^0,于是得底面的另一个顶点的次透视 b^0;同理,又可得另一方向上的点 c^0。分别连 b^0F_2、c^0F_1,它们相交于 d^0,即得建筑物底面的次透视 $a^0b^0c^0d^0$(图 15-53d)。

⑤ 过 a^0 竖高度 $a^0A^0 = z_1$,为真高线;再过 A^0 向两个方向的灭点作全透视 A^0F_1、A^0F_2,它们分别与过 b^0、c^0 的竖直线相交于 B^0、C^0。即分别在这些竖直线上截取了相应的透视高度。

最后,把上述有效的线段,即建筑物的可见轮廓线用粗实线加粗,即可完成该建筑物的两点透视(图 15-53e)。在透视图中,对处于后方的不可见轮廓线,一般都不必画出。

例 15-2 已知两坡顶房屋的平面图和侧立面图,房的屋檐高 z_2,屋脊高 z_3,试绘制它的两点透视(图 15-54)。

(1) 分析。本例透视参数的选择仍按前例。此时,房屋的檐口线 GE 与画面交于点 N,于是 $N^0 n_X^0$ 为真高线,高度为 z_2。

(2) 作图。

① 作前屋檐的透视。如图 15-54a 所示,本例墙身部分的透视已按上例的方法作出,求作屋檐线 GE 的透视时,不难看出,由于 GE 与画面交于 N,它在基面上的正投影 n 必在 OX 线上,即 n_X^0 与 n 重合,故可直接从 n_X^0 向上截取檐口的高度 z_2,求得点 N 的透视 N^0;然后连 N^0F_1 得

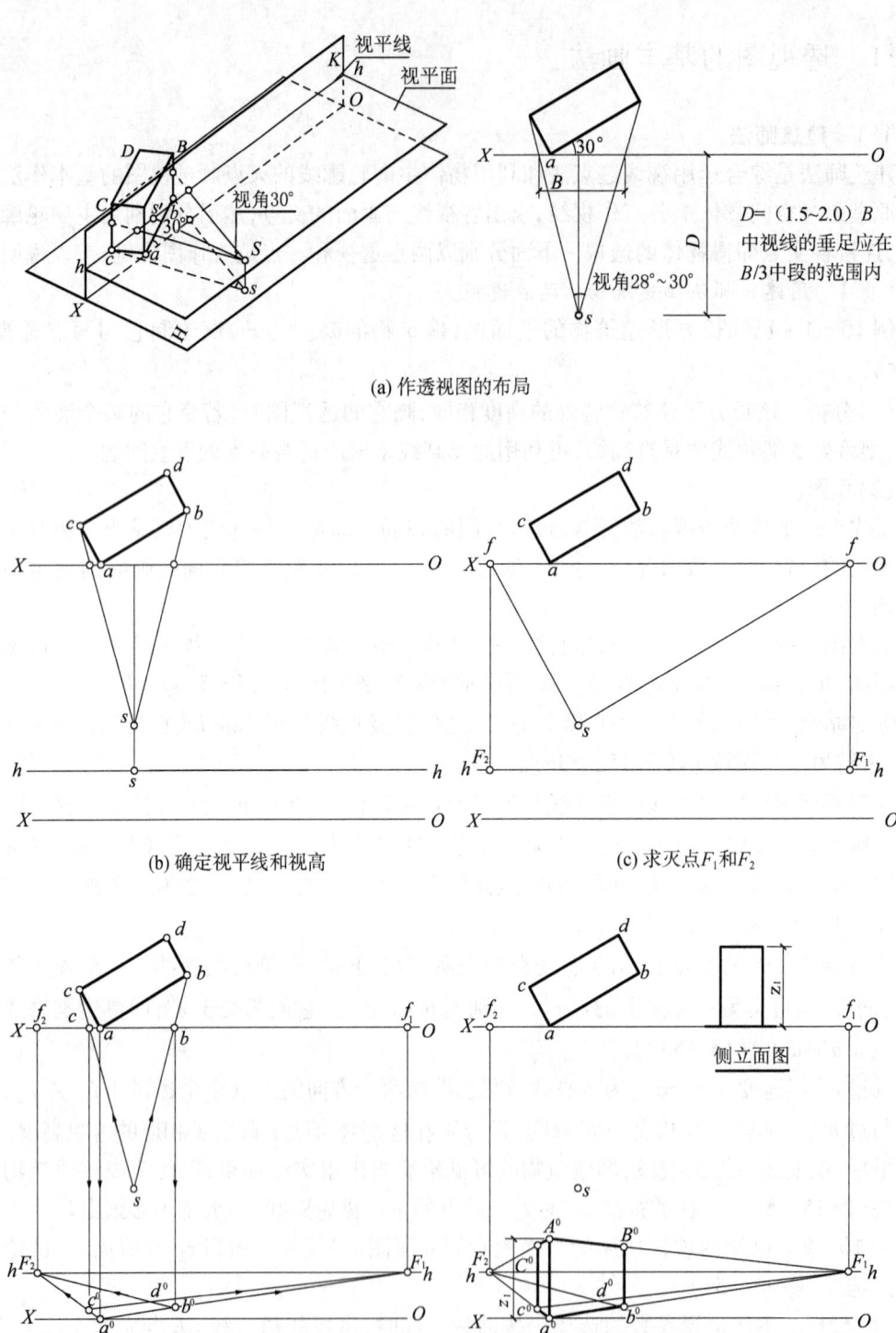

图 15-53 长方形建筑物的两点透视

前屋檐的全透视。最后,再用视线迹点法通过 g_X^0、e_X^0 求得前屋檐两个端点的透视 G^0、E^0;其中,端点 G^0 位于画面的前方。

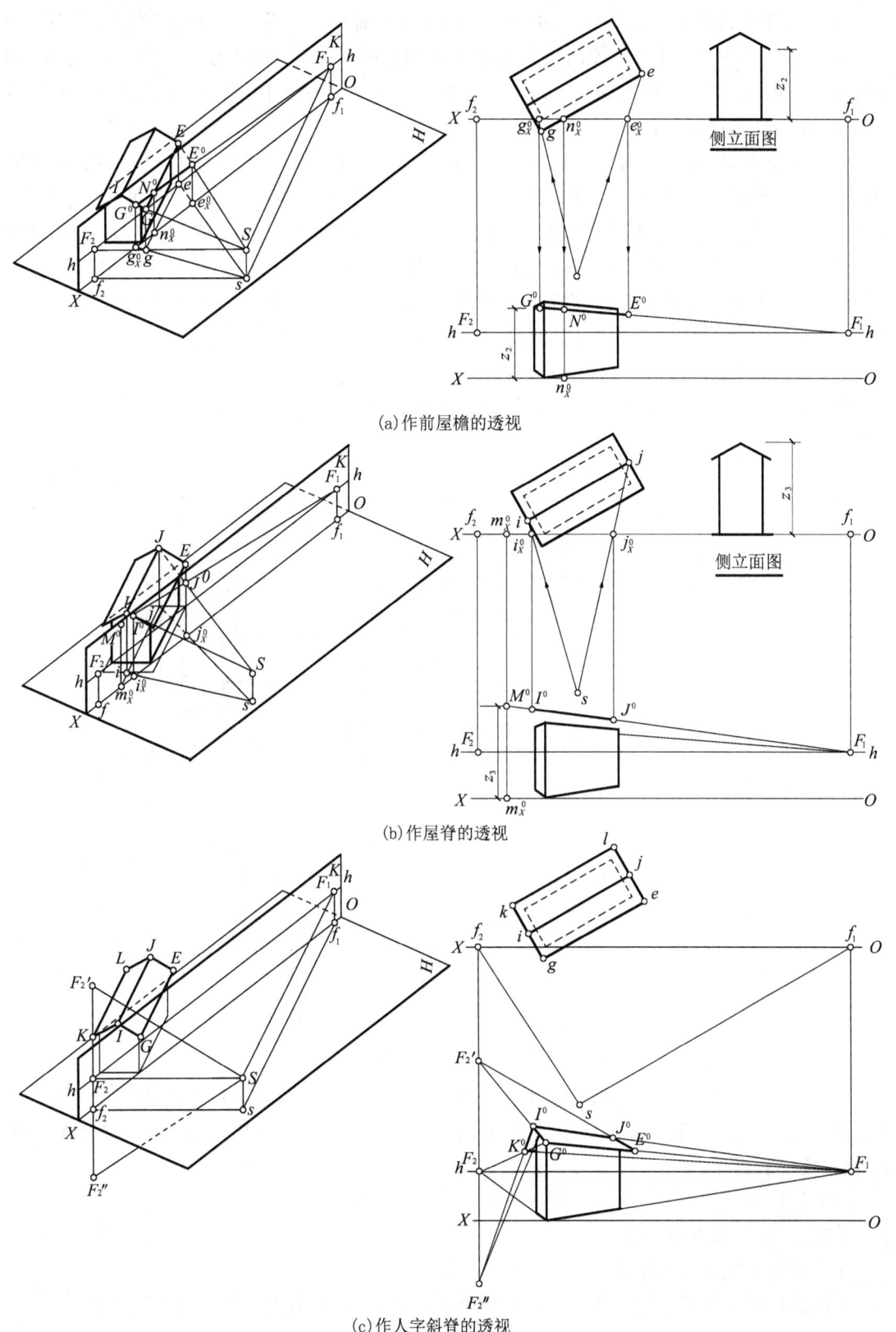

(a) 作前屋檐的透视

(b) 作屋脊的透视

(c) 作人字斜脊的透视

图 15-54 两坡顶房屋的两点透视

②作屋脊线的透视。如图15-54b所示,由于该屋脊线与画面没有现成的交点,故必须先将它延长与画面相交。作透视图时表现为将平面图中的 ji 延长交 OX 于 m_X^0,然后在过 m_X^0 的竖直线上截取 $m_X^0 M^0 = z_3$ 得点 M^0,于是可作出全透视 $M^0 F_1$。最后用视线迹点法求出两个端点 I^0、J^0,即得屋脊的透视 $I^0 J^0$。

③作人字斜脊的透视。如图15-54c所示,求出前屋檐和屋脊线的透视之后,只要分别连 $I^0 G^0$、$J^0 E^0$,就得前坡顶两侧人字斜脊的透视。但也可先求出该两斜脊的灭点(即天点)之后,再利用灭点作图。根据前面图15-36的论证,该两斜脊的灭点(天点)F_2' 应在过灭点 F_2 的一条竖直线上,并且与该两斜脊的上升角(坡度)有关。现在,若该房屋后坡顶的坡度与前坡顶相同,即斜脊 IK 的下降角与 IG 的上升角相同,于是可在过 F_2 的同一条竖直线上截取 $F_2'' F_2 = F_2' F_2$ 得地点 F_2''。最后,连 $I^0 F_2''$,求出 K^0,即得 $I^0 K^0$,再整理全图,完成作图。

15.11.1.2 用建筑师法画建筑物的一点透视

例15-3 已知一平顶房屋的立面图和平面图,试画它的一点透视(图15-55)。

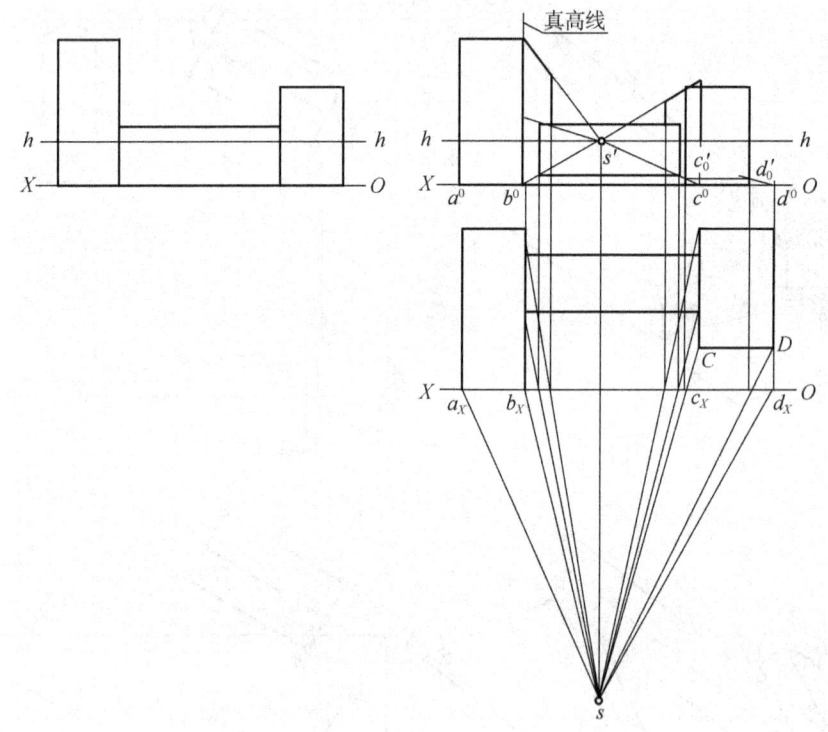

图15-55 用视线法作平顶房屋的一点透视

(1)分析。选视点为正对房屋的中部三分之一的宽度内,且站点 s 到画面的距离不小于房屋的最大宽度,视角控制在60°以内;视平线 hh 的位置如图,并取平顶房屋的左前立面在画面上,反映实形和真高。

(2)作图

①确定画面、视点的位置。

②画出视平线 hh,定出主点 s'。

③作出房屋上各顶点的视线之水平投影和正面投影,并求出这些视线的正面迹点。

④作出各顶点的透视。如求作点 C 的透视 c_0',为此,在平面图中连接 Cs,在立面图中连

接 c^0s'；自 Cs 与 OX 的交点 c_X 作铅垂直线与 c^0s' 相交，所得交点 c_0' 即为点 C 的透视。同理，求作其他顶点透视。

⑤顺次连接各顶点透视，即得该平顶房屋的一点透视，完成透视图。

如图示，当平面在画面上时，其透视反映实形；与画面平行的平面，其透视为缩小了的类似形。一点透视，既反映了房屋的前面，也反映了房屋的左右侧面。

15.11.2 网格法

当建筑物或区域规划的平面形状比较复杂或为曲线曲面形状时，采用网格法绘透视图较为方便。尤其在表现建筑群或区域性规划时，由于所表达的内容较多，包括单体建筑物、道路、广场、绿化、水体及建筑小品等，透视轮廓复杂，所以通常利用鸟瞰透视来表达，并采用网格法绘制。

利用网格法作图的步骤是：先把建筑物或区域规划平面图包围在一个正方形或长方形中，再把这个正方形或长方形分成更小的正方形网格，网格大小视图面复杂程度而定。网格愈密，精度愈高，所以常常在局部变化较多的地方采用大网格套小网格的办法。然后，画出所给定的网格的透视，把平面图上一系列的点按格子变化的趋势描绘到网格透视图的相应位置上，把各个点连接起来，便可得到平面图的透视。最后过网格的透视平面图上各个点竖高度，即得建筑物或区域规划的透视。

15.11.2.1 一点透视网格

一点透视网格，即 Y 方向格子线垂直于画面，其灭点即为主点 s'；X 方向的网格线平行于画面，其透视平行于视平线；网格对角线的灭点可利用网格对角线的透视原理求得。

例 15-4 如图 15-56 所示，已知在平面上有不规则的水池、曲折的道路和电线杆等，并已确定视点 s 的位置，求作其一点透视。

(1) 分析。区域平面内的水池、植物等形状不规则，且道路又呈曲线状，故适宜采用一点透视网格，用网格法作图。

(2) 作图。

①在平面图上以一定单位长度画好正方形格子，如图 15-56a 所示。方格网为两组互相垂直的直线，一组为 1，2，3，…，11 等平行于画面的直线，它们的透视为水平线；另一组为 a，b，c，…，k 等垂直于画面的直线，它们的灭点即为主点 s'。

②在画面上定好视平线 hh 和基线 OX，标出主点 s' 和对角线的灭点 F。

③如图 15-58b 所示，先按一定的比例定出所有画面垂直线的迹点，它们都与各自的透视 A^0，B^0，…，K^0 重合。将各点再与主点 s' 连接，得各线的全透视 A^0s'，B^0s'，C^0s'，…，K^0s'。在作画面平行线组的透视时，可利用网格对角线的透视原理，连 K^0F 与已求得的画面垂直线的全透视 A^0s'，B^0s'，C^0s'，…，J^0s' 相交，过各交点作基线 OX 的平行线，即为各画面平行线的透视 2^0，3^0，4^0，…，11^0。至此，完成方网格的透视作图。

④把平面图中的景物按其变化的趋势描绘到透视网格的相应位置上，即在平面图中的曲线上选取适当的点，如水池边上 P、Q、Y 等点，按照它们处于网格中的位置，在网格的透视中定出 P^0、Q^0、Y^0 等点，再用曲线连接起来，就得出水池周边的透视。道路的透视作图同上法。

⑤过透视平面上各点竖高度。例如，垂直于 H 面的电线杆，可用"画面平行线的透视成同一比例"的原理求得。设电线杆高度相当于方网格的两格长，过各杆脚点即可作出电线杆的透视。例如，在图 15-56a 中过 n 作画面平行线，截得 nm 等于两格线长；再在图 15-56b 中，相应地画出画面平行线 N^0M，过 N^0 作竖直线使 $N^0M^0 = N^0M$，则 NM^0 即为电杆的透视高度。

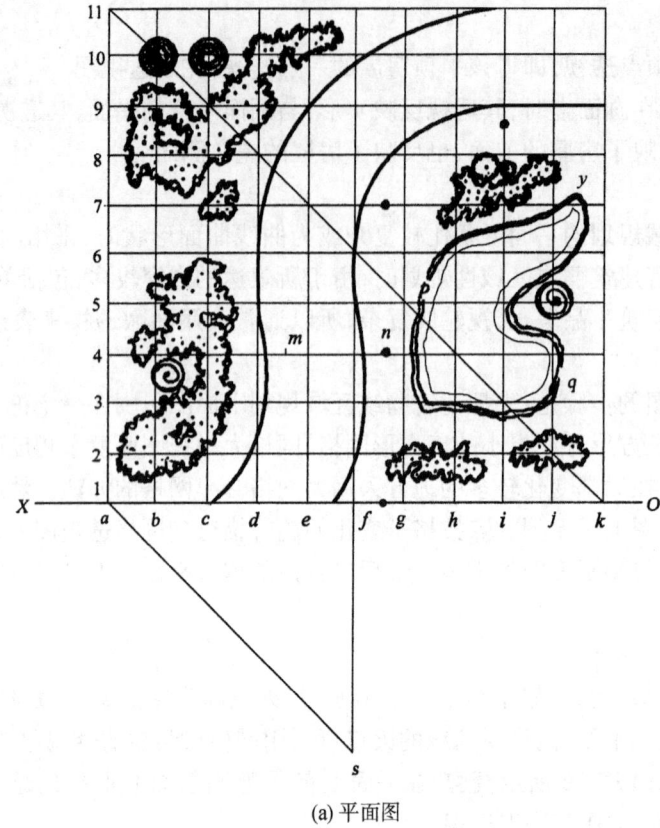

(a) 平面图

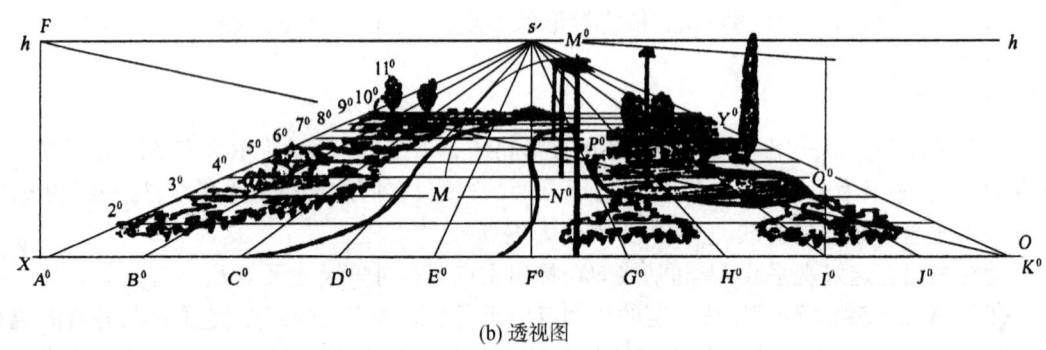

(b) 透视图

图 15-56 曲线的透视

15.11.2.2 两点透视网格

若区域规划平面中建筑群的布局较规则，这时正方形网格的格线应尽可能与建筑物的主要轮廓线平行，并适宜采用两点透视网格画它的透视图。

上述方网格的两组互相垂直的格线，如果倾斜于画面，则这两组网格线各有一个灭点，作出的这两组网格的透视，就是两点透视网格。

例 15-5 如图 15-57 所示，已知形体的平、立面图，求作它的鸟瞰透视。

(1) 分析。由于形体布局较为规则，故宜采用两点透视网格作图。

(2) 作图。

① 如图 15-57 所示，在已知平面图上画好正方形格子，格子线平行于主要轮廓线，并尽可

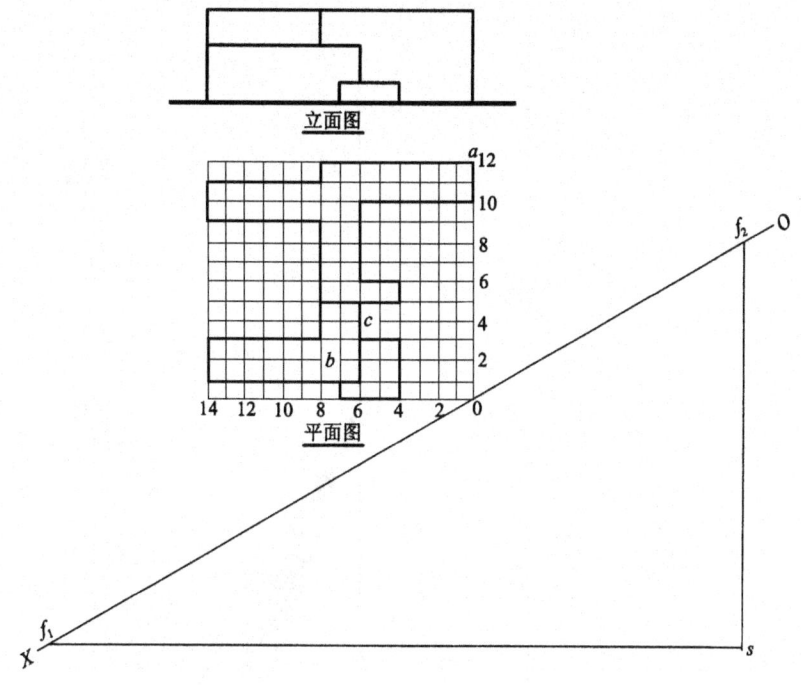

图 15-57 作透视前布局

能使格子线与主要轮廓线重合。

②画两点透视网格,如图 15-58 所示,把两个方向上的网格线分别延长与 OX 相交得一系列的点,接着把这些点移植到画透视网格用的基线 OX 上,然后再分别过这些点用直线与 F_1、F_2 相连,它们相互组成的网格就是所求的透视网格。

③作建筑物透视平面图。把平面形状描绘到相应格子上,即得建筑物的透视平面图,如图 15-59 所示。

④竖高度作形体的透视图。如图 15-60 所示,竖高度的方法可参考如下三种方法:

第一种方法:集中真高线法。在画面的右侧(也可在左侧)的基线 OX 上任取一点 O_1,过 O_1 画一铅垂直线作为真高线。把各部分高度点 A、B、C 量到该真高线上。再在视平线 hh 上任取一灭点 F,连 FO_1、FA、FB、FC。FO_1 是所取铅垂面(O_1A 与 FA 等组成的平面)与基面的交线,A、B、C 的透视高度均可相应地在这些全透视 FO_1、FA、FB、FC 之间截取。例如,过 a^0 作水平直线与 FO_1 相交得 a_1^0,过 a_1^0 作铅垂直线与 FA 相交得 A_1^0,再过 A_1^0 作水平直线与过 a^0 的铅垂直线交于 A^0,于是,$A_1^0 a_1^0$ 的长度就是 A^0 的透视高度。

第二种方法:利用网格线迹点 O_2,过 O_2 画铅垂直线(O_2Z)作为真高线,将 A、B、C 真高量在 O_2Z 上,连 F_2A,再过 a^0 作铅垂直线与 F_2A 相交于 A^0,于是得透视高 $A^0 a^0$。依此类推,如图 15-60 所示。

第三种方法:采用截距法作图。

为了说明这个问题,下面先弄清楚"截距"的含义。所谓"截距",是指在透视网格中任一水平线与同一方向上两相邻网格线的交点间的距离。显然,这个距离与该网格对画面所成的角度 α 有关。例如两点透视网格中,设方格的边长为 1,于是:截距 $= \dfrac{1}{\cos\alpha}$。显然,若 α 为任意角度时,其截距则为任意值,不便于用来作图。故截距法通常只应用于特殊角度的透视网格。

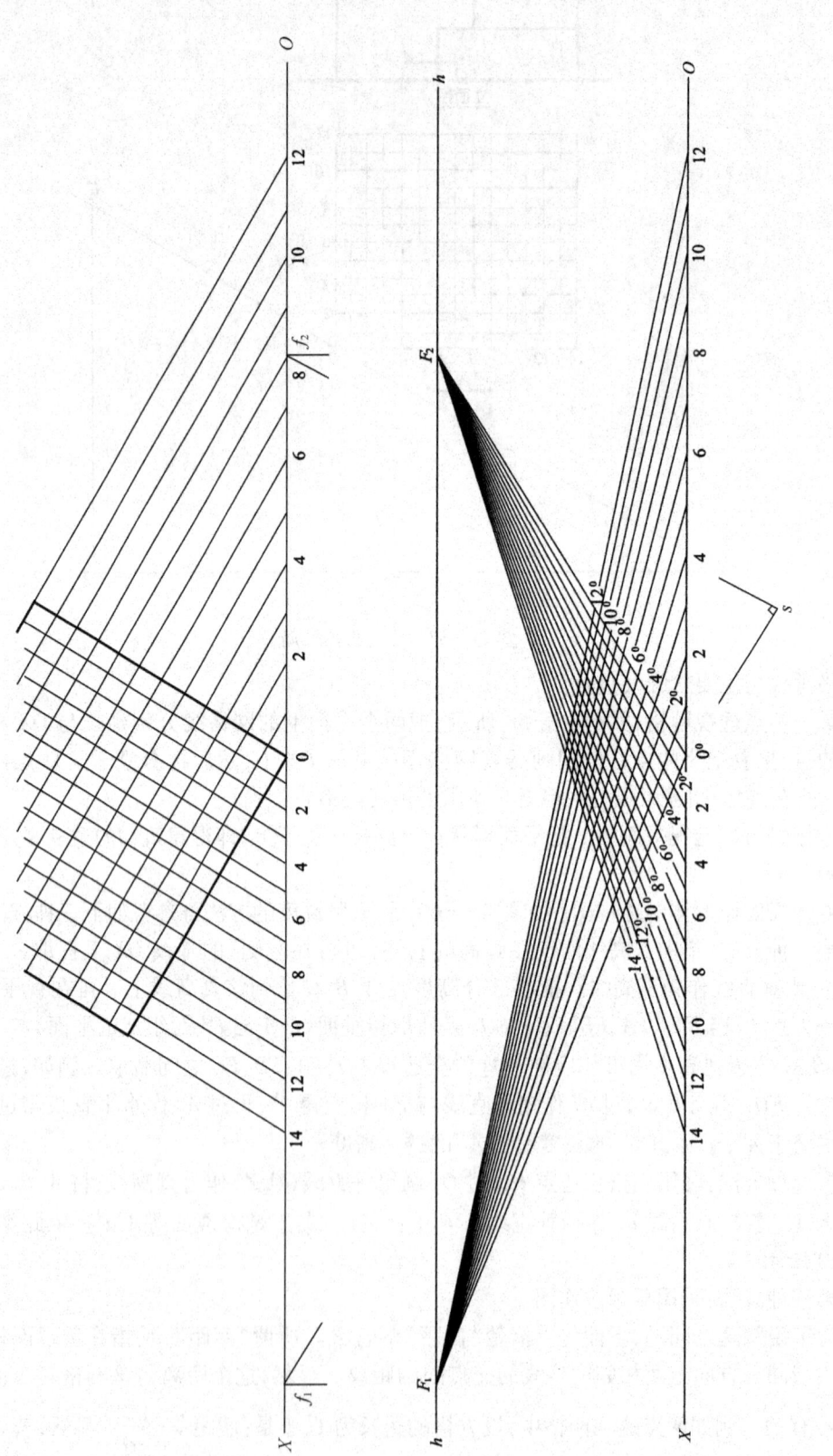

图15-58 画两点透视网格

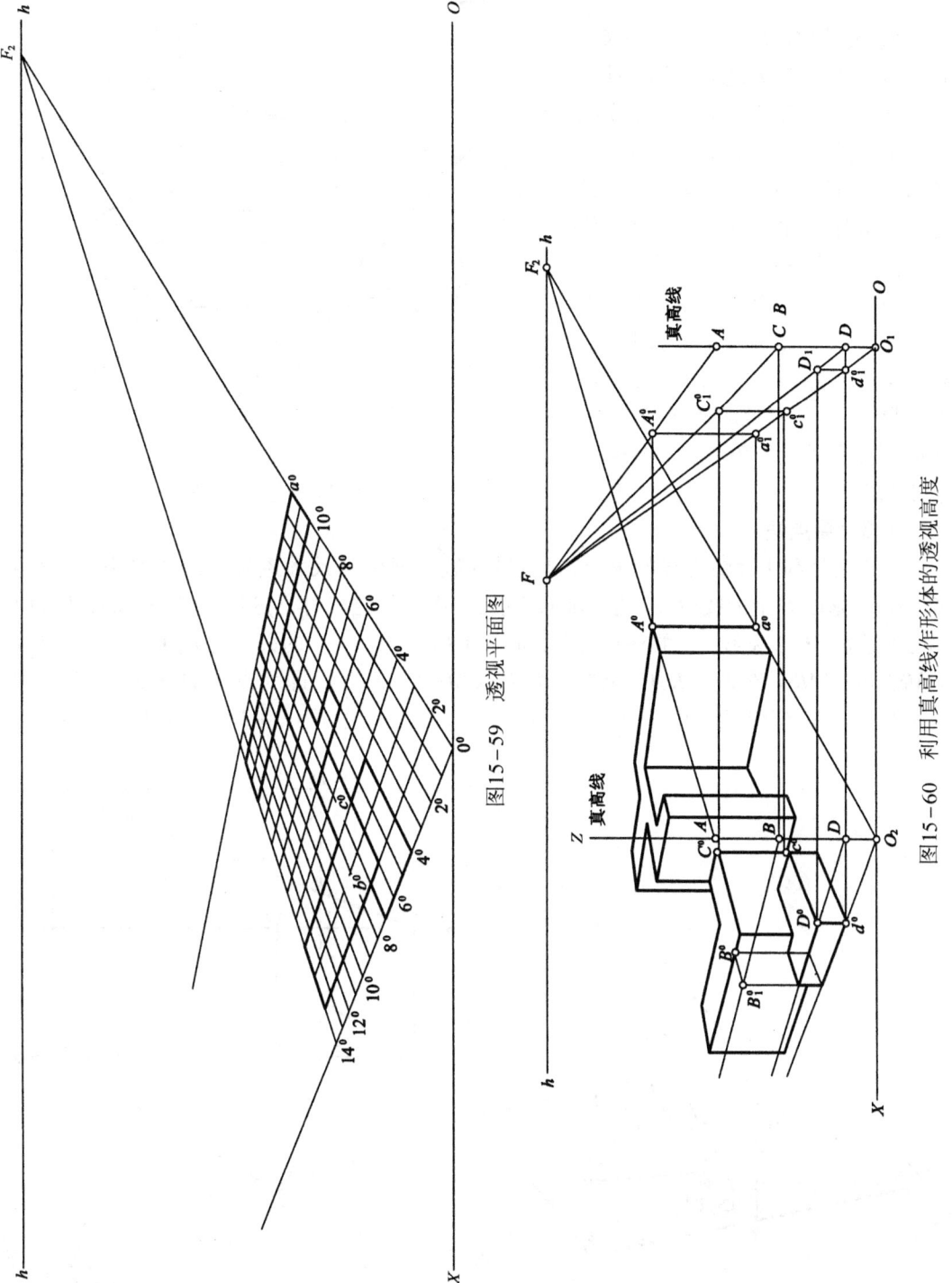

图15-59 透视平面图

图15-60 利用真高线作形体的透视高度

若 $\alpha = 30°$，则 　　　　　截距 $= \dfrac{1}{\cos\alpha} = \dfrac{1}{\cos 30°} \approx 1.2$

若 $\alpha = 45°$，则 　　　　　截距 $= \dfrac{1}{\cos 45°} \approx 1.4$

例如已知图 15-61 为 30°—60°透视网格的一部分，实际绘图时设方格的边长等于 25 m，于是，线段 K_0F_0 的实际长度则为 25 m × 1.2 = 30 m。将 K_0F_0 旋转到竖直的位置并作三等分，这样，每一刻度值均代表 10 m，即为透视高度比例尺。设点 K 的实际高度为 30 m，它的透视高度就可在此比例尺上直接量取。若点 P_1 不重合于方格网线的交点时，可用邻近点 P 处的透视高度，按实际情况和透视趋势再引一条作图线来确定。

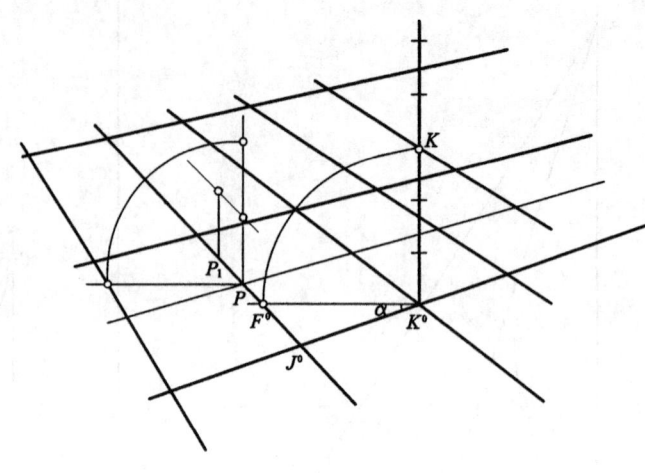

图 15-61　截距法

15.11.3　量点法

量点法是利用辅助直线的灭点，求取轴向线段或轴向尺寸透视长度的方法。如图 15-62a 所示，基面 H 上的线段 AC 为某轴向线段，求作它的透视时，可过点 A 作辅助线 AD，使 AD 与已知线段 AC 及基线 OX 的夹角相等，即 $\angle CAD = \angle CDA$，AC 的灭点为 F，AD 的灭点为 M，则 $\angle MSF = \angle FMS$。在画面 K 上，全透视 C^0F 与 MD 的交点 A^0 即为点 A 的透视，A^0C^0 则为 AC 的透视。因 △ACD 是等腰三角形，所以 $AC = CD$，也就是说，可以在基线 OX 上量取 H 面上直

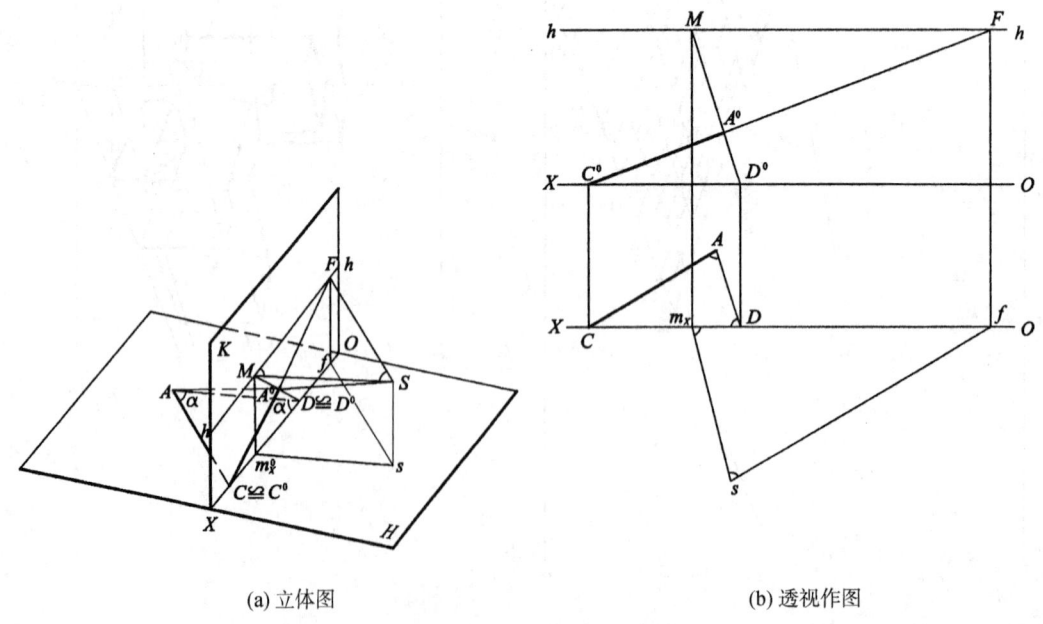

(a) 立体图　　　　　　　　　　　　(b) 透视作图

图 15-62　量点法作图原理

线 AC 的长度,通过点 M 作出其透视 A^0C^0,故点 M 称为直线 AC 的量点。这种透视的作图方法称为量点法。从图 15-62b 可知,$MF = m_xf = sf = SF$,即量点 M 到灭点 F 的距离等于视点 s 到灭点 F 的距离。

例 15-6 已知平顶房屋的平面图、立面图如图 15-63a 所示,求作它的透视图。

(1)分析。根据形体特点,选用两点透视,并用量点法作图。

(2)作图。如图 15-63b 所示:

①过平面图中柱子的顶点 a 作基线 OX,并定站点 s,在立面图上确定视平线高度,在平面图中求出 f_1、f_2 和 m_1、m_2,如图 15-63a 所示。

②在画面上作 OX 和 hh,并在 OX 线上定出 a_1、a,在视平线 hh 上定出 F_1、F_2 和量点 M_1、M_2。

把 Y 轴向尺寸及其分点量在基线 OX 线上点 a_1 之右得 2_1、3_1、4_1、5_1,点 1 在平面图中为点 a 之下,说明点 1 在画面之前。现规定画面之前的 X、Y 轴上的点为负值,画面之后的 X、Y 轴上的点为正值。这样点 1 为 $-y$ 值,故 1_1 应量在点 a_1 之左,$a_1 2_1 = a2$,$\cdots$,$a_1 5_1 = a5$,$a_1 1_1 = a1$。

把 X 轴向尺寸及其分点 7_1、8_1、9_1、10_1 量在 OX 线上点 a_1 之左,另有分点 6 在平面图中为点 a 之右,即为 $-x$ 值,故点 6_1 应量在点 a_1 之右,$a_1 7_1 = a7$,$\cdots$,$a_1 10_1 = a10$,$a_1 6_1 = a6$。

③求透视平面图。连 $a_1 F_2$ 和 $a_1 F_1$;连 $M_1 1_1$ 与 $a_1 F_2$ 的延长线相交得 1_1^0;连 $M_2 10_1$ 与 $a_1 F_1$ 相交得 10_1^0;同法求得 9_1^0、8_1^0、7_1^0。连 $M_2 6_1$ 和 $a_1 F_1$ 并延长相交得 6_1^0。

连接 $6_1^0 F_2$ 和 $1_1^0 F_1$,并延长相交得 b_1^0,连 $10_1^0 F_2$ 并延长与 $1_1^0 F_1$ 相交得 d_1^0,连 $5_1^0 F_1$ 与 $b_1^0 F_2$ 相交得 c_1^0。其余作图如图所示。

④求透视图。在作出透视平面之后,可不需再利用量点,即可完成透视图作图。先定出真高线 Aa,求出迹点 N_1、n_1 和 N_2、n_2,然后将这些点与相应灭点 F_1、F_2 相连得全透视,再过透视平面图上各点作铅垂直线,与相应全透视相交,即可完成,如图 15-63b 所示。

应该指出,图 15-63b 中采用了降低基面作透视平面图的方法作图,其原因是,在用量点法作透视平面图时,倘若视点较低,视平线 hh 和基线 OX 相距不大,作图时就会出现"图形扁平"的现象,图线交点位置也不明确,就会导致作图误差大,以致图形失真。在这种情况下,若采用降低或升高基面作透视平面图,此时,由于只改变了视高,而站点、画面以及平面图之间的相对位置关系没有发生变化,即降低或升高基面只会加宽平面图的基透视在竖直方向上的图形宽度,从而获得图线交点的位置比较明确的效果。

采用这种方法,使作图方便、准确,而且图形清晰。

15.11.4 距点法

如图 15-64 所示,采用量点法作建筑物的一点透视时,建筑物上深度方向的直线,其灭点重合于主点 s',而 45°辅助直线的量点到灭点的距离等于视距,这是量点法作透视图的一个特例,这个特殊的量点就称为距点,用符号 D 表示。这种作透视图的方法称为距点法。

例 15-7 如图 15-64a 所示,已知建筑物的平面图和立面图,求透视图。

(1)分析。根据形体特点,选用平行透视(一点透视),并用距点法作图。其作图方法与步骤说明如下(图 15-64)。

(2)作图。

①确定距点。当站点确定之后,距点可在视平线上直接量取 Ds' 等于视距。为了方便作图,站点的左、右两侧均可设置距点即 D_1 和 D_2。

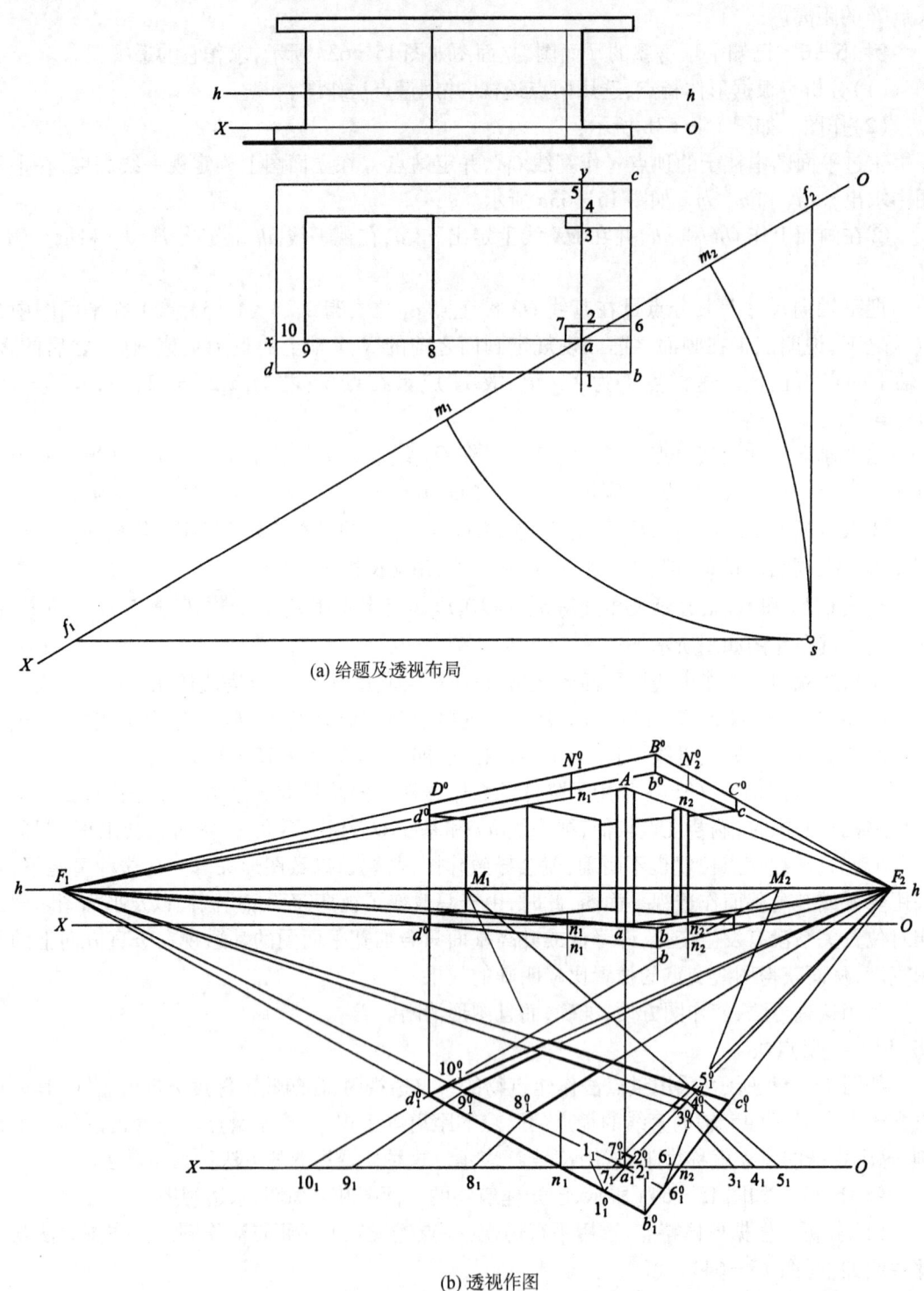

图 15-63 用量点法求作平顶房屋的透视

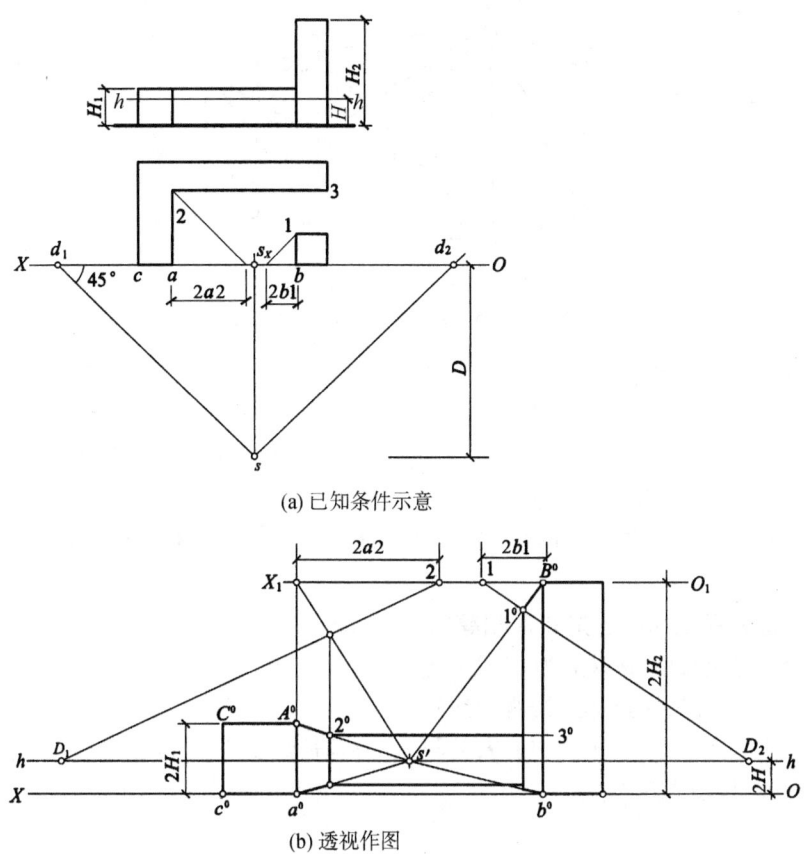

图 15-64 距点法绘制建筑物的一点透视

②重合于画面上的线段,其透视与其本身重合。因此,该线段的透视可按比例直接画出(本例作透视图时按正投影图放大为2:1画图)。例如:$a^0c^0=2ac, A^0a^0=2H_1$。

③作出画面垂直线的透视方向,如 A^0s'、B^0s' 等。

④升高基线到 O_1X_1,求作画面垂直线的透视长度 A^02^0、B^01^0 等。

⑤作出画面平行线的透视,如 2^03^0 等,完成透视图。

15.12 透视图上的简捷作图法

在求得建筑物的外形透视图以后,其细部可不必一一用上述方法去求作,而可在建筑外形透视图上直接用简捷作图法添加其细部。现介绍几种常用的简捷作图方法。

15.12.1 在矩形的透视图上求其等分中线(图 15-65)

(1)已知 abcd 为一矩形的透视图。

(2)作对角线 ac、bd,得 m 为矩形的透视中点。

(3)过 m 作 ab 的平行线 gh,即为该矩形的透视中线。

(4)同理可作 abfe、abgh、hgcd 的透视中线。

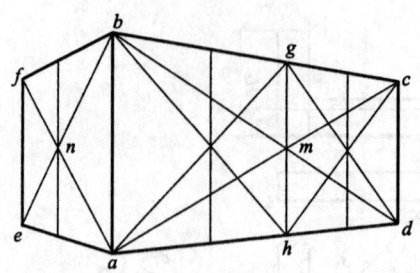

图 15-65 矩形透视图的等分中线

15.12.2 矩形透视图的垂直等分(图 15-66)

(1)已知 abcd 为一矩形的透视图。
(2)过 ab 两端点的任一点作水平直线,同时将实际等分点标在此线上。
(3)连接两端点 5c,并延长交于视平线上一点 K。
(4)自 K 作 1、2、3、4 各点的连线,交 bc 于 e、f、g、h 各点,过各交点作垂线,即为该矩形的透视垂直等分线。

15.12.3 在透视图上作与已知矩形相等的矩形(图 15-67)

(1)已知矩形透视图 abcd,e 为 ab 之中点;
(2)自 e 连灭点,为该矩形之透视中线;
(3)自 b 连透视中线与 cd 之交点 f,并与 ad 之延长线交于 g,过 g 作与 cd 之平行线 gh,则 cdgh 即为所求。其余依此类推。

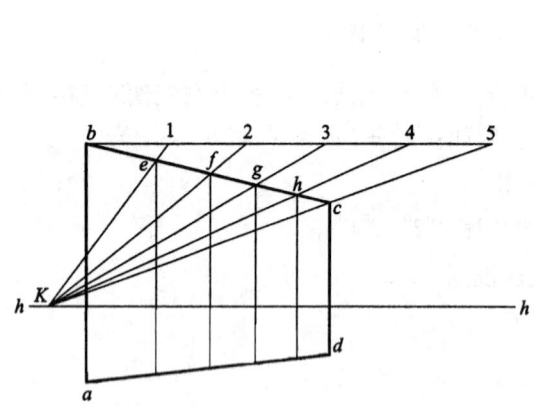

图 15-66 矩形透视图的垂直等分

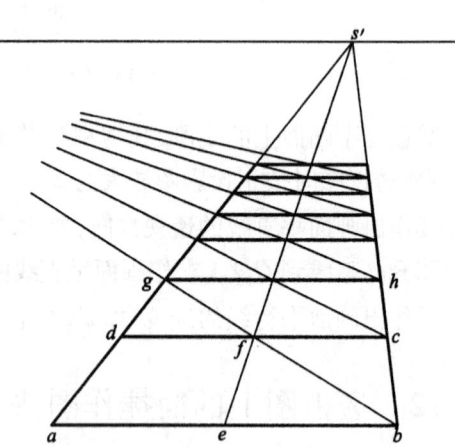

图 15-67 在透视图上作与已知矩形相等的矩形

15.12.4 辅助灭点法

15.12.4.1 利用一个灭点作两点透视(图 15-68)

(1)作 CD 方向直线的灭点 F;
(2)在平面图上分别过 a、b 等点作平行于 CD 的辅助线 a1、b2 等,这些直线与 CD 有共同的灭点 F;

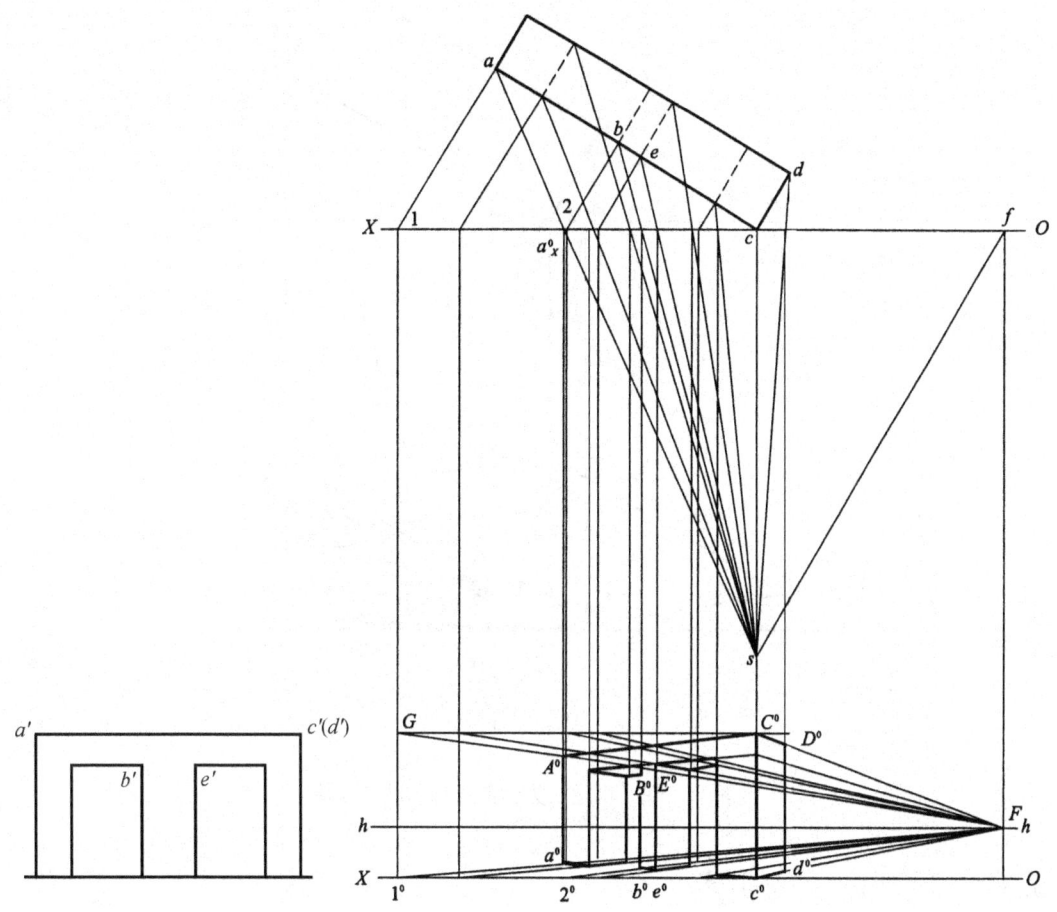

图 15-68　利用一个灭点作两点透视

(3) 过点 1 作铅垂直线，与 OX 交于 1^0，再过 1^0 作真高线 1^0G，连 1^0F 和 GF；

(4) 用视线迹点法求得画面迹点 a_X^0，由 a_X^0 作铅垂直线与 1^0F、GF 交于 a^0 和 A^0，连 a^0A^0，即为 Aa 棱线的透视；

(5) 同理可求出 B^0b^0、E^0e^0、C^0c^0 和 D^0d^0 各棱线的透视，再作其他细部线条即完成建筑物的透视图。

15.12.4.2　利用主点为辅助灭点作两点透视（图 15-69）

(1) 要求得基面上点 c 的建筑物棱线 cC_1 的透视，过 c 作垂直于墙面迹线的辅助线 cC_1'，这辅助线的灭点即是主点 s'。

(2) 再过 cC_1' 线上的 C_1' 作真高线 $C_1'C'$，并连接 $C's'$。然后连接 cs，交画面于迹点 c_X，过 c_X 引铅垂直线与 $C_1's'$、$C's'$ 相交于 C^0、C_1^0，连 $C^0C_1^0$ 即为 cC_1 棱线的透视。

(3) 连接 C^0B^0、$C_1^0b^0$，至此墙面透视完成。

(4) 同理可求出水平勾缝线 $C_7^0, C_6^0, C_5^0, \cdots, C_2^0$ 等分点的透视。

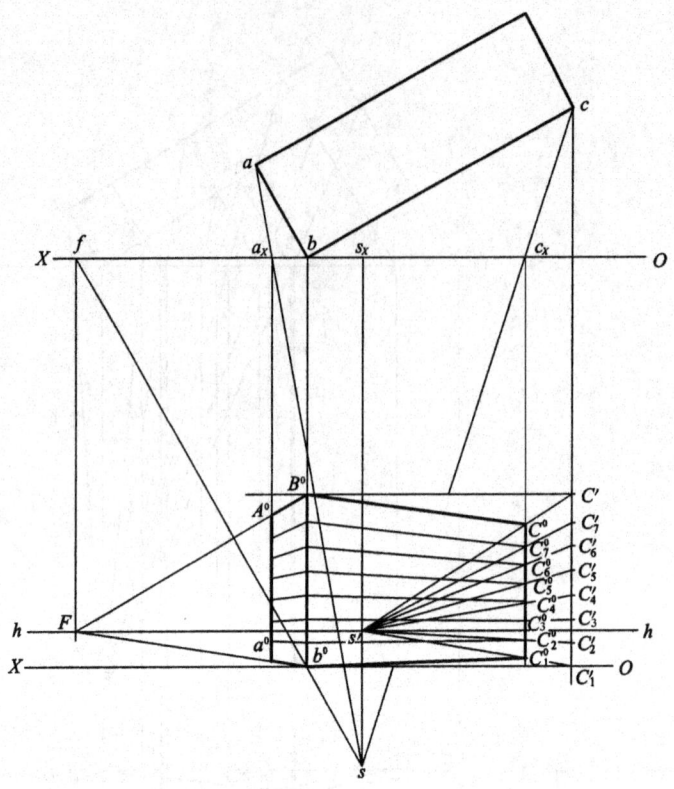

图 15-69 用主点为辅助灭点作两点透视

15.13 透视图中的阴影

在透视图中画阴影会使透视图更富表现力,画面更为生动、逼真,从而增强建筑造型的艺术感染力,更加深入细致地表达建筑或规划设计意图。在透视图中求作阴影主要是作形体落影的透视,前述正投影图中的落影规律,在这里有些仍可运用,有些在运用时应结合透视的变形和消失规律,有些则完全不能利用。这些问题将在下面列举的具体例图中予以说明。

15.13.1 光线的投射方向及其确定

绘制透视阴影,一般采用平行光线。而平行光线可根据它与画面的相对位置不同又分为两种:一是平行于画面的平行光线,称之为画面平行光线;另一种是与画面相交的平行光线,称之为画面相交光线。根据它在透视图中有无灭点,前者又可称为无灭光线,后者又可称为有灭光线。

15.13.1.1 平行于画面的平行光线

如图 15-70 所示,平行于画面的平行光线的透视仍保持平行,并反映光线对基面的实际倾角;光线的 H 面投影平行于 OX,故光线的基透视为水平方向。光线可从右上方射向左下方,也可从左上方射向右下方,而且倾角大小可根据需要选定。

如图 15-71 所示,光线方向与画面平行时,画面上的立体形象呈侧光效果。在侧光照射下,立体的两个可见面,一个受到光线的直接照射,光影多变;另一个立面处于阴面。

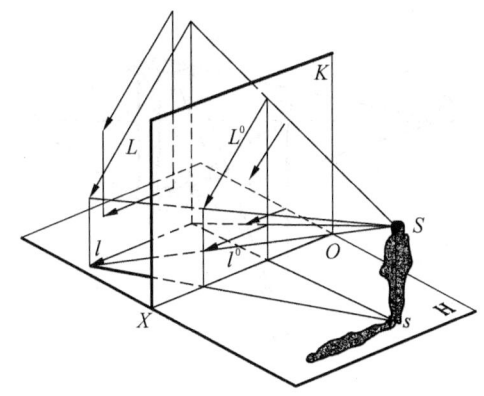 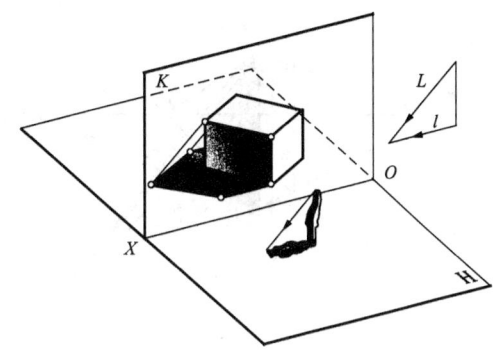

图 15-70 与画面平行的光线　　　图 15-71 画面上的立体形象呈侧光效果

15.13.1.2 相交于画面的平行光线

相交于画面的平行光线,如同相交于画面的直线一样,在画面上有它的灭点。光线的透视则汇交于光线的灭点 F_L,其基透视则汇交于视平线 hh 上的基灭点 F_l,F_L 与 F_l 的连线垂直于视平线。

画面相交光线的投射方向,有两种不同的情况:

(1)光线自画面后向观察者迎面射来,如图 15-72 所示。此时,光线的灭点 F_L 在视平线的上方(相当于天点)。

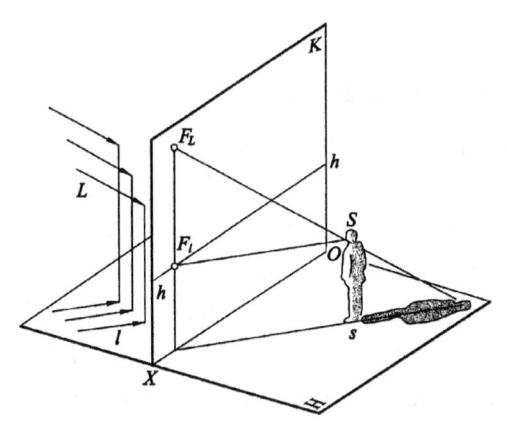 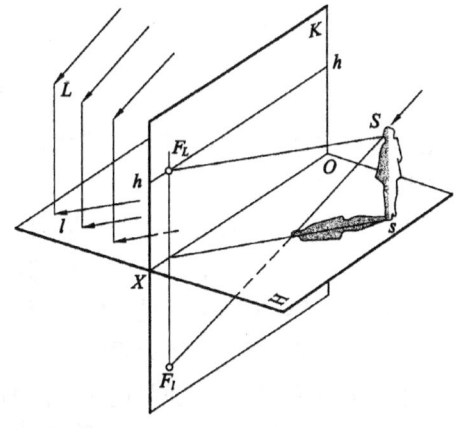

图 15-72 迎面射来的光线　　　图 15-73 背后射来的光线

(2)光线自观察者背后射向画面,如图 15-73 所示,光线的灭点 F_L 则在视平线的下方(相当于地点)。

如图 15-74 所示,光线方向与画面相交时,可用光线方向的基面正投影与立体平面图的关系确定光照的性质,分为正射光、左侧光、右侧光和逆光四个光照区域。

在上述两种不同方向的光线照射下,立体表面的阴面和阳面会产生如下的变化(图 15-75):

如图 15-75a 和图 15-75c 所示,从观察者的左侧或右侧射向立体的光线,称为侧光。在侧光照射下,光线灭点在立体两个主向灭点 F_1 和 F_2 的外侧。在透视图中,

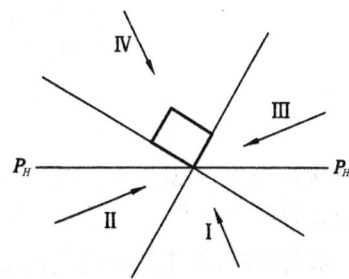

图 15-74 画面相交光线
Ⅰ—正射光区;Ⅱ—左侧光区;
Ⅲ—右侧光区;Ⅳ—逆光区

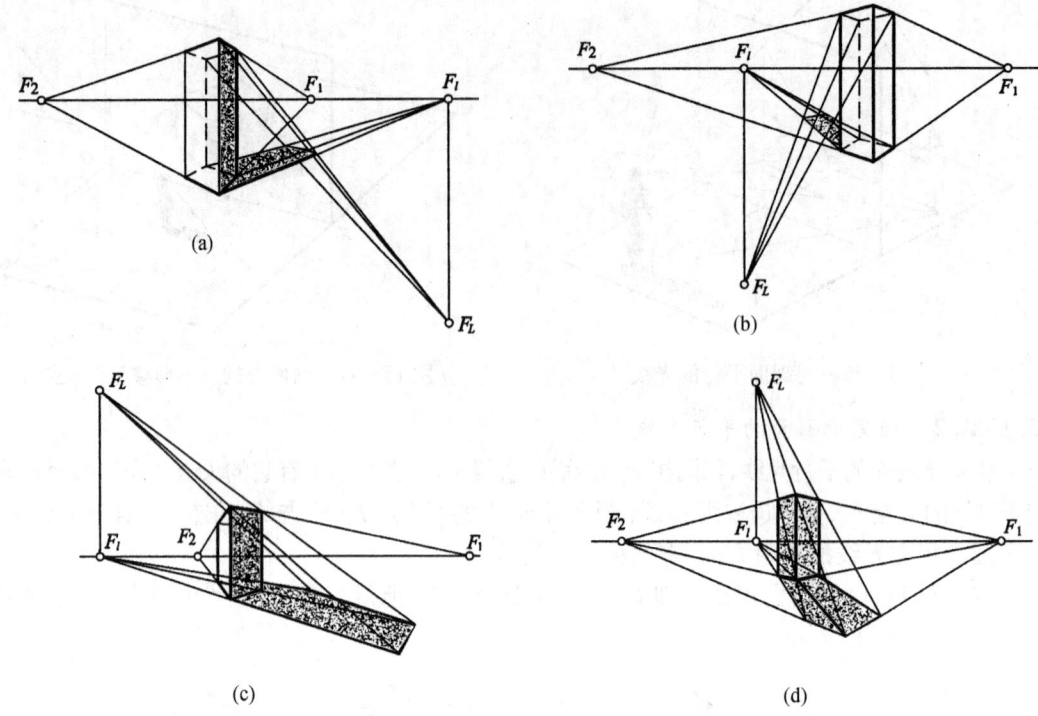

图 15-75 不同光线下阳面和阴面的变化

两个可见的主向平面,一为阳面,一为阴面。这时,造成了强烈的明暗对比,主体突出,增强了立体的体积感。

如图 15-75b 所示,从观察者背后射向立体的光线称为正射光。在正射光照射下,光线灭点位于两个主向灭点 F_1 和 F_2 之间,立体的两个可见立面都受到光线的直接照射,光影变化丰富多彩,充分显示了立体两个可见主向平面利用光影关系进行艺术处理的造型特点。

如图 15-75d 所示,从立体背后射来的光线,称为逆光。在逆光下观察立体时,光线灭点位于两个主向灭点 F_1 和 F_2 之间,这时立体的两个可见立面都处于阴面,在背景衬托下,立体外形的透视轮廓极其明显、突出,具有特殊的艺术效果。

透视阴影作图一般采取图 15-75a、b 所示形式,图 c 也可采用,但图 d 则很少采用。

由于透视阴影作图的假设光线是任意选定的,因此,在实际作图时往往不是先选定光线的投射方向,而是根据画面构图和建筑物的特点选定某一"特征点"的透视落影位置,以便控制阴影的形态和大小,使获得较为"理想"的阴影图像。然后根据特征点的透视落影,反求光线的方向(无灭光线表现为光线透视的水平倾角;有灭光线表现为光线的基灭点和灭点)。最后,在确定光线的条件下,求作建筑物及其环境的透视阴影。如图 15-76 所示的是在鸟瞰图中加绘阴影。

求落影时,首先任意选定特征点的落影。如图 15-76,在过点 a 的水平直线上选定 $\bar{A}$ 为点 A 的落影,连接 $A\bar{A}$ 即确定了无灭光线的投射方向,$L/\!/A\bar{A}$。线段 Aa 的落影为 $a\bar{A}$,因为 AC 平行于承影面(地面),所以,该直线的落影与该直线平行,透视图中表现为 AC 与 $\bar{A}\bar{K}$ 消失于同一灭点 F_2。$\bar{A}\bar{K}$ 与墙面的交点 $\bar{K}$ 为影线的转折点,$\bar{K}C$ 即为 AC 落于墙面上的影。同法可作出线段 Bb 落于屋面上的影。

第 15 章 阴影与透视

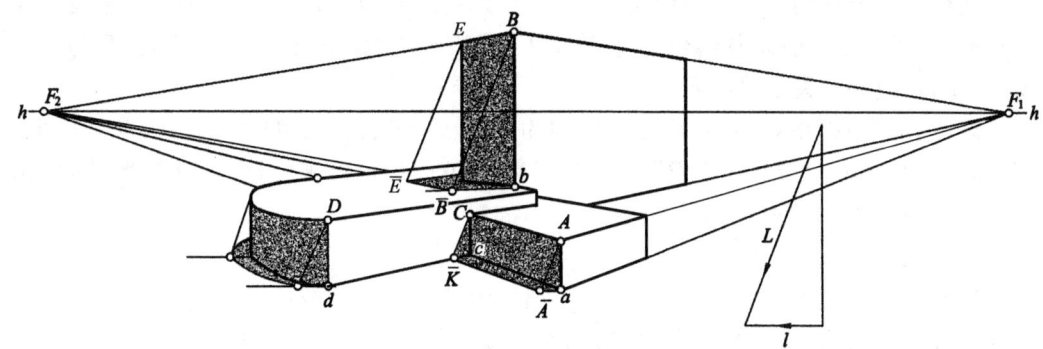

图 15-76 光线方向的确定

建筑物左边部分为一半圆形的建筑形体,其透视表现为椭圆形,与光线相切的素线 Dd 为阴线。由于建筑物的圆面平行于承影面(地面),它在地面上的影仍为一圆周,其透视表现为一椭圆。作出的落影如图 15-76 所示。

一般在两点鸟瞰透视中加阴影,以采用无灭光线为好,它不仅作图方便,且作出的阴影效果也比较理想,但一点鸟瞰透视不宜采用无灭光线。

15.13.2 透视阴影的基本作图

从投影法来看,立体在光照下的阴影现象,其落影的所有轮廓线(即影线)实质上就是阴线在承影面上的平行投影。因此,它具有平行投影的一般特性,如:直线和承影平面平行,它的落影必平行于直线本身;直线和承影面相交,它的落影必通过两者交点的落影;铅垂线在 H 面上的落影,必与光线在 H 面上的投影相重合。这些基本性质在透视阴影中也同样保持。

同时,在正投影阴影中介绍的基本作图方法,如迹点作图法、返回光线法等,这些方法在透视阴影中都同样适用。

应该指出的是,在运用上述基本方法和基本性质时,必须注意遵循透视投影的消失规律。下面举例说明其基本作图方法。

15.13.2.1 光线迹点法

例 15-8 如图 15-77 所示,已知足球门架及一悬于半空的足球(看作是一点)的透视 A 和基透视 a,求在画面平行光线下的落影。

(1)分析。在足球门架中,由于两立柱是画面平行线,包含它们所引的光平面与画面平行,故两根立柱的落影仍保持平行;门架的横木 CD 是基面平行线,它在基面上的落影 $\overline{CD}$ 必与其本身平行,与画面相交,故在透视图中,CD 和 $\overline{CD}$ 消失于同一灭点 F。

采用画面平行光线(图示为 45°光线),并运用光线迹点法作图。

(2)作图。

①求透视 A 的落影点 $\overline{A}$。

过点 A 作光线的透视 L(45°线),过 a 作光线的基透视 l(水平直线),则 L 和 l 的交点 $\overline{A}$,就是点 A 在地面(基面)上的落影。

②求足球门架的透视落影。

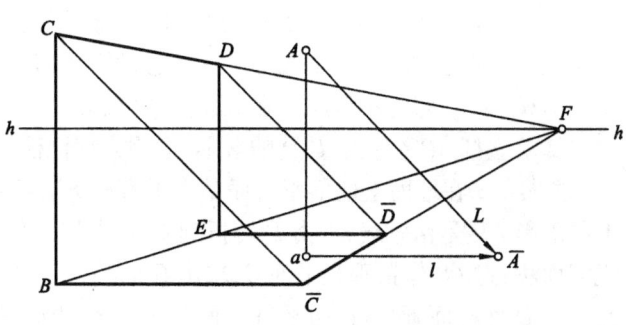

图 15-77 透视阴影基本作图方法之一

过点 C、D 作光线透视 L 的平行线,过 B、E 作光线的基透视 l 的平行线(水平直线),对应的两线相交即得 C、D 的透视落影 $\bar{C}$、$\bar{D}$。连 $\overline{CD}$ 得门架的横木 CD 透视落影 $\overline{CD}$,$\overline{CD}$ 与基面平行线 CD 平行,故同消失于灭点 F。

门架立柱 CB、DE 的端点 B、E 的落影即为其本身,端点 C、D 的落影即 $\bar{C}$、$\bar{D}$。连 $\overline{BC}$ 和 $\overline{ED}$,得 $\overline{BC}/\!/\overline{ED}$,即门架立柱 CB、DE 之透视落影。$\overline{BC}$、$\overline{ED}$ 也可视为过 BC、DE 光平面(铅垂面)与基面之交线——光平面的基面迹线。

15.13.2.2 光截面法与返回光线法

例 15-9 求图 15-78 和图 15-79 中立杆 AB 在地面和单坡顶屋上的落影。

(1)分析。为了说明透视阴影作图的基本方法,下面通过图 15-78(采用无灭光线)和图 15-79(采用有灭光线),运用光线迹点法和光截面法作出它们的透视阴影。

(2)作法一(图 15-78)。

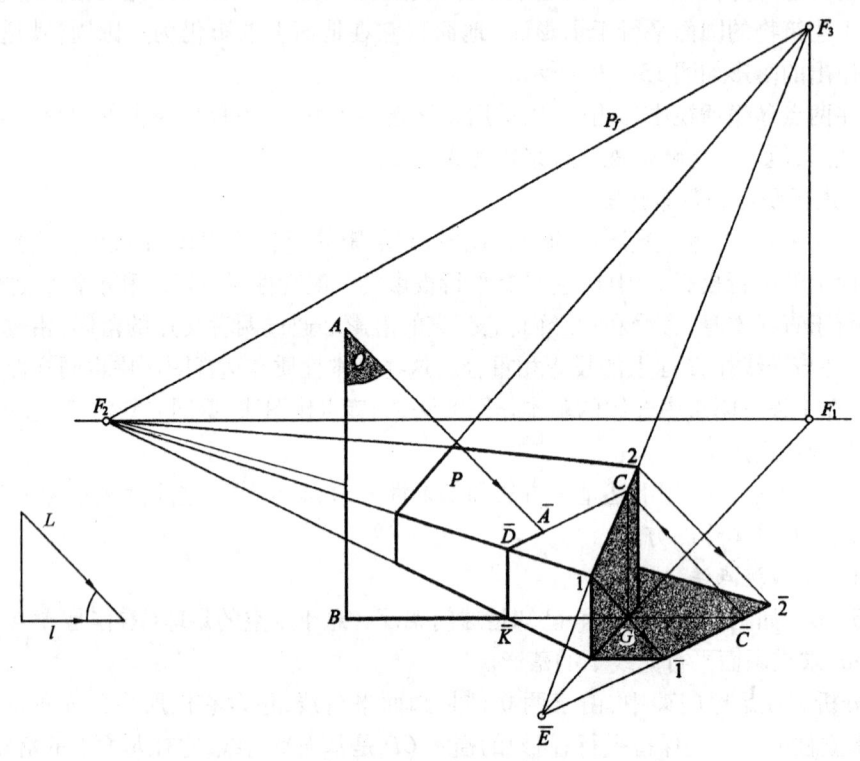

图 15-78 透视阴影基本作图方法之二

①求小房屋脊在地面上的落影(运用光线迹点法)。屋面角点 1 和 2 在地面上的落影 $\bar{1}$ 和 $\bar{2}$,用光线迹点法作出。延长影线 $\overline{1}\overline{2}$ 必通过阴线 12 和地面的交点 $\bar{E}$。过影点 $\bar{2}$ 作透视线消失于主向灭点 F_2,即为小房屋脊在地面上的落影。

②求立杆 AB 在屋面 P 上的落影,运用光截面法或返回光线法。

立杆 AB 在地面上的落影一段是水平直线 $B\bar{K}$,$\bar{K}$ 是折影点,由此该影落到墙面上,在墙面上的落影 $\bar{K}\bar{D}$ 是铅垂线,再由 $\bar{D}$ 转折到屋面 P 上。为求立杆 AB 在屋面 P 上的一段落影,可用光截面法:过 AB 作铅垂光平面 Q,求出 Q 面与 P 面的交线 $\overline{CD}$,$\overline{CD}$ 必平行于 P 面的灭线 P_f(这是因为 Q 面与面画平行,两平行平面与 P 面交线必平行,即 $\overline{CD}/\!/P_f$),落影 $\overline{DA}$ 在此交线上。也可用返回光线法,如图 15-78 所示用过地面上的影点 $\bar{C}$ 作返回光线而求出。

(3)作法二(图 15-79),采用有灭光线。

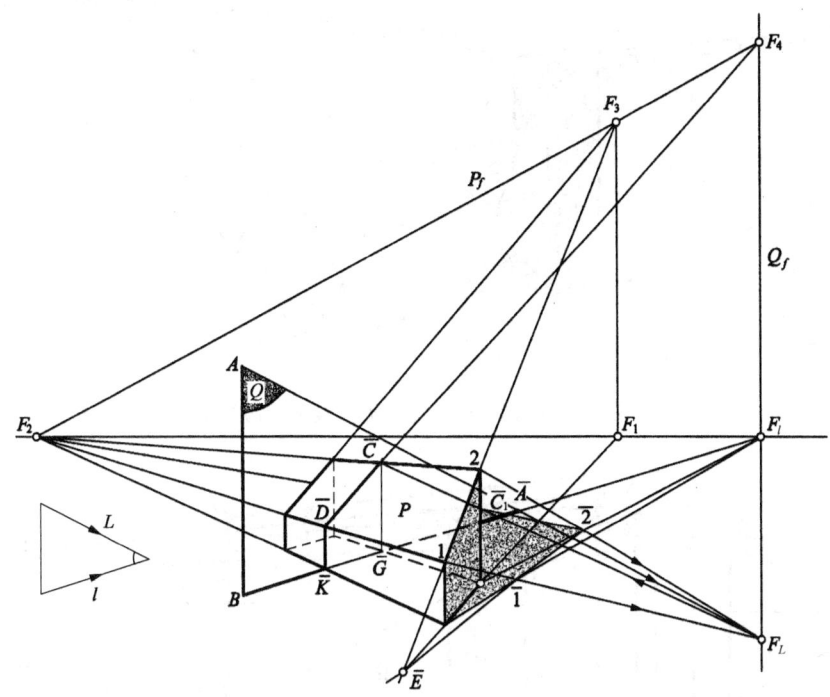

图 15-79 透视阴影基本作图方法之三

①求小房屋在地面上的落影,运用光线迹点法作出。作图方法与上述基本相同。

②求立杆 AB 在屋面 P 上的落影。

立杆 AB 在地面上的落影,必重合于光平面的基面(地面)迹线,于墙面上的落影 $\overline{DK}$ 平行于墙面的灭线(图中未表示),图示 $\overline{DK}$ 为铅垂线,落影自 $\overline{D}$ 转折到屋面 P 上。

求立杆 AB 在屋面 P 上的落影:过 AB 作铅垂光平面 Q,Q 面与 P 面的交线 $\overline{CD}$ 必消失于两平面的灭线 P_f 和 Q_f 的交点 F_4。这是由于直线的落影是包含于该直线的光平面与承影面的交线,因此光平面的灭线和承影平面的灭线的交点就是两平面交线的灭点。点 $\overline{C}$ 也可运用光截面法通过基透视 $\overline{KG}$ 或返回光线法求得,具体如图 15-79 所示。

15.13.2.3 延长棱边扩大平面法

例 15-10 求图 15-80 所示建筑物的鸟瞰透视图阴影。

(1)分析。在图示两点鸟瞰透视图中作阴影,采用无灭光线,并运用延长棱边扩大平面法作图。

(2)作图。首先任选 $\overline{A}$ 为点 A 的落影,连接 $A\overline{A}$,即确定了无灭光线的投射方向。延长 12 在 AB 上得点 3。连 $\overline{A}$ 和 3,得折影点 $\overline{C}$。过 $\overline{C}$ 向灭点 F_1 引直线,得影线 $\overline{CB}$。过 $\overline{B}$ 向 F_2(未示出)引直线,得另一影线。其他影点作图的方法如图 15-80 所示。

例 15-11 已知建筑形体的透视图,求透视阴影(图 15-81)。

(1)分析。选用正射光,得光线灭点 F_L,F_l 在 F_1、F_2 之间,使形体的可见面均为阳面。运用光线迹点法及扩大平面法分别求墙身与屋面在地面落影、檐口阴线在墙面落影及柱子在地面和墙面的落影。

(2)作图。

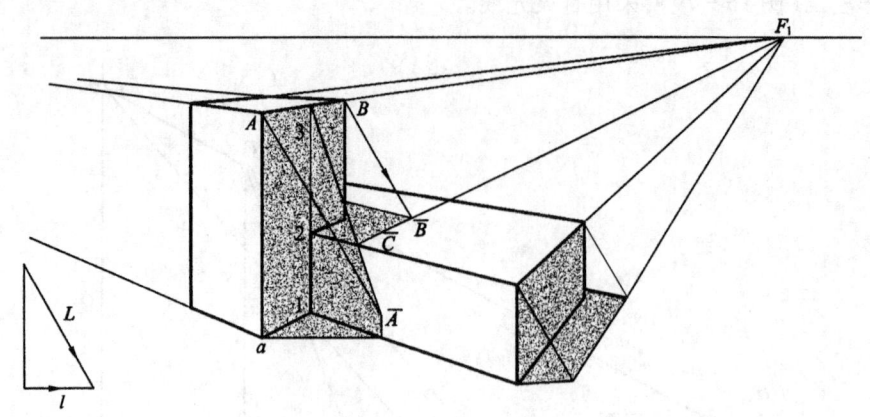

图 15-80 作建筑形体在无灭光线下的透视阴影

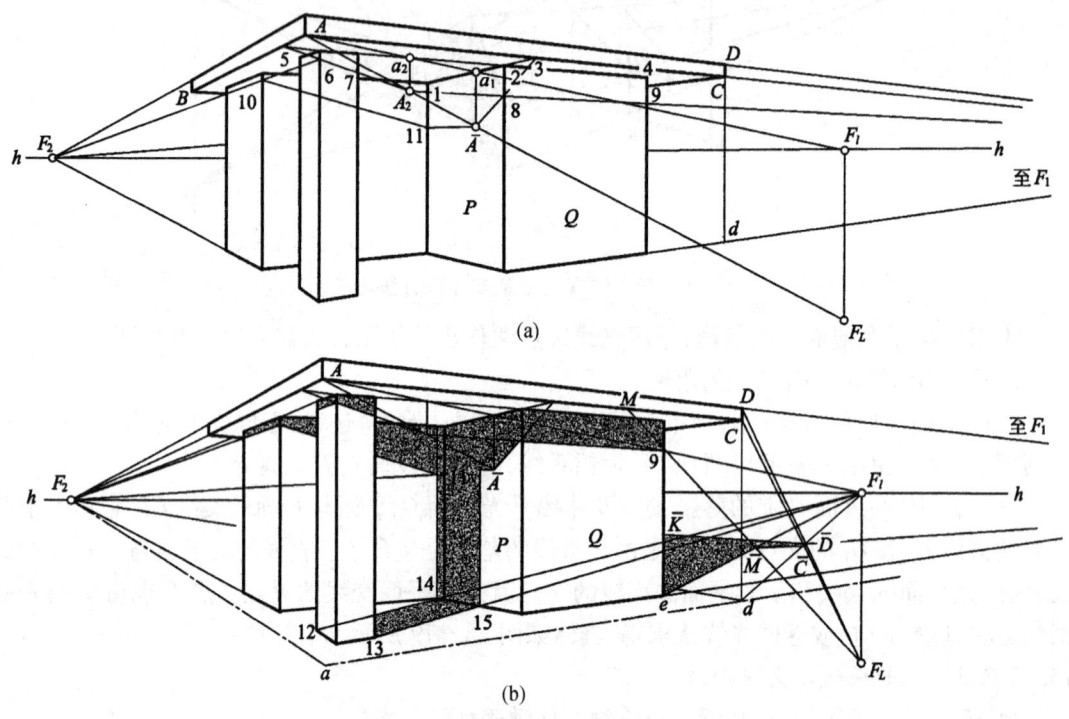

图 15-81 作平房在有灭光线下的透视阴影

①选择光线透视方向,确定光线的灭点 F_L 及 F_l。

为使墙体两面受光,选用正射光,从左前屋檐角点 A 向墙面 P 落影,影点为 $\overline{A}$。$A\overline{A}$ 即为光线的透视方向,Aa_1 即为基透视的方向。延长 Aa_1 与视平线 hh 相交,得基透视灭点 F_l;延长 $A\overline{A}$,与过基透视灭点向下引出的铅垂直线相交,得光灭点 F_L。

②求正面挑檐线 AC 和左挑檐线 AB 在墙面和立柱上的落影。

过阴点 A 的光线 AF_L 与 P 面交于实影点 $\overline{A}$,但与向左扩大的 Q 面交于虚影 A_2。从光线 $A\overline{A}$ 的基透视 Aa_1 与 Q 面的交点 a_2 向下引铅垂直线,与光线 $A\overline{A}$ 相交,就得虚影 A_2。再把线 24 延长(亦即向左扩大 Q 面)与左挑檐线 AB 相交于点 5。连 5 和 A_2,就得影线 67。过 A_2 作透视线消失于灭点 F_1,在墙面 Q 上就得影线 89(或延长 a_12 交 AC 于 3,连 $\overline{A}$ 和 3 亦可得点 8)。过点

6 和 $\bar{A}$ 分别作透视线消失于灭点 F_2，得左挑檐线 AB 在左墙面、凹廊左侧墙面及柱子左侧面之落影，连 10、11，于是檐口阴线 AC 及 AB 在墙面和柱面的落影全部完成。

③求柱子落影。连 $12F_l$、$13F_l$ 与墙面交于 14、15，得柱子在地面的落影，过 14、15 作铅垂线，即得柱子在墙面上的落影。

④求檐口线和墙身在地面上的落影。连 dF_l 和 DF_L、CF_L，它们相交于 $\bar{D}$、$\bar{C}$，为 D、C 在地面上的落影。连 $\bar{C}F_1$ 即得 CA 在地面上的落影，连 eF_1 与 $\bar{C}F_1$ 交于 $\bar{M}$，$\bar{M}$ 即为檐口线上点 M 落于右墙角线上的影点 9 又随其所在墙角线落影于地面上的影。再连 $F_2\bar{D}$，取其可见一段 $\bar{K}\bar{D}$。至此，平房的透视阴影全部完成。

15.13.3 曲面体的透视阴影

曲面体透视阴影的作图原理与平面体相同，主要应用下述几条特性：

（1）由铅垂直母线形成的曲面体的阴线是光平面在此曲面上的切线，仍为铅垂线。铅垂线在铅垂直母线形成的曲面上的落影也是铅垂线，落影作法同铅垂线在铅垂平面上的落影。

（2）一直线在与它相平行的直母线形成的曲面上的落影是和该直线平行的直线。

例 15-12 求方盖盘在圆柱面上的落影（图 15-82）。

（1）分析。选用无灭光线，光线在方盖盘底面上的基透视为水平直线。先作水平直线与圆柱上底圆相切，由切点 1 作素线，即为圆柱面的阴线。为选择合适的光线方向，选水平切线与阴线 AB 交点 2 的落影为点 $\bar{2}$，连 $2\bar{2}$ 即为无灭光线的透视方向。

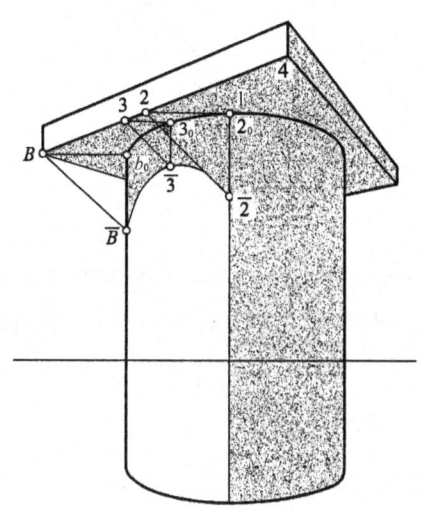

图 15-82 方盖盘在圆柱面上的落影

（2）作图。方盖盘阴线 AB 将落影于圆柱面上，圆柱面阴线上落影 $\bar{2}$ 即为最右点。再过阴线 AB 上某一点 3 作水平直线，即为该点光线的基透视，与底圆的透视椭圆交于点 3_0，由 3_0 作铅垂直线与过点 3 的光线交于 $\bar{3}$，即为点 3 在柱面上的影点。用同样方法，再求出若干个影点，即可连成 AB 在圆柱面上的落影曲线。

例 15-13 已知柱头的透视，求透视阴影（图 15-83）。

（1）分析。选用正射光。为选择合适的光线方向，选柱头方盖盘最前角点 A 在柱身上的落影为 $\bar{A}$，并过 $\bar{A}$ 向上作垂线与柱身底圆相交得 a_1，连 $A\bar{A}$ 为光线透视，Aa_1 为基透视。延长 Aa_1 与视平线 hh 交于 F_l，得光线基透视灭点；由 F_l 引铅垂直线与 $A\bar{A}$ 延长线相交于 F_L，得光线灭点 F_L。

（2）作图。

①求方盖盘阴线落影的最右点及一般点落影。为此，连圆柱顶圆透视椭圆上最右点 d_1 与 F_l，$F_l d_1$ 延长线与方盖盘阴线 AE 交于 D，连 DF_L 与圆柱透视右轮廓线交于 $\bar{D}$，$\bar{D}$ 即为 AE 阴线在圆柱上落影的起点。用类似方法求得 $\bar{C}$。

②求圆柱阴线及其与方盖盘阴线 AK 落影的交点 $\bar{B}$。为此，过 F_l 作圆柱顶圆透视椭圆之切线与 AK 交于 B，连 $F_L B$ 与过切点 b_1 的铅垂直线交于 $\bar{B}$，此铅垂直线即为圆柱的阴线。方盖

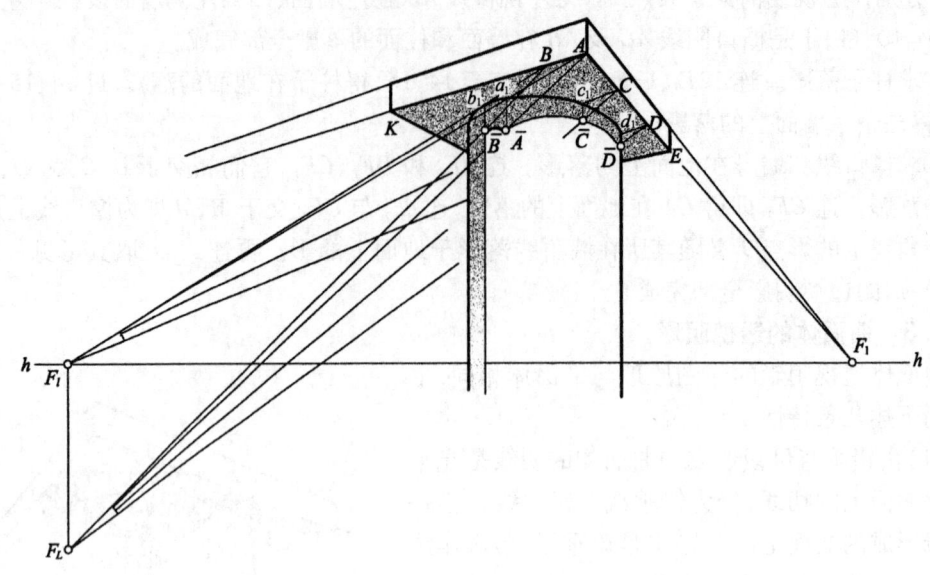

图 15-83 作柱头的透视阴影

盘在圆柱面上的影线是曲线 $\overline{ACD}$ 和曲线 $\overline{AB}$。

例 15-14 已知圆拱门的一点透视,求透视阴影(图 15-84)。

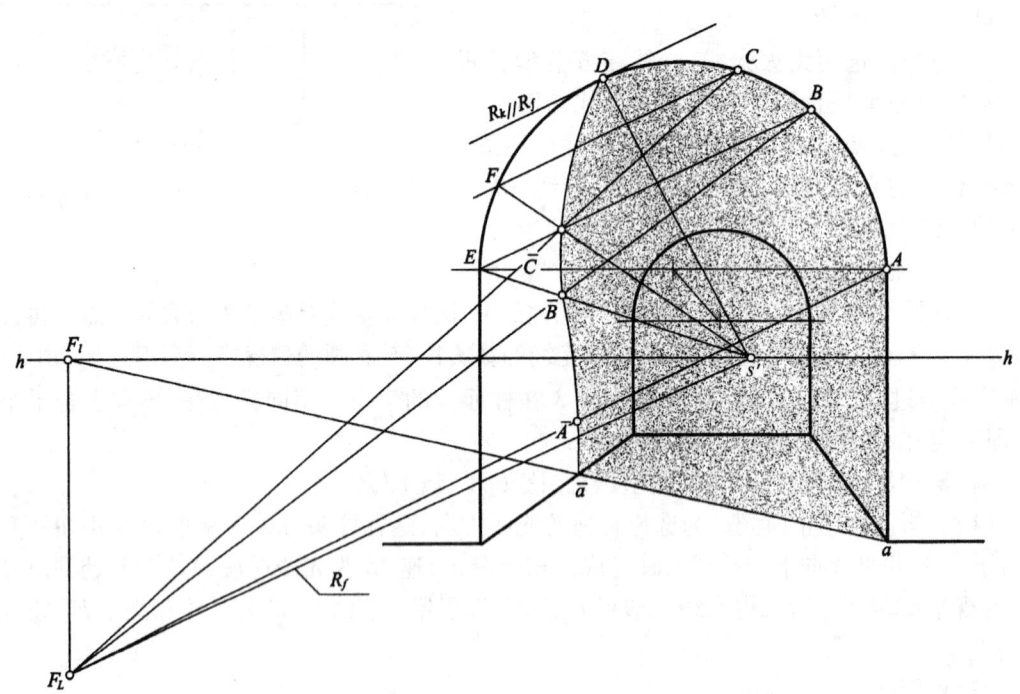

图 15-84 作圆拱门的透视阴影

(1)分析。设圆拱前面与画面重合,圆柱的轴线和素线垂直于画面,故灭点与主点 s' 重合。设有灭光线自观察者的右后射向左前。为此,在拱门左侧内墙上选影点 $\overline{A}$ 为拱门右侧阴点 A(起拱点)的落影。过 $\overline{A}$ 向下引铅垂直线,在墙脚线上得点 $\overline{a}$,则 $A\overline{A}$ 为光线的透视方向,$a\overline{a}$

为 Aa 落影的透视。分别延长 $a\bar{a}$ 和 $A\bar{A}$，得基灭点 F_l 和光线灭点 F_L。连 F_L 和主点 s'，即得与拱门圆柱轴线平行的光平面 R 的灭线 R_f。

(2) 作图。

①求圆柱阴线。作平行于灭线 R_f 且与拱门半圆相切的直线 R_k，得切点 D。这条切线实际就是与拱门半圆柱面相切又平行于光线的平面 R 在拱门正墙面上的迹线。在空间凡平行于 R 面的平面截圆柱面，必截得素线(直线)。切点 D 即为拱门阴线的起点，半圆上 $ABCD$ 为阴线，Ds' 是圆柱阴线(素线)的透视方向。

②求阴点 B、C。在阴线圆弧上再任选点 B 和 C，分别过 B 和 C 作直线平行于 R_k，都可以看作是平行于圆柱轴线的截平面的迹线。这两个截平面截柱面，得素线透视 Es' 和 Fs'。再分别过阴点 B 和 C 作光线 BF_L 和 CF_L 与 Es' 和 Fs' 相交，就得影点 $\bar{B}$ 和 $\bar{C}$。用曲线光滑连接影点 $\bar{A}$、$\bar{B}$、$\bar{C}$ 和 $\bar{D}$，就作出了阴线 $ABCD$ 在拱门内侧面的落影。

15.14 倒影与虚像

在水面上可以看到物体的倒影，在镜中可以看到物体的虚像。建筑及园林庭院的透视图上，往往根据实际需要，画出这种倒影和虚像，以增强图像的真实感。

水面和镜子为反射平面。当反射平面为水面时，把与物体对称于反射平面的图像称为倒影；当反射平面为非水平的镜面时，镜子里的图像称为虚像。

倒影与虚像的形成原理，就是物理上光的镜面成像的原理，即物体与平面镜中的像和物体的大小相等、互相对称。对称的图形具有如下的特点：

(1) 对称点的连线垂直于对称面——镜面或水面。

(2) 对称点到对称面的距离相等。

在透视图中求作一物体的倒影或虚像，实际上就是画出该物体对称于反射平面的对称图形的透视。

15.14.1 水中倒影

如图 15-85 所示，河岸右边竖一电杆 Aa，当人站在河岸左边观看电杆 Aa 时，同时又能看到电杆在水中的倒影 A_0a。连视点 S 与 A 在水中的倒影 A_0，SA_0 与水面交于 B，过 B 作铅垂线，就是水面的法线。AB 称入射线，AB 与法线的夹角称入射角 α_1；SB 称反射线，反射线与法线的夹角称为反射角 α_2。直角三角形 AaB ≌ 直角三角形 A_0aB，即 $Aa = aA_0$ 且同在一直线上，a 为对称点。AA_0 垂直于水面，$Aa = A_0a$，由此得到求倒影的作图步骤：

(1) 过点 A 作 Aa 垂直于水面(水平面)，并得出 A 在水面上的投影 a；

(2) 在 Aa 的延长线上取 $A_0a = Aa$，所得 A_0 即为点 A 在水中的倒影。连接物体

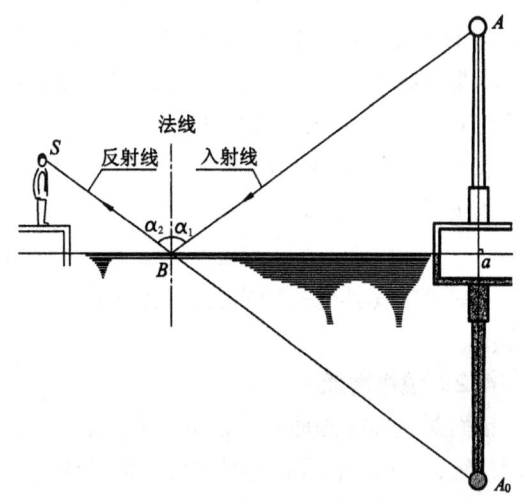

图 15-85 水中倒影的基本作图

上各点的倒影即可求得物体在水中的倒影。

例 15-15 已知建筑形体及其环境的两点透视如图 15-86 所示,求水中倒影。

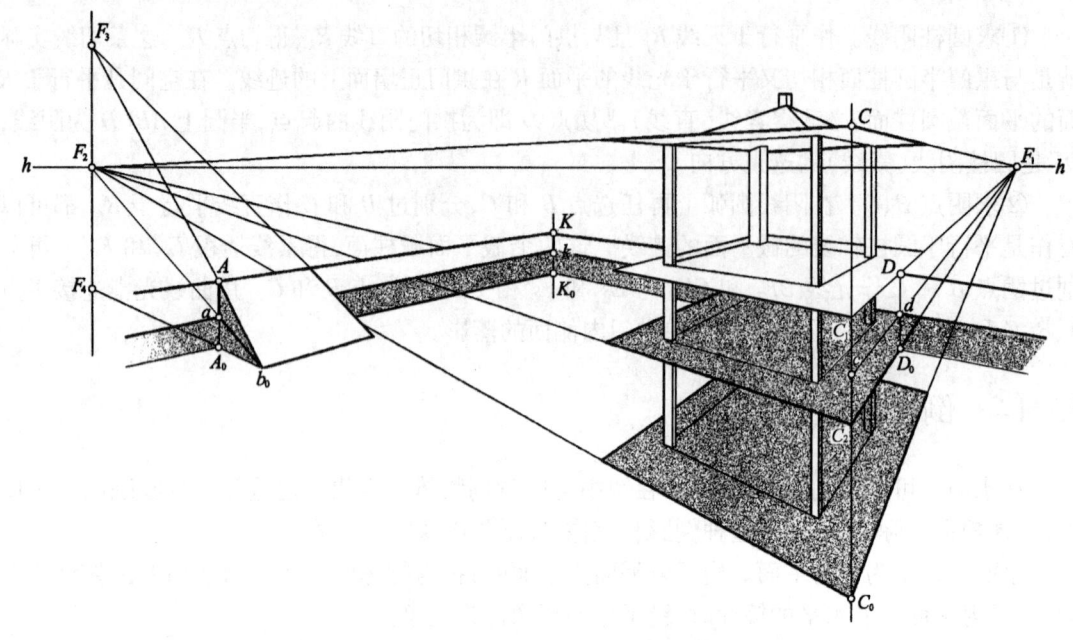

图 15-86　建筑物及环境的水中倒影透视做法

(1)分析。建筑形体及其环境为两点透视,水中倒影也应符合两点透视原理和特性。因此,根据其透视图,可确定一些特征点。然后,采用对称图形的简捷画法,作出其水下对称点,并按透视关系连接起来,即可作出倒影的透视。

(2)作图。

①作两主方向岸边交点 K 的倒影。两主方向池壁交线为铅垂直线 Kk,以其在水面上的垂足 k 为对称点,量取 K_0k 等于 Kk,作出点 K 的倒影 K_0。

②作四角亭的屋角点 C 的倒影。过 C 作垂直线 CC_0,并求作其垂足。

求垂足的方法:连 C_1F_1 与岸边线交于点 D,过 D 作垂直线与水面线交于点 d,连接 dF_1 并延长与 CC_0 相交,交点 c 即为垂足。

取 $cC_0 = Cc$,求得点 C 的倒影 C_0;再取 $C_2c = C_1c$,求得平台角点 C_1 的倒影 C_2。

③倾斜线(上行线) Ab_0 的倒影 A_0b_0 表现为下行线,$aA_0 = Aa$。显然,倒影的透视消失于 F_4,且 $F_2F_4 = F_3F_2$。这一点也是由于其对称性所决定的。

④同理求得其他的特征点,然后再采用对称图形的简捷画法,并按透视关系完成倒影的透视作图。

15.14.2　镜中虚像

镜面对地面与画面既可以处于垂直位置,也可以处于倾斜位置。根据镜面对画面的各种相对位置,可采取不同的作图方法求得镜中虚像。

15.14.2.1　镜面垂直于画面又垂直于地面

如图 15-87 所示是室内一点透视图。在右侧墙上挂有垂直基面的镜子 R,R 同时对画面垂直。设空间有一点 A,求它在 R 镜中的虚像。可自 A 作水平直线;再自 a 作水平直线与墙脚

线相交于 a_1，并延长 1 倍至点 a_0，由 a_0 作铅垂直线与自 A 引出的水平直线相交于点 A_0，即为点 A 的虚像。AA_1 是垂直于镜面直线的透视，为一水平直线，其虚像的透视 A_0A_1 也是等长的水平直线。

15.14.2.2 镜面垂直于画面但倾斜于地面（基面）

如图 15-87 中，在左侧墙前有斜放于基面上的镜子 Q，Q 垂直于画面。有一空间点 B，求它在 Q 镜中的虚像。

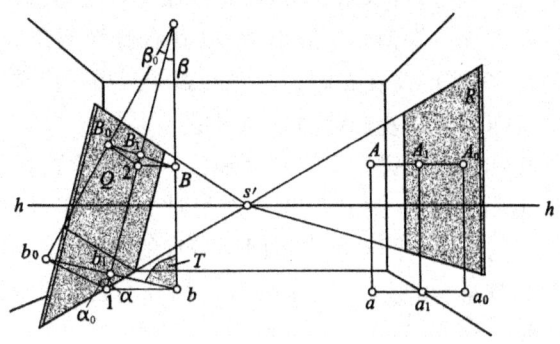

图 15-87 虚像的作图法

自点 B 及 b 向镜面 Q 所作垂线 BB_1 及 bb_1，均平行于画面。要作出它们的垂足，可设想包含这两条垂线作一辅助平面 T。此平面是画面的平行面，因此它与基面的交线 $b1$ 是一水平线，与镜面 Q 的底边相交于点 1。平面 T 与 Q 的交线是过点 1 并平行于镜面斜线（画面平行线）的直线 $1B_1$。自点 B 和 b 向镜面所作垂线与 $1B_1$ 相交于 B_1 和 b_1，这就是垂足。量取 $B_1B_0 = BB_1$，B_0 就是 B 的虚像。同样，可求得 b 的虚像 b_0。由图中可见，作为铅垂线 Bb 的虚像 B_0b_0 不再是铅垂线，而作为水平线 $b1$ 的虚像 b_01 也不再是水平线，但相互对称于轴线 $1B_1$。因此 $\alpha_0 = \alpha$，$\beta_0 = \beta$。

从上述可见，当镜面垂直于画面时，空间一点与其虚像的连线平行于画面，且此空间点及虚像对于镜面的垂直距离，在透视图中仍能反映等长。

例 15-16 已知室内一点透视，求作门窗、桌子、吊灯在两侧镜中的虚像（图 15-88）。

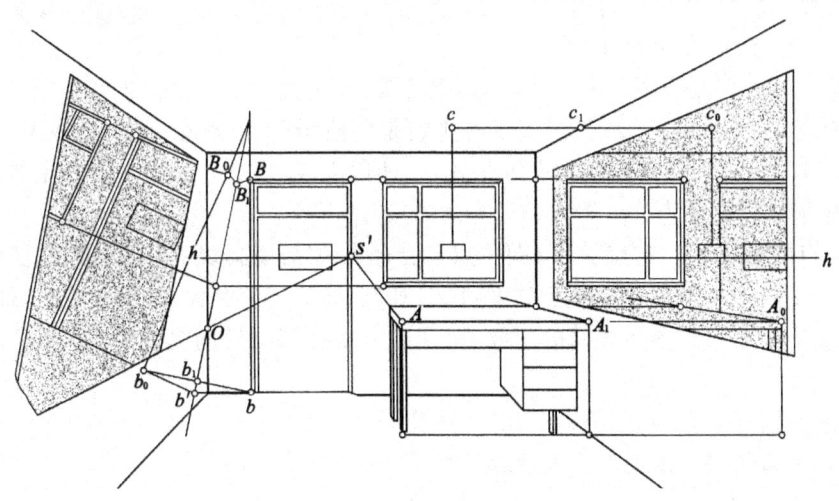

图 15-88 一点透视中侧面镜中的虚像

（1）分析。由于两侧镜面均垂直于画面，运用上述基本作法求虚像，即过空间点及其虚像轴线的平面平行于画面，透视与原形相同。

（2）作图。

① 求门窗与桌子在右侧镜面中的虚像。

桌子由于紧靠右侧墙面，故点 A_1 即为对称中心；延长 AA_1，取 $A_0A_1 = AA_1$，连 $s'A_0$，A_0 为 A

之虚像。同理,可求出其余点,完成桌子在右侧镜面中的虚像。

门窗在右侧镜面中的虚像,以其右侧面墙角线为对称轴线,按上述方法即可求出各点虚像,最后完成门窗在右侧镜面中的虚像。吊灯虚像不难作出。

②求门窗在左侧镜面中的虚像。

作出门窗在镜面上的对称轴:过点 O(镜面底边延长线与左墙角线透视之交点)作 B_1b_1 平行于镜面的侧边,则 B_1b_1 即为对称轴。过 b 作 bb_1 垂直于 B_1b_1,延长 bb_1 并取 $b_1b_0 = bb_1$,则 b_0 即点 b 的虚像。同理可求得门窗各点的虚像,完成作图。同样方法也可求得桌子的虚像(在镜中只出现桌子的左后角,未画出),吊灯不出现于镜面中。

15.14.2.3 镜面平行于画面

例 15-17 图 15-89 所示是室内一点透视图。正面墙上悬挂一大镜子,求镜中虚像。

(1)分析。由于镜面平行于画面,所以,空间点与虚像的连线垂直于画面,灭点为主点 s'。空间点与其虚像到对称点的距离等长,即对称点为其中点,但在透视图中两者的距离不相等,故应利用矩形的透视特性作图。

(2)作图。

①求点 A 的虚像 A_0。自点 A 作铅垂直线交天棚边于点 1,取墙角线 BC 的中点 2,连线 12 与过 B 的墙脚线的延长线交于点 3,自点 3 作铅垂直线 36 与 As' 交于点 A_0,即

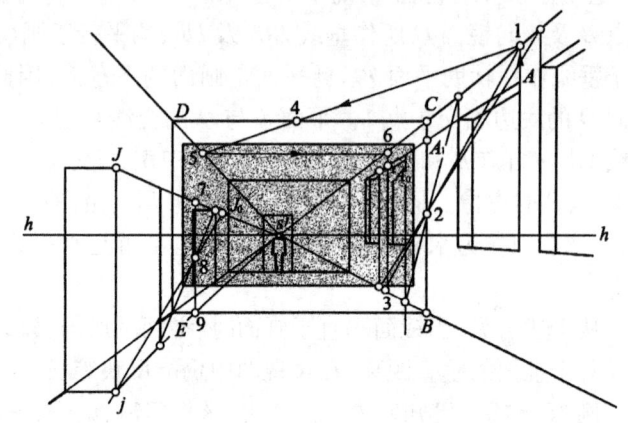

图 15-89 一点透视中正面镜中的虚像

点 A 的虚像。因为铅垂直线 36 和 BC 是透视的等高,而点 2 是 BC 的中点,也就是说线 36 实际上两倍于线 $C2$ 的长度,于是,线 16 实际上也是两倍于 $1C$。因此,点 C 是线 16 的中点,从而点 A_1 是 AA_0 的中点,即 AA_1 实际上等于 A_1A_0,所以点 A_0 是点 A 的虚像。如果利用 CD 的中点 4,同样也能求得虚像点 A_0。

②求 J 点的虚像 J_0。自点 J 和 j 向主点 s' 引直线,js' 与墙脚线 EB 交于点 9,自点 9 作铅垂直线与 Js' 交于点 7,取线 97 的中点 8;连 $j8$,延长与 Js' 相交于点 J_0,J_0 就是 J 的虚像。此处值得指出的是,点 s' 正是画图者眼睛的虚像,而且正是站在门洞处向室内观看,可以看到画图者自己的虚像。

③根据上述作图方法求出其余各点,完成作图。

15.14.2.4 镜面倾斜于画面而垂直于地面

例 15-18 图 15-90 所示是室内两点透视图,求镜中虚线。

(1)分析。如图 15-90 所示,在室内两点透视图中,镜面为铅垂面,其上下边为水平线,灭点在视平线上,为主灭点 F_2。空间点 A 与其虚像 A_0 连线垂直于镜面,是水平线,但倾斜于画面,其灭点也在视平线上,为另一主灭点 F_1。因此,同样可利用矩形的透视特性作图。现以求点 A 的虚像为例说明作法。

(2)作图。自点 A 作铅垂直线交地面于 a,连 aF_1 交墙脚线于 N,自点 N 作铅垂直线交天棚线于 L,NL 即为对称线。取 NL 线的中点 M,连 aM 延长交 F_1L 于 a_0,自 a_0 作铅垂直线与

AF_1 交于 A_0，A_0 即为点 A 的虚像。同理可求出其余各点，完成虚像的透视，不再赘述。

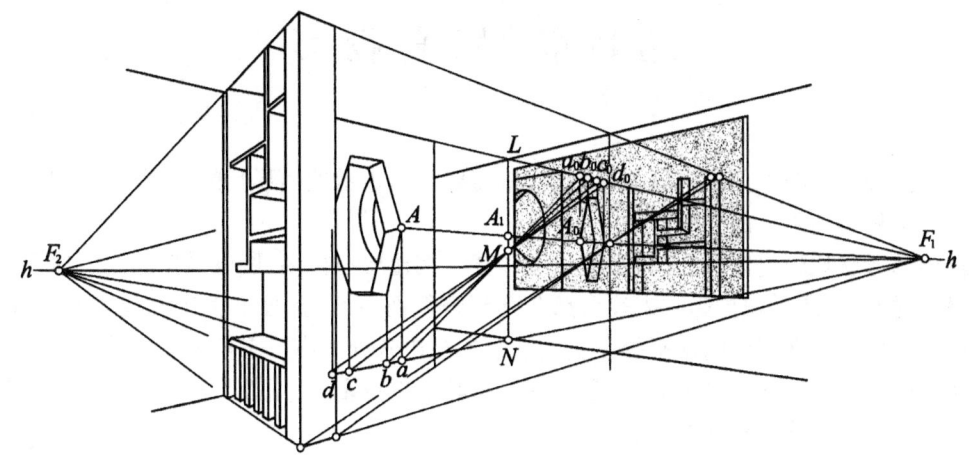

图 15-90 两点透视图镜中的虚像

复习思考题

一、阴影

1. 阴和影有何区别，两者之间又有何关系？
2. 什么叫习用光线，具有哪些特征？
3. 求作阴影的方法有哪些？作图方法与步骤如何？试举例说明。

二、透视投影

1. 正确理解透视常用术语的确切意义，并熟记之。
2. 什么叫灭点？如何作图？
3. 什么叫真高线，如何用它求透视高度？
4. 作透视图时，确定视点的位置应注意哪些问题？
5. 试述运用视线迹点法作透视图的基本原理、方法与步骤。
6. 什么是量点？什么是距点？如何求得量点与距点？
7. 什么叫鸟瞰透视？试述运用网格法作透视的步骤。

三、透视阴影

1. 画面平行光线及画面相交光线的透视及基透视各有何特点？
2. 求作透视阴影时，如何确定光线的方向与倾角大小？
3. 求作透视阴影的方法有哪几种？具体作图方法与步骤如何？试举例说明。

四、倒影与虚像

1. 试述倒影与虚像的形成过程和规律。
2. 求作倒影与虚影的作图实质是什么？如何作图？举例说明。

第16章 标高投影

园林工程总要与地面发生联系,因此常常需要画出表示地面形状的图,以便在图上进行设计及解决各种可能发生的度量问题。

地面的形状比较复杂,而且高度与长度和宽度相比要小得多,所以采用前面所通用的正投影法、轴测投影法或透视投影法来表示都会感到繁复而不便,且难于表达清楚。为此,在土建工程中常采用一种在形体的水平投影上以数字标注出各处的高度来表示形体的空间状况的图示方法,这样一种把形体各处的高度数值标注在其水平投影上,用投影与标高数值相结合来表示空间形体的方法称为标高投影法。

16.1 点

设空间有 A、B、C、D 四点及任意选定的水平面 H,如图 16-1a 所示,其中点 A 高出 H 面 3 单位,点 B 高出 H 面 5 单位,点 C 低于 H 面 2 单位,点 D 位于 H 面上,若在它们的水平投影旁边注以相应的高度数值 3、5、-2 和 0,就得到 A、B、C、D 四点的标高投影图(图 16-1b)。在这里,3、5、-2 和 0 分别称为 A、B、C 和 D 四点的标高。并称水平面作为基准面,其标高为零。如果点位于基准面之下,则其标高为负。为了实际应用方便起见,选择基准面时往往使各点的标高都是正的。例如地形测量,以绝对标高为零的海平面作为基准面。

根据标高投影图确定上述点 A 在空间的位置时,可由 a_3 作直线垂直于基准面。然后,在此线上自 a_3 按一定的比例度量 3 单位可得到点 A。对于点 C,则应自 c_{-2} 起往下度量 2 单位。由此可见,在标高投影中,要充分确定形体

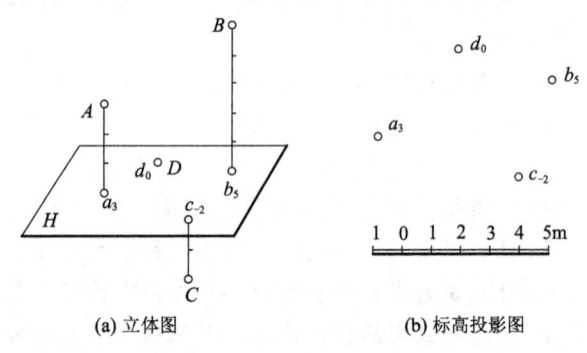

图 16-1 点的标高投影

在空间的位置,还必须附有比例尺并指出度量单位,如图 16-1b 所示。由于标高投影常用的标高单位为 m,所以,图上的比例尺一般略去标注度量单位。

16.2 直线

16.2.1 直线的标高投影

在直线的 H 面投影 ab 上,标出它的两个端点 a 和 b 的标高,例如 a_3 和 b_5,就是直线 AB 的标高投影(图 16-2)。求直线 AB 的实长以及它与基准面的倾角,可用换面法求解,即假设过 AB 作一与基准面 H 垂直的平面,将该平面绕它与 H 面的交线 a_3b_5 旋转,使与 H 面重合。作图

时,只要分别过 a_3 和 b_5 引直线垂直于 a_3b_5,并在所引垂线上,按比例分别截取相应的标高数 3 和 5,便可得点 A 和 B。AB 的长度就是所求实长(图 16-3),AB 与 a_3b_5 间的夹角 α 就是所求的倾角。

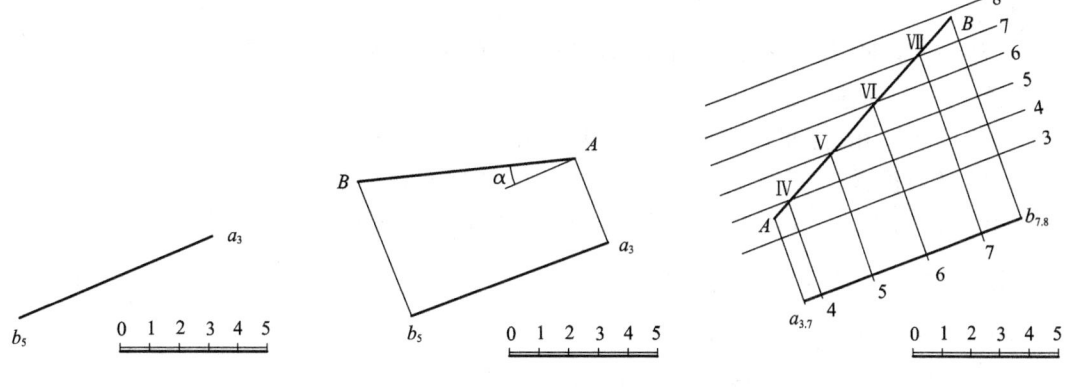

图 16-2　直线的标高投影　　图 16-3　直线的实长和倾角　　图 16-4　直线的刻度

16.2.2　直线的刻度

直线的刻度,就是在直线的标高投影上,标出整数标高的点。进行刻度时,仍可采用换面法求解,即按图 16-4 的方法作图。例如,已知直线 AB 的标高投影 $a_{3.7}b_{7.8}$,可在任意位置处作一组与 $a_{3.7}b_{7.8}$ 平行的等距直线,并把最靠近 $a_{3.7}b_{7.8}$ 的一根平行线作为标高等于 3 的整数标高线,其余顺次为标高等于 $4,5,\cdots,8$ 的整数标高线。自点 $a_{3.7}$ 和 $b_{7.8}$ 引与其所确定的直线的垂线,并在所引垂线上,参照所作各整数标高线的间距,按比例插值定出点 A 和点 B。连接 AB,它与整数标高线的交点Ⅳ、Ⅴ、Ⅵ、Ⅶ,就是 AB 上的整数标高点。过这些点向 $a_{3.7}b_{7.8}$ 引垂线,各垂足 4、5、6、7 就是 $a_{3.7}b_{7.8}$ 上的整数标高点。不难看出,这些点之间的距离是相等的。如果所作的一组等高线间的距离均按给定比例尺取一单位,则可同时得到 AB 的实长和对 H 面的倾角。

16.2.3　直线的坡度和间距

直线上任意两点之间的高差与该两点水平距离之比,称为直线的坡度。例如(图 16-5),已知直线 AB 的标高投影 a_2b_4,AB 两点的水平距离为 L,高差为 I,于是有:

直线的坡度 　　$i = \dfrac{I}{L} = \tan\alpha$

由上式可知,当直线的水平距离 L 为一单位长度时,直线的坡度 i 就等于两点的高差 I。

直线上任意两点的水平距离与其高差之比,称为直线的间距。直线的间距用 l 表示,即:

直线的间距 　　$l = \dfrac{L}{I} = \cot\alpha$

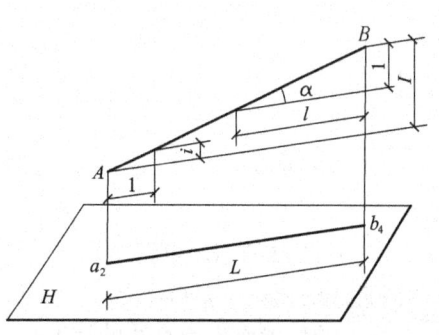

图 16-5　直线的坡度和间距

式中,α 表示直线对基准面 H 的倾角。

由此可见,直线的坡度与间距互为倒数,即

$$i = \dfrac{1}{l}$$

也就是说,坡度愈大,间距愈小;坡度愈小,则间距愈大。平行于基准面的直线,其坡度为零,线上各点的标高都相等。这时,线上只需注明标高,其坡度无须注明。

如图 16-5 中,量得 a_2b_4 的长度 $L=6$,a_2 与 b_4 间的高差 $I=4-2=2$。于是,$i=\frac{2}{6}=\frac{1}{3}$;$l=3$。

直线的标高投影经刻度后,单位标高刻度之间的距离,就是一个间距。

16.2.4 直线上的点

直线也可以用线上的一点及其方向来表示。如图 16-6,在直线的 H 面投影上,只标出线上一个点的标高,注上坡度(或注出直线的水平倾角)和画上表示直线下坡方向的箭头。图示该线由点 A 按 $\frac{1}{2}$ 的坡度沿箭头方向下降。

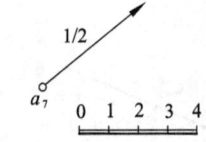

图 16-6 直线的标高投影的另一形式

例 16-1 试求图 16-7 所示直线上一点 C 的标高。

(1)分析。本题可用如图 16-4 所示的图解法去求解,也可用数解法求得。首先从图中按比例分别量出 L_{AB} 和 L_{AC};然后用公式 $i=\frac{I}{L}$ 及 $l=\frac{1}{i}$ 来确定该线的坡度,再根据坡度数求 A、C 间高差,最后求得点 C 标高。

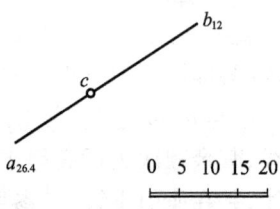

图 16-7 求点 C 的标高

(2)解:

①求坡度 i 或间距 l:

按比例尺量得 $L_{AB}=36$

按图示计算得 $I_{AB}=26.4-12=16.4$

故 $\qquad i=\frac{I}{L}=\frac{16.4}{36}=\frac{2}{5}$; $\quad l=2.5$

②求高差 I_{AC}:

按比例尺量得 $L_{AC}=15$

根据 $\qquad\qquad\qquad i=\frac{I_{AC}}{L_{AC}}$

即 $\qquad\qquad\qquad \frac{2}{5}=\frac{I_{AC}}{15}$

得 $\qquad\qquad\qquad I_{AC}=6$

③求点 C 的标高:

$\qquad\qquad\qquad 26.4-I_{AC}=26.4-6=20.4$

16.2.5 两直线的相对位置

两直线的相对位置可以是:①平行;②相交;③交叉。在判断时,可从该两直线的标高投影中,在适当的位置作出两直线的辅助投影,就能确定两直线的相对位置。作图时须注意所引的整数标高线必须按比例画出(图 16-8)。

16.2.5.1 两直线平行

如果两直线的标高投影相互平行,且上升或下降的方向一致,坡度或间距相等,则两直线平行。如图 16-8 所示直线 AB 与 EF 平行。

16.2.5.2 两直线相交

如果两直线的标高投影相交,且交点处的标高相同(图示时,交点的同面投影在同一投影上),则两直线相交。如图 16-8 所示直线 AB 与 CD 相交于点 K。

16.2.5.3 两直线交叉

如果两直线的标高投影相交,但相交处的标高不同(图示时,交点的同面投影的两相交处不在同一投影连线上),则两直线交叉。如图 16-8 所示直线 CD 与 EF 交叉。

同时,由于所引辅助投影面是平行于 AB 和 EF 的,如果它们与 CD 垂直,则它们与 CD 在辅助投影上就会相互垂直。图 16-8 中直线 AB 和 EF 均与 CD 不垂直。

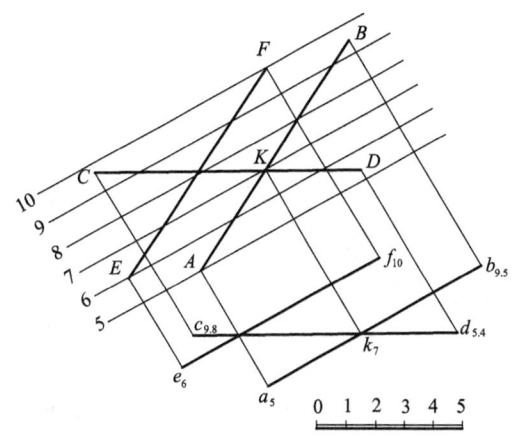

图 16-8 直线的相对位置

16.3 平　面

16.3.1 平面的表示法

平面的标高投影表示法与正投影一样,可以用不在同一直线上的三个点、一直线和线外一点、两相交直线或两平行直线等的标高投影来表示。但在标高投影中,还有另一些简化的特殊表示法。

如图 16-9 画出一个由平行四边形 ABCD 表示的平面 P,图中直线 AB 位于 H 面上,是平面 P 与 H 面的交线 P_H。如果以一系列平行于基准面 H 且相距为 1 单位的水平面截割平面 P,则得到 P 面上一组水平线Ⅰ—Ⅰ、Ⅱ—Ⅱ等,它们的 H 面投影为 1—1、2—2 等,称为等高线。平面 P 的等高线都平行于 P_H,且间隔相等。等高线 H 面投影的间隔,称为等高线的平面间距。

在 P_H 上取任一点 E,引平面 P 上的最大斜度线 EF。它的 H 面投影 Ef 垂直于 P_H。直线 Ef 被等高线的 H 面投影划分的间距,与等高线的平面间距相等。在标高投影中,把画有刻度的最大斜度

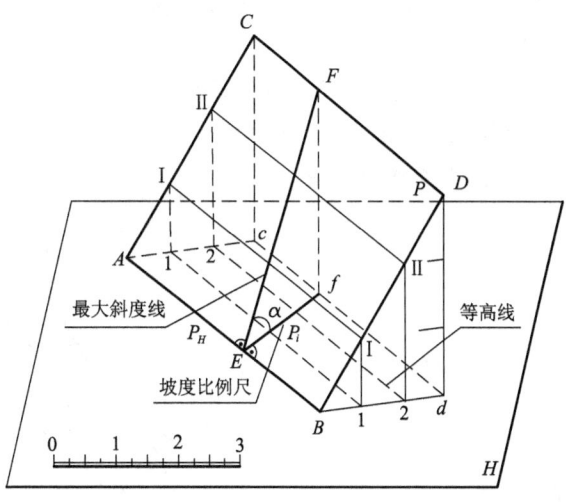

图 16-9 平面的标高投影

线的 H 面投影 Ef 标注为 P_i,称为平面 P 的坡度比例尺。由于坡度比例尺垂直于平面的等高线,它的刻度间距等于等高线的平面间距,因而坡度比例尺 P_i 可以唯一确定平面 P(图 16-10a)。因此,根据平面的坡度比例尺,就可作出该平面的等高线(图 16-10b);求作出平面的倾角。

同时,由于等高线的平面间距和它的坡度线刻度间距是一样的,所以确定一个平面只要确

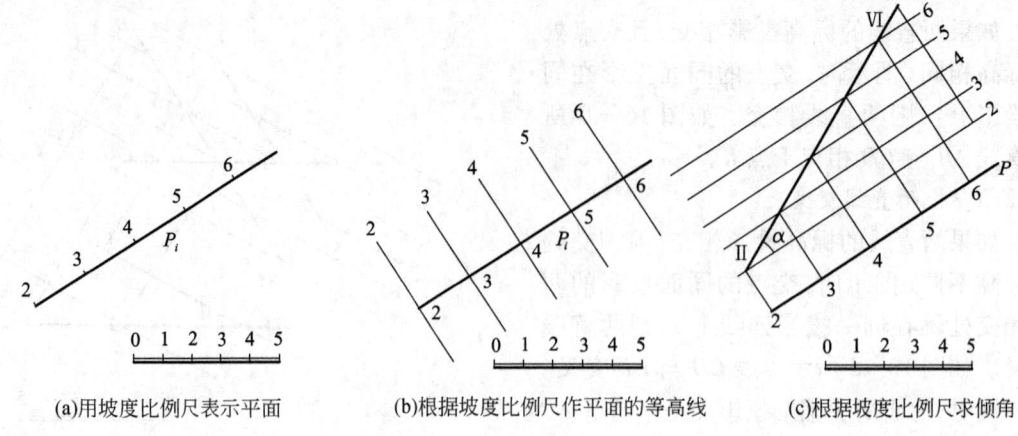

(a) 用坡度比例尺表示平面　　(b) 根据坡度比例尺作平面的等高线　　(c) 根据坡度比例尺求倾角

图 16-10　坡度比例尺

定它的迹线的方向及其对基准面的坡度就够了,如图 16-11 所示。

图 16-11a 中的平面 P 就是以迹线 P_H 及其坡度 $\frac{1}{2}$ 给出的,与它垂直的箭头表示下坡方向。

图 16-11b 中的平面 P,是用一直线(迹线或任一水平线——图示为一等高线)和坡度 $\frac{2}{3}$ 给出的,与该直线垂直的箭头同样表示下坡方向。

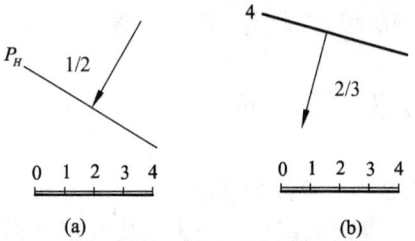

图 16-11　平面的另一种表示法

例 16-2　已知一平面 Q 由 $a_{4.2}$、$b_{7.5}$、c_1 三点所给定,如图 16-12a,试求平面 Q 的坡度比例尺 Q_i。

(1) 分析。根据所给条件,只要先作出平面的等高线,就可以画出 Q_i。

(2) 作图,如图 16-12b 所示。

① 求作平面的等高线。

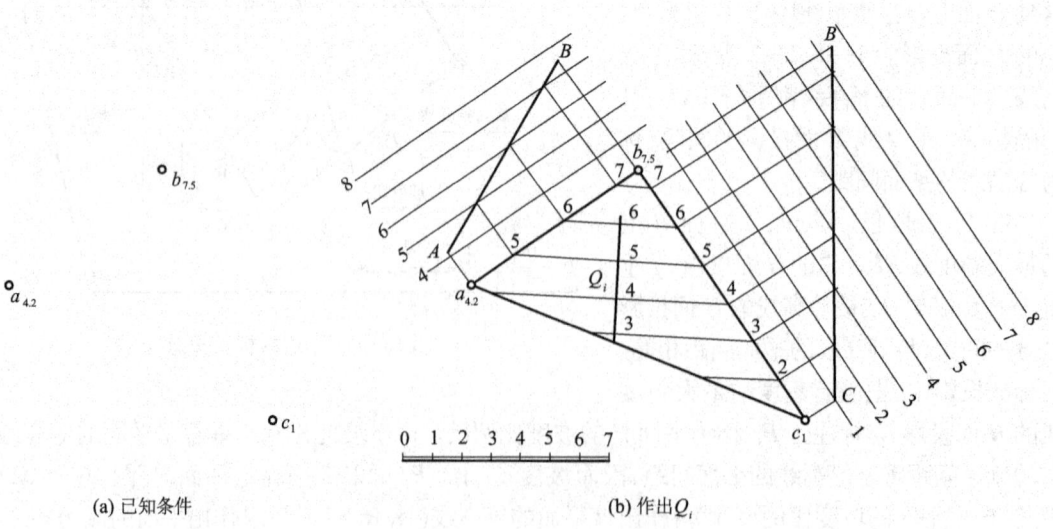

(a) 已知条件　　　　　　　　(b) 作出 Q_i

图 16-12　作平面 Q 的坡度比例尺

先连各边,并在各边上刻度。图示先在 $a_{4.2}b_{7.5}$ 和 $b_{7.5}c_1$ 上刻度定出整数标高的刻度点 5、6 等。然后,连接各相同标高的刻度点,得等高线 55 和 66 等。

②求作平面 Q 的坡度比例尺 Q_i。

为此,在适当位置作一直线垂直于各等高线,它与等高线 55、66 等分别交于 5、6 等点,则该垂直线及其与各等高线的交点(刻度)就是平面 Q 的坡度比例尺 Q_i。

16.3.2 两平面相对位置

16.3.2.1 两平面平行

两平面可能平行或相交。若两平面平行,则它们的坡度比例尺相互平行、间距相等,而且标高数字增大或减小的方向一致。如图 16-13 所示,平面 P 和平面 Q 平行。

16.3.2.2 两平面相交

若两平面相交,仍可用作辅助平面的方法求它们的交线。其步骤如图 16-14 所示:作一辅助截平面,求辅助平面与已知两平面的共有点(即辅助平面与已知两平面之交线的交点),就是所求交线上的点。作两个辅助面,可得两个交点,连接起来,即得交线。

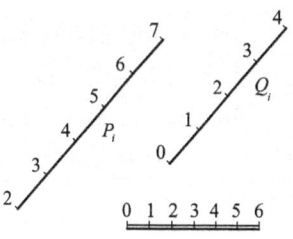

图 16-13 两平面平行

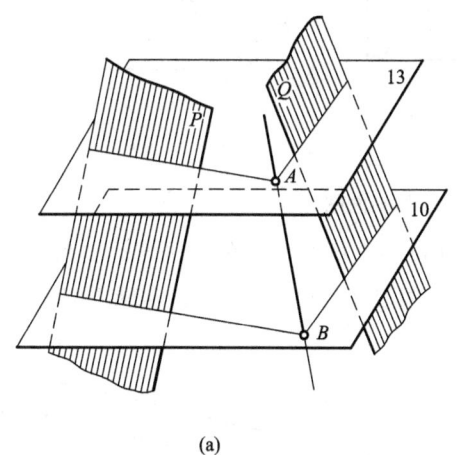
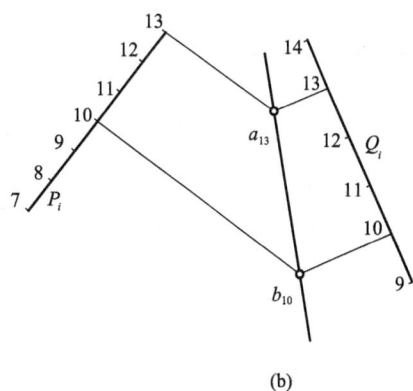

图 16-14 求两平面的交线

应该指出的是,为方便作图,在标高投影图中所作的辅助平面为整数标高的水平面,如图 16-14a 所示。这时,所作辅助平面与已知平面的交线,就分别是两已知平面上相同整数标高的等高线,它们必然相交于一点。从上述概括得出:两面(平面或曲面)上相同标高等高线的交点连线,就是两面的交线。

如图 16-14b 所示,在坡度比例尺 P_i 和 Q_i 上各作出两对相同标高(图示 10 和 13)的等高线,它们的交点 b_{10} 和 a_{13} 的连线,即为交线的标高投影。

例 16-3 已知坑底的标高为 -3,坑底的大小及各边坡面的坡度如图 16-15a 所示。假设地面是一个标高为零的平面,试作出此坑的平面图。

(1)数解法。

①计算各边坡的间距。由于直线的坡度与间距互为倒数,即 $i=\dfrac{1}{l}$,故得左边坡面的间距

为 2/3,右边坡面的间距为 3,前、后边坡面的间距为 3/2。

②已知坑底与坑顶的高差为 3 单位,计算各边坡面上标高为零的水平线与坑底边缘的水平距离。

$$L_1 = \frac{2}{3} \times 3 = 2 \text{ 单位}$$

$$L_2 = 3 \times 3 = 9 \text{ 单位}$$

$$L_3 = \frac{3}{2} \times 3 = 4\frac{1}{2} \text{ 单位}$$

按照算出的距离相应地作出各底边的平行线,即为坑顶线。连接坑底和坑顶的各对应顶点,得到各边坡面的交线,所得的图形即为要求的平面图,如图 16-15b 所示。

(2)图解法。距离 L_1、L_2、L_3 亦可用图解法求得。这种图解称为坡度图解。在比较复杂的项目中,应用此法较为方便。

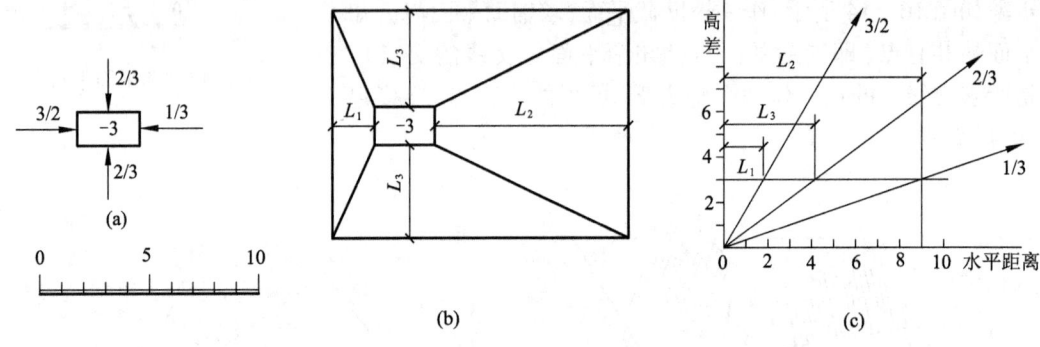

图 16-15 作土坑的平面图

例 16-4 需要在标高为 5 的水平地面上堆筑一个标高为 8 的梯形平台。堆筑时,各边坡的坡度如图 16-16a 所示,试求相邻边坡的交线和边坡与地面的交线(即施工时开始堆砌的边界线)。

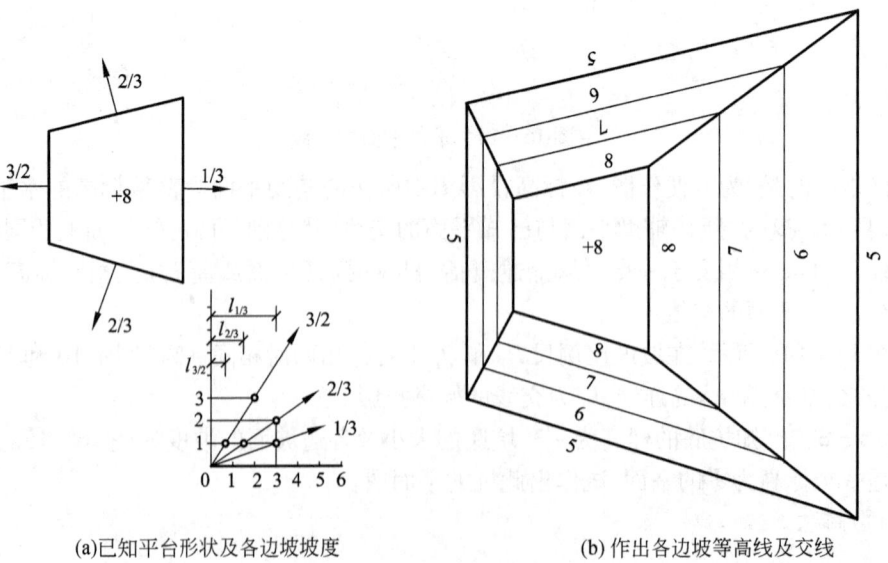

(a)已知平台形状及各边坡坡度　　　(b)作出各边坡等高线及交线

图 16-16 梯形平台的标高投影

(1) 分析。所求作之相邻边坡的交线是一直线,就是它们的相同标高等高线的交点连线。而各边坡与地面的交线,就是标高为5的四根等高线。问题归结为求作各边坡等高线。已知各边坡的坡度,要求作等高线,可先用图解法或数解法求出各边坡的间距,再作等高线。

(2) 作图。

① 用图解法求得各边坡的间距。为此,在画出的比例尺上(也可另外作图),先作出图示给出的各边坡的坡度,再按已知高差分别求得各边坡间距为 $l_{1/3}$、$l_{2/3}$、$l_{3/2}$,如图 16-16b 所示。

② 求相邻边坡的交线和边坡与地面的交线。为此,根据求得的间距分别作出各边坡的等高线(为水平线,且对应平行于平台各边),最后完成作图。具体作图如图 16-16b 所示。

16.4 曲面的表示法

16.4.1 曲面的表示

在标高投影中,通常都用一组等距离的整数标高的水平面切割曲面,画出所有截交线的水平投影,由于每一截交线上各点的高度都相同,所以将其称之为等高线,并注以相应的标高来表示。曲面的形状可根据等高线的形状、位置及其标高来判定。

如图 16-17 表示正圆锥和斜圆锥的标高投影。图示两圆锥的锥顶标高都是5,都假设用四个等距的整数标高水平面切割,并分别画出等高线。图 16-17a 表示正圆锥的标高投影,各等高线是同心圆,在通过锥顶 s_5 所引的各锥面素线上间距相等。图 16-17b 表示斜圆锥的标高投影,等高线是异心圆,在过锥顶 t_5 所引各锥面素线上,它们的间距,除在过轴线的铅垂对称面上的素线外,其余素线上的间距均不相等,间距最小的锥面素线就是锥面的最大斜度线。当圆锥倒放时,等高线的高程值愈大,则圆的直径也愈大,如图 16-17c 所示。

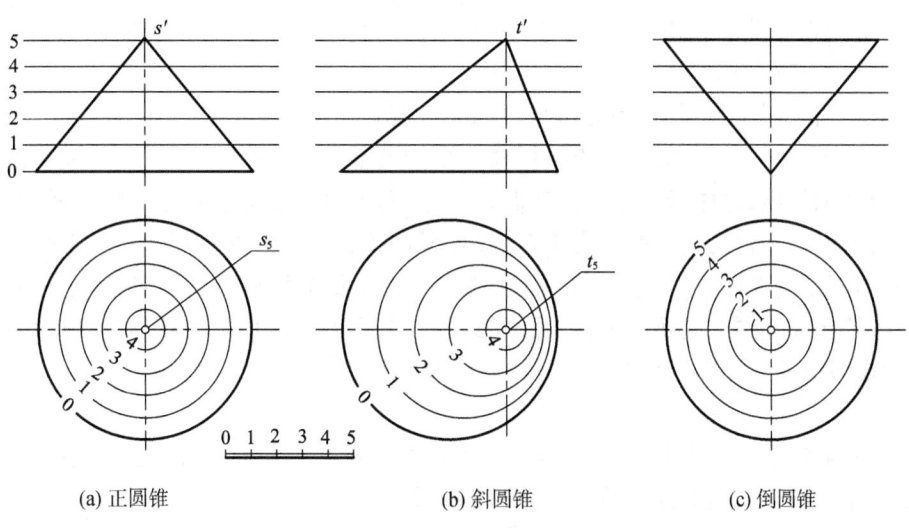

(a) 正圆锥　　(b) 斜圆锥　　(c) 倒圆锥

图 16-17　圆锥的标高投影

16.4.2 同坡曲面

如果曲面上各处的最大斜度线的坡度都相等,这种曲面称为同坡曲面。正圆锥面、弯曲的路堤或路堑的边坡面,都是同坡曲面。

同坡曲面的形成如图 16-18a 所示,以一条空间曲线作导线,一个正圆锥面的顶点沿此曲导线运动,当正圆锥面的轴线方向不变时,所有正圆锥面的包络曲面就是同坡曲面。

图 16-18a 表示同坡曲面的作图法。设有一弯曲斜路面,其两侧边界都是空间曲线,要求通过其中一根曲线 $A_0—B_1—C_2—D_3$ 作一同坡曲面,坡面的最大坡度是 2/3。从图 16-18a 中可以看出,如果分别以 B_1、C_2、D_3 为锥顶,作素线坡度为 2/3 的正圆锥,则过曲线 $A_0—B_1—C_2—D_3$ 并与各正圆锥面同时相切的曲面,就是一个同坡曲面。这时,同坡曲面上的等高线与各正圆锥面上相同标高的等高线相切。同坡曲面与各正圆锥面的切线 B_1b_0、C_2c_0、D_3d_0,都是同坡曲面上的最大斜度线,它们的坡度都是 2/3。

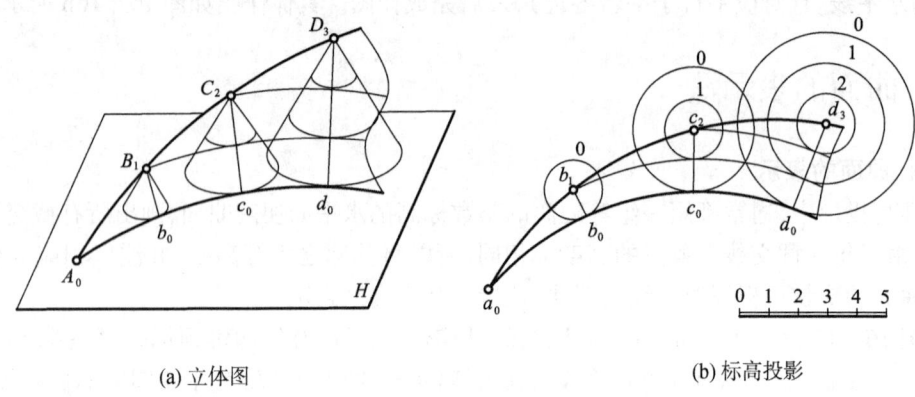

(a) 立体图　　　　　　　　(b) 标高投影

图 16-18　同坡曲面的作法

在标高投影图上的作图方法如图 16-18b 所示。要作出同坡曲面上的等高线,应明确以下几点,如图 16-18a 所示:

(1)运动的正圆锥在任何位置都和同坡曲面相切;

(2)如果两个曲面相切,则它们与同一水平面的交线也相切,即同坡曲面与运动的正圆锥的同标高的等高线相切;

(3)运动的正圆锥的坡度就是同坡曲面的坡度。

例 16-5　已知一弯斜路面连接标高为 0 的地平面和标高为 4 的平台,路面的中心线是一根正圆柱螺旋线,弯曲半径是 l_0f,弯曲角 $\angle l_0fl_3 = 90°$,路面宽度为 6 单位,斜路面两侧的边坡坡度为 1/1,平台的边坡坡度为 3/2。试作标高投影图(图 16-19)。

(1)分析。弯斜路面两边的边坡都是同坡曲面。要作其标高投影图,本题实质就是求同坡曲面的等高线及同坡曲面与平台曲面的交线。先求边坡的间距,其次对边坡边界线进行刻度,然后在斜路面上作出等高线。可用图解法或数解法求出各边坡间距。

(2)作图(图 16-19)。

①用图解法求得各边坡的间距,得斜路面两侧边坡的间距为 $l_{1/1}$,平台边坡间距为 $l_{3/2}$。

②求作弯斜路面两侧的同坡曲面上的等高线。

首先以弯斜路面的两条路边线为同坡曲面的导线。分别在两导线上对应取一些整数标高点 f_1、f_2、f_3 及 s_1、s_2、s_3 作为锥顶的位置;再分别以所取得的锥顶为圆心,作素线坡度为 1/1(R 分别为 $l_{1/1}$,$2l_{1/1}$,$3l_{1/1}$)的各正圆锥面的标高投影;最后作出各正圆锥面上相同标高的等高线的曲切线(包络线),就是同坡曲面上的等高线。

③求作相邻边坡的交线。完成所求作之标高投影图。

分别连接同坡曲面与平台坡面间的相同等高线的交点,就得两坡面的交线 f_3m_0、s_3n_0。

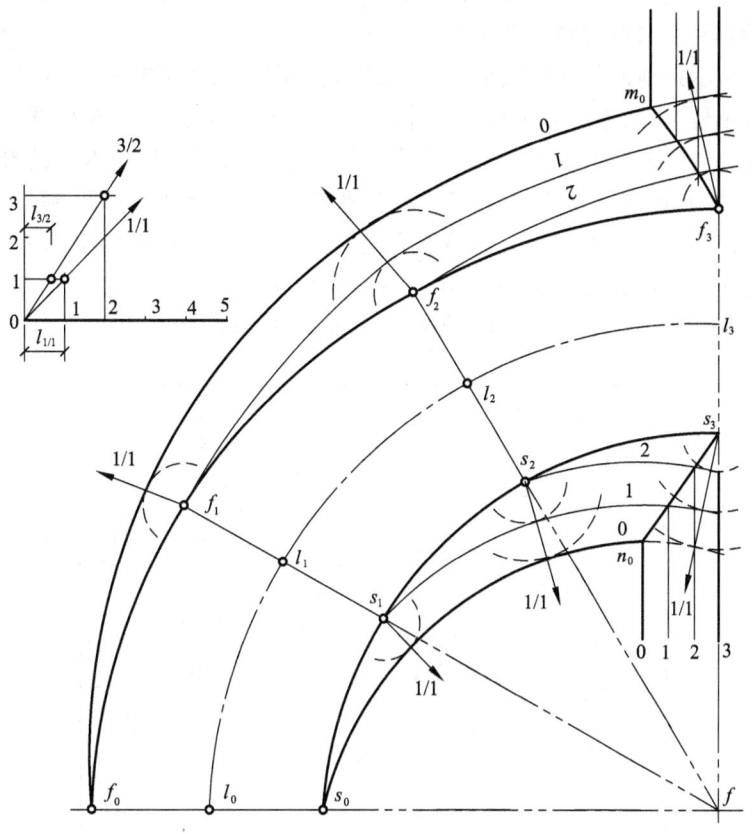

图 16-19 弯斜路面的标高投影图

16.4.3 地面的表示

地面是不规则的曲面。所以,地面的表示方法与曲面相同,仍然是用等高线来表示,如图 16-20 所示。由于地面是不规则的曲面,因此,地形等高线也是不规则的曲线。地面上的等

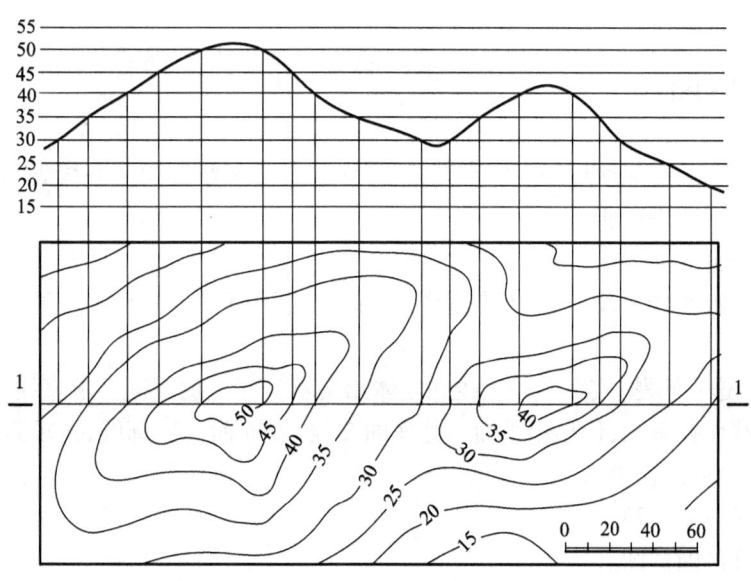

图 16-20 山地的标高投影图

高线有以下一些特性:①等高线一般是封闭曲线;②除悬崖绝壁的地方外,等高线不相交;③等高线愈密表明地势愈陡,反之地势愈平坦。

图16-21所示是地面的标高投影,称为地形图。图中每隔四根有一等高线画得较粗,并注有标高数字,单位为m,这一等高线称为计曲线。看地形图时,要注意根据等高线间的间距去想象地势的陡峭或平顺程度,根据标高数字与等高线的图示来想象地势的升高或下降。一般来说,若圈子愈小,数字增大,则是升高;反之,圈子愈大,数字递减,则下降。如图16-21所示,两根相邻等高线的高差是20 m;还可以看出图的上方在700 m标高圈内有二处更小的环状等高线,表明这两个地方是山头,两个山头的中间是鞍部。图16-21右上角的等高线密集,表明地面的坡度大;图16-21的下半部等高线稀疏,表明地势较平坦。

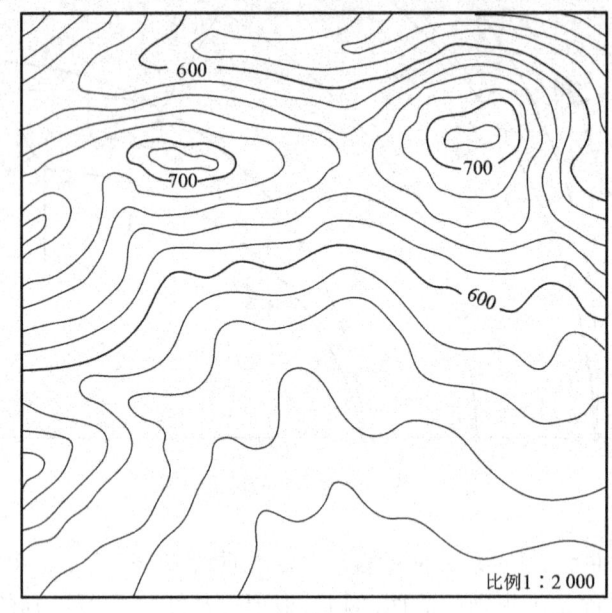

图16-21 地形图

16.5 地形问题

为了解决工程上有关地形的一些常见的实际问题,必须掌握用等高线表示地面。下面就有关相对位置的问题进行研究。

16.5.1 直线与地面的交点

例16-6 如图16-22所示,已知管线两端的高程分别为21.5 m和23.5 m,求管线 *AB* 与地面的交点。

(1)分析。这一问题,实际上是直线和立体相交求贯穿点的问题。求直线与地面的交点,一般都是过直线作铅垂面,作出铅垂面与地面的交线,即断面的轮廓线,再求直线与断面的交点,就是直线与地面的交点。

(2)作图(图16-22)。

①求作地面的断面图。

为此,包含直线 *AB* 作铅垂面为辅助平面,辅助平面的积聚投影与地面等高线的 *H* 面投影

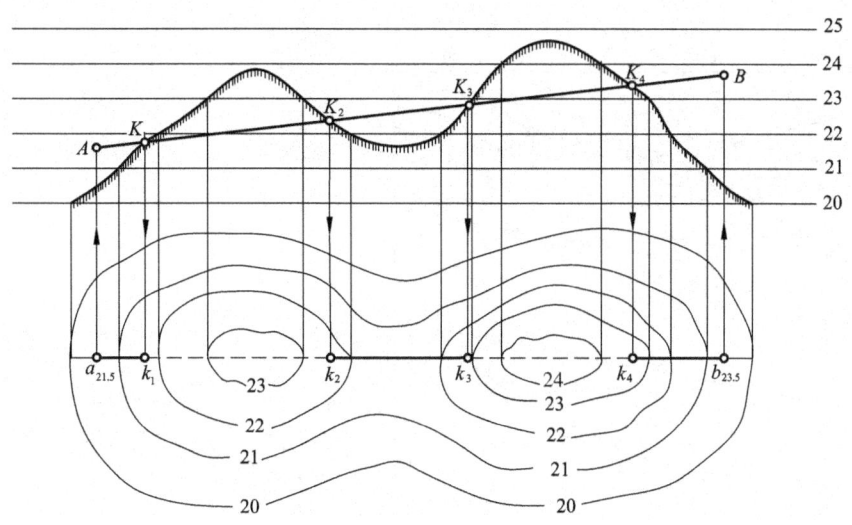

图 16-22 求管线与地面的交点

的交点,就是断面上的点的标高投影。过这些交点分别作垂直线,在相应的标高线上定出各点,再连接,得辅助平面与地面的交线,即为地面断面图。

②求作 AB 与地面的交点。

根据 AB 的标高在断面图上作出直线 AB,它与地面断面轮廓线的四个交点 K_1、K_2、K_3、K_4 就是直线与地面交点在断面上的位置,然后把它们投影到平面图上,得 k_1、k_2、k_3、k_4。

16.5.2 平面与地面的交线

求平面与地面的交线,即求平面上与地面上标高相同的等高线的交点,然后用平滑的曲线顺次连接起来即得交线。

例 16-7 已知一平直路段,标高是 25,通过一山谷,路段南北两侧边坡的坡度为 3/2,试求边坡与地面的交线(图 16-23)。

(1)分析。南北边坡都是平面,路段边界就是边坡的一根等高线(标高是 25)。本题实质是求平面与地面的交线。用辅助平面法求公共点,然后平滑连接。

(2)作图。

①如图 16-23a 所示,山谷的等高线已知,求边坡的间距:

$$l = \frac{1}{i} = \frac{2}{3}$$

②以所得间距 $l_{2/3}$ 作出边坡平面上的整数标高等高线,并注上相应的标高,它们都与标高为 25 的路段边线平行,且间距相等(图 16-23a)。

③求边坡与地面相同标高等高线的交点(一般都有两个交点),并将求得的交点按标高的顺序(递增或递减)连接。

连交线时,要注意北坡标高为 29 的两点之间的交线连法。这一段曲线上转向点 a 至地面等高线 29 和 30 的距离之比,应等于此点至边坡上标高为 29 和 30 两点等高线的距离之比。可用加密等高线的办法(也可以用作图方法),分别在边坡和地面的 29 和 30 两等高线之间加插等量小数标高等高线,求出更多的点,如图 16-23b 所示,使它们的交点逐步靠近而求得点 a,此法称为内插法。同法求出南坡上的点 b。最后在边坡线上画上边坡符号,如图 16-23a

所示。

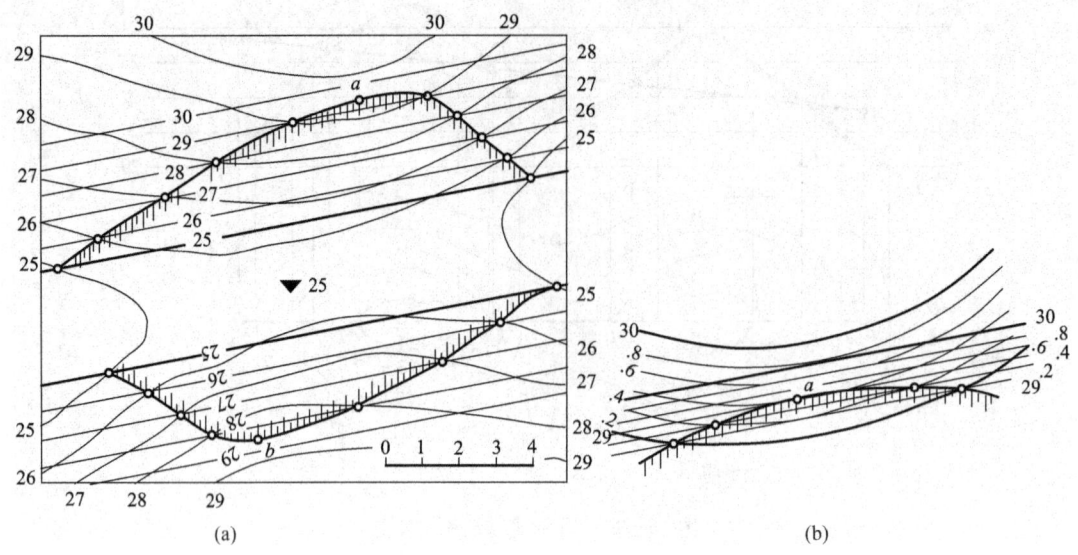

图 16-23 求路段两侧边坡与地面的交线

例 16-8 如图 16-24 所示，假设在山坡上修筑一标高为 25 m 的水平场地，其形状和范围已知，设填土边坡坡度为 1/1，挖土边坡坡度为 3/2，求填挖土的范围线及相邻边坡的交线。

(1) 分析。

①首先确定填挖分界线。因为场地的标高为 25，因此，地面上的标高为 25 的等高线为填挖分界线。它与场地边缘的交点，为填挖边界线上的分界点。

②分界线以北有三个挖方边坡，坡度为 3/2；南面有三个填方边坡，坡度为 1/1。所有这些边坡与地面的交线，就是挖土和填土的施工范围线。

(2) 作图。

①求各边坡的间距，并作出各边坡的等高线。场地东西两侧的边坡都是平面，分界线的北面东西两侧边坡间距为 $l_{2/3}$，南面东西两侧边坡间距为 $l_{1/1}$。分别以所得间距作出边坡的整数标高线，并注出标高，它们都与标高为 25 的分界线平行。

又场地南北两侧的边坡是正圆锥面，等高线是同心圆，圆心分别是 O_1、O_2。

②求填挖土的范围线，求各边坡与地面的交线和相邻边坡的交线，即求相同标高的等高线的交点连线。连接坡面上各等高线与地面上同标高的等高线的交点，即得填挖边界线。如果填挖分界线不是整数标高，则不能直接从图上找出填挖分界点，只能先确定填挖分界点所在的范围，然后用内插等高线逐步接近的方法来求填挖分界点。

应该注意，相邻边坡的施工范围线的交点，应该是相邻边坡的一个公共点，即应位于相邻边坡的交线上，参看图 16-24 中的 a、b、c、d 四点，它们分别是两个边坡面和地面的三面交点。

③画边坡符号，规定画在坡顶边界处，完成作图。

16.5.3 曲面与地面的交线

求曲面与地面的交线，即求曲面与地面上一系列标高相同的等高线的交点，然后把所得的交点依次相连，即为曲线与地面的交线。

具体如图 16-24 所示场地南北两侧的正圆锥面边坡与地面交线的作图。

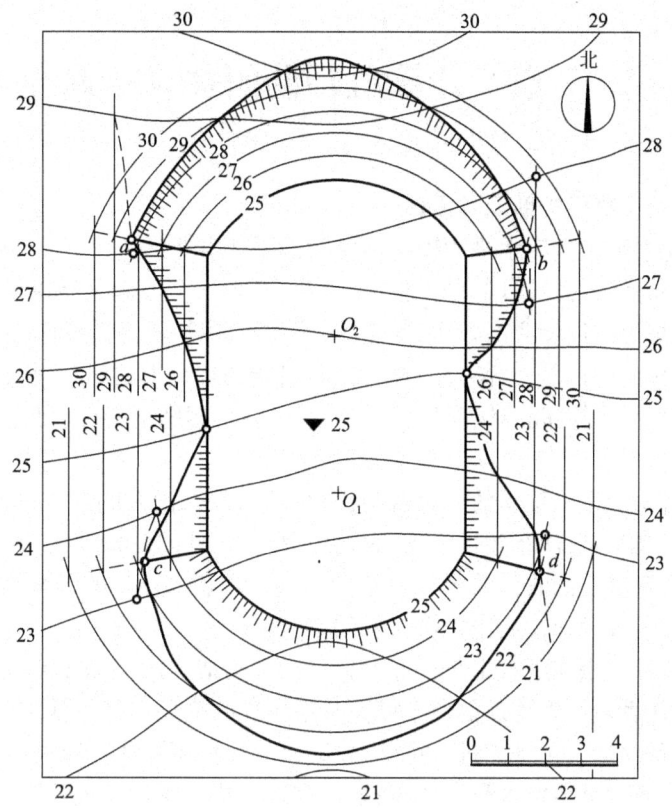

图 16-24 求作场地的边坡

复习思考题

1. 什么叫作标高投影？图中比例尺的意义如何？
2. 掌握直线、平面与地面的表示法，要求能够解决在直线上定整数标高及求平面倾角等基本问题。
3. 弄清楚什么叫作坡度、什么叫平面间距，应善于在作图时运用平面间距。
4. 首先明确求交线的原理，然后掌握各种形式的平面与平面、平面与地面、曲面与地面交线的求法。
5. 掌握阅读地形图的方法。
6. 了解标高投影在工程上的实际应用。

第17章　计算机辅助园林设计简介

一、亟待发展的计算机辅助园林设计

我国人民文化水平和生活水平的提高促使我国园林事业迅速发展,园林建设规划的规模、数量、层次、内容和时间的需求日益多样化、个性化、高效化。为满足环保的要求,满足美化生活环境的需求,园林规划设计应高效率、高速度、高质量,尽快实现其设计方法与设计手段的科学化、系统化和现代化。目前,大部分园林工作者只能利用计算机进行辅助绘图,计算机辅助园林设计亟待加强,以尽快扭转计算机辅助园林设计发展迟缓的局面,促进计算机辅助园林设计的发展。

园林是一种有明确构图意识的空间造型;园林艺术是一门时间与空间的艺术。园林设计是一门综合性的交叉学科,涉及领域广泛,表达对象复杂,处理信息量大,模拟技术困难。尤其如雕塑、置石、假山等多自由曲面的园林小品,种类繁多、姿态万千的园林植物,这一切都对计算机辅助园林设计的开发和发展造成极大的困难。

计算机辅助设计就是在进行工程设计时,实现人、机结合,人们将设计方案构思拟定,经过综合分析,转换成计算机可以处理的数字模型和解析这些模型的程序输入计算机系统,通过交互式图形显示,在程序运行过程中进行评估、修改、确认,控制设计过程,显示和输出设计结果。由此实现设计方法及设计手段的科学化、系统化和现代化。对计算机辅助园林设计来说,应该包括园林设计整个过程,即:任务书→基地勘察、分析→总体规划→详细规划→总体设计(方案设计)→施工图设计,直至显示和输出设计结果。设计人员通过交互式图形显示控制设计过程,利用计算机软件将基本资料输入计算机,让计算机参与分析、计算、设计、绘图,实时进行三维效果图示或三维虚拟,实现与实景环境合成,边观察、评估,边修改、确认,最后输出包括工程图、效果图,直至三维动画虚拟漫游效果,实现计算机辅助园林设计参数化、智能化和现代化,使设计与现实更为接近。这就是计算机辅助园林设计软件应该具备的基本功能。但由于技术原因,这在目前还只是人们的一种奢望。目前,人们利用计算机只能较好地解决如园林工程预算、古建筑的三维制作、平面图的制作等部分的设计和绘图工作。

目前,计算机辅助园林设计软件国内外常见的主要有下面数种。

国内主要有:YLHCAD 园林绿化辅助设计绘图系统与 TOSS 园林设计系统。

YLHCAD 园林绿化辅助设计绘图系统,由铁道建筑研究设计院开发,为中文界面。系统由初始化、绘图、三维转换、库维护四大模块组成。初始化模块,自动生成图框、标题栏、指北针、网格、比例尺等;绘图模块,包括各种园林植物、建筑物、构筑物及园林设施,及标记用地的地形、地界与铺装指定等;三维转换模块,可以实现平面图、立体图的自由转换;库维护模块,提供增加、删除、修改符号库功能。

TOSS 园林设计系统,由江苏图圣数据艺术工程有限公司出品,为中文界面,可与其他辅助设计软件兼容。TOSS 主要用于绿化及景园建筑规划。设计人员在采用该软件设计时,直接面向对象及问题,设计图纸与三维图形更精确、更贴近用户需要,并可实时渲染,产生工程数据文本;系统支持多形式的操作窗口,并采用多种输入工具;上百种 BMP 图库,可同时切换二维与三维的显示,可通过系统动态生成模式、保持模式、引入图库资源或定义新的图库资源;表示种植植物有"点栽"、"丛植"等模式供选择;建筑物、构筑物及园林小品等也已参数化,且符合国家行业规范。

国外主要有:LANDCADD 园林景观软件,Visual Landscaping 2.1 实用园林景观设计软件,3D Landscape 适于家庭庭院园林设计的软件和 Design Ware Landscape 等美国产软件,以及 VID Region 芬兰产软件。

LANDCADD 是目前较好的、最为专业的园林设计软件,功能模块齐全,由数据采集、数据传送、结点定位、测量修正、场地分析、场地规划、场地设计、表面建模、平面设计、景观设计、喷灌设计、详图绘制、数量提取、植物数据库、视觉模拟等功能模块组成。它们相对独立又相辅相成,可满足园林专业的不同需求,提供完整的选择方案,有简体中文版。

国外虽有较好的园林专业设计软件,但由于语言和设计规范、方式及价格等原因,目前在国内并没有得到广泛应用,不再赘述。而国内目前开发出的有关软件,又由于技术原因,功能较为单一,实际应用效果也不理想,还未能成为一个真正意义上的计算机辅助园林设计软件。面对我国蓬勃发展的园林营造事业,人们期望一套模块齐全、符合国家规范和中国人设计习惯的辅助园林设计软件,以填补这一空白,提升我国计算机辅助园林设计的整体水平。

二、计算机辅助园林设计软件现阶段的优化配置

当前,我国园林事业如火如荼地发展,计算机辅助园林设计软件不尽如人意。现阶段如何充分发挥计算机技术在园林设计中的优势,广大设计人员个人采用了 Auto CAD、3DS MAX(或 3DS VIZ)、Photoshop 等三套软件组合优化配置。其中,以 Auto CAD 进行平面建模,完成平面、立面、剖面图等园林工程图;而效果图则由 3DS MAX 软件进行三维建模和场景渲染;再由 Photoshop 进行图像后期处理。

Auto CAD:功能齐全、交互性好、运行可靠,其强大的绘图和编辑功能用来进行平面建模,绘制平面、立面、剖面图等以线条为主的园林工程施工图及建筑施工图,可以帮助设计人员充分表达设计意图。尤其对如地形、水体和植物等线型毫无变化规律的景素,可利用其多义线功能,先用折线模拟,然后通过多义线编辑,将其转化为流畅曲线;也可利用徒手画来完成,这时,先设置系统变量 sketch 为 1,这样 sketch 绘制成的自由曲线是一条完整的多义线,这一功能尤其适用于利用数字化仪输入的等高线绘图。利用 Auto CAD 软件可精确绘制园林景观设计平面图和三维模型。所以,在还未有完善的专用软件的今天,Auto CAD 是辅助风景园林设计和绘图的首选核心软件。

3DS MAX:是一套功能强大的三维建模软件,有丰富的材质、贴图、灯光和合成器,具有建模、渲染、动画合成等功能。对建筑物及园林小品如抽象的雕塑、各种构筑物等对象,三维建模功能较强。其粒子系统模拟喷泉、流水等对象较好。它在目前三维渲染领域中处于领先地位,其功能强大的渲染引擎,可进行精确的光影追踪处理,可得到逼真的效果。3DS MAX 虽具有很强的建模能力和高品质的渲染功能,并可以进行后期影视合成处理,但对于园林植物这种品种繁多、类型丰富、形体复杂的要素来说,却也难以真实表现。

Photoshop:是拥有强大的图像处理功能、应用广泛的图像处理软件。它具有图像缩放、剪辑、镶拼与色彩及亮度调整、滤镜处理等多种功能,能以多种文件格式输入输出。在整个效果图制作过程中,Photoshop 具有两大功能:一是后期处理,包括配景的融合、色调明暗的调整、图像精度的设置和输出等;二是贴图的制作。在贴图制作过程中,人们可充分利用它的分层功能,将人们通过图库文件、数码相机拍摄、扫描仪扫描、互联网下载、自己制作等所获得的相关配景图像,分别贴放在不同层上,进行修改、调整、合成,以制作出较有现场感的预期效果图。

在实际应用中,对配景一般只进行简单的形体建模,然后通过贴图技巧进行完善处理。特别对于植物,若不是因为需要进行动画处理和影视合成,一般都不建模,而是后期加工时才进行贴图制作。当然,若要求其效果随视点、路线、季节的改变而改变,达到身临其境的感觉,则不是很理想。

三、期望与展望

通过人们的努力,将来利用计算机进行辅助园林设计,不仅能独立完成三维效果图及二维工程图的绘制,且一旦设计完成,则一个充满设计理念的对不同的视点、不同的路线、不同的季节及动态的流水、多姿的植物、变幻的光线的三维园林景观设计的虚拟模型也将得以完整表现,期望动态的设计将直观地模拟在设计场地中穿行的视觉感受,使设计与现实更为接近;展望虚拟现实技术在园林设计中的开发与应用,计算机辅助园林设计将使三维园林漫游成为现实。

附录一 建筑施工图有关图例和标准

附表1-1 常用建筑材料图例(部分)

名 称	图 例	说 明
自然土壤		包括各种自然土壤
夯实土壤		
砂、灰土	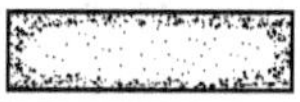	靠近轮廓线点较密的点
石材	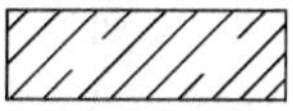	
毛石		
普通砖	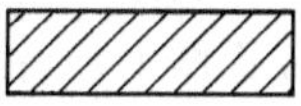	1. 包括实心砖、多孔砖、砌砖等砌体 2. 断面较窄不易画出图例线时,可涂红
空心砖		指非承重砖砌体
饰面砖	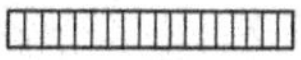	包括铺地砖、马赛克、陶瓷锦砖、人选大理石等
混凝土	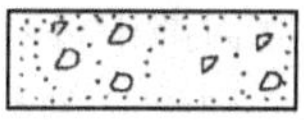	1. 本图例指能承重的混凝土及钢筋混凝土 2. 包括各种强度等级、骨料、添加剂的混凝土 3. 在剖面图上画出钢筋时,不画图例线 4. 断面图形小,不易画出图例线时,可涂黑
钢筋混凝土	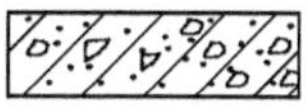	
多孔材料	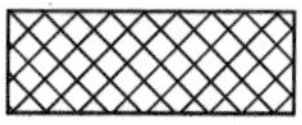	包括水泥珍珠岩、沥青珍珠岩、泡沫混凝土、非承重加气混凝土、软木、蛭石制品等
纤维材料	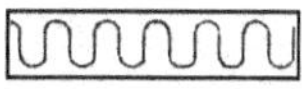	包括矿棉、岩棉、玻璃棉、麻丝、木丝板、纤维板等
泡沫塑料材料	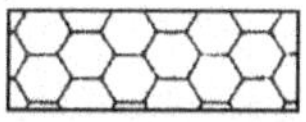	包括聚苯乙烯、聚乙烯、聚氮酯等多孔聚合物类材料
木 材	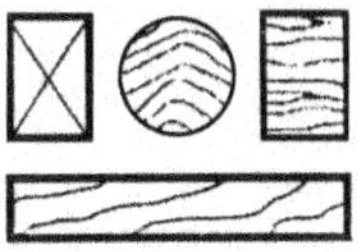	1. 上图为横断面,其中左上图为垫木、木砖、木龙骨 2. 下图为纵断面
金 属		1. 包括各种金属 2. 图形小时可涂黑
防水材料		构造层次较多或比例较大时,采用上面图例
粉 刷	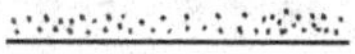	本图例采用较稀的点

注:①图例中的斜线一律画成与水平方向成45°角的细实线。
　　②当不指明物体的材料时,可采用通用剖面符号表示。通用剖面符号可按普通砖的图例画出。
　　③同一物体的各个剖面区域,其剖面线或材料图例的画法应一致。相邻物体的剖面线必须以不同的方向或以不同的间隔画出。
　　④允许在剖面区域用点阵或涂色代替通用剖面线。也允许沿着大面积的剖面区域的轮廓线内画部分剖面线或布点或涂色。

附表1-2 建筑构造及配件图例(摘自 GB/T 50104—2010)

名称	图例	名称	图例
空门洞 h 为门洞高度	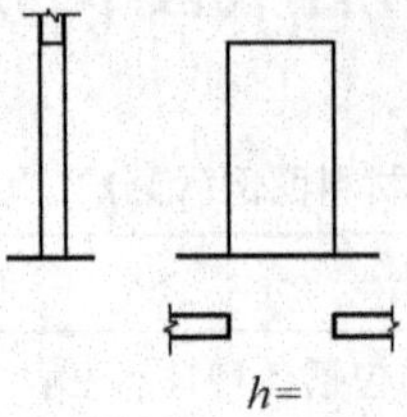	上图: 单层外开平开窗 中图: 双层内外开平开窗 下图: 单层推拉窗(立面形式应按实际情况绘制)。窗的名称代号用 C 表示。在平面图中,下为外,上为内。在立面图中,开启线实线为外开,虚线为内开。开启线交角的一侧为安装合页一侧。开启线在建筑立面图中可不表示,在大样图中需绘出	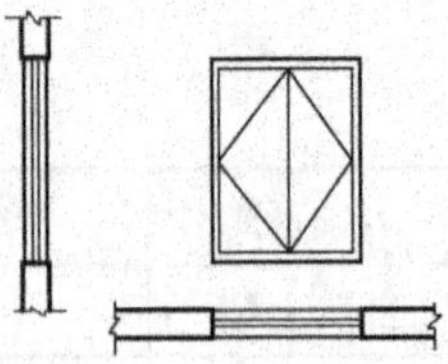
上图: 单面开启单扇门(包括平开或单面弹簧) 中图:双层单扇平开门 下两图: 单面开启双扇门(包括平开或单面弹簧)与双层双扇平开门。门的名称代号用 M 表示。在平面图中,下为外,上为内;开启线为 90°、60°、45°,宜绘出启弧线。在立面图中,开启线实线为外开,虚线为内开。开启线交角的一侧为安装合页一侧。开启线在建筑立面图中可不表示,在大样图中需绘出		百叶窗	
	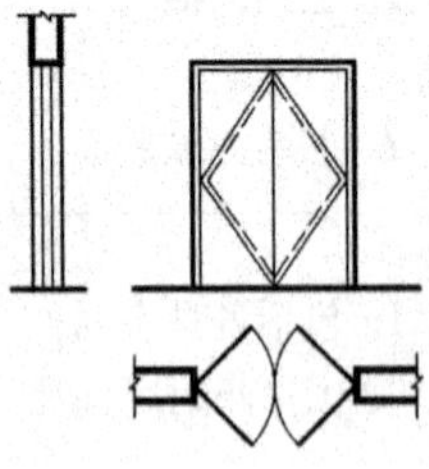	楼梯 1. 上图为顶层楼梯平面,中图为中间层楼梯平面,下图为底层楼梯平面 2. 楼梯及栏杆扶手的形式和梯段踏步数应按实际情况绘制	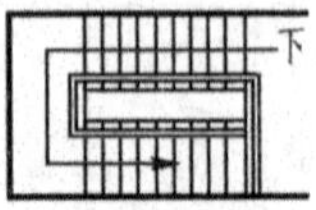 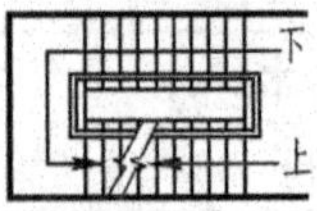 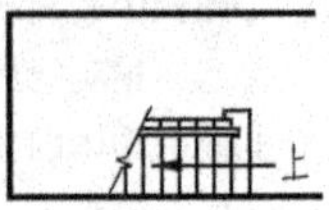
竖向卷帘门	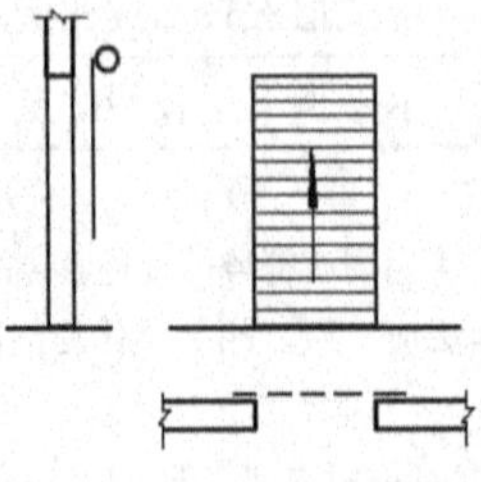		

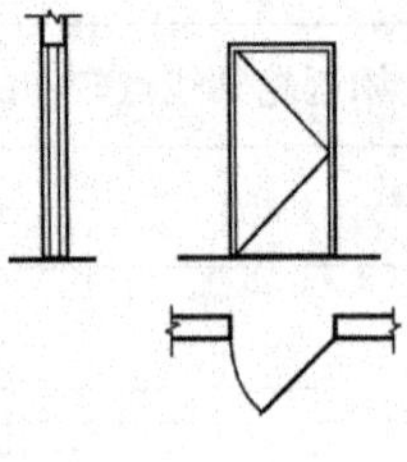

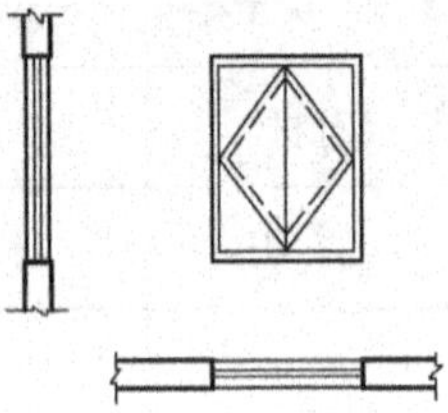

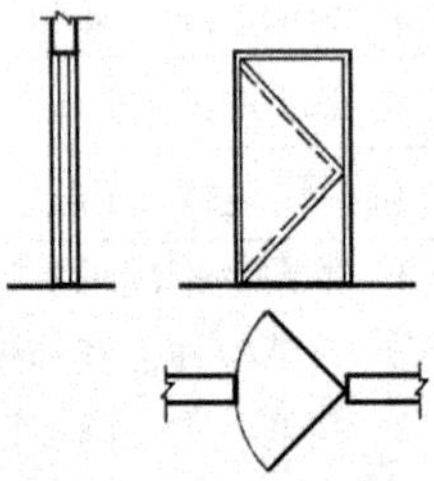

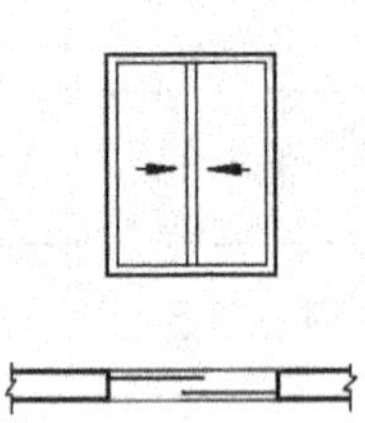

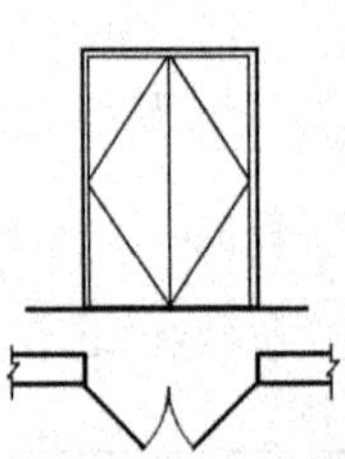

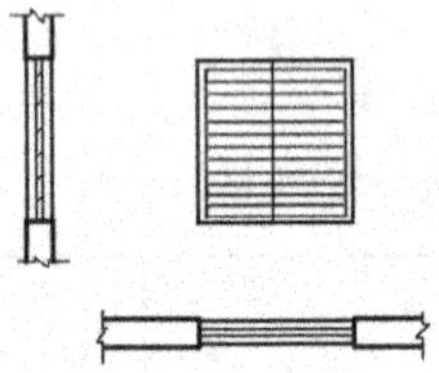

续附表 1-2

名称		图例	名称		图例
墙体	1. 上图为外墙,下图为内墙; 2. 外墙细线表示有保温层或有幕墙; 3. 应加注文字或涂色或图案填充表示各种材料的墙体; 4. 在各层平面图中防火墙宜着重以特殊图案填充表示		栏杆		
			坡道	长坡道	
地沟	上图为有盖地沟,下图为无盖板明沟			两侧垂直的门口坡道	
				有挡墙的门口坡道	
台阶				两侧找坡的门口坡道	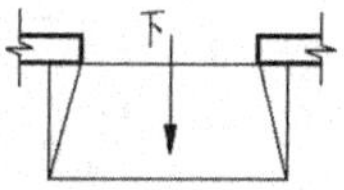

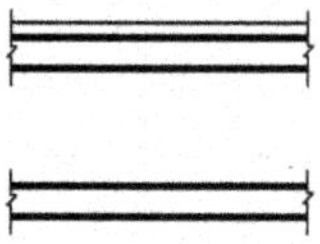

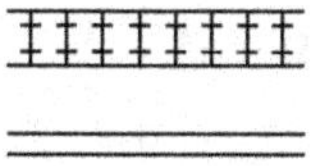

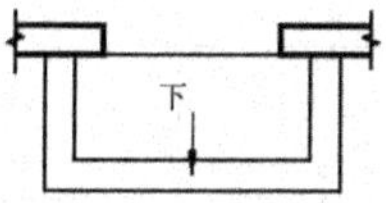

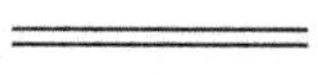

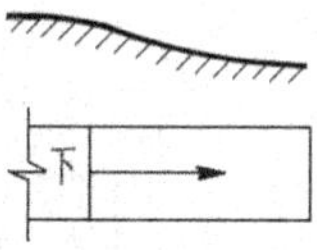

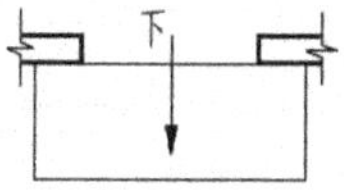

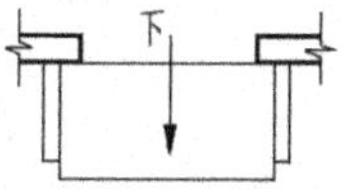

附表1-3　总平面图图例(摘自 GB/T 50103—2010)

名称	图例	说明	名称	图例	说明
新建的建筑物	(图示：12F/2D, H=59.00m)	新建建筑物以粗实线表示与室外地坪相接处±0.00外墙定位轮廓线 建筑物一般以±0.00高度处的外墙定位轴线交叉点坐标定位。轴线用细实线表示,并标明轴线号 根据不同设计阶段标注建筑编号,地上、地下层数,建筑高度,建筑出入口位置(两种表示方法均可,但同一图纸采用一种表示方法) 地下建筑物以粗虚线表示其轮廓 建筑上部(±0.00以上)外挑建筑用细实线表示 建筑物上部连廊用细虚线表示两种标注位置	坐标	1. X 105.000 / Y 425.000 2. A 105.000 / B 425.000	1. 表示地形测量坐标系 2. 表示自设坐标系坐标数字平行于建筑标注
			方格网交叉点标高	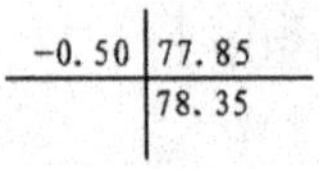 -0.50 | 77.85 / 78.35	"78.35"为原地面标高 "77.85"为设计标高 "-0.50"为施工标高 "-"表示挖方 "+"表示填方
			室内标高	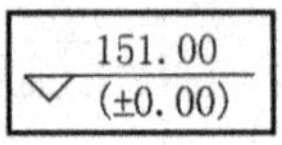 151.00 (±0.00)	数字平行于建筑物书写
			室外标高	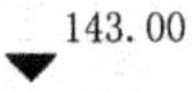 ▼ 143.00	室外标高也可采用等高线表示
原有的建筑物		用细实线表示	填方区、挖方区、未整平区及零线	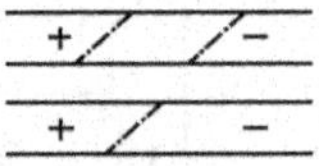 (图示)	"+"表示填方区 "-"表示挖方区 中间为未整平区 点画线为零点线
计划扩建的预留地或建筑物		用中粗虚线表示			
拟拆除的建筑物		用细实线表示	填挖边坡	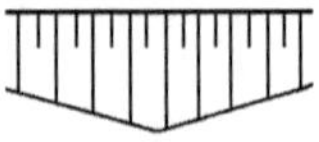 (图示)	
铺砌场地			新建的道路	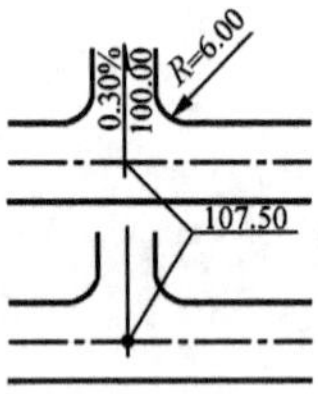 (图示：R=6.00, 0.30%, 100.00, 107.50)	"R=6.00"表示道路转弯半径,"107.50"为道路中心线交叉点设计标高,两种表示方式均可,同一图纸采用一种方式表示,"100.00"为变坡点之间距离,"0.30%"表示道路坡度,→表示坡向
敞棚或敞廊					
台阶及无障碍坡道	1. (图示) 2. (图示)	1. 表示台阶(级数仅为示意) 2. 表示无障碍坡道			
			原有道路		
水池坑槽		也可以不涂黑	计划扩建的道路		
围墙及大门			拆除的道路		
挡土墙	5.00 / 1.50	挡土墙根据不同设计阶段的需要标注 墙顶标高 墙底标高	人行道	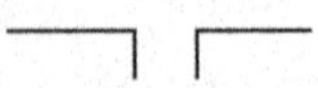	

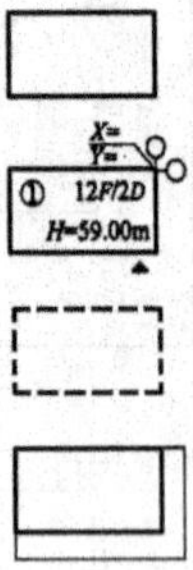

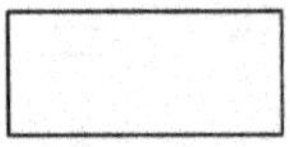

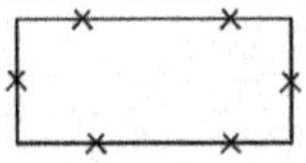

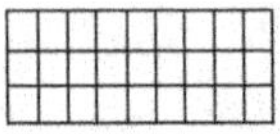

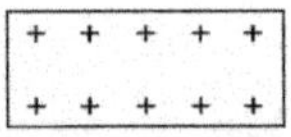

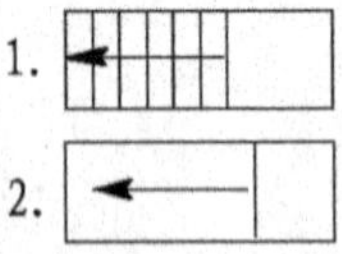

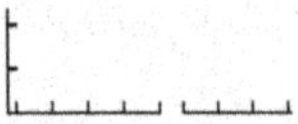

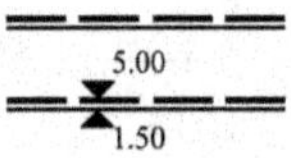

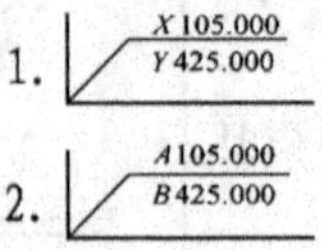

续附表1-3

名称	图例	说明	名称	图例	说明
排水明沟	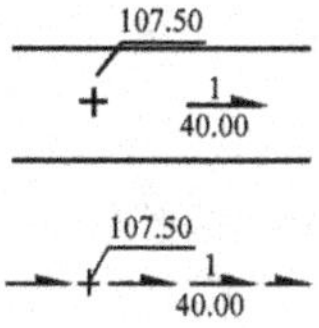	上图用于比例较大的图面;下图用于比例较小的图面。"1"表示1%的沟底纵向坡度,"40.00"表示变坡点间距离,箭头表示水流方向。"107.50"表示沟底变坡点标高(变坡点以"+"表示)	常绿针叶乔木		
			落叶针叶乔木		常绿乔、灌木加画45°细斜线;落叶乔、灌木均不填斜线。外围线;阔叶树用弧裂形或圆形线;针叶树用锯齿形或斜刺形线
			常绿阔叶乔木		
			落叶阔叶乔木		
有盖板的排水沟			常绿阔叶灌木		
			落叶阔叶灌木		
雨水口		1. 雨水口 2. 原有雨水口 3. 双落式雨水口	落叶阔叶乔木林		
			常绿阔叶乔木林		
地表排水方向			常绿针叶乔木林		
			落叶针叶乔木林	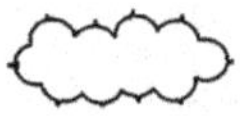	
急流槽			针阔混交林	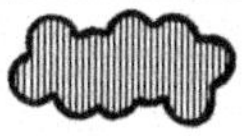	
		箭头表示水流方向	落叶灌木林	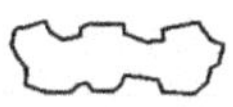	
跌水			菱形绿篱		
土石假山		包括"土包石"、"石包土"及假山	草坪	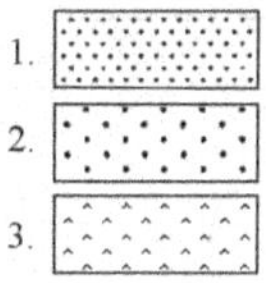	1. 草坪 2. 表示自然草坪 3. 表示人工草坪
独立景石			花卉		
自然水体		表示河流 以箭头表示水流方向	竹丛	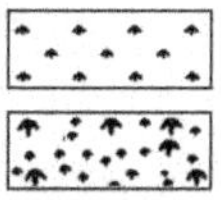	
			棕榈植物		
人工水体			水生植物	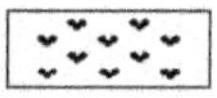	
喷泉			植草砖	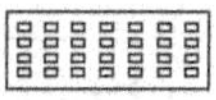	

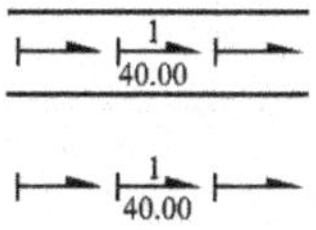

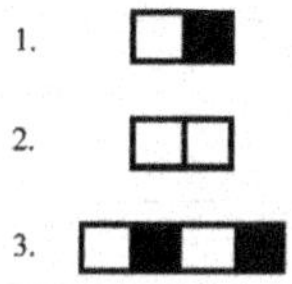

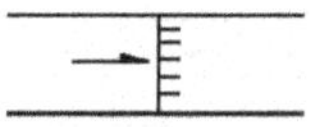

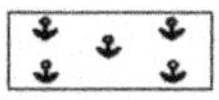

注:表中园林景观绿化图例满足总图需要,种植详图根据"风景园林图例图示标准(s)(CJJ67—95)有关规定补充。

附表1-4　小品与工程设施图例(摘自 GJ67—95)

序号	名称	图例	说明
1	雕塑		
2	花台	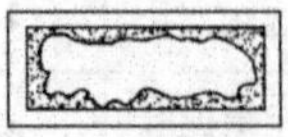	仅表示位置,不表示具体形态,以下同也可依据设计形态表示
3	坐凳		
4	花架	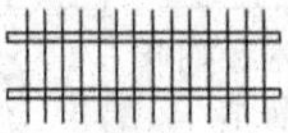	
5	消火栓井		
6	喷灌点		
7	园灯		
8	饮水台		
9	指示牌		
10	车行桥	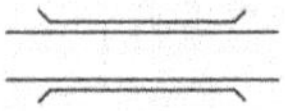	也可依据设计形态表示
11	人行桥	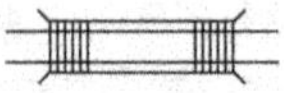	
12	亭桥	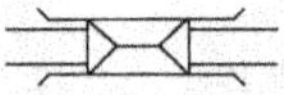	
13	铁索桥	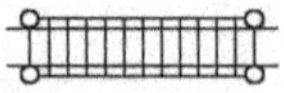	
14	铺装路面		
15	汀步	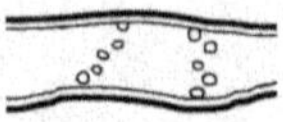	
16	驳岸	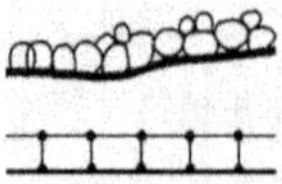	上图为假山石自然式驳岸;下图为整形砌筑规划式驳岸

注:图例仅表示位置,不表示具体形态,也可依据设计形态表示。

附录二 结构施工图有关图例和标准

附表2-1 常用构件代号（摘自 GB/T 50105—2010）

序号	名称	代号	序号	名称	代号	序号	名称	代号
1	板	B	19	圈梁	QL	37	承台	CT
2	屋面板	WB	20	过梁	GL	38	设备基础	SJ
3	空心板	KB	21	连系梁	LL	39	桩	ZH
4	槽形板	CB	22	基础梁	JL	40	挡土墙	DQ
5	折板	ZB	23	楼梯梁	TL	41	地沟	DG
6	密肋板	MB	24	框架梁	KL	42	柱间支撑	ZC
7	楼梯板	TB	25	框支梁	KZL	43	垂直支撑	CC
8	盖板或沟盖板	GB	26	屋面框架梁	WKL	44	水平支撑	SC
9	挡雨板或檐口板	YB	27	檩条	LT	45	梯	T
10	吊车安全走道板	DB	28	屋架	WJ	46	雨篷	YP
11	墙板	QB	29	托架	TJ	47	阳台	YT
12	天沟板	TGB	30	天窗架	CJ	48	梁垫	LD
13	梁	L	31	框架	KJ	49	预埋件	M
14	屋面梁	WL	32	钢架	GJ	50	天窗端壁	TD
15	吊车梁	DL	33	支架	ZJ	51	钢筋网	W
16	单轨吊车梁	DDL	34	柱	Z	52	钢筋骨架	G
17	轨道连接	DGL	35	框架柱	KZ	53	基础	J
18	车挡	CD	36	构造柱	GZ	54	暗柱	AZ

注：①预制钢筋混凝土构件、现浇钢筋混凝土构件、钢构件和木构件，一般可直接采用本附录中的构件代号。在绘图中，除混凝土构件可以不注明材料代号外，其他材料的构件可在构件代号前加注材料代号，并在图纸中加以说明。
②预应力钢筋混凝土构件的代号，应在构件代号前加注"Y-"，如Y-DL表示预应力钢筋混凝土吊车梁。

附表 2-2　建筑结构专业制图图线(GB/T 50105—2010)

名称		线形	线宽	一般用途
实线	粗	————	b	螺栓、钢筋线、结构平面图中的单线结构构件线、钢木支撑及系杆线、图名下横线、剖切线
	中粗	 ————	$0.7b$	结构平面图及详图中剖到或可见的墙身轮廓线,基础轮廓线,钢、木结构轮廓线,钢筋线
	中	 ————	$0.5b$	结构平面图及详图中剖到或可见的墙身轮廓线、基础轮廓线、可见的钢筋混凝土轮廓线、钢筋线
	细	 ————	$0.25b$	尺寸线、标注引出线、标高符号线、索引符号线
虚线	粗	— — — —	b	不可见的钢筋线、螺栓线,结构平面图中不可见的单线结构构件线及钢、木支撑线
	中粗	 — — — —	$0.7b$	结构平面中的不可见构件、墙身轮廓线及不可见钢、木结构构件线、不可见的钢筋线
	中	— — — —	$0.5b$	结构平面中的不可见构件、墙身轮廓线及不可见钢、木结构构件线、不可见的钢筋线
	细	 — — — —	$0.25b$	基础平面图中的管沟轮廓线、不可见的钢筋混凝土构件轮廓线
单点长画线	粗	 —·—·—	b	柱间支撑、垂直支撑、设备基础轴线图中的中心线
	细	—·—·—	$0.25b$	定位轴线、对称线、中心线、重心线
双点长画线	粗	—··—··—	b	预应力钢筋线
	细	—··—··—	$0.25b$	原有结构轮廓线
折断线		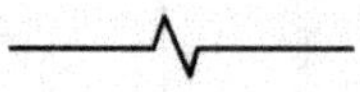 ～	$0.25b$	断开界线
波浪线		 ～	$0.25b$	断开界线

附表 2-3　比例(GB/T 50105—2010)

图　名	常用比例	可用比例
结构平面图 基础平面图	1:50,1:100,1:150	1:60,1:200
圈梁平面图,总图中管沟、地下设施等	1:200,1:500	1:300
详图	1:10,1:20,1:50	1:5,1:30,1:25

附表 2-4　普通钢筋强度标准值（GB/T 50010—2010）　　　　N/mm²

牌号	符号	公称直径 d/mm	屈服强度标准值 f_{yk}	极限强度标准值 f_{stk}	备注
HPB300	Φ	6～22	300	420	光圆钢筋
HRB335	Φ	6～50	335	435	带肋钢筋
HRB400	Φ	6～50	400	540	带肋钢筋
RRB400	Φ^R	6～50	400	540	热处理钢筋

附表 2-5　混凝土保护层的最小厚度　　　　mm

环境类别	板、墙	梁、柱
一	15	20
二_a	20	25
二_b	25	35
三_a	30	40
三_b	40	50

附表 2-6　钢筋的表示方法（GB/T 50105—2010）

普通钢筋

序号	名　称	图　例	说　明
1	钢筋横断面	·	—
2	无弯钩的钢筋端部		下图表示长、短钢筋投影重叠时，短钢筋的端部用45°斜画线表示
3	带半圆形弯钩的钢筋端部		—
4	带直钩的钢筋端部		—
5	带丝扣的钢筋端部		—
6	无弯钩的钢筋搭接		—
7	带半圆弯钩的钢筋搭接		—
8	带直钩的钢筋搭接		—
9	花篮螺丝钢筋接头	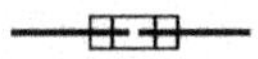	—
10	机械连接的钢筋接头		用文字说明机械连接的方式（如冷挤压或直螺纹等）

预应力钢筋（GB/T 50105—2010）

序号	名　称	图　例
1	预应力钢筋或钢绞线	

续附表 2-6

序　号	名　称	图　例
2	后张法预应力钢筋断面 无黏结预应山钢筋断面	⊕
3	预应力钢筋断面	+
	钢筋网片（GB/T 50105—2010）	
序号	名称	图例
1	一片钢筋网平面图	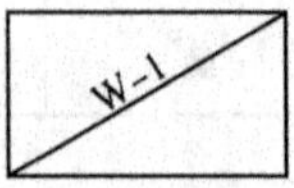W-1
2	一行相同的钢筋网平面图	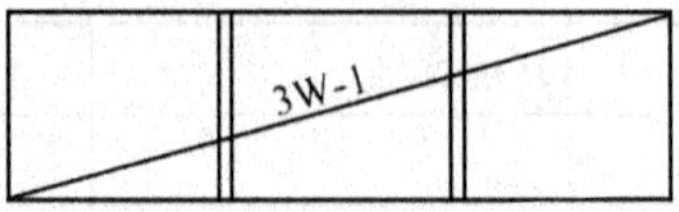3W-1

注：用文字说明焊接网或绑扎网片。

附表 2-7　钢筋的画法（GB/T 50105—2010）

序　号	说　明	图　例
1	在结构楼板中配置双层钢筋时，底层钢筋的弯钩应向上或向左，顶层钢筋的弯钩则向下或向右	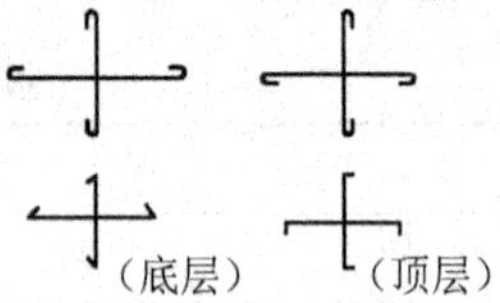（底层） （顶层）
2	钢筋混凝土墙体配双层钢筋时，在配筋立面图中，远面钢筋的弯钩应向上或向左而近面钢筋的弯钩向下或向右（JM 近面，YM 远面）	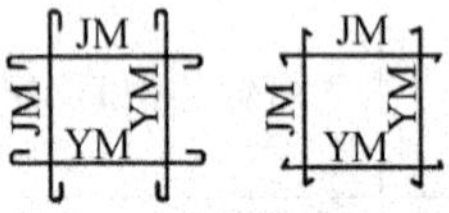JM YM JM YM JM YM JM YM
3	若在断面图中不能表达清楚的钢筋布置，应在断面图外增加钢筋大样图（如：钢筋混凝土墙、楼梯等）	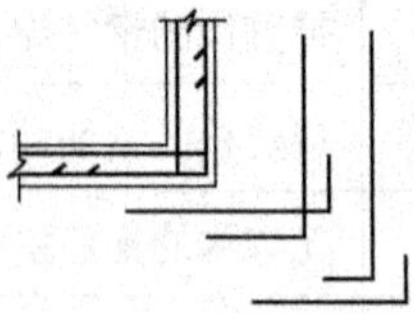
4	图中所表示的箍筋、环筋等若布置复杂时，可加画钢筋大样及说明	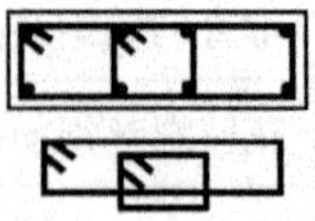
5	每组相同的钢筋、箍筋或环筋，可用一根粗实线表示，同时用一两端带斜短画线的横穿细线，表示其钢筋及起止范围	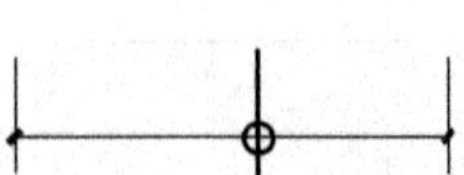

附表2-8 梁的编号

梁类型	代号	序号	跨数及是否带有悬挑	备注
楼层框架梁	KL	××	(××)、(××A)或(××B)	(××A)表示一端有悬挑 (××B)表示两端有悬挑 悬挑不计入跨数
屋面框架梁	WKL			
框支梁	KZL			
非框架梁	L			
悬挑梁	XL			
井字梁	JZL			

附录三 园林工程图有关图例和标准

附表3-1 风景区总体规划图纸规定（摘自 GB 50298—1999）

图纸资料名称	比例尺 风景区面积（km²）				制图选择			图纸特征	有些图纸可与下列编号的图纸合并
	20以下	20～100	100～500	500以上	综合型	复合型	单一型		
1. 现状（包括综合现状图）	1:5000	1:10000	1:25000	1:50000	▲	▲	▲	标准地形图上制图	
2. 景源评价与现状分析	1:5000	1:10000	1:25000	1:50000	▲	△	△	标准地形图上制图	1
3. 规划设计总图	1:5000	1:10000	1:25000	1:50000	▲	▲	▲	标准地形图上制图	
4. 地理位置或区域分析	1:25000	1:50000	1:100000	1:200000	▲	△	△	可以简化制图	
5. 风景游赏规划	1:5000	1:10000	1:25000	1:50000	▲	▲	▲	标准地形图上制图	
6. 旅游设施配套规划	1:5000	1:10000	1:25000	1:50000	▲	▲	△	标准地形图上制图	3
7. 居民社会调控规划	1:5000	1:10000	1:25000	1:50000	▲	△	△	标准地形图上制图	3
8. 风景保护培育规划	1:10000	1:25000	1:50000	1:100000	▲	△	△	可以简化制图	3 或 5
9. 道路交通规划	1:10000	1:25000	1:50000	1:100000	▲	△	△	可以简化制图	3 或 6
10. 基础工程规划	1:10000	1:25000	1:50000	1:100000	▲	△	△	可以简化制图	3 或 6
11. 土地利用协调规划	1:10000	1:25000	1:50000	1:100000	▲	▲	▲	标准地形图上制图	3 或 7
12. 近期发展规划	1:10000	1:25000	1:50000	1:100000	▲	△	△	标准地形图上制图	3

说明：①▲应单独出图；△可作图纸。
②制图选择依据风景区的三种职能结构类型划分。其中，综合型结构的风景区，包括风景游赏、旅游设施、居民社区三个职能系统；复合型结构的风景区其职能包括风景游赏、旅游设施两个职能系统；单一型结构的风景区仅有风景游赏一个职能系统。

附表3-2 公园绿地的常规设施一览表

设施类型	设施项目	公园绿地规模（hm²）				
		<2	2～5	5～10	10～50	>50
游憩设施	亭、廊	○	○	●	●	●
	厅、榭	—	—	○	○	○
	码头	—	○	○	○	○
	棚架	●	●	●	●	●
	坐凳	●	●	●	●	●

续附表 3-2

设施类型	设施项目	公园绿地规模(hm²)				
		<2	2～5	5～10	10～50	>50
服务设施	小卖店	—	○	●	●	●
	饮料店	—	○	○	●	●
	餐厅	—	—	○	○	●
	摄影部	—	—	○	○	○
	旅游纪念品部	—	—	○	○	○
公用设备	售票房	○	○	○	○	○
	厕所	○	●	●	●	●
	公用电话	—	○	○	●	●
	果皮箱	●	●	●	●	●
	饮水站	○	○	○	○	○
	说明牌导游图	○	○	●	●	●
	停车场	—	—	○	●	●
	自行车场(棚)	—	○	●	●	●
	临时急救站	—	—	—	○	○
活动场地	儿童游戏场	○	○	○	○	○
	成人锻炼场	●	●	●	●	●
管理设施	管理处办公室	○	●	●	●	●
	治安机构	—	—	○	●	●
	垃圾室	—	—	○	●	●
	变电室	—	—	○	○	●
	泵房	—	—	○	●	●
	温室或荫棚	—	—	○	●	●
	电话交换站	—	—	—	○	●
	广播室	—	—	○	●	●
	仓库	—	○	●	●	●
	修理车间	—	—	—	●	●
	管理班(组)	—	—	○	●	●
	职工食堂	—	—	○	○	●
	淋浴室	—	—	—	○	●
	车库	—	—	—	○	●

注：①"●"表示应该有；"○"表示根据条件可以设置。

附表3-3　竖向设计坡度斜率倾角选用图表

坡度	坡值 tanα	游人蹬道坡度限值
60°	1.73	游人蹬道坡度限值
50°	1.60	砖石路坡极值
45°	1.00	假石坡度宜值，干黏土坡度限值
39°	0.80	砖石路坡极值
35°	0.70	水泥路坡极值，梯级坡角终值
31°	0.60	之字形道路线坡值，沥青路坡极值
30°	0.50	梯级坡角始值，土坡限值，园林地形土壤自然倾斜角极值
25°	0.47	草坡极值（使用割草机），砚石坡角、中砂、腐殖土坡角
20°	0.36	合阶设置坡度宜值，人感吃力坡度
18°	0.32	需设台阶、踏步
17°	0.30	
16°	0.28	疆砾（锯齿形坡道）终值
15°	0.27	湿黏土坡角
12°	0.21	坡道设置终值，丘陵坡度和台地
10°	0.17	粗糙又有防滑条材料坡道终值
8°	0.14	残疾人轮道限值，丘陵坡度始值
7.5°	0.13	对老幼均宜游览步道限值
7°	0.12	机动车限值，面层光滑的坡道终值，舒适坡道限值
4°	0.07	自行车骑行极值，非机动车限值
2°	0.035	手推车、非机动车限值
1°	0.0174	土明沟沟限值
0.22°	0.005	草坪话直坡度，轮椅车宜值
0.172°	0.003	最小地面排水坡值

地形坡度

竖向设计（道路、坡道、踏步、土坡、明沟、残疾人手推车、车辆）坡度、斜率、倾角选用图表

附表3-4 叠石掇山造型技法

附表3-5 植物树冠形态立面示例

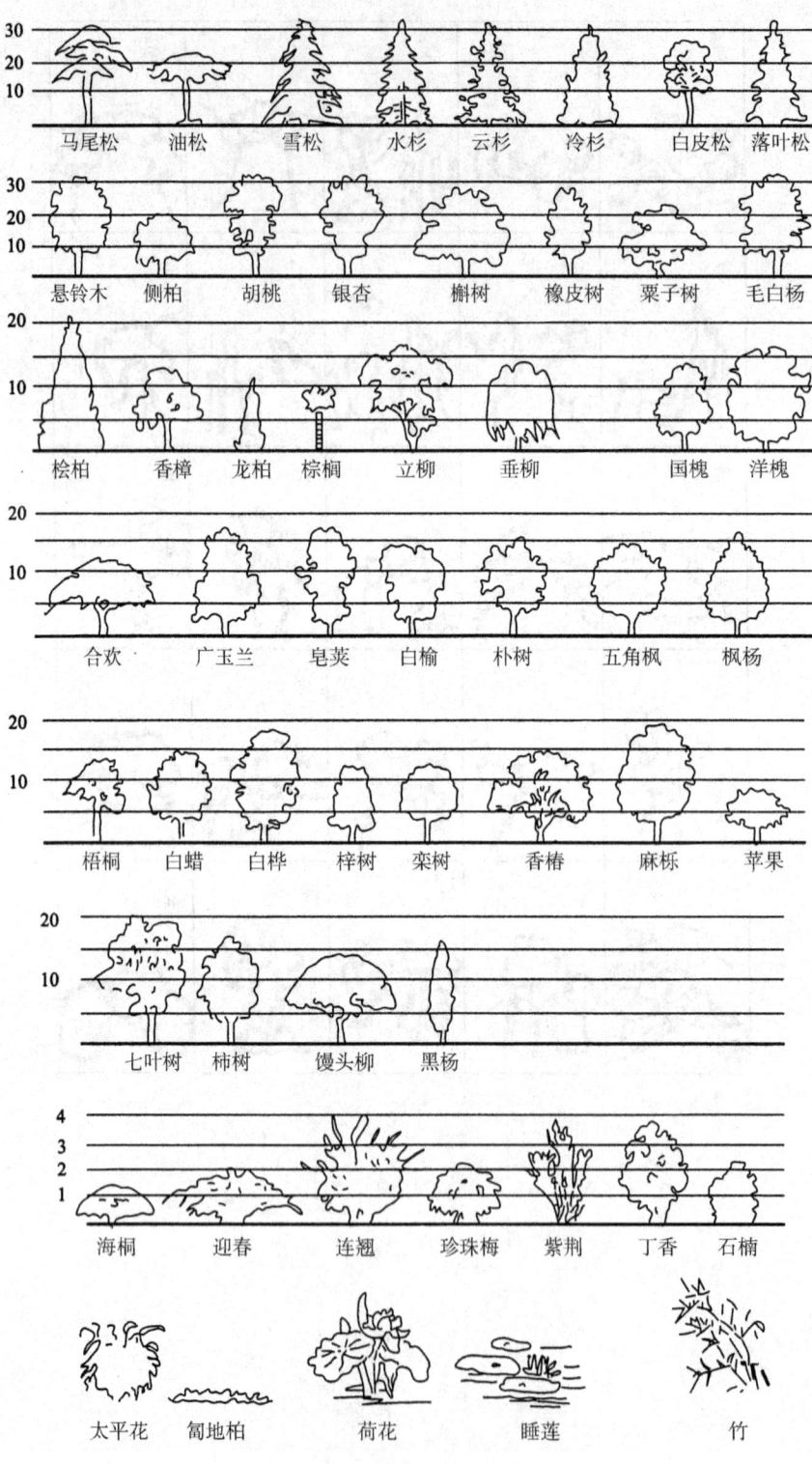

注：左侧数字为树高(m)

附表3-6 园林植物高度参考图表

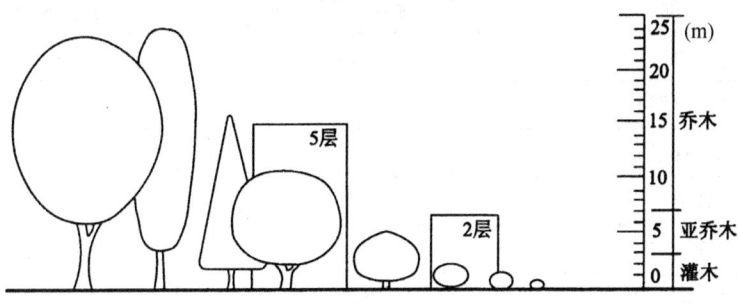

附表3-7 树木与架空电力线路导线的最小垂直距离（摘自CJJ 75—97）

电压(kV)	1～10	35～110	154～220	330
最小垂直距离(m)	1.5	3.0	3.5	4.5

附表3-8 树木根茎中心至地下管线外缘最小距离（摘自CJJ 75—97）

管线名称	距乔木根茎中心距离(m)	距灌木根茎中心距离(m)
电力电缆	1.0	1.0
电信电缆(直埋)	1.0	1.0
电信电缆(管道)	1.5	1.0
给水管道	1.5	1.0
雨水管道	1.5	1.0
污水管道	1.5	1.0

附表3-9 树木与其他设施最小水平距离（摘自CJJ 75—97）

设施名称	至乔木中心距离(m)	至灌木中心距离(m)
低于2 m的围墙	1.0	—
挡土墙	1.0	—
路灯杆柱	2.0	—
电力、电信杆柱	1.5	—
消防龙头	1.5	2.0
测量水准点	2.0	2.0

附表3-10 树木与地下管线外缘最小水平距离(摘自 CJJ 75—97)

管线名称	距乔木中心距离(m)	距灌木中心距离(m)
电力电缆	1.0	1.0
电信电缆(直埋)	1.0	1.0
电信电缆(管道)	1.5	1.0
给水管道	1.5	—
雨水管道	1.5	—
污水管道	1.5	—
燃气管道	1.2	1.2
热力管道	1.5	1.5
排水盲沟	1.0	—

附表3-11 园林植物种植必需的最低土层厚度

植被类型	草本花卉	草坪地被	小灌木	大灌木	浅根乔木	深根乔木
土层厚度(cm)	30	30	45	60	90	150

附表3-12 常绿乔木类种植穴规格　　　　　　　　　　　　cm

树高	土球直径	种植穴深度	种植穴直径
150	40～50	50～60	80～90
150～250	70～80	80～90	100～110
250～400	80～100	90～110	120～130
400以上	140以上	120以上	180以上

附表3-13 落叶乔木类种植穴规格　　　　　　　　　　　　cm

胸径	种植穴深度	种植穴直径	胸径	种植穴深度	种植穴直径
2～3	30～40	40～60	5～6	60～70	80～90
3～4	40～50	60～70	6～8	70～80	90～100
4～5	50～60	70～80	8～10	80～90	100～110

附表3-14 花灌木类种植穴规格　cm

冠径	种植穴深度	种植穴直径
200	70～90	90～110
100	60～70	70～90

附表3-15 竹类种植穴规格　cm

种植穴深度	种植穴直径
盘根或土球深	比盘根或土球大
20～40	40～60

附表3-16　绿篱类种植槽规格　　　　　　　　　　　　　　　　　　　　cm

苗高	种植方式（深×宽）	
	单行	双行
50～80	40×40	40×60
100～120	50×50	50×70
120～150	60×60	60×80

附表3-17　水生花卉最适水深（摘自GJJ/T 82—99）

类别	代表品种	最适水深(cm)	备注
沿生类	菖蒲、千屈菜	0.5～10	千屈菜可盆栽
挺水类	荷、宽叶香蒲	100以内	—
浮水类	芡实、睡莲	50～300	睡莲可水中盆栽
漂浮类	浮萍、凤眼莲	浮于水面	根不生于泥土中

附表3-18　绿化工程竣工验收单（摘自CJJ/T 82—99）

工程名称		工程地址		
绿地面积(m²)				
开工日期		竣工日期		验收日期
树木成活率(%)				
花卉成活率(%)				
草坪覆盖率(%)				
整洁及平整				
整形修剪				
附属设施评定意见				
全部工程质量评定及结论				
验收意见				
施工单位		建设单位		绿化质检部门
签字： 公章：		签字： 公章：		签字： 公章：

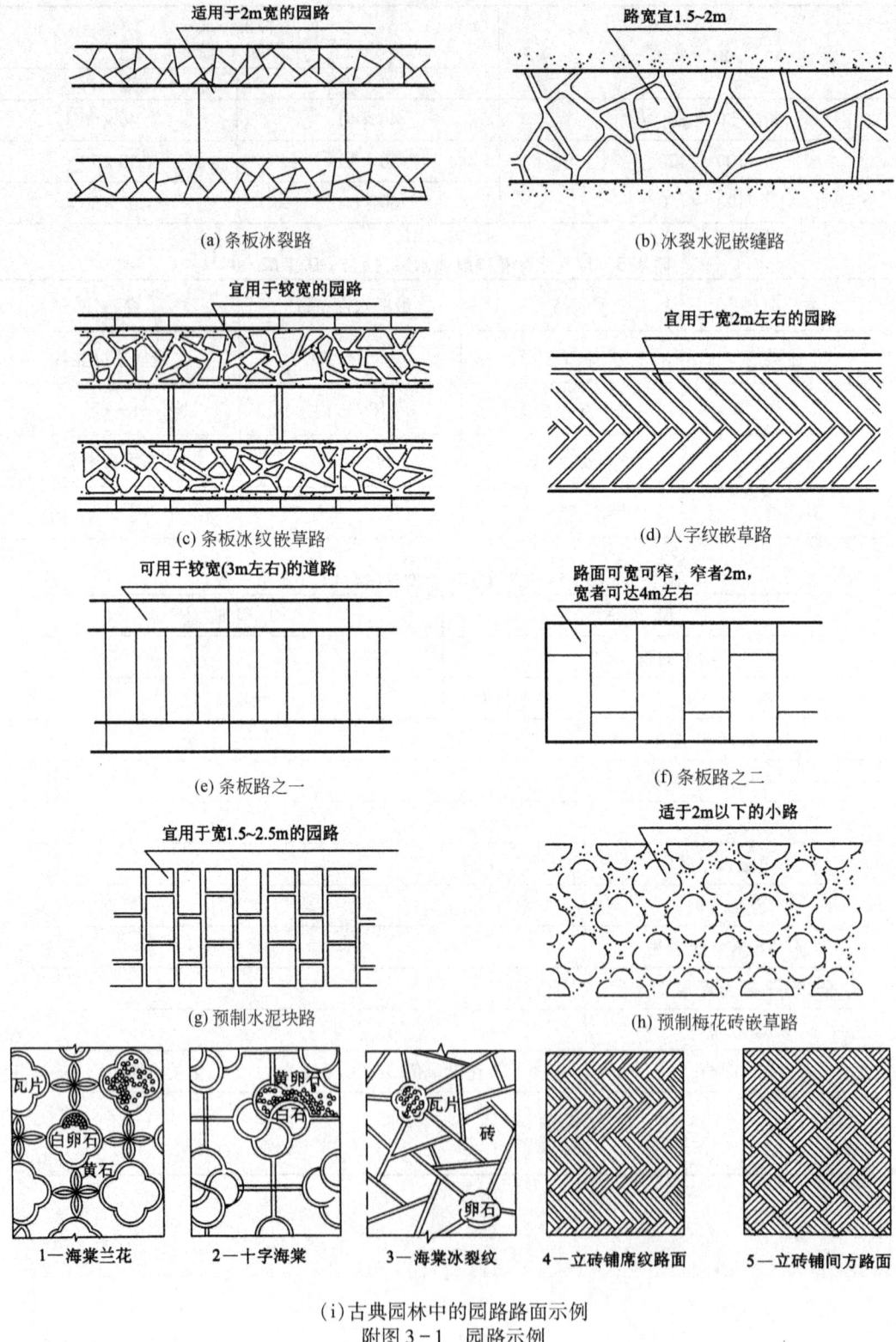

(i) 古典园林中的园路路面示例

附图 3-1 园路示例

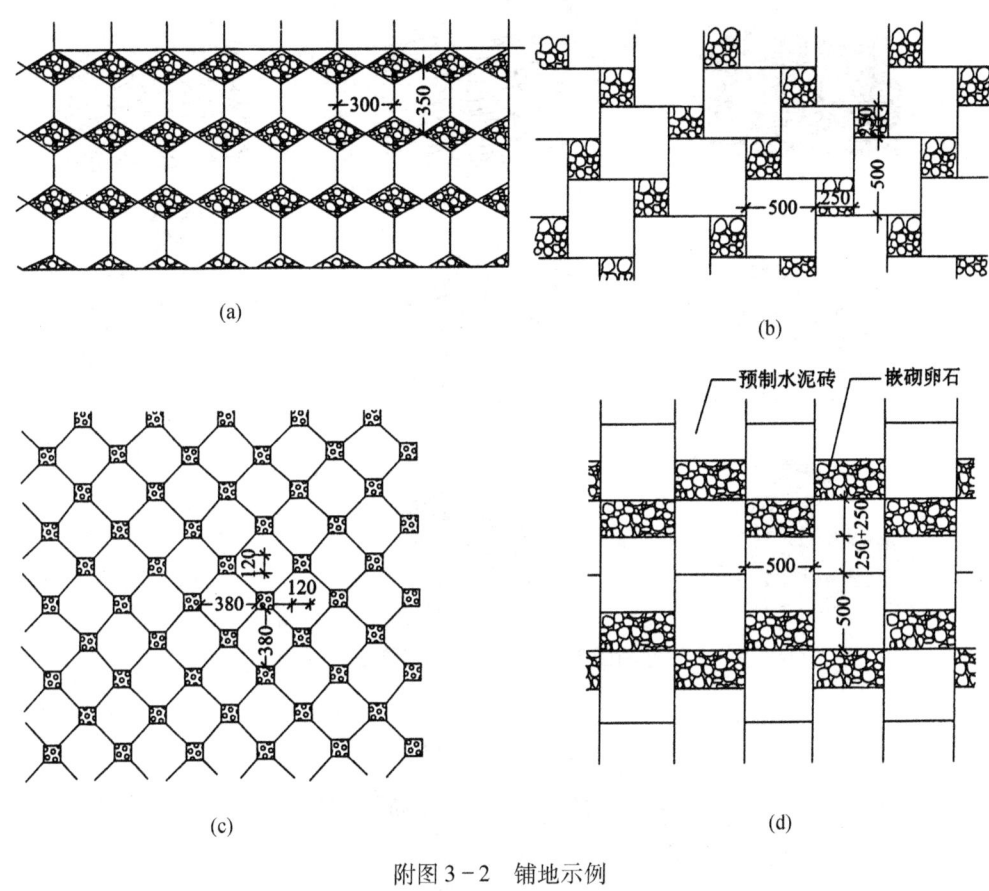

附图 3-2　铺地示例

附图 3-3　水的平面图表示

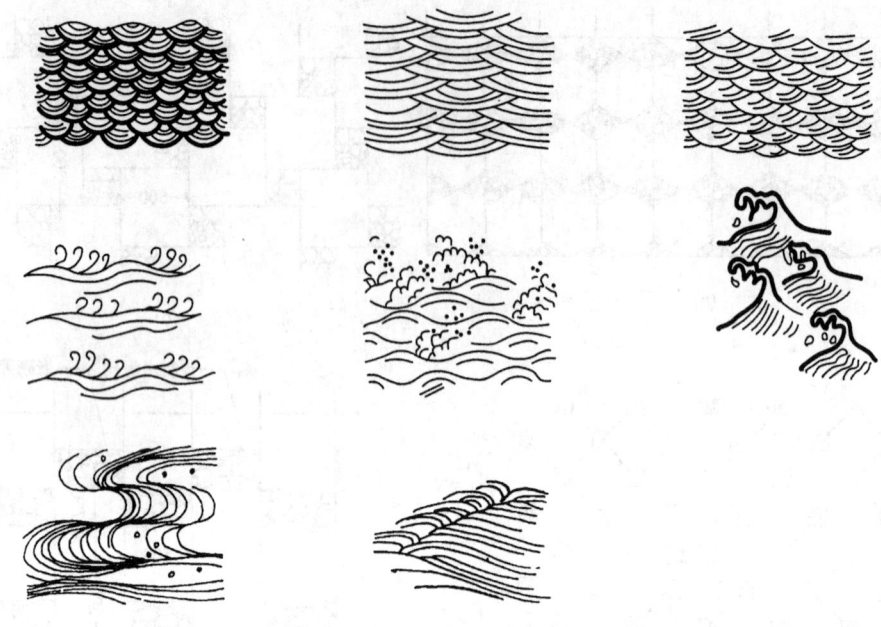

附图3-4 水面的图案绘法

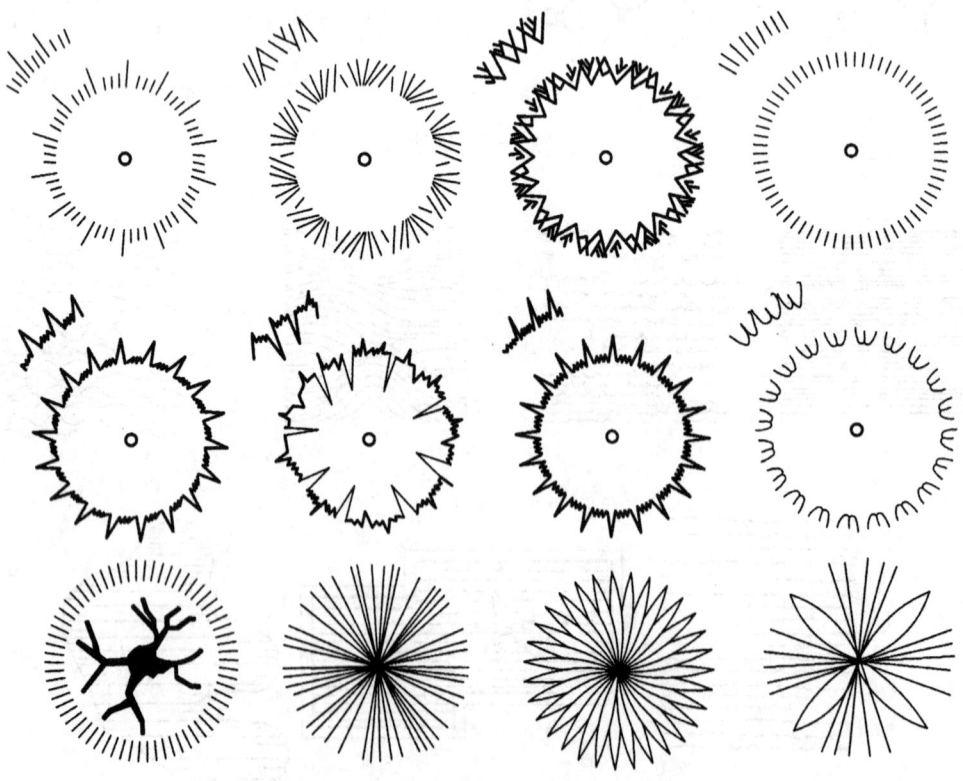

附图3-5 常用针叶乔木树冠平面图图例

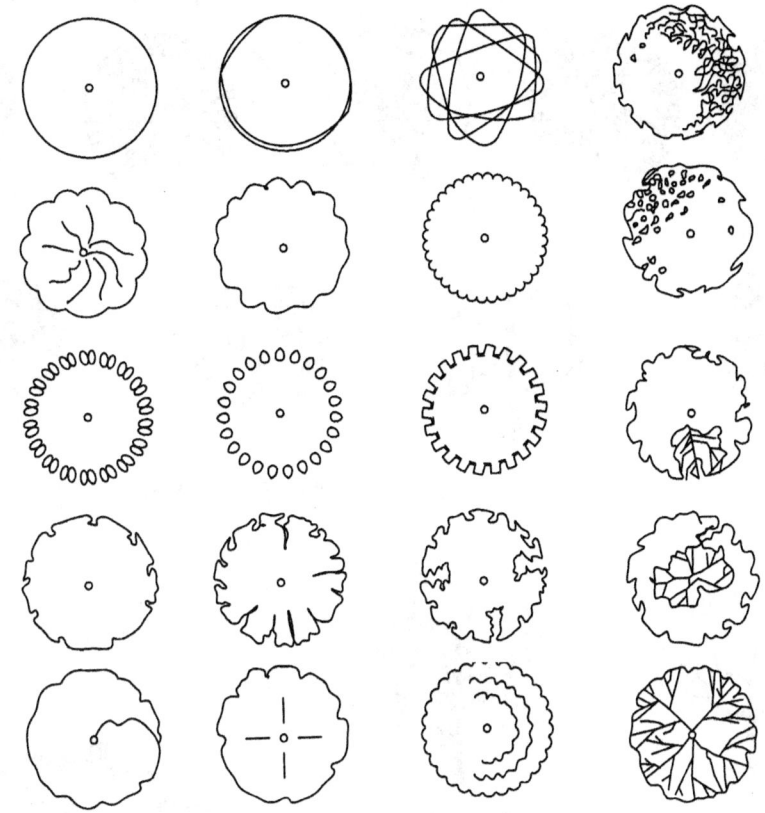

附图 3-6　常用阔叶乔木树冠平面图图例

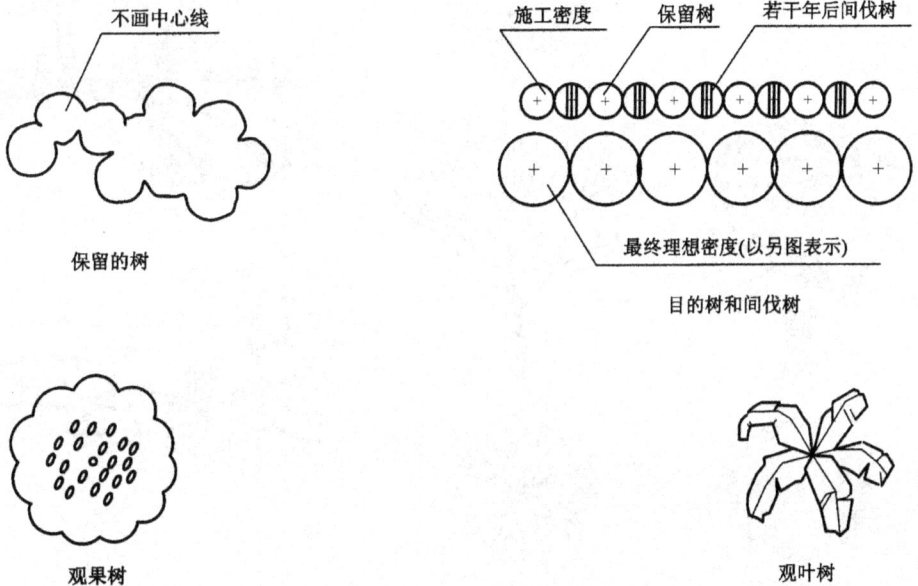

附图 3-7　常用树冠平面图图例

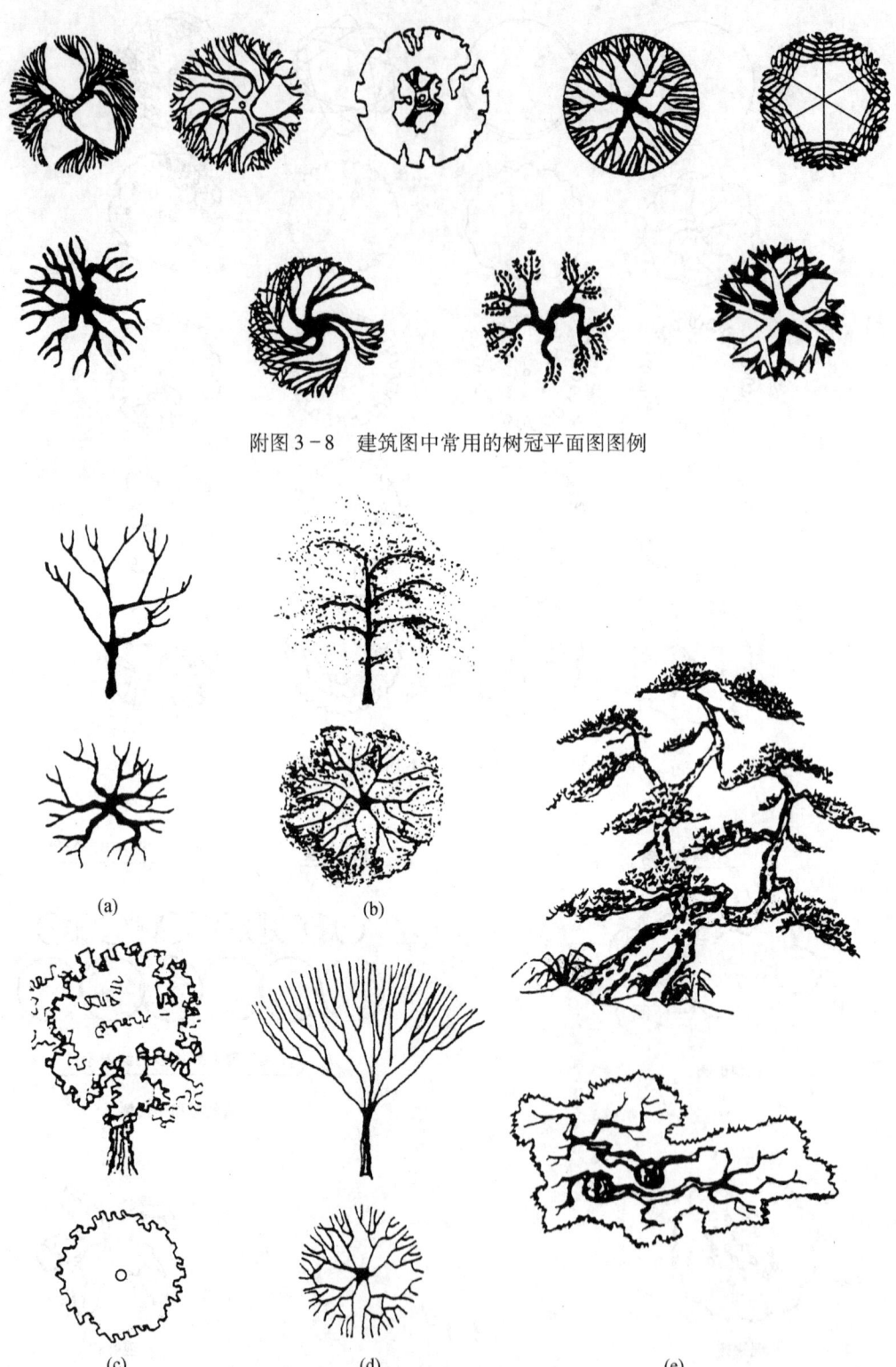

附图 3-8 建筑图中常用的树冠平面图图例

(a) (b) (c) (d) (e)

附图 3-9 建筑图中树木的投影图画法

参 考 文 献

[1] 吴机际. 园林制图[M]. 广州:华南理工大学出版社,2015.
[2] 吴机际. 画法几何及工程制图[M]. 广州:广东高等教育出版社,2000.
[3] 吴机际. 机械制图[M]. 广州:华南理工大学出版社,2002.
[4] 阎善良,胡炳智,吴机际,等. 画法几何及机械制图教程[M]. 北京:中国科学技术出版社,1999.
[5] 朱福熙,何斌. 建筑制图[M]. 北京:高等教育出版社,1992.
[6] 朱育万. 画法几何及土木工程制图[M]. 北京:高等教育出版社,2000.
[7] 吴为廉. 景园建筑工程规划与设计[M]. 上海:同济大学出版社,1996.
[8] 许松照. 画法几何与阴影透视[M]. 北京:中国建筑工业出版社,1979.
[9] 乐荷卿. 建筑透视阴影[M]. 长沙:湖南大学出版社,1987.
[10] 谢培青. 建筑阴影与透视[M]. 哈尔滨:黑龙江科学技术出版社,1985.
[11] 卢仁. 园林建筑装饰小品[M]. 北京:中国林业出版社,2000.